마하반야바라밀다경 10

摩訶般若波羅蜜多經 10

마하반야바라밀다경 10
摩訶般若波羅蜜多經 10

三藏法師 玄奘 漢譯 | 釋 普雲 國譯

혜안

역자의 말
보운

    사문의 한 존재로서 수행과 정진하는 삶의 의지처인 기세간은 그 세간에서 살아가고 있는 유정들의 생활방식과 밀접한 상관성(相關性)을 맺게 되고, 또한 인간세상의 다양하고 다채로운 삶의 모습과 교차하게 된다. 현재에 내가 존재하는 이 세간에 전통의 명절로서 과거에 머무르며 세대를 잇고 가치를 전해주었던 여러 세대를 통하여 조상들의 수고와 삶의 애환을 기억하고 애도하려는 중추절이 어느덧 지나갔으나 또 다른 여러 사념(思念)을 일으킨다. 비록 출세간의 삶을 살아가는 사문일지라도, 세간의 부모와 친족들에 대하여 모든 기억을 지우고 현실의 시각으로 바라보는 것에는 아직은 익숙하지 않아서 가족의 범주에서 생활을 떠올리고 추억을 생각하게 하는 시점이다.

    산문(山門)의 경계를 벗어나지 않은 사유에서 현실을 생각하는 관점에서 출가자로서 정진하였던 시간 속에서 수행의 스승이었고 조력자였던 수행자들로 입적(入寂)한 도중(徒衆)과 인연이 있었던 사문을 헤아려보니 50명을 넘겨서 더 많은 숫자는 헤아리지 않는다. 옛 인연을 돌이켜보면 환희스럽기도 하고 애틋하기도 하며 그립기도 하는 등의 여러 상념이 가슴을 적시더라도 구도의 길에서 세존과의 수행력의 차이점에서 고독감과 무력감을 느꼈을 사문들의 사유가 나의 가슴을 짓누르므로 지금은 잠시라도 가슴에 담아두고자 노력하는 이 시간에도 인생의 무상함이 가까이 다가온다. 서로에게 많은 교류가 있었던 수행자가 입적하였던 때에 받았던 충격의 흔적들은 세월이 흐르면 엷어진다고 생각하였으나 여전히 기억에 뚜렷한 것을 살펴보건대, 지금은 세속과의 인연보다 승가에서의 인연이 더 깊게 각인되어 세속의 인연은 많은 상쇄가 일어난 현실을 반영한 것이리라.

가을의 나뭇잎이 떨어져서 한곳에 모이듯이 승가는 여러 부류들이 스스로가 추구하였던 삶의 무대를 벗어나서 다르마에 대한 구도의 마음을 일으키고서 인천(人天)의 스승을 성취하고자 치열하게 정진하고 빈틈없는 위의를 구족하며 세간에 이익을 주는 존재로 살아가야 하는 소임이 주어져 있다. 또한 각각의 수행처와 수행법이 존재하고 있고, 정진력도 각자가 서로 다를지라도 승가는 삼세에서 영원히 존재하고 있으며, 수행자는 그 가운데에서 한 생(生)의 업력(業力)을 쫓아서 펼치면서 삶의 끝자락을 맺게 될지라도, 어느 수행자가 스스로에게 삶의 무대의 끝자락에서 크게 만족할 수 있겠는가?

처음으로 입산하였던 때에 나한님들을 마주하고서 수행의 길에서 스스로가 치열하게 살아가겠다는 발원을 일으켰고 지금은 많은 시간이 흘렀어도 이러한 발원이 여전히 유효하고, '나는 오늘도 만족하는 수행의 모습을 보여주는가?'라고 다시 돌이켜본다. 한국불교에서 현대의 수행법에서는 선(禪)·교학(敎學)·염불(念佛)·기도(祈禱) 등이 주류로 생각할 수 있는데, 5년 전에 사제(師弟) 스님의 '어떻게 수행하여야 나에게 알맞습니까?'라는 질문을 받고서 이러한 여러 수행법을 모두 수행한다면 최고의 정진이고, 이것이 어렵다면 이 가운데에서 어떤 한 가지를 선택하고서 목숨을 버리겠다는 생각으로 수행하여야 비로소 사문의 합리적인 마음가짐이라고 충고하였던 기억이 눈앞을 스친다.

스스로가 수행의 현실을 돌이켜보니 사부대중들의 사유도 많이 변하였고, 재가와 승가의 소통에는 많은 장애물이 생겨났으며, 서로의 논리를 강조하면서 세존의 가르침을 별도로 해석하여 사유의 장벽이 발생하였고, 개인의 수행력의 홍보를 위한 여러 방편이 생겨났으므로, 이전에 보여주었던 사부대중의 화합은 많이 약해지고 있다. 인간은 근원적으로 스스로의 이익을 추구하는 것이 유정들의 본성이라는 세존의 설법이 존재할지

라도 6바라밀다의 첫째의 덕목은 보시이고 둘째의 덕목은 지계가 아니
던가?

소덕(小德)의 시절에 시간이 지나서 수행의 연륜이 쌓이고 또한 수행력
이 증가한다면, 타인에 대한 너그러움과 스스로에게 위의는 증가할 것이
라는 신념은 어느 정도 이루어졌으나, 수행력에 대한 냉철한 판단에는
회한(悔恨)이 앞선다. 여전히 그러하듯이 나한님들께서는 수행자의 삶을
묵연히 걸어가라고 계속하여 격려하시고 있으나, 나는 과연 존자들의
은혜에 얼마나 보답하고 있는가? 수행의 연륜이 증가할수록 따라서 일어
나는 번뇌는 불꽃처럼 타오르고, 세간과 출세간의 입지에서 생겨나는
역할의 무게는 한 사문에게 다시 또한 무거운 짐을 던져주고 있으므로,
재촉하는 구도를 향한 걸음걸이를 더욱 더디게 붙잡는다.

그러나 오늘도 다시 그러하듯이 '나는 나한님들께 많은 관심과 보살핌
을 받았고, 앞으로도 그러할 것이며, 또한 따스한 햇볕이 앞길을 밝혀줄
것이다.'라는 믿음을 의지하고서 주어진 길을 나아가야 할 것이다. 질병을
다스리면서 죽음과 삶의 경계선에서 살아나서 오늘도 살아가고 있는
삶에서 과거를 생각하면서 여유의 마음을 지을 수 있고, 스스로에게
부여된 소임을 실행하고 있듯이, 먼저 나의 곁을 떠나서 입적하신 사문들
께서도 과거보다는 현재에서 더욱 발전된 삶의 모습으로 육도(六道)를
유행(遊行)하고 있을 것이다. 지금에 고뇌하는 이 현실도 수행하는 사문이
나 도반들을 만난다면 구도의 길은 더욱 찬란해질 것이다.

지금도 계속되고 있는『마하반야바라밀다경(대품반야경)』의 역경불
사에는 많은 신심과 원력이 담겨있으므로, 번역과 출판을 위하여 동참하
신 사부대중들은 현세에서 스스로가 소원에서 무한한 이익을 얻고, 세간
에서 생겨나는 삼재팔난의 장애를 벗어나기를 발원드리며, 이미 생(生)의
인연을 마치신 영가들께서는 아미타불의 극락정토에 왕생하시기를 발원
드린다. 현재까지의 역경과 출판을 위하여 항상 후원과 격려를 보내주시
는 은사이신 세영 스님께 깊이 감사를 드리고, 또한 많은 시간에 걸쳐서

보시와 후원을 아끼지 않는 죽림불교문화연구원의 사부대중들께 감사
드리면서, 이 불사에 동참하신 분들께 불·보살들의 가호(加護)가 항상
가득하기를 발원하면서 감사의 글을 마친다.

불기 2568년(2024) 9월 후분(後分)의 장야(長夜)에
서봉산 자락의 죽림불교문화연구원에서
사문 보운이 삼가 적다

출판에 도움을 주신 분들

도 선^丘　설 안^尼　지 월^丘　지 은^尼　정혜련　권태임
정 구　우명자　정소진　정우진　고나운　전현준
김하윤^{靈駕}　김하연^{靈駕}　이민태^{靈駕}　김두식^{靈駕}　김차의^{靈駕}　고예림^{靈駕}
이기임^{靈駕}　고제순^{靈駕}　고충삼랑^{靈駕}　고금성^{靈駕}　고창균^{靈駕}　홍 씨^{靈駕}
홍임갑^{靈駕}　박상숙^{靈駕}　정시룡^{靈駕}　김주영^{靈駕}　장춘옥^{靈駕}

10

차 례

초분 初分

12

14

일러두기

1. 이 책의 저본(底本)은 고려대장경(高麗大藏經) 1권부터 결집된 『대반야바라밀 다경(大般若波羅蜜多經)』이다.

2. 원문은 600권으로 구성되어 있으나 이 책에서는 각 권수를 표시하되 30권을 한 권의 책으로 편집하여 번역하였다.

3. 번역의 정밀함을 기하기 위해 여러 시대와 왕조에서 각각 결집된 여러 한역장 경을 대조하고 비교하며 번역하였다.

4. 원문은 현장 삼장의 번역을 충실하게 따랐으나, 반복되는 용어를 생략하였던 용어에서는 번역자가 생략 이전의 본래의 용어로 통일하여 번역하였다.

5. 원문에 나오는 '필추(苾芻)', '필추니(苾芻尼)' 등의 용어는 음사(音寫)이므로 현재에 사용하는 '비구(比丘)', '비구니(比丘尼)'라고 번역하였다.

6. 원문에서의 이전의 번역과는 다른 용어가 사용되고 있으므로 원문을 존중하여 저본의 용어로 번역하였다.
   예) 보시·지계·인욕·정진·선정·지혜바라밀다 → 보시(布施)·정계(淨戒)·안인(安忍)·정진(精進)·정려(靜慮)·반야바라밀다(般若波羅蜜多), 축생 → 방생(傍生), 아귀→ 귀계(鬼界)

7. 원문에서 사용되고 있으나, 현재의 용어와 많이 다른 경우는 현재 용어로 번역하였고, 생략되거나, 어휘가 변화된 용어도 현재의 용어를 사용하여 번역하였다.
   예) 루(漏) → 번뇌, 악취(惡趣) → 악한 세계, 여래(如來)·응(應)·정등각(正等覺) → 여래·응공·정등각, 수량(壽量) → 수명, 성판(成辦) → 성취

8. 원문에서 사용한 용어 중에 현재와 음가(音價)가 다르게 변형된 사례가 많이 발견된다. 원문의 뜻을 최대한 살려 번역하였으나 현저하게 의미가 달라진 용어의 경우 현재 사용하는 용어로 바꾸어 번역하였다.

   예) 우파색가(鄔波索迦)→ 우바색가, 나유다(那庾多)→ 나유타(那庾多)

9. 앞에서와 같이 동일한 문장이 계속하여 반복되는 경우에는 원문에서 내지(乃至)라는 용어가 사용되고 있는데, 현재의 의미로 해석하여 '…… 나아가 ……' 또는 '나아가'의 형태로 바꾸어 번역하였다.

해제(解題)

1. 성립과 한역

이 경전의 범명(梵名)은 Mahāprajñāpāramitā Sūtra이다. 모두 600권으로 결집되었고, 여러 반야부의 경전들을 집대성하고 있다. 선행연구에서 대략 AD.1~200년경에 성립되었다고 연구되고 있으며, 인도의 쿠샨 왕조 시대에 남인도에서 널리 사용되었다고 추정되고, 뒤에 북인도에서 대중화 되었으며, 산스크리트어로 많은 부분이 남아있다.

본 번역의 저본은 고려대장경에 수록된 『대반야바라밀다경(大般若波羅蜜多經)』으로 당(唐)의 현장(玄奘)이 방주(方州)의 옥화궁사(玉華宮寺)에서 659년 또는 660년에 번역을 시작하여 663년에 번역한 경전이고, 당시까지 번역된 경전과 현장이 새롭게 번역한 경전들을 모두 함께 수록하고 있다.

중국에서 반야경의 유통은 동한(東漢)의 지루가참(支婁迦讖)이 역출(譯出)한 『도행반야경(道行般若經)』 10권을 번역하였던 것이 확인할 수 있는 최초의 사례이다. 이후에 삼국시대의 오(吳)나라 지겸(支謙)은 『대명도무극경(大明度無極經)』 6권으로 중역(重譯)하여 완성하였으며, 축법호(竺法護)는 『광찬반야바라밀경(光讚般若波羅蜜經)』 10권을 번역하였고, 조위(曹魏)의 사문 주사행(朱士行)이 감로(甘露) 5년(260)에 우전국(于闐國)에서 이만송대품반야범본(二萬頌大品般若梵本)을 구하여 무라차(無羅叉)와 함께 『방광반야바라밀경(放光般若波羅蜜經)』20권으로 번역하였으며, 요진(姚秦)의 구마라집(鳩摩羅什)은 홍시(弘始) 6년(404)에 대품이만송(大品二萬頌)의 『마하반야바라밀경(摩訶般若波羅蜜經)』을 중역하였고, 홍시(弘始) 10년(408)에 『마하반야바라밀경(摩訶般若波羅蜜經)』과 『금강반야경(金剛般若經)』등을 역출(譯出)하였으며, 북위(北魏) 영평(永平) 2년(509)에 보리유지(菩提流支)는 『금강반야경(金剛般若經)』1권을 역출하였다.

용수보살이 주석한 대지도론에서는 "또 삼장(三藏)에는 올바른 30만의 게송(偈)이 있고, 아울러 960만의 설(言)이 있으나, 마하연은 너무 많아서 무량하고 무한하다. 이와 같아서 「반야바라밀품(般若波羅密品)」에는 2만2천의 게송이 있고, 「대반야품(大般若品)」에는 10만의 게송이 있다."라고 전하고 있고, 세친(世親)이 저술하고 보리유지가 번역한 『금강선론(金剛仙論)』에서는 "8부(八部)의 반야가 있는데, 분별한다면 『대반야경초(大般若經初)』는 10만의 게송이고, 『대품반야경(大品般若經)』은 2만 5천의 게송이며, 『대반야경제삼회(大般若經第三會)』는 1만 8천의 게송이고, 『소품반야경(小品般若經)』은 8천의 게송이며, 『대반야경제오회(大般若經第五會)』는 4천의 게송이고, 『승천왕반야경(勝天王般若經)』은 2천 5백의 게송이며, 『문수반야경(文殊般若經)』은 6백의 게송이고, 『금강경(金剛經)』은 3백의 게송이다."라고 주석하고 있다.

본 경전의 다른 명칭으로는 『대반야경(大般若經)』, 『대품반야경(大品般若經)』, 또는 6백부반야(六百部般若)라고 불린다. 6백권의 390품이고 약 4백6십만의 한자로 결집되어 있으므로 현재 전하는 경장과 율장 및 논장의 가운데에서 가장 방대한 분량이다.

반야경의 한역본을 살펴보면 중복되는 명칭이 경전을 제외하더라도 여러 소경(小經)의 형태로 번역되었던 것을 살펴볼 수 있다. 그 사례를 살펴보면 『방광반야경(放光般若經)』(20卷), 『광찬경(光贊經)』(10卷), 『마하반야바라밀경(摩訶般若波羅蜜經)』(27卷), 『도행반야경(道行般若經)』(10卷), 『대명도경(大明度經)』(6卷), 『마하반야초경(摩訶般若鈔經)』(5卷), 『소품반야바라밀경(小品般若波羅蜜經)』(10卷), 『불설불모출생삼법장반야바라밀다경(佛說佛母出生三法藏般若波羅蜜多經)』(25卷), 『불설불모보덕장반야바라밀경(佛說佛母寶德藏般若波羅蜜經)』(3卷), 『성팔천송반야바라밀다일백팔명진실원의다라니경(聖八千頌般若波羅蜜多一百八名眞實圓義陀羅尼經)』, 『승천왕반야바라밀경(勝天王般若波羅蜜經)』(7卷), 『문수사리소설마하반야바라밀경(文殊師利所說摩訶般若波羅蜜經)』(2卷), 『문수사리소설반야바라밀경(文殊師利所說般若波羅蜜經)』, 『불설유수보살무상청정분위경(佛說濡首菩薩無上淸淨分衛經)』(2卷), 『금강반야바라밀경(金剛般若波羅密經)』, 『금강능단반야바라밀경(金剛能斷般若波羅蜜經)』, 『불설능단금강반야바라밀다경(佛說能斷金剛般若波羅蜜多經)』, 『실상반야바라밀경(實相般若波羅蜜經)』, 『금강정유가이취반야경(金剛頂瑜伽理趣般若經)』, 『불설변조반야바라밀경(佛說遍照般若波羅蜜經)』, 『대락금강불공진실삼마야경(大樂金剛不空眞實三麽耶經)』, 『불설최상근본대락금강불공삼매대교왕경(佛說最上根本大樂金剛不空三昧大敎王經)』(7卷), 『불설인왕반야바라밀경(佛說仁王般若波羅蜜經)』(2卷), 『인왕호국반야바라밀다경(仁王護國般若波羅蜜多經)』(2卷), 『불설요의반야바라밀다경(佛說了義般若波羅蜜多經)』, 『불설오십송성반야바라밀경(佛說五十頌聖般若波羅蜜經)』, 『불설제석반야바라밀다심경(佛說帝釋般若波羅蜜多心經)』, 『마하반야바라밀대명주경(摩訶般若波羅蜜大明呪經)』, 『반야바라밀다심경(般若波羅蜜多心經)』, 『보편지장반야바라밀다심경(普遍智藏般若波羅蜜多心經)』, 『당범번대자음반야바라밀다심경(唐梵飜對字音般若波羅蜜多心經)』, 『불설성불모반야바라밀다경(佛說聖佛母般若波羅蜜多經)』, 『불설성불모소자반야바라밀다경(佛說聖佛母小字般若波羅蜜多經)』, 『불설관상불모반야바라밀다보살경(佛說觀想佛母般若波羅蜜多菩薩經)』, 『불설개각자성반야바라밀다경(佛說開覺自性般若波羅蜜多經)』(4卷), 『대승이취육바라밀다경(大乘理趣六波羅蜜多經)』(10卷) 등의 독립된 경전으로 다양하게 번역되었다.

2. 설처(說處)와 결집(結集)

마하반야바라밀다경의 결집은 4처(處) 16회(會)로 구성되어 있는데, 제1회에서 제6회까지와 제15회는 왕사성의 영취산에서, 제7회에서 제9회까지와 제11회에서 제14회까지는 사위성의 기원정사에서, 제10회는 타화자재천 왕궁에서, 제16회는 왕사성의 죽림정사에서 이루어졌으며, 표로 구성한다면 아래와 같다.

九部般若	四處	『大般若經』의 卷數	특기사항(別稱)
上品般若	鷲峰山	初會79品(1~400卷)	十萬頌般若
中品般若		第二會85品(401~478卷)	二萬五千頌般若, 大品般若經
		第三會31品(479~537卷)	一萬八千頌般若
下品般若		第四會29品(538~555卷)	八千頌般若, 小品般若經
		第五會24品(556~565卷)	四千頌般若
天王般若		第六會17品(566~573卷)	勝天王般若經
文殊般若	給孤獨園	第七會(574~575卷, 曼殊室利分)	七百頌般若, 文殊說般若經
那伽室利般若		第八會(576卷, 那伽室利分)	濡首菩薩經
金剛般若		第九會(577卷, 能斷金剛分)	三百頌般若, 金剛經
理趣般若	他化自在天	第十會(578卷, 般若理趣分)	理趣百五十頌, 理趣般若經
六分般若	給孤獨園	第十一會(579卷~583卷, 布施波羅蜜多分)	五波羅蜜多經
		第十二會(584卷~588卷, 戒波羅蜜多分)	
		第十三會(589卷, 安忍波羅蜜多分)	
		第十四會(590卷, 精進波羅蜜多分)	
	鷲峰山	第十五會(591~592卷, 靜慮波羅蜜多分)	
	竹林精舍	第十六會(593~600卷, 般若波羅蜜多分)	善勇猛般若經

제1회는 범어로는 Śatasāhasrikāprajñāpāramitāsūtra이고, 제1권~제400권의 10만송으로 결집되고 있으며, 79품으로 이루어져 있고, 전체의

3분의 2에 해당하는 분량이다. 현장에 의해 처음으로 번역되었으므로 이역본이 없다.

제2회는 범어로는 Pañcaviṃśatisāhasrikāprajñāpāramitā sūtra이고, 제401권~제478권의 2만5천송(大品般若)으로 결집되고 있으며, 85품으로 이루어져 있고, 제1회와 비교하여 「상제보살품(常啼菩薩品)」과 「법용보살품(法涌菩薩品)」의 두 품이 생략되어 있다. 이역본으로『방광반야바라밀경(放光般若波羅蜜經)』,『마하반야바라밀경(摩訶般若波羅蜜經)』,『광찬경(光讚經)』등이 있다.

제3회는 범어로는 Aṣṭādaśasāhasrikāprajñāpāramitā sūtra이고, 제479권~제537권의 1만8천송으로 결집되고 있으며, 31품으로 이루어져 있고, 제2회와 같이 「상제보살품」과 「법용보살품」이 생략되어 있다.

제4회는 범어로 Aṣṭasāhasrikāsūtra이고, 제538권~제555권의 8천송(小品般若)으로 결집되고 있으며, 29품으로 이루어져 있다.

제5회는 범어로 Aṣṭasāhasrikāprajñāpāramitā sūtra이고, 제556권~제565권의 8천송(小品般若)으로 결집되고 있으며, 24품으로 이루어져 있다. 반야경은 큰 위력이 있어서 그 자체가 신비한 주문이라고 설하면서 수지하고 독송하는 것을 강조하였다. 이역본으로는『마하반야초경(摩訶般若鈔經)』,『도행반야경(道行般若經)』,『대명도경(大明度經)』,『마하반야바라밀경(小品般若經)』, 시호 역의『불모출생삼장반야바라밀다경』, 법현 역의『불모보덕반야바라밀다경』, 시호 역의『성팔천송반야바라밀다일백팔명진실원의다라니경』등이 있다.

제6회는 범어로 Devarājapravaraprajñāpāramitā sūtra이고, 제566권~제573권으로 결집되고 있으며, 17품으로 이루어져 있다. 이역본으로『승천왕반야바라밀경(勝天王般若波羅蜜經)』이 있다.

제7회는 범어로는 Saptaśatikāprajñāpāramitā sūtra이고, 제574~제575권으로 결집되고 있으며, 7백송이다. 만수실리분(曼殊室利分)이라고도 부르는데, 만수실리는 문수사리를 가리킨다. 이역본으로『문수사리소설마하반야바라밀경(文殊師利所說摩訶般若波羅蜜經)』,『문수사리소설반야

22

바라밀경(文殊師利所說般若波羅蜜經)』이 있다.

제8회는 범어로는 Nāgaśrīparipṛcchā sūtra이고, 제576권으로 결집되고
있으며, 5백송이다. 이역본으로『불설유수보살무상청정분위경(佛說濡首
菩薩無上淸淨分衞經)』이 있다.

제9회는 범어로 Vajracchedikāprajñāpāramitā sūtra이고, 제577권으로
결집되고 있으며, 능단금강분(能斷金剛分)이라 한다. 이역본으로 구마라
집·보리유지·진제가 각각 번역한『금강반야바라밀경』과 현장이 번역한
『능단금강반야바라밀다경』, 의정(義淨)이 번역한『불설능단금강반야바
라밀다경』이 있다.

제10회는 1백50송이며, 범어로는 Adhyardhaśatikāprajñāpāramitā sūtra
이고, 제578권으로 결집되고 있으며, 1백50송이고, 반야이취분(般若理趣
分)이라고 부른다. 이역본으로『실상반야바라밀경(實相般若波羅蜜經)』,『금
강정유가이취반야경(金剛頂瑜伽理趣般若經)』,『변조반야바라밀경(遍照般若
波羅蜜經)』,『최상근본금강불공삼매대교왕경(最上根本金剛不空三昧大敎王
經)』등이 있다.

제11회부터 제15회까지는 범어로는 Pañcapāramitānirdeśa이고 1천8백
송이다. 제16회는 범어로 Suvikrāntavikramiparipṛcchāprajñāpāramitā
sūtra이고, 2천1백송이다. 구체적으로 살펴보면, 제11회는 제579권~제
583권의 보시바라밀다분이고, 제12회는 제584권~제588권의 정계바라밀
다분이며, 제13회는 제589권의 안인바라밀다분이고, 제14회는 제590권의
정진바라밀다분이며, 제15회는 제591권~제592권의 정려바라밀다분이고,
제16회는 제593권~제600권의 반야바라밀다분으로 결집되어 있다.

3. 각 품(品)의 권수와 구성

『마하반야바라밀다경』의 결집은 4처(處) 16회(會)로 구성되어 있으나,

설법(說法)에 따른 분량에서 매우 많은 차이를 보여주고 있다. 이러한 차이는 각 법문의 내용과 대상에 따른 차이를 반영하고 있는데, 표를 통하여 600권에 수록된 각각의 품(品)과 분(分)을 살펴보면 다음과 같다.

법회(法會)	구분(區分)	설법의 분류	수록권수(收錄卷數)	특기사항
初會	緣起品	第1-1~2	1~2권	서문 수록
	學觀品	第2-1~2	3~4권	
	相應品	第3-1~4	4~7권	
	轉生品	第4-1~3	7~9권	
	贊勝德品	第5	10권	
	現舌相品	第6	10권	
	敎誡敎授品	第7-1~26	11~36권	
	勸學品	第8	36권	
	無住品	第9-1~2	36~37권	
	般若行相品	第10-1~4	38~41권	
	譬喩品	第11-1~4	42~45권	
	菩薩品	第12-1~2	45~46권	
	摩訶薩品	第13-1~3	47~49권	
	大乘鎧品	第14-1~3	49~51권	
	辨大乘品	第15-1~6	51~56권	
	贊大乘品	第16-1~6	56~61권	
	隨順品	第17	61권	
	無所得品	第18-1~10	61~70권	
	觀行品	第19-1~5	70~74권	
	無生品	第20-1~2	74~75권	
	淨道品	第21-1~2	75~76권	
	天帝品	第22-1~5	77~81권	
	諸天子品	第23-1~2	81~82권	
	受敎品	第24-1~3	82~83권	
	散花品	第25	84권	
	學般若品	第26-1~5	85~89권	
	求般若品	第27-1~10	89~98권	
	嘆衆德品	第28-1~2	98~99권	
	攝受品	第29-1~5	99~103권	
	校量功德品	第30-1~66	103~169권	
	隨喜迴向品	第31-1~5	169~172권	
	贊般若品	第32-1~10	172~181권	
	謗般若品	第33	181권	

難信解品	第34-1~103	182~284권	
贊淸淨品	第35-1~3	285~287권	
着不着相品	第36-1~6	287~292권	
說般若相品	第37-1~5	292~296권	
波羅蜜多品	第38-1~2	296~297권	
難聞功德品	第39-1~6	297~304권	
魔事品	第40-1~2	304~305권	
佛母品	第41-1~4	305~308권	
不思議等品	第42-1~3	308~310권	
辦事品	第43-1~2	310~311권	
衆喩品	第44-1~3	311~313권	
眞善友品	第45-1~4	313~316권	
趣智品	第46-1~3	316~318권	
眞如品	第47-1~7	318~324권	
菩薩住品	第48-1~2	324~325권	
不退轉品	第49-1~3	326~328권	
巧方便品	第50-1~3	328~330권	
願行品	第51-1~2	330~331권	
殑伽天品	第52	331권	
善學品	第53-1~5	331~335권	
斷分別品	第54-1~2	335~336권	
巧便學品	第55-1~5	337~341권	
願喩品	第56-1~2	341~342권	
堅等贊品	第57-1~5	342~346권	
囑累品	第58-1~2	346~347권	
無盡品	第59-1~2	347~348권	
相引攝品	第60-1~2	349~350권	
多問不二品	第61-1~13	350~363권	
實說品	第62-1~3	363~365권	
巧便行品	第63-1~2	365~366권	
遍學道品	第64-1~7	366~372권	
三漸次品	第65-1~2	372~373권	
無相無得品	第66-1~6	373~378권	
無雜法義品	第67-1~2	378~379권	
諸功德相品	第68-1~5	379~383권	
諸法平等品	第69-1~4	383~386권	
不可動品	第70-1~5	386~390권	
成熟有情品	第71-1~4	390~393권	
嚴淨佛土品	第72-1~2	393~394권	
淨土方便品	第73-1~2	394~395권	

	無性自性品	第74-1~2	395~396권	
	勝義瑜伽品	第75-1~2	396~397권	
	無動法性品	第76	397권	
	常啼菩薩品	第77-1~2	398~399권	
	法湧菩薩品	第78-1~2	399~400권	
	結勸品	第79	400권	
第二會	緣起品	第1	401권	서문 수록
	歡喜品	第2	402권	
	觀照品	第3-1~4	402~405권	
	無等等品	第4	405권	
	舌根相品	第5	405권	
	善現品	第6-1~3	406~408권	
	入離生品	第7	408권	
	勝軍品	第8-1~2	408~409권	
	行相品	第9-1~2	409~410권	
	幻喩品	第10	410권	
	譬喩品	第11	411권	
	斷諸見品	第12	411권	
	六到彼岸品	第13-1~2	411~412권	
	乘大乘品	第14	412권	
	無縛解品	第15	413권	
	三摩地品	第16-1~2	413~414권	
	念住等品	第17-1~2	414~415권	
	修治地品	第18-1~2	415~416권	
	出住品	第19-1~2	416~417권	
	超勝品	第20-1~2	417~418권	
	無所有品	第21-1~3	418~420권	
	隨順品	第22	420권	
	無邊際品	第23-1~4	420~423권	
	遠離品	第24-1~2	423~424권	
	帝釋品	第25-1~2	425~426권	
	信受品	第26	426권	
	散花品	第27-1~2	426~427권	
	授記品	第28	427권	
	攝受品	第29-1~2	427~428권	
	窣堵波品	第30	428권	
	福生品	第31	429권	
	功德品	第32	429권	
	外道品	第33	429권	
	天來品	第34-1~2	429~430권	

設利羅品	第35	430권	
經文品	第36-1~2	431~432권	
隨喜迴向品	第37-1~2	432~433권	
大師品	第38	434권	
地獄品	第39-1~2	434~435권	
淸淨品	第40	436권	
無摽幟品	第41-1~2	436~437권	
不可得品	第42	437권	
東北方品	第43-1~3	438~440권	
魔事品	第44	440권	
不和合品	第45-1~2	440~441권	
佛母品	第46-1~2	441~442권	
示相品	第47-1~2	442~443권	
成辦品	第48	444권	
船等喩品	第49-1~2	444~445권	
初業品	第50-1~2	445~446권	
調伏貪等品	第51	446권	
眞如品	第52-1~3	446~448권	
不退轉品	第53	448권	
轉不退轉品	第54	449권	
甚深義品	第55-1~2	449~450권	
夢行品	第56	451권	
願行品	第57	451권	
殑伽天品	第58	451권	
習近品	第59	452권	
增上慢品	第60-1~3	452~454권	
同學品	第61-1~2	454~455권	
同性品	第62-1~2	455~456권	
無分別品	第63	456권	
堅非堅品	第64-1~2	456~457권	
實語品	第65-1~2	457~458권	
無盡品	第66	458권	
相攝品	第67	459권	
巧便品	第68-1~4	459~463권	
樹喩品	第69	463권	
菩薩行品	第70	464권	
親近品	第71	464권	
遍學品	第72-1~2	464~465권	
漸次品	第73-1~2	465~466권	
無相品	第74-1~2	466~467권	

	無雜品	第75-1~2	467~468권	
	衆德相品	第76-1~4	468~471권	
	善達品	第77-1~3	471~473권	
	實際品	第78-1~2	473~474권	
	無闕品	第79-1~2	474~475권	
	道士品	第80	476권	
	正定品	第81	477권	
	佛法品	第82	477권	
	無事品	第83	478권	
	實說品	第84	478권	
	空性品	第85	478권	
第三會	緣起品	第1	479권	서문 수록
	舍利子品	第2-1~4	479~482권	
	善現品	第3-1~17	482~498권	
	天帝品	第4-1~3	498~500권	
	現窣堵波品	第5-1~3	500~502권	
	稱揚功德品	第6-1~2	502~503권	
	佛設利羅品	第7	503권	
	福聚品	第8-1~2	503~504권	
	隨喜迴向品	第9-1~2	504~505권	
	地獄品	第10-1~2	505~506권	
	嘆淨品	第11-1~2	506~507권	
	贊德品	第12	507권	
	陀羅尼品	第13-1~2	508~509권	
	魔事品	第14	509권	
	現世間品	第15	510권	
	不思議等品	第16	511권	
	譬喩品	第17	511권	
	善友品	第18	512권	
	眞如品	第19-1~2	513~514권	
	不退相品	第20-1~2	514~515권	
	空相品	第21-1~3	515~517권	
	殑伽天品	第22	517권	
	巧便品	第23-1~4	517~520권	
	學時品	第24	520권	
	見不動品	第25-1~2	521~522권	
	方便善巧品	第26-1~4	523~526권	
	慧到彼岸品	第27	527권	
	妙相品	第28-1~5	528~532권	
	施等品	第29-1~4	532~535권	

28

	佛國品	第30-1~2	535~536권	
	宣化品	第31-1~2	536~537권	
第四會	妙行品	第1-1~2	538~539권	서문 수록
	帝釋品	第2	539권	
	供養窣堵波品	第3-1~3	539~541권	
	稱揚功德品	第4	541권	
	福門品	第5-1~2	541~542권	
	隨喜迴向品	第6-1~2	543~544권	
	地獄品	第7	544권	
	清淨品	第8	545권	
	讚歎品	第9	545권	
	總持品	第10-1~2	545~546권	
	魔事品	第11-1~2	546~547권	
	現世間品	第12	547권	
	不思議等品	第13	547권	
	譬喩品	第14	548권	
	天贊品	第15	548권	
	眞如品	第16-1~2	548~549권	
	不退相品	第17	549권	
	空相品	第18-1~2	549~550권	
	深功德品	第19	550권	
	殑伽天品	第20	550권	
	覺魔事品	第21-1~2	551권	
	善友品	第22-1~2	551~552권	
	天主品	第23	552권	
	無雜無異品	第24	552권	
	迅速品	第25-1~2	552~553권	
	幻喩品	第26	553권	
	堅固品	第27-1~2	553~554권	
	散花品	第28	554권	
	隨順品	第29	555권	
第五會	善現品	第1	556권	서문 수록
	天帝品	第2	556권	
	窣堵波品	第3	557권	
	神呪品	第4	557권	
	設利羅品	第5	558권	
	經典品	第6	558권	
	迴向品	第7	558권	
	地獄品	第8	559권	
	清淨品	第9	559권	

	不思議品	第10-1~2	559~560권	
	魔事品	第11	560권	
	眞如品	第12	560권	
	甚深相品	第13	560~561권	
	船等喩品	第14	561권	
	如來品	第15-1~2	561~562권	
	不退品	第16	562권	
	貪行品	第17-1~2	562~563권	
	姊妹品	第18	563권	
	夢行品	第19	563권	
	勝意樂品	第20	564권	
	修學品	第21	564권	
	根栽品	第22-1~2	564~565권	
	付囑品	第23	565권	
	見不動佛品	第24	565권	
第六會	緣起品	第1	566권	서문 수록
	通達品	第2	566권	
	顯相品	第3	567권	
	法界品	第4-1~2	567~568권	
	念住品	第5	568권	
	法性品	第6	569권	
	平等品	第7	570권	
	現相品	第8	570권	
	無所得品	第9	571권	
	證勸品	第10	571권	
	顯德品	第11	572권	
	現化品	第12	572권	
	陀羅尼品	第13	572권	
	勸誡品	第14-1~2	572~573권	
	二行品	第15	573권	
	讚歎品	第16	573권	
	付囑品	第17	573권	
第七會	曼殊室利分	第1~2	574~575권	서문 수록
第八會	那伽室利分	第1	576권	서문 수록
第九會	能斷金剛分	第1	577권	서문 수록
第十會	般若理趣分	第1	578권	서문 수록
第十一會	施波羅蜜多分	第1~5	579~583권	서문 수록
第十二會	淨戒波羅蜜多分	第1~5	584~588권	서문 수록
第十三會	忍波羅蜜多分	第1	589권	서문 수록
第十四會	精進波羅蜜多分	第1	590권	서문 수록

第十五會	靜慮波羅蜜多分	第1~2	591~592권	서문 수록
第十六會	般若波羅蜜多分	第1~8	593~600권	서문 수록

따라서 마하반야바라밀다경은 설법의 내용을 따라서 각각 다른 결집의 형태를 보여주고 있으며, 매우 방대하였던 까닭으로 반야계통의 경전인 『소품반야경』, 『금강반야경』, 『반야심경』 등에 비교하여 많이 연구되지 않고 있다. 그러나 『고려대장경』의 처음에 『마하반야바라밀다경』을 배치하고 있는 것은 한국불교에서는 『마하반야바라밀다경』의 사상적인 위치가 매우 중요하였다고 추정할 수 있다.

초분
初分

마하반야바라밀다경 제271권

34. 난신해품(難信解品)(90)

"선현이여. 일체지지가 청정한 까닭으로 보시바라밀다가 청정하고, 보시바라밀다가 청정한 까닭으로 7등각지가 청정하니라. 왜 그러한가? 만약 일체지지가 청정하거나, 만약 보시바라밀다가 청정하거나, 만약 7등각지가 청정하다면, 무이이고 둘로 나눌 수 없으며 분별이 없고 단절도 없는 까닭이니라. 일체지지가 청정한 까닭으로 정계·안인·정진·정려·반야바라밀다가 청정하고, 정계, 나아가 반야바라밀다가 청정한 까닭으로 7등각지가 청정하니라. 왜 그러한가? 만약 일체지지가 청정하거나, 만약 정계, 나아가 반야바라밀다가 청정하거나, 만약 7등각지가 청정하다면, 무이이고 둘로 나눌 수 없으며 분별이 없고 단절도 없는 까닭이니라.

선현이여. 일체지지가 청정한 까닭으로 내공이 청정하고, 내공이 청정한 까닭으로 7등각지가 청정하니라. 왜 그러한가? 만약 일체지지가 청정하거나, 만약 내공이 청정하거나, 만약 7등각지가 청정하다면, 무이이고 둘로 나눌 수 없으며 분별이 없고 단절도 없는 까닭이니라. 일체지지가 청정한 까닭으로 외공·내외공·공공·대공·승의공·유위공·무위공·필경공·무제공·산공·무변이공·본성공·자상공·공상공·일체법공·불가득공·무성공·자성공·무성자성공이 청정하고, 외공, 나아가 무성자성공이 청정한 까닭으로 7등각지가 청정하니라. 왜 그러한가? 만약 일체지지가 청정하거나, 만약 외공, 나아가 무성자성공이 청정하거나, 만약 7등각지가 청정하다면, 무이이고 둘로 나눌 수 없으며 분별이 없고 단절도 없는

까닭이니라.

선현이여. 일체지지가 청정한 까닭으로 진여가 청정하고, 진여가 청정한 까닭으로 7등각지가 청정하니라. 왜 그러한가? 만약 일체지지가 청정하거나, 만약 진여가 청정하거나, 만약 7등각지가 청정하다면, 무이이고 둘로 나눌 수 없으며 분별이 없고 단절도 없는 까닭이니라. 일체지지가 청정한 까닭으로 법계·법성·불허망성·불변이성·평등성·이생성·법정·법주·실제·허공계·부사의계가 청정하고 법계, 나아가 부사의계가 청정한 까닭으로 7등각지가 청정하니라. 왜 그러한가? 만약 일체지지가 청정하거나, 만약 법계, 나아가 부사의계가 청정하거나, 만약 7등각지가 청정하다면, 무이이고 둘로 나눌 수 없으며 분별이 없고 단절도 없는 까닭이니라.

선현이여. 일체지지가 청정한 까닭으로 고성제가 청정하고, 고성제가 청정한 까닭으로 7등각지가 청정하니라. 왜 그러한가? 만약 일체지지가 청정하거나, 만약 고성제가 청정하거나, 만약 7등각지가 청정하다면, 무이이고 둘로 나눌 수 없으며 분별이 없고 단절도 없는 까닭이니라. 일체지지가 청정한 까닭으로 집·멸·도성제가 청정하고, 집·멸·도성제가 청정한 까닭으로 7등각지가 청정하니라. 왜 그러한가? 만약 일체지지가 청정하거나, 만약 집·멸·도성제가 청정하거나, 만약 7등각지가 청정하다면, 무이이고 둘로 나눌 수 없으며 분별이 없고 단절도 없는 까닭이니라.

선현이여. 일체지지가 청정한 까닭으로 4정려가 청정하고, 4정려가 청정한 까닭으로 7등각지가 청정하니라. 왜 그러한가? 만약 일체지지가 청정하거나, 만약 4정려가 청정하거나, 만약 7등각지가 청정하다면, 무이이고 둘로 나눌 수 없으며 분별이 없고 단절도 없는 까닭이니라. 일체지지가 청정한 까닭으로 4무량·4무색정이 청정하고, 4무량·4무색정이 청정한 까닭으로 7등각지가 청정하니라. 왜 그러한가? 만약 일체지지가 청정하거나, 만약 4무량·4무색정이 청정하거나, 만약 7등각지가 청정하다면, 무이이고 둘로 나눌 수 없으며 분별이 없고 단절도 없는 까닭이니라.

선현이여. 일체지지가 청정한 까닭으로 8해탈이 청정하고, 8해탈이 청정한 까닭으로 7등각지가 청정하니라. 왜 그러한가? 만약 일체지지가 청정하거나, 만약 8해탈이 청정하거나, 만약 7등각지가 청정하다면, 무이이고 둘로 나눌 수 없으며 분별이 없고 단절도 없는 까닭이니라. 일체지지가 청정한 까닭으로 8승처·9차제정·10변처가 청정하고, 8승처·9차제정·10변처가 청정한 까닭으로 7등각지가 청정하니라. 왜 그러한가? 만약 일체지지가 청정하거나, 만약 8승처·9차제정·10변처가 청정하거나, 만약 7등각지가 청정하다면, 무이이고 둘로 나눌 수 없으며 분별이 없고 단절도 없는 까닭이니라.

선현이여. 일체지지가 청정한 까닭으로 4념주가 청정하고, 4념주가 청정한 까닭으로 7등각지가 청정하니라. 왜 그러한가? 만약 일체지지가 청정하거나, 만약 4념주가 청정하거나, 만약 7등각지가 청정하다면, 무이이고 둘로 나눌 수 없으며 분별이 없고 단절도 없는 까닭이니라. 일체지지가 청정한 까닭으로 4정단·4신족·5근·5력·8성도지가 청정하고, 4정단, 나아가 8성도지가 청정한 까닭으로 7등각지가 청정하니라. 왜 그러한가? 만약 일체지지가 청정하거나, 만약 4정단, 나아가 8성도지가 청정하거나, 만약 7등각지가 청정하다면, 무이이고 둘로 나눌 수 없으며 분별이 없고 단절도 없는 까닭이니라.

선현이여. 일체지지가 청정한 까닭으로 공해탈문이 청정하고, 공해탈문이 청정한 까닭으로 7등각지가 청정하니라. 왜 그러한가? 만약 일체지지가 청정하거나, 만약 공해탈문이 청정하거나, 만약 7등각지가 청정하다면, 무이이고 둘로 나눌 수 없으며 분별이 없고 단절도 없는 까닭이니라. 일체지지가 청정한 까닭으로 무상·무원해탈문이 청정하고, 무상·무원해탈문이 청정한 까닭으로 7등각지가 청정하니라. 왜 그러한가? 만약 일체지지가 청정하거나, 만약 무상·무원해탈문이 청정하거나, 만약 7등각지가 청정하다면, 무이이고 둘로 나눌 수 없으며 분별이 없고 단절도 없는 까닭이니라.

선현이여. 일체지지가 청정한 까닭으로 보살의 10지가 청정하고, 보살의 10지가 청정한 까닭으로 7등각지가 청정하니라. 왜 그러한가? 만약 일체지지가 청정하거나, 만약 보살의 10지가 청정하거나, 만약 7등각지가

청정하다면, 무이이고 둘로 나눌 수 없으며 분별이 없고 단절도 없는 까닭이니라.

선현이여. 일체지지가 청정한 까닭으로 5안이 청정하고, 5안이 청정한 까닭으로 7등각지가 청정하니라. 왜 그러한가? 만약 일체지지가 청정하거나, 만약 5안이 청정하거나, 만약 7등각지가 청정하다면, 무이이고 둘로 나눌 수 없으며 분별이 없고 단절도 없는 까닭이니라. 일체지지가 청정한 까닭으로 6신통이 청정하고, 6신통이 청정한 까닭으로 7등각지가 청정하니라. 왜 그러한가? 만약 일체지지가 청정하거나, 만약 6신통이 청정하거나, 만약 7등각지가 청정하다면, 무이이고 둘로 나눌 수 없으며 분별이 없고 단절도 없는 까닭이니라.

선현이여. 일체지지가 청정한 까닭으로 여래의 10력이 청정하고, 여래의 10력이 청정한 까닭으로 7등각지가 청정하니라. 왜 그러한가? 만약 일체지지가 청정하거나, 만약 여래의 10력이 청정하거나, 만약 7등각지가 청정하다면, 무이이고 둘로 나눌 수 없으며 분별이 없고 단절도 없는 까닭이니라. 일체지지가 청정한 까닭으로 4무소외·4무애해·대자·대비·대희·대사·18불불공법이 청정하고, 4무소외, 나아가 18불불공법이 청정한 까닭으로 7등각지가 청정하니라. 왜 그러한가? 만약 일체지지가 청정하거나, 만약 4무소외, 나아가 18불불공법이 청정하거나, 만약 7등각지가 청정하다면, 무이이고 둘로 나눌 수 없으며 분별이 없고 단절도 없는 까닭이니라.

선현이여. 일체지지가 청정한 까닭으로 무망실법이 청정하고, 무망실법이 청정한 까닭으로 7등각지가 청정하니라. 왜 그러한가? 만약 일체지지가 청정하거나, 만약 무망실법이 청정하거나, 만약 7등각지가 청정하다면, 무이이고 둘로 나눌 수 없으며 분별이 없고 단절도 없는 까닭이니라. 선현이여. 일체지지가 청정한 까닭으로 항주사성이 청정하고, 항주사성이 청정한 까닭으로 7등각지가 청정하니라. 왜 그러한가? 만약 일체지지가 청정하거나, 만약 항주사성이 청정하거나, 만약 7등각지가 청정하다면, 무이이고 둘로 나눌 수 없으며 분별이 없고 단절도 없는 까닭이니라.

선현이여. 일체지지가 청정한 까닭으로 일체지가 청정하고, 일체지가 청정한 까닭으로 7등각지가 청정하니라. 왜 그러한가? 만약 일체지지가 청정하거나, 만약 일체지가 청정하거나, 만약 7등각지가 청정하다면, 무이이고 둘로 나눌 수 없으며 분별이 없고 단절도 없는 까닭이니라. 일체지지가 청정한 까닭으로 도상지·일체상지가 청정하고, 도상지·일체상지가 청정한 까닭으로 7등각지가 청정하니라. 왜 그러한가? 만약 일체지지가 청정하거나, 만약 도상지·일체상지가 청정하거나, 만약 7등각지가 청정하다면, 무이이고 둘로 나눌 수 없으며 분별이 없고 단절도 없는 까닭이니라.

선현이여. 일체지지가 청정한 까닭으로 일체의 다라니문이 청정하고, 일체의 다라니문이 청정한 까닭으로 7등각지가 청정하니라. 왜 그러한가? 만약 일체지지가 청정하거나, 만약 일체의 다라니문이 청정하거나, 만약 7등각지가 청정하다면, 무이이고 둘로 나눌 수 없으며 분별이 없고 단절도 없는 까닭이니라. 선현이여. 일체지지가 청정한 까닭으로 일체의 삼마지문이 청정하고, 일체의 삼마지문이 청정한 까닭으로 7등각지가 청정하니라. 왜 그러한가? 만약 일체지지가 청정하거나, 만약 일체의 삼마지문이 청정하거나, 만약 7등각지가 청정하다면, 무이이고 둘로 나눌 수 없으며 분별이 없고 단절도 없는 까닭이니라.

선현이여. 일체지지가 청정한 까닭으로 예류과가 청정하고, 예류과가 청정한 까닭으로 7등각지가 청정하니라. 왜 그러한가? 만약 일체지지가 청정하거나, 만약 예류과가 청정하거나, 만약 7등각지가 청정하다면, 무이이고 둘로 나눌 수 없으며 분별이 없고 단절도 없는 까닭이니라. 일체지지가 청정한 까닭으로 일래·불환·아라한과가 청정하고, 일래·불환·아라한과가 청정한 까닭으로 7등각지가 청정하니라. 왜 그러한가? 만약 일체지지가 청정하거나, 만약 일래·불환·아라한과가 청정하거나, 만약 7등각지가 청정하다면, 무이이고 둘로 나눌 수 없으며 분별이 없고 단절도 없는 까닭이니라.

선현이여. 일체지지가 청정한 까닭으로 독각의 보리가 청정하고, 독각의 보리가 청정한 까닭으로 7등각지가 청정하니라. 왜 그러한가? 만약 일체지지가 청정하거나, 만약 독각의 보리가 청정하거나, 만약 7등각지가 청정하다면, 무이이고 둘로 나눌 수 없으며 분별이 없고 단절도 없는 까닭이니라.

선현이여. 일체지지가 청정한 까닭으로 일체의 보살마하살의 행이 청정하고, 일체의 보살마하살의 행이 청정한 까닭으로 7등각지가 청정하니라. 왜 그러한가? 만약 일체지지가 청정하거나, 만약 일체의 보살마하살의 행이 청정하거나, 만약 7등각지가 청정하다면, 무이이고 둘로 나눌 수 없으며 분별이 없고 단절도 없는 까닭이니라.

선현이여. 일체지지가 청정한 까닭으로 제불의 무상정등보리가 청정하고, 제불의 무상정등보리가 청정한 까닭으로 7등각지가 청정하니라. 왜 그러한가? 만약 일체지지가 청정하거나, 만약 제불의 무상정등보리가 청정하거나, 만약 7등각지가 청정하다면, 무이이고 둘로 나눌 수 없으며 분별이 없고 단절도 없는 까닭이니라."

"다시 다음으로 선현이여. 일체지지(一切智地)가 청정(淸淨)한 까닭으로 색이 청정하고, 색이 청정한 까닭으로 8성도지(八聖道支)가 청정하니라. 왜 그러한가? 만약 일체지지가 청정하거나, 만약 색(色)이 청정하거나, 만약 8성도지가 청정하다면, 무이(無二)이고 둘로 나눌 수 없으며(無二分) 분별이 없고(無別) 단절도 없는(無斷) 까닭이니라. 일체지지가 청정한 까닭으로 수(受)·상(想)·행(行)·식(識)이 청정하고, 수·상·행·식이 청정한 까닭으로 8성도지가 청정하니라. 왜 그러한가? 만약 일체지지가 청정하거나, 만약 수·상·행·식이 청정하거나, 만약 8성도지가 청정하다면, 무이이고 둘로 나눌 수 없으며 분별이 없고 단절도 없는 까닭이니라.

선현이여. 일체지지가 청정한 까닭으로 안처(眼處)가 청정하고, 안처가 청정한 까닭으로 8성도지가 청정하니라. 왜 그러한가? 만약 일체지지가 청정하거나, 만약 안처가 청정하거나, 만약 8성도지가 청정하다면, 무이이고 둘로 나눌 수 없으며 분별이 없고 단절도 없는 까닭이니라. 일체지지가 청정한 까닭으로 이(耳)·비(鼻)·설(舌)·신(身)·의처(意處)가 청정하고, 이·비·설·신·의처가 청정한 까닭으로 8성도지가 청정하니라. 왜 그러한 가? 만약 일체지지가 청정하거나, 만약 이·비·설·신·의처가 청정하거나, 만약 8성도지가 청정하다면, 무이이고 둘로 나눌 수 없으며 분별이 없고 단절도 없는 까닭이니라.

선현이여. 일체지지가 청정한 까닭으로 색처(色處)가 청정하고, 색처가 청정한 까닭으로 8성도지가 청정하니라. 왜 그러한가? 만약 일체지지가 청정하거나, 만약 색처가 청정하거나, 만약 8성도지가 청정하다면, 무이 이고 둘로 나눌 수 없으며 분별이 없고 단절도 없는 까닭이니라. 일체지지 가 청정한 까닭으로 성(聲)·향(香)·미(味)·촉(觸)·법처(法處)가 청정하고, 성·향·미·촉·법처가 청정한 까닭으로 8성도지가 청정하니라. 왜 그러한 가? 만약 일체지지가 청정하거나, 만약 성·향·미·촉·법처가 청정하거나, 만약 8성도지가 청정하다면, 무이이고 둘로 나눌 수 없으며 분별이 없고 단절도 없는 까닭이니라.

선현이여. 일체지지가 청정한 까닭으로 안계(眼界)가 청정하고, 안계가 청정한 까닭으로 8성도지가 청정하니라. 왜 그러한가? 만약 일체지지가 청정하거나, 만약 안계가 청정하거나, 만약 8성도지가 청정하다면, 무이 이고 둘로 나눌 수 없으며 분별이 없고 단절도 없는 까닭이니라. 일체지지 가 청정한 까닭으로 색계(色界)·안식계(眼識界), …… 나아가 …… 안촉(眼 觸)·안촉을 인연으로 생겨나는 여러 수(受)가 청정하고, 색계, 나아가 안촉을 인연으로 생겨난 여러 수가 청정한 까닭으로 8성도지가 청정하니 라. 왜 그러한가? 만약 일체지지가 청정하거나, 만약 색계, 나아가 안촉을 인연으로 생겨난 여러 수가 청정하거나, 만약 8성도지가 청정하다면, 무이이고 둘로 나눌 수 없으며 분별이 없고 단절도 없는 까닭이니라.

선현이여. 일체지지가 청정한 까닭으로 이계(耳界)가 청정하고, 이계가 청정한 까닭으로 8성도지가 청정하니라. 왜 그러한가? 만약 일체지지가 청정하거나, 만약 이계가 청정하거나, 만약 8성도지가 청정하다면, 무이 이고 둘로 나눌 수 없으며 분별이 없고 단절도 없는 까닭이니라. 일체지지가 청정한 까닭으로 성계(聲界)·이식계(耳識界), …… 나아가 …… 이촉(耳觸)·이촉을 인연으로 생겨난 여러 수가 청정하고, 성계, 나아가 이촉을 인연으로 생겨난 여러 수가 청정한 까닭으로 8성도지가 청정하니라. 왜 그러한가? 만약 일체지지가 청정하거나, 만약 성계, 나아가 이촉을 인연으로 생겨난 여러 수가 청정하거나, 만약 8성도지가 청정하다면, 무이이고 둘로 나눌 수 없으며 분별이 없고 단절도 없는 까닭이니라.

선현이여. 일체지지가 청정한 까닭으로 비계(鼻界)가 청정하고, 비계가 청정한 까닭으로 8성도지가 청정하니라. 왜 그러한가? 만약 일체지지가 청정하거나, 만약 비계가 청정하거나, 만약 8성도지가 청정하다면, 무이이고 둘로 나눌 수 없으며 분별이 없고 단절도 없는 까닭이니라. 일체지지가 청정한 까닭으로 향계(香界)·비식계(鼻識界), …… 나아가 …… 비촉(鼻觸)·비촉을 인연으로 생겨난 여러 수가 청정하고, 향계, 나아가 비촉을 인연으로 생겨난 여러 수가 청정한 까닭으로 8성도지가 청정하니라. 왜 그러한가? 만약 일체지지가 청정하거나, 만약 향계, 나아가 비촉을 인연으로 생겨난 여러 수가 청정하거나, 만약 8성도지가 청정하다면, 무이이고 둘로 나눌 수 없으며 분별이 없고 단절도 없는 까닭이니라.

선현이여. 일체지지가 청정한 까닭으로 설계(舌界)가 청정하고, 설계가 청정한 까닭으로 8성도지가 청정하니라. 왜 그러한가? 만약 일체지지가 청정하거나, 만약 설계가 청정하거나, 만약 8성도지가 청정하다면, 무이이고 둘로 나눌 수 없으며 분별이 없고 단절도 없는 까닭이니라. 일체지지가 청정한 까닭으로 미계(味界)·설식계(舌識界), …… 나아가 …… 설촉(舌觸)·설촉을 인연으로 생겨난 여러 수가 청정하고, 미계, 나아가 설촉을 인연으로 생겨난 여러 수가 청정한 까닭으로 8성도지가 청정하니라. 왜 그러한가? 만약 일체지지가 청정하거나, 만약 미계, 나아가 설촉을 인연으로 생겨난 여러 수가 청정하거나, 만약 8성도지가 청정하다면, 무이이고 둘로 나눌 수 없으며 분별이 없고 단절도 없는 까닭이니라.

선현이여. 일체지지가 청정한 까닭으로 신계(身界)가 청정하고, 신계가 청정한 까닭으로 8성도지가 청정하니라. 왜 그러한가? 만약 일체지지가 청정하거나, 만약 신계가 청정하거나, 만약 8성도지가 청정하다면, 무이이고 둘로 나눌 수 없으며 분별이 없고 단절도 없는 까닭이니라. 일체지지가 청정한 까닭으로 촉계(觸界)·신식계(身識界), …… 나아가 …… 신촉(身觸)·신촉을 인연으로 생겨난 여러 수가 청정하고, 촉계, 나아가 신촉을 인연으로 생겨난 여러 수가 청정한 까닭으로 8성도지가 청정하니라. 왜 그러한가? 만약 일체지지가 청정하거나, 만약 촉계, 나아가 신촉을 인연으로 생겨난 여러 수가 청정하거나, 만약 8성도지가 청정하다면, 무이이고 둘로 나눌 수 없으며 분별이 없고 단절도 없는 까닭이니라.

선현이여. 일체지지가 청정한 까닭으로 의계(意界)가 청정하고, 의계가 청정한 까닭으로 8성도지가 청정하니라. 왜 그러한가? 만약 일체지지가 청정하거나, 만약 의계가 청정하거나, 만약 8성도지가 청정하다면, 무이이고 둘로 나눌 수 없으며 분별이 없고 단절도 없는 까닭이니라. 일체지지가 청정한 까닭으로 법계(法界)·의식계(意識界), …… 나아가 …… 의촉(意觸)·의촉을 인연으로 생겨난 여러 수가 청정하고, 법계, 나아가 의촉을 인연으로 생겨난 여러 수가 청정한 까닭으로 8성도지가 청정하니라. 왜 그러한가? 만약 일체지지가 청정하거나, 만약 법계, 나아가 의촉을 인연으로 생겨난 여러 수가 청정하거나, 만약 8성도지가 청정하다면, 무이이고 둘로 나눌 수 없으며 분별이 없고 단절도 없는 까닭이니라.

선현이여. 일체지지가 청정한 까닭으로 지계(地界)가 청정하고, 지계가 청정한 까닭으로 8성도지가 청정하니라. 왜 그러한가? 만약 일체지지가 청정하거나, 만약 지계가 청정하거나, 만약 8성도지가 청정하다면, 무이이고 둘로 나눌 수 없으며 분별이 없고 단절도 없는 까닭이니라. 일체지지가 청정한 까닭으로 수(水)·화(火)·풍(風)·공(空)·식계(識界)가 청정하고, 수·화·풍·공·식계가 청정한 까닭으로 8성도지가 청정하니라. 왜 그러한가? 만약 일체지지가 청정하거나, 만약 수·화·풍·공·식계가 청정하거나, 만약 8성도지가 청정하다면, 무이이고 둘로 나눌 수 없으며 분별이 없고 단절도 없는 까닭이니라.

선현이여. 일체지지가 청정한 까닭으로 무명(無明)이 청정하고, 무명이 청정한 까닭으로 8성도지가 청정하니라. 왜 그러한가? 만약 일체지지가 청정하거나, 만약 무명이 청정하거나, 만약 8성도지가 청정하다면, 무이이고 둘로 나눌 수 없으며 분별이 없고 단절도 없는 까닭이니라. 일체지지가 청정한 까닭으로 행(行)·식(識)·명색(名色)·육처(六處)·촉(觸)·수(受)·애(愛)·취(取)·유(有)·생(生)·노사(老死)의 수탄고우뇌(愁歎苦憂惱)가 청정하고, 행, 나아가 노사의 수탄고우뇌가 청정한 까닭으로 8성도지가 청정하니라. 왜 그러한가? 만약 일체지지가 청정하거나, 만약 행, 나아가 노사의 수탄고우뇌가 청정하거나, 만약 8성도지가 청정하다면, 무이이고 둘로 나눌 수 없으며 분별이 없고 단절도 없는 까닭이니라.

선현이여. 일체지지가 청정한 까닭으로 보시바라밀다(布施波羅蜜多)가 청정하고, 보시바라밀다가 청정한 까닭으로 8성도지가 청정하니라. 왜 그러한가? 만약 일체지지가 청정하거나, 만약 보시바라밀다가 청정하거나, 만약 8성도지가 청정하다면, 무이이고 둘로 나눌 수 없으며 분별이 없고 단절도 없는 까닭이니라. 일체지지가 청정한 까닭으로 정계(淨戒)·안인(安忍)·정진(精進)·정려(靜慮)·반야바라밀다(般若波羅蜜多)가 청정하고, 정계, 나아가 반야바라밀다가 청정한 까닭으로 8성도지가 청정하니라. 왜 그러한가? 만약 일체지지가 청정하거나, 만약 정계, 나아가 반야바라밀다가 청정하거나, 만약 8성도지가 청정하다면, 무이이고 둘로 나눌 수 없으며 분별이 없고 단절도 없는 까닭이니라.

선현이여. 일체지지가 청정한 까닭으로 내공(內空)이 청정하고, 내공이 청정한 까닭으로 8성도지가 청정하니라. 왜 그러한가? 만약 일체지지가 청정하거나, 만약 내공이 청정하거나, 만약 8성도지가 청정하다면, 무이이고 둘로 나눌 수 없으며 분별이 없고 단절도 없는 까닭이니라. 일체지지가 청정한 까닭으로 외공(外空)·내외공(內外空)·공공(空空)·대공(大空)·승의공(勝義空)·유위공(有爲空)·무위공(無爲空)·필경공(畢竟空)·무제공(無際空)·산공(散空)·무변이공(無變異空)·본성공(本性空)·자상공(自相空)·공상공(共相空)·일체법공(一切法空)·불가득공(不可得空)·무성공(無性空)·자성공(自性空)·무성자성공(無性自性空)이 청정하고, 외공, 나아가 무성자성공이 청정한 까닭으로 8성도지가 청정하니라. 왜 그러한가? 만약 일체지지가 청정하거나, 만약 외공, 나아가 무성자성공이 청정하거나, 만약 8성도지가 청정하다면, 무이이고 둘로 나눌 수 없으며 분별이 없고 단절도 없는 까닭이니라.

선현이여. 일체지지가 청정한 까닭으로 진여(眞如)가 청정하고, 진여가 청정한 까닭으로 8성도지가 청정하니라. 왜 그러한가? 만약 일체지지가 청정하거나, 만약 진여가 청정하거나, 만약 8성도지가 청정하다면, 무이이고 둘로 나눌 수 없으며 분별이 없고 단절도 없는 까닭이니라. 일체지지가 청정한 까닭으로 법계(法界)·법성(法性)·불허망성(不虛妄性)·불변이성(不變異性)·평등성(平等性)·이생성(離生性)·법정(法定)·법주(法住)·실제(實際)·허공계(虛空界)·부사의계(不思議界)가 청정하고 법계, 나아가 부사의계가 청정한 까닭으로 8성도지가 청정하니라. 왜 그러한가? 만약 일체지지가 청정하거나, 만약 법계, 나아가 부사의계가 청정하거나, 만약 8성도지가 청정하다면, 무이이고 둘로 나눌 수 없으며 분별이 없고 단절도 없는 까닭이니라.

선현이여. 일체지지가 청정한 까닭으로 고성제(苦聖諦)가 청정하고, 고성제가 청정한 까닭으로 8성도지가 청정하니라. 왜 그러한가? 만약 일체지지가 청정하거나, 만약 고성제가 청정하거나, 만약 8성도지가 청정하다면, 무이이고 둘로 나눌 수 없으며 분별이 없고 단절도 없는 까닭이니라. 일체지지가 청정한 까닭으로 집(集)·멸(滅)·도성제(道聖諦)가 청정하고, 집·멸·도성제가 청정한 까닭으로 8성도지가 청정하니라. 왜 그러한가? 만약 일체지지가 청정하거나, 만약 집·멸·도성제가 청정하거나, 만약 8성도지가 청정하다면, 무이이고 둘로 나눌 수 없으며 분별이 없고 단절도 없는 까닭이니라.

선현이여. 일체지지가 청정한 까닭으로 4정려(四靜慮)가 청정하고, 4정려가 청정한 까닭으로 8성도지가 청정하니라. 왜 그러한가? 만약 일체지지가 청정하거나, 만약 4정려가 청정하거나, 만약 8성도지가 청정하다면, 무이이고 둘로 나눌 수 없으며 분별이 없고 단절도 없는 까닭이니

라. 일체지지가 청정한 까닭으로 4무량(四無量)·4무색정(四無色定)이 청정하고, 4무량·4무색정이 청정한 까닭으로 8성도지가 청정하니라. 왜 그러한가? 만약 일체지지가 청정하거나, 만약 4무량·4무색정이 청정하거나, 만약 8성도지가 청정하다면, 무이이고 둘로 나눌 수 없으며 분별이 없고 단절도 없는 까닭이니라.

선현이여. 일체지지가 청정한 까닭으로 8해탈(八解脫)이 청정하고, 8해탈이 청정한 까닭으로 8성도지가 청정하니라. 왜 그러한가? 만약 일체지지가 청정하거나, 만약 8해탈이 청정하거나, 만약 8성도지가 청정하다면, 무이이고 둘로 나눌 수 없으며 분별이 없고 단절도 없는 까닭이니라. 일체지지가 청정한 까닭으로 8승처(八勝處)·9차제정(九次第定)·10변처(十遍處)가 청정하고, 8승처·9차제정·10변처가 청정한 까닭으로 8성도지가 청정하니라. 왜 그러한가? 만약 일체지지가 청정하거나, 만약 8승처·9차제정·10변처가 청정하거나, 만약 8성도지가 청정하다면, 무이이고 둘로 나눌 수 없으며 분별이 없고 단절도 없는 까닭이니라.

선현이여. 일체지지가 청정한 까닭으로 4념주(四念住)가 청정하고, 4념주가 청정한 까닭으로 8성도지가 청정하니라. 왜 그러한가? 만약 일체지지가 청정하거나, 만약 4념주가 청정하거나, 만약 8성도지가 청정하다면, 무이이고 둘로 나눌 수 없으며 분별이 없고 단절도 없는 까닭이니라. 일체지지가 청정한 까닭으로 4정단(四正斷)·4신족(四神足)·5근(五根)·5력(五力)·7등각지(七等覺支)가 청정하고, 4정단, 나아가 7등각지가 청정한 까닭으로 8성도지가 청정하니라. 왜 그러한가? 만약 일체지지가 청정하거나, 만약 4정단, 나아가 7등각지가 청정하거나, 만약 8성도지가 청정하다면, 무이이고 둘로 나눌 수 없으며 분별이 없고 단절도 없는 까닭이니라.

선현이여. 일체지지가 청정한 까닭으로 공해탈문(空解脫門)이 청정하고, 공해탈문이 청정한 까닭으로 8성도지가 청정하니라. 왜 그러한가? 만약 일체지지가 청정하거나, 만약 공해탈문이 청정하거나, 만약 8성도지가 청정하다면, 무이이고 둘로 나눌 수 없으며 분별이 없고 단절도 없는 까닭이니라. 일체지지가 청정한 까닭으로 무상(無相)·무원해탈문(無願解

脫門)이 청정하고, 무상·무원해탈문이 청정한 까닭으로 8성도지가 청정하
니라. 왜 그러한가? 만약 일체지지가 청정하거나, 만약 무상·무원해탈문
이 청정하거나, 만약 8성도지가 청정하다면, 무이이고 둘로 나눌 수
없으며 분별이 없고 단절도 없는 까닭이니라.

선현이여. 일체지지가 청정한 까닭으로 보살(菩薩)의 10지(十地)가 청
정하고, 보살의 10지가 청정한 까닭으로 8성도지가 청정하니라. 왜 그러한
가? 만약 일체지지가 청정하거나, 만약 보살의 10지가 청정하거나, 만약
8성도지가 청정하다면, 무이이고 둘로 나눌 수 없으며 분별이 없고 단절도
없는 까닭이니라.

선현이여. 일체지지가 청정한 까닭으로 5안(五眼)이 청정하고, 5안이
청정한 까닭으로 8성도지가 청정하니라. 왜 그러한가? 만약 일체지지가
청정하거나, 만약 5안이 청정하거나, 만약 8성도지가 청정하다면, 무이이
고 둘로 나눌 수 없으며 분별이 없고 단절도 없는 까닭이니라. 일체지지가
청정한 까닭으로 6신통(六神通)이 청정하고, 6신통이 청정한 까닭으로
8성도지가 청정하니라. 왜 그러한가? 만약 일체지지가 청정하거나, 만약
6신통이 청정하거나, 만약 8성도지가 청정하다면, 무이이고 둘로 나눌
수 없으며 분별이 없고 단절도 없는 까닭이니라.

선현이여. 일체지지가 청정한 까닭으로 여래(佛)의 10력(十力)이 청정
하고, 여래의 10력이 청정한 까닭으로 8성도지가 청정하니라. 왜 그러한
가? 만약 일체지지가 청정하거나, 만약 여래의 10력이 청정하거나, 만약
8성도지가 청정하다면, 무이이고 둘로 나눌 수 없으며 분별이 없고 단절도
없는 까닭이니라. 일체지지가 청정한 까닭으로 4무소외(四無所畏)·4무애
해(四無礙解)·대자(大慈)·대비(大悲)·대희(大喜)·대사(大捨)·18불불공법
(十八佛不共法)이 청정한 까닭으로 8성도지가 청정하니라. 왜 그러한가?
만약 일체지지가 청정하거나, 만약 4무소외, 나아가 18불불공법이 청정하
거나, 만약 8성도지가 청정하다면, 무이이고 둘로 나눌 수 없으며 분별이
없고 단절도 없는 까닭이니라.

선현이여. 일체지지가 청정한 까닭으로 무망실법(無忘失法)이 청정하

고, 무망실법이 청정한 까닭으로 8성도지가 청정하니라. 왜 그러한가? 만약 일체지지가 청정하거나, 만약 무망실법이 청정하거나, 만약 8성도지가 청정하다면, 무이이고 둘로 나눌 수 없으며 분별이 없고 단절도 없는 까닭이니라. 선현이여. 일체지지가 청정한 까닭으로 항주사성(恒住捨性)이 청정하고, 항주사성이 청정한 까닭으로 8성도지가 청정하니라. 왜 그러한가? 만약 일체지지가 청정하거나, 만약 항주사성이 청정하거나, 만약 8성도지가 청정하다면, 무이이고 둘로 나눌 수 없으며 분별이 없고 단절도 없는 까닭이니라.

선현이여. 일체지지가 청정한 까닭으로 일체지(一切智)가 청정하고, 일체지가 청정한 까닭으로 8성도지가 청정하니라. 왜 그러한가? 만약 일체지지가 청정하거나, 만약 일체지가 청정하거나, 만약 8성도지가 청정하다면, 무이이고 둘로 나눌 수 없으며 분별이 없고 단절도 없는 까닭이니라. 일체지지가 청정한 까닭으로 도상지(道相智)·일체상지(一切相智)가 청정하고, 도상지·일체상지가 청정한 까닭으로 8성도지가 청정하니라. 왜 그러한가? 만약 일체지지가 청정하거나, 만약 도상지·일체상지가 청정하거나, 만약 8성도지가 청정하다면, 무이이고 둘로 나눌 수 없으며 분별이 없고 단절도 없는 까닭이니라.

선현이여. 일체지지가 청정한 까닭으로 일체(一切)의 다라니문(陀羅尼門)이 청정하고, 일체의 다라니문이 청정한 까닭으로 8성도지가 청정하니라. 왜 그러한가? 만약 일체지지가 청정하거나, 만약 일체의 다라니문이 청정하거나, 만약 8성도지가 청정하다면, 무이이고 둘로 나눌 수 없으며 분별이 없고 단절도 없는 까닭이니라. 선현이여. 일체지지가 청정한 까닭으로 일체의 삼마지문(三摩地門)이 청정하고, 일체의 삼마지문이 청정한 까닭으로 8성도지가 청정하니라. 왜 그러한가? 만약 일체지지가 청정하거나, 만약 일체의 삼마지문이 청정하거나, 만약 8성도지가 청정하다면, 무이이고 둘로 나눌 수 없으며 분별이 없고 단절도 없는 까닭이니라.

선현이여. 일체지지가 청정한 까닭으로 예류과(預流果)가 청정하고, 예류과가 청정한 까닭으로 8성도지가 청정하니라. 왜 그러한가? 만약 일체지지가 청정하거나, 만약 예류과가 청정하거나, 만약 8성도지가 청정하다면, 무이이고 둘로 나눌 수 없으며 분별이 없고 단절도 없는 까닭이니라. 일체지지가 청정한 까닭으로 일래(一來)·불환(不還)·아라한과(阿羅漢果)가 청정하고, 일래·불환·아라한과가 청정한 까닭으로 8성도지가 청정하니라. 왜 그러한가? 만약 일체지지가 청정하거나, 만약 일래·불환·아라한과가 청정하거나, 만약 8성도지가 청정하다면, 무이이고 둘로 나눌 수 없으며 분별이 없고 단절도 없는 까닭이니라.

선현이여. 일체지지가 청정한 까닭으로 독각(獨覺)의 보리(菩提)가 청정하고, 독각의 보리가 청정한 까닭으로 8성도지가 청정하니라. 왜 그러한가? 만약 일체지지가 청정하거나, 만약 독각의 보리가 청정하거나, 만약 8성도지가 청정하다면, 무이이고 둘로 나눌 수 없으며 분별이 없고 단절도 없는 까닭이니라.

선현이여. 일체지지가 청정한 까닭으로 일체의 보살마하살(菩薩摩訶薩)의 행(行)이 청정하고, 일체의 보살마하살의 행이 청정한 까닭으로 8성도지가 청정하니라. 왜 그러한가? 만약 일체지지가 청정하거나, 만약 일체의 보살마하살의 행이 청정하거나, 만약 8성도지가 청정하다면, 무이이고 둘로 나눌 수 없으며 분별이 없고 단절도 없는 까닭이니라.

선현이여. 일체지지가 청정한 까닭으로 제불(諸佛)의 무상정등보리(無上正等菩提)가 청정하고, 제불의 무상정등보리가 청정한 까닭으로 8성도지가 청정하니라. 왜 그러한가? 만약 일체지지가 청정하거나, 만약 제불의 무상정등보리가 청정하거나, 만약 8성도지가 청정하다면, 무이이고 둘로 나눌 수 없으며 분별이 없고 단절도 없는 까닭이니라."

"다시 다음으로 선현이여. 일체지지가 청정한 까닭으로 색이 청정하고, 색이 청정한 까닭으로 공해탈문(空解脫門)이 청정하니라. 왜 그러한가? 만약 일체지지가 청정하거나, 만약 색이 청정하거나, 만약 공해탈문이 청정하다면, 무이이고 둘로 나눌 수 없으며 분별이 없고 단절도 없는 까닭이니라. 일체지지가 청정한 까닭으로 수·상·행·식이 청정하고, 수·

상·행·식이 청정한 까닭으로 공해탈문이 청정하니라. 왜 그러한가? 만약 일체지지가 청정하거나, 만약 수·상·행·식이 청정하거나, 만약 공해탈문이 청정하다면, 무이이고 둘로 나눌 수 없으며 분별이 없고 단절도 없는 까닭이니라.

선현이여. 일체지지가 청정한 까닭으로 안처가 청정하고, 안처가 청정한 까닭으로 공해탈문이 청정하니라. 왜 그러한가? 만약 일체지지가 청정하거나, 만약 안처가 청정하거나, 만약 공해탈문이 청정하다면, 무이이고 둘로 나눌 수 없으며 분별이 없고 단절도 없는 까닭이니라. 일체지지가 청정한 까닭으로 이·비·설·신·의처가 청정하고, 이·비·설·신·의처가 청정한 까닭으로 공해탈문이 청정하니라. 왜 그러한가? 만약 일체지지가 청정하거나, 만약 이·비·설·신·의처가 청정하거나, 만약 공해탈문이 청정하다면, 무이이고 둘로 나눌 수 없으며 분별이 없고 단절도 없는 까닭이니라.

선현이여. 일체지지가 청정한 까닭으로 색처가 청정하고, 색처가 청정한 까닭으로 공해탈문이 청정하니라. 왜 그러한가? 만약 일체지지가 청정하거나, 만약 색처가 청정하거나, 만약 공해탈문이 청정하다면, 무이이고 둘로 나눌 수 없으며 분별이 없고 단절도 없는 까닭이니라. 일체지지가 청정한 까닭으로 성·향·미·촉·법처가 청정하고, 성·향·미·촉·법처가 청정한 까닭으로 공해탈문이 청정하니라. 왜 그러한가? 만약 일체지지가 청정하거나, 만약 성·향·미·촉·법처가 청정하거나, 만약 공해탈문이 청정하다면, 무이이고 둘로 나눌 수 없으며 분별이 없고 단절도 없는 까닭이니라.

선현이여. 일체지지가 청정한 까닭으로 안계가 청정하고, 안계가 청정한 까닭으로 공해탈문이 청정하니라. 왜 그러한가? 만약 일체지지가 청정하거나, 만약 안계가 청정하거나, 만약 공해탈문이 청정하다면, 무이이고 둘로 나눌 수 없으며 분별이 없고 단절도 없는 까닭이니라. 일체지지가 청정한 까닭으로 색계·안식계, 나아가 안촉·안촉을 인연으로 생겨난 여러 수가 청정하고, 색계, 나아가 안촉을 인연으로 생겨난 여러 수가 청정한 까닭으로 공해탈문이 청정하니라. 왜 그러한가? 만약 일체지지가 청정하거나, 만약 색계, 나아가 안촉을 인연으로 생겨난 여러 수가 청정하거나, 만약 공해탈문이 청정하다면, 무이이고 둘로 나눌 수 없으며 분별이 없고 단절도 없는 까닭이니라.

선현이여. 일체지지가 청정한 까닭으로 이계가 청정하고, 이계가 청정한 까닭으로 공해탈문이 청정하니라. 왜 그러한가? 만약 일체지지가 청정하거나, 만약 이계가 청정하거나, 만약 공해탈문이 청정하다면, 무이이고 둘로 나눌 수 없으며 분별이 없고 단절도 없는 까닭이니라. 일체지지가 청정한 까닭으로 성계·이식계, 나아가 이촉·이촉을 인연으로 생겨난 여러 수가 청정하고, 성계, 나아가 이촉을 인연으로 생겨난 여러 수가 청정한 까닭으로 공해탈문이 청정하니라. 왜 그러한가? 만약 일체지지가 청정하거나, 만약 성계, 나아가 이촉을 인연으로 생겨난 여러 수가 청정하거나, 만약 공해탈문이 청정하다면, 무이이고 둘로 나눌 수 없으며 분별이 없고 단절도 없는 까닭이니라.

선현이여. 일체지지가 청정한 까닭으로 비계가 청정하고, 비계가 청정한 까닭으로 공해탈문이 청정하니라. 왜 그러한가? 만약 일체지지가 청정하거나, 만약 비계가 청정하거나, 만약 공해탈문이 청정하다면, 무이이고 둘로 나눌 수 없으며 분별이 없고 단절도 없는 까닭이니라. 일체지지가 청정한 까닭으로 향계·비식계, 나아가 비촉·비촉을 인연으로 생겨난 여러 수가 청정하고, 향계, 나아가 비촉을 인연으로 생겨난 여러 수가 청정한 까닭으로 공해탈문이 청정하니라. 왜 그러한가? 만약 일체지지가 청정하거나, 만약 향계, 나아가 비촉을 인연으로 생겨난 여러 수가 청정하거나, 만약 공해탈문이 청정하다면, 무이이고 둘로 나눌 수 없으며 분별이 없고 단절도 없는 까닭이니라.

선현이여. 일체지지가 청정한 까닭으로 설계가 청정하고, 설계가 청정한 까닭으로 공해탈문이 청정하니라. 왜 그러한가? 만약 일체지지가 청정하거나, 만약 설계가 청정하거나, 만약 공해탈문이 청정하다면, 무이이고 둘로 나눌 수 없으며 분별이 없고 단절도 없는 까닭이니라. 일체지지가 청정한 까닭으로 미계·설식계, 나아가 설촉·설촉을 인연으로 생겨난 여러 수가 청정하고, 미계, 나아가 설촉을 인연으로 생겨난 여러 수가 청정한 까닭으로 공해탈문이 청정하니라. 왜 그러한가? 만약 일체지지가 청정하거나, 만약 미계, 나아가 설촉을 인연으로 생겨난 여러 수가 청정하거나, 만약 공해탈문이 청정하다면, 무이이고 둘로 나눌 수 없으며 분별이 없고 단절도 없는 까닭이니라.

선현이여. 일체지지가 청정한 까닭으로 신계가 청정하고, 신계가 청정한 까닭으로 공해탈문이 청정하니라. 왜 그러한가? 만약 일체지지가 청정하거나, 만약 신계가 청정하거나, 만약 공해탈문이 청정하다면, 무이이고 둘로 나눌 수 없으며 분별이 없고 단절도 없는 까닭이니라. 일체지지가 청정한 까닭으로 촉계·신식계, 나아가 신촉·신촉을 인연으로 생겨난 여러 수가 청정하고, 촉계, 나아가 신촉을 인연으로 생겨난 여러 수가 청정한 까닭으로 공해탈문이 청정하니라. 왜 그러한가? 만약 일체지지가 청정하거나, 만약 촉계, 나아가 신촉을 인연으로 생겨난 여러 수가 청정하거나, 만약 공해탈문이 청정하다면, 무이이고 둘로 나눌 수 없으며 분별이 없고 단절도 없는 까닭이니라.

선현이여. 일체지지가 청정한 까닭으로 의계가 청정하고, 의계가 청정한 까닭으로 공해탈문이 청정하니라. 왜 그러한가? 만약 일체지지가 청정하거나, 만약 의계가 청정하거나, 만약 공해탈문이 청정하다면, 무이이고 둘로 나눌 수 없으며 분별이 없고 단절도 없는 까닭이니라. 일체지지가 청정한 까닭으로 법계·의식계, 나아가 의촉·의촉을 인연으로 생겨난 여러 수가 청정하고, 법계, 나아가 의촉을 인연으로 생겨난 여러 수가 청정한 까닭으로 공해탈문이 청정하니라. 왜 그러한가? 만약 일체지지가 청정하거나, 만약 법계, 나아가 의촉을 인연으로 생겨난 여러 수가 청정하거나, 만약 공해탈문이 청정하다면, 무이이고 둘로 나눌 수 없으며 분별이 없고 단절도 없는 까닭이니라.

선현이여. 일체지지가 청정한 까닭으로 지계가 청정하고, 지계가 청정한 까닭으로 공해탈문이 청정하니라. 왜 그러한가? 만약 일체지지가 청정하거나, 만약 지계가 청정하거나, 만약 공해탈문이 청정하다면, 무이이고 둘로 나눌 수 없으며 분별이 없고 단절도 없는 까닭이니라. 일체지지가 청정한 까닭으로 수·화·풍·공·식계가 청정하고, 수·화·풍·공·식계가 청정한 까닭으로 공해탈문이 청정하니라. 왜 그러한가? 만약 일체지지가 청정하거나, 만약 수·화·풍·공·식계가 청정하거나, 만약 공해탈문이 청정하다면, 무이이고 둘로 나눌 수 없으며 분별이 없고 단절도 없는 까닭이니라.

선현이여. 일체지지가 청정한 까닭으로 무명이 청정하고, 무명이 청정한 까닭으로 공해탈문이 청정하니라. 왜 그러한가? 만약 일체지지가 청정하거나, 만약 무명이 청정하거나, 만약 공해탈문이 청정하다면, 무이이고 둘로 나눌 수 없으며 분별이 없고 단절도 없는 까닭이니라. 일체지지가 청정한 까닭으로 행·식·명색·육처·촉·수·애·취·유·생·노사의 수탄고우뇌가 청정하고, 행, 나아가 노사의 수탄고우뇌가 청정한 까닭으로 공해탈문이 청정하니라. 왜 그러한가? 만약 일체지지가 청정하거나, 만약 행, 나아가 노사의 수탄고우뇌가 청정하거나, 만약 공해탈문이 청정하다면, 무이이고 둘로 나눌 수 없으며 분별이 없고 단절도 없는 까닭이니라.

선현이여. 일체지지가 청정한 까닭으로 보시바라밀다가 청정하고, 보시바라밀다가 청정한 까닭으로 공해탈문이 청정하니라. 왜 그러한가? 만약 일체지지가 청정하거나, 만약 보시바라밀다가 청정하거나, 만약 공해탈문이 청정하다면, 무이이고 둘로 나눌 수 없으며 분별이 없고 단절도 없는 까닭이니라. 일체지지가 청정한 까닭으로 정계·안인·정진·정려·반야바라밀다가 청정하고, 정계, 나아가 반야바라밀다가 청정한 까닭으로 공해탈문이 청정하니라. 왜 그러한가? 만약 일체지지가 청정하거나, 만약 정계, 나아가 반야바라밀다가 청정하거나, 만약 공해탈문이 청정하다면, 무이이고 둘로 나눌 수 없으며 분별이 없고 단절도 없는 까닭이니라."

마하반야바라밀다경 제272권

34. 난신해품(難信解品)(91)

"선현이여. 일체지지가 청정한 까닭으로 내공이 청정하고, 내공이 청정한 까닭으로 공해탈문이 청정하니라. 왜 그러한가? 만약 일체지지가 청정하거나, 만약 내공이 청정하거나, 만약 공해탈문이 청정하다면, 무이이고 둘로 나눌 수 없으며 분별이 없고 단절도 없는 까닭이니라. 일체지지가 청정한 까닭으로 외공·내외공·공공·대공·승의공·유위공·무위공·필경공·무제공·산공·무변이공·본성공·자상공·공상공·일체법공·불가득공·무성공·자성공·무성자성공이 청정하고, 외공, 나아가 무성자성공이 청정한 까닭으로 공해탈문이 청정하니라. 왜 그러한가? 만약 일체지지가 청정하거나, 만약 외공, 나아가 무성자성공이 청정하거나, 만약 공해탈문이 청정하다면, 무이이고 둘로 나눌 수 없으며 분별이 없고 단절도 없는 까닭이니라.

선현이여. 일체지지가 청정한 까닭으로 진여가 청정하고, 진여가 청정한 까닭으로 공해탈문이 청정하니라. 왜 그러한가? 만약 일체지지가 청정하거나, 만약 진여가 청정하거나, 만약 공해탈문이 청정하다면, 무이이고 둘로 나눌 수 없으며 분별이 없고 단절도 없는 까닭이니라. 일체지지가 청정한 까닭으로 법계·법성·불허망성·불변이성·평등성·이생성·법정·법주·실제·허공계·부사의계가 청정하고 법계, 나아가 부사의계가 청정한 까닭으로 공해탈문이 청정하니라. 왜 그러한가? 만약 일체지지가 청정하거나, 만약 법계, 나아가 부사의계가 청정하거나, 만약 공해탈문이

청정하다면, 무이이고 둘로 나눌 수 없으며 분별이 없고 단절도 없는 까닭이니라.

선현이여. 일체지지가 청정한 까닭으로 고성제가 청정하고, 고성제가 청정한 까닭으로 공해탈문이 청정하니라. 왜 그러한가? 만약 일체지지가 청정하거나, 만약 고성제가 청정하거나, 만약 공해탈문이 청정하다면, 무이이고 둘로 나눌 수 없으며 분별이 없고 단절 없는 까닭이니라. 일체지지가 청정한 까닭으로 집·멸·도성제가 청정하고, 집·멸·도성제가 청정한 까닭으로 공해탈문이 청정하니라. 왜 그러한가? 만약 일체지지가 청정하거나, 만약 집·멸·도성제가 청정하거나, 만약 공해탈문이 청정하다면, 무이이고 둘로 나눌 수 없으며 분별이 없고 단절도 없는 까닭이니라.

선현이여. 일체지지가 청정한 까닭으로 4정려가 청정하고, 4정려가 청정한 까닭으로 공해탈문이 청정하니라. 왜 그러한가? 만약 일체지지가 청정하거나, 만약 4정려가 청정하거나, 만약 공해탈문이 청정하다면, 무이이고 둘로 나눌 수 없으며 분별이 없고 단절 없는 까닭이니라. 일체지지가 청정한 까닭으로 4무량·4무색정이 청정하고, 4무량·4무색정이 청정한 까닭으로 공해탈문이 청정하니라. 왜 그러한가? 만약 일체지지가 청정하거나, 만약 4무량·4무색정이 청정하거나, 만약 공해탈문이 청정하다면, 무이이고 둘로 나눌 수 없으며 분별이 없고 단절도 없는 까닭이니라.

선현이여. 일체지지가 청정한 까닭으로 8해탈이 청정하고, 8해탈이 청정한 까닭으로 공해탈문이 청정하니라. 왜 그러한가? 만약 일체지지가 청정하거나, 만약 8해탈이 청정하거나, 만약 공해탈문이 청정하다면, 무이이고 둘로 나눌 수 없으며 분별이 없고 단절 없는 까닭이니라. 일체지지가 청정한 까닭으로 8승처·9차제정·10변처가 청정하고, 8승처·9차제정·10변처가 청정한 까닭으로 공해탈문이 청정하니라. 왜 그러한가? 만약 일체지지가 청정하거나, 만약 8승처·9차제정·10변처가 청정하거나, 만약 공해탈문이 청정하다면, 무이이고 둘로 나눌 수 없으며 분별이 없고 단절도 없는 까닭이니라.

선현이여. 일체지지가 청정한 까닭으로 4념주가 청정하고, 4념주가

청정한 까닭으로 공해탈문이 청정하니라. 왜 그러한가? 만약 일체지지가
청정하거나, 만약 4념주가 청정하거나, 만약 공해탈문이 청정하다면,
무이이고 둘로 나눌 수 없으며 분별이 없고 단절도 없는 까닭이니라.
일체지지가 청정한 까닭으로 4정단·4신족·5근·5력·7등각지·8성도지가
청정하고, 4정단, 나아가 8성도지가 청정한 까닭으로 공해탈문이 청정하
니라. 왜 그러한가? 만약 일체지지가 청정하거나, 만약 4정단, 나아가
8성도지가 청정하거나, 만약 공해탈문이 청정하다면, 무이이고 둘로 나눌
수 없으며 분별이 없고 단절도 없는 까닭이니라.

선현이여. 일체지지가 청정한 까닭으로 무상해탈문이 청정하고, 무상
해탈문이 청정한 까닭으로 공해탈문이 청정하니라. 왜 그러한가? 만약
일체지지가 청정하거나, 만약 무상해탈문이 청정하거나, 만약 공해탈문
이 청정하다면, 무이이고 둘로 나눌 수 없으며 분별이 없고 단절도 없는
까닭이니라. 일체지지가 청정한 까닭으로 무원해탈문이 청정하고, 무원
해탈문이 청정한 까닭으로 공해탈문이 청정하니라. 왜 그러한가? 만약
일체지지가 청정하거나, 만약 무원해탈문이 청정하거나, 만약 공해탈문
이 청정하다면, 무이이고 둘로 나눌 수 없으며 분별이 없고 단절도 없는
까닭이니라.

선현이여. 일체지지가 청정한 까닭으로 보살의 10지가 청정하고, 보살
의 10지가 청정한 까닭으로 공해탈문이 청정하니라. 왜 그러한가? 만약
일체지지가 청정하거나, 만약 보살의 10지가 청정하거나, 만약 공해탈문
이 청정하다면, 무이이고 둘로 나눌 수 없으며 분별이 없고 단절도 없는
까닭이니라.

선현이여. 일체지지가 청정한 까닭으로 5안이 청정하고, 5안이 청정한
까닭으로 공해탈문이 청정하니라. 왜 그러한가? 만약 일체지지가 청정하
거나, 만약 5안이 청정하거나, 만약 공해탈문이 청정하다면, 무이이고
둘로 나눌 수 없으며 분별이 없고 단절도 없는 까닭이니라. 일체지지가
청정한 까닭으로 6신통이 청정하고, 6신통이 청정한 까닭으로 공해탈문이
청정하니라. 왜 그러한가? 만약 일체지지가 청정하거나, 만약 6신통이

청정하거나, 만약 공해탈문이 청정하다면, 무이이고 둘로 나눌 수 없으며 분별이 없고 단절도 없는 까닭이니라.

선현이여. 일체지지가 청정한 까닭으로 여래의 10력이 청정하고, 여래의 10력이 청정한 까닭으로 공해탈문이 청정하니라. 왜 그러한가? 만약 일체지지가 청정하거나, 만약 여래의 10력이 청정하거나, 만약 공해탈문이 청정하다면, 무이이고 둘로 나눌 수 없으며 분별이 없고 단절도 없는 까닭이니라. 일체지지가 청정한 까닭으로 4무소외·4무애해·대자·대비·대희·대사·18불불공법이 청정하고, 4무소외, 나아가 18불불공법이 청정한 까닭으로 공해탈문이 청정하니라. 왜 그러한가? 만약 일체지지가 청정하거나, 만약 4무소외, 나아가 18불불공법이 청정하거나, 만약 공해탈문이 청정하다면, 무이이고 둘로 나눌 수 없으며 분별이 없고 단절도 없는 까닭이니라.

선현이여. 일체지지가 청정한 까닭으로 무망실법이 청정하고, 무망실법이 청정한 까닭으로 공해탈문이 청정하니라. 왜 그러한가? 만약 일체지지가 청정하거나, 만약 무망실법이 청정하거나, 만약 공해탈문이 청정하다면, 무이이고 둘로 나눌 수 없으며 분별이 없고 단절도 없는 까닭이니라. 선현이여. 일체지지가 청정한 까닭으로 항주사성이 청정하고, 항주사성이 청정한 까닭으로 공해탈문이 청정하니라. 왜 그러한가? 만약 일체지지가 청정하거나, 만약 항주사성이 청정하거나, 만약 공해탈문이 청정하다면, 무이이고 둘로 나눌 수 없으며 분별이 없고 단절도 없는 까닭이니라.

선현이여. 일체지지가 청정한 까닭으로 일체지가 청정하고, 일체지가 청정한 까닭으로 공해탈문이 청정하니라. 왜 그러한가? 만약 일체지지가 청정하거나, 만약 일체지가 청정하거나, 만약 공해탈문이 청정하다면, 무이이고 둘로 나눌 수 없으며 분별이 없고 단절도 없는 까닭이니라. 일체지지가 청정한 까닭으로 도상지·일체상지가 청정하고, 도상지·일체상지가 청정한 까닭으로 공해탈문이 청정하니라. 왜 그러한가? 만약 일체지지가 청정하거나, 만약 도상지·일체상지가 청정하거나, 만약 공해탈문이 청정하다면, 무이이고 둘로 나눌 수 없으며 분별이 없고 단절도

없는 까닭이니라.

선현이여. 일체지지가 청정한 까닭으로 일체의 다라니문이 청정하고, 일체의 다라니문이 청정한 까닭으로 공해탈문이 청정하니라. 왜 그러한가? 만약 일체지지가 청정하거나, 만약 일체의 다라니문이 청정하거나, 만약 공해탈문이 청정하다면, 무이이고 둘로 나눌 수 없으며 분별이 없고 단절도 없는 까닭이니라. 선현이여. 일체지지가 청정한 까닭으로 일체의 삼마지문이 청정하고, 일체의 삼마지문이 청정한 까닭으로 공해탈문이 청정하니라. 왜 그러한가? 만약 일체지지가 청정하거나, 만약 일체의 삼마지문이 청정하거나, 만약 공해탈문이 청정하다면, 무이이고 둘로 나눌 수 없으며 분별이 없고 단절도 없는 까닭이니라.

선현이여. 일체지지가 청정한 까닭으로 예류과가 청정하고, 예류과가 청정한 까닭으로 공해탈문이 청정하니라. 왜 그러한가? 만약 일체지지가 청정하거나, 만약 예류과가 청정하거나, 만약 공해탈문이 청정하다면, 무이이고 둘로 나눌 수 없으며 분별이 없고 단절도 없는 까닭이니라. 일체지지가 청정한 까닭으로 일래·불환·아라한과가 청정하고, 일래·불환·아라한과가 청정한 까닭으로 공해탈문이 청정하니라. 왜 그러한가? 만약 일체지지가 청정하거나, 만약 일래·불환·아라한과가 청정하거나, 만약 공해탈문이 청정하다면, 무이이고 둘로 나눌 수 없으며 분별이 없고 단절도 없는 까닭이니라.

선현이여. 일체지지가 청정한 까닭으로 독각의 보리가 청정하고, 독각의 보리가 청정한 까닭으로 공해탈문이 청정하니라. 왜 그러한가? 만약 일체지지가 청정하거나, 만약 독각의 보리가 청정하거나, 만약 공해탈문이 청정하다면, 무이이고 둘로 나눌 수 없으며 분별이 없고 단절도 없는 까닭이니라.

선현이여. 일체지지가 청정한 까닭으로 일체의 보살마하살의 행이 청정하고, 일체의 보살마하살의 행이 청정한 까닭으로 공해탈문이 청정하니라. 왜 그러한가? 만약 일체지지가 청정하거나, 만약 일체의 보살마하살의 행이 청정하거나, 만약 공해탈문이 청정하다면, 무이이고 둘로 나눌

수 없으며 분별이 없고 단절도 없는 까닭이니라.

선현이여. 일체지지가 청정한 까닭으로 제불의 무상정등보리가 청정하고, 제불의 무상정등보리가 청정한 까닭으로 공해탈문이 청정하니라. 왜 그러한가? 만약 일체지지가 청정하거나, 만약 제불의 무상정등보리가 청정하거나, 만약 공해탈문이 청정하다면, 무이이고 둘로 나눌 수 없으며 분별이 없고 단절도 없는 까닭이니라."

"다시 다음으로 선현이여. 일체지지가 청정한 까닭으로 색이 청정하고, 색이 청정한 까닭으로 무상해탈문(無相解脫門)이 청정하니라. 왜 그러한가? 만약 일체지지가 청정하거나, 만약 색이 청정하거나, 만약 무상해탈문이 청정하다면, 무이이고 둘로 나눌 수 없으며 분별이 없고 단절도 없는 까닭이니라. 일체지지가 청정한 까닭으로 수·상·행·식이 청정하고, 수·상·행·식이 청정한 까닭으로 무상해탈문이 청정하니라. 왜 그러한가? 만약 일체지지가 청정하거나, 만약 수·상·행·식이 청정하거나, 만약 무상해탈문이 청정하다면, 무이이고 둘로 나눌 수 없으며 분별이 없고 단절도 없는 까닭이니라.

선현이여. 일체지지가 청정한 까닭으로 안처가 청정하고, 안처가 청정한 까닭으로 무상해탈문이 청정하니라. 왜 그러한가? 만약 일체지지가 청정하거나, 만약 안처가 청정하거나, 만약 무상해탈문이 청정하다면, 무이이고 둘로 나눌 수 없으며 분별이 없고 단절도 없는 까닭이니라. 일체지지가 청정한 까닭으로 이·비·설·신·의처가 청정하고, 이·비·설·신·의처가 청정한 까닭으로 무상해탈문이 청정하니라. 왜 그러한가? 만약 일체지지가 청정하거나, 만약 이·비·설·신·의처가 청정하거나, 만약 무상해탈문이 청정하다면, 무이이고 둘로 나눌 수 없으며 분별이 없고 단절도 없는 까닭이니라.

선현이여. 일체지지가 청정한 까닭으로 색처가 청정하고, 색처가 청정한 까닭으로 무상해탈문이 청정하니라. 왜 그러한가? 만약 일체지지가 청정하거나, 만약 색처가 청정하거나, 만약 무상해탈문이 청정하다면,

무이이고 둘로 나눌 수 없으며 분별이 없고 단절도 없는 까닭이니라. 일체지지가 청정한 까닭으로 성·향·미·촉·법처가 청정하고, 성·향·미·촉·법처가 청정한 까닭으로 무상해탈문이 청정하니라. 왜 그러한가? 만약 일체지지가 청정하거나, 만약 성·향·미·촉·법처가 청정하거나, 만약 무상해탈문이 청정하다면, 무이이고 둘로 나눌 수 없으며 분별이 없고 단절도 없는 까닭이니라.

선현이여. 일체지지가 청정한 까닭으로 안계가 청정하고, 안계가 청정한 까닭으로 무상해탈문이 청정하니라. 왜 그러한가? 만약 일체지지가 청정하거나, 만약 안계가 청정하거나, 만약 무상해탈문이 청정하다면, 무이이고 둘로 나눌 수 없으며 분별이 없고 단절도 없는 까닭이니라. 일체지지가 청정한 까닭으로 색계·안식계, 나아가 안촉·안촉을 인연으로 생겨난 여러 수가 청정하고, 색계, 나아가 안촉을 인연으로 생겨난 여러 수가 청정한 까닭으로 무상해탈문이 청정하니라. 왜 그러한가? 만약 일체지지가 청정하거나, 만약 색계, 나아가 안촉을 인연으로 생겨난 여러 수가 청정하거나, 만약 무상해탈문이 청정하다면, 무이이고 둘로 나눌 수 없으며 분별이 없고 단절도 없는 까닭이니라.

선현이여. 일체지지가 청정한 까닭으로 이계가 청정하고, 이계가 청정한 까닭으로 무상해탈문이 청정하니라. 왜 그러한가? 만약 일체지지가 청정하거나, 만약 이계가 청정하거나, 만약 무상해탈문이 청정하다면, 무이이고 둘로 나눌 수 없으며 분별이 없고 단절도 없는 까닭이니라. 일체지지가 청정한 까닭으로 성계·이식계, 나아가 이촉·이촉을 인연으로 생겨난 여러 수가 청정하고, 성계, 나아가 이촉을 인연으로 생겨난 여러 수가 청정한 까닭으로 무상해탈문이 청정하니라. 왜 그러한가? 만약 일체지지가 청정하거나, 만약 성계, 나아가 이촉을 인연으로 생겨난 여러 수가 청정하거나, 만약 무상해탈문이 청정하다면, 무이이고 둘로 나눌 수 없으며 분별이 없고 단절도 없는 까닭이니라.

선현이여. 일체지지가 청정한 까닭으로 비계가 청정하고, 비계가 청정한 까닭으로 무상해탈문이 청정하니라. 왜 그러한가? 만약 일체지지가 청정하거나, 만약 비계가 청정하거나, 만약 무상해탈문이 청정하다면, 무이이고 둘로 나눌 수 없으며 분별이 없고 단절도 없는 까닭이니라. 일체지지가 청정한 까닭으로 향계·비식계, 나아가 비촉·비촉을 인연으로 생겨난 여러 수가 청정하고, 향계, 나아가 비촉을 인연으로 생겨난 여러 수가 청정한 까닭으로 무상해탈문이 청정하니라. 왜 그러한가? 만약 일체지지가 청정하거나, 만약 향계, 나아가 비촉을 인연으로 생겨난 여러 수가 청정하거나, 만약 무상해탈문이 청정하다면, 무이이고 둘로 나눌 수 없으며 분별이 없고 단절도 없는 까닭이니라.

선현이여. 일체지지가 청정한 까닭으로 설계가 청정하고, 설계가 청정한 까닭으로 무상해탈문이 청정하니라. 왜 그러한가? 만약 일체지지가 청정하거나, 만약 설계가 청정하거나, 만약 무상해탈문이 청정하다면, 무이이고 둘로 나눌 수 없으며 분별이 없고 단절도 없는 까닭이니라. 일체지지가 청정한 까닭으로 미계·설식계, 나아가 설촉·설촉을 인연으로 생겨난 여러 수가 청정하고, 미계, 나아가 설촉을 인연으로 생겨난 여러 수가 청정한 까닭으로 무상해탈문이 청정하니라. 왜 그러한가? 만약 일체지지가 청정하거나, 만약 미계, 나아가 설촉을 인연으로 생겨난 여러 수가 청정하거나, 만약 무상해탈문이 청정하다면, 무이이고 둘로 나눌 수 없으며 분별이 없고 단절도 없는 까닭이니라.

선현이여. 일체지지가 청정한 까닭으로 신계가 청정하고, 신계가 청정한 까닭으로 무상해탈문이 청정하니라. 왜 그러한가? 만약 일체지지가 청정하거나, 만약 신계가 청정하거나, 만약 무상해탈문이 청정하다면, 무이이고 둘로 나눌 수 없으며 분별이 없고 단절도 없는 까닭이니라. 일체지지가 청정한 까닭으로 촉계·신식계, 나아가 신촉·신촉을 인연으로 생겨난 여러 수가 청정하고, 촉계, 나아가 신촉을 인연으로 생겨난 여러 수가 청정한 까닭으로 무상해탈문이 청정하니라. 왜 그러한가? 만약 일체지지가 청정하거나, 만약 촉계, 나아가 신촉을 인연으로 생겨난 여러 수가 청정하거나, 만약 무상해탈문이 청정하다면, 무이이고 둘로 나눌 수 없으며 분별이 없고 단절도 없는 까닭이니라.

선현이여. 일체지지가 청정한 까닭으로 의계가 청정하고, 의계가 청정한 까닭으로 무상해탈문이 청정하니라. 왜 그러한가? 만약 일체지지가 청정하거나, 만약 의계가 청정하거나, 만약 무상해탈문이 청정하다면, 무이이고 둘로 나눌 수 없으며 분별이 없고 단절도 없는 까닭이니라. 일체지지가 청정한 까닭으로 법계·의식계, 나아가 의촉·의촉을 인연으로 생겨난 여러 수가 청정하고, 법계, 나아가 의촉을 인연으로 생겨난 여러 수가 청정한 까닭으로 무상해탈문이 청정하니라. 왜 그러한가? 만약 일체지지가 청정하거나, 만약 법계, 나아가 의촉을 인연으로 생겨난 여러 수가 청정하거나, 만약 무상해탈문이 청정하다면, 무이이고 둘로 나눌 수 없으며 분별이 없고 단절도 없는 까닭이니라.

선현이여. 일체지지가 청정한 까닭으로 지계가 청정하고, 지계가 청정한 까닭으로 무상해탈문이 청정하니라. 왜 그러한가? 만약 일체지지가 청정하거나, 만약 지계가 청정하거나, 만약 무상해탈문이 청정하다면, 무이이고 둘로 나눌 수 없으며 분별이 없고 단절도 없는 까닭이니라. 일체지지가 청정한 까닭으로 수·화·풍·공·식계가 청정하고, 수·화·풍·공·식계가 청정한 까닭으로 무상해탈문이 청정하니라. 왜 그러한가? 만약 일체지지가 청정하거나, 만약 수·화·풍·공·식계가 청정하거나, 만약 무상해탈문이 청정하다면, 무이이고 둘로 나눌 수 없으며 분별이 없고 단절도 없는 까닭이니라.

선현이여. 일체지지가 청정한 까닭으로 무명이 청정하고, 무명이 청정한 까닭으로 무상해탈문이 청정하니라. 왜 그러한가? 만약 일체지지가 청정하거나, 만약 무명이 청정하거나, 만약 무상해탈문이 청정하다면, 무이이고 둘로 나눌 수 없으며 분별이 없고 단절도 없는 까닭이니라. 일체지지가 청정한 까닭으로 행·식·명색·육처·촉·수·애·취·유·생·노사의 수탄고우뇌가 청정하고, 행, 나아가 노사의 수탄고우뇌가 청정한 까닭으로 무상해탈문이 청정하니라. 왜 그러한가? 만약 일체지지가 청정하거나, 만약 행, 나아가 노사의 수탄고우뇌가 청정하거나, 만약 무상해탈문이 청정하다면, 무이이고 둘로 나눌 수 없으며 분별이 없고 단절도 없는

까닭이니라.

선현이여. 일체지지가 청정한 까닭으로 보시바라밀다가 청정하고, 보시바라밀다가 청정한 까닭으로 무상해탈문이 청정하니라. 왜 그러한가? 만약 일체지지가 청정하거나, 만약 보시바라밀다가 청정하거나, 만약 무상해탈문이 청정하다면, 무이이고 둘로 나눌 수 없으며 분별이 없고 단절도 없는 까닭이니라. 일체지지가 청정한 까닭으로 정계·안인·정진·정려·반야바라밀다가 청정하고, 정계, 나아가 반야바라밀다가 청정한 까닭으로 무상해탈문이 청정하니라. 왜 그러한가? 만약 일체지지가 청정하거나, 만약 정계, 나아가 반야바라밀다가 청정하거나, 만약 무상해탈문이 청정하다면, 무이이고 둘로 나눌 수 없으며 분별이 없고 단절도 없는 까닭이니라.

선현이여. 일체지지가 청정한 까닭으로 내공이 청정하고, 내공이 청정한 까닭으로 무상해탈문이 청정하니라. 왜 그러한가? 만약 일체지지가 청정하거나, 만약 내공이 청정하거나, 만약 무상해탈문이 청정하다면, 무이이고 둘로 나눌 수 없으며 분별이 없고 단절도 없는 까닭이니라. 일체지지가 청정한 까닭으로 외공·내외공·공공·대공·승의공·유위공·무위공·필경공·무제공·산공·무변이공·본성공·자상공·공상공·일체법공·불가득공·무성공·자성공·무성자성공이 청정하고, 외공, 나아가 무성자성공이 청정한 까닭으로 무상해탈문이 청정하니라. 왜 그러한가? 만약 일체지지가 청정하거나, 만약 외공, 나아가 무성자성공이 청정하거나, 만약 무상해탈문이 청정하다면, 무이이고 둘로 나눌 수 없으며 분별이 없고 단절도 없는 까닭이니라.

선현이여. 일체지지가 청정한 까닭으로 진여가 청정하고, 진여가 청정한 까닭으로 무상해탈문이 청정하니라. 왜 그러한가? 만약 일체지지가 청정하거나, 만약 진여가 청정하거나, 만약 무상해탈문이 청정하다면, 무이이고 둘로 나눌 수 없으며 분별이 없고 단절도 없는 까닭이니라. 일체지지가 청정한 까닭으로 법계·법성·불허망성·불변이성·평등성·이생성·법정·법주·실제·허공계·부사의계가 청정하고 법계, 나아가 부사의계가 청정한 까닭으로 무상해탈문이 청정하니라. 왜 그러한가? 만약 일체지지가 청정하거나, 만약 법계, 나아가 부사의계가 청정하거나, 만약 무상해탈문이 청정하다면, 무이이고 둘로 나눌 수 없으며 분별이 없고 단절도 없는 까닭이니라.

선현이여. 일체지지가 청정한 까닭으로 고성제가 청정하고, 고성제가 청정한 까닭으로 무상해탈문이 청정하니라. 왜 그러한가? 만약 일체지지가 청정하거나, 만약 고성제가 청정하거나, 만약 무상해탈문이 청정하다면, 무이이고 둘로 나눌 수 없으며 분별이 없고 단절도 없는 까닭이니라. 일체지지가 청정한 까닭으로 집·멸·도성제가 청정하고, 집·멸·도성제가 청정한 까닭으로 무상해탈문이 청정하니라. 왜 그러한가? 만약 일체지지가 청정하거나, 만약 집·멸·도성제가 청정하거나, 만약 무상해탈문이 청정하다면, 무이이고 둘로 나눌 수 없으며 분별이 없고 단절도 없는 까닭이니라.

선현이여. 일체지지가 청정한 까닭으로 4정려가 청정하고, 4정려가 청정한 까닭으로 무상해탈문이 청정하니라. 왜 그러한가? 만약 일체지지가 청정하거나, 만약 4정려가 청정하거나, 만약 무상해탈문이 청정하다면, 무이이고 둘로 나눌 수 없으며 분별이 없고 단절도 없는 까닭이니라. 일체지지가 청정한 까닭으로 4무량·4무색정이 청정하고, 4무량·4무색정이 청정한 까닭으로 무상해탈문이 청정하니라. 왜 그러한가? 만약 일체지지가 청정하거나, 만약 4무량·4무색정이 청정하거나, 만약 무상해탈문이 청정하다면, 무이이고 둘로 나눌 수 없으며 분별이 없고 단절도 없는 까닭이니라.

선현이여. 일체지지가 청정한 까닭으로 8해탈이 청정하고, 8해탈이 청정한 까닭으로 무상해탈문이 청정하니라. 왜 그러한가? 만약 일체지지가 청정하거나, 만약 8해탈이 청정하거나, 만약 무상해탈문이 청정하다면, 무이이고 둘로 나눌 수 없으며 분별이 없고 단절도 없는 까닭이니라. 일체지지가 청정한 까닭으로 8승처·9차제정·10변처가 청정하고, 8승처·9차제정·10변처가 청정한 까닭으로 무상해탈문이 청정하니라. 왜 그러한가? 만약 일체지지가 청정하거나, 만약 8승처·9차제정·10변처가 청정하거나, 만약 무상해탈문이 청정하다면, 무이이고 둘로 나눌 수 없으며 분별이 없고 단절도 없는 까닭이니라.

선현이여. 일체지지가 청정한 까닭으로 4념주가 청정하고, 4념주가 청정한 까닭으로 무상해탈문이 청정하니라. 왜 그러한가? 만약 일체지지가 청정하거나, 만약 4념주가 청정하거나, 만약 무상해탈문이 청정하다면, 무이이고 둘로 나눌 수 없으며 분별이 없고 단절도 없는 까닭이니라. 일체지지가 청정한 까닭으로 4정단·4신족·5근·5력·7등각지·8성도지가 청정하고, 4정단, 나아가 8성도지가 청정한 까닭으로 무상해탈문이 청정하니라. 왜 그러한가? 만약 일체지지가 청정하거나, 만약 4정단, 나아가 8성도지가 청정하거나, 만약 무상해탈문이 청정하다면, 무이이고 둘로 나눌 수 없으며 분별이 없고 단절도 없는 까닭이니라.

선현이여. 일체지지가 청정한 까닭으로 공해탈문이 청정하고, 공해탈문이 청정한 까닭으로 무상해탈문이 청정하니라. 왜 그러한가? 만약 일체지지가 청정하거나, 만약 공해탈문이 청정하거나, 만약 무상해탈문이 청정하다면, 무이이고 둘로 나눌 수 없으며 분별이 없고 단절도 없는 까닭이니라. 일체지지가 청정한 까닭으로 무원해탈문이 청정하고, 무원해탈문이 청정한 까닭으로 무상해탈문이 청정하니라. 왜 그러한가? 만약 일체지지가 청정하거나, 만약 무원해탈문이 청정하거나, 만약 무상해탈문이 청정하다면, 무이이고 둘로 나눌 수 없으며 분별이 없고 단절도 없는 까닭이니라.

선현이여. 일체지지가 청정한 까닭으로 보살의 10지가 청정하고, 보살의 10지가 청정한 까닭으로 무상해탈문이 청정하니라. 왜 그러한가? 만약 일체지지가 청정하거나, 만약 보살의 10지가 청정하거나, 만약 무상해탈문이 청정하다면, 무이이고 둘로 나눌 수 없으며 분별이 없고 단절도 없는 까닭이니라.

선현이여. 일체지지가 청정한 까닭으로 5안이 청정하고, 5안이 청정한 까닭으로 무상해탈문이 청정하니라. 왜 그러한가? 만약 일체지지가 청정

하거나, 만약 5안이 청정하거나, 만약 무상해탈문이 청정하다면, 무이이
고 둘로 나눌 수 없으며 분별이 없고 단절도 없는 까닭이니라. 일체지지가
청정한 까닭으로 6신통이 청정하고, 6신통이 청정한 까닭으로 무상해탈문
이 청정하니라. 왜 그러한가? 만약 일체지지가 청정하거나, 만약 6신통이
청정하거나, 만약 무상해탈문이 청정하다면, 무이이고 둘로 나눌 수 없으
며 분별이 없고 단절도 없는 까닭이니라.

　선현이여. 일체지지가 청정한 까닭으로 여래의 10력이 청정하고, 여래
의 10력이 청정한 까닭으로 무상해탈문이 청정하니라. 왜 그러한가?
만약 일체지지가 청정하거나, 만약 여래의 10력이 청정하거나, 만약
무상해탈문이 청정하다면, 무이이고 둘로 나눌 수 없으며 분별이 없고
단절도 없는 까닭이니라. 일체지지가 청정한 까닭으로 4무소외·4무애해·
대자·대비·대희·대사·18불불공법이 청정하고, 4무소외, 나아가 18불불
공법이 청정한 까닭으로 무상해탈문이 청정하니라. 왜 그러한가? 만약
일체지지가 청정하거나, 만약 4무소외, 나아가 18불불공법이 청정하거나,
만약 무상해탈문이 청정하다면, 무이이고 둘로 나눌 수 없으며 분별이
없고 단절도 없는 까닭이니라.

　선현이여. 일체지지가 청정한 까닭으로 무망실법이 청정하고, 무망실
법이 청정한 까닭으로 무상해탈문이 청정하니라. 왜 그러한가? 만약
일체지지가 청정하거나, 만약 무망실법이 청정하거나, 만약 무상해탈문
이 청정하다면, 무이이고 둘로 나눌 수 없으며 분별이 없고 단절도 없는
까닭이니라. 선현이여. 일체지지가 청정한 까닭으로 항주사성이 청정하
고, 항주사성이 청정한 까닭으로 무상해탈문이 청정하니라. 왜 그러한가?
만약 일체지지가 청정하거나, 만약 항주사성이 청정하거나, 만약 무상해
탈문이 청정하다면, 무이이고 둘로 나눌 수 없으며 분별이 없고 단절도
없는 까닭이니라.

　선현이여. 일체지지가 청정한 까닭으로 일체지가 청정하고, 일체지가
청정한 까닭으로 무상해탈문이 청정하니라. 왜 그러한가? 만약 일체지지
가 청정하거나, 만약 일체지가 청정하거나, 만약 무상해탈문이 청정하다

면, 무이이고 둘로 나눌 수 없으며 분별이 없고 단절도 없는 까닭이니라. 일체지지가 청정한 까닭으로 도상지·일체상지가 청정하고, 도상지·일체상지가 청정한 까닭으로 무상해탈문이 청정하니라. 왜 그러한가? 만약 일체지지가 청정하거나, 만약 도상지·일체상지가 청정하거나, 만약 무상해탈문이 청정하다면, 무이이고 둘로 나눌 수 없으며 분별이 없고 단절도 없는 까닭이니라.

선현이여. 일체지지가 청정한 까닭으로 일체의 다라니문이 청정하고, 일체의 다라니문이 청정한 까닭으로 무상해탈문이 청정하니라. 왜 그러한가? 만약 일체지지가 청정하거나, 만약 일체의 다라니문이 청정하거나, 만약 무상해탈문이 청정하다면, 무이이고 둘로 나눌 수 없으며 분별이 없고 단절도 없는 까닭이니라. 선현이여. 일체지지가 청정한 까닭으로 일체의 삼마지문이 청정하고, 일체의 삼마지문이 청정한 까닭으로 무상해탈문이 청정하니라. 왜 그러한가? 만약 일체지지가 청정하거나, 만약 일체의 삼마지문이 청정하거나, 만약 무상해탈문이 청정하다면, 무이이고 둘로 나눌 수 없으며 분별이 없고 단절도 없는 까닭이니라.

선현이여. 일체지지가 청정한 까닭으로 예류과가 청정하고, 예류과가 청정한 까닭으로 무상해탈문이 청정하니라. 왜 그러한가? 만약 일체지지가 청정하거나, 만약 예류과가 청정하거나, 만약 무상해탈문이 청정하다면, 무이이고 둘로 나눌 수 없으며 분별이 없고 단절도 없는 까닭이니라. 일체지지가 청정한 까닭으로 일래·불환·아라한과가 청정하고, 일래·불환·아라한과가 청정한 까닭으로 무상해탈문이 청정하니라. 왜 그러한가? 만약 일체지지가 청정하거나, 만약 일래·불환·아라한과가 청정하거나, 만약 무상해탈문이 청정하다면, 무이이고 둘로 나눌 수 없으며 분별이 없고 단절도 없는 까닭이니라.

선현이여. 일체지지가 청정한 까닭으로 독각의 보리가 청정하고, 독각의 보리가 청정한 까닭으로 무상해탈문이 청정하니라. 왜 그러한가? 만약 일체지지가 청정하거나, 만약 독각의 보리가 청정하거나, 만약 무상해탈문이 청정하다면, 무이이고 둘로 나눌 수 없으며 분별이 없고 단절도

없는 까닭이니라.

선현이여. 일체지지가 청정한 까닭으로 일체의 보살마하살의 행이 청정하고, 일체의 보살마하살의 행이 청정한 까닭으로 무상해탈문이 청정하니라. 왜 그러한가? 만약 일체지지가 청정하거나, 만약 일체의 보살마하살의 행이 청정하거나, 만약 무상해탈문이 청정하다면, 무이이고 둘로 나눌 수 없으며 분별이 없고 단절도 없는 까닭이니라.

선현이여. 일체지지가 청정한 까닭으로 제불의 무상정등보리가 청정하고, 제불의 무상정등보리가 청정한 까닭으로 무상해탈문이 청정하니라. 왜 그러한가? 만약 일체지지가 청정하거나, 만약 제불의 무상정등보리가 청정하거나, 만약 무상해탈문이 청정하다면, 무이이고 둘로 나눌 수 없으며 분별이 없고 단절도 없는 까닭이니라."

"다시 다음으로 선현이여. 일체지지가 청정한 까닭으로 색이 청정하고, 색이 청정한 까닭으로 무원해탈문(無願解脫門)이 청정하니라. 왜 그러한가? 만약 일체지지가 청정하거나, 만약 색이 청정하거나, 만약 무원해탈문이 청정하다면, 무이이고 둘로 나눌 수 없으며 분별이 없고 단절도 없는 까닭이니라. 일체지지가 청정한 까닭으로 수·상·행·식이 청정하고, 수·상·행·식이 청정한 까닭으로 무원해탈문이 청정하니라. 왜 그러한가? 만약 일체지지가 청정하거나, 만약 수·상·행·식이 청정하거나, 만약 무원해탈문이 청정하다면, 무이이고 둘로 나눌 수 없으며 분별이 없고 단절도 없는 까닭이니라.

선현이여. 일체지지가 청정한 까닭으로 안처가 청정하고, 안처가 청정한 까닭으로 무원해탈문이 청정하니라. 왜 그러한가? 만약 일체지지가 청정하거나, 만약 안처가 청정하거나, 만약 무원해탈문이 청정하다면, 무이이고 둘로 나눌 수 없으며 분별이 없고 단절도 없는 까닭이니라. 일체지지가 청정한 까닭으로 이·비·설·신·의처가 청정하고, 이·비·설·신·의처가 청정한 까닭으로 무원해탈문이 청정하니라. 왜 그러한가? 만약 일체지지가 청정하거나, 만약 이·비·설·신·의처가 청정하거나, 만약 무원해탈문이 청정하다면, 무이이고 둘로 나눌 수 없으며 분별이 없고 단절도 없는 까닭이니라.

선현이여. 일체지지가 청정한 까닭으로 색처가 청정하고, 색처가 청정한 까닭으로 무원해탈문이 청정하니라. 왜 그러한가? 만약 일체지지가 청정하거나, 만약 색처가 청정하거나, 만약 무원해탈문이 청정하다면, 무이이고 둘로 나눌 수 없으며 분별이 없고 단절도 없는 까닭이니라. 일체지지가 청정한 까닭으로 성·향·미·촉·법처가 청정하고, 성·향·미·촉·법처가 청정한 까닭으로 무원해탈문이 청정하니라. 왜 그러한가? 만약 일체지지가 청정하거나, 만약 성·향·미·촉·법처가 청정하거나, 만약 무원해탈문이 청정하다면, 무이이고 둘로 나눌 수 없으며 분별이 없고 단절도 없는 까닭이니라.

선현이여. 일체지지가 청정한 까닭으로 안계가 청정하고, 안계가 청정한 까닭으로 무원해탈문이 청정하니라. 왜 그러한가? 만약 일체지지가 청정하거나, 만약 안계가 청정하거나, 만약 무원해탈문이 청정하다면, 무이이고 둘로 나눌 수 없으며 분별이 없고 단절도 없는 까닭이니라. 일체지지가 청정한 까닭으로 색계·안식계, 나아가 안촉·안촉을 인연으로 생겨난 여러 수가 청정하고, 색계, 나아가 안촉을 인연으로 생겨난 여러 수가 청정한 까닭으로 무원해탈문이 청정하니라. 왜 그러한가? 만약 일체지지가 청정하거나, 만약 색계, 나아가 안촉을 인연으로 생겨난 여러 수가 청정하거나, 만약 무원해탈문이 청정하다면, 무이이고 둘로 나눌 수 없으며 분별이 없고 단절도 없는 까닭이니라.

선현이여. 일체지지가 청정한 까닭으로 이계가 청정하고, 이계가 청정한 까닭으로 무원해탈문이 청정하니라. 왜 그러한가? 만약 일체지지가 청정하거나, 만약 이계가 청정하거나, 만약 무원해탈문이 청정하다면, 무이이고 둘로 나눌 수 없으며 분별이 없고 단절도 없는 까닭이니라. 일체지지가 청정한 까닭으로 성계·이식계, 나아가 이촉·이촉을 인연으로 생겨난 여러 수가 청정하고, 성계, 나아가 이촉을 인연으로 생겨난 여러 수가 청정한 까닭으로 무원해탈문이 청정하니라. 왜 그러한가? 만약 일체지지가 청정하거나, 만약 성계, 나아가 이촉을 인연으로 생겨난 여러 수가 청정하거나, 만약 무원해탈문이 청정하다면, 무이이고 둘로 나눌 수 없으며 분별이 없고 단절도 없는 까닭이니라."

선현이여. 일체지지가 청정한 까닭으로 비계가 청정하고, 비계가 청정한 까닭으로 무원해탈문이 청정하니라. 왜 그러한가? 만약 일체지지가 청정하거나, 만약 비계가 청정하거나, 만약 무원해탈문이 청정하다면, 무이이고 둘로 나눌 수 없으며 분별이 없고 단절도 없는 까닭이니라. 일체지지가 청정한 까닭으로 향계·비식계, 나아가 비촉·비촉을 인연으로 생겨난 여러 수가 청정하고, 향계, 나아가 비촉을 인연으로 생겨난 여러 수가 청정한 까닭으로 무원해탈문이 청정하니라. 왜 그러한가? 만약 일체지지가 청정하거나, 만약 향계, 나아가 비촉을 인연으로 생겨난 여러 수가 청정하거나, 만약 무원해탈문이 청정하다면, 무이이고 둘로 나눌 수 없으며 분별이 없고 단절도 없는 까닭이니라.

선현이여. 일체지지가 청정한 까닭으로 설계가 청정하고, 설계가 청정한 까닭으로 무원해탈문이 청정하니라. 왜 그러한가? 만약 일체지지가 청정하거나, 만약 설계가 청정하거나, 만약 무원해탈문이 청정하다면, 무이이고 둘로 나눌 수 없으며 분별이 없고 단절도 없는 까닭이니라. 일체지지가 청정한 까닭으로 미계·설식계, 나아가 설촉·설촉을 인연으로 생겨난 여러 수가 청정하고, 미계, 나아가 설촉을 인연으로 생겨난 여러 수가 청정한 까닭으로 무원해탈문이 청정하니라. 왜 그러한가? 만약 일체지지가 청정하거나, 만약 미계, 나아가 설촉을 인연으로 생겨난 여러 수가 청정하거나, 만약 무원해탈문이 청정하다면, 무이이고 둘로 나눌 수 없으며 분별이 없고 단절도 없는 까닭이니라.

선현이여. 일체지지가 청정한 까닭으로 신계가 청정하고, 신계가 청정한 까닭으로 무원해탈문이 청정하니라. 왜 그러한가? 만약 일체지지가 청정하거나, 만약 신계가 청정하거나, 만약 무원해탈문이 청정하다면, 무이이고 둘로 나눌 수 없으며 분별이 없고 단절도 없는 까닭이니라. 일체지지가 청정한 까닭으로 촉계·신식계, 나아가 신촉·신촉을 인연으로 생겨난 여러 수가 청정하고, 촉계, 나아가 신촉을 인연으로 생겨난 여러 수가 청정한 까닭으로 무원해탈문이 청정하니라. 왜 그러한가? 만약 일체지지가 청정하거나, 만약 촉계, 나아가 신촉을 인연으로 생겨난 여러 수가 청정하거나, 만약 무원해탈문이 청정하다면, 무이이고 둘로 나눌 수 없으며 분별이 없고 단절도 없는 까닭이니라.

선현이여. 일체지지가 청정한 까닭으로 의계가 청정하고, 의계가 청정한 까닭으로 무원해탈문이 청정하니라. 왜 그러한가? 만약 일체지지가 청정하거나, 만약 의계가 청정하거나, 만약 무원해탈문이 청정하다면, 무이이고 둘로 나눌 수 없으며 분별이 없고 단절도 없는 까닭이니라. 일체지지가 청정한 까닭으로 법계·의식계, 나아가 의촉·의촉을 인연으로 생겨난 여러 수가 청정하고, 법계, 나아가 의촉을 인연으로 생겨난 여러 수가 청정한 까닭으로 무원해탈문이 청정하니라. 왜 그러한가? 만약 일체지지가 청정하거나, 만약 법계, 나아가 의촉을 인연으로 생겨난 여러 수가 청정하거나, 만약 무원해탈문이 청정하다면, 무이이고 둘로 나눌 수 없으며 분별이 없고 단절도 없는 까닭이니라."

마하반야바라밀다경 제273권

34. 난신해품(難信解品)(92)

"선현이여. 일체지지가 청정한 까닭으로 지계가 청정하고, 지계가 청정한 까닭으로 무원해탈문이 청정하니라. 왜 그러한가? 만약 일체지지가 청정하거나, 만약 지계가 청정하거나, 만약 무원해탈문이 청정하다면, 무이이고 둘로 나눌 수 없으며 분별이 없고 단절도 없는 까닭이니라. 일체지지가 청정한 까닭으로 수·화·풍·공·식계가 청정하고, 수·화·풍·공·식계가 청정한 까닭으로 무원해탈문이 청정하니라. 왜 그러한가? 만약 일체지지가 청정하거나, 만약 수·화·풍·공·식계가 청정하거나, 만약 무원해탈문이 청정하다면, 무이이고 둘로 나눌 수 없으며 분별이 없고 단절도 없는 까닭이니라.

선현이여. 일체지지가 청정한 까닭으로 무명이 청정하고, 무명이 청정한 까닭으로 무원해탈문이 청정하니라. 왜 그러한가? 만약 일체지지가 청정하거나, 만약 무명이 청정하거나, 만약 무원해탈문이 청정하다면, 무이이고 둘로 나눌 수 없으며 분별이 없고 단절도 없는 까닭이니라. 일체지지가 청정한 까닭으로 행·식·명색·육처·촉·수·애·취·유·생·노사의 수탄고우뇌가 청정하고, 행, 나아가 노사의 수탄고우뇌가 청정한 까닭으로 무원해탈문이 청정하니라. 왜 그러한가? 만약 일체지지가 청정하거나, 만약 행, 나아가 노사의 수탄고우뇌가 청정하거나, 만약 무원해탈문이 청정하다면, 무이이고 둘로 나눌 수 없으며 분별이 없고 단절도 없는 까닭이니라.

선현이여. 일체지지가 청정한 까닭으로 보시바라밀다가 청정하고, 보시바라밀다가 청정한 까닭으로 무원해탈문이 청정하니라. 왜 그러한가? 만약 일체지지가 청정하거나, 만약 보시바라밀다가 청정하거나, 만약 무원해탈문이 청정하다면, 무이이고 둘로 나눌 수 없으며 분별이 없고 단절도 없는 까닭이니라. 일체지지가 청정한 까닭으로 정계·안인·정진·정려·반야바라밀다가 청정하고, 정계, 나아가 반야바라밀다가 청정한 까닭으로 무원해탈문이 청정하니라. 왜 그러한가? 만약 일체지지가 청정하거나, 만약 정계, 나아가 반야바라밀다가 청정하거나, 만약 무원해탈문이 청정하다면, 무이이고 둘로 나눌 수 없으며 분별이 없고 단절도 없는 까닭이니라.

선현이여. 일체지지가 청정한 까닭으로 내공이 청정하고, 내공이 청정한 까닭으로 무원해탈문이 청정하니라. 왜 그러한가? 만약 일체지지가 청정하거나, 만약 내공이 청정하거나, 만약 무원해탈문이 청정하다면, 무이이고 둘로 나눌 수 없으며 분별이 없고 단절도 없는 까닭이니라. 일체지지가 청정한 까닭으로 외공·내외공·공공·대공·승의공·유위공·무위공·필경공·무제공·산공·무변이공·본성공·자상공·공상공·일체법공·불가득공·무성공·자성공·무성자성공이 청정하고, 외공, 나아가 무성자성공이 청정한 까닭으로 무원해탈문이 청정하니라. 왜 그러한가? 만약 일체지지가 청정하거나, 만약 외공, 나아가 무성자성공이 청정하거나, 만약 무원해탈문이 청정하다면, 무이이고 둘로 나눌 수 없으며 분별이 없고 단절도 없는 까닭이니라.

선현이여. 일체지지가 청정한 까닭으로 진여가 청정하고, 진여가 청정한 까닭으로 무원해탈문이 청정하니라. 왜 그러한가? 만약 일체지지가 청정하거나, 만약 진여가 청정하거나, 만약 무원해탈문이 청정하다면, 무이이고 둘로 나눌 수 없으며 분별이 없고 단절도 없는 까닭이니라. 일체지지가 청정한 까닭으로 법계·법성·불허망성·불변이성·평등성·이생성·법정·법주·실제·허공계·부사의계가 청정하고 법계, 나아가 부사의계가 청정한 까닭으로 무원해탈문이 청정하니라. 왜 그러한가? 만약 일체지지가 청정하거나, 만약 법계, 나아가 부사의계가 청정하거나, 만약 무원해탈문이 청정하다면, 무이이고 둘로 나눌 수 없으며 분별이 없고 단절도 없는 까닭이니라.

선현이여. 일체지지가 청정한 까닭으로 고성제가 청정하고, 고성제가 청정한 까닭으로 무원해탈문이 청정하니라. 왜 그러한가? 만약 일체지지가 청정하거나, 만약 고성제가 청정하거나, 만약 무원해탈문이 청정하다면, 무이이고 둘로 나눌 수 없으며 분별이 없고 단절도 없는 까닭이니라. 일체지지가 청정한 까닭으로 집·멸·도성제가 청정하고, 집·멸·도성제가 청정한 까닭으로 무원해탈문이 청정하니라. 왜 그러한가? 만약 일체지지가 청정하거나, 만약 집·멸·도성제가 청정하거나, 만약 무원해탈문이 청정하다면, 무이이고 둘로 나눌 수 없으며 분별이 없고 단절도 없는 까닭이니라.

선현이여. 일체지지가 청정한 까닭으로 4정려가 청정하고, 4정려가 청정한 까닭으로 무원해탈문이 청정하니라. 왜 그러한가? 만약 일체지지가 청정하거나, 만약 4정려가 청정하거나, 만약 무원해탈문이 청정하다면, 무이이고 둘로 나눌 수 없으며 분별이 없고 단절도 없는 까닭이니라. 일체지지가 청정한 까닭으로 4무량·4무색정이 청정하고, 4무량·4무색정이 청정한 까닭으로 무원해탈문이 청정하니라. 왜 그러한가? 만약 일체지지가 청정하거나, 만약 4무량·4무색정이 청정하거나, 만약 무원해탈문이 청정하다면, 무이이고 둘로 나눌 수 없으며 분별이 없고 단절도 없는 까닭이니라.

선현이여. 일체지지가 청정한 까닭으로 8해탈이 청정하고, 8해탈이 청정한 까닭으로 무원해탈문이 청정하니라. 왜 그러한가? 만약 일체지지가 청정하거나, 만약 8해탈이 청정하거나, 만약 무원해탈문이 청정하다면, 무이이고 둘로 나눌 수 없으며 분별이 없고 단절도 없는 까닭이니라. 일체지지가 청정한 까닭으로 8승처·9차제정·10변처가 청정하고, 8승처·9차제정·10변처가 청정한 까닭으로 무원해탈문이 청정하니라. 왜 그러한가? 만약 일체지지가 청정하거나, 만약 8승처·9차제정·10변처가 청정하거나, 만약 무원해탈문이 청정하다면, 무이이고 둘로 나눌 수 없으며 분별이 없고 단절도 없는 까닭이니라.

선현이여. 일체지지가 청정한 까닭으로 4념주가 청정하고, 4념주가 청정한 까닭으로 무원해탈문이 청정하니라. 왜 그러한가? 만약 일체지지가 청정하거나, 만약 4념주가 청정하거나, 만약 무원해탈문이 청정하다면, 무이이고 둘로 나눌 수 없으며 분별이 없고 단절도 없는 까닭이니라. 일체지지가 청정한 까닭으로 4정단·4신족·5근·5력·7등각지·8성도지가 청정하고, 4정단, 나아가 8성도지가 청정한 까닭으로 무원해탈문이 청정하니라. 왜 그러한가? 만약 일체지지가 청정하거나, 만약 4정단, 나아가 8성도지가 청정하거나, 만약 무원해탈문이 청정하다면, 무이이고 둘로 나눌 수 없으며 분별이 없고 단절도 없는 까닭이니라.

선현이여. 일체지지가 청정한 까닭으로 공해탈문이 청정하고, 공해탈문이 청정한 까닭으로 무원해탈문이 청정하니라. 왜 그러한가? 만약 일체지지가 청정하거나, 만약 공해탈문이 청정하거나, 만약 무원해탈문이 청정하다면, 무이이고 둘로 나눌 수 없으며 분별이 없고 단절도 없는 까닭이니라. 일체지지가 청정한 까닭으로 무상해탈문이 청정하고, 무상해탈문이 청정한 까닭으로 무원해탈문이 청정하니라. 왜 그러한가? 만약 일체지지가 청정하거나, 만약 무상해탈문이 청정하거나, 만약 무원해탈문이 청정하다면, 무이이고 둘로 나눌 수 없으며 분별이 없고 단절도 없는 까닭이니라.

선현이여. 일체지지가 청정한 까닭으로 보살의 10지가 청정하고, 보살의 10지가 청정한 까닭으로 무원해탈문이 청정하니라. 왜 그러한가? 만약 일체지지가 청정하거나, 만약 보살의 10지가 청정하거나, 만약 무원해탈문이 청정하다면, 무이이고 둘로 나눌 수 없으며 분별이 없고 단절도 없는 까닭이니라.

선현이여. 일체지지가 청정한 까닭으로 5안이 청정하고, 5안이 청정한 까닭으로 무원해탈문이 청정하니라. 왜 그러한가? 만약 일체지지가 청정하거나, 만약 5안이 청정하거나, 만약 무원해탈문이 청정하다면, 무이이

고 둘로 나눌 수 없으며 분별이 없고 단절도 없는 까닭이니라. 일체지지가
청정한 까닭으로 6신통이 청정하고, 6신통이 청정한 까닭으로 무원해탈문
이 청정하니라. 왜 그러한가? 만약 일체지지가 청정하거나, 만약 6신통이
청정하거나, 만약 무원해탈문이 청정하다면, 무이이고 둘로 나눌 수 없으
며 분별이 없고 단절도 없는 까닭이니라.

  선현이여. 일체지지가 청정한 까닭으로 여래의 10력이 청정하고, 여래
의 10력이 청정한 까닭으로 무원해탈문이 청정하니라. 왜 그러한가?
만약 일체지지가 청정하거나, 만약 무원해탈문이 청정하거나, 만약 여래
의 10력이 청정하다면, 무이이고 둘로 나눌 수 없으며 분별이 없고 단절도
없는 까닭이니라. 일체지지가 청정한 까닭으로 4무소외·4무애해·대자·
대비·대희·대사·18불불공법이 청정하고, 4무소외, 나아가 18불불공법이
청정한 까닭으로 무원해탈문이 청정하니라. 왜 그러한가? 만약 일체지지
가 청정하거나, 만약 4무소외, 나아가 18불불공법이 청정하거나, 만약
무원해탈문이 청정하다면, 무이이고 둘로 나눌 수 없으며 분별이 없고
단절도 없는 까닭이니라.

  선현이여. 일체지지가 청정한 까닭으로 무망실법이 청정하고, 무망실
법이 청정한 까닭으로 무원해탈문이 청정하니라. 왜 그러한가? 만약
일체지지가 청정하거나, 만약 무망실법이 청정하거나, 만약 무원해탈문
이 청정하다면, 무이이고 둘로 나눌 수 없으며 분별이 없고 단절도 없는
까닭이니라. 선현이여. 일체지지가 청정한 까닭으로 항주사성이 청정하
고, 항주사성이 청정한 까닭으로 무원해탈문이 청정하니라. 왜 그러한가?
만약 일체지지가 청정하거나, 만약 항주사성이 청정하거나, 만약 무원해
탈문이 청정하다면, 무이이고 둘로 나눌 수 없으며 분별이 없고 단절도
없는 까닭이니라.

  선현이여. 일체지지가 청정한 까닭으로 일체지가 청정하고, 일체지가
청정한 까닭으로 무원해탈문이 청정하니라. 왜 그러한가? 만약 일체지지
가 청정하거나, 만약 일체지가 청정하거나, 만약 무원해탈문이 청정하다
면, 무이이고 둘로 나눌 수 없으며 분별이 없고 단절도 없는 까닭이니라.

일체지지가 청정한 까닭으로 도상지·일체상지가 청정하고, 도상지·일체상지가 청정한 까닭으로 무원해탈문이 청정하니라. 왜 그러한가? 만약 일체지지가 청정하거나, 만약 도상지·일체상지가 청정하거나, 만약 무원해탈문이 청정하다면, 무이이고 둘로 나눌 수 없으며 분별이 없고 단절도 없는 까닭이니라.

선현이여. 일체지지가 청정한 까닭으로 일체의 다라니문이 청정하고, 일체의 다라니문이 청정한 까닭으로 무원해탈문이 청정하니라. 왜 그러한가? 만약 일체지지가 청정하거나, 만약 일체의 다라니문이 청정하거나, 만약 무원해탈문이 청정하다면, 무이이고 둘로 나눌 수 없으며 분별이 없고 단절도 없는 까닭이니라. 선현이여. 일체지지가 청정한 까닭으로 일체의 삼마지문이 청정하고, 일체의 삼마지문이 청정한 까닭으로 무원해탈문이 청정하니라. 왜 그러한가? 만약 일체지지가 청정하거나, 만약 일체의 삼마지문이 청정하거나, 만약 무원해탈문이 청정하다면, 무이이고 둘로 나눌 수 없으며 분별이 없고 단절도 없는 까닭이니라.

선현이여. 일체지지가 청정한 까닭으로 예류과가 청정하고, 예류과가 청정한 까닭으로 무원해탈문이 청정하니라. 왜 그러한가? 만약 일체지지가 청정하거나, 만약 예류과가 청정하거나, 만약 무원해탈문이 청정하다면, 무이이고 둘로 나눌 수 없으며 분별이 없고 단절도 없는 까닭이니라. 일체지지가 청정한 까닭으로 일래·불환·아라한과가 청정하고, 일래·불환·아라한과가 청정한 까닭으로 무원해탈문이 청정하니라. 왜 그러한가? 만약 일체지지가 청정하거나, 만약 일래·불환·아라한과가 청정하거나, 만약 무원해탈문이 청정하다면, 무이이고 둘로 나눌 수 없으며 분별이 없고 단절도 없는 까닭이니라.

선현이여. 일체지지가 청정한 까닭으로 독각의 보리가 청정하고, 독각의 보리가 청정한 까닭으로 무원해탈문이 청정하니라. 왜 그러한가? 만약 일체지지가 청정하거나, 만약 독각의 보리가 청정하거나, 만약 무원해탈문이 청정하다면, 무이이고 둘로 나눌 수 없으며 분별이 없고 단절도 없는 까닭이니라.

　선현이여. 일체지지가 청정한 까닭으로 일체의 보살마하살의 행이 청정하고, 일체의 보살마하살의 행이 청정한 까닭으로 무원해탈문이 청정하니라. 왜 그러한가? 만약 일체지지가 청정하거나, 만약 일체의 보살마하살의 행이 청정하거나, 만약 무원해탈문이 청정하다면, 무이이고 둘로 나눌 수 없으며 분별이 없고 단절도 없는 까닭이니라.

　선현이여. 일체지지가 청정한 까닭으로 제불의 무상정등보리가 청정하고, 제불의 무상정등보리가 청정한 까닭으로 무원해탈문이 청정하니라. 왜 그러한가? 만약 일체지지가 청정하거나, 만약 제불의 무상정등보리가 청정하거나, 만약 무원해탈문이 청정하다면, 무이이고 둘로 나눌 수 없으며 분별이 없고 단절도 없는 까닭이니라."

　"다시 다음으로 선현이여. 일체지지가 청정한 까닭으로 색이 청정하고, 색이 청정한 까닭으로 보살(菩薩)의 10지(十地)가 청정하니라. 왜 그러한가? 만약 일체지지가 청정하거나, 만약 색이 청정하거나, 만약 보살의 10지가 청정하다면, 무이이고 둘로 나눌 수 없으며 분별이 없고 단절도 없는 까닭이니라. 일체지지가 청정한 까닭으로 수·상·행·식이 청정하고, 수·상·행·식이 청정한 까닭으로 보살의 10지가 청정하니라. 왜 그러한가? 만약 일체지지가 청정하거나, 만약 수·상·행·식이 청정하거나, 만약 보살의 10지가 청정하다면, 무이이고 둘로 나눌 수 없으며 분별이 없고 단절도 없는 까닭이니라.

　선현이여. 일체지지가 청정한 까닭으로 안처가 청정하고, 안처가 청정한 까닭으로 보살의 10지가 청정하니라. 왜 그러한가? 만약 일체지지가 청정하거나, 만약 안처가 청정하거나, 만약 보살의 10지가 청정하다면, 무이이고 둘로 나눌 수 없으며 분별이 없고 단절도 없는 까닭이니라. 일체지지가 청정한 까닭으로 이·비·설·신·의처가 청정하고, 이·비·설·신·의처가 청정한 까닭으로 보살의 10지가 청정하니라. 왜 그러한가? 만약 일체지지가 청정하거나, 만약 이·비·설·신·의처가 청정하거나, 만약 보살의 10지가 청정하다면, 무이이고 둘로 나눌 수 없으며 분별이 없고 단절도

없는 까닭이니라.

선현이여. 일체지지가 청정한 까닭으로 색처가 청정하고, 색처가 청정한 까닭으로 보살의 10지가 청정하니라. 왜 그러한가? 만약 일체지지가 청정하거나, 만약 색처가 청정하거나, 만약 보살의 10지가 청정하다면, 무이이고 둘로 나눌 수 없으며 분별이 없고 단절도 없는 까닭이니라. 일체지지가 청정한 까닭으로 성·향·미·촉·법처가 청정하고, 성·향·미·촉·법처가 청정한 까닭으로 보살의 10지가 청정하니라. 왜 그러한가? 만약 일체지지가 청정하거나, 만약 성·향·미·촉·법처가 청정하거나, 만약 보살의 10지가 청정하다면, 무이이고 둘로 나눌 수 없으며 분별이 없고 단절도 없는 까닭이니라.

선현이여. 일체지지가 청정한 까닭으로 안계가 청정하고, 안계가 청정한 까닭으로 보살의 10지가 청정하니라. 왜 그러한가? 만약 일체지지가 청정하거나, 만약 안계가 청정하거나, 만약 보살의 10지가 청정하다면, 무이이고 둘로 나눌 수 없으며 분별이 없고 단절도 없는 까닭이니라. 일체지지가 청정한 까닭으로 색계·안식계, 나아가 안촉·안촉을 인연으로 생겨난 여러 수가 청정하고, 색계, 나아가 안촉을 인연으로 생겨난 여러 수가 청정한 까닭으로 보살의 10지가 청정하니라. 왜 그러한가? 만약 일체지지가 청정하거나, 만약 색계, 나아가 안촉을 인연으로 생겨난 여러 수가 청정하거나, 만약 보살의 10지가 청정하다면, 무이이고 둘로 나눌 수 없으며 분별이 없고 단절도 없는 까닭이니라.

선현이여. 일체지지가 청정한 까닭으로 이계가 청정하고, 이계가 청정한 까닭으로 보살의 10지가 청정하니라. 왜 그러한가? 만약 일체지지가 청정하거나, 만약 이계가 청정하거나, 만약 보살의 10지가 청정하다면, 무이이고 둘로 나눌 수 없으며 분별이 없고 단절도 없는 까닭이니라. 일체지지가 청정한 까닭으로 성계·이식계, 나아가 이촉·이촉을 인연으로 생겨난 여러 수가 청정하고, 성계, 나아가 이촉을 인연으로 생겨난 여러 수가 청정한 까닭으로 보살의 10지가 청정하니라. 왜 그러한가? 만약 일체지지가 청정하거나, 만약 성계, 나아가 이촉을 인연으로 생겨난 여러 수가 청정하거나, 만약 보살의 10지가 청정하다면, 무이이고 둘로 나눌 수 없으며 분별이 없고 단절도 없는 까닭이니라.

선현이여. 일체지지가 청정한 까닭으로 비계가 청정하고, 비계가 청정한 까닭으로 보살의 10지가 청정하니라. 왜 그러한가? 만약 일체지지가 청정하거나, 만약 비계가 청정하거나, 만약 보살의 10지가 청정하다면, 무이이고 둘로 나눌 수 없으며 분별이 없고 단절도 없는 까닭이니라. 일체지지가 청정한 까닭으로 향계·비식계, 나아가 비촉·비촉을 인연으로 생겨난 여러 수가 청정하고, 향계, 나아가 비촉을 인연으로 생겨난 여러 수가 청정한 까닭으로 보살의 10지가 청정하니라. 왜 그러한가? 만약 일체지지가 청정하거나, 만약 향계, 나아가 비촉을 인연으로 생겨난 여러 수가 청정하거나, 만약 보살의 10지가 청정하다면, 무이이고 둘로 나눌 수 없으며 분별이 없고 단절도 없는 까닭이니라.

선현이여. 일체지지가 청정한 까닭으로 설계가 청정하고, 설계가 청정한 까닭으로 보살의 10지가 청정하니라. 왜 그러한가? 만약 일체지지가 청정하거나, 만약 설계가 청정하거나, 만약 보살의 10지가 청정하다면, 무이이고 둘로 나눌 수 없으며 분별이 없고 단절도 없는 까닭이니라. 일체지지가 청정한 까닭으로 미계·설식계, 나아가 설촉·설촉을 인연으로 생겨난 여러 수가 청정하고, 미계, 나아가 설촉을 인연으로 생겨난 여러 수가 청정한 까닭으로 보살의 10지가 청정하니라. 왜 그러한가? 만약 일체지지가 청정하거나, 만약 미계, 나아가 설촉을 인연으로 생겨난 여러 수가 청정하거나, 만약 보살의 10지가 청정하다면, 무이이고 둘로 나눌 수 없으며 분별이 없고 단절도 없는 까닭이니라.

선현이여. 일체지지가 청정한 까닭으로 신계가 청정하고, 신계가 청정한 까닭으로 보살의 10지가 청정하니라. 왜 그러한가? 만약 일체지지가 청정하거나, 만약 신계가 청정하거나, 만약 보살의 10지가 청정하다면, 무이이고 둘로 나눌 수 없으며 분별이 없고 단절도 없는 까닭이니라. 일체지지가 청정한 까닭으로 촉계·신식계, 나아가 신촉·신촉을 인연으로 생겨난 여러 수가 청정하고, 촉계, 나아가 신촉을 인연으로 생겨난 여러 수가 청정한 까닭으로 보살의 10지가 청정하니라. 왜 그러한가? 만약 일체지지가 청정하거나, 만약 촉계, 나아가 신촉을 인연으로 생겨난 여러 수가 청정하거나, 만약 보살의 10지가 청정하다면, 무이이고 둘로 나눌 수 없으며 분별이 없고 단절도 없는 까닭이니라.

　선현이여. 일체지지가 청정한 까닭으로 의계가 청정하고, 의계가 청정한 까닭으로 보살의 10지가 청정하니라. 왜 그러한가? 만약 일체지지가 청정하거나, 만약 의계가 청정하거나, 만약 보살의 10지가 청정하다면, 무이이고 둘로 나눌 수 없으며 분별이 없고 단절도 없는 까닭이니라. 일체지지가 청정한 까닭으로 법계·의식계, 나아가 의촉·의촉을 인연으로 생겨난 여러 수가 청정하고, 법계, 나아가 의촉을 인연으로 생겨난 여러 수가 청정한 까닭으로 보살의 10지가 청정하니라. 왜 그러한가? 만약 일체지지가 청정하거나, 만약 법계, 나아가 의촉을 인연으로 생겨난 여러 수가 청정하거나, 만약 보살의 10지가 청정하다면, 무이이고 둘로 나눌 수 없으며 분별이 없고 단절도 없는 까닭이니라.

　선현이여. 일체지지가 청정한 까닭으로 지계가 청정하고, 지계가 청정한 까닭으로 보살의 10지가 청정하니라. 왜 그러한가? 만약 일체지지가 청정하거나, 만약 지계가 청정하거나, 만약 보살의 10지가 청정하다면, 무이이고 둘로 나눌 수 없으며 분별이 없고 단절도 없는 까닭이니라. 일체지지가 청정한 까닭으로 수·화·풍·공·식계가 청정하고, 수·화·풍·공·식계가 청정한 까닭으로 보살의 10지가 청정하니라. 왜 그러한가? 만약 일체지지가 청정하거나, 만약 수·화·풍·공·식계가 청정하거나, 만약 보살의 10지가 청정하다면, 무이이고 둘로 나눌 수 없으며 분별이 없고 단절도 없는 까닭이니라.

　선현이여. 일체지지가 청정한 까닭으로 무명이 청정하고, 무명이 청정한 까닭으로 보살의 10지가 청정하니라. 왜 그러한가? 만약 일체지지가 청정하거나, 만약 무명이 청정하거나, 만약 보살의 10지가 청정하다면, 무이이고 둘로 나눌 수 없으며 분별이 없고 단절도 없는 까닭이니라. 일체지지가 청정한 까닭으로 행·식·명색·육처·촉·수·애·취·유·생·노사의 수탄고우뇌가 청정하고, 행, 나아가 노사의 수탄고우뇌가 청정한 까닭으로 보살의 10지가 청정하니라. 왜 그러한가? 만약 일체지지가 청정하거나, 만약 행, 나아가 노사의 수탄고우뇌가 청정하거나, 만약 보살의 10지가 청정하다면, 무이이고 둘로 나눌 수 없으며 분별이 없고 단절도 없는 까닭이니라.

선현이여. 일체지지가 청정한 까닭으로 보시바라밀다가 청정하고, 보시바라밀다가 청정한 까닭으로 보살의 10지가 청정하니라. 왜 그러한가? 만약 일체지지가 청정하거나, 만약 보시바라밀다가 청정하거나, 만약 보살의 10지가 청정하다면, 무이이고 둘로 나눌 수 없으며 분별이 없고 단절도 없는 까닭이니라. 일체지지가 청정한 까닭으로 정계·안인·정진·정려·반야바라밀다가 청정하고, 정계, 나아가 반야바라밀다가 청정한 까닭으로 보살의 10지가 청정하니라. 왜 그러한가? 만약 일체지지가 청정하거나, 만약 정계, 나아가 반야바라밀다가 청정하거나, 만약 보살의 10지가 청정하다면, 무이이고 둘로 나눌 수 없으며 분별이 없고 단절도 없는 까닭이니라.

선현이여. 일체지지가 청정한 까닭으로 내공이 청정하고, 내공이 청정한 까닭으로 보살의 10지가 청정하니라. 왜 그러한가? 만약 일체지지가 청정하거나, 만약 내공이 청정하거나, 만약 보살의 10지가 청정하다면, 무이이고 둘로 나눌 수 없으며 분별이 없고 단절도 없는 까닭이니라. 일체지지가 청정한 까닭으로 외공·내외공·공공·대공·승의공·유위공·무위공·필경공·무제공·산공·무변이공·본성공·자상공·공상공·일체법공·불가득공·무성공·자성공·무성자성공이 청정하고, 외공, 나아가 무성자성공이 청정한 까닭으로 보살의 10지가 청정하니라. 왜 그러한가? 만약 일체지지가 청정하거나, 만약 외공, 나아가 무성자성공이 청정하거나, 만약 보살의 10지가 청정하다면, 무이이고 둘로 나눌 수 없으며 분별이 없고 단절도 없는 까닭이니라.

선현이여. 일체지지가 청정한 까닭으로 진여가 청정하고, 진여가 청정한 까닭으로 보살의 10지가 청정하니라. 왜 그러한가? 만약 일체지지가 청정하거나, 만약 진여가 청정하거나, 만약 보살의 10지가 청정하다면, 무이이고 둘로 나눌 수 없으며 분별이 없고 단절도 없는 까닭이니라. 일체지지가 청정한 까닭으로 법계·법성·불허망성·불변이성·평등성·이생성·법정·법주·실제·허공계·부사의계가 청정하고 법계, 나아가 부사의계가 청정한 까닭으로 보살의 10지가 청정하니라. 왜 그러한가? 만약 일체지지가 청정하거나, 만약 법계, 나아가 부사의계가 청정하거나, 만약 보살의 10지가 청정하다면, 무이이고 둘로 나눌 수 없으며 분별이 없고 단절도 없는 까닭이니라.

　선현이여. 일체지지가 청정한 까닭으로 고성제가 청정하고, 고성제가 청정한 까닭으로 보살의 10지가 청정하니라. 왜 그러한가? 만약 일체지지가 청정하거나, 만약 고성제가 청정하거나, 만약 보살의 10지가 청정하다면, 무이이고 둘로 나눌 수 없으며 분별이 없고 단절도 없는 까닭이니라. 일체지지가 청정한 까닭으로 집·멸·도성제가 청정하고, 집·멸·도성제가 청정한 까닭으로 보살의 10지가 청정하니라. 왜 그러한가? 만약 일체지지가 청정하거나, 만약 집·멸·도성제가 청정하거나, 만약 보살의 10지가 청정하다면, 무이이고 둘로 나눌 수 없으며 분별이 없고 단절도 없는 까닭이니라.

　선현이여. 일체지지가 청정한 까닭으로 4정려가 청정하고, 4정려가 청정한 까닭으로 보살의 10지가 청정하니라. 왜 그러한가? 만약 일체지지가 청정하거나, 만약 4정려가 청정하거나, 만약 보살의 10지가 청정하다면, 무이이고 둘로 나눌 수 없으며 분별이 없고 단절도 없는 까닭이니라. 일체지지가 청정한 까닭으로 4무량·4무색정이 청정하고, 4무량·4무색정이 청정한 까닭으로 보살의 10지가 청정하니라. 왜 그러한가? 만약 일체지지가 청정하거나, 만약 4무량·4무색정이 청정하거나, 만약 보살의 10지가 청정하다면, 무이이고 둘로 나눌 수 없으며 분별이 없고 단절도 없는 까닭이니라.

　선현이여. 일체지지가 청정한 까닭으로 8해탈이 청정하고, 8해탈이 청정한 까닭으로 보살의 10지가 청정하니라. 왜 그러한가? 만약 일체지지가 청정하거나, 만약 8해탈이 청정하거나, 만약 보살의 10지가 청정하다면, 무이이고 둘로 나눌 수 없으며 분별이 없고 단절도 없는 까닭이니라. 일체지지가 청정한 까닭으로 8승처·9차제정·10변처가 청정하고, 8승처·9차제정·10변처가 청정한 까닭으로 보살의 10지가 청정하니라. 왜 그러한가? 만약 일체지지가 청정하거나, 만약 8승처·9차제정·10변처가 청정하거나, 만약 보살의 10지가 청정하다면, 무이이고 둘로 나눌 수 없으며 분별이 없고 단절도 없는 까닭이니라.

　선현이여. 일체지지가 청정한 까닭으로 4념주가 청정하고, 4념주가 청정한 까닭으로 보살의 10지가 청정하니라. 왜 그러한가? 만약 일체지지가 청정하거나, 만약 4념주가 청정하거나, 만약 보살의 10지가 청정하다면, 무이이고 둘로 나눌 수 없으며 분별이 없고 단절도 없는 까닭이니라. 일체지지가 청정한 까닭으로 4정단·4신족·5근·5력·7등각지·8성도지가 청정하고, 4정단, 나아가 8성도지가 청정한 까닭으로 보살의 10지가 청정하니라. 왜 그러한가? 만약 일체지지가 청정하거나, 만약 4정단, 나아가 8성도지가 청정하거나, 만약 보살의 10지가 청정하다면, 무이이고 둘로 나눌 수 없으며 분별이 없고 단절도 없는 까닭이니라.

　선현이여. 일체지지가 청정한 까닭으로 공해탈문이 청정하고, 공해탈문이 청정한 까닭으로 보살의 10지가 청정하니라. 왜 그러한가? 만약 일체지지가 청정하거나, 만약 공해탈문이 청정하거나, 만약 보살의 10지가 청정하다면, 무이이고 둘로 나눌 수 없으며 분별이 없고 단절도 없는 까닭이니라. 일체지지가 청정한 까닭으로 무상·무원해탈문이 청정하고, 무상·무원해탈문이 청정한 까닭으로 보살의 10지가 청정하니라. 왜 그러한가? 만약 일체지지가 청정하거나, 만약 무상·무원해탈문이 청정하거나, 만약 보살의 10지가 청정하다면, 무이이고 둘로 나눌 수 없으며 분별이 없고 단절도 없는 까닭이니라.

　선현이여. 일체지지가 청정한 까닭으로 5안이 청정하고, 5안이 청정한 까닭으로 보살의 10지가 청정하니라. 왜 그러한가? 만약 일체지지가 청정하거나, 만약 5안이 청정하거나, 만약 보살의 10지가 청정하다면,

무이이고 둘로 나눌 수 없으며 분별이 없고 단절도 없는 까닭이니라. 일체지지가 청정한 까닭으로 6신통이 청정하고, 6신통이 청정한 까닭으로 보살의 10지가 청정하니라. 왜 그러한가? 만약 일체지지가 청정하거나, 만약 6신통이 청정하거나, 만약 보살의 10지가 청정하다면, 무이이고 둘로 나눌 수 없으며 분별이 없고 단절도 없는 까닭이니라.

선현이여. 일체지지가 청정한 까닭으로 여래의 10력이 청정하고, 여래의 10력이 청정한 까닭으로 보살의 10지가 청정하니라. 왜 그러한가? 만약 일체지지가 청정하거나, 만약 여래의 10력이 청정하거나, 만약 보살의 10지가 청정하다면, 무이이고 둘로 나눌 수 없으며 분별이 없고 단절도 없는 까닭이니라. 일체지지가 청정한 까닭으로 4무소외·4무애해·대자·대비·대희·대사·18불불공법이 청정하고, 4무소외, 나아가 18불불공법이 청정한 까닭으로 보살의 10지가 청정하니라. 왜 그러한가? 만약 일체지지가 청정하거나, 만약 4무소외, 나아가 18불불공법이 청정하거나, 만약 보살의 10지가 청정하다면, 무이이고 둘로 나눌 수 없으며 분별이 없고 단절도 없는 까닭이니라.

선현이여. 일체지지가 청정한 까닭으로 무망실법이 청정하고, 무망실법이 청정한 까닭으로 보살의 10지가 청정하니라. 왜 그러한가? 만약 일체지지가 청정하거나, 만약 무망실법이 청정하거나, 만약 보살의 10지가 청정하다면, 무이이고 둘로 나눌 수 없으며 분별이 없고 단절도 없는 까닭이니라. 선현이여. 일체지지가 청정한 까닭으로 항주사성이 청정하고, 항주사성이 청정한 까닭으로 보살의 10지가 청정하니라. 왜 그러한가? 만약 일체지지가 청정하거나, 만약 항주사성이 청정하거나, 만약 보살의 10지가 청정하다면, 무이이고 둘로 나눌 수 없으며 분별이 없고 단절도 없는 까닭이니라.

선현이여. 일체지지가 청정한 까닭으로 일체지가 청정하고, 일체지가 청정한 까닭으로 보살의 10지가 청정하니라. 왜 그러한가? 만약 일체지지가 청정하거나, 만약 일체지가 청정하거나, 만약 보살의 10지가 청정하다면, 무이이고 둘로 나눌 수 없으며 분별이 없고 단절도 없는 까닭이니라.

일체지지가 청정한 까닭으로 도상지·일체상지가 청정하고, 도상지·일체
상지가 청정한 까닭으로 보살의 10지가 청정하니라. 왜 그러한가? 만약
일체지지가 청정하거나, 만약 도상지·일체상지가 청정하거나, 만약 보살
의 10지가 청정하다면, 무이이고 둘로 나눌 수 없으며 분별이 없고 단절도
없는 까닭이니라.

　선현이여. 일체지지가 청정한 까닭으로 일체의 다라니문이 청정하고,
일체의 다라니문이 청정한 까닭으로 보살의 10지가 청정하니라. 왜 그러
한가? 만약 일체지지가 청정하거나, 만약 일체의 다라니문이 청정하거나,
만약 보살의 10지가 청정하다면, 무이이고 둘로 나눌 수 없으며 분별이
없고 단절도 없는 까닭이니라. 선현이여. 일체지지가 청정한 까닭으로
일체의 삼마지문이 청정하고, 일체의 삼마지문이 청정한 까닭으로 보살의
10지가 청정하니라. 왜 그러한가? 만약 일체지지가 청정하거나, 만약
일체의 삼마지문이 청정하거나, 만약 보살의 10지가 청정하다면, 무이이
고 둘로 나눌 수 없으며 분별이 없고 단절도 없는 까닭이니라.

　선현이여. 일체지지가 청정한 까닭으로 예류과가 청정하고, 예류과가
청정한 까닭으로 보살의 10지가 청정하니라. 왜 그러한가? 만약 일체지지
가 청정하거나, 만약 예류과가 청정하거나, 만약 보살의 10지가 청정하다
면, 무이이고 둘로 나눌 수 없으며 분별이 없고 단절도 없는 까닭이니라.
일체지지가 청정한 까닭으로 일래·불환·아라한과가 청정하고, 일래·불
환·아라한과가 청정한 까닭으로 보살의 10지가 청정하니라. 왜 그러한가?
만약 일체지지가 청정하거나, 만약 일래·불환·아라한과가 청정하거나,
만약 보살의 10지가 청정하다면, 무이이고 둘로 나눌 수 없으며 분별이
없고 단절도 없는 까닭이니라.

　선현이여. 일체지지가 청정한 까닭으로 독각의 보리가 청정하고, 독각
의 보리가 청정한 까닭으로 보살의 10지가 청정하니라. 왜 그러한가?
만약 일체지지가 청정하거나, 만약 독각의 보리가 청정하거나, 만약 보살
의 10지가 청정하다면, 무이이고 둘로 나눌 수 없으며 분별이 없고 단절도
없는 까닭이니라.

선현이여. 일체지지가 청정한 까닭으로 일체의 보살마하살의 행이 청정하고, 일체의 보살마하살의 행이 청정한 까닭으로 보살의 10지가 청정하니라. 왜 그러한가? 만약 일체지지가 청정하거나, 만약 일체의 보살마하살의 행이 청정하거나, 만약 보살의 10지가 청정하다면, 무이이고 둘로 나눌 수 없으며 분별이 없고 단절도 없는 까닭이니라.

선현이여. 일체지지가 청정한 까닭으로 제불의 무상정등보리가 청정하고, 제불의 무상정등보리가 청정한 까닭으로 보살의 10지가 청정하니라. 왜 그러한가? 만약 일체지지가 청정하거나, 만약 제불의 무상정등보리가 청정하거나, 만약 보살의 10지가 청정하다면, 무이이고 둘로 나눌 수 없으며 분별이 없고 단절도 없는 까닭이니라."

"다시 다음으로 선현이여. 일체지지가 청정한 까닭으로 색이 청정하고, 색이 청정한 까닭으로 5안(五眼)이 청정하니라. 왜 그러한가? 만약 일체지지가 청정하거나, 만약 색이 청정하거나, 만약 5안이 청정하다면, 무이이고 둘로 나눌 수 없으며 분별이 없고 단절도 없는 까닭이니라. 일체지지가 청정한 까닭으로 수·상·행·식이 청정하고, 수·상·행·식이 청정한 까닭으로 5안이 청정하니라. 왜 그러한가? 만약 일체지지가 청정하거나, 만약 수·상·행·식이 청정하거나, 만약 5안이 청정하다면, 무이이고 둘로 나눌 수 없으며 분별이 없고 단절도 없는 까닭이니라.

선현이여. 일체지지가 청정한 까닭으로 안처가 청정하고, 안처가 청정한 까닭으로 5안이 청정하니라. 왜 그러한가? 만약 일체지지가 청정하거나, 만약 안처가 청정하거나, 만약 5안이 청정하다면, 무이이고 둘로 나눌 수 없으며 분별이 없고 단절도 없는 까닭이니라. 일체지지가 청정한 까닭으로 이·비·설·신·의처가 청정하고, 이·비·설·신·의처가 청정한 까닭으로 5안이 청정하니라. 왜 그러한가? 만약 일체지지가 청정하거나, 만약 이·비·설·신·의처가 청정하거나, 만약 5안이 청정하다면, 무이이고 둘로 나눌 수 없으며 분별이 없고 단절도 없는 까닭이니라.

선현이여. 일체지지가 청정한 까닭으로 색처가 청정하고, 색처가 청정

한 까닭으로 5안이 청정하니라. 왜 그러한가? 만약 일체지지가 청정하거나, 만약 색처가 청정하거나, 만약 5안이 청정하다면, 무이이고 둘로 나눌 수 없으며 분별이 없고 단절도 없는 까닭이니라. 일체지지가 청정한 까닭으로 성·향·미·촉·법처가 청정하고, 성·향·미·촉·법처가 청정한 까닭으로 5안이 청정하니라. 왜 그러한가? 만약 일체지지가 청정하거나, 만약 성·향·미·촉·법처가 청정하거나, 만약 5안이 청정하다면, 무이이고 둘로 나눌 수 없으며 분별이 없고 단절도 없는 까닭이니라.

선현이여. 일체지지가 청정한 까닭으로 안계가 청정하고, 안계가 청정한 까닭으로 5안이 청정하니라. 왜 그러한가? 만약 일체지지가 청정하거나, 만약 안계가 청정하거나, 만약 5안이 청정하다면, 무이이고 둘로 나눌 수 없으며 분별이 없고 단절도 없는 까닭이니라. 일체지지가 청정한 까닭으로 색계·안식계, 나아가 안촉·안촉을 인연으로 생겨난 여러 수가 청정하고, 색계, 나아가 안촉을 인연으로 생겨난 여러 수가 청정한 까닭으로 5안이 청정하니라. 왜 그러한가? 만약 일체지지가 청정하거나, 만약 색계, 나아가 안촉을 인연으로 생겨난 여러 수가 청정하거나, 만약 5안이 청정하다면, 무이이고 둘로 나눌 수 없으며 분별이 없고 단절도 없는 까닭이니라.

선현이여. 일체지지가 청정한 까닭으로 이계가 청정하고, 이계가 청정한 까닭으로 5안이 청정하니라. 왜 그러한가? 만약 일체지지가 청정하거나, 만약 이계가 청정하거나, 만약 5안이 청정하다면, 무이이고 둘로 나눌 수 없으며 분별이 없고 단절도 없는 까닭이니라. 일체지지가 청정한 까닭으로 성계·이식계, 나아가 이촉·이촉을 인연으로 생겨난 여러 수가 청정하고, 성계, 나아가 이촉을 인연으로 생겨난 여러 수가 청정한 까닭으로 5안이 청정하니라. 왜 그러한가? 만약 일체지지가 청정하거나, 만약 성계, 나아가 이촉을 인연으로 생겨난 여러 수가 청정하거나, 만약 5안이 청정하다면, 무이이고 둘로 나눌 수 없으며 분별이 없고 단절도 없는 까닭이니라."

선현이여. 일체지지가 청정한 까닭으로 비계가 청정하고, 비계가 청정한 까닭으로 5안이 청정하니라. 왜 그러한가? 만약 일체지지가 청정하거나, 만약 비계가 청정하거나, 만약 5안이 청정하다면, 무이이고 둘로 나눌 수 없으며 분별이 없고 단절도 없는 까닭이니라. 일체지지가 청정한 까닭으로 향계·비식계, 나아가 비촉·비촉을 인연으로 생겨난 여러 수가 청정하고, 향계, 나아가 비촉을 인연으로 생겨난 여러 수가 청정한 까닭으로 5안이 청정하니라. 왜 그러한가? 만약 일체지지가 청정하거나, 만약 향계, 나아가 비촉을 인연으로 생겨난 여러 수가 청정하거나, 만약 5안이 청정하다면, 무이이고 둘로 나눌 수 없으며 분별이 없고 단절도 없는 까닭이니라.

선현이여. 일체지지가 청정한 까닭으로 설계가 청정하고, 설계가 청정한 까닭으로 5안이 청정하니라. 왜 그러한가? 만약 일체지지가 청정하거나, 만약 설계가 청정하거나, 만약 5안이 청정하다면, 무이이고 둘로 나눌 수 없으며 분별이 없고 단절도 없는 까닭이니라. 일체지지가 청정한 까닭으로 미계·설식계, 나아가 설촉·설촉을 인연으로 생겨난 여러 수가 청정하고, 미계, 나아가 설촉을 인연으로 생겨난 여러 수가 청정한 까닭으로 5안이 청정하니라. 왜 그러한가? 만약 일체지지가 청정하거나, 만약 미계, 나아가 설촉을 인연으로 생겨난 여러 수가 청정하거나, 만약 5안이 청정하다면, 무이이고 둘로 나눌 수 없으며 분별이 없고 단절도 없는 까닭이니라.

선현이여. 일체지지가 청정한 까닭으로 신계가 청정하고, 신계가 청정한 까닭으로 5안이 청정하니라. 왜 그러한가? 만약 일체지지가 청정하거나, 만약 신계가 청정하거나, 만약 5안이 청정하다면, 무이이고 둘로 나눌 수 없으며 분별이 없고 단절도 없는 까닭이니라. 일체지지가 청정한 까닭으로 촉계·신식계, 나아가 신촉·신촉을 인연으로 생겨난 여러 수가 청정하고, 촉계, 나아가 신촉을 인연으로 생겨난 여러 수가 청정한 까닭으로 5안이 청정하니라. 왜 그러한가? 만약 일체지지가 청정하거나, 만약 촉계, 나아가 신촉을 인연으로 생겨난 여러 수가 청정하거나, 만약 5안이 청정하다면, 무이이고 둘로 나눌 수 없으며 분별이 없고 단절도 없는

까닭이니라.

선현이여. 일체지지가 청정한 까닭으로 의계가 청정하고, 의계가 청정한 까닭으로 5안이 청정하니라. 왜 그러한가? 만약 일체지지가 청정하거나, 만약 의계가 청정하거나, 만약 5안이 청정하다면, 무이이고 둘로 나눌 수 없으며 분별이 없고 단절도 없는 까닭이니라. 일체지지가 청정한 까닭으로 법계·의식계, 나아가 의촉·의촉을 인연으로 생겨난 여러 수가 청정하고, 법계, 나아가 의촉을 인연으로 생겨난 여러 수가 청정한 까닭으로 5안이 청정하니라. 왜 그러한가? 만약 일체지지가 청정하거나, 만약 법계, 나아가 의촉을 인연으로 생겨난 여러 수가 청정하거나, 만약 5안이 청정하다면, 무이이고 둘로 나눌 수 없으며 분별이 없고 단절도 없는 까닭이니라.

선현이여. 일체지지가 청정한 까닭으로 지계가 청정하고, 지계가 청정한 까닭으로 5안이 청정하니라. 왜 그러한가? 만약 일체지지가 청정하거나, 만약 지계가 청정하거나, 만약 5안이 청정하다면, 무이이고 둘로 나눌 수 없으며 분별이 없고 단절도 없는 까닭이니라. 일체지지가 청정한 까닭으로 수·화·풍·공·식계가 청정하고, 수·화·풍·공·식계가 청정한 까닭으로 5안이 청정하니라. 왜 그러한가? 만약 일체지지가 청정하거나, 만약 수·화·풍·공·식계가 청정하거나, 만약 5안이 청정하다면, 무이이고 둘로 나눌 수 없으며 분별이 없고 단절도 없는 까닭이니라.”

마하반야바라밀다경 제274권

34. 난신해품(難信解品)(93)

"선현이여. 일체지지가 청정한 까닭으로 무명이 청정하고, 무명이 청정한 까닭으로 5안이 청정하니라. 왜 그러한가? 만약 일체지지가 청정하거나, 만약 무명이 청정하거나, 만약 5안이 청정하다면, 무이이고 둘로 나눌 수 없으며 분별이 없고 단절도 없는 까닭이니라. 일체지지가 청정한 까닭으로 행·식·명색·육처·촉·수·애·취·유·생·노사의 수탄고우뇌가 청정하고, 행, 나아가 노사의 수탄고우뇌가 청정한 까닭으로 5안이 청정하니라. 왜 그러한가? 만약 일체지지가 청정하거나, 만약 행, 나아가 노사의 수탄고우뇌가 청정하거나, 만약 5안이 청정하다면, 무이이고 둘로 나눌 수 없으며 분별이 없고 단절도 없는 까닭이니라.

선현이여. 일체지지가 청정한 까닭으로 보시바라밀다가 청정하고, 보시바라밀다가 청정한 까닭으로 5안이 청정하니라. 왜 그러한가? 만약 일체지지가 청정하거나, 만약 보시바라밀다가 청정하거나, 만약 5안이 청정하다면, 무이이고 둘로 나눌 수 없으며 분별이 없고 단절도 없는 까닭이니라. 일체지지가 청정한 까닭으로 정계·안인·정진·정려·반야바라밀다가 청정하고, 정계, 나아가 반야바라밀다가 청정한 까닭으로 5안이 청정하니라. 왜 그러한가? 만약 일체지지가 청정하거나, 만약 정계, 나아가 반야바라밀다가 청정하거나, 만약 5안이 청정하다면, 무이이고 둘로 나눌 수 없으며 분별이 없고 단절도 없는 까닭이니라.

선현이여. 일체지지가 청정한 까닭으로 내공이 청정하고, 내공이 청정한 까닭으로 5안이 청정하니라. 왜 그러한가? 만약 일체지지가 청정하거나, 만약 내공이 청정하거나, 만약 5안이 청정하다면, 무이이고 둘로 나눌 수 없으며 분별이 없고 단절도 없는 까닭이니라. 일체지지가 청정한 까닭으로 외공·내외공·공공·대공·승의공·유위공·무위공·필경공·무제공·산공·무변이공·본성공·자상공·공상공·일체법공·불가득공·무성공·자성공·무성자성공이 청정하고, 외공, 나아가 무성자성공이 청정한 까닭으로 5안이 청정하니라. 왜 그러한가? 만약 일체지지가 청정하거나, 만약 외공, 나아가 무성자성공이 청정하거나, 만약 5안이 청정하다면, 무이이고 둘로 나눌 수 없으며 분별이 없고 단절도 없는 까닭이니라.

선현이여. 일체지지가 청정한 까닭으로 진여가 청정하고, 진여가 청정한 까닭으로 5안이 청정하니라. 왜 그러한가? 만약 일체지지가 청정하거나, 만약 진여가 청정하거나, 만약 5안이 청정하다면, 무이이고 둘로 나눌 수 없으며 분별이 없고 단절도 없는 까닭이니라. 일체지지가 청정한 까닭으로 법계·법성·불허망성·불변이성·평등성·이생성·법정·법주·실제·허공계·부사의계가 청정하고 법계, 나아가 부사의계가 청정한 까닭으로 5안이 청정하니라. 왜 그러한가? 만약 일체지지가 청정하거나, 만약 법계, 나아가 부사의계가 청정하거나, 만약 5안이 청정하다면, 무이이고 둘로 나눌 수 없으며 분별이 없고 단절도 없는 까닭이니라.

선현이여. 일체지지가 청정한 까닭으로 고성제가 청정하고, 고성제가 청정한 까닭으로 5안이 청정하니라. 왜 그러한가? 만약 일체지지가 청정하거나, 만약 고성제가 청정하거나, 만약 5안이 청정하다면, 무이이고 둘로 나눌 수 없으며 분별이 없고 단절도 없는 까닭이니라. 일체지지가 청정한 까닭으로 집·멸·도성제가 청정하고, 집·멸·도성제가 청정한 까닭으로 5안이 청정하니라. 왜 그러한가? 만약 일체지지가 청정하거나, 만약 집·멸·도성제가 청정하거나, 만약 5안이 청정하다면, 무이이고 둘로 나눌 수 없으며 분별이 없고 단절도 없는 까닭이니라.

선현이여. 일체지지가 청정한 까닭으로 4정려가 청정하고, 4정려가 청정한 까닭으로 5안이 청정하니라. 왜 그러한가? 만약 일체지지가 청정하거나, 만약 4정려가 청정하거나, 만약 5안이 청정하다면, 무이이고 둘로 나눌 수 없으며 분별이 없고 단절도 없는 까닭이니라. 일체지지가 청정한 까닭으로 4무량·4무색정이 청정하고, 4무량·4무색정이 청정한 까닭으로 5안이 청정하니라. 왜 그러한가? 만약 일체지지가 청정하거나, 만약 4무량·4무색정이 청정하거나, 만약 5안이 청정하다면, 무이이고 둘로 나눌 수 없으며 분별이 없고 단절도 없는 까닭이니라.

선현이여. 일체지지가 청정한 까닭으로 8해탈이 청정하고, 8해탈이 청정한 까닭으로 5안이 청정하니라. 왜 그러한가? 만약 일체지지가 청정하거나, 만약 8해탈이 청정하거나, 만약 5안이 청정하다면, 무이이고 둘로 나눌 수 없으며 분별이 없고 단절도 없는 까닭이니라. 일체지지가 청정한 까닭으로 8승처·9차제정·10변처가 청정하고, 8승처·9차제정·10변처가 청정한 까닭으로 5안이 청정하니라. 왜 그러한가? 만약 일체지지가 청정하거나, 만약 8승처·9차제정·10변처가 청정하거나, 만약 5안이 청정하다면, 무이이고 둘로 나눌 수 없으며 분별이 없고 단절도 없는 까닭이니라.

선현이여. 일체지지가 청정한 까닭으로 4념주가 청정하고, 4념주가 청정한 까닭으로 5안이 청정하니라. 왜 그러한가? 만약 일체지지가 청정하거나, 만약 4념주가 청정하거나, 만약 5안이 청정하다면, 무이이고 둘로 나눌 수 없으며 분별이 없고 단절도 없는 까닭이니라. 일체지지가 청정한 까닭으로 4정단·4신족·5근·5력·7등각지·8성도지가 청정하고, 4정단, 나아가 8성도지가 청정한 까닭으로 5안이 청정하니라. 왜 그러한가? 만약 일체지지가 청정하거나, 만약 4정단, 나아가 8성도지가 청정하거나, 만약 5안이 청정하다면, 무이이고 둘로 나눌 수 없으며 분별이 없고 단절도 없는 까닭이니라.

선현이여. 일체지지가 청정한 까닭으로 공해탈문이 청정하고, 공해탈문이 청정한 까닭으로 5안이 청정하니라. 왜 그러한가? 만약 일체지지가 청정하거나, 만약 공해탈문이 청정하거나, 만약 5안이 청정하다면, 무이이고 둘로 나눌 수 없으며 분별이 없고 단절도 없는 까닭이니라. 일체지지

가 청정한 까닭으로 무상·무원해탈문이 청정하고, 무상·무원해탈문이
청정한 까닭으로 5안이 청정하니라. 왜 그러한가? 만약 일체지지가 청정
하거나, 만약 무상·무원해탈문이 청정하거나, 만약 5안이 청정하다면,
무이이고 둘로 나눌 수 없으며 분별이 없고 단절도 없는 까닭이니라.

　선현이여. 일체지지가 청정한 까닭으로 보살의 10지가 청정하고, 보살
의 10지가 청정한 까닭으로 5안이 청정하니라. 왜 그러한가? 만약 일체지
지가 청정하거나, 만약 보살의 10지가 청정하거나, 만약 5안이 청정하다
면, 무이이고 둘로 나눌 수 없으며 분별이 없고 단절도 없는 까닭이니라.
선현이여. 일체지지가 청정한 까닭으로 6신통이 청정하고, 6신통이 청정
한 까닭으로 5안이 청정하니라. 왜 그러한가? 만약 일체지지가 청정하거
나, 만약 6신통이 청정하거나, 만약 5안이 청정하다면, 무이이고 둘로
나눌 수 없으며 분별이 없고 단절도 없는 까닭이니라.

　선현이여. 일체지지가 청정한 까닭으로 여래의 10력이 청정하고, 여래
의 10력이 청정한 까닭으로 5안이 청정하니라. 왜 그러한가? 만약 일체지
지가 청정하거나, 만약 5안이 청정하거나, 만약 여래의 10력이 청정하다
면, 무이이고 둘로 나눌 수 없으며 분별이 없고 단절도 없는 까닭이니라.
일체지지가 청정한 까닭으로 4무소외·4무애해·대자·대비·대희·대사·18
불불공법이 청정하고, 4무소외, 나아가 18불불공법이 청정한 까닭으로
5안이 청정하니라. 왜 그러한가? 만약 일체지지가 청정하거나, 만약
4무소외, 나아가 18불불공법이 청정하거나, 만약 5안이 청정하다면, 무이
이고 둘로 나눌 수 없으며 분별이 없고 단절도 없는 까닭이니라.

　선현이여. 일체지지가 청정한 까닭으로 무망실법이 청정하고, 무망실
법이 청정한 까닭으로 5안이 청정하니라. 왜 그러한가? 만약 일체지지가
청정하거나, 만약 무망실법이 청정하거나, 만약 5안이 청정하다면, 무이
이고 둘로 나눌 수 없으며 분별이 없고 단절도 없는 까닭이니라. 선현이여.
일체지지가 청정한 까닭으로 항주사성이 청정하고, 항주사성이 청정한
까닭으로 5안이 청정하니라. 왜 그러한가? 만약 일체지지가 청정하거나,
만약 항주사성이 청정하거나, 만약 5안이 청정하다면, 무이이고 둘로

나눌 수 없으며 분별이 없고 단절도 없는 까닭이니라.

선현이여. 일체지지가 청정한 까닭으로 일체지가 청정하고, 일체지가 청정한 까닭으로 5안이 청정하니라. 왜 그러한가? 만약 일체지지가 청정하거나, 만약 일체지가 청정하거나, 만약 5안이 청정하다면, 무이이고 둘로 나눌 수 없으며 분별이 없고 단절도 없는 까닭이니라. 일체지지가 청정한 까닭으로 도상지·일체상지가 청정하고, 도상지·일체상지가 청정한 까닭으로 5안이 청정하니라. 왜 그러한가? 만약 일체지지가 청정하거나, 만약 도상지·일체상지가 청정하거나, 만약 5안이 청정하다면, 무이이고 둘로 나눌 수 없으며 분별이 없고 단절도 없는 까닭이니라.

선현이여. 일체지지가 청정한 까닭으로 일체의 다라니문이 청정하고, 일체의 다라니문이 청정한 까닭으로 5안이 청정하니라. 왜 그러한가? 만약 일체지지가 청정하거나, 만약 일체의 다라니문이 청정하거나, 만약 5안이 청정하다면, 무이이고 둘로 나눌 수 없으며 분별이 없고 단절도 없는 까닭이니라. 선현이여. 일체지지가 청정한 까닭으로 일체의 삼마지문이 청정하고, 일체의 삼마지문이 청정한 까닭으로 5안이 청정하니라. 왜 그러한가? 만약 일체지지가 청정하거나, 만약 일체의 삼마지문이 청정하거나, 만약 5안이 청정하다면, 무이이고 둘로 나눌 수 없으며 분별이 없고 단절도 없는 까닭이니라.

선현이여. 일체지지가 청정한 까닭으로 예류과가 청정하고, 예류과가 청정한 까닭으로 5안이 청정하니라. 왜 그러한가? 만약 일체지지가 청정하거나, 만약 예류과가 청정하거나, 만약 5안이 청정하다면, 무이이고 둘로 나눌 수 없으며 분별이 없고 단절도 없는 까닭이니라. 일체지지가 청정한 까닭으로 일래·불환·아라한과가 청정하고, 일래·불환·아라한과가 청정한 까닭으로 5안이 청정하니라. 왜 그러한가? 만약 일체지지가 청정하거나, 만약 일래·불환·아라한과가 청정하거나, 만약 5안이 청정하다면, 무이이고 둘로 나눌 수 없으며 분별이 없고 단절도 없는 까닭이니라.

선현이여. 일체지지가 청정한 까닭으로 독각의 보리가 청정하고, 독각의 보리가 청정한 까닭으로 5안이 청정하니라. 왜 그러한가? 만약 일체지지가 청정하거나, 만약 독각의 보리가 청정하거나, 만약 5안이 청정하다면, 무이이고 둘로 나눌 수 없으며 분별이 없고 단절도 없는 까닭이니라.

선현이여. 일체지지가 청정한 까닭으로 일체의 보살마하살의 행이 청정하고, 일체의 보살마하살의 행이 청정한 까닭으로 5안이 청정하니라. 왜 그러한가? 만약 일체지지가 청정하거나, 만약 일체의 보살마하살의 행이 청정하거나, 만약 5안이 청정하다면, 무이이고 둘로 나눌 수 없으며 분별이 없고 단절도 없는 까닭이니라.

선현이여. 일체지지가 청정한 까닭으로 제불의 무상정등보리가 청정하고, 제불의 무상정등보리가 청정한 까닭으로 5안이 청정하니라. 왜 그러한가? 만약 일체지지가 청정하거나, 만약 제불의 무상정등보리가 청정하거나, 만약 5안이 청정하다면, 무이이고 둘로 나눌 수 없으며 분별이 없고 단절도 없는 까닭이니라."

"다시 다음으로 선현이여. 일체지지가 청정한 까닭으로 색이 청정하고, 색이 청정한 까닭으로 6신통(六神通)이 청정하니라. 왜 그러한가? 만약 일체지지가 청정하거나, 만약 색이 청정하거나, 만약 6신통이 청정하다면, 무이이고 둘로 나눌 수 없으며 분별이 없고 단절도 없는 까닭이니라. 일체지지가 청정한 까닭으로 수·상·행·식이 청정하고, 수·상·행·식이 청정한 까닭으로 6신통이 청정하니라. 왜 그러한가? 만약 일체지지가 청정하거나, 만약 수·상·행·식이 청정하거나, 만약 6신통이 청정하다면, 무이이고 둘로 나눌 수 없으며 분별이 없고 단절도 없는 까닭이니라.

선현이여. 일체지지가 청정한 까닭으로 안처가 청정하고, 안처가 청정한 까닭으로 6신통이 청정하니라. 왜 그러한가? 만약 일체지지가 청정하거나, 만약 안처가 청정하거나, 만약 6신통이 청정하다면, 무이이고 둘로 나눌 수 없으며 분별이 없고 단절도 없는 까닭이니라. 일체지지가 청정한 까닭으로 이·비·설·신·의처가 청정하고, 이·비·설·신·의처가 청정한 까닭으로 6신통이 청정하니라. 왜 그러한가? 만약 일체지지가 청정하거나, 만약 이·비·설·신·의처가 청정하거나, 만약 6신통이 청정하다면, 무이이고 둘로 나눌 수 없으며 분별이 없고 단절도 없는 까닭이니라.

선현이여. 일체지지가 청정한 까닭으로 색처가 청정하고, 색처가 청정한 까닭으로 6신통이 청정하니라. 왜 그러한가? 만약 일체지지가 청정하거나, 만약 색처가 청정하거나, 만약 6신통이 청정하다면, 무이이고 둘로 나눌 수 없으며 분별이 없고 단절도 없는 까닭이니라. 일체지지가 청정한 까닭으로 성·향·미·촉·법처가 청정하고, 성·향·미·촉·법처가 청정한 까닭으로 6신통이 청정하니라. 왜 그러한가? 만약 일체지지가 청정하거나, 만약 성·향·미·촉·법처가 청정하거나, 만약 6신통이 청정하다면, 무이이고 둘로 나눌 수 없으며 분별이 없고 단절도 없는 까닭이니라.

선현이여. 일체지지가 청정한 까닭으로 안계가 청정하고, 안계가 청정한 까닭으로 6신통이 청정하니라. 왜 그러한가? 만약 일체지지가 청정하거나, 만약 안계가 청정하거나, 만약 6신통이 청정하다면, 무이이고 둘로 나눌 수 없으며 분별이 없고 단절도 없는 까닭이니라. 일체지지가 청정한 까닭으로 색계·안식계, 나아가 안촉·안촉을 인연으로 생겨난 여러 수가 청정하고, 색계, 나아가 안촉을 인연으로 생겨난 여러 수가 청정한 까닭으로 6신통이 청정하니라. 왜 그러한가? 만약 일체지지가 청정하거나, 만약 색계, 나아가 안촉을 인연으로 생겨난 여러 수가 청정하거나, 만약 6신통이 청정하다면, 무이이고 둘로 나눌 수 없으며 분별이 없고 단절도 없는 까닭이니라.

선현이여. 일체지지가 청정한 까닭으로 이계가 청정하고, 이계가 청정한 까닭으로 6신통이 청정하니라. 왜 그러한가? 만약 일체지지가 청정하거나, 만약 이계가 청정하거나, 만약 6신통이 청정하다면, 무이이고 둘로 나눌 수 없으며 분별이 없고 단절도 없는 까닭이니라. 일체지지가 청정한 까닭으로 성계·이식계, 나아가 이촉·이촉을 인연으로 생겨난 여러 수가 청정하고, 성계, 나아가 이촉을 인연으로 생겨난 여러 수가 청정한 까닭으로 6신통이 청정하니라. 왜 그러한가? 만약 일체지지가 청정하거나, 만약 성계, 나아가 이촉을 인연으로 생겨난 여러 수가 청정하거나, 만약 6신통이 청정하다면, 무이이고 둘로 나눌 수 없으며 분별이 없고 단절도

없는 까닭이니라.

선현이여. 일체지지가 청정한 까닭으로 비계가 청정하고, 비계가 청정한 까닭으로 6신통이 청정하니라. 왜 그러한가? 만약 일체지지가 청정하거나, 만약 비계가 청정하거나, 만약 6신통이 청정하다면, 무이이고 둘로 나눌 수 없으며 분별이 없고 단절도 없는 까닭이니라. 일체지지가 청정한 까닭으로 향계·비식계, 나아가 비촉·비촉을 인연으로 생겨난 여러 수가 청정하고, 향계, 나아가 비촉을 인연으로 생겨난 여러 수가 청정한 까닭으로 6신통이 청정하니라. 왜 그러한가? 만약 일체지지가 청정하거나, 만약 향계, 나아가 비촉을 인연으로 생겨난 여러 수가 청정하거나, 만약 6신통이 청정하다면, 무이이고 둘로 나눌 수 없으며 분별이 없고 단절도 없는 까닭이니라.

선현이여. 일체지지가 청정한 까닭으로 설계가 청정하고, 설계가 청정한 까닭으로 6신통이 청정하니라. 왜 그러한가? 만약 일체지지가 청정하거나, 만약 설계가 청정하거나, 만약 6신통이 청정하다면, 무이이고 둘로 나눌 수 없으며 분별이 없고 단절도 없는 까닭이니라. 일체지지가 청정한 까닭으로 미계·설식계, 나아가 설촉·설촉을 인연으로 생겨난 여러 수가 청정하고, 미계, 나아가 설촉을 인연으로 생겨난 여러 수가 청정한 까닭으로 6신통이 청정하니라. 왜 그러한가? 만약 일체지지가 청정하거나, 만약 미계, 나아가 설촉을 인연으로 생겨난 여러 수가 청정하거나, 만약 6신통이 청정하다면, 무이이고 둘로 나눌 수 없으며 분별이 없고 단절도 없는 까닭이니라.

선현이여. 일체지지가 청정한 까닭으로 신계가 청정하고, 신계가 청정한 까닭으로 6신통이 청정하니라. 왜 그러한가? 만약 일체지지가 청정하거나, 만약 신계가 청정하거나, 만약 6신통이 청정하다면, 무이이고 둘로 나눌 수 없으며 분별이 없고 단절도 없는 까닭이니라. 일체지지가 청정한 까닭으로 촉계·신식계, 나아가 신촉·신촉을 인연으로 생겨난 여러 수가 청정하고, 촉계, 나아가 신촉을 인연으로 생겨난 여러 수가 청정한 까닭으로 6신통이 청정하니라. 왜 그러한가? 만약 일체지지가 청정하거나,

만약 촉계, 나아가 신촉을 인연으로 생겨난 여러 수가 청정하거나, 만약 6신통이 청정하다면, 무이이고 둘로 나눌 수 없으며 분별이 없고 단절도 없는 까닭이니라.

선현이여. 일체지지가 청정한 까닭으로 의계가 청정하고, 의계가 청정한 까닭으로 6신통이 청정하니라. 왜 그러한가? 만약 일체지지가 청정하거나, 만약 의계가 청정하거나, 만약 6신통이 청정하다면, 무이이고 둘로 나눌 수 없으며 분별이 없고 단절도 없는 까닭이니라. 일체지지가 청정한 까닭으로 법계·의식계, 나아가 의촉·의촉을 인연으로 생겨난 여러 수가 청정하고, 법계, 나아가 의촉을 인연으로 생겨난 여러 수가 청정한 까닭으로 6신통이 청정하니라. 왜 그러한가? 만약 일체지지가 청정하거나, 만약 법계, 나아가 의촉을 인연으로 생겨난 여러 수가 청정하거나, 만약 6신통이 청정하다면, 무이이고 둘로 나눌 수 없으며 분별이 없고 단절도 없는 까닭이니라.

선현이여. 일체지지가 청정한 까닭으로 지계가 청정하고, 지계가 청정한 까닭으로 6신통이 청정하니라. 왜 그러한가? 만약 일체지지가 청정하거나, 만약 지계가 청정하거나, 만약 6신통이 청정하다면, 무이이고 둘로 나눌 수 없으며 분별이 없고 단절도 없는 까닭이니라. 일체지지가 청정한 까닭으로 수·화·풍·공·식계가 청정하고, 수·화·풍·공·식계가 청정한 까닭으로 6신통이 청정하니라. 왜 그러한가? 만약 일체지지가 청정하거나, 만약 수·화·풍·공·식계가 청정하거나, 만약 6신통이 청정하다면, 무이이고 둘로 나눌 수 없으며 분별이 없고 단절도 없는 까닭이니라.

선현이여. 일체지지가 청정한 까닭으로 무명이 청정하고, 무명이 청정한 까닭으로 6신통이 청정하니라. 왜 그러한가? 만약 일체지지가 청정하거나, 만약 무명이 청정하거나, 만약 6신통이 청정하다면, 무이이고 둘로 나눌 수 없으며 분별이 없고 단절도 없는 까닭이니라. 일체지지가 청정한 까닭으로 행·식·명색·육처·촉·수·애·취·유·생·노사의 수탄고우뇌가 청정하고, 행, 나아가 노사의 수탄고우뇌가 청정한 까닭으로 6신통이 청정하니라. 왜 그러한가? 만약 일체지지가 청정하거나, 만약 행, 나아가 노사의 수탄고우뇌가 청정하거나, 만약 6신통이 청정하다면, 무이이고 둘로 나눌 수 없으며 분별이 없고 단절도 없는 까닭이니라.

　선현이여. 일체지지가 청정한 까닭으로 보시바라밀다가 청정하고, 보시바라밀다가 청정한 까닭으로 6신통이 청정하니라. 왜 그러한가? 만약 일체지지가 청정하거나, 만약 보시바라밀다가 청정하거나, 만약 6신통이 청정하다면, 무이이고 둘로 나눌 수 없으며 분별이 없고 단절도 없는 까닭이니라. 일체지지가 청정한 까닭으로 정계·안인·정진·정려·반야바라밀다가 청정하고, 정계, 나아가 반야바라밀다가 청정한 까닭으로 6신통이 청정하니라. 왜 그러한가? 만약 일체지지가 청정하거나, 만약 정계, 나아가 반야바라밀다가 청정하거나, 만약 6신통이 청정하다면, 무이이고 둘로 나눌 수 없으며 분별이 없고 단절도 없는 까닭이니라.

　선현이여. 일체지지가 청정한 까닭으로 내공이 청정하고, 내공이 청정한 까닭으로 6신통이 청정하니라. 왜 그러한가? 만약 일체지지가 청정하거나, 만약 내공이 청정하거나, 만약 6신통이 청정하다면, 무이이고 둘로 나눌 수 없으며 분별이 없고 단절도 없는 까닭이니라. 일체지지가 청정한 까닭으로 외공·내외공·공공·대공·승의공·유위공·무위공·필경공·무제공·산공·무변이공·본성공·자상공·공상공·일체법공·불가득공·무성공·자성공·무성자성공이 청정하고, 외공, 나아가 무성자성공이 청정한 까닭으로 6신통이 청정하니라. 왜 그러한가? 만약 일체지지가 청정하거나, 만약 외공, 나아가 무성자성공이 청정하거나, 만약 6신통이 청정하다면, 무이이고 둘로 나눌 수 없으며 분별이 없고 단절도 없는 까닭이니라.

　선현이여. 일체지지가 청정한 까닭으로 진여가 청정하고, 진여가 청정한 까닭으로 6신통이 청정하니라. 왜 그러한가? 만약 일체지지가 청정하거나, 만약 진여가 청정하거나, 만약 6신통이 청정하다면, 무이이고 둘로 나눌 수 없으며 분별이 없고 단절도 없는 까닭이니라. 일체지지가 청정한 까닭으로 법계·법성·불허망성·불변이성·평등성·이생성·법정·법주·실제·허공계·부사의계가 청정하고 법계, 나아가 부사의계가 청정한 까닭으로 6신통이 청정하니라. 왜 그러한가? 만약 일체지지가 청정하거나,

만약 법계, 나아가 부사의계가 청정하거나, 만약 6신통이 청정하다면, 무이이고 둘로 나눌 수 없으며 분별이 없고 단절도 없는 까닭이니라.

선현이여. 일체지지가 청정한 까닭으로 고성제가 청정하고, 고성제가 청정한 까닭으로 6신통이 청정하니라. 왜 그러한가? 만약 일체지지가 청정하거나, 만약 고성제가 청정하거나, 만약 6신통이 청정하다면, 무이이고 둘로 나눌 수 없으며 분별이 없고 단절도 없는 까닭이니라. 일체지지가 청정한 까닭으로 집·멸·도성제가 청정하고, 집·멸·도성제가 청정한 까닭으로 6신통이 청정하니라. 왜 그러한가? 만약 일체지지가 청정하거나, 만약 집·멸·도성제가 청정하거나, 만약 6신통이 청정하다면, 무이이고 둘로 나눌 수 없으며 분별이 없고 단절도 없는 까닭이니라.

선현이여. 일체지지가 청정한 까닭으로 4정려가 청정하고, 4정려가 청정한 까닭으로 6신통이 청정하니라. 왜 그러한가? 만약 일체지지가 청정하거나, 만약 4정려가 청정하거나, 만약 6신통이 청정하다면, 무이이고 둘로 나눌 수 없으며 분별이 없고 단절도 없는 까닭이니라. 일체지지가 청정한 까닭으로 4무량·4무색정이 청정하고, 4무량·4무색정이 청정한 까닭으로 6신통이 청정하니라. 왜 그러한가? 만약 일체지지가 청정하거나, 만약 4무량·4무색정이 청정하거나, 만약 6신통이 청정하다면, 무이이고 둘로 나눌 수 없으며 분별이 없고 단절도 없는 까닭이니라.

선현이여. 일체지지가 청정한 까닭으로 8해탈이 청정하고, 8해탈이 청정한 까닭으로 6신통이 청정하니라. 왜 그러한가? 만약 일체지지가 청정하거나, 만약 8해탈이 청정하거나, 만약 6신통이 청정하다면, 무이이고 둘로 나눌 수 없으며 분별이 없고 단절도 없는 까닭이니라. 일체지지가 청정한 까닭으로 8승처·9차제정·10변처가 청정하고, 8승처·9차제정·10변처가 청정한 까닭으로 6신통이 청정하니라. 왜 그러한가? 만약 일체지지가 청정하거나, 만약 8승처·9차제정·10변처가 청정하거나, 만약 6신통이 청정하다면, 무이이고 둘로 나눌 수 없으며 분별이 없고 단절도 없는 까닭이니라.

선현이여. 일체지지가 청정한 까닭으로 4념주가 청정하고, 4념주가

청정한 까닭으로 6신통이 청정하니라. 왜 그러한가? 만약 일체지지가 청정하거나, 만약 4념주가 청정하거나, 만약 6신통이 청정하다면, 무이이고 둘로 나눌 수 없으며 분별이 없고 단절도 없는 까닭이니라. 일체지지가 청정한 까닭으로 4정단·4신족·5근·5력·7등각지·8성도지가 청정하고, 4정단, 나아가 8성도지가 청정한 까닭으로 6신통이 청정하니라. 왜 그러한가? 만약 일체지지가 청정하거나, 만약 4정단, 나아가 8성도지가 청정하거나, 만약 6신통이 청정하다면, 무이이고 둘로 나눌 수 없으며 분별이 없고 단절도 없는 까닭이니라.

선현이여. 일체지지가 청정한 까닭으로 공해탈문이 청정하고, 공해탈문이 청정한 까닭으로 6신통이 청정하니라. 왜 그러한가? 만약 일체지지가 청정하거나, 만약 공해탈문이 청정하거나, 만약 6신통이 청정하다면, 무이이고 둘로 나눌 수 없으며 분별이 없고 단절도 없는 까닭이니라. 일체지지가 청정한 까닭으로 무상·무원해탈문이 청정하고, 무상·무원해탈문이 청정한 까닭으로 6신통이 청정하니라. 왜 그러한가? 만약 일체지지가 청정하거나, 만약 무상·무원해탈문이 청정하거나, 만약 6신통이 청정하다면, 무이이고 둘로 나눌 수 없으며 분별이 없고 단절도 없는 까닭이니라.

선현이여. 일체지지가 청정한 까닭으로 보살의 10지가 청정하고, 보살의 10지가 청정한 까닭으로 6신통이 청정하니라. 왜 그러한가? 만약 일체지지가 청정하거나, 만약 보살의 10지가 청정하거나, 만약 6신통이 청정하다면, 무이이고 둘로 나눌 수 없으며 분별이 없고 단절도 없는 까닭이니라. 선현이여. 일체지지가 청정한 까닭으로 5안이 청정하고, 5안이 청정한 까닭으로 6신통이 청정하니라. 왜 그러한가? 만약 일체지지가 청정하거나, 만약 5안이 청정하거나, 만약 6신통이 청정하다면, 무이이고 둘로 나눌 수 없으며 분별이 없고 단절도 없는 까닭이니.

선현이여. 일체지지가 청정한 까닭으로 여래의 10력이 청정하고, 여래의 10력이 청정한 까닭으로 6신통이 청정하니라. 왜 그러한가? 만약 일체지지가 청정하거나, 만약 6신통이 청정하거나, 만약 여래의 10력이 청정하다면, 무이이고 둘로 나눌 수 없으며 분별이 없고 단절도 없는 까닭이니라. 일체지지가 청정한 까닭으로 4무소외·4무애해·대자·대비·대희·대사·18불불공법이 청정하고, 4무소외, 나아가 18불불공법이 청정한 까닭으로 6신통이 청정하니라. 왜 그러한가? 만약 일체지지가 청정하거나, 만약 4무소외, 나아가 18불불공법이 청정하거나, 만약 6신통이 청정하다면, 무이이고 둘로 나눌 수 없으며 분별이 없고 단절도 없는 까닭이니라.

선현이여. 일체지지가 청정한 까닭으로 무망실법이 청정하고, 무망실법이 청정한 까닭으로 6신통이 청정하니라. 왜 그러한가? 만약 일체지지가 청정하거나, 만약 무망실법이 청정하거나, 만약 6신통이 청정하다면, 무이이고 둘로 나눌 수 없으며 분별이 없고 단절도 없는 까닭이니라. 선현이여. 일체지지가 청정한 까닭으로 항주사성이 청정하고, 항주사성이 청정한 까닭으로 6신통이 청정하니라. 왜 그러한가? 만약 일체지지가 청정하거나, 만약 항주사성이 청정하거나, 만약 6신통이 청정하다면, 무이이고 둘로 나눌 수 없으며 분별이 없고 단절도 없는 까닭이니라.

선현이여. 일체지지가 청정한 까닭으로 일체지가 청정하고, 일체지가 청정한 까닭으로 6신통이 청정하니라. 왜 그러한가? 만약 일체지지가 청정하거나, 만약 일체지가 청정하거나, 만약 6신통이 청정하다면, 무이이고 둘로 나눌 수 없으며 분별이 없고 단절도 없는 까닭이니라. 일체지지가 청정한 까닭으로 도상지·일체상지가 청정하고, 도상지·일체상지가 청정한 까닭으로 6신통이 청정하니라. 왜 그러한가? 만약 일체지지가 청정하거나, 만약 도상지·일체상지가 청정하거나, 만약 6신통이 청정하다면, 무이이고 둘로 나눌 수 없으며 분별이 없고 단절도 없는 까닭이니라.

선현이여. 일체지지가 청정한 까닭으로 일체의 다라니문이 청정하고, 일체의 다라니문이 청정한 까닭으로 6신통이 청정하니라. 왜 그러한가? 만약 일체지지가 청정하거나, 만약 일체의 다라니문이 청정하거나, 만약 6신통이 청정하다면, 무이이고 둘로 나눌 수 없으며 분별이 없고 단절도 없는 까닭이니라. 선현이여. 일체지지가 청정한 까닭으로 일체의 삼마지문이 청정하고, 일체의 삼마지문이 청정한 까닭으로 6신통이 청정하니라. 왜 그러한가? 만약 일체지지가 청정하거나, 만약 일체의 삼마지문이 청정하거나, 만약 6신통이 청정하다면, 무이이고 둘로 나눌 수 없으며 분별이 없고 단절도 없는 까닭이니라.

선현이여. 일체지지가 청정한 까닭으로 예류과가 청정하고, 예류과가 청정한 까닭으로 6신통이 청정하니라. 왜 그러한가? 만약 일체지지가 청정하거나, 만약 예류과가 청정하거나, 만약 6신통이 청정하다면, 무이이고 둘로 나눌 수 없으며 분별이 없고 단절도 없는 까닭이니라. 일체지지가 청정한 까닭으로 일래·불환·아라한과가 청정하고, 일래·불환·아라한과가 청정한 까닭으로 6신통이 청정하니라. 왜 그러한가? 만약 일체지지가 청정하거나, 만약 일래·불환·아라한과가 청정하거나, 만약 6신통이 청정하다면, 무이이고 둘로 나눌 수 없으며 분별이 없고 단절도 없는 까닭이니라.

선현이여. 일체지지가 청정한 까닭으로 독각의 보리가 청정하고, 독각의 보리가 청정한 까닭으로 6신통이 청정하니라. 왜 그러한가? 만약 일체지지가 청정하거나, 만약 독각의 보리가 청정하거나, 만약 6신통이 청정하다면, 무이이고 둘로 나눌 수 없으며 분별이 없고 단절도 없는 까닭이니라.

선현이여. 일체지지가 청정한 까닭으로 일체의 보살마하살의 행이 청정하고, 일체의 보살마하살의 행이 청정한 까닭으로 6신통이 청정하니라. 왜 그러한가? 만약 일체지지가 청정하거나, 만약 일체의 보살마하살의 행이 청정하거나, 만약 6신통이 청정하다면, 무이이고 둘로 나눌 수 없으며 분별이 없고 단절도 없는 까닭이니라.

선현이여. 일체지지가 청정한 까닭으로 제불의 무상정등보리가 청정하고, 제불의 무상정등보리가 청정한 까닭으로 6신통이 청정하니라. 왜 그러한가? 만약 일체지지가 청정하거나, 만약 제불의 무상정등보리가 청정하거나, 만약 6신통이 청정하다면, 무이이고 둘로 나눌 수 없으며 분별이 없고 단절도 없는 까닭이니라.”

"다시 다음으로 선현이여. 일체지지가 청정한 까닭으로 색이 청정하고, 색이 청정한 까닭으로 여래(佛)의 10력(十力)이 청정하니라. 왜 그러한가? 만약 일체지지가 청정하거나, 만약 색이 청정하거나, 만약 여래의 10력이 청정하다면, 무이이고 둘로 나눌 수 없으며 분별이 없고 단절도 없는 까닭이니라. 일체지지가 청정한 까닭으로 수·상·행·식이 청정하고, 수·상·행·식이 청정한 까닭으로 여래의 10력이 청정하니라. 왜 그러한가? 만약 일체지지가 청정하거나, 만약 수·상·행·식이 청정하거나, 만약 여래의 10력이 청정하다면, 무이이고 둘로 나눌 수 없으며 분별이 없고 단절도 없는 까닭이니라.

선현이여. 일체지지가 청정한 까닭으로 안처가 청정하고, 안처가 청정한 까닭으로 여래의 10력이 청정하니라. 왜 그러한가? 만약 일체지지가 청정하거나, 만약 안처가 청정하거나, 만약 여래의 10력이 청정하다면, 무이이고 둘로 나눌 수 없으며 분별이 없고 단절도 없는 까닭이니라. 일체지지가 청정한 까닭으로 이·비·설·신·의처가 청정하고, 이·비·설·신·의처가 청정한 까닭으로 여래의 10력이 청정하니라. 왜 그러한가? 만약 일체지지가 청정하거나, 만약 이·비·설·신·의처가 청정하거나, 만약 여래의 10력이 청정하다면, 무이이고 둘로 나눌 수 없으며 분별이 없고 단절도 없는 까닭이니라.

선현이여. 일체지지가 청정한 까닭으로 색처가 청정하고, 색처가 청정한 까닭으로 여래의 10력이 청정하니라. 왜 그러한가? 만약 일체지지가 청정하거나, 만약 색처가 청정하거나, 만약 여래의 10력이 청정하다면, 무이이고 둘로 나눌 수 없으며 분별이 없고 단절도 없는 까닭이니라. 일체지지가 청정한 까닭으로 성·향·미·촉·법처가 청정하고, 성·향·미·촉·법처가 청정한 까닭으로 여래의 10력이 청정하니라. 왜 그러한가? 만약 일체지지가 청정하거나, 만약 성·향·미·촉·법처가 청정하거나, 만약 여래의 10력이 청정하다면, 무이이고 둘로 나눌 수 없으며 분별이 없고 단절도 없는 까닭이니라.

선현이여. 일체지지가 청정한 까닭으로 안계가 청정하고, 안계가 청정

한 까닭으로 여래의 10력이 청정하니라. 왜 그러한가? 만약 일체지지가 청정하거나, 만약 안계가 청정하거나, 만약 여래의 10력이 청정하다면, 무이이고 둘로 나눌 수 없으며 분별이 없고 단절도 없는 까닭이니라. 일체지지가 청정한 까닭으로 색계·안식계, 나아가 안촉·안촉을 인연으로 생겨난 여러 수가 청정하고, 색계, 나아가 안촉을 인연으로 생겨난 여러 수가 청정한 까닭으로 여래의 10력이 청정하니라. 왜 그러한가? 만약 일체지지가 청정하거나, 만약 색계, 나아가 안촉을 인연으로 생겨난 여러 수가 청정하거나, 만약 여래의 10력이 청정하다면, 무이이고 둘로 나눌 수 없으며 분별이 없고 단절도 없는 까닭이니라.

선현이여. 일체지지가 청정한 까닭으로 이계가 청정하고, 이계가 청정한 까닭으로 여래의 10력이 청정하니라. 왜 그러한가? 만약 일체지지가 청정하거나, 만약 이계가 청정하거나, 만약 여래의 10력이 청정하다면, 무이이고 둘로 나눌 수 없으며 분별이 없고 단절도 없는 까닭이니라. 일체지지가 청정한 까닭으로 성계·이식계, 나아가 이촉·이촉을 인연으로 생겨난 여러 수가 청정하고, 성계, 나아가 이촉을 인연으로 생겨난 여러 수가 청정한 까닭으로 여래의 10력이 청정하니라. 왜 그러한가? 만약 일체지지가 청정하거나, 만약 성계, 나아가 이촉을 인연으로 생겨난 여러 수가 청정하거나, 만약 여래의 10력이 청정하다면, 무이이고 둘로 나눌 수 없으며 분별이 없고 단절도 없는 까닭이니라.

선현이여. 일체지지가 청정한 까닭으로 비계가 청정하고, 비계가 청정한 까닭으로 여래의 10력이 청정하니라. 왜 그러한가? 만약 일체지지가 청정하거나, 만약 비계가 청정하거나, 만약 여래의 10력이 청정하다면, 무이이고 둘로 나눌 수 없으며 분별이 없고 단절도 없는 까닭이니라. 일체지지가 청정한 까닭으로 향계·비식계, 나아가 비촉·비촉을 인연으로 생겨난 여러 수가 청정하고, 향계, 나아가 비촉을 인연으로 생겨난 여러 수가 청정한 까닭으로 여래의 10력이 청정하니라. 왜 그러한가? 만약 일체지지가 청정하거나, 만약 향계, 나아가 비촉을 인연으로 생겨난 여러 수가 청정하거나, 만약 여래의 10력이 청정하다면, 무이이고 둘로 나눌

수 없으며 분별이 없고 단절도 없는 까닭이니라.

선현이여. 일체지지가 청정한 까닭으로 설계가 청정하고, 설계가 청정한 까닭으로 여래의 10력이 청정하니라. 왜 그러한가? 만약 일체지지가 청정하거나, 만약 설계가 청정하거나, 만약 여래의 10력이 청정하다면, 무이이고 둘로 나눌 수 없으며 분별이 없고 단절도 없는 까닭이니라. 일체지지가 청정한 까닭으로 미계·설식계, 나아가 설촉·설촉을 인연으로 생겨난 여러 수가 청정하고, 미계, 나아가 설촉을 인연으로 생겨난 여러 수가 청정한 까닭으로 여래의 10력이 청정하니라. 왜 그러한가? 만약 일체지지가 청정하거나, 만약 미계, 나아가 설촉을 인연으로 생겨난 여러 수가 청정하거나, 만약 여래의 10력이 청정하다면, 무이이고 둘로 나눌 수 없으며 분별이 없고 단절도 없는 까닭이니라.

선현이여. 일체지지가 청정한 까닭으로 신계가 청정하고, 신계가 청정한 까닭으로 여래의 10력이 청정하니라. 왜 그러한가? 만약 일체지지가 청정하거나, 만약 신계가 청정하거나, 만약 여래의 10력이 청정하다면, 무이이고 둘로 나눌 수 없으며 분별이 없고 단절도 없는 까닭이니라. 일체지지가 청정한 까닭으로 촉계·신식계, 나아가 신촉·신촉을 인연으로 생겨난 여러 수가 청정하고, 촉계, 나아가 신촉을 인연으로 생겨난 여러 수가 청정한 까닭으로 여래의 10력이 청정하니라. 왜 그러한가? 만약 일체지지가 청정하거나, 만약 촉계, 나아가 신촉을 인연으로 생겨난 여러 수가 청정하거나, 만약 여래의 10력이 청정하다면, 무이이고 둘로 나눌 수 없으며 분별이 없고 단절도 없는 까닭이니라.

선현이여. 일체지지가 청정한 까닭으로 의계가 청정하고, 의계가 청정한 까닭으로 여래의 10력이 청정하니라. 왜 그러한가? 만약 일체지지가 청정하거나, 만약 의계가 청정하거나, 만약 여래의 10력이 청정하다면, 무이이고 둘로 나눌 수 없으며 분별이 없고 단절도 없는 까닭이니라. 일체지지가 청정한 까닭으로 법계·의식계, 나아가 의촉·의촉을 인연으로 생겨난 여러 수가 청정하고, 법계, 나아가 의촉을 인연으로 생겨난 여러 수가 청정한 까닭으로 여래의 10력이 청정하니라. 왜 그러한가? 만약 일체지지가 청정하거나, 만약 법계, 나아가 의촉을 인연으로 생겨난 여러 수가 청정하거나, 만약 여래의 10력이 청정하다면, 무이이고 둘로 나눌 수 없으며 분별이 없고 단절도 없는 까닭이니라.

선현이여. 일체지지가 청정한 까닭으로 지계가 청정하고, 지계가 청정한 까닭으로 여래의 10력이 청정하니라. 왜 그러한가? 만약 일체지지가 청정하거나, 만약 지계가 청정하거나, 만약 여래의 10력이 청정하다면, 무이이고 둘로 나눌 수 없으며 분별이 없고 단절도 없는 까닭이니라. 일체지지가 청정한 까닭으로 수·화·풍·공·식계가 청정하고, 수·화·풍·공·식계가 청정한 까닭으로 여래의 10력이 청정하니라. 왜 그러한가? 만약 일체지지가 청정하거나, 만약 수·화·풍·공·식계가 청정하거나, 만약 여래의 10력이 청정하다면, 무이이고 둘로 나눌 수 없으며 분별이 없고 단절도 없는 까닭이니라.

선현이여. 일체지지가 청정한 까닭으로 무명이 청정하고, 무명이 청정한 까닭으로 여래의 10력이 청정하니라. 왜 그러한가? 만약 일체지지가 청정하거나, 만약 무명이 청정하거나, 만약 여래의 10력이 청정하다면, 무이이고 둘로 나눌 수 없으며 분별이 없고 단절도 없는 까닭이니라. 일체지지가 청정한 까닭으로 행·식·명색·육처·촉·수·애·취·유·생·노사의 수탄고우뇌가 청정하고, 행, 나아가 노사의 수탄고우뇌가 청정한 까닭으로 여래의 10력이 청정하니라. 왜 그러한가? 만약 일체지지가 청정하거나, 만약 행, 나아가 노사의 수탄고우뇌가 청정하거나, 만약 여래의 10력이 청정하다면, 무이이고 둘로 나눌 수 없으며 분별이 없고 단절도 없는 까닭이니라.

선현이여. 일체지지가 청정한 까닭으로 보시바라밀다가 청정하고, 보시바라밀다가 청정한 까닭으로 여래의 10력이 청정하니라. 왜 그러한가? 만약 일체지지가 청정하거나, 만약 보시바라밀다가 청정하거나, 만약 여래의 10력이 청정하다면, 무이이고 둘로 나눌 수 없으며 분별이 없고 단절도 없는 까닭이니라. 일체지지가 청정한 까닭으로 정계·안인·정진·정려·반야바라밀다가 청정하고, 정계, 나아가 반야바라밀다가 청정한

까닭으로 여래의 10력이 청정하니라. 왜 그러한가? 만약 일체지지가
청정하거나, 만약 정계, 나아가 반야바라밀다가 청정하거나, 만약 여래의
10력이 청정하다면, 무이이고 둘로 나눌 수 없으며 분별이 없고 단절도
없는 까닭이니라.

　선현이여. 일체지지가 청정한 까닭으로 내공이 청정하고, 내공이 청정
한 까닭으로 여래의 10력이 청정하니라. 왜 그러한가? 만약 일체지지가
청정하거나, 만약 내공이 청정하거나, 만약 여래의 10력이 청정하다면,
무이이고 둘로 나눌 수 없으며 분별이 없고 단절도 없는 까닭이니라.
일체지지가 청정한 까닭으로 외공·내외공·공공·대공·승의공·유위공·무
위공·필경공·무제공·산공·무변이공·본성공·자상공·공상공·일체법공·
불가득공·무성공·자성공·무성자성공이 청정하고, 외공, 나아가 무성자
성공이 청정한 까닭으로 여래의 10력이 청정하니라. 왜 그러한가? 만약
일체지지가 청정하거나, 만약 외공, 나아가 무성자성공이 청정하거나,
만약 여래의 10력이 청정하다면, 무이이고 둘로 나눌 수 없으며 분별이
없고 단절도 없는 까닭이니라."

마하반야바라밀다경 제275권

34. 난신해품(難信解品)(94)

"선현이여. 일체지지가 청정한 까닭으로 진여가 청정하고, 진여가 청정한 까닭으로 여래의 10력이 청정하니라. 왜 그러한가? 만약 일체지지가 청정하거나, 만약 진여가 청정하거나, 만약 여래의 10력이 청정하다면, 무이이고 둘로 나눌 수 없으며 분별이 없고 단절도 없는 까닭이니라. 일체지지가 청정한 까닭으로 법계·법성·불허망성·불변이성·평등성·이생성·법정·법주·실제·허공계·부사의계가 청정하고 법계, 나아가 부사의계가 청정한 까닭으로 여래의 10력이 청정하니라. 왜 그러한가? 만약 일체지지가 청정하거나, 만약 법계, 나아가 부사의계가 청정하거나, 만약 여래의 10력이 청정하다면, 무이이고 둘로 나눌 수 없으며 분별이 없고 단절도 없는 까닭이니라.

선현이여. 일체지지가 청정한 까닭으로 고성제가 청정하고, 고성제가 청정한 까닭으로 여래의 10력이 청정하니라. 왜 그러한가? 만약 일체지지가 청정하거나, 만약 고성제가 청정하거나, 만약 여래의 10력이 청정하다면, 무이이고 둘로 나눌 수 없으며 분별이 없고 단절도 없는 까닭이니라. 일체지지가 청정한 까닭으로 집·멸·도성제가 청정하고, 집·멸·도성제가 청정한 까닭으로 여래의 10력이 청정하니라. 왜 그러한가? 만약 일체지지가 청정하거나, 만약 집·멸·도성제가 청정하거나, 만약 여래의 10력이 청정하다면, 무이이고 둘로 나눌 수 없으며 분별이 없고 단절도 없는 까닭이니라.

  선현이여. 일체지지가 청정한 까닭으로 4정려가 청정하고, 4정려가
청정한 까닭으로 여래의 10력이 청정하니라. 왜 그러한가? 만약 일체지지
가 청정하거나, 만약 4정려가 청정하거나, 만약 여래의 10력이 청정하다
면, 무이이고 둘로 나눌 수 없으며 분별이 없고 단절도 없는 까닭이니라.
일체지지가 청정한 까닭으로 4무량·4무색정이 청정하고, 4무량·4무색정
이 청정한 까닭으로 여래의 10력이 청정하니라. 왜 그러한가? 만약 일체지
지가 청정하거나, 만약 4무량·4무색정이 청정하거나, 만약 여래의 10력이
청정하다면, 무이이고 둘로 나눌 수 없으며 분별이 없고 단절도 없는
까닭이니라.

  선현이여. 일체지지가 청정한 까닭으로 8해탈이 청정하고, 8해탈이
청정한 까닭으로 여래의 10력이 청정하니라. 왜 그러한가? 만약 일체지지
가 청정하거나, 만약 8해탈이 청정하거나, 만약 여래의 10력이 청정하다
면, 무이이고 둘로 나눌 수 없으며 분별이 없고 단절도 없는 까닭이니라.
일체지지가 청정한 까닭으로 8승처·9차제정·10변처가 청정하고, 8승처·
9차제정·10변처가 청정한 까닭으로 여래의 10력이 청정하니라. 왜 그러
한가? 만약 일체지지가 청정하거나, 만약 8승처·9차제정·10변처가 청정
하거나, 만약 여래의 10력이 청정하다면, 무이이고 둘로 나눌 수 없으며
분별이 없고 단절도 없는 까닭이니라.

  선현이여. 일체지지가 청정한 까닭으로 4념주가 청정하고, 4념주가
청정한 까닭으로 여래의 10력이 청정하니라. 왜 그러한가? 만약 일체지지
가 청정하거나, 만약 4념주가 청정하거나, 만약 여래의 10력이 청정하다
면, 무이이고 둘로 나눌 수 없으며 분별이 없고 단절도 없는 까닭이니라.
일체지지가 청정한 까닭으로 4정단·4신족·5근·5력·7등각지·8성도지가
청정하고, 4정단, 나아가 8성도지가 청정한 까닭으로 여래의 10력이
청정하니라. 왜 그러한가? 만약 일체지지가 청정하거나, 만약 4정단,
나아가 8성도지가 청정하거나, 만약 여래의 10력이 청정하다면, 무이이고
둘로 나눌 수 없으며 분별이 없고 단절도 없는 까닭이니라.

  선현이여. 일체지지가 청정한 까닭으로 공해탈문이 청정하고, 공해탈

문이 청정한 까닭으로 여래의 10력이 청정하니라. 왜 그러한가? 만약 일체지지가 청정하거나, 만약 공해탈문이 청정하거나, 만약 여래의 10력이 청정하다면, 무이이고 둘로 나눌 수 없으며 분별이 없고 단절도 없는 까닭이니라. 일체지지가 청정한 까닭으로 무상·무원해탈문이 청정하고, 무상·무원해탈문이 청정한 까닭으로 여래의 10력이 청정하니라. 왜 그러한가? 만약 일체지지가 청정하거나, 만약 무상·무원해탈문이 청정하거나, 만약 여래의 10력이 청정하다면, 무이이고 둘로 나눌 수 없으며 분별이 없고 단절도 없는 까닭이니라.

선현이여. 일체지지가 청정한 까닭으로 보살의 10지가 청정하고, 보살의 10지가 청정한 까닭으로 여래의 10력이 청정하니라. 왜 그러한가? 만약 일체지지가 청정하거나, 만약 보살의 10지가 청정하거나, 만약 여래의 10력이 청정하다면, 무이이고 둘로 나눌 수 없으며 분별이 없고 단절도 없는 까닭이니라.

선현이여. 일체지지가 청정한 까닭으로 5안이 청정하고, 5안이 청정한 까닭으로 여래의 10력이 청정하니라. 왜 그러한가? 만약 일체지지가 청정하거나, 만약 5안이 청정하거나, 만약 여래의 10력이 청정하다면, 무이이고 둘로 나눌 수 없으며 분별이 없고 단절도 없는 까닭이니라. 선현이여. 일체지지가 청정한 까닭으로 6신통이 청정하고, 6신통이 청정한 까닭으로 여래의 10력이 청정하니라. 왜 그러한가? 만약 일체지지가 청정하거나, 만약 6신통이 청정하거나, 만약 여래의 10력이 청정하다면, 무이이고 둘로 나눌 수 없으며 분별이 없고 단절도 없는 까닭이니라.

선현이여. 일체지지가 청정한 까닭으로 4무소외가 청정하고, 4무소외가 청정한 까닭으로 여래의 10력이 청정하니라. 왜 그러한가? 만약 일체지지가 청정하거나, 만약 4무소외가 청정하거나, 만약 여래의 10력이 청정하다면, 무이이고 둘로 나눌 수 없으며 분별이 없고 단절도 없는 까닭이니라. 일체지지가 청정한 까닭으로 4무애해·대자·대비·대희·대사·18불불공법이 청정하고, 4무애해, 나아가 18불불공법이 청정한 까닭으로 여래의 10력이 청정하니라. 왜 그러한가? 만약 일체지지가 청정하거나, 만약

4무애해, 나아가 18불불공법이 청정하거나, 만약 여래의 10력이 청정하다면, 무이이고 둘로 나눌 수 없으며 분별이 없고 단절도 없는 까닭이니라.

선현이여. 일체지지가 청정한 까닭으로 무망실법이 청정하고, 무망실법이 청정한 까닭으로 여래의 10력이 청정하니라. 왜 그러한가? 만약 일체지지가 청정하거나, 만약 무망실법이 청정하거나, 만약 여래의 10력이 청정하다면, 무이이고 둘로 나눌 수 없으며 분별이 없고 단절도 없는 까닭이니라. 선현이여. 일체지지가 청정한 까닭으로 항주사성이 청정하고, 항주사성이 청정한 까닭으로 여래의 10력이 청정하니라. 왜 그러한가? 만약 일체지지가 청정하거나, 만약 항주사성이 청정하거나, 만약 여래의 10력이 청정하다면, 무이이고 둘로 나눌 수 없으며 분별이 없고 단절도 없는 까닭이니라.

선현이여. 일체지지가 청정한 까닭으로 일체지가 청정하고, 일체지가 청정한 까닭으로 여래의 10력이 청정하니라. 왜 그러한가? 만약 일체지지가 청정하거나, 만약 일체지가 청정하거나, 만약 여래의 10력이 청정하다면, 무이이고 둘로 나눌 수 없으며 분별이 없고 단절도 없는 까닭이니라. 일체지지가 청정한 까닭으로 도상지·일체상지가 청정하고, 도상지·일체상지가 청정한 까닭으로 여래의 10력이 청정하니라. 왜 그러한가? 만약 일체지지가 청정하거나, 만약 도상지·일체상지가 청정하거나, 만약 여래의 10력이 청정하다면, 무이이고 둘로 나눌 수 없으며 분별이 없고 단절도 없는 까닭이니라.

선현이여. 일체지지가 청정한 까닭으로 일체의 다라니문이 청정하고, 일체의 다라니문이 청정한 까닭으로 여래의 10력이 청정하니라. 왜 그러한가? 만약 일체지지가 청정하거나, 만약 일체의 다라니문이 청정하거나, 만약 여래의 10력이 청정하다면, 무이이고 둘로 나눌 수 없으며 분별이 없고 단절도 없는 까닭이니라. 선현이여. 일체지지가 청정한 까닭으로 일체의 삼마지문이 청정하고, 일체의 삼마지문이 청정한 까닭으로 여래의 10력이 청정하니라. 왜 그러한가? 만약 일체지지가 청정하거나, 만약 일체의 삼마지문이 청정하거나, 만약 여래의 10력이 청정하다면, 무이이고 둘로 나눌 수 없으며 분별이 없고 단절도 없는 까닭이니라.

선현이여. 일체지지가 청정한 까닭으로 예류과가 청정하고, 예류과가 청정한 까닭으로 여래의 10력이 청정하니라. 왜 그러한가? 만약 일체지지가 청정하거나, 만약 예류과가 청정하거나, 만약 여래의 10력이 청정하다면, 무이이고 둘로 나눌 수 없으며 분별이 없고 단절도 없는 까닭이니라. 일체지지가 청정한 까닭으로 일래·불환·아라한과가 청정하고, 일래·불환·아라한과가 청정한 까닭으로 여래의 10력이 청정하니라. 왜 그러한가? 만약 일체지지가 청정하거나, 만약 일래·불환·아라한과가 청정하거나, 만약 여래의 10력이 청정하다면, 무이이고 둘로 나눌 수 없으며 분별이 없고 단절도 없는 까닭이니라.

선현이여. 일체지지가 청정한 까닭으로 독각의 보리가 청정하고, 독각의 보리가 청정한 까닭으로 여래의 10력이 청정하니라. 왜 그러한가? 만약 일체지지가 청정하거나, 만약 독각의 보리가 청정하거나, 만약 여래의 10력이 청정하다면, 무이이고 둘로 나눌 수 없으며 분별이 없고 단절도 없는 까닭이니라.

선현이여. 일체지지가 청정한 까닭으로 일체의 보살마하살의 행이 청정하고, 일체의 보살마하살의 행이 청정한 까닭으로 여래의 10력이 청정하니라. 왜 그러한가? 만약 일체지지가 청정하거나, 만약 일체의 보살마하살의 행이 청정하거나, 만약 여래의 10력이 청정하다면, 무이이고 둘로 나눌 수 없으며 분별이 없고 단절도 없는 까닭이니라.

선현이여. 일체지지가 청정한 까닭으로 제불의 무상정등보리가 청정하고, 제불의 무상정등보리가 청정한 까닭으로 여래의 10력이 청정하니라. 왜 그러한가? 만약 일체지지가 청정하거나, 만약 제불의 무상정등보리가 청정하거나, 만약 여래의 10력이 청정하다면, 무이이고 둘로 나눌 수 없으며 분별이 없고 단절도 없는 까닭이니라."

"다시 다음으로 선현이여. 일체지지가 청정한 까닭으로 색이 청정하고, 색이 청정한 까닭으로 4무소외(四無所畏)가 청정하니라. 왜 그러한가?

만약 일체지지가 청정하거나, 만약 색이 청정하거나, 만약 4무소외가 청정하다면, 무이이고 둘로 나눌 수 없으며 분별이 없고 단절도 없는 까닭이니라. 일체지지가 청정한 까닭으로 수·상·행·식이 청정하고, 수·상·행·식이 청정한 까닭으로 4무소외가 청정하니라. 왜 그러한가? 만약 일체지지가 청정하거나, 만약 수·상·행·식이 청정하거나, 만약 4무소외가 청정하다면, 무이이고 둘로 나눌 수 없으며 분별이 없고 단절도 없는 까닭이니라.

선현이여. 일체지지가 청정한 까닭으로 안처가 청정하고, 안처가 청정한 까닭으로 4무소외가 청정하니라. 왜 그러한가? 만약 일체지지가 청정하거나, 만약 안처가 청정하거나, 만약 4무소외가 청정하다면, 무이이고 둘로 나눌 수 없으며 분별이 없고 단절도 없는 까닭이니라. 일체지지가 청정한 까닭으로 이·비·설·신·의처가 청정하고, 이·비·설·신·의처가 청정한 까닭으로 4무소외가 청정하니라. 왜 그러한가? 만약 일체지지가 청정하거나, 만약 이·비·설·신·의처가 청정하거나, 만약 4무소외가 청정하다면, 무이이고 둘로 나눌 수 없으며 분별이 없고 단절도 없는 까닭이니라.

선현이여. 일체지지가 청정한 까닭으로 색처가 청정하고, 색처가 청정한 까닭으로 4무소외가 청정하니라. 왜 그러한가? 만약 일체지지가 청정하거나, 만약 색처가 청정하거나, 만약 4무소외가 청정하다면, 무이이고 둘로 나눌 수 없으며 분별이 없고 단절도 없는 까닭이니라. 일체지지가 청정한 까닭으로 성·향·미·촉·법처가 청정하고, 성·향·미·촉·법처가 청정한 까닭으로 4무소외가 청정하니라. 왜 그러한가? 만약 일체지지가 청정하거나, 만약 성·향·미·촉·법처가 청정하거나, 만약 4무소외가 청정하다면, 무이이고 둘로 나눌 수 없으며 분별이 없고 단절도 없는 까닭이니라.

선현이여. 일체지지가 청정한 까닭으로 안계가 청정하고, 안계가 청정한 까닭으로 4무소외가 청정하니라. 왜 그러한가? 만약 일체지지가 청정하거나, 만약 안계가 청정하거나, 만약 4무소외가 청정하다면, 무이이고 둘로 나눌 수 없으며 분별이 없고 단절도 없는 까닭이니라. 일체지지가 청정한 까닭으로 색계·안식계, 나아가 안촉·안촉을 인연으로 생겨난 여러 수가 청정하고, 색계, 나아가 안촉을 인연으로 생겨난 여러 수가 청정한 까닭으로 4무소외가 청정하니라. 왜 그러한가? 만약 일체지지가 청정하거나, 만약 색계, 나아가 안촉을 인연으로 생겨난 여러 수가 청정하거나, 만약 4무소외가 청정하다면, 무이이고 둘로 나눌 수 없으며 분별이 없고 단절도 없는 까닭이니라.

선현이여. 일체지지가 청정한 까닭으로 이계가 청정하고, 이계가 청정한 까닭으로 4무소외가 청정하니라. 왜 그러한가? 만약 일체지지가 청정하거나, 만약 이계가 청정하거나, 만약 4무소외가 청정하다면, 무이이고 둘로 나눌 수 없으며 분별이 없고 단절도 없는 까닭이니라. 일체지지가 청정한 까닭으로 성계·이식계, 나아가 이촉·이촉을 인연으로 생겨난 여러 수가 청정하고, 성계, 나아가 이촉을 인연으로 생겨난 여러 수가 청정한 까닭으로 4무소외가 청정하니라. 왜 그러한가? 만약 일체지지가 청정하거나, 만약 성계, 나아가 이촉을 인연으로 생겨난 여러 수가 청정하거나, 만약 4무소외가 청정하다면, 무이이고 둘로 나눌 수 없으며 분별이 없고 단절도 없는 까닭이니라.

선현이여. 일체지지가 청정한 까닭으로 비계가 청정하고, 비계가 청정한 까닭으로 4무소외가 청정하니라. 왜 그러한가? 만약 일체지지가 청정하거나, 만약 비계가 청정하거나, 만약 4무소외가 청정하다면, 무이이고 둘로 나눌 수 없으며 분별이 없고 단절도 없는 까닭이니라. 일체지지가 청정한 까닭으로 향계·비식계, 나아가 비촉·비촉을 인연으로 생겨난 여러 수가 청정하고, 향계, 나아가 비촉을 인연으로 생겨난 여러 수가 청정한 까닭으로 4무소외가 청정하니라. 왜 그러한가? 만약 일체지지가 청정하거나, 만약 향계, 나아가 비촉을 인연으로 생겨난 여러 수가 청정하거나, 만약 4무소외가 청정하다면, 무이이고 둘로 나눌 수 없으며 분별이 없고 단절도 없는 까닭이니라.

선현이여. 일체지지가 청정한 까닭으로 설계가 청정하고, 설계가 청정한 까닭으로 4무소외가 청정하니라. 왜 그러한가? 만약 일체지지가 청정하거나, 만약 설계가 청정하거나, 만약 4무소외가 청정하다면, 무이이고 둘로 나눌 수 없으며 분별이 없고 단절도 없는 까닭이니라. 일체지지가 청정한 까닭으로 미계·설식계, 나아가 설촉·설촉을 인연으로 생겨난 여러 수가 청정하고, 미계, 나아가 설촉을 인연으로 생겨난 여러 수가 청정한 까닭으로 4무소외가 청정하니라. 왜 그러한가? 만약 일체지지가 청정하거나, 만약 미계, 나아가 설촉을 인연으로 생겨난 여러 수가 청정하거나, 만약 4무소외가 청정하다면, 무이이고 둘로 나눌 수 없으며 분별이 없고 단절도 없는 까닭이니라.

선현이여. 일체지지가 청정한 까닭으로 신계가 청정하고, 신계가 청정한 까닭으로 4무소외가 청정하니라. 왜 그러한가? 만약 일체지지가 청정하거나, 만약 신계가 청정하거나, 만약 4무소외가 청정하다면, 무이이고 둘로 나눌 수 없으며 분별이 없고 단절도 없는 까닭이니라. 일체지지가 청정한 까닭으로 촉계·신식계, 나아가 신촉·신촉을 인연으로 생겨난 여러 수가 청정하고, 촉계, 나아가 신촉을 인연으로 생겨난 여러 수가 청정한 까닭으로 4무소외가 청정하니라. 왜 그러한가? 만약 일체지지가 청정하거나, 만약 촉계, 나아가 신촉을 인연으로 생겨난 여러 수가 청정하거나, 만약 4무소외가 청정하다면, 무이이고 둘로 나눌 수 없으며 분별이 없고 단절도 없는 까닭이니라.

선현이여. 일체지지가 청정한 까닭으로 의계가 청정하고, 의계가 청정한 까닭으로 4무소외가 청정하니라. 왜 그러한가? 만약 일체지지가 청정하거나, 만약 의계가 청정하거나, 만약 4무소외가 청정하다면, 무이이고 둘로 나눌 수 없으며 분별이 없고 단절도 없는 까닭이니라. 일체지지가 청정한 까닭으로 법계·의식계, 나아가 의촉·의촉을 인연으로 생겨난 여러 수가 청정하고, 법계, 나아가 의촉을 인연으로 생겨난 여러 수가 청정한 까닭으로 4무소외가 청정하니라. 왜 그러한가? 만약 일체지지가 청정하거나, 만약 법계, 나아가 의촉을 인연으로 생겨난 여러 수가 청정하거나, 만약 4무소외가 청정하다면, 무이이고 둘로 나눌 수 없으며 분별이 없고 단절도 없는 까닭이니라.

선현이여. 일체지지가 청정한 까닭으로 지계가 청정하고, 지계가 청정한 까닭으로 4무소외가 청정하니라. 왜 그러한가? 만약 일체지지가 청정하거나, 만약 지계가 청정하거나, 만약 4무소외가 청정하다면, 무이이고 둘로 나눌 수 없으며 분별이 없고 단절도 없는 까닭이니라. 일체지지가 청정한 까닭으로 수·화·풍·공·식계가 청정하고, 수·화·풍·공·식계가 청정한 까닭으로 4무소외가 청정하니라. 왜 그러한가? 만약 일체지지가 청정하거나, 만약 수·화·풍·공·식계가 청정하거나, 만약 4무소외가 청정하다면, 무이이고 둘로 나눌 수 없으며 분별이 없고 단절도 없는 까닭이니라.

선현이여. 일체지지가 청정한 까닭으로 무명이 청정하고, 무명이 청정한 까닭으로 4무소외가 청정하니라. 왜 그러한가? 만약 일체지지가 청정하거나, 만약 무명이 청정하거나, 만약 4무소외가 청정하다면, 무이이고 둘로 나눌 수 없으며 분별이 없고 단절도 없는 까닭이니라. 일체지지가 청정한 까닭으로 행·식·명색·육처·촉·수·애·취·유·생·노사의 수탄고우뇌가 청정하고, 행, 나아가 노사의 수탄고우뇌가 청정한 까닭으로 4무소외가 청정하니라. 왜 그러한가? 만약 일체지지가 청정하거나, 만약 행, 나아가 노사의 수탄고우뇌가 청정하거나, 만약 4무소외가 청정하다면, 무이이고 둘로 나눌 수 없으며 분별이 없고 단절도 없는 까닭이니라.

선현이여. 일체지지가 청정한 까닭으로 보시바라밀다가 청정하고, 보시바라밀다가 청정한 까닭으로 4무소외가 청정하니라. 왜 그러한가? 만약 일체지지가 청정하거나, 만약 보시바라밀다가 청정하거나, 만약 4무소외가 청정하다면, 무이이고 둘로 나눌 수 없으며 분별이 없고 단절도 없는 까닭이니라. 일체지지가 청정한 까닭으로 정계·안인·정진·정려·반야바라밀다가 청정하고, 정계, 나아가 반야바라밀다가 청정한 까닭으로 4무소외가 청정하니라. 왜 그러한가? 만약 일체지지가 청정하거나, 만약 정계, 나아가 반야바라밀다가 청정하거나, 만약 4무소외가 청정하다면, 무이이고 둘로 나눌 수 없으며 분별이 없고 단절도 없는 까닭이니라.

선현이여. 일체지지가 청정한 까닭으로 내공이 청정하고, 내공이 청정한 까닭으로 4무소외가 청정하니라. 왜 그러한가? 만약 일체지지가 청정하거나, 만약 내공이 청정하거나, 만약 4무소외가 청정하다면, 무이이고 둘로 나눌 수 없으며 분별이 없고 단절도 없는 까닭이니라. 일체지지가 청정한 까닭으로 외공·내외공·공공·대공·승의공·유위공·무위공·필경공·무제공·산공·무변이공·본성공·자상공·공상공·일체법공·불가득공·무성공·자성공·무성자성공이 청정하고, 외공, 나아가 무성자성공이 청정한 까닭으로 4무소외가 청정하니라. 왜 그러한가? 만약 일체지지가 청정하거나, 만약 외공, 나아가 무성자성공이 청정하거나, 만약 4무소외가 청정하다면, 무이이고 둘로 나눌 수 없으며 분별이 없고 단절도 없는 까닭이니라.

선현이여. 일체지지가 청정한 까닭으로 진여가 청정하고, 진여가 청정한 까닭으로 4무소외가 청정하니라. 왜 그러한가? 만약 일체지지가 청정하거나, 만약 진여가 청정하거나, 만약 4무소외가 청정하다면, 무이이고 둘로 나눌 수 없으며 분별이 없고 단절도 없는 까닭이니라. 일체지지가 청정한 까닭으로 법계·법성·불허망성·불변이성·평등성·이생성·법정·법주·실제·허공계·부사의계가 청정하고 법계, 나아가 부사의계가 청정한 까닭으로 4무소외가 청정하니라. 왜 그러한가? 만약 일체지지가 청정하거나, 만약 법계, 나아가 부사의계가 청정하거나, 만약 4무소외가 청정하다면, 무이이고 둘로 나눌 수 없으며 분별이 없고 단절도 없는 까닭이니라.

선현이여. 일체지지가 청정한 까닭으로 고성제가 청정하고, 고성제가 청정한 까닭으로 4무소외가 청정하니라. 왜 그러한가? 만약 일체지지가 청정하거나, 만약 고성제가 청정하거나, 만약 4무소외가 청정하다면, 무이이고 둘로 나눌 수 없으며 분별이 없고 단절도 없는 까닭이니라. 일체지지가 청정한 까닭으로 집·멸·도성제가 청정하고, 집·멸·도성제가 청정한 까닭으로 4무소외가 청정하니라. 왜 그러한가? 만약 일체지지가 청정하거나, 만약 집·멸·도성제가 청정하거나, 만약 4무소외가 청정하다면, 무이이고 둘로 나눌 수 없으며 분별이 없고 단절도 없는 까닭이니라.

선현이여. 일체지지가 청정한 까닭으로 4정려가 청정하고, 4정려가 청정한 까닭으로 4무소외가 청정하니라. 왜 그러한가? 만약 일체지지가

청정하거나, 만약 4정려가 청정하거나, 만약 4무소외가 청정하다면, 무이
이고 둘로 나눌 수 없으며 분별이 없고 단절도 없는 까닭이니라. 일체지지
가 청정한 까닭으로 4무량·4무색정이 청정하고, 4무량·4무색정이 청정한
까닭으로 4무소외가 청정하니라. 왜 그러한가? 만약 일체지지가 청정하
거나, 만약 4무량·4무색정이 청정하거나, 만약 4무소외가 청정하다면,
무이이고 둘로 나눌 수 없으며 분별이 없고 단절도 없는 까닭이니라.

선현이여. 일체지지가 청정한 까닭으로 8해탈이 청정하고, 8해탈이
청정한 까닭으로 4무소외가 청정하니라. 왜 그러한가? 만약 일체지지가
청정하거나, 만약 8해탈이 청정하거나, 만약 4무소외가 청정하다면, 무이
이고 둘로 나눌 수 없으며 분별이 없고 단절도 없는 까닭이니라. 일체지지
가 청정한 까닭으로 8승처·9차제정·10변처가 청정하고, 8승처·9차제정·
10변처가 청정한 까닭으로 4무소외가 청정하니라. 왜 그러한가? 만약
일체지지가 청정하거나, 만약 8승처·9차제정·10변처가 청정하거나, 만약
4무소외가 청정하다면, 무이이고 둘로 나눌 수 없으며 분별이 없고 단절도
없는 까닭이니라.

선현이여. 일체지지가 청정한 까닭으로 4념주가 청정하고, 4념주가
청정한 까닭으로 4무소외가 청정하니라. 왜 그러한가? 만약 일체지지가
청정하거나, 만약 4념주가 청정하거나, 만약 4무소외가 청정하다면, 무이
이고 둘로 나눌 수 없으며 분별이 없고 단절도 없는 까닭이니라. 일체지지
가 청정한 까닭으로 4정단·4신족·5근·5력·7등각지·8성도지가 청정하고,
4정단, 나아가 8성도지가 청정한 까닭으로 4무소외가 청정하니라. 왜
그러한가? 만약 일체지지가 청정하거나, 만약 4정단, 나아가 8성도지가
청정하거나, 만약 4무소외가 청정하다면, 무이이고 둘로 나눌 수 없으며
분별이 없고 단절도 없는 까닭이니라.

선현이여. 일체지지가 청정한 까닭으로 공해탈문이 청정하고, 공해탈
문이 청정한 까닭으로 4무소외가 청정하니라. 왜 그러한가? 만약 일체지
지가 청정하거나, 만약 공해탈문이 청정하거나, 만약 4무소외가 청정하다
면, 무이이고 둘로 나눌 수 없으며 분별이 없고 단절도 없는 까닭이니라.

일체지지가 청정한 까닭으로 무상·무원해탈문이 청정하고, 무상·무원해탈문이 청정한 까닭으로 4무소외가 청정하니라. 왜 그러한가? 만약 일체지지가 청정하거나, 만약 무상·무원해탈문이 청정하거나, 만약 4무소외가 청정하다면, 무이이고 둘로 나눌 수 없으며 분별이 없고 단절도 없는 까닭이니라.

선현이여. 일체지지가 청정한 까닭으로 보살의 10지가 청정하고, 보살의 10지가 청정한 까닭으로 4무소외가 청정하니라. 왜 그러한가? 만약 일체지지가 청정하거나, 만약 보살의 10지가 청정하거나, 만약 4무소외가 청정하다면, 무이이고 둘로 나눌 수 없으며 분별이 없고 단절도 없는 까닭이니라.

선현이여. 일체지지가 청정한 까닭으로 5안이 청정하고, 5안이 청정한 까닭으로 4무소외가 청정하니라. 왜 그러한가? 만약 일체지지가 청정하거나, 만약 5안이 청정하거나, 만약 4무소외가 청정하다면, 무이이고 둘로 나눌 수 없으며 분별이 없고 단절도 없는 까닭이니라. 선현이여. 일체지지가 청정한 까닭으로 6신통이 청정하고, 6신통이 청정한 까닭으로 4무소외가 청정하니라. 왜 그러한가? 만약 일체지지가 청정하거나, 만약 6신통이 청정하거나, 만약 4무소외가 청정하다면, 무이이고 둘로 나눌 수 없으며 분별이 없고 단절도 없는 까닭이니라.

선현이여. 일체지지가 청정한 까닭으로 여래의 10력이 청정하고, 여래의 10력이 청정한 까닭으로 4무소외가 청정하니라. 왜 그러한가? 만약 일체지지가 청정하거나, 만약 여래의 10력이 청정하거나, 만약 4무소외가 청정하다면, 무이이고 둘로 나눌 수 없으며 분별이 없고 단절도 없는 까닭이니라. 일체지지가 청정한 까닭으로 4무애해·대자·대비·대희·대사·18불불공법이 청정하고, 4무애해, 나아가 18불불공법이 청정한 까닭으로 4무소외가 청정하니라. 왜 그러한가? 만약 일체지지가 청정하거나, 만약 4무애해, 나아가 18불불공법이 청정하거나, 만약 4무소외가 청정하다면, 무이이고 둘로 나눌 수 없으며 분별이 없고 단절도 없는 까닭이니라.

선현이여. 일체지지가 청정한 까닭으로 무망실법이 청정하고, 무망실법이 청정한 까닭으로 4무소외가 청정하니라. 왜 그러한가? 만약 일체지지가 청정하거나, 만약 무망실법이 청정하거나, 만약 4무소외가 청정하다면, 무이이고 둘로 나눌 수 없으며 분별이 없고 단절도 없는 까닭이니라. 선현이여. 일체지지가 청정한 까닭으로 항주사성이 청정하고, 항주사성이 청정한 까닭으로 4무소외가 청정하니라. 왜 그러한가? 만약 일체지지가 청정하거나, 만약 항주사성이 청정하거나, 만약 4무소외가 청정하다면, 무이이고 둘로 나눌 수 없으며 분별이 없고 단절도 없는 까닭이니라.

선현이여. 일체지지가 청정한 까닭으로 일체지가 청정하고, 일체지가 청정한 까닭으로 4무소외가 청정하니라. 왜 그러한가? 만약 일체지지가 청정하거나, 만약 일체지가 청정하거나, 만약 4무소외가 청정하다면, 무이이고 둘로 나눌 수 없으며 분별이 없고 단절도 없는 까닭이니라. 일체지지가 청정한 까닭으로 도상지·일체상지가 청정하고, 도상지·일체상지가 청정한 까닭으로 4무소외가 청정하니라. 왜 그러한가? 만약 일체지지가 청정하거나, 만약 도상지·일체상지가 청정하거나, 만약 4무소외가 청정하다면, 무이이고 둘로 나눌 수 없으며 분별이 없고 단절도 없는 까닭이니라.

선현이여. 일체지지가 청정한 까닭으로 일체의 다라니문이 청정하고, 일체의 다라니문이 청정한 까닭으로 4무소외가 청정하니라. 왜 그러한가? 만약 일체지지가 청정하거나, 만약 일체의 다라니문이 청정하거나, 만약 4무소외가 청정하다면, 무이이고 둘로 나눌 수 없으며 분별이 없고 단절도 없는 까닭이니라. 선현이여. 일체지지가 청정한 까닭으로 일체의 삼마지문이 청정하고, 일체의 삼마지문이 청정한 까닭으로 4무소외가 청정하니라. 왜 그러한가? 만약 일체지지가 청정하거나, 만약 일체의 삼마지문이 청정하거나, 만약 4무소외가 청정하다면, 무이이고 둘로 나눌 수 없으며 분별이 없고 단절도 없는 까닭이니라.

선현이여. 일체지지가 청정한 까닭으로 예류과가 청정하고, 예류과가 청정한 까닭으로 4무소외가 청정하니라. 왜 그러한가? 만약 일체지지가 청정하거나, 만약 예류과가 청정하거나, 만약 4무소외가 청정하다면,

무이이고 둘로 나눌 수 없으며 분별이 없고 단절도 없는 까닭이니라. 일체지지가 청정한 까닭으로 일래·불환·아라한과가 청정하고, 일래·불환·아라한과가 청정한 까닭으로 4무소외가 청정하니라. 왜 그러한가? 만약 일체지지가 청정하거나, 만약 일래·불환·아라한과가 청정하거나, 만약 4무소외가 청정하다면, 무이이고 둘로 나눌 수 없으며 분별이 없고 단절도 없는 까닭이니라.

선현이여. 일체지지가 청정한 까닭으로 독각의 보리가 청정하고, 독각의 보리가 청정한 까닭으로 4무소외가 청정하니라. 왜 그러한가? 만약 일체지지가 청정하거나, 만약 독각의 보리가 청정하거나, 만약 4무소외가 청정하다면, 무이이고 둘로 나눌 수 없으며 분별이 없고 단절도 없는 까닭이니라.

선현이여. 일체지지가 청정한 까닭으로 일체의 보살마하살의 행이 청정하고, 일체의 보살마하살의 행이 청정한 까닭으로 4무소외가 청정하니라. 왜 그러한가? 만약 일체지지가 청정하거나, 만약 일체의 보살마하살의 행이 청정하거나, 만약 4무소외가 청정하다면, 무이이고 둘로 나눌 수 없으며 분별이 없고 단절도 없는 까닭이니라.

선현이여. 일체지지가 청정한 까닭으로 제불의 무상정등보리가 청정하고, 제불의 무상정등보리가 청정한 까닭으로 4무소외가 청정하니라. 왜 그러한가? 만약 일체지지가 청정하거나, 만약 제불의 무상정등보리가 청정하거나, 만약 4무소외가 청정하다면, 무이이고 둘로 나눌 수 없으며 분별이 없고 단절도 없는 까닭이니라."

"다시 다음으로 선현이여. 일체지지가 청정한 까닭으로 색이 청정하고, 색이 청정한 까닭으로 4무애해(四無碍解)가 청정하니라. 왜 그러한가? 만약 일체지지가 청정하거나, 만약 색이 청정하거나, 만약 4무애해가 청정하다면, 무이이고 둘로 나눌 수 없으며 분별이 없고 단절도 없는 까닭이니라. 일체지지가 청정한 까닭으로 수·상·행·식이 청정하고, 수·상·행·식이 청정한 까닭으로 4무애해가 청정하니라. 왜 그러한가? 만약 일체지지가 청정하거나, 만약 수·상·행·식이 청정하거나, 만약 4무애해가 청정하다면, 무이이고 둘로 나눌 수 없으며 분별이 없고 단절도 없는 까닭이니라.

　선현이여. 일체지지가 청정한 까닭으로 안처가 청정하고, 안처가 청정한 까닭으로 4무애해가 청정하니라. 왜 그러한가? 만약 일체지지가 청정하거나, 만약 안처가 청정하거나, 만약 4무애해가 청정하다면, 무이이고 둘로 나눌 수 없으며 분별이 없고 단절도 없는 까닭이니라. 일체지지가 청정한 까닭으로 이·비·설·신·의처가 청정하고, 이·비·설·신·의처가 청정한 까닭으로 4무애해가 청정하니라. 왜 그러한가? 만약 일체지지가 청정하거나, 만약 이·비·설·신·의처가 청정하거나, 만약 4무애해가 청정하다면, 무이이고 둘로 나눌 수 없으며 분별이 없고 단절도 없는 까닭이니라.

　선현이여. 일체지지가 청정한 까닭으로 색처가 청정하고, 색처가 청정한 까닭으로 4무애해가 청정하니라. 왜 그러한가? 만약 일체지지가 청정하거나, 만약 색처가 청정하거나, 만약 4무애해가 청정하다면, 무이이고 둘로 나눌 수 없으며 분별이 없고 단절도 없는 까닭이니라. 일체지지가 청정한 까닭으로 성·향·미·촉·법처가 청정하고, 성·향·미·촉·법처가 청정한 까닭으로 4무애해가 청정하니라. 왜 그러한가? 만약 일체지지가 청정하거나, 만약 성·향·미·촉·법처가 청정하거나, 만약 4무애해가 청정하다면, 무이이고 둘로 나눌 수 없으며 분별이 없고 단절도 없는 까닭이니라.

　선현이여. 일체지지가 청정한 까닭으로 안계가 청정하고, 안계가 청정한 까닭으로 4무애해가 청정하니라. 왜 그러한가? 만약 일체지지가 청정하거나, 만약 안계가 청정하거나, 만약 4무애해가 청정하다면, 무이이고 둘로 나눌 수 없으며 분별이 없고 단절도 없는 까닭이니라. 일체지지가 청정한 까닭으로 색계·안식계, 나아가 안촉·안촉을 인연으로 생겨난 여러 수가 청정하고, 색계, 나아가 안촉을 인연으로 생겨난 여러 수가 청정한 까닭으로 4무애해가 청정하니라. 왜 그러한가? 만약 일체지지가 청정하거나, 만약 색계, 나아가 안촉을 인연으로 생겨난 여러 수가 청정하거나, 만약 4무애해가 청정하다면, 무이이고 둘로 나눌 수 없으며 분별이

없고 단절도 없는 까닭이니라.

선현이여. 일체지지가 청정한 까닭으로 이계가 청정하고, 이계가 청정한 까닭으로 4무애해가 청정하니라. 왜 그러한가? 만약 일체지지가 청정하거나, 만약 이계가 청정하거나, 만약 4무애해가 청정하다면, 무이이고 둘로 나눌 수 없으며 분별이 없고 단절도 없는 까닭이니라. 일체지지가 청정한 까닭으로 성계·이식계, 나아가 이촉·이촉을 인연으로 생겨난 여러 수가 청정하고, 성계, 나아가 이촉을 인연으로 생겨난 여러 수가 청정한 까닭으로 4무애해가 청정하니라. 왜 그러한가? 만약 일체지지가 청정하거나, 만약 성계, 나아가 이촉을 인연으로 생겨난 여러 수가 청정하거나, 만약 4무애해가 청정하다면, 무이이고 둘로 나눌 수 없으며 분별이 없고 단절도 없는 까닭이니라.

선현이여. 일체지지가 청정한 까닭으로 비계가 청정하고, 비계가 청정한 까닭으로 4무애해가 청정하니라. 왜 그러한가? 만약 일체지지가 청정하거나, 만약 비계가 청정하거나, 만약 4무애해가 청정하다면, 무이이고 둘로 나눌 수 없으며 분별이 없고 단절도 없는 까닭이니라. 일체지지가 청정한 까닭으로 향계·비식계, 나아가 비촉·비촉을 인연으로 생겨난 여러 수가 청정하고, 향계, 나아가 비촉을 인연으로 생겨난 여러 수가 청정한 까닭으로 4무애해가 청정하니라. 왜 그러한가? 만약 일체지지가 청정하거나, 만약 향계, 나아가 비촉을 인연으로 생겨난 여러 수가 청정하거나, 만약 4무애해가 청정하다면, 무이이고 둘로 나눌 수 없으며 분별이 없고 단절도 없는 까닭이니라.

선현이여. 일체지지가 청정한 까닭으로 설계가 청정하고, 설계가 청정한 까닭으로 4무애해가 청정하니라. 왜 그러한가? 만약 일체지지가 청정하거나, 만약 설계가 청정하거나, 만약 4무애해가 청정하다면, 무이이고 둘로 나눌 수 없으며 분별이 없고 단절도 없는 까닭이니라. 일체지지가 청정한 까닭으로 미계·설식계, 나아가 설촉·설촉을 인연으로 생겨난 여러 수가 청정하고, 미계, 나아가 설촉을 인연으로 생겨난 여러 수가 청정한 까닭으로 4무애해가 청정하니라. 왜 그러한가? 만약 일체지지가 청정하거나, 만약 미계, 나아가 설촉을 인연으로 생겨난 여러 수가 청정하거나, 만약 4무애해가 청정하다면, 무이이고 둘로 나눌 수 없으며 분별이 없고 단절도 없는 까닭이니라.

선현이여. 일체지지가 청정한 까닭으로 신계가 청정하고, 신계가 청정한 까닭으로 4무애해가 청정하니라. 왜 그러한가? 만약 일체지지가 청정하거나, 만약 신계가 청정하거나, 만약 4무애해가 청정하다면, 무이이고 둘로 나눌 수 없으며 분별이 없고 단절도 없는 까닭이니라. 일체지지가 청정한 까닭으로 촉계·신식계, 나아가 신촉·신촉을 인연으로 생겨난 여러 수가 청정하고, 촉계, 나아가 신촉을 인연으로 생겨난 여러 수가 청정한 까닭으로 4무애해가 청정하니라. 왜 그러한가? 만약 일체지지가 청정하거나, 만약 촉계, 나아가 신촉을 인연으로 생겨난 여러 수가 청정하거나, 만약 4무애해가 청정하다면, 무이이고 둘로 나눌 수 없으며 분별이 없고 단절도 없는 까닭이니라.

선현이여. 일체지지가 청정한 까닭으로 의계가 청정하고, 의계가 청정한 까닭으로 4무애해가 청정하니라. 왜 그러한가? 만약 일체지지가 청정하거나, 만약 의계가 청정하거나, 만약 4무애해가 청정하다면, 무이이고 둘로 나눌 수 없으며 분별이 없고 단절도 없는 까닭이니라. 일체지지가 청정한 까닭으로 법계·의식계, 나아가 의촉·의촉을 인연으로 생겨난 여러 수가 청정하고, 법계, 나아가 의촉을 인연으로 생겨난 여러 수가 청정한 까닭으로 4무애해가 청정하니라. 왜 그러한가? 만약 일체지지가 청정하거나, 만약 법계, 나아가 의촉을 인연으로 생겨난 여러 수가 청정하거나, 만약 4무애해가 청정하다면, 무이이고 둘로 나눌 수 없으며 분별이 없고 단절도 없는 까닭이니라.

선현이여. 일체지지가 청정한 까닭으로 지계가 청정하고, 지계가 청정한 까닭으로 4무애해가 청정하니라. 왜 그러한가? 만약 일체지지가 청정하거나, 만약 지계가 청정하거나, 만약 4무애해가 청정하다면, 무이이고 둘로 나눌 수 없으며 분별이 없고 단절도 없는 까닭이니라. 일체지지가 청정한 까닭으로 수·화·풍·공·식계가 청정하고, 수·화·풍·공·식계가 청정한 까닭으로 4무애해가 청정하니라. 왜 그러한가? 만약 일체지지가 청정하거나, 만약 수·화·풍·공·식계가 청정하거나, 만약 4무애해가 청정하다면, 무이이고 둘로 나눌 수 없으며 분별이 없고 단절도 없는 까닭이니라.

선현이여. 일체지지가 청정한 까닭으로 무명이 청정하고, 무명이 청정한 까닭으로 4무애해가 청정하니라. 왜 그러한가? 만약 일체지지가 청정하거나, 만약 무명이 청정하거나, 만약 4무애해가 청정하다면, 무이이고 둘로 나눌 수 없으며 분별이 없고 단절도 없는 까닭이니라. 일체지지가 청정한 까닭으로 행·식·명색·육처·촉·수·애·취·유·생·노사의 수탄고우뇌가 청정하고, 행, 나아가 노사의 수탄고우뇌가 청정한 까닭으로 4무애해가 청정하니라. 왜 그러한가? 만약 일체지지가 청정하거나, 만약 행, 나아가 노사의 수탄고우뇌가 청정하거나, 만약 4무애해가 청정하다면, 무이이고 둘로 나눌 수 없으며 분별이 없고 단절도 없는 까닭이니라.

선현이여. 일체지지가 청정한 까닭으로 보시바라밀다가 청정하고, 보시바라밀다가 청정한 까닭으로 4무애해가 청정하니라. 왜 그러한가? 만약 일체지지가 청정하거나, 만약 보시바라밀다가 청정하거나, 만약 4무애해가 청정하다면, 무이이고 둘로 나눌 수 없으며 분별이 없고 단절도 없는 까닭이니라. 일체지지가 청정한 까닭으로 정계·안인·정진·정려·반야바라밀다가 청정하고, 정계, 나아가 반야바라밀다가 청정한 까닭으로 4무애해가 청정하니라. 왜 그러한가? 만약 일체지지가 청정하거나, 만약 정계, 나아가 반야바라밀다가 청정하거나, 만약 4무애해가 청정하다면, 무이이고 둘로 나눌 수 없으며 분별이 없고 단절도 없는 까닭이니라.

선현이여. 일체지지가 청정한 까닭으로 내공이 청정하고, 내공이 청정한 까닭으로 4무애해가 청정하니라. 왜 그러한가? 만약 일체지지가 청정하거나, 만약 내공이 청정하거나, 만약 4무애해가 청정하다면, 무이이고 둘로 나눌 수 없으며 분별이 없고 단절도 없는 까닭이니라. 일체지지가 청정한 까닭으로 외공·내외공·공공·대공·승의공·유위공·무위공·필경공·무제공·산공·무변이공·본성공·자상공·공상공·일체법공·불가득공·무성공·자성공·무성자성공이 청정하고, 외공, 나아가 무성자성공이 청정한 까닭으로 4무애해가 청정하니라. 왜 그러한가? 만약 일체지지가 청정하거나, 만약 외공, 나아가 무성자성공이 청정하거나, 만약 4무애해가 청정하다면, 무이이고 둘로 나눌 수 없으며 분별이 없고 단절도 없는 까닭이니라.

　선현이여. 일체지지가 청정한 까닭으로 진여가 청정하고, 진여가 청정한 까닭으로 4무애해가 청정하니라. 왜 그러한가? 만약 일체지지가 청정하거나, 만약 진여가 청정하거나, 만약 4무애해가 청정하다면, 무이이고 둘로 나눌 수 없으며 분별이 없고 단절도 없는 까닭이니라. 일체지지가 청정한 까닭으로 법계·법성·불허망성·불변이성·평등성·이생성·법정·법주·실제·허공계·부사의계가 청정하고 법계, 나아가 부사의계가 청정한 까닭으로 4무애해가 청정하니라. 왜 그러한가? 만약 일체지지가 청정하거나, 만약 법계, 나아가 부사의계가 청정하거나, 만약 4무애해가 청정하다면, 무이이고 둘로 나눌 수 없으며 분별이 없고 단절도 없는 까닭이니라."

마하반야바라밀다경 제276권

34. 난신해품(難信解品)(95)

"선현이여. 일체지지가 청정한 까닭으로 고성제가 청정하고, 고성제가 청정한 까닭으로 4무애해가 청정하니라. 왜 그러한가? 만약 일체지지가 청정하거나, 만약 고성제가 청정하거나, 만약 4무애해가 청정하다면, 무이이고 둘로 나눌 수 없으며 분별이 없고 단절도 없는 까닭이니라. 일체지지가 청정한 까닭으로 집·멸·도성제가 청정하고, 집·멸·도성제가 청정한 까닭으로 4무애해가 청정하니라. 왜 그러한가? 만약 일체지지가 청정하거나, 만약 집·멸·도성제가 청정하거나, 만약 4무애해가 청정하다면, 무이이고 둘로 나눌 수 없으며 분별이 없고 단절도 없는 까닭이니라.

선현이여. 일체지지가 청정한 까닭으로 4정려가 청정하고, 4정려가 청정한 까닭으로 4무애해가 청정하니라. 왜 그러한가? 만약 일체지지가 청정하거나, 만약 4정려가 청정하거나, 만약 4무애해가 청정하다면, 무이이고 둘로 나눌 수 없으며 분별이 없고 단절도 없는 까닭이니라. 일체지지가 청정한 까닭으로 4무량·4무색정이 청정하고, 4무량·4무색정이 청정한 까닭으로 4무애해가 청정하니라. 왜 그러한가? 만약 일체지지가 청정하거나, 만약 4무량·4무색정이 청정하거나, 만약 4무애해가 청정하다면, 무이이고 둘로 나눌 수 없으며 분별이 없고 단절도 없는 까닭이니라.

선현이여. 일체지지가 청정한 까닭으로 8해탈이 청정하고, 8해탈이 청정한 까닭으로 4무애해가 청정하니라. 왜 그러한가? 만약 일체지지가 청정하거나, 만약 8해탈이 청정하거나, 만약 4무애해가 청정하다면, 무이이고 둘로 나눌 수 없으며 분별이 없고 단절도 없는 까닭이니라. 일체지지가 청정한 까닭으로 8승처·9차제정·10변처가 청정하고, 8승처·9차제정·10변처가 청정한 까닭으로 4무애해가 청정하니라. 왜 그러한가? 만약 일체지지가 청정하거나, 만약 8승처·9차제정·10변처가 청정하거나, 만약 4무애해가 청정하다면, 무이이고 둘로 나눌 수 없으며 분별이 없고 단절도 없는 까닭이니라.

선현이여. 일체지지가 청정한 까닭으로 4념주가 청정하고, 4념주가 청정한 까닭으로 4무애해가 청정하니라. 왜 그러한가? 만약 일체지지가 청정하거나, 만약 4념주가 청정하거나, 만약 4무애해가 청정하다면, 무이이고 둘로 나눌 수 없으며 분별이 없고 단절도 없는 까닭이니라. 일체지지가 청정한 까닭으로 4정단·4신족·5근·5력·7등각지·8성도지가 청정하고, 4정단, 나아가 8성도지가 청정한 까닭으로 4무애해가 청정하니라. 왜 그러한가? 만약 일체지지가 청정하거나, 만약 4정단, 나아가 8성도지가 청정하거나, 만약 4무애해가 청정하다면, 무이이고 둘로 나눌 수 없으며 분별이 없고 단절도 없는 까닭이니라.

선현이여. 일체지지가 청정한 까닭으로 공해탈문이 청정하고, 공해탈문이 청정한 까닭으로 4무애해가 청정하니라. 왜 그러한가? 만약 일체지지가 청정하거나, 만약 공해탈문이 청정하거나, 만약 4무애해가 청정하다면, 무이이고 둘로 나눌 수 없으며 분별이 없고 단절도 없는 까닭이니라. 일체지지가 청정한 까닭으로 무상·무원해탈문이 청정하고, 무상·무원해탈문이 청정한 까닭으로 4무애해가 청정하니라. 왜 그러한가? 만약 일체지지가 청정하거나, 만약 무상·무원해탈문이 청정하거나, 만약 4무애해가 청정하다면, 무이이고 둘로 나눌 수 없으며 분별이 없고 단절도 없는 까닭이니라.

선현이여. 일체지지가 청정한 까닭으로 보살의 10지가 청정하고, 보살의 10지가 청정한 까닭으로 4무애해가 청정하니라. 왜 그러한가? 만약 일체지지가 청정하거나, 만약 보살의 10지가 청정하거나, 만약 4무애해가 청정하다면, 무이이고 둘로 나눌 수 없으며 분별이 없고 단절도 없는 까닭이니라.

선현이여. 일체지지가 청정한 까닭으로 5안이 청정하고, 5안이 청정한 까닭으로 4무애해가 청정하니라. 왜 그러한가? 만약 일체지지가 청정하거나, 만약 5안이 청정하거나, 만약 4무애해가 청정하다면, 무이이고 둘로 나눌 수 없으며 분별이 없고 단절도 없는 까닭이니라. 선현이여. 일체지지가 청정한 까닭으로 6신통이 청정하고, 6신통이 청정한 까닭으로 4무애해가 청정하니라. 왜 그러한가? 만약 일체지지가 청정하거나, 만약 6신통이 청정하거나, 만약 4무애해가 청정하다면, 무이이고 둘로 나눌 수 없으며 분별이 없고 단절도 없는 까닭이니라.

선현이여. 일체지지가 청정한 까닭으로 여래의 10력이 청정하고, 여래의 10력이 청정한 까닭으로 4무애해가 청정하니라. 왜 그러한가? 만약 일체지지가 청정하거나, 만약 여래의 10력이 청정하거나, 만약 4무애해가 청정하다면, 무이이고 둘로 나눌 수 없으며 분별이 없고 단절도 없는 까닭이니라. 일체지지가 청정한 까닭으로 4무소외·대자·대비·대희·대사·18불불공법이 청정하고, 4무소외, 나아가 18불불공법이 청정한 까닭으로 4무애해가 청정하니라. 왜 그러한가? 만약 일체지지가 청정하거나, 만약 4무소외, 나아가 18불불공법이 청정하거나, 만약 4무애해가 청정하다면, 무이이고 둘로 나눌 수 없으며 분별이 없고 단절도 없는 까닭이니라.

선현이여. 일체지지가 청정한 까닭으로 무망실법이 청정하고, 무망실법이 청정한 까닭으로 4무애해가 청정하니라. 왜 그러한가? 만약 일체지지가 청정하거나, 만약 무망실법이 청정하거나, 만약 4무애해가 청정하다면, 무이이고 둘로 나눌 수 없으며 분별이 없고 단절도 없는 까닭이니라. 선현이여. 일체지지가 청정한 까닭으로 항주사성이 청정하고, 항주사성이 청정한 까닭으로 4무애해가 청정하니라. 왜 그러한가? 만약 일체지지가 청정하거나, 만약 항주사성이 청정하거나, 만약 4무애해가 청정하다면, 무이이고 둘로 나눌 수 없으며 분별이 없고 단절도 없는 까닭이니라.

선현이여. 일체지지가 청정한 까닭으로 일체지가 청정하고, 일체지가 청정한 까닭으로 4무애해가 청정하니라. 왜 그러한가? 만약 일체지지가 청정하거나, 만약 일체지가 청정하거나, 만약 4무애해가 청정하다면, 무이이

고 둘로 나눌 수 없으며 분별이 없고 단절도 없는 까닭이니라. 일체지지가
청정한 까닭으로 도상지·일체상지가 청정하고, 도상지·일체상지가 청정
한 까닭으로 4무애해가 청정하니라. 왜 그러한가? 만약 일체지지가 청정
하거나, 만약 도상지·일체상지가 청정하거나, 만약 4무애해가 청정하다
면, 무이이고 둘로 나눌 수 없으며 분별이 없고 단절도 없는 까닭이니라.

　선현이여. 일체지지가 청정한 까닭으로 일체의 다라니문이 청정하고,
일체의 다라니문이 청정한 까닭으로 4무애해가 청정하니라. 왜 그러한가?
만약 일체지지가 청정하거나, 만약 일체의 다라니문이 청정하거나, 만약
4무애해가 청정하다면, 무이이고 둘로 나눌 수 없으며 분별이 없고 단절도
없는 까닭이니라. 선현이여. 일체지지가 청정한 까닭으로 일체의 삼마지
문이 청정하고, 일체의 삼마지문이 청정한 까닭으로 4무애해가 청정하니
라. 왜 그러한가? 만약 일체지지가 청정하거나, 만약 일체의 삼마지문이
청정하거나, 만약 4무애해가 청정하다면, 무이이고 둘로 나눌 수 없으며
분별이 없고 단절도 없는 까닭이니라.

　선현이여. 일체지지가 청정한 까닭으로 예류과가 청정하고, 예류과가
청정한 까닭으로 4무애해가 청정하니라. 왜 그러한가? 만약 일체지지가
청정하거나, 만약 예류과가 청정하거나, 만약 4무애해가 청정하다면,
무이이고 둘로 나눌 수 없으며 분별이 없고 단절도 없는 까닭이니라.
일체지지가 청정한 까닭으로 일래·불환·아라한과가 청정하고, 일래·불
환·아라한과가 청정한 까닭으로 4무애해가 청정하니라. 왜 그러한가?
만약 일체지지가 청정하거나, 만약 일래·불환·아라한과가 청정하거나,
만약 4무애해가 청정하다면, 무이이고 둘로 나눌 수 없으며 분별이 없고
단절도 없는 까닭이니라.

　선현이여. 일체지지가 청정한 까닭으로 독각의 보리가 청정하고, 독각
의 보리가 청정한 까닭으로 4무애해가 청정하니라. 왜 그러한가? 만약
일체지지가 청정하거나, 만약 독각의 보리가 청정하거나, 만약 4무애해가
청정하다면, 무이이고 둘로 나눌 수 없으며 분별이 없고 단절도 없는
까닭이니라.

　선현이여. 일체지지가 청정한 까닭으로 일체의 보살마하살의 행이 청정하고, 일체의 보살마하살의 행이 청정한 까닭으로 4무애해가 청정하니라. 왜 그러한가? 만약 일체지지가 청정하거나, 만약 일체의 보살마하살의 행이 청정하거나, 만약 4무애해가 청정하다면, 무이이고 둘로 나눌 수 없으며 분별이 없고 단절도 없는 까닭이니라.
　선현이여. 일체지지가 청정한 까닭으로 제불의 무상정등보리가 청정하고, 제불의 무상정등보리가 청정한 까닭으로 4무애해가 청정하니라. 왜 그러한가? 만약 일체지지가 청정하거나, 만약 제불의 무상정등보리가 청정하거나, 만약 4무애해가 청정하다면, 무이이고 둘로 나눌 수 없으며 분별이 없고 단절도 없는 까닭이니라."

　"다시 다음으로 선현이여. 일체지지가 청정한 까닭으로 색이 청정하고, 색이 청정한 까닭으로 대자(大慈)가 청정하니라. 왜 그러한가? 만약 일체지지가 청정하거나, 만약 색이 청정하거나, 만약 대자가 청정하다면, 무이이고 둘로 나눌 수 없으며 분별이 없고 단절도 없는 까닭이니라. 일체지지가 청정한 까닭으로 수·상·행·식이 청정하고, 수·상·행·식이 청정한 까닭으로 대자가 청정하니라. 왜 그러한가? 만약 일체지지가 청정하거나, 만약 수·상·행·식이 청정하거나, 만약 대자가 청정하다면, 무이이고 둘로 나눌 수 없으며 분별이 없고 단절도 없는 까닭이니라.
　선현이여. 일체지지가 청정한 까닭으로 안처가 청정하고, 안처가 청정한 까닭으로 대자가 청정하니라. 왜 그러한가? 만약 일체지지가 청정하거나, 만약 안처가 청정하거나, 만약 대자가 청정하다면, 무이이고 둘로 나눌 수 없으며 분별이 없고 단절도 없는 까닭이니라. 일체지지가 청정한 까닭으로 이·비·설·신·의처가 청정하고, 이·비·설·신·의처가 청정한 까닭으로 대자가 청정하니라. 왜 그러한가? 만약 일체지지가 청정하거나, 만약 이·비·설·신·의처가 청정하거나, 만약 대자가 청정하다면, 무이이고 둘로 나눌 수 없으며 분별이 없고 단절도 없는 까닭이니라.
　선현이여. 일체지지가 청정한 까닭으로 색처가 청정하고, 색처가 청정

한 까닭으로 대자가 청정하니라. 왜 그러한가? 만약 일체지지가 청정하거나, 만약 색처가 청정하거나, 만약 대자가 청정하다면, 무이이고 둘로 나눌 수 없으며 분별이 없고 단절도 없는 까닭이니라. 일체지지가 청정한 까닭으로 성·향·미·촉·법처가 청정하고, 성·향·미·촉·법처가 청정한 까닭으로 대자가 청정하니라. 왜 그러한가? 만약 일체지지가 청정하거나, 만약 성·향·미·촉·법처가 청정하거나, 만약 대자가 청정하다면, 무이이고 둘로 나눌 수 없으며 분별이 없고 단절도 없는 까닭이니라.

선현이여. 일체지지가 청정한 까닭으로 안계가 청정하고, 안계가 청정한 까닭으로 대자가 청정하니라. 왜 그러한가? 만약 일체지지가 청정하거나, 만약 안계가 청정하거나, 만약 대자가 청정하다면, 무이이고 둘로 나눌 수 없으며 분별이 없고 단절도 없는 까닭이니라. 일체지지가 청정한 까닭으로 색계·안식계, 나아가 안촉·안촉을 인연으로 생겨난 여러 수가 청정하고, 색계, 나아가 안촉을 인연으로 생겨난 여러 수가 청정한 까닭으로 대자가 청정하니라. 왜 그러한가? 만약 일체지지가 청정하거나, 만약 색계, 나아가 안촉을 인연으로 생겨난 여러 수가 청정하거나, 만약 대자가 청정하다면, 무이이고 둘로 나눌 수 없으며 분별이 없고 단절도 없는 까닭이니라.

선현이여. 일체지지가 청정한 까닭으로 이계가 청정하고, 이계가 청정한 까닭으로 대자가 청정하니라. 왜 그러한가? 만약 일체지지가 청정하거나, 만약 이계가 청정하거나, 만약 대자가 청정하다면, 무이이고 둘로 나눌 수 없으며 분별이 없고 단절도 없는 까닭이니라. 일체지지가 청정한 까닭으로 성계·이식계, 나아가 이촉·이촉을 인연으로 생겨난 여러 수가 청정하고, 성계, 나아가 이촉을 인연으로 생겨난 여러 수가 청정한 까닭으로 대자가 청정하니라. 왜 그러한가? 만약 일체지지가 청정하거나, 만약 성계, 나아가 이촉을 인연으로 생겨난 여러 수가 청정하거나, 만약 대자가 청정하다면, 무이이고 둘로 나눌 수 없으며 분별이 없고 단절도 없는 까닭이니라.

선현이여. 일체지지가 청정한 까닭으로 비계가 청정하고, 비계가 청정한 까닭으로 대자가 청정하니라. 왜 그러한가? 만약 일체지지가 청정하거나, 만약 비계가 청정하거나, 만약 대자가 청정하다면, 무이이고 둘로 나눌 수 없으며 분별이 없고 단절도 없는 까닭이니라. 일체지지가 청정한 까닭으로 향계·비식계, 나아가 비촉·비촉을 인연으로 생겨난 여러 수가 청정하고, 향계, 나아가 비촉을 인연으로 생겨난 여러 수가 청정한 까닭으로 대자가 청정하니라. 왜 그러한가? 만약 일체지지가 청정하거나, 만약 향계, 나아가 비촉을 인연으로 생겨난 여러 수가 청정하거나, 만약 대자가 청정하다면, 무이이고 둘로 나눌 수 없으며 분별이 없고 단절도 없는 까닭이니라.

선현이여. 일체지지가 청정한 까닭으로 설계가 청정하고, 설계가 청정한 까닭으로 대자가 청정하니라. 왜 그러한가? 만약 일체지지가 청정하거나, 만약 설계가 청정하거나, 만약 대자가 청정하다면, 무이이고 둘로 나눌 수 없으며 분별이 없고 단절도 없는 까닭이니라. 일체지지가 청정한 까닭으로 미계·설식계, 나아가 설촉·설촉을 인연으로 생겨난 여러 수가 청정하고, 미계, 나아가 설촉을 인연으로 생겨난 여러 수가 청정한 까닭으로 대자가 청정하니라. 왜 그러한가? 만약 일체지지가 청정하거나, 만약 미계, 나아가 설촉을 인연으로 생겨난 여러 수가 청정하거나, 만약 대자가 청정하다면, 무이이고 둘로 나눌 수 없으며 분별이 없고 단절도 없는 까닭이니라.

선현이여. 일체지지가 청정한 까닭으로 신계가 청정하고, 신계가 청정한 까닭으로 대자가 청정하니라. 왜 그러한가? 만약 일체지지가 청정하거나, 만약 신계가 청정하거나, 만약 대자가 청정하다면, 무이이고 둘로 나눌 수 없으며 분별이 없고 단절도 없는 까닭이니라. 일체지지가 청정한 까닭으로 촉계·신식계, 나아가 신촉·신촉을 인연으로 생겨난 여러 수가 청정하고, 촉계, 나아가 신촉을 인연으로 생겨난 여러 수가 청정한 까닭으로 대자가 청정하니라. 왜 그러한가? 만약 일체지지가 청정하거나, 만약 촉계, 나아가 신촉을 인연으로 생겨난 여러 수가 청정하거나, 만약 대자가 청정하다면, 무이이고 둘로 나눌 수 없으며 분별이 없고 단절도 없는 까닭이니라.

선현이여. 일체지지가 청정한 까닭으로 의계가 청정하고, 의계가 청정한 까닭으로 대자가 청정하니라. 왜 그러한가? 만약 일체지지가 청정하거나, 만약 의계가 청정하거나, 만약 대자가 청정하다면, 무이이고 둘로 나눌 수 없으며 분별이 없고 단절도 없는 까닭이니라. 일체지지가 청정한 까닭으로 법계·의식계, 나아가 의촉·의촉을 인연으로 생겨난 여러 수가 청정하고, 법계, 나아가 의촉을 인연으로 생겨난 여러 수가 청정한 까닭으로 대자가 청정하니라. 왜 그러한가? 만약 일체지지가 청정하거나, 만약 법계, 나아가 의촉을 인연으로 생겨난 여러 수가 청정하거나, 만약 대자가 청정하다면, 무이이고 둘로 나눌 수 없으며 분별이 없고 단절도 없는 까닭이니라.

선현이여. 일체지지가 청정한 까닭으로 지계가 청정하고, 지계가 청정한 까닭으로 대자가 청정하니라. 왜 그러한가? 만약 일체지지가 청정하거나, 만약 지계가 청정하거나, 만약 대자가 청정하다면, 무이이고 둘로 나눌 수 없으며 분별이 없고 단절도 없는 까닭이니라. 일체지지가 청정한 까닭으로 수·화·풍·공·식계가 청정하고, 수·화·풍·공·식계가 청정한 까닭으로 대자가 청정하니라. 왜 그러한가? 만약 일체지지가 청정하거나, 만약 수·화·풍·공·식계가 청정하거나, 만약 대자가 청정하다면, 무이이고 둘로 나눌 수 없으며 분별이 없고 단절도 없는 까닭이니라.

선현이여. 일체지지가 청정한 까닭으로 무명이 청정하고, 무명이 청정한 까닭으로 대자가 청정하니라. 왜 그러한가? 만약 일체지지가 청정하거나, 만약 무명이 청정하거나, 만약 대자가 청정하다면, 무이이고 둘로 나눌 수 없으며 분별이 없고 단절도 없는 까닭이니라. 일체지지가 청정한 까닭으로 행·식·명색·육처·촉·수·애·취·유·생·노사의 수탄고우뇌가 청정하고, 행, 나아가 노사의 수탄고우뇌가 청정한 까닭으로 대자가 청정하니라. 왜 그러한가? 만약 일체지지가 청정하거나, 만약 행, 나아가 노사의 수탄고우뇌가 청정하거나, 만약 대자가 청정하다면, 무이이고 둘로 나눌 수 없으며 분별이 없고 단절도 없는 까닭이니라.

선현이여. 일체지지가 청정한 까닭으로 보시바라밀다가 청정하고, 보시바라밀다가 청정한 까닭으로 대자가 청정하니라. 왜 그러한가? 만약 일체지지가 청정하거나, 만약 보시바라밀다가 청정하거나, 만약 대자가 청정하다면, 무이이고 둘로 나눌 수 없으며 분별이 없고 단절도 없는 까닭이니라. 일체지지가 청정한 까닭으로 정계·안인·정진·정려·반야바라밀다가 청정하고, 정계, 나아가 반야바라밀다가 청정한 까닭으로 대자가 청정하니라. 왜 그러한가? 만약 일체지지가 청정하거나, 만약 정계, 나아가 반야바라밀다가 청정하거나, 만약 대자가 청정하다면, 무이이고 둘로 나눌 수 없으며 분별이 없고 단절도 없는 까닭이니라.

선현이여. 일체지지가 청정한 까닭으로 내공이 청정하고, 내공이 청정한 까닭으로 대자가 청정하니라. 왜 그러한가? 만약 일체지지가 청정하거나, 만약 내공이 청정하거나, 만약 대자가 청정하다면, 무이이고 둘로 나눌 수 없으며 분별이 없고 단절도 없는 까닭이니라. 일체지지가 청정한 까닭으로 외공·내외공·공공·대공·승의공·유위공·무위공·필경공·무제공·산공·무변이공·본성공·자상공·공상공·일체법공·불가득공·무성공·자성공·무성자성공이 청정하고, 외공, 나아가 무성자성공이 청정한 까닭으로 대자가 청정하니라. 왜 그러한가? 만약 일체지지가 청정하거나, 만약 외공, 나아가 무성자성공이 청정하거나, 만약 대자가 청정하다면, 무이이고 둘로 나눌 수 없으며 분별이 없고 단절도 없는 까닭이니라.

선현이여. 일체지지가 청정한 까닭으로 진여가 청정하고, 진여가 청정한 까닭으로 대자가 청정하니라. 왜 그러한가? 만약 일체지지가 청정하거나, 만약 진여가 청정하거나, 만약 대자가 청정하다면, 무이이고 둘로 나눌 수 없으며 분별이 없고 단절도 없는 까닭이니라. 일체지지가 청정한 까닭으로 법계·법성·불허망성·불변이성·평등성·이생성·법정·법주·실제·허공계·부사의계가 청정하고 법계, 나아가 부사의계가 청정한 까닭으로 대자가 청정하니라. 왜 그러한가? 만약 일체지지가 청정하거나, 만약 법계, 나아가 부사의계가 청정하거나, 만약 대자가 청정하다면, 무이이고 둘로 나눌 수 없으며 분별이 없고 단절도 없는 까닭이니라.

선현이여. 일체지지가 청정한 까닭으로 고성제가 청정하고, 고성제가 청정한 까닭으로 대자가 청정하니라. 왜 그러한가? 만약 일체지지가 청정하거나, 만약 고성제가 청정하거나, 만약 대자가 청정하다면, 무이이고 둘로 나눌 수 없으며 분별이 없고 단절도 없는 까닭이니라. 일체지지가 청정한 까닭으로 집·멸·도성제가 청정하고, 집·멸·도성제가 청정한 까닭으로 대자가 청정하니라. 왜 그러한가? 만약 일체지지가 청정하거나, 만약 집·멸·도성제가 청정하거나, 만약 대자가 청정하다면, 무이이고 둘로 나눌 수 없으며 분별이 없고 단절도 없는 까닭이니라.

선현이여. 일체지지가 청정한 까닭으로 4정려가 청정하고, 4정려가 청정한 까닭으로 대자가 청정하니라. 왜 그러한가? 만약 일체지지가 청정하거나, 만약 4정려가 청정하거나, 만약 대자가 청정하다면, 무이이고 둘로 나눌 수 없으며 분별이 없고 단절도 없는 까닭이니라. 일체지지가 청정한 까닭으로 4무량·4무색정이 청정하고, 4무량·4무색정이 청정한 까닭으로 대자가 청정하니라. 왜 그러한가? 만약 일체지지가 청정하거나, 만약 4무량·4무색정이 청정하거나, 만약 대자가 청정하다면, 무이이고 둘로 나눌 수 없으며 분별이 없고 단절도 없는 까닭이니라.

선현이여. 일체지지가 청정한 까닭으로 8해탈이 청정하고, 8해탈이 청정한 까닭으로 대자가 청정하니라. 왜 그러한가? 만약 일체지지가 청정하거나, 만약 8해탈이 청정하거나, 만약 대자가 청정하다면, 무이이고 둘로 나눌 수 없으며 분별이 없고 단절도 없는 까닭이니라. 일체지지가 청정한 까닭으로 8승처·9차제정·10변처가 청정하고, 8승처·9차제정·10변처가 청정한 까닭으로 대자가 청정하니라. 왜 그러한가? 만약 일체지지가 청정하거나, 만약 8승처·9차제정·10변처가 청정하거나, 만약 대자가 청정하다면, 무이이고 둘로 나눌 수 없으며 분별이 없고 단절도 없는 까닭이니라.

선현이여. 일체지지가 청정한 까닭으로 4념주가 청정하고, 4념주가 청정한 까닭으로 대자가 청정하니라. 왜 그러한가? 만약 일체지지가 청정하거나, 만약 4념주가 청정하거나, 만약 대자가 청정하다면, 무이이고 둘로 나눌 수 없으며 분별이 없고 단절도 없는 까닭이니라. 일체지지가 청정한 까닭으로 4정단·4신족·5근·5력·7등각지·8성도지가 청정하고, 4정단, 나아가 8성도지가 청정한 까닭으로 대자가 청정하니라. 왜 그러한가? 만약 일체지지가 청정하거나, 만약 4정단, 나아가 8성도지가 청정하거나, 만약 대자가 청정하다면, 무이이고 둘로 나눌 수 없으며 분별이

없고 단절도 없는 까닭이니라.

선현이여. 일체지지가 청정한 까닭으로 공해탈문이 청정하고, 공해탈문이 청정한 까닭으로 대자가 청정하니라. 왜 그러한가? 만약 일체지지가 청정하거나, 만약 공해탈문이 청정하거나, 만약 대자가 청정하다면, 무이이고 둘로 나눌 수 없으며 분별이 없고 단절도 없는 까닭이니라. 일체지지가 청정한 까닭으로 무상·무원해탈문이 청정하고, 무상·무원해탈문이 청정한 까닭으로 대자가 청정하니라. 왜 그러한가? 만약 일체지지가 청정하거나, 만약 무상·무원해탈문이 청정하거나, 만약 대자가 청정하다면, 무이이고 둘로 나눌 수 없으며 분별이 없고 단절도 없는 까닭이니라.

선현이여. 일체지지가 청정한 까닭으로 보살의 10지가 청정하고, 보살의 10지가 청정한 까닭으로 대자가 청정하니라. 왜 그러한가? 만약 일체지지가 청정하거나, 만약 보살의 10지가 청정하거나, 만약 대자가 청정하다면, 무이이고 둘로 나눌 수 없으며 분별이 없고 단절도 없는 까닭이니라.

선현이여. 일체지지가 청정한 까닭으로 5안이 청정하고, 5안이 청정한 까닭으로 대자가 청정하니라. 왜 그러한가? 만약 일체지지가 청정하거나, 만약 5안이 청정하거나, 만약 대자가 청정하다면, 무이이고 둘로 나눌 수 없으며 분별이 없고 단절도 없는 까닭이니라. 선현이여. 일체지지가 청정한 까닭으로 6신통이 청정하고, 6신통이 청정한 까닭으로 대자가 청정하니라. 왜 그러한가? 만약 일체지지가 청정하거나, 만약 6신통이 청정하거나, 만약 대자가 청정하다면, 무이이고 둘로 나눌 수 없으며 분별이 없고 단절도 없는 까닭이니라.

선현이여. 일체지지가 청정한 까닭으로 여래의 10력이 청정하고, 여래의 10력이 청정한 까닭으로 대자가 청정하니라. 왜 그러한가? 만약 일체지지가 청정하거나, 만약 여래의 10력이 청정하거나, 만약 대자가 청정하다면, 무이이고 둘로 나눌 수 없으며 분별이 없고 단절도 없는 까닭이니라. 일체지지가 청정한 까닭으로 4무소외·4무애해·대비·대희·대사·18불불공법이 청정하고, 4무소외, 나아가 18불불공법이 청정한 까닭으로 대자가 청정하니라. 왜 그러한가? 만약 일체지지가 청정하거나, 만약 4무소외,

나아가 18불불공법이 청정하거나, 만약 대자가 청정하다면, 무이이고 둘로 나눌 수 없으며 분별이 없고 단절도 없는 까닭이니라.

선현이여. 일체지지가 청정한 까닭으로 무망실법이 청정하고, 무망실법이 청정한 까닭으로 대자가 청정하니라. 왜 그러한가? 만약 일체지지가 청정하거나, 만약 무망실법이 청정하거나, 만약 대자가 청정하다면, 무이이고 둘로 나눌 수 없으며 분별이 없고 단절도 없는 까닭이니라. 선현이여. 일체지지가 청정한 까닭으로 항주사성이 청정하고, 항주사성이 청정한 까닭으로 대자가 청정하니라. 왜 그러한가? 만약 일체지지가 청정하거나, 만약 항주사성이 청정하거나, 만약 대자가 청정하다면, 무이이고 둘로 나눌 수 없으며 분별이 없고 단절도 없는 까닭이니라.

선현이여. 일체지지가 청정한 까닭으로 일체지가 청정하고, 일체지가 청정한 까닭으로 대자가 청정하니라. 왜 그러한가? 만약 일체지지가 청정하거나, 만약 일체지가 청정하거나, 만약 대자가 청정하다면, 무이이고 둘로 나눌 수 없으며 분별이 없고 단절도 없는 까닭이니라. 일체지지가 청정한 까닭으로 도상지·일체상지가 청정하고, 도상지·일체상지가 청정한 까닭으로 대자가 청정하니라. 왜 그러한가? 만약 일체지지가 청정하거나, 만약 도상지·일체상지가 청정하거나, 만약 대자가 청정하다면, 무이이고 둘로 나눌 수 없으며 분별이 없고 단절도 없는 까닭이니라.

선현이여. 일체지지가 청정한 까닭으로 일체의 다라니문이 청정하고, 일체의 다라니문이 청정한 까닭으로 대자가 청정하니라. 왜 그러한가? 만약 일체지지가 청정하거나, 만약 일체의 다라니문이 청정하거나, 만약 대자가 청정하다면, 무이이고 둘로 나눌 수 없으며 분별이 없고 단절도 없는 까닭이니라. 선현이여. 일체지지가 청정한 까닭으로 일체의 삼마지문이 청정하고, 일체의 삼마지문이 청정한 까닭으로 대자가 청정하니라. 왜 그러한가? 만약 일체지지가 청정하거나, 만약 일체의 삼마지문이 청정하거나, 만약 대자가 청정하다면, 무이이고 둘로 나눌 수 없으며 분별이 없고 단절도 없는 까닭이니라.

선현이여. 일체지지가 청정한 까닭으로 예류과가 청정하고, 예류과가 청정한 까닭으로 대자가 청정하니라. 왜 그러한가? 만약 일체지지가 청정하거나, 만약 예류과가 청정하거나, 만약 대자가 청정하다면, 무이이고 둘로 나눌 수 없으며 분별이 없고 단절도 없는 까닭이니라. 일체지지가 청정한 까닭으로 일래·불환·아라한과가 청정하고, 일래·불환·아라한과가 청정한 까닭으로 대자가 청정하니라. 왜 그러한가? 만약 일체지지가 청정하거나, 만약 일래·불환·아라한과가 청정하거나, 만약 대자가 청정하다면, 무이이고 둘로 나눌 수 없으며 분별이 없고 단절도 없는 까닭이니라.

선현이여. 일체지지가 청정한 까닭으로 독각의 보리가 청정하고, 독각의 보리가 청정한 까닭으로 대자가 청정하니라. 왜 그러한가? 만약 일체지지가 청정하거나, 만약 독각의 보리가 청정하거나, 만약 대자가 청정하다면, 무이이고 둘로 나눌 수 없으며 분별이 없고 단절도 없는 까닭이니라.

선현이여. 일체지지가 청정한 까닭으로 일체의 보살마하살의 행이 청정하고, 일체의 보살마하살의 행이 청정한 까닭으로 대자가 청정하니라. 왜 그러한가? 만약 일체지지가 청정하거나, 만약 일체의 보살마하살의 행이 청정하거나, 만약 대자가 청정하다면, 무이이고 둘로 나눌 수 없으며 분별이 없고 단절도 없는 까닭이니라.

선현이여. 일체지지가 청정한 까닭으로 제불의 무상정등보리가 청정하고, 제불의 무상정등보리가 청정한 까닭으로 대자가 청정하니라. 왜 그러한가? 만약 일체지지가 청정하거나, 만약 제불의 무상정등보리가 청정하거나, 만약 대자가 청정하다면, 무이이고 둘로 나눌 수 없으며 분별이 없고 단절도 없는 까닭이니라."

"다시 다음으로 선현이여. 일체지지가 청정한 까닭으로 색이 청정하고, 색이 청정한 까닭으로 대비(大悲)가 청정하니라. 왜 그러한가? 만약 일체지지가 청정하거나, 만약 색이 청정하거나, 만약 대비가 청정하다면, 무이이고 둘로 나눌 수 없으며 분별이 없고 단절도 없는 까닭이니라. 일체지지가 청정한 까닭으로 수·상·행·식이 청정하고, 수·상·행·식이 청정한 까닭으로 대비가 청정하니라. 왜 그러한가? 만약 일체지지가 청정하거나, 만약 수·상·행·식이 청정하거나, 만약 대비가 청정하다면, 무이이고 둘로 나눌 수 없으며 분별이 없고 단절도 없는 까닭이니라.

선현이여. 일체지지가 청정한 까닭으로 안처가 청정하고, 안처가 청정한 까닭으로 대비가 청정하니라. 왜 그러한가? 만약 일체지지가 청정하거나, 만약 안처가 청정하거나, 만약 대비가 청정하다면, 무이이고 둘로 나눌 수 없으며 분별이 없고 단절도 없는 까닭이니라. 일체지지가 청정한 까닭으로 이·비·설·신·의처가 청정하고, 이·비·설·신·의처가 청정한 까닭으로 대비가 청정하니라. 왜 그러한가? 만약 일체지지가 청정하거나, 만약 이·비·설·신·의처가 청정하거나, 만약 대비가 청정하다면, 무이이고 둘로 나눌 수 없으며 분별이 없고 단절도 없는 까닭이니라.

선현이여. 일체지지가 청정한 까닭으로 색처가 청정하고, 색처가 청정한 까닭으로 대비가 청정하니라. 왜 그러한가? 만약 일체지지가 청정하거나, 만약 색처가 청정하거나, 만약 대비가 청정하다면, 무이이고 둘로 나눌 수 없으며 분별이 없고 단절도 없는 까닭이니라. 일체지지가 청정한 까닭으로 성·향·미·촉·법처가 청정하고, 성·향·미·촉·법처가 청정한 까닭으로 대비가 청정하니라. 왜 그러한가? 만약 일체지지가 청정하거나, 만약 성·향·미·촉·법처가 청정하거나, 만약 대비가 청정하다면, 무이이고 둘로 나눌 수 없으며 분별이 없고 단절도 없는 까닭이니라.

선현이여. 일체지지가 청정한 까닭으로 안계가 청정하고, 안계가 청정한 까닭으로 대비가 청정하니라. 왜 그러한가? 만약 일체지지가 청정하거나, 만약 안계가 청정하거나, 만약 대비가 청정하다면, 무이이고 둘로 나눌 수 없으며 분별이 없고 단절도 없는 까닭이니라. 일체지지가 청정한 까닭으로 색계·안식계, 나아가 안촉·안촉을 인연으로 생겨난 여러 수가 청정하고, 색계, 나아가 안촉을 인연으로 생겨난 여러 수가 청정한 까닭으로 대비가 청정하니라. 왜 그러한가? 만약 일체지지가 청정하거나, 만약 색계, 나아가 안촉을 인연으로 생겨난 여러 수가 청정하거나, 만약 대비가 청정하다면, 무이이고 둘로 나눌 수 없으며 분별이 없고 단절도 없는 까닭이니라.

선현이여. 일체지지가 청정한 까닭으로 이계가 청정하고, 이계가 청정한 까닭으로 대비가 청정하니라. 왜 그러한가? 만약 일체지지가 청정하거나, 만약 이계가 청정하거나, 만약 대비가 청정하다면, 무이이고 둘로 나눌 수 없으며 분별이 없고 단절도 없는 까닭이니라. 일체지지가 청정한 까닭으로 성계·이식계, 나아가 이촉·이촉을 인연으로 생겨난 여러 수가 청정하고, 성계, 나아가 이촉을 인연으로 생겨난 여러 수가 청정한 까닭으로 대비가 청정하니라. 왜 그러한가? 만약 일체지지가 청정하거나, 만약 성계, 나아가 이촉을 인연으로 생겨난 여러 수가 청정하거나, 만약 대비가 청정하다면, 무이이고 둘로 나눌 수 없으며 분별이 없고 단절도 없는 까닭이니라.

선현이여. 일체지지가 청정한 까닭으로 비계가 청정하고, 비계가 청정한 까닭으로 대비가 청정하니라. 왜 그러한가? 만약 일체지지가 청정하거나, 만약 비계가 청정하거나, 만약 대비가 청정하다면, 무이이고 둘로 나눌 수 없으며 분별이 없고 단절도 없는 까닭이니라. 일체지지가 청정한 까닭으로 향계·비식계, 나아가 비촉·비촉을 인연으로 생겨난 여러 수가 청정하고, 향계, 나아가 비촉을 인연으로 생겨난 여러 수가 청정한 까닭으로 대비가 청정하니라. 왜 그러한가? 만약 일체지지가 청정하거나, 만약 향계, 나아가 비촉을 인연으로 생겨난 여러 수가 청정하거나, 만약 대비가 청정하다면, 무이이고 둘로 나눌 수 없으며 분별이 없고 단절도 없는 까닭이니라.

선현이여. 일체지지가 청정한 까닭으로 설계가 청정하고, 설계가 청정한 까닭으로 대비가 청정하니라. 왜 그러한가? 만약 일체지지가 청정하거나, 만약 설계가 청정하거나, 만약 대비가 청정하다면, 무이이고 둘로 나눌 수 없으며 분별이 없고 단절도 없는 까닭이니라. 일체지지가 청정한 까닭으로 미계·설식계, 나아가 설촉·설촉을 인연으로 생겨난 여러 수가 청정하고, 미계, 나아가 설촉을 인연으로 생겨난 여러 수가 청정한 까닭으로 대비가 청정하니라. 왜 그러한가? 만약 일체지지가 청정하거나, 만약 미계, 나아가 설촉을 인연으로 생겨난 여러 수가 청정하거나, 만약 대비가

청정하다면, 무이이고 둘로 나눌 수 없으며 분별이 없고 단절도 없는 까닭이니라.

선현이여. 일체지지가 청정한 까닭으로 신계가 청정하고, 신계가 청정한 까닭으로 대비가 청정하니라. 왜 그러한가? 만약 일체지지가 청정하거나, 만약 신계가 청정하거나, 만약 대비가 청정하다면, 무이이고 둘로 나눌 수 없으며 분별이 없고 단절도 없는 까닭이니라. 일체지지가 청정한 까닭으로 촉계·신식계, 나아가 신촉·신촉을 인연으로 생겨난 여러 수가 청정하고, 촉계, 나아가 신촉을 인연으로 생겨난 여러 수가 청정한 까닭으로 대비가 청정하니라. 왜 그러한가? 만약 일체지지가 청정하거나, 만약 촉계, 나아가 신촉을 인연으로 생겨난 여러 수가 청정하거나, 만약 대비가 청정하다면, 무이이고 둘로 나눌 수 없으며 분별이 없고 단절도 없는 까닭이니라.

선현이여. 일체지지가 청정한 까닭으로 의계가 청정하고, 의계가 청정한 까닭으로 대비가 청정하니라. 왜 그러한가? 만약 일체지지가 청정하거나, 만약 의계가 청정하거나, 만약 대비가 청정하다면, 무이이고 둘로 나눌 수 없으며 분별이 없고 단절도 없는 까닭이니라. 일체지지가 청정한 까닭으로 법계·의식계, 나아가 의촉·의촉을 인연으로 생겨난 여러 수가 청정하고, 법계, 나아가 의촉을 인연으로 생겨난 여러 수가 청정한 까닭으로 대비가 청정하니라. 왜 그러한가? 만약 일체지지가 청정하거나, 만약 법계, 나아가 의촉을 인연으로 생겨난 여러 수가 청정하거나, 만약 대비가 청정하다면, 무이이고 둘로 나눌 수 없으며 분별이 없고 단절도 없는 까닭이니라.

선현이여. 일체지지가 청정한 까닭으로 지계가 청정하고, 지계가 청정한 까닭으로 대비가 청정하니라. 왜 그러한가? 만약 일체지지가 청정하거나, 만약 지계가 청정하거나, 만약 대비가 청정하다면, 무이이고 둘로 나눌 수 없으며 분별이 없고 단절도 없는 까닭이니라. 일체지지가 청정한 까닭으로 수·화·풍·공·식계가 청정하고, 수·화·풍·공·식계가 청정한 까닭으로 대비가 청정하니라. 왜 그러한가? 만약 일체지지가 청정하거나,

만약 수·화·풍·공·식계가 청정하거나, 만약 대비가 청정하다면, 무이이고 둘로 나눌 수 없으며 분별이 없고 단절도 없는 까닭이니라.

　선현이여. 일체지지가 청정한 까닭으로 무명이 청정하고, 무명이 청정한 까닭으로 대비가 청정하니라. 왜 그러한가? 만약 일체지지가 청정하거나, 만약 무명이 청정하거나, 만약 대비가 청정하다면, 무이이고 둘로 나눌 수 없으며 분별이 없고 단절도 없는 까닭이니라. 일체지지가 청정한 까닭으로 행·식·명색·육처·촉·수·애·취·유·생·노사의 수탄고우뇌가 청정하고, 행, 나아가 노사의 수탄고우뇌가 청정한 까닭으로 대비가 청정하니라. 왜 그러한가? 만약 일체지지가 청정하거나, 만약 행, 나아가 노사의 수탄고우뇌가 청정하거나, 만약 대비가 청정하다면, 무이이고 둘로 나눌 수 없으며 분별이 없고 단절도 없는 까닭이니라.

　선현이여. 일체지지가 청정한 까닭으로 보시바라밀다가 청정하고, 보시바라밀다가 청정한 까닭으로 대비가 청정하니라. 왜 그러한가? 만약 일체지지가 청정하거나, 만약 보시바라밀다가 청정하거나, 만약 대비가 청정하다면, 무이이고 둘로 나눌 수 없으며 분별이 없고 단절도 없는 까닭이니라. 일체지지가 청정한 까닭으로 정계·안인·정진·정려·반야바라밀다가 청정하고, 정계, 나아가 반야바라밀다가 청정한 까닭으로 대비가 청정하니라. 왜 그러한가? 만약 일체지지가 청정하거나, 만약 정계, 나아가 반야바라밀다가 청정하거나, 만약 대비가 청정하다면, 무이이고 둘로 나눌 수 없으며 분별이 없고 단절도 없는 까닭이니라.

　선현이여. 일체지지가 청정한 까닭으로 내공이 청정하고, 내공이 청정한 까닭으로 대비가 청정하니라. 왜 그러한가? 만약 일체지지가 청정하거나, 만약 내공이 청정하거나, 만약 대비가 청정하다면, 무이이고 둘로 나눌 수 없으며 분별이 없고 단절도 없는 까닭이니라. 일체지지가 청정한 까닭으로 외공·내외공·공공·대공·승의공·유위공·무위공·필경공·무제공·산공·무변이공·본성공·자상공·공상공·일체법공·불가득공·무성공·자성공·무성자성공이 청정하고, 외공, 나아가 무성자성공이 청정한 까닭으로 대비가 청정하니라. 왜 그러한가? 만약 일체지지가 청정하거나,

만약 외공, 나아가 무성자성공이 청정하거나, 만약 대비가 청정하다면, 무이이고 둘로 나눌 수 없으며 분별이 없고 단절도 없는 까닭이니라.

선현이여. 일체지지가 청정한 까닭으로 진여가 청정하고, 진여가 청정한 까닭으로 대비가 청정하니라. 왜 그러한가? 만약 일체지지가 청정하거나, 만약 진여가 청정하거나, 만약 대비가 청정하다면, 무이이고 둘로 나눌 수 없으며 분별이 없고 단절도 없는 까닭이니라. 일체지지가 청정한 까닭으로 법계·법성·불허망성·불변이성·평등성·이생성·법정·법주·실제·허공계·부사의계가 청정하고 법계, 나아가 부사의계가 청정한 까닭으로 대비가 청정하니라. 왜 그러한가? 만약 일체지지가 청정하거나, 만약 법계, 나아가 부사의계가 청정하거나, 만약 대비가 청정하다면, 무이이고 둘로 나눌 수 없으며 분별이 없고 단절도 없는 까닭이니라.

선현이여. 일체지지가 청정한 까닭으로 고성제가 청정하고, 고성제가 청정한 까닭으로 대비가 청정하니라. 왜 그러한가? 만약 일체지지가 청정하거나, 만약 고성제가 청정하거나, 만약 대비가 청정하다면, 무이이고 둘로 나눌 수 없으며 분별이 없고 단절도 없는 까닭이니라. 일체지지가 청정한 까닭으로 집·멸·도성제가 청정하고, 집·멸·도성제가 청정한 까닭으로 대비가 청정하니라. 왜 그러한가? 만약 일체지지가 청정하거나, 만약 집·멸·도성제가 청정하거나, 만약 대비가 청정하다면, 무이이고 둘로 나눌 수 없으며 분별이 없고 단절도 없는 까닭이니라.

선현이여. 일체지지가 청정한 까닭으로 4정려가 청정하고, 4정려가 청정한 까닭으로 대비가 청정하니라. 왜 그러한가? 만약 일체지지가 청정하거나, 만약 4정려가 청정하거나, 만약 대비가 청정하다면, 무이이고 둘로 나눌 수 없으며 분별이 없고 단절도 없는 까닭이니라. 일체지지가 청정한 까닭으로 4무량·4무색정이 청정하고, 4무량·4무색정이 청정한 까닭으로 대비가 청정하니라. 왜 그러한가? 만약 일체지지가 청정하거나, 만약 4무량·4무색정이 청정하거나, 만약 대비가 청정하다면, 무이이고 둘로 나눌 수 없으며 분별이 없고 단절도 없는 까닭이니라.”

마하반야바라밀다경 제277권

34. 난신해품(難信解品)(96)

"선현이여. 일체지지가 청정한 까닭으로 8해탈이 청정하고, 8해탈이 청정한 까닭으로 대비가 청정하니라. 왜 그러한가? 만약 일체지지가 청정하거나, 만약 8해탈이 청정하거나, 만약 대비가 청정하다면, 무이이고 둘로 나눌 수 없으며 분별이 없고 단절도 없는 까닭이니라. 일체지지가 청정한 까닭으로 8승처·9차제정·10변처가 청정하고, 8승처·9차제정·10변처가 청정한 까닭으로 대비가 청정하니라. 왜 그러한가? 만약 일체지지가 청정하거나, 만약 8승처·9차제정·10변처가 청정하거나, 만약 대비가 청정하다면, 무이이고 둘로 나눌 수 없으며 분별이 없고 단절도 없는 까닭이니라.

선현이여. 일체지지가 청정한 까닭으로 4념주가 청정하고, 4념주가 청정한 까닭으로 대비가 청정하니라. 왜 그러한가? 만약 일체지지가 청정하거나, 만약 4념주가 청정하거나, 만약 대비가 청정하다면, 무이이고 둘로 나눌 수 없으며 분별이 없고 단절도 없는 까닭이니라. 일체지지가 청정한 까닭으로 4정단·4신족·5근·5력·7등각지·8성도지가 청정하고, 4정단, 나아가 8성도지가 청정한 까닭으로 대비가 청정하니라. 왜 그러한가? 만약 일체지지가 청정하거나, 만약 4정단, 나아가 8성도지가 청정하거나, 만약 대비가 청정하다면, 무이이고 둘로 나눌 수 없으며 분별이 없고 단절도 없는 까닭이니라.

선현이여. 일체지지가 청정한 까닭으로 공해탈문이 청정하고, 공해탈문이 청정한 까닭으로 대비가 청정하니라. 왜 그러한가? 만약 일체지지가 청정하거나, 만약 공해탈문이 청정하거나, 만약 대비가 청정하다면, 무이이고 둘로 나눌 수 없으며 분별이 없고 단절도 없는 까닭이니라. 일체지지가 청정한 까닭으로 무상·무원해탈문이 청정하고, 무상·무원해탈문이 청정한 까닭으로 대비가 청정하니라. 왜 그러한가? 만약 일체지지가 청정하거나, 만약 무상·무원해탈문이 청정하거나, 만약 대비가 청정하다면, 무이이고 둘로 나눌 수 없으며 분별이 없고 단절도 없는 까닭이니라.

선현이여. 일체지지가 청정한 까닭으로 보살의 10지가 청정하고, 보살의 10지가 청정한 까닭으로 대비가 청정하니라. 왜 그러한가? 만약 일체지지가 청정하거나, 만약 보살의 10지가 청정하거나, 만약 대비가 청정하다면, 무이이고 둘로 나눌 수 없으며 분별이 없고 단절도 없는 까닭이니라.

선현이여. 일체지지가 청정한 까닭으로 5안이 청정하고, 5안이 청정한 까닭으로 대비가 청정하니라. 왜 그러한가? 만약 일체지지가 청정하거나, 만약 5안이 청정하거나, 만약 대비가 청정하다면, 무이이고 둘로 나눌 수 없으며 분별이 없고 단절도 없는 까닭이니라. 선현이여. 일체지지가 청정한 까닭으로 6신통이 청정하고, 6신통이 청정한 까닭으로 대비가 청정하니라. 왜 그러한가? 만약 일체지지가 청정하거나, 만약 6신통이 청정하거나, 만약 대비가 청정하다면, 무이이고 둘로 나눌 수 없으며 분별이 없고 단절도 없는 까닭이니라.

선현이여. 일체지지가 청정한 까닭으로 여래의 10력이 청정하고, 여래의 10력이 청정한 까닭으로 대비가 청정하니라. 왜 그러한가? 만약 일체지지가 청정하거나, 만약 여래의 10력이 청정하거나, 만약 대비가 청정하다면, 무이이고 둘로 나눌 수 없으며 분별이 없고 단절도 없는 까닭이니라. 일체지지가 청정한 까닭으로 4무소외·4무애해·대자·대희·대사·18불불공법이 청정하고, 4무소외, 나아가 18불불공법이 청정한 까닭으로 대비가 청정하니라. 왜 그러한가? 만약 일체지지가 청정하거나, 만약 4무소외, 나아가 18불불공법이 청정하거나, 만약 대비가 청정하다면, 무이이고 둘로 나눌 수 없으며 분별이 없고 단절도 없는 까닭이니라.

선현이여. 일체지지가 청정한 까닭으로 무망실법이 청정하고, 무망실법이 청정한 까닭으로 대비가 청정하니라. 왜 그러한가? 만약 일체지지가 청정하거나, 만약 무망실법이 청정하거나, 만약 대비가 청정하다면, 무이이고 둘로 나눌 수 없으며 분별이 없고 단절도 없는 까닭이니라. 선현이여. 일체지지가 청정한 까닭으로 항주사성이 청정하고, 항주사성이 청정한 까닭으로 대비가 청정하니라. 왜 그러한가? 만약 일체지지가 청정하거나, 만약 항주사성이 청정하거나, 만약 대비가 청정하다면, 무이이고 둘로 나눌 수 없으며 분별이 없고 단절도 없는 까닭이니라.

선현이여. 일체지지가 청정한 까닭으로 일체지가 청정하고, 일체지가 청정한 까닭으로 대비가 청정하니라. 왜 그러한가? 만약 일체지지가 청정하거나, 만약 일체지가 청정하거나, 만약 대비가 청정하다면, 무이이고 둘로 나눌 수 없으며 분별이 없고 단절도 없는 까닭이니라. 일체지지가 청정한 까닭으로 도상지·일체상지가 청정하고, 도상지·일체상지가 청정한 까닭으로 대비가 청정하니라. 왜 그러한가? 만약 일체지지가 청정하거나, 만약 도상지·일체상지가 청정하거나, 만약 대비가 청정하다면, 무이이고 둘로 나눌 수 없으며 분별이 없고 단절도 없는 까닭이니라.

선현이여. 일체지지가 청정한 까닭으로 일체의 다라니문이 청정하고, 일체의 다라니문이 청정한 까닭으로 대비가 청정하니라. 왜 그러한가? 만약 일체지지가 청정하거나, 만약 일체의 다라니문이 청정하거나, 만약 대비가 청정하다면, 무이이고 둘로 나눌 수 없으며 분별이 없고 단절도 없는 까닭이니라. 선현이여. 일체지지가 청정한 까닭으로 일체의 삼마지문이 청정하고, 일체의 삼마지문이 청정한 까닭으로 대비가 청정하니라. 왜 그러한가? 만약 일체지지가 청정하거나, 만약 일체의 삼마지문이 청정하거나, 만약 대비가 청정하다면, 무이이고 둘로 나눌 수 없으며 분별이 없고 단절도 없는 까닭이니라.

선현이여. 일체지지가 청정한 까닭으로 예류과가 청정하고, 예류과가 청정한 까닭으로 대비가 청정하니라. 왜 그러한가? 만약 일체지지가 청정하거나, 만약 예류과가 청정하거나, 만약 대비가 청정하다면, 무이이고 둘로 나눌 수 없으며 분별이 없고 단절도 없는 까닭이니라. 일체지지가 청정한 까닭으로 일래·불환·아라한과가 청정하고, 일래·불환·아라한과가 청정한 까닭으로 대비가 청정하니라. 왜 그러한가? 만약 일체지지가 청정하거나, 만약 일래·불환·아라한과가 청정하거나, 만약 대비가 청정하다면, 무이이고 둘로 나눌 수 없으며 분별이 없고 단절도 없는 까닭이니라.

선현이여. 일체지지가 청정한 까닭으로 독각의 보리가 청정하고, 독각의 보리가 청정한 까닭으로 대비가 청정하니라. 왜 그러한가? 만약 일체지지가 청정하거나, 만약 독각의 보리가 청정하거나, 만약 대비가 청정하다면, 무이이고 둘로 나눌 수 없으며 분별이 없고 단절도 없는 까닭이니라.

선현이여. 일체지지가 청정한 까닭으로 일체의 보살마하살의 행이 청정하고, 일체의 보살마하살의 행이 청정한 까닭으로 대비가 청정하니라. 왜 그러한가? 만약 일체지지가 청정하거나, 만약 일체의 보살마하살의 행이 청정하거나, 만약 대비가 청정하다면, 무이이고 둘로 나눌 수 없으며 분별이 없고 단절도 없는 까닭이니라.

선현이여. 일체지지가 청정한 까닭으로 제불의 무상정등보리가 청정하고, 제불의 무상정등보리가 청정한 까닭으로 대비가 청정하니라. 왜 그러한가? 만약 일체지지가 청정하거나, 만약 제불의 무상정등보리가 청정하거나, 만약 대비가 청정하다면, 무이이고 둘로 나눌 수 없으며 분별이 없고 단절도 없는 까닭이니라."

"다시 다음으로 선현이여. 일체지지가 청정한 까닭으로 색이 청정하고, 색이 청정한 까닭으로 대희(大喜)가 청정하니라. 왜 그러한가? 만약 일체지지가 청정하거나, 만약 색이 청정하거나, 만약 대희가 청정하다면, 무이이고 둘로 나눌 수 없으며 분별이 없고 단절도 없는 까닭이니라. 일체지지가 청정한 까닭으로 수·상·행·식이 청정하고, 수·상·행·식이 청정한 까닭으로 대희가 청정하니라. 왜 그러한가? 만약 일체지지가 청정하거나, 만약 수·상·행·식이 청정하거나, 만약 대희가 청정하다면, 무이이고 둘로 나눌 수 없으며 분별이 없고 단절도 없는 까닭이니라.

선현이여. 일체지지가 청정한 까닭으로 안처가 청정하고, 안처가 청정한 까닭으로 대희가 청정하니라. 왜 그러한가? 만약 일체지지가 청정하거나, 만약 안처가 청정하거나, 만약 대희가 청정하다면, 무이이고 둘로 나눌 수 없으며 분별이 없고 단절도 없는 까닭이니라. 일체지지가 청정한 까닭으로 이·비·설·신·의처가 청정하고, 이·비·설·신·의처가 청정한 까닭으로 대희가 청정하니라. 왜 그러한가? 만약 일체지지가 청정하거나, 만약 이·비·설·신·의처가 청정하거나, 만약 대희가 청정하다면, 무이이고 둘로 나눌 수 없으며 분별이 없고 단절도 없는 까닭이니라.

선현이여. 일체지지가 청정한 까닭으로 색처가 청정하고, 색처가 청정한 까닭으로 대희가 청정하니라. 왜 그러한가? 만약 일체지지가 청정하거나, 만약 색처가 청정하거나, 만약 대희가 청정하다면, 무이이고 둘로 나눌 수 없으며 분별이 없고 단절도 없는 까닭이니라. 일체지지가 청정한 까닭으로 성·향·미·촉·법처가 청정하고, 성·향·미·촉·법처가 청정한 까닭으로 대희가 청정하니라. 왜 그러한가? 만약 일체지지가 청정하거나, 만약 성·향·미·촉·법처가 청정하거나, 만약 대희가 청정하다면, 무이이고 둘로 나눌 수 없으며 분별이 없고 단절도 없는 까닭이니라.

선현이여. 일체지지가 청정한 까닭으로 안계가 청정하고, 안계가 청정한 까닭으로 대희가 청정하니라. 왜 그러한가? 만약 일체지지가 청정하거나, 만약 안계가 청정하거나, 만약 대희가 청정하다면, 무이이고 둘로 나눌 수 없으며 분별이 없고 단절도 없는 까닭이니라. 일체지지가 청정한 까닭으로 색계·안식계, 나아가 안촉·안촉을 인연으로 생겨난 여러 수가 청정하고, 색계, 나아가 안촉을 인연으로 생겨난 여러 수가 청정한 까닭으로 대희가 청정하니라. 왜 그러한가? 만약 일체지지가 청정하거나, 만약 색계, 나아가 안촉을 인연으로 생겨난 여러 수가 청정하거나, 만약 대희가 청정하다면, 무이이고 둘로 나눌 수 없으며 분별이 없고 단절도 없는 까닭이니라.

선현이여. 일체지지가 청정한 까닭으로 이계가 청정하고, 이계가 청정한 까닭으로 대희가 청정하니라. 왜 그러한가? 만약 일체지지가 청정하거나, 만약 이계가 청정하거나, 만약 대희가 청정하다면, 무이이고 둘로 나눌 수 없으며 분별이 없고 단절도 없는 까닭이니라. 일체지지가 청정한 까닭으로 성계·이식계, 나아가 이촉·이촉을 인연으로 생겨난 여러 수가 청정하고, 성계, 나아가 이촉을 인연으로 생겨난 여러 수가 청정한 까닭으로 대희가 청정하니라. 왜 그러한가? 만약 일체지지가 청정하거나, 만약 성계, 나아가 이촉을 인연으로 생겨난 여러 수가 청정하거나, 만약 대희가 청정하다면, 무이이고 둘로 나눌 수 없으며 분별이 없고 단절도 없는 까닭이니라.

선현이여. 일체지지가 청정한 까닭으로 비계가 청정하고, 비계가 청정한 까닭으로 대희가 청정하니라. 왜 그러한가? 만약 일체지지가 청정하거나, 만약 비계가 청정하거나, 만약 대희가 청정하다면, 무이이고 둘로 나눌 수 없으며 분별이 없고 단절도 없는 까닭이니라. 일체지지가 청정한 까닭으로 향계·비식계, 나아가 비촉·비촉을 인연으로 생겨난 여러 수가 청정하고, 향계, 나아가 비촉을 인연으로 생겨난 여러 수가 청정한 까닭으로 대희가 청정하니라. 왜 그러한가? 만약 일체지지가 청정하거나, 만약 향계, 나아가 비촉을 인연으로 생겨난 여러 수가 청정하거나, 만약 대희가 청정하다면, 무이이고 둘로 나눌 수 없으며 분별이 없고 단절도 없는 까닭이니라.

선현이여. 일체지지가 청정한 까닭으로 설계가 청정하고, 설계가 청정한 까닭으로 대희가 청정하니라. 왜 그러한가? 만약 일체지지가 청정하거나, 만약 설계가 청정하거나, 만약 대희가 청정하다면, 무이이고 둘로 나눌 수 없으며 분별이 없고 단절도 없는 까닭이니라. 일체지지가 청정한 까닭으로 미계·설식계, 나아가 설촉·설촉을 인연으로 생겨난 여러 수가 청정하고, 미계, 나아가 설촉을 인연으로 생겨난 여러 수가 청정한 까닭으로 대희가 청정하니라. 왜 그러한가? 만약 일체지지가 청정하거나, 만약 미계, 나아가 설촉을 인연으로 생겨난 여러 수가 청정하거나, 만약 대희가 청정하다면, 무이이고 둘로 나눌 수 없으며 분별이 없고 단절도 없는 까닭이니라.

　선현이여. 일체지지가 청정한 까닭으로 신계가 청정하고, 신계가 청정
한 까닭으로 대희가 청정하니라. 왜 그러한가? 만약 일체지지가 청정하거
나, 만약 신계가 청정하거나, 만약 대희가 청정하다면, 무이이고 둘로
나눌 수 없으며 분별이 없고 단절도 없는 까닭이니라. 일체지지가 청정한
까닭으로 촉계·신식계, 나아가 신촉·신촉을 인연으로 생겨난 여러 수가
청정하고, 촉계, 나아가 신촉을 인연으로 생겨난 여러 수가 청정한 까닭으
로 대희가 청정하니라. 왜 그러한가? 만약 일체지지가 청정하거나, 만약
촉계, 나아가 신촉을 인연으로 생겨난 여러 수가 청정하거나, 만약 대희가
청정하다면, 무이이고 둘로 나눌 수 없으며 분별이 없고 단절도 없는
까닭이니라.

　선현이여. 일체지지가 청정한 까닭으로 의계가 청정하고, 의계가 청정
한 까닭으로 대희가 청정하니라. 왜 그러한가? 만약 일체지지가 청정하거
나, 만약 의계가 청정하거나, 만약 대희가 청정하다면, 무이이고 둘로
나눌 수 없으며 분별이 없고 단절도 없는 까닭이니라. 일체지지가 청정한
까닭으로 법계·의식계, 나아가 의촉·의촉을 인연으로 생겨난 여러 수가
청정하고, 법계, 나아가 의촉을 인연으로 생겨난 여러 수가 청정한 까닭으
로 대희가 청정하니라. 왜 그러한가? 만약 일체지지가 청정하거나, 만약
법계, 나아가 의촉을 인연으로 생겨난 여러 수가 청정하거나, 만약 대희가
청정하다면, 무이이고 둘로 나눌 수 없으며 분별이 없고 단절도 없는
까닭이니라.

　선현이여. 일체지지가 청정한 까닭으로 지계가 청정하고, 지계가 청정
한 까닭으로 대희가 청정하니라. 왜 그러한가? 만약 일체지지가 청정하거
나, 만약 지계가 청정하거나, 만약 대희가 청정하다면, 무이이고 둘로
나눌 수 없으며 분별이 없고 단절도 없는 까닭이니라. 일체지지가 청정한
까닭으로 수·화·풍·공·식계가 청정하고, 수·화·풍·공·식계가 청정한 까
닭으로 대희가 청정하니라. 왜 그러한가? 만약 일체지지가 청정하거나,
만약 수·화·풍·공·식계가 청정하거나, 만약 대희가 청정하다면, 무이이고
둘로 나눌 수 없으며 분별이 없고 단절도 없는 까닭이니라.

선현이여. 일체지지가 청정한 까닭으로 무명이 청정하고, 무명이 청정한 까닭으로 대희가 청정하니라. 왜 그러한가? 만약 일체지지가 청정하거나, 만약 무명이 청정하거나, 만약 대희가 청정하다면, 무이이고 둘로 나눌 수 없으며 분별이 없고 단절도 없는 까닭이니라. 일체지지가 청정한 까닭으로 행·식·명색·육처·촉·수·애·취·유·생·노사의 수탄고우뇌가 청정하고, 행, 나아가 노사의 수탄고우뇌가 청정한 까닭으로 대희가 청정하니라. 왜 그러한가? 만약 일체지지가 청정하거나, 만약 행, 나아가 노사의 수탄고우뇌가 청정하거나, 만약 대희가 청정하다면, 무이이고 둘로 나눌 수 없으며 분별이 없고 단절도 없는 까닭이니라.

선현이여. 일체지지가 청정한 까닭으로 보시바라밀다가 청정하고, 보시바라밀다가 청정한 까닭으로 대희가 청정하니라. 왜 그러한가? 만약 일체지지가 청정하거나, 만약 보시바라밀다가 청정하거나, 만약 대희가 청정하다면, 무이이고 둘로 나눌 수 없으며 분별이 없고 단절도 없는 까닭이니라. 일체지지가 청정한 까닭으로 정계·안인·정진·정려·반야바라밀다가 청정하고, 정계, 나아가 반야바라밀다가 청정한 까닭으로 대희가 청정하니라. 왜 그러한가? 만약 일체지지가 청정하거나, 만약 정계, 나아가 반야바라밀다가 청정하거나, 만약 대희가 청정하다면, 무이이고 둘로 나눌 수 없으며 분별이 없고 단절도 없는 까닭이니라.

선현이여. 일체지지가 청정한 까닭으로 내공이 청정하고, 내공이 청정한 까닭으로 대희가 청정하니라. 왜 그러한가? 만약 일체지지가 청정하거나, 만약 내공이 청정하거나, 만약 대희가 청정하다면, 무이이고 둘로 나눌 수 없으며 분별이 없고 단절도 없는 까닭이니라. 일체지지가 청정한 까닭으로 외공·내외공·공공·대공·승의공·유위공·무위공·필경공·무제공·산공·무변이공·본성공·자상공·공상공·일체법공·불가득공·무성공·자성공·무성자성공이 청정하고, 외공, 나아가 무성자성공이 청정한 까닭으로 대희가 청정하니라. 왜 그러한가? 만약 일체지지가 청정하거나, 만약 외공, 나아가 무성자성공이 청정하거나, 만약 대희가 청정하다면, 무이이고 둘로 나눌 수 없으며 분별이 없고 단절도 없는 까닭이니라.

선현이여. 일체지지가 청정한 까닭으로 진여가 청정하고, 진여가 청정한 까닭으로 대희가 청정하니라. 왜 그러한가? 만약 일체지지가 청정하거나, 만약 진여가 청정하거나, 만약 대희가 청정하다면, 무이이고 둘로 나눌 수 없으며 분별이 없고 단절도 없는 까닭이니라. 일체지지가 청정한 까닭으로 법계·법성·불허망성·불변이성·평등성·이생성·법정·법주·실제·허공계·부사의계가 청정하고 법계, 나아가 부사의계가 청정한 까닭으로 대희가 청정하니라. 왜 그러한가? 만약 일체지지가 청정하거나, 만약 법계, 나아가 부사의계가 청정하거나, 만약 대희가 청정하다면, 무이이고 둘로 나눌 수 없으며 분별이 없고 단절도 없는 까닭이니라.

선현이여. 일체지지가 청정한 까닭으로 고성제가 청정하고, 고성제가 청정한 까닭으로 대희가 청정하니라. 왜 그러한가? 만약 일체지지가 청정하거나, 만약 고성제가 청정하거나, 만약 대희가 청정하다면, 무이이고 둘로 나눌 수 없으며 분별이 없고 단절도 없는 까닭이니라. 일체지지가 청정한 까닭으로 집·멸·도성제가 청정하고, 집·멸·도성제가 청정한 까닭으로 대희가 청정하니라. 왜 그러한가? 만약 일체지지가 청정하거나, 만약 집·멸·도성제가 청정하거나, 만약 대희가 청정하다면, 무이이고 둘로 나눌 수 없으며 분별이 없고 단절도 없는 까닭이니라.

선현이여. 일체지지가 청정한 까닭으로 4정려가 청정하고, 4정려가 청정한 까닭으로 대희가 청정하니라. 왜 그러한가? 만약 일체지지가 청정하거나, 만약 4정려가 청정하거나, 만약 대희가 청정하다면, 무이이고 둘로 나눌 수 없으며 분별이 없고 단절도 없는 까닭이니라. 일체지지가 청정한 까닭으로 4무량·4무색정이 청정하고, 4무량·4무색정이 청정한 까닭으로 대희가 청정하니라. 왜 그러한가? 만약 일체지지가 청정하거나, 만약 4무량·4무색정이 청정하거나, 만약 대희가 청정하다면, 무이이고 둘로 나눌 수 없으며 분별이 없고 단절도 없는 까닭이니라.

선현이여. 일체지지가 청정한 까닭으로 8해탈이 청정하고, 8해탈이 청정한 까닭으로 대희가 청정하니라. 왜 그러한가? 만약 일체지지가 청정하거나, 만약 8해탈이 청정하거나, 만약 대희가 청정하다면, 무이이고 둘로 나눌 수 없으며 분별이 없고 단절도 없는 까닭이니라. 일체지지가 청정한 까닭으로 8승처·9차제정·10변처가 청정하고, 8승처·9차제정·10변처가 청정한 까닭으로 대희가 청정하니라. 왜 그러한가? 만약 일체지지가 청정하거나, 만약 8승처·9차제정·10변처가 청정하거나, 만약 대희가 청정하다면, 무이이고 둘로 나눌 수 없으며 분별이 없고 단절도 없는 까닭이니라.

선현이여. 일체지지가 청정한 까닭으로 4념주가 청정하고, 4념주가 청정한 까닭으로 대희가 청정하니라. 왜 그러한가? 만약 일체지지가 청정하거나, 만약 4념주가 청정하거나, 만약 대희가 청정하다면, 무이이고 둘로 나눌 수 없으며 분별이 없고 단절도 없는 까닭이니라. 일체지지가 청정한 까닭으로 4정단·4신족·5근·5력·7등각지·8성도지가 청정하고, 4정단, 나아가 8성도지가 청정한 까닭으로 대희가 청정하니라. 왜 그러한가? 만약 일체지지가 청정하거나, 만약 4정단, 나아가 8성도지가 청정하거나, 만약 대희가 청정하다면, 무이이고 둘로 나눌 수 없으며 분별이 없고 단절도 없는 까닭이니라.

선현이여. 일체지지가 청정한 까닭으로 공해탈문이 청정하고, 공해탈문이 청정한 까닭으로 대희가 청정하니라. 왜 그러한가? 만약 일체지지가 청정하거나, 만약 공해탈문이 청정하거나, 만약 대희가 청정하다면, 무이이고 둘로 나눌 수 없으며 분별이 없고 단절도 없는 까닭이니라. 일체지지가 청정한 까닭으로 무상·무원해탈문이 청정하고, 무상·무원해탈문이 청정한 까닭으로 대희가 청정하니라. 왜 그러한가? 만약 일체지지가 청정하거나, 만약 무상·무원해탈문이 청정하거나, 만약 대희가 청정하다면, 무이이고 둘로 나눌 수 없으며 분별이 없고 단절도 없는 까닭이니라.

선현이여. 일체지지가 청정한 까닭으로 보살의 10지가 청정하고, 보살의 10지가 청정한 까닭으로 대희가 청정하니라. 왜 그러한가? 만약 일체지지가 청정하거나, 만약 보살의 10지가 청정하거나, 만약 대희가 청정하다면, 무이이고 둘로 나눌 수 없으며 분별이 없고 단절도 없는 까닭이니라.

선현이여. 일체지지가 청정한 까닭으로 5안이 청정하고, 5안이 청정한 까닭으로 대희가 청정하니라. 왜 그러한가? 만약 일체지지가 청정하거나, 만약 5안이 청정하거나, 만약 대희가 청정하다면, 무이이고 둘로 나눌 수 없으며 분별이 없고 단절도 없는 까닭이니라. 선현이여. 일체지지가 청정한 까닭으로 6신통이 청정하고, 6신통이 청정한 까닭으로 대희가 청정하니라. 왜 그러한가? 만약 일체지지가 청정하거나, 만약 6신통이 청정하거나, 만약 대희가 청정하다면, 무이이고 둘로 나눌 수 없으며 분별이 없고 단절도 없는 까닭이니라.

선현이여. 일체지지가 청정한 까닭으로 여래의 10력이 청정하고, 여래의 10력이 청정한 까닭으로 대희가 청정하니라. 왜 그러한가? 만약 일체지지가 청정하거나, 만약 여래의 10력이 청정하거나, 만약 대희가 청정하다면, 무이이고 둘로 나눌 수 없으며 분별이 없고 단절도 없는 까닭이니라. 일체지지가 청정한 까닭으로 4무소외·4무애해·대자·대비·대사·18불불공법이 청정하고, 4무소외, 나아가 18불불공법이 청정한 까닭으로 대희가 청정하니라. 왜 그러한가? 만약 일체지지가 청정하거나, 만약 4무소외, 나아가 18불불공법이 청정하거나, 만약 대희가 청정하다면, 무이이고 둘로 나눌 수 없으며 분별이 없고 단절도 없는 까닭이니라.

선현이여. 일체지지가 청정한 까닭으로 무망실법이 청정하고, 무망실법이 청정한 까닭으로 대희가 청정하니라. 왜 그러한가? 만약 일체지지가 청정하거나, 만약 무망실법이 청정하거나, 만약 대희가 청정하다면, 무이이고 둘로 나눌 수 없으며 분별이 없고 단절도 없는 까닭이니라. 선현이여. 일체지지가 청정한 까닭으로 항주사성이 청정하고, 항주사성이 청정한 까닭으로 대희가 청정하니라. 왜 그러한가? 만약 일체지지가 청정하거나, 만약 항주사성이 청정하거나, 만약 대희가 청정하다면, 무이이고 둘로 나눌 수 없으며 분별이 없고 단절도 없는 까닭이니라.

선현이여. 일체지지가 청정한 까닭으로 일체지가 청정하고, 일체지가 청정한 까닭으로 대희가 청정하니라. 왜 그러한가? 만약 일체지지가 청정하거나, 만약 일체지가 청정하거나, 만약 대희가 청정하다면, 무이이고 둘로 나눌 수 없으며 분별이 없고 단절도 없는 까닭이니라. 일체지지가 청정한 까닭으로 도상지·일체상지가 청정하고, 도상지·일체상지가 청정한 까닭으로 대희가 청정하니라. 왜 그러한가? 만약 일체지지가 청정하거나, 만약 도상지·일체상지가 청정하거나, 만약 대희가 청정하다면, 무이이고 둘로 나눌 수 없으며 분별이 없고 단절도 없는 까닭이니라.

선현이여. 일체지지가 청정한 까닭으로 일체의 다라니문이 청정하고, 일체의 다라니문이 청정한 까닭으로 대희가 청정하니라. 왜 그러한가? 만약 일체지지가 청정하거나, 만약 일체의 다라니문이 청정하거나, 만약 대희가 청정하다면, 무이이고 둘로 나눌 수 없으며 분별이 없고 단절도 없는 까닭이니라. 선현이여. 일체지지가 청정한 까닭으로 일체의 삼마지문이 청정하고, 일체의 삼마지문이 청정한 까닭으로 대희가 청정하니라. 왜 그러한가? 만약 일체지지가 청정하거나, 만약 일체의 삼마지문이 청정하거나, 만약 대희가 청정하다면, 무이이고 둘로 나눌 수 없으며 분별이 없고 단절도 없는 까닭이니라.

선현이여. 일체지지가 청정한 까닭으로 예류과가 청정하고, 예류과가 청정한 까닭으로 대희가 청정하니라. 왜 그러한가? 만약 일체지지가 청정하거나, 만약 예류과가 청정하거나, 만약 대희가 청정하다면, 무이이고 둘로 나눌 수 없으며 분별이 없고 단절도 없는 까닭이니라. 일체지지가 청정한 까닭으로 일래·불환·아라한과가 청정하고, 일래·불환·아라한과가 청정한 까닭으로 대희가 청정하니라. 왜 그러한가? 만약 일체지지가 청정하거나, 만약 일래·불환·아라한과가 청정하거나, 만약 대희가 청정하다면, 무이이고 둘로 나눌 수 없으며 분별이 없고 단절도 없는 까닭이니라.

선현이여. 일체지지가 청정한 까닭으로 독각의 보리가 청정하고, 독각의 보리가 청정한 까닭으로 대희가 청정하니라. 왜 그러한가? 만약 일체지지가 청정하거나, 만약 독각의 보리가 청정하거나, 만약 대희가 청정하다면, 무이이고 둘로 나눌 수 없으며 분별이 없고 단절도 없는 까닭이니라.

선현이여. 일체지지가 청정한 까닭으로 일체의 보살마하살의 행이 청정하고, 일체의 보살마하살의 행이 청정한 까닭으로 대희가 청정하니라. 왜 그러한가? 만약 일체지지가 청정하거나, 만약 일체의 보살마하살의 행이 청정하거나, 만약 대희가 청정하다면, 무이이고 둘로 나눌 수 없으며 분별이 없고 단절도 없는 까닭이니라.

　선현이여. 일체지지가 청정한 까닭으로 제불의 무상정등보리가 청정하고, 제불의 무상정등보리가 청정한 까닭으로 대희가 청정하니라. 왜 그러한가? 만약 일체지지가 청정하거나, 만약 제불의 무상정등보리가 청정하거나, 만약 대희가 청정하다면, 무이이고 둘로 나눌 수 없으며 분별이 없고 단절도 없는 까닭이니라.”

　“다시 다음으로 선현이여. 일체지지가 청정한 까닭으로 색이 청정하고, 색이 청정한 까닭으로 대사(大捨)가 청정하니라. 왜 그러한가? 만약 일체지지가 청정하거나, 만약 색이 청정하거나, 만약 대사가 청정하다면, 무이이고 둘로 나눌 수 없으며 분별이 없고 단절도 없는 까닭이니라. 일체지지가 청정한 까닭으로 수·상·행·식이 청정하고, 수·상·행·식이 청정한 까닭으로 대사가 청정하니라. 왜 그러한가? 만약 일체지지가 청정하거나, 만약 수·상·행·식이 청정하거나, 만약 대사가 청정하다면, 무이이고 둘로 나눌 수 없으며 분별이 없고 단절도 없는 까닭이니라.

　선현이여. 일체지지가 청정한 까닭으로 안처가 청정하고, 안처가 청정한 까닭으로 대사가 청정하니라. 왜 그러한가? 만약 일체지지가 청정하거나, 만약 안처가 청정하거나, 만약 대사가 청정하다면, 무이이고 둘로 나눌 수 없으며 분별이 없고 단절도 없는 까닭이니라. 일체지지가 청정한 까닭으로 이·비·설·신·의처가 청정하고, 이·비·설·신·의처가 청정한 까닭으로 대사가 청정하니라. 왜 그러한가? 만약 일체지지가 청정하거나, 만약 이·비·설·신·의처가 청정하거나, 만약 대사가 청정하다면, 무이이고 둘로 나눌 수 없으며 분별이 없고 단절도 없는 까닭이니라.

　선현이여. 일체지지가 청정한 까닭으로 색처가 청정하고, 색처가 청정한 까닭으로 대사가 청정하니라. 왜 그러한가? 만약 일체지지가 청정하거나, 만약 색처가 청정하거나, 만약 대사가 청정하다면, 무이이고 둘로 나눌 수 없으며 분별이 없고 단절도 없는 까닭이니라. 일체지지가 청정한

까닭으로 성·향·미·촉·법처가 청정하고, 성·향·미·촉·법처가 청정한 까
닭으로 대사가 청정하니라. 왜 그러한가? 만약 일체지지가 청정하거나,
만약 성·향·미·촉·법처가 청정하거나, 만약 대사가 청정하다면, 무이이고
둘로 나눌 수 없으며 분별이 없고 단절도 없는 까닭이니라.

　선현이여. 일체지지가 청정한 까닭으로 안계가 청정하고, 안계가 청정
한 까닭으로 대사가 청정하니라. 왜 그러한가? 만약 일체지지가 청정하거
나, 만약 안계가 청정하거나, 만약 대사가 청정하다면, 무이이고 둘로
나눌 수 없으며 분별이 없고 단절도 없는 까닭이니라. 일체지지가 청정한
까닭으로 색계·안식계, 나아가 안촉·안촉을 인연으로 생겨난 여러 수가
청정하고, 색계, 나아가 안촉을 인연으로 생겨난 여러 수가 청정한 까닭으
로 대사가 청정하니라. 왜 그러한가? 만약 일체지지가 청정하거나, 만약
색계, 나아가 안촉을 인연으로 생겨난 여러 수가 청정하거나, 만약 대사가
청정하다면, 무이이고 둘로 나눌 수 없으며 분별이 없고 단절도 없는
까닭이니라.

　선현이여. 일체지지가 청정한 까닭으로 이계가 청정하고, 이계가 청정
한 까닭으로 대사가 청정하니라. 왜 그러한가? 만약 일체지지가 청정하거
나, 만약 이계가 청정하거나, 만약 대사가 청정하다면, 무이이고 둘로
나눌 수 없으며 분별이 없고 단절도 없는 까닭이니라. 일체지지가 청정한
까닭으로 성계·이식계, 나아가 이촉·이촉을 인연으로 생겨난 여러 수가
청정하고, 성계, 나아가 이촉을 인연으로 생겨난 여러 수가 청정한 까닭으
로 대사가 청정하니라. 왜 그러한가? 만약 일체지지가 청정하거나, 만약
성계, 나아가 이촉을 인연으로 생겨난 여러 수가 청정하거나, 만약 대사가
청정하다면, 무이이고 둘로 나눌 수 없으며 분별이 없고 단절도 없는
까닭이니라.

　선현이여. 일체지지가 청정한 까닭으로 비계가 청정하고, 비계가 청정
한 까닭으로 대사가 청정하니라. 왜 그러한가? 만약 일체지지가 청정하거
나, 만약 비계가 청정하거나, 만약 대사가 청정하다면, 무이이고 둘로
나눌 수 없으며 분별이 없고 단절도 없는 까닭이니라. 일체지지가 청정한

까닭으로 향계·비식계, 나아가 비촉·비촉을 인연으로 생겨난 여러 수가 청정하고, 향계, 나아가 비촉을 인연으로 생겨난 여러 수가 청정한 까닭으로 대사가 청정하니라. 왜 그러한가? 만약 일체지지가 청정하거나, 만약 향계, 나아가 비촉을 인연으로 생겨난 여러 수가 청정하거나, 만약 대사가 청정하다면, 무이이고 둘로 나눌 수 없으며 분별이 없고 단절도 없는 까닭이니라.

선현이여. 일체지지가 청정한 까닭으로 설계가 청정하고, 설계가 청정한 까닭으로 대사가 청정하니라. 왜 그러한가? 만약 일체지지가 청정하거나, 만약 설계가 청정하거나, 만약 대사가 청정하다면, 무이이고 둘로 나눌 수 없으며 분별이 없고 단절도 없는 까닭이니라. 일체지지가 청정한 까닭으로 미계·설식계, 나아가 설촉·설촉을 인연으로 생겨난 여러 수가 청정하고, 미계, 나아가 설촉을 인연으로 생겨난 여러 수가 청정한 까닭으로 대사가 청정하니라. 왜 그러한가? 만약 일체지지가 청정하거나, 만약 미계, 나아가 설촉을 인연으로 생겨난 여러 수가 청정하거나, 만약 대사가 청정하다면, 무이이고 둘로 나눌 수 없으며 분별이 없고 단절도 없는 까닭이니라.

선현이여. 일체지지가 청정한 까닭으로 신계가 청정하고, 신계가 청정한 까닭으로 대사가 청정하니라. 왜 그러한가? 만약 일체지지가 청정하거나, 만약 신계가 청정하거나, 만약 대사가 청정하다면, 무이이고 둘로 나눌 수 없으며 분별이 없고 단절도 없는 까닭이니라. 일체지지가 청정한 까닭으로 촉계·신식계, 나아가 신촉·신촉을 인연으로 생겨난 여러 수가 청정하고, 촉계, 나아가 신촉을 인연으로 생겨난 여러 수가 청정한 까닭으로 대사가 청정하니라. 왜 그러한가? 만약 일체지지가 청정하거나, 만약 촉계, 나아가 신촉을 인연으로 생겨난 여러 수가 청정하거나, 만약 대사가 청정하다면, 무이이고 둘로 나눌 수 없으며 분별이 없고 단절도 없는 까닭이니라.

선현이여. 일체지지가 청정한 까닭으로 의계가 청정하고, 의계가 청정한 까닭으로 대사가 청정하니라. 왜 그러한가? 만약 일체지지가 청정하거나, 만약 의계가 청정하거나, 만약 대사가 청정하다면, 무이이고 둘로 나눌 수 없으며 분별이 없고 단절도 없는 까닭이니라. 일체지지가 청정한 까닭으로 법계·의식계, 나아가 의촉·의촉을 인연으로 생겨난 여러 수가 청정하고, 법계, 나아가 의촉을 인연으로 생겨난 여러 수가 청정한 까닭으로 대사가 청정하니라. 왜 그러한가? 만약 일체지지가 청정하거나, 만약 법계, 나아가 의촉을 인연으로 생겨난 여러 수가 청정하거나, 만약 대사가 청정하다면, 무이이고 둘로 나눌 수 없으며 분별이 없고 단절도 없는 까닭이니라.

선현이여. 일체지지가 청정한 까닭으로 지계가 청정하고, 지계가 청정한 까닭으로 대사가 청정하니라. 왜 그러한가? 만약 일체지지가 청정하거나, 만약 지계가 청정하거나, 만약 대사가 청정하다면, 무이이고 둘로 나눌 수 없으며 분별이 없고 단절도 없는 까닭이니라. 일체지지가 청정한 까닭으로 수·화·풍·공·식계가 청정하고, 수·화·풍·공·식계가 청정한 까닭으로 대사가 청정하니라. 왜 그러한가? 만약 일체지지가 청정하거나, 만약 수·화·풍·공·식계가 청정하거나, 만약 대사가 청정하다면, 무이이고 둘로 나눌 수 없으며 분별이 없고 단절도 없는 까닭이니라.

선현이여. 일체지지가 청정한 까닭으로 무명이 청정하고, 무명이 청정한 까닭으로 대사가 청정하니라. 왜 그러한가? 만약 일체지지가 청정하거나, 만약 무명이 청정하거나, 만약 대사가 청정하다면, 무이이고 둘로 나눌 수 없으며 분별이 없고 단절도 없는 까닭이니라. 일체지지가 청정한 까닭으로 행·식·명색·육처·촉·수·애·취·유·생·노사의 수탄고우뇌가 청정하고, 행, 나아가 노사의 수탄고우뇌가 청정한 까닭으로 대사가 청정하니라. 왜 그러한가? 만약 일체지지가 청정하거나, 만약 행, 나아가 노사의 수탄고우뇌가 청정하거나, 만약 대사가 청정하다면, 무이이고 둘로 나눌 수 없으며 분별이 없고 단절도 없는 까닭이니라.

선현이여. 일체지지가 청정한 까닭으로 보시바라밀다가 청정하고, 보시바라밀다가 청정한 까닭으로 대사가 청정하니라. 왜 그러한가? 만약 일체지지가 청정하거나, 만약 보시바라밀다가 청정하거나, 만약 대사가 청정하다면, 무이이고 둘로 나눌 수 없으며 분별이 없고 단절도 없는 까닭이니라. 일체지지가 청정한 까닭으로 정계·안인·정진·정려·반야바라밀다가 청정하고, 정계, 나아가 반야바라밀다가 청정한 까닭으로 대사가 청정하니라. 왜 그러한가? 만약 일체지지가 청정하거나, 만약 정계, 나아가 반야바라밀다가 청정하거나, 만약 대사가 청정하다면, 무이이고 둘로 나눌 수 없으며 분별이 없고 단절도 없는 까닭이니라.

선현이여. 일체지지가 청정한 까닭으로 내공이 청정하고, 내공이 청정한 까닭으로 대사가 청정하니라. 왜 그러한가? 만약 일체지지가 청정하거나, 만약 내공이 청정하거나, 만약 대사가 청정하다면, 무이이고 둘로 나눌 수 없으며 분별이 없고 단절도 없는 까닭이니라. 일체지지가 청정한 까닭으로 외공·내외공·공공·대공·승의공·유위공·무위공·필경공·무제공·산공·무변이공·본성공·자상공·공상공·일체법공·불가득공·무성공·자성공·무성자성공이 청정하고, 외공, 나아가 무성자성공이 청정한 까닭으로 대사가 청정하니라. 왜 그러한가? 만약 일체지지가 청정하거나, 만약 외공, 나아가 무성자성공이 청정하거나, 만약 대사가 청정하다면, 무이이고 둘로 나눌 수 없으며 분별이 없고 단절도 없는 까닭이니라.

선현이여. 일체지지가 청정한 까닭으로 진여가 청정하고, 진여가 청정한 까닭으로 대사가 청정하니라. 왜 그러한가? 만약 일체지지가 청정하거나, 만약 진여가 청정하거나, 만약 대사가 청정하다면, 무이이고 둘로 나눌 수 없으며 분별이 없고 단절도 없는 까닭이니라. 일체지지가 청정한 까닭으로 법계·법성·불허망성·불변이성·평등성·이생성·법정·법주·실제·허공계·부사의계가 청정하고 법계, 나아가 부사의계가 청정한 까닭으로 대사가 청정하니라. 왜 그러한가? 만약 일체지지가 청정하거나, 만약 법계, 나아가 부사의계가 청정하거나, 만약 대사가 청정하다면, 무이이고 둘로 나눌 수 없으며 분별이 없고 단절도 없는 까닭이니라.

선현이여. 일체지지가 청정한 까닭으로 고성제가 청정하고, 고성제가 청정한 까닭으로 대사가 청정하니라. 왜 그러한가? 만약 일체지지가 청정하거나, 만약 고성제가 청정하거나, 만약 대사가 청정하다면, 무이이고 둘로 나눌 수 없으며 분별이 없고 단절도 없는 까닭이니라. 일체지지가 청정한 까닭으로 집·멸·도성제가 청정하고, 집·멸·도성제가 청정한 까닭으로 대사가 청정하니라. 왜 그러한가? 만약 일체지지가 청정하거나, 만약 집·멸·도성제가 청정하거나, 만약 대사가 청정하다면, 무이이고 둘로 나눌 수 없으며 분별이 없고 단절도 없는 까닭이니라.

　선현이여. 일체지지가 청정한 까닭으로 4정려가 청정하고, 4정려가 청정한 까닭으로 대사가 청정하니라. 왜 그러한가? 만약 일체지지가 청정하거나, 만약 4정려가 청정하거나, 만약 대사가 청정하다면, 무이이고 둘로 나눌 수 없으며 분별이 없고 단절도 없는 까닭이니라. 일체지지가 청정한 까닭으로 4무량·4무색정이 청정하고, 4무량·4무색정이 청정한 까닭으로 대사가 청정하니라. 왜 그러한가? 만약 일체지지가 청정하거나, 만약 4무량·4무색정이 청정하거나, 만약 대사가 청정하다면, 무이이고 둘로 나눌 수 없으며 분별이 없고 단절도 없는 까닭이니라.

　선현이여. 일체지지가 청정한 까닭으로 8해탈이 청정하고, 8해탈이 청정한 까닭으로 대사가 청정하니라. 왜 그러한가? 만약 일체지지가 청정하거나, 만약 8해탈이 청정하거나, 만약 대사가 청정하다면, 무이이고 둘로 나눌 수 없으며 분별이 없고 단절도 없는 까닭이니라. 일체지지가 청정한 까닭으로 8승처·9차제정·10변처가 청정하고, 8승처·9차제정·10변처가 청정한 까닭으로 대사가 청정하니라. 왜 그러한가? 만약 일체지지가 청정하거나, 만약 8승처·9차제정·10변처가 청정하거나, 만약 대사가 청정하다면, 무이이고 둘로 나눌 수 없으며 분별이 없고 단절도 없는 까닭이니라.

　선현이여. 일체지지가 청정한 까닭으로 4념주가 청정하고, 4념주가 청정한 까닭으로 대사가 청정하니라. 왜 그러한가? 만약 일체지지가 청정하거나, 만약 4념주가 청정하거나, 만약 대사가 청정하다면, 무이이고 둘로 나눌 수 없으며 분별이 없고 단절도 없는 까닭이니라. 일체지지가 청정한 까닭으로 4정단·4신족·5근·5력·7등각지·8성도지가 청정하고, 4정단, 나아가 8성도지가 청정한 까닭으로 대사가 청정하니라. 왜 그러한가? 만약 일체지지가 청정하거나, 만약 4정단, 나아가 8성도지가 청정하거나, 만약 대사가 청정하다면, 무이이고 둘로 나눌 수 없으며 분별이 없고 단절도 없는 까닭이니라.

선현이여. 일체지지가 청정한 까닭으로 공해탈문이 청정하고, 공해탈문이 청정한 까닭으로 대사가 청정하니라. 왜 그러한가? 만약 일체지지가 청정하거나, 만약 공해탈문이 청정하거나, 만약 대사가 청정하다면, 무이이고 둘로 나눌 수 없으며 분별이 없고 단절도 없는 까닭이니라. 일체지지가 청정한 까닭으로 무상·무원해탈문이 청정하고, 무상·무원해탈문이 청정한 까닭으로 대사가 청정하니라. 왜 그러한가? 만약 일체지지가 청정하거나, 만약 무상·무원해탈문이 청정하거나, 만약 대사가 청정하다면, 무이이고 둘로 나눌 수 없으며 분별이 없고 단절도 없는 까닭이니라.

선현이여. 일체지지가 청정한 까닭으로 보살의 10지가 청정하고, 보살의 10지가 청정한 까닭으로 대사가 청정하니라. 왜 그러한가? 만약 일체지지가 청정하거나, 만약 보살의 10지가 청정하거나, 만약 대사가 청정하다면, 무이이고 둘로 나눌 수 없으며 분별이 없고 단절도 없는 까닭이니라.

선현이여. 일체지지가 청정한 까닭으로 5안이 청정하고, 5안이 청정한 까닭으로 대사가 청정하니라. 왜 그러한가? 만약 일체지지가 청정하거나, 만약 5안이 청정하거나, 만약 대사가 청정하다면, 무이이고 둘로 나눌 수 없으며 분별이 없고 단절도 없는 까닭이니라. 선현이여. 일체지지가 청정한 까닭으로 6신통이 청정하고, 6신통이 청정한 까닭으로 대사가 청정하니라. 왜 그러한가? 만약 일체지지가 청정하거나, 만약 6신통이 청정하거나, 만약 대사가 청정하다면, 무이이고 둘로 나눌 수 없으며 분별이 없고 단절도 없는 까닭이니라.

선현이여. 일체지지가 청정한 까닭으로 여래의 10력이 청정하고, 여래의 10력이 청정한 까닭으로 대사가 청정하니라. 왜 그러한가? 만약 일체지지가 청정하거나, 만약 여래의 10력이 청정하거나, 만약 대사가 청정하다면, 무이이고 둘로 나눌 수 없으며 분별이 없고 단절도 없는 까닭이니라. 일체지지가 청정한 까닭으로 4무소외·4무애해·대자·대비·대희·18불불공법이 청정하고, 4무소외, 나아가 18불불공법이 청정한 까닭으로 대사가 청정하니라. 왜 그러한가? 만약 일체지지가 청정하거나, 만약 4무소외, 나아가 18불불공법이 청정하거나, 만약 대사가 청정하다면, 무이이고 둘로 나눌 수 없으며 분별이 없고 단절도 없는 까닭이니라.

선현이여. 일체지지가 청정한 까닭으로 무망실법이 청정하고, 무망실법이 청정한 까닭으로 대사가 청정하니라. 왜 그러한가? 만약 일체지지가 청정하거나, 만약 무망실법이 청정하거나, 만약 대사가 청정하다면, 무이이고 둘로 나눌 수 없으며 분별이 없고 단절도 없는 까닭이니라. 선현이여. 일체지지가 청정한 까닭으로 항주사성이 청정하고, 항주사성이 청정한 까닭으로 대사가 청정하니라. 왜 그러한가? 만약 일체지지가 청정하거나, 만약 항주사성이 청정하거나, 만약 대사가 청정하다면, 무이이고 둘로 나눌 수 없으며 분별이 없고 단절도 없는 까닭이니라.

선현이여. 일체지지가 청정한 까닭으로 일체지가 청정하고, 일체지가 청정한 까닭으로 대사가 청정하니라. 왜 그러한가? 만약 일체지지가 청정하거나, 만약 일체지가 청정하거나, 만약 대사가 청정하다면, 무이이고 둘로 나눌 수 없으며 분별이 없고 단절도 없는 까닭이니라. 일체지지가 청정한 까닭으로 도상지·일체상지가 청정하고, 도상지·일체상지가 청정한 까닭으로 대사가 청정하니라. 왜 그러한가? 만약 일체지지가 청정하거나, 만약 도상지·일체상지가 청정하거나, 만약 대사가 청정하다면, 무이이고 둘로 나눌 수 없으며 분별이 없고 단절도 없는 까닭이니라.

선현이여. 일체지지가 청정한 까닭으로 일체의 다라니문이 청정하고, 일체의 다라니문이 청정한 까닭으로 대사가 청정하니라. 왜 그러한가? 만약 일체지지가 청정하거나, 만약 일체의 다라니문이 청정하거나, 만약 대사가 청정하다면, 무이이고 둘로 나눌 수 없으며 분별이 없고 단절도 없는 까닭이니라. 선현이여. 일체지지가 청정한 까닭으로 일체의 삼마지문이 청정하고, 일체의 삼마지문이 청정한 까닭으로 대사가 청정하니라. 왜 그러한가? 만약 일체지지가 청정하거나, 만약 일체의 삼마지문이 청정하거나, 만약 대사가 청정하다면, 무이이고 둘로 나눌 수 없으며 분별이 없고 단절도 없는 까닭이니라.

선현이여. 일체지지가 청정한 까닭으로 예류과가 청정하고, 예류과가 청정한 까닭으로 대사가 청정하니라. 왜 그러한가? 만약 일체지지가 청정하거나, 만약 예류과가 청정하거나, 만약 대사가 청정하다면, 무이이고 둘로 나눌 수 없으며 분별이 없고 단절도 없는 까닭이니라. 일체지지가 청정한 까닭으로 일래·불환·아라한과가 청정하고, 일래·불환·아라한과가 청정한 까닭으로 대사가 청정하니라. 왜 그러한가? 만약 일체지지가 청정하거나, 만약 일래·불환·아라한과가 청정하거나, 만약 대사가 청정하다면, 무이이고 둘로 나눌 수 없으며 분별이 없고 단절도 없는 까닭이니라.

선현이여. 일체지지가 청정한 까닭으로 독각의 보리가 청정하고, 독각의 보리가 청정한 까닭으로 대사가 청정하니라. 왜 그러한가? 만약 일체지지가 청정하거나, 만약 독각의 보리가 청정하거나, 만약 대사가 청정하다면, 무이이고 둘로 나눌 수 없으며 분별이 없고 단절도 없는 까닭이니라.

선현이여. 일체지지가 청정한 까닭으로 일체의 보살마하살의 행이 청정하고, 일체의 보살마하살의 행이 청정한 까닭으로 대사가 청정하니라. 왜 그러한가? 만약 일체지지가 청정하거나, 만약 일체의 보살마하살의 행이 청정하거나, 만약 대사가 청정하다면, 무이이고 둘로 나눌 수 없으며 분별이 없고 단절도 없는 까닭이니라.

선현이여. 일체지지가 청정한 까닭으로 제불의 무상정등보리가 청정하고, 제불의 무상정등보리가 청정한 까닭으로 대사가 청정하니라. 왜 그러한가? 만약 일체지지가 청정하거나, 만약 제불의 무상정등보리가 청정하거나, 만약 대사가 청정하다면, 무이이고 둘로 나눌 수 없으며 분별이 없고 단절도 없는 까닭이니라."

마하반야바라밀다경 제278권

34. 난신해품(難信解品)(97)

"다시 다음으로 선현이여. 일체지지가 청정한 까닭으로 색이 청정하고, 색이 청정한 까닭으로 18불불공법(十八佛不共法)이 청정하니라. 왜 그러한가? 만약 일체지지가 청정하거나, 만약 색이 청정하거나, 만약 18불불공법이 청정하다면, 무이이고 둘로 나눌 수 없으며 분별이 없고 단절도 없는 까닭이니라. 일체지지가 청정한 까닭으로 수·상·행·식이 청정하고, 수·상·행·식이 청정한 까닭으로 18불불공법이 청정하니라. 왜 그러한가? 만약 일체지지가 청정하거나, 만약 수·상·행·식이 청정하거나, 만약 18불불공법이 청정하다면, 무이이고 둘로 나눌 수 없으며 분별이 없고 단절도 없는 까닭이니라.

선현이여. 일체지지가 청정한 까닭으로 안처가 청정하고, 안처가 청정한 까닭으로 18불불공법이 청정하니라. 왜 그러한가? 만약 일체지지가 청정하거나, 만약 안처가 청정하거나, 만약 18불불공법이 청정하다면, 무이이고 둘로 나눌 수 없으며 분별이 없고 단절도 없는 까닭이니라. 일체지지가 청정한 까닭으로 이·비·설·신·의처가 청정하고, 이·비·설·신·의처가 청정한 까닭으로 18불불공법이 청정하니라. 왜 그러한가? 만약 일체지지가 청정하거나, 만약 이·비·설·신·의처가 청정하거나, 만약 18불불공법이 청정하다면, 무이이고 둘로 나눌 수 없으며 분별이 없고 단절도 없는 까닭이니라.

선현이여. 일체지지가 청정한 까닭으로 색처가 청정하고, 색처가 청정

한 까닭으로 18불불공법이 청정하니라. 왜 그러한가? 만약 일체지지가 청정하거나, 만약 색처가 청정하거나, 만약 18불불공법이 청정하다면, 무이이고 둘로 나눌 수 없으며 분별이 없고 단절도 없는 까닭이니라. 일체지지가 청정한 까닭으로 성·향·미·촉·법처가 청정하고, 성·향·미·촉·법처가 청정한 까닭으로 18불불공법이 청정하니라. 왜 그러한가? 만약 일체지지가 청정하거나, 만약 성·향·미·촉·법처가 청정하거나, 만약 18불불공법이 청정하다면, 무이이고 둘로 나눌 수 없으며 분별이 없고 단절도 없는 까닭이니라.

선현이여. 일체지지가 청정한 까닭으로 안계가 청정하고, 안계가 청정한 까닭으로 18불불공법이 청정하니라. 왜 그러한가? 만약 일체지지가 청정하거나, 만약 안계가 청정하거나, 만약 18불불공법이 청정하다면, 무이이고 둘로 나눌 수 없으며 분별이 없고 단절도 없는 까닭이니라. 일체지지가 청정한 까닭으로 색계·안식계, 나아가 안촉·안촉을 인연으로 생겨난 여러 수가 청정하고, 색계, 나아가 안촉을 인연으로 생겨난 여러 수가 청정한 까닭으로 18불불공법이 청정하니라. 왜 그러한가? 만약 일체지지가 청정하거나, 만약 색계, 나아가 안촉을 인연으로 생겨난 여러 수가 청정하거나, 만약 18불불공법이 청정하다면, 무이이고 둘로 나눌 수 없으며 분별이 없고 단절도 없는 까닭이니라.

선현이여. 일체지지가 청정한 까닭으로 이계가 청정하고, 이계가 청정한 까닭으로 18불불공법이 청정하니라. 왜 그러한가? 만약 일체지지가 청정하거나, 만약 이계가 청정하거나, 만약 18불불공법이 청정하다면, 무이이고 둘로 나눌 수 없으며 분별이 없고 단절도 없는 까닭이니라. 일체지지가 청정한 까닭으로 성계·이식계, 나아가 이촉·이촉을 인연으로 생겨난 여러 수가 청정하고, 성계, 나아가 이촉을 인연으로 생겨난 여러 수가 청정한 까닭으로 18불불공법이 청정하니라. 왜 그러한가? 만약 일체지지가 청정하거나, 만약 성계, 나아가 이촉을 인연으로 생겨난 여러 수가 청정하거나, 만약 18불불공법이 청정하다면, 무이이고 둘로 나눌 수 없으며 분별이 없고 단절도 없는 까닭이니라.

　선현이여. 일체지지가 청정한 까닭으로 비계가 청정하고, 비계가 청정한 까닭으로 18불불공법이 청정하니라. 왜 그러한가? 만약 일체지지가 청정하거나, 만약 비계가 청정하거나, 만약 18불불공법이 청정하다면, 무이이고 둘로 나눌 수 없으며 분별이 없고 단절도 없는 까닭이니라. 일체지지가 청정한 까닭으로 향계·비식계, 나아가 비촉·비촉을 인연으로 생겨난 여러 수가 청정하고, 향계, 나아가 비촉을 인연으로 생겨난 여러 수가 청정한 까닭으로 18불불공법이 청정하니라. 왜 그러한가? 만약 일체지지가 청정하거나, 만약 향계, 나아가 비촉을 인연으로 생겨난 여러 수가 청정하거나, 만약 18불불공법이 청정하다면, 무이이고 둘로 나눌 수 없으며 분별이 없고 단절도 없는 까닭이니라.

　선현이여. 일체지지가 청정한 까닭으로 설계가 청정하고, 설계가 청정한 까닭으로 18불불공법이 청정하니라. 왜 그러한가? 만약 일체지지가 청정하거나, 만약 설계가 청정하거나, 만약 18불불공법이 청정하다면, 무이이고 둘로 나눌 수 없으며 분별이 없고 단절도 없는 까닭이니라. 일체지지가 청정한 까닭으로 미계·설식계, 나아가 설촉·설촉을 인연으로 생겨난 여러 수가 청정하고, 미계, 나아가 설촉을 인연으로 생겨난 여러 수가 청정한 까닭으로 18불불공법이 청정하니라. 왜 그러한가? 만약 일체지지가 청정하거나, 만약 미계, 나아가 설촉을 인연으로 생겨난 여러 수가 청정하거나, 만약 18불불공법이 청정하다면, 무이이고 둘로 나눌 수 없으며 분별이 없고 단절도 없는 까닭이니라.

　선현이여. 일체지지가 청정한 까닭으로 신계가 청정하고, 신계가 청정한 까닭으로 18불불공법이 청정하니라. 왜 그러한가? 만약 일체지지가 청정하거나, 만약 신계가 청정하거나, 만약 18불불공법이 청정하다면, 무이이고 둘로 나눌 수 없으며 분별이 없고 단절도 없는 까닭이니라. 일체지지가 청정한 까닭으로 촉계·신식계, 나아가 신촉·신촉을 인연으로 생겨난 여러 수가 청정하고, 촉계, 나아가 신촉을 인연으로 생겨난 여러 수가 청정한 까닭으로 18불불공법이 청정하니라. 왜 그러한가? 만약 일체지지가 청정하거나, 만약 촉계, 나아가 신촉을 인연으로 생겨난 여러 수가 청정하거나, 만약 18불불공법이 청정하다면, 무이이고 둘로 나눌 수 없으며 분별이 없고 단절도 없는 까닭이니라.

선현이여. 일체지지가 청정한 까닭으로 의계가 청정하고, 의계가 청정한 까닭으로 18불불공법이 청정하니라. 왜 그러한가? 만약 일체지지가 청정하거나, 만약 의계가 청정하거나, 만약 18불불공법이 청정하다면, 무이이고 둘로 나눌 수 없으며 분별이 없고 단절도 없는 까닭이니라. 일체지지가 청정한 까닭으로 법계·의식계, 나아가 의촉·의촉을 인연으로 생겨난 여러 수가 청정하고, 법계, 나아가 의촉을 인연으로 생겨난 여러 수가 청정한 까닭으로 18불불공법이 청정하니라. 왜 그러한가? 만약 일체지지가 청정하거나, 만약 법계, 나아가 의촉을 인연으로 생겨난 여러 수가 청정하거나, 만약 18불불공법이 청정하다면, 무이이고 둘로 나눌 수 없으며 분별이 없고 단절도 없는 까닭이니라.

선현이여. 일체지지가 청정한 까닭으로 지계가 청정하고, 지계가 청정한 까닭으로 18불불공법이 청정하니라. 왜 그러한가? 만약 일체지지가 청정하거나, 만약 지계가 청정하거나, 만약 18불불공법이 청정하다면, 무이이고 둘로 나눌 수 없으며 분별이 없고 단절도 없는 까닭이니라. 일체지지가 청정한 까닭으로 수·화·풍·공·식계가 청정하고, 수·화·풍·공·식계가 청정한 까닭으로 18불불공법이 청정하니라. 왜 그러한가? 만약 일체지지가 청정하거나, 만약 수·화·풍·공·식계가 청정하거나, 만약 18불불공법이 청정하다면, 무이이고 둘로 나눌 수 없으며 분별이 없고 단절도 없는 까닭이니라.

선현이여. 일체지지가 청정한 까닭으로 무명이 청정하고, 무명이 청정한 까닭으로 18불불공법이 청정하니라. 왜 그러한가? 만약 일체지지가 청정하거나, 만약 무명이 청정하거나, 만약 18불불공법이 청정하다면, 무이이고 둘로 나눌 수 없으며 분별이 없고 단절도 없는 까닭이니라. 일체지지가 청정한 까닭으로 행·식·명색·육처·촉·수·애·취·유·생·노사의 수탄고우뇌가 청정하고, 행, 나아가 노사의 수탄고우뇌가 청정한 까닭으로 18불불공법이 청정하니라. 왜 그러한가? 만약 일체지지가 청정하거나, 만약 행, 나아가 노사의 수탄고우뇌가 청정하거나, 만약 18불불공법이 청정하다면, 무이이고 둘로 나눌 수 없으며 분별이 없고 단절도 없는 까닭이니라.

선현이여. 일체지지가 청정한 까닭으로 보시바라밀다가 청정하고, 보시바라밀다가 청정한 까닭으로 18불불공법이 청정하니라. 왜 그러한가? 만약 일체지지가 청정하거나, 만약 보시바라밀다가 청정하거나, 만약 18불불공법이 청정하다면, 무이이고 둘로 나눌 수 없으며 분별이 없고 단절도 없는 까닭이니라. 일체지지가 청정한 까닭으로 정계·안인·정진·정려·반야바라밀다가 청정하고, 정계, 나아가 반야바라밀다가 청정한 까닭으로 18불불공법이 청정하니라. 왜 그러한가? 만약 일체지지가 청정하거나, 만약 정계, 나아가 반야바라밀다가 청정하거나, 만약 18불불공법이 청정하다면, 무이이고 둘로 나눌 수 없으며 분별이 없고 단절도 없는 까닭이니라.

선현이여. 일체지지가 청정한 까닭으로 내공이 청정하고, 내공이 청정한 까닭으로 18불불공법이 청정하니라. 왜 그러한가? 만약 일체지지가 청정하거나, 만약 내공이 청정하거나, 만약 18불불공법이 청정하다면, 무이이고 둘로 나눌 수 없으며 분별이 없고 단절도 없는 까닭이니라. 일체지지가 청정한 까닭으로 외공·내외공·공공·대공·승의공·유위공·무위공·필경공·무제공·산공·무변이공·본성공·자상공·공상공·일체법공·불가득공·무성공·자성공·무성자성공이 청정하고, 외공, 나아가 무성자성공이 청정한 까닭으로 18불불공법이 청정하니라. 왜 그러한가? 만약 일체지지가 청정하거나, 만약 외공, 나아가 무성자성공이 청정하거나, 만약 18불불공법이 청정하다면, 무이이고 둘로 나눌 수 없으며 분별이 없고 단절도 없는 까닭이니라.

선현이여. 일체지지가 청정한 까닭으로 진여가 청정하고, 진여가 청정한 까닭으로 18불불공법이 청정하니라. 왜 그러한가? 만약 일체지지가 청정하거나, 만약 진여가 청정하거나, 만약 18불불공법이 청정하다면, 무이이고 둘로 나눌 수 없으며 분별이 없고 단절도 없는 까닭이니라.

일체지지가 청정한 까닭으로 법계·법성·불허망성·불변이성·평등성·이생성·법정·법주·실제·허공계·부사의계가 청정하고 법계, 나아가 부사의계가 청정한 까닭으로 18불불공법이 청정하니라. 왜 그러한가? 만약 일체지지가 청정하거나, 만약 법계, 나아가 부사의계가 청정하거나, 만약 18불불공법이 청정하다면, 무이이고 둘로 나눌 수 없으며 분별이 없고 단절도 없는 까닭이니라.

선현이여. 일체지지가 청정한 까닭으로 고성제가 청정하고, 고성제가 청정한 까닭으로 18불불공법이 청정하니라. 왜 그러한가? 만약 일체지지가 청정하거나, 만약 고성제가 청정하거나, 만약 18불불공법이 청정하다면, 무이이고 둘로 나눌 수 없으며 분별이 없고 단절도 없는 까닭이니라. 일체지지가 청정한 까닭으로 집·멸·도성제가 청정하고, 집·멸·도성제가 청정한 까닭으로 18불불공법이 청정하니라. 왜 그러한가? 만약 일체지지가 청정하거나, 만약 집·멸·도성제가 청정하거나, 만약 18불불공법이 청정하다면, 무이이고 둘로 나눌 수 없으며 분별이 없고 단절도 없는 까닭이니라.

선현이여. 일체지지가 청정한 까닭으로 4정려가 청정하고, 4정려가 청정한 까닭으로 18불불공법이 청정하니라. 왜 그러한가? 만약 일체지지가 청정하거나, 만약 4정려가 청정하거나, 만약 18불불공법이 청정하다면, 무이이고 둘로 나눌 수 없으며 분별이 없고 단절도 없는 까닭이니라. 일체지지가 청정한 까닭으로 4무량·4무색정이 청정하고, 4무량·4무색정이 청정한 까닭으로 18불불공법이 청정하니라. 왜 그러한가? 만약 일체지지가 청정하거나, 만약 4무량·4무색정이 청정하거나, 만약 18불불공법이 청정하다면, 무이이고 둘로 나눌 수 없으며 분별이 없고 단절도 없는 까닭이니라.

선현이여. 일체지지가 청정한 까닭으로 8해탈이 청정하고, 8해탈이 청정한 까닭으로 18불불공법이 청정하니라. 왜 그러한가? 만약 일체지지가 청정하거나, 만약 8해탈이 청정하거나, 만약 18불불공법이 청정하다면, 무이이고 둘로 나눌 수 없으며 분별이 없고 단절도 없는 까닭이니라.

일체지지가 청정한 까닭으로 8승처·9차제정·10변처가 청정하고, 8승처·9차제정·10변처가 청정한 까닭으로 18불불공법이 청정하니라. 왜 그러한가? 만약 일체지지가 청정하거나, 만약 8승처·9차제정·10변처가 청정하거나, 만약 18불불공법이 청정하다면, 무이이고 둘로 나눌 수 없으며 분별이 없고 단절도 없는 까닭이니라.

선현이여. 일체지지가 청정한 까닭으로 4념주가 청정하고, 4념주가 청정한 까닭으로 18불불공법이 청정하니라. 왜 그러한가? 만약 일체지지가 청정하거나, 만약 4념주가 청정하거나, 만약 18불불공법이 청정하다면, 무이이고 둘로 나눌 수 없으며 분별이 없고 단절도 없는 까닭이니라. 일체지지가 청정한 까닭으로 4정단·4신족·5근·5력·7등각지·8성도지가 청정하고, 4정단, 나아가 8성도지가 청정한 까닭으로 18불불공법이 청정하니라. 왜 그러한가? 만약 일체지지가 청정하거나, 만약 4정단, 나아가 8성도지가 청정하거나, 만약 18불불공법이 청정하다면, 무이이고 둘로 나눌 수 없으며 분별이 없고 단절도 없는 까닭이니라.

선현이여. 일체지지가 청정한 까닭으로 공해탈문이 청정하고, 공해탈문이 청정한 까닭으로 18불불공법이 청정하니라. 왜 그러한가? 만약 일체지지가 청정하거나, 만약 공해탈문이 청정하거나, 만약 18불불공법이 청정하다면, 무이이고 둘로 나눌 수 없으며 분별이 없고 단절도 없는 까닭이니라. 일체지지가 청정한 까닭으로 무상·무원해탈문이 청정하고, 무상·무원해탈문이 청정한 까닭으로 18불불공법이 청정하니라. 왜 그러한가? 만약 일체지지가 청정하거나, 만약 무상·무원해탈문이 청정하거나, 만약 18불불공법이 청정하다면, 무이이고 둘로 나눌 수 없으며 분별이 없고 단절도 없는 까닭이니라.

선현이여. 일체지지가 청정한 까닭으로 보살의 10지가 청정하고, 보살의 10지가 청정한 까닭으로 18불불공법이 청정하니라. 왜 그러한가? 만약 일체지지가 청정하거나, 만약 보살의 10지가 청정하거나, 만약 18불불공법이 청정하다면, 무이이고 둘로 나눌 수 없으며 분별이 없고 단절도 없는 까닭이니라.

선현이여. 일체지지가 청정한 까닭으로 5안이 청정하고, 5안이 청정한 까닭으로 18불불공법이 청정하니라. 왜 그러한가? 만약 일체지지가 청정하거나, 만약 5안이 청정하거나, 만약 18불불공법이 청정하다면, 무이이고 둘로 나눌 수 없으며 분별이 없고 단절도 없는 까닭이니라. 선현이여. 일체지지가 청정한 까닭으로 6신통이 청정하고, 6신통이 청정한 까닭으로 18불불공법이 청정하니라. 왜 그러한가? 만약 일체지지가 청정하거나, 만약 6신통이 청정하거나, 만약 18불불공법이 청정하다면, 무이이고 둘로 나눌 수 없으며 분별이 없고 단절도 없는 까닭이니라.

선현이여. 일체지지가 청정한 까닭으로 여래의 10력이 청정하고, 여래의 10력이 청정한 까닭으로 18불불공법이 청정하니라. 왜 그러한가? 만약 일체지지가 청정하거나, 만약 여래의 10력이 청정하거나, 만약 18불불공법이 청정하다면, 무이이고 둘로 나눌 수 없으며 분별이 없고 단절도 없는 까닭이니라. 일체지지가 청정한 까닭으로 4무소외·4무애해·대자·대비·대희·대사가 청정하고, 4무소외, 나아가 대사가 청정한 까닭으로 18불불공법이 청정하니라. 왜 그러한가? 만약 일체지지가 청정하거나, 만약 4무소외, 나아가 대사가 청정하거나, 만약 18불불공법이 청정하다면, 무이이고 둘로 나눌 수 없으며 분별이 없고 단절도 없는 까닭이니라.

선현이여. 일체지지가 청정한 까닭으로 무망실법이 청정하고, 무망실법이 청정한 까닭으로 18불불공법이 청정하니라. 왜 그러한가? 만약 일체지지가 청정하거나, 만약 무망실법이 청정하거나, 만약 18불불공법이 청정하다면, 무이이고 둘로 나눌 수 없으며 분별이 없고 단절도 없는 까닭이니라. 선현이여. 일체지지가 청정한 까닭으로 항주사성이 청정하고, 항주사성이 청정한 까닭으로 18불불공법이 청정하니라. 왜 그러한가? 만약 일체지지가 청정하거나, 만약 항주사성이 청정하거나, 만약 18불불공법이 청정하다면, 무이이고 둘로 나눌 수 없으며 분별이 없고 단절도 없는 까닭이니라.

선현이여. 일체지지가 청정한 까닭으로 일체지가 청정하고, 일체지가 청정한 까닭으로 18불불공법이 청정하니라. 왜 그러한가? 만약 일체지지

가 청정하거나, 만약 일체지가 청정하거나, 만약 18불불공법이 청정하다
면, 무이이고 둘로 나눌 수 없으며 분별이 없고 단절도 없는 까닭이니라.
일체지지가 청정한 까닭으로 도상지·일체상지가 청정하고, 도상지·일체
상지가 청정한 까닭으로 18불불공법이 청정하니라. 왜 그러한가? 만약
일체지지가 청정하거나, 만약 도상지·일체상지가 청정하거나, 만약 18불
불공법이 청정하다면, 무이이고 둘로 나눌 수 없으며 분별이 없고 단절도
없는 까닭이니라.

　선현이여. 일체지지가 청정한 까닭으로 일체의 다라니문이 청정하고,
일체의 다라니문이 청정한 까닭으로 18불불공법이 청정하니라. 왜 그러
한가? 만약 일체지지가 청정하거나, 만약 일체의 다라니문이 청정하거나,
만약 18불불공법이 청정하다면, 무이이고 둘로 나눌 수 없으며 분별이
없고 단절도 없는 까닭이니라. 선현이여. 일체지지가 청정한 까닭으로
일체의 삼마지문이 청정하고, 일체의 삼마지문이 청정한 까닭으로 18불불
공법이 청정하니라. 왜 그러한가? 만약 일체지지가 청정하거나, 만약
일체의 삼마지문이 청정하거나, 만약 18불불공법이 청정하다면, 무이이
고 둘로 나눌 수 없으며 분별이 없고 단절도 없는 까닭이니라.

　선현이여. 일체지지가 청정한 까닭으로 예류과가 청정하고, 예류과가
청정한 까닭으로 18불불공법이 청정하니라. 왜 그러한가? 만약 일체지지
가 청정하거나, 만약 예류과가 청정하거나, 만약 18불불공법이 청정하다
면, 무이이고 둘로 나눌 수 없으며 분별이 없고 단절도 없는 까닭이니라.
일체지지가 청정한 까닭으로 일래·불환·아라한과가 청정하고, 일래·불
환·아라한과가 청정한 까닭으로 18불불공법이 청정하니라. 왜 그러한가?
만약 일체지지가 청정하거나, 만약 일래·불환·아라한과가 청정하거나,
만약 18불불공법이 청정하다면, 무이이고 둘로 나눌 수 없으며 분별이
없고 단절도 없는 까닭이니라.

　선현이여. 일체지지가 청정한 까닭으로 독각의 보리가 청정하고, 독각
의 보리가 청정한 까닭으로 18불불공법이 청정하니라. 왜 그러한가?
만약 일체지지가 청정하거나, 만약 독각의 보리가 청정하거나, 만약 18불

불공법이 청정하다면, 무이이고 둘로 나눌 수 없으며 분별이 없고 단절도
없는 까닭이니라.

선현이여. 일체지지가 청정한 까닭으로 일체의 보살마하살의 행이
청정하고, 일체의 보살마하살의 행이 청정한 까닭으로 18불불공법이
청정하니라. 왜 그러한가? 만약 일체지지가 청정하거나, 만약 일체의
보살마하살의 행이 청정하거나, 만약 18불불공법이 청정하다면, 무이이
고 둘로 나눌 수 없으며 분별이 없고 단절도 없는 까닭이니라.

선현이여. 일체지지가 청정한 까닭으로 제불의 무상정등보리가 청정하
고, 제불의 무상정등보리가 청정한 까닭으로 18불불공법이 청정하니라.
왜 그러한가? 만약 일체지지가 청정하거나, 만약 제불의 무상정등보리가
청정하거나, 만약 18불불공법이 청정하다면, 무이이고 둘로 나눌 수
없으며 분별이 없고 단절도 없는 까닭이니라.”

“다시 다음으로 선현이여. 일체지지가 청정한 까닭으로 색이 청정하고,
색이 청정한 까닭으로 무망실법(無忘失法)이 청정하니라. 왜 그러한가?
만약 일체지지가 청정하거나, 만약 색이 청정하거나, 만약 무망실법이
청정하다면, 무이이고 둘로 나눌 수 없으며 분별이 없고 단절도 없는
까닭이니라. 일체지지가 청정한 까닭으로 수·상·행·식이 청정하고, 수·
상·행·식이 청정한 까닭으로 무망실법이 청정하니라. 왜 그러한가? 만약
일체지지가 청정하거나, 만약 수·상·행·식이 청정하거나, 만약 무망실법
이 청정하다면, 무이이고 둘로 나눌 수 없으며 분별이 없고 단절도 없는
까닭이니라.

선현이여. 일체지지가 청정한 까닭으로 안처가 청정하고, 안처가 청정
한 까닭으로 무망실법이 청정하니라. 왜 그러한가? 만약 일체지지가
청정하거나, 만약 안처가 청정하거나, 만약 무망실법이 청정하다면, 무이
이고 둘로 나눌 수 없으며 분별이 없고 단절도 없는 까닭이니라. 일체지지
가 청정한 까닭으로 이·비·설·신·의처가 청정하고, 이·비·설·신·의처가
청정한 까닭으로 무망실법이 청정하니라. 왜 그러한가? 만약 일체지지가

청정하거나, 만약 이·비·설·신·의처가 청정하거나, 만약 무망실법이 청정하다면, 무이이고 둘로 나눌 수 없으며 분별이 없고 단절도 없는 까닭이니라.

선현이여. 일체지지가 청정한 까닭으로 색처가 청정하고, 색처가 청정한 까닭으로 무망실법이 청정하니라. 왜 그러한가? 만약 일체지지가 청정하거나, 만약 색처가 청정하거나, 만약 무망실법이 청정하다면, 무이이고 둘로 나눌 수 없으며 분별이 없고 단절도 없는 까닭이니라. 일체지지가 청정한 까닭으로 성·향·미·촉·법처가 청정하고, 성·향·미·촉·법처가 청정한 까닭으로 무망실법이 청정하니라. 왜 그러한가? 만약 일체지지가 청정하거나, 만약 성·향·미·촉·법처가 청정하거나, 만약 무망실법이 청정하다면, 무이이고 둘로 나눌 수 없으며 분별이 없고 단절도 없는 까닭이니라.

선현이여. 일체지지가 청정한 까닭으로 안계가 청정하고, 안계가 청정한 까닭으로 무망실법이 청정하니라. 왜 그러한가? 만약 일체지지가 청정하거나, 만약 안계가 청정하거나, 만약 무망실법이 청정하다면, 무이이고 둘로 나눌 수 없으며 분별이 없고 단절도 없는 까닭이니라. 일체지지가 청정한 까닭으로 색계·안식계, 나아가 안촉·안촉을 인연으로 생겨난 여러 수가 청정하고, 색계, 나아가 안촉을 인연으로 생겨난 여러 수가 청정한 까닭으로 무망실법이 청정하니라. 왜 그러한가? 만약 일체지지가 청정하거나, 만약 색계, 나아가 안촉을 인연으로 생겨난 여러 수가 청정하거나, 만약 무망실법이 청정하다면, 무이이고 둘로 나눌 수 없으며 분별이 없고 단절도 없는 까닭이니라.

선현이여. 일체지지가 청정한 까닭으로 이계가 청정하고, 이계가 청정한 까닭으로 무망실법이 청정하니라. 왜 그러한가? 만약 일체지지가 청정하거나, 만약 이계가 청정하거나, 만약 무망실법이 청정하다면, 무이이고 둘로 나눌 수 없으며 분별이 없고 단절도 없는 까닭이니라. 일체지지가 청정한 까닭으로 성계·이식계, 나아가 이촉·이촉을 인연으로 생겨난 여러 수가 청정하고, 성계, 나아가 이촉을 인연으로 생겨난 여러 수가 청정한 까닭으로 무망실법이 청정하니라. 왜 그러한가? 만약 일체지지가 청정하거나, 만약 성계, 나아가 이촉을 인연으로 생겨난 여러 수가 청정하거나, 만약 무망실법이 청정하다면, 무이이고 둘로 나눌 수 없으며 분별이 없고 단절도 없는 까닭이니라.

선현이여. 일체지지가 청정한 까닭으로 비계가 청정하고, 비계가 청정한 까닭으로 무망실법이 청정하니라. 왜 그러한가? 만약 일체지지가 청정하거나, 만약 비계가 청정하거나, 만약 무망실법이 청정하다면, 무이이고 둘로 나눌 수 없으며 분별이 없고 단절도 없는 까닭이니라. 일체지지가 청정한 까닭으로 향계·비식계, 나아가 비촉·비촉을 인연으로 생겨난 여러 수가 청정하고, 향계, 나아가 비촉을 인연으로 생겨난 여러 수가 청정한 까닭으로 무망실법이 청정하니라. 왜 그러한가? 만약 일체지지가 청정하거나, 만약 향계, 나아가 비촉을 인연으로 생겨난 여러 수가 청정하거나, 만약 무망실법이 청정하다면, 무이이고 둘로 나눌 수 없으며 분별이 없고 단절도 없는 까닭이니라.

선현이여. 일체지지가 청정한 까닭으로 설계가 청정하고, 설계가 청정한 까닭으로 무망실법이 청정하니라. 왜 그러한가? 만약 일체지지가 청정하거나, 만약 설계가 청정하거나, 만약 무망실법이 청정하다면, 무이이고 둘로 나눌 수 없으며 분별이 없고 단절도 없는 까닭이니라. 일체지지가 청정한 까닭으로 미계·설식계, 나아가 설촉·설촉을 인연으로 생겨난 여러 수가 청정하고, 미계, 나아가 설촉을 인연으로 생겨난 여러 수가 청정한 까닭으로 무망실법이 청정하니라. 왜 그러한가? 만약 일체지지가 청정하거나, 만약 미계, 나아가 설촉을 인연으로 생겨난 여러 수가 청정하거나, 만약 무망실법이 청정하다면, 무이이고 둘로 나눌 수 없으며 분별이 없고 단절도 없는 까닭이니라.

선현이여. 일체지지가 청정한 까닭으로 신계가 청정하고, 신계가 청정한 까닭으로 무망실법이 청정하니라. 왜 그러한가? 만약 일체지지가 청정하거나, 만약 신계가 청정하거나, 만약 무망실법이 청정하다면, 무이이고 둘로 나눌 수 없으며 분별이 없고 단절도 없는 까닭이니라. 일체지지가 청정한 까닭으로 촉계·신식계, 나아가 신촉·신촉을 인연으로 생겨난 여러 수가 청정하고, 촉계, 나아가 신촉을 인연으로 생겨난 여러 수가

청정한 까닭으로 무망실법이 청정하니라. 왜 그러한가? 만약 일체지지가
청정하거나, 만약 촉계, 나아가 신촉을 인연으로 생겨난 여러 수가 청정하
거나, 만약 무망실법이 청정하다면, 무이이고 둘로 나눌 수 없으며 분별이
없고 단절도 없는 까닭이니라.

　선현이여. 일체지지가 청정한 까닭으로 의계가 청정하고, 의계가 청정
한 까닭으로 무망실법이 청정하니라. 왜 그러한가? 만약 일체지지가
청정하거나, 만약 의계가 청정하거나, 만약 무망실법이 청정하다면, 무이
이고 둘로 나눌 수 없으며 분별이 없고 단절도 없는 까닭이니라. 일체지지
가 청정한 까닭으로 법계·의식계, 나아가 의촉·의촉을 인연으로 생겨난
여러 수가 청정하고, 법계, 나아가 의촉을 인연으로 생겨난 여러 수가
청정한 까닭으로 무망실법이 청정하니라. 왜 그러한가? 만약 일체지지가
청정하거나, 만약 법계, 나아가 의촉을 인연으로 생겨난 여러 수가 청정하
거나, 만약 무망실법이 청정하다면, 무이이고 둘로 나눌 수 없으며 분별이
없고 단절도 없는 까닭이니라.

　선현이여. 일체지지가 청정한 까닭으로 지계가 청정하고, 지계가 청정
한 까닭으로 무망실법이 청정하니라. 왜 그러한가? 만약 일체지지가
청정하거나, 만약 지계가 청정하거나, 만약 무망실법이 청정하다면, 무이
이고 둘로 나눌 수 없으며 분별이 없고 단절도 없는 까닭이니라. 일체지지
가 청정한 까닭으로 수·화·풍·공·식계가 청정하고, 수·화·풍·공·식계가
청정한 까닭으로 무망실법이 청정하니라. 왜 그러한가? 만약 일체지지가
청정하거나, 만약 수·화·풍·공·식계가 청정하거나, 만약 무망실법이 청정
하다면, 무이이고 둘로 나눌 수 없으며 분별이 없고 단절도 없는 까닭이니라.

　선현이여. 일체지지가 청정한 까닭으로 무명이 청정하고, 무명이 청정
한 까닭으로 무망실법이 청정하니라. 왜 그러한가? 만약 일체지지가
청정하거나, 만약 무명이 청정하거나, 만약 무망실법이 청정하다면, 무이
이고 둘로 나눌 수 없으며 분별이 없고 단절도 없는 까닭이니라. 일체지지
가 청정한 까닭으로 행·식·명색·육처·촉·수·애·취·유·생·노사의 수탄고
우뇌가 청정하고, 행, 나아가 노사의 수탄고우뇌가 청정한 까닭으로 무망

실법이 청정하니라. 왜 그러한가? 만약 일체지지가 청정하거나, 만약 행, 나아가 노사의 수탄고우뇌가 청정하거나, 만약 무망실법이 청정하다면, 무이이고 둘로 나눌 수 없으며 분별이 없고 단절도 없는 까닭이니라.

선현이여. 일체지지가 청정한 까닭으로 보시바라밀다가 청정하고, 보시바라밀다가 청정한 까닭으로 무망실법이 청정하니라. 왜 그러한가? 만약 일체지지가 청정하거나, 만약 보시바라밀다가 청정하거나, 만약 무망실법이 청정하다면, 무이이고 둘로 나눌 수 없으며 분별이 없고 단절도 없는 까닭이니라. 일체지지가 청정한 까닭으로 정계·안인·정진·정려·반야바라밀다가 청정하고, 정계, 나아가 반야바라밀다가 청정한 까닭으로 무망실법이 청정하니라. 왜 그러한가? 만약 일체지지가 청정하거나, 만약 정계, 나아가 반야바라밀다가 청정하거나, 만약 무망실법이 청정하다면, 무이이고 둘로 나눌 수 없으며 분별이 없고 단절도 없는 까닭이니라.

선현이여. 일체지지가 청정한 까닭으로 내공이 청정하고, 내공이 청정한 까닭으로 무망실법이 청정하니라. 왜 그러한가? 만약 일체지지가 청정하거나, 만약 내공이 청정하거나, 만약 무망실법이 청정하다면, 무이이고 둘로 나눌 수 없으며 분별이 없고 단절도 없는 까닭이니라. 일체지지가 청정한 까닭으로 외공·내외공·공공·대공·승의공·유위공·무위공·필경공·무제공·산공·무변이공·본성공·자상공·공상공·일체법공·불가득공·무성공·자성공·무성자성공이 청정하고, 외공, 나아가 무성자성공이 청정한 까닭으로 무망실법이 청정하니라. 왜 그러한가? 만약 일체지지가 청정하거나, 만약 외공, 나아가 무성자성공이 청정하거나, 만약 무망실법이 청정하다면, 무이이고 둘로 나눌 수 없으며 분별이 없고 단절도 없는 까닭이니라.

선현이여. 일체지지가 청정한 까닭으로 진여가 청정하고, 진여가 청정한 까닭으로 무망실법이 청정하니라. 왜 그러한가? 만약 일체지지가 청정하거나, 만약 진여가 청정하거나, 만약 무망실법이 청정하다면, 무이이고 둘로 나눌 수 없으며 분별이 없고 단절도 없는 까닭이니라. 일체지지가 청정한 까닭으로 법계·법성·불허망성·불변이성·평등성·이생성·법정·법주·실제·허공계·부사의계가 청정하고 법계, 나아가 부사의계가 청정한 까닭으로 무망실법이 청정하니라. 왜 그러한가? 만약 일체지지가 청정하거나, 만약 법계, 나아가 부사의계가 청정하거나, 만약 무망실법이 청정하다면, 무이이고 둘로 나눌 수 없으며 분별이 없고 단절도 없는 까닭이니라.

선현이여. 일체지지가 청정한 까닭으로 고성제가 청정하고, 고성제가 청정한 까닭으로 무망실법이 청정하니라. 왜 그러한가? 만약 일체지지가 청정하거나, 만약 고성제가 청정하거나, 만약 무망실법이 청정하다면, 무이이고 둘로 나눌 수 없으며 분별이 없고 단절도 없는 까닭이니라. 일체지지가 청정한 까닭으로 집·멸·도성제가 청정하고, 집·멸·도성제가 청정한 까닭으로 무망실법이 청정하니라. 왜 그러한가? 만약 일체지지가 청정하거나, 만약 집·멸·도성제가 청정하거나, 만약 무망실법이 청정하다면, 무이이고 둘로 나눌 수 없으며 분별이 없고 단절도 없는 까닭이니라.

선현이여. 일체지지가 청정한 까닭으로 4정려가 청정하고, 4정려가 청정한 까닭으로 무망실법이 청정하니라. 왜 그러한가? 만약 일체지지가 청정하거나, 만약 4정려가 청정하거나, 만약 무망실법이 청정하다면, 무이이고 둘로 나눌 수 없으며 분별이 없고 단절도 없는 까닭이니라. 일체지지가 청정한 까닭으로 4무량·4무색정이 청정하고, 4무량·4무색정이 청정한 까닭으로 무망실법이 청정하니라. 왜 그러한가? 만약 일체지지가 청정하거나, 만약 4무량·4무색정이 청정하거나, 만약 무망실법이 청정하다면, 무이이고 둘로 나눌 수 없으며 분별이 없고 단절도 없는 까닭이니라.

선현이여. 일체지지가 청정한 까닭으로 8해탈이 청정하고, 8해탈이 청정한 까닭으로 무망실법이 청정하니라. 왜 그러한가? 만약 일체지지가 청정하거나, 만약 8해탈이 청정하거나, 만약 무망실법이 청정하다면, 무이이고 둘로 나눌 수 없으며 분별이 없고 단절도 없는 까닭이니라. 일체지지가 청정한 까닭으로 8승처·9차제정·10변처가 청정하고, 8승처·9차제정·10변처가 청정한 까닭으로 무망실법이 청정하니라. 왜 그러한가? 만약 일체지지가 청정하거나, 만약 8승처·9차제정·10변처가 청정하거나, 만약 무망실법이 청정하다면, 무이이고 둘로 나눌 수 없으며 분별이 없고 단절도 없는 까닭이니라.

선현이여. 일체지지가 청정한 까닭으로 4념주가 청정하고, 4념주가 청정한 까닭으로 무망실법이 청정하니라. 왜 그러한가? 만약 일체지지가 청정하거나, 만약 4념주가 청정하거나, 만약 무망실법이 청정하다면, 무이이고 둘로 나눌 수 없으며 분별이 없고 단절도 없는 까닭이니라. 일체지지가 청정한 까닭으로 4정단·4신족·5근·5력·7등각지·8성도지가 청정하고, 4정단, 나아가 8성도지가 청정한 까닭으로 무망실법이 청정하니라. 왜 그러한가? 만약 일체지지가 청정하거나, 만약 4정단, 나아가 8성도지가 청정하거나, 만약 무망실법이 청정하다면, 무이이고 둘로 나눌 수 없으며 분별이 없고 단절도 없는 까닭이니라.

선현이여. 일체지지가 청정한 까닭으로 공해탈문이 청정하고, 공해탈문이 청정한 까닭으로 무망실법이 청정하니라. 왜 그러한가? 만약 일체지지가 청정하거나, 만약 공해탈문이 청정하거나, 만약 무망실법이 청정하다면, 무이이고 둘로 나눌 수 없으며 분별이 없고 단절도 없는 까닭이니라. 일체지지가 청정한 까닭으로 무상·무원해탈문이 청정하고, 무상·무원해탈문이 청정한 까닭으로 무망실법이 청정하니라. 왜 그러한가? 만약 일체지지가 청정하거나, 만약 무상·무원해탈문이 청정하거나, 만약 무망실법이 청정하다면, 무이이고 둘로 나눌 수 없으며 분별이 없고 단절도 없는 까닭이니라.

선현이여. 일체지지가 청정한 까닭으로 보살의 10지가 청정하고, 보살의 10지가 청정한 까닭으로 무망실법이 청정하니라. 왜 그러한가? 만약 일체지지가 청정하거나, 만약 보살의 10지가 청정하거나, 만약 무망실법이 청정하다면, 무이이고 둘로 나눌 수 없으며 분별이 없고 단절도 없는 까닭이니라.

선현이여. 일체지지가 청정한 까닭으로 5안이 청정하고, 5안이 청정한 까닭으로 무망실법이 청정하니라. 왜 그러한가? 만약 일체지지가 청정하

거나, 만약 5안이 청정하거나, 만약 무망실법이 청정하다면, 무이이고
둘로 나눌 수 없으며 분별이 없고 단절도 없는 까닭이니라. 선현이여.
일체지지가 청정한 까닭으로 6신통이 청정하고, 6신통이 청정한 까닭으로
무망실법이 청정하니라. 왜 그러한가? 만약 일체지지가 청정하거나,
만약 6신통이 청정하거나, 만약 무망실법이 청정하다면, 무이이고 둘로
나눌 수 없으며 분별이 없고 단절도 없는 까닭이니라.

　선현이여. 일체지지가 청정한 까닭으로 여래의 10력이 청정하고, 여래
의 10력이 청정한 까닭으로 무망실법이 청정하니라. 왜 그러한가? 만약
일체지지가 청정하거나, 만약 여래의 10력이 청정하거나, 만약 무망실법
이 청정하다면, 무이이고 둘로 나눌 수 없으며 분별이 없고 단절도 없는
까닭이니라. 일체지지가 청정한 까닭으로 4무소외·4무애해·대자·대비·
대희·대사·18불불공법이 청정하고, 4무소외, 나아가 18불불공법이 청정
한 까닭으로 무망실법이 청정하니라. 왜 그러한가? 만약 일체지지가
청정하거나, 만약 4무소외, 나아가 18불불공법이 청정하거나, 만약 무망
실법이 청정하다면, 무이이고 둘로 나눌 수 없으며 분별이 없고 단절도
없는 까닭이니라.

　선현이여. 일체지지가 청정한 까닭으로 항주사성이 청정하고, 항주사
성이 청정한 까닭으로 무망실법이 청정하니라. 왜 그러한가? 만약 일체지
지가 청정하거나, 만약 항주사성이 청정하거나, 만약 무망실법이 청정하
다면, 무이이고 둘로 나눌 수 없으며 분별이 없고 단절도 없는 까닭이니라.

　선현이여. 일체지지가 청정한 까닭으로 일체지가 청정하고, 일체지가
청정한 까닭으로 무망실법이 청정하니라. 왜 그러한가? 만약 일체지지가
청정하거나, 만약 일체지가 청정하거나, 만약 무망실법이 청정하다면,
무이이고 둘로 나눌 수 없으며 분별이 없고 단절도 없는 까닭이니라.
일체지지가 청정한 까닭으로 도상지·일체상지가 청정하고, 도상지·일체
상지가 청정한 까닭으로 무망실법이 청정하니라. 왜 그러한가? 만약
일체지지가 청정하거나, 만약 도상지·일체상지가 청정하거나, 만약 무망
실법이 청정하다면, 무이이고 둘로 나눌 수 없으며 분별이 없고 단절도

없는 까닭이니라.

선현이여. 일체지지가 청정한 까닭으로 일체의 다라니문이 청정하고, 일체의 다라니문이 청정한 까닭으로 무망실법이 청정하니라. 왜 그러한가? 만약 일체지지가 청정하거나, 만약 일체의 다라니문이 청정하거나, 만약 무망실법이 청정하다면, 무이이고 둘로 나눌 수 없으며 분별이 없고 단절도 없는 까닭이니라. 선현이여. 일체지지가 청정한 까닭으로 일체의 삼마지문이 청정하고, 일체의 삼마지문이 청정한 까닭으로 무망실법이 청정하니라. 왜 그러한가? 만약 일체지지가 청정하거나, 만약 일체의 삼마지문이 청정하거나, 만약 무망실법이 청정하다면, 무이이고 둘로 나눌 수 없으며 분별이 없고 단절도 없는 까닭이니라.

선현이여. 일체지지가 청정한 까닭으로 예류과가 청정하고, 예류과가 청정한 까닭으로 무망실법이 청정하니라. 왜 그러한가? 만약 일체지지가 청정하거나, 만약 예류과가 청정하거나, 만약 무망실법이 청정하다면, 무이이고 둘로 나눌 수 없으며 분별이 없고 단절도 없는 까닭이니라. 일체지지가 청정한 까닭으로 일래·불환·아라한과가 청정하고, 일래·불환·아라한과가 청정한 까닭으로 무망실법이 청정하니라. 왜 그러한가? 만약 일체지지가 청정하거나, 만약 일래·불환·아라한과가 청정하거나, 만약 무망실법이 청정하다면, 무이이고 둘로 나눌 수 없으며 분별이 없고 단절도 없는 까닭이니라.

선현이여. 일체지지가 청정한 까닭으로 독각의 보리가 청정하고, 독각의 보리가 청정한 까닭으로 무망실법이 청정하니라. 왜 그러한가? 만약 일체지지가 청정하거나, 만약 독각의 보리가 청정하거나, 만약 무망실법이 청정하다면, 무이이고 둘로 나눌 수 없으며 분별이 없고 단절도 없는 까닭이니라.

선현이여. 일체지지가 청정한 까닭으로 일체의 보살마하살의 행이 청정하고, 일체의 보살마하살의 행이 청정한 까닭으로 무망실법이 청정하니라. 왜 그러한가? 만약 일체지지가 청정하거나, 만약 일체의 보살마하살의 행이 청정하거나, 만약 무망실법이 청정하다면, 무이이고 둘로 나눌

수 없으며 분별이 없고 단절도 없는 까닭이니라.

　선현이여. 일체지지가 청정한 까닭으로 제불의 무상정등보리가 청정하고, 제불의 무상정등보리가 청정한 까닭으로 무망실법이 청정하니라. 왜 그러한가? 만약 일체지지가 청정하거나, 만약 제불의 무상정등보리가 청정하거나, 만약 무망실법이 청정하다면, 무이이고 둘로 나눌 수 없으며 분별이 없고 단절도 없는 까닭이니라."

마하반야바라밀다경 제279권

34. 난신해품(難信解品)(98)

　"다시 다음으로 선현이여. 일체지지가 청정한 까닭으로 색이 청정하고, 색이 청정한 까닭으로 항주사성(恒住捨性)이 청정하니라. 왜 그러한가? 만약 일체지지가 청정하거나, 만약 색이 청정하거나, 만약 항주사성이 청정하다면, 무이이고 둘로 나눌 수 없으며 분별이 없고 단절도 없는 까닭이니라. 일체지지가 청정한 까닭으로 수·상·행·식이 청정하고, 수·상·행·식이 청정한 까닭으로 항주사성이 청정하니라. 왜 그러한가? 만약 일체지지가 청정하거나, 만약 수·상·행·식이 청정하거나, 만약 항주사성이 청정하다면, 무이이고 둘로 나눌 수 없으며 분별이 없고 단절도 없는 까닭이니라.

　선현이여. 일체지지가 청정한 까닭으로 안처가 청정하고, 안처가 청정한 까닭으로 항주사성이 청정하니라. 왜 그러한가? 만약 일체지지가 청정하거나, 만약 안처가 청정하거나, 만약 항주사성이 청정하다면, 무이이고 둘로 나눌 수 없으며 분별이 없고 단절도 없는 까닭이니라. 일체지지가 청정한 까닭으로 이·비·설·신·의처가 청정하고, 이·비·설·신·의처가 청정한 까닭으로 항주사성이 청정하니라. 왜 그러한가? 만약 일체지지가 청정하거나, 만약 이·비·설·신·의처가 청정하거나, 만약 항주사성이 청정하다면, 무이이고 둘로 나눌 수 없으며 분별이 없고 단절도 없는 까닭이니라.

　선현이여. 일체지지가 청정한 까닭으로 색처가 청정하고, 색처가 청정한 까닭으로 항주사성이 청정하니라. 왜 그러한가? 만약 일체지지가 청정하거나, 만약 색처가 청정하거나, 만약 항주사성이 청정하다면, 무이이고 둘로 나눌 수 없으며 분별이 없고 단절도 없는 까닭이니라. 일체지지가 청정한 까닭으로 성·향·미·촉·법처가 청정하고, 성·향·미·촉·법처가 청정한 까닭으로 항주사성이 청정하니라. 왜 그러한가? 만약 일체지지가 청정하거나, 만약 성·향·미·촉·법처가 청정하거나, 만약 항주사성이 청정하다면, 무이이고 둘로 나눌 수 없으며 분별이 없고 단절도 없는 까닭이니라.

　선현이여. 일체지지가 청정한 까닭으로 안계가 청정하고, 안계가 청정한 까닭으로 항주사성이 청정하니라. 왜 그러한가? 만약 일체지지가 청정하거나, 만약 안계가 청정하거나, 만약 항주사성이 청정하다면, 무이이고 둘로 나눌 수 없으며 분별이 없고 단절도 없는 까닭이니라. 일체지지가 청정한 까닭으로 색계·안식계, 나아가 안촉·안촉을 인연으로 생겨난 여러 수가 청정하고, 색계, 나아가 안촉을 인연으로 생겨난 여러 수가 청정한 까닭으로 항주사성이 청정하니라. 왜 그러한가? 만약 일체지지가 청정하거나, 만약 색계, 나아가 안촉을 인연으로 생겨난 여러 수가 청정하거나, 만약 항주사성이 청정하다면, 무이이고 둘로 나눌 수 없으며 분별이 없고 단절도 없는 까닭이니라.

　선현이여. 일체지지가 청정한 까닭으로 이계가 청정하고, 이계가 청정한 까닭으로 항주사성이 청정하니라. 왜 그러한가? 만약 일체지지가 청정하거나, 만약 이계가 청정하거나, 만약 항주사성이 청정하다면, 무이이고 둘로 나눌 수 없으며 분별이 없고 단절도 없는 까닭이니라. 일체지지가 청정한 까닭으로 성계·이식계, 나아가 이촉·이촉을 인연으로 생겨난 여러 수가 청정하고, 성계, 나아가 이촉을 인연으로 생겨난 여러 수가 청정한 까닭으로 항주사성이 청정하니라. 왜 그러한가? 만약 일체지지가 청정하거나, 만약 성계, 나아가 이촉을 인연으로 생겨난 여러 수가 청정하거나, 만약 항주사성이 청정하다면, 무이이고 둘로 나눌 수 없으며 분별이 없고 단절도 없는 까닭이니라.

　선현이여. 일체지지가 청정한 까닭으로 비계가 청정하고, 비계가 청정한 까닭으로 항주사성이 청정하니라. 왜 그러한가? 만약 일체지지가 청정하거나, 만약 비계가 청정하거나, 만약 항주사성이 청정하다면, 무이이고 둘로 나눌 수 없으며 분별이 없고 단절도 없는 까닭이니라. 일체지지가 청정한 까닭으로 향계·비식계, 나아가 비촉·비촉을 인연으로 생겨난 여러 수가 청정하고, 향계, 나아가 비촉을 인연으로 생겨난 여러 수가 청정한 까닭으로 항주사성이 청정하니라. 왜 그러한가? 만약 일체지지가 청정하거나, 만약 향계, 나아가 비촉을 인연으로 생겨난 여러 수가 청정하거나, 만약 항주사성이 청정하다면, 무이이고 둘로 나눌 수 없으며 분별이 없고 단절도 없는 까닭이니라.

선현이여. 일체지지가 청정한 까닭으로 설계가 청정하고, 설계가 청정한 까닭으로 항주사성이 청정하니라. 왜 그러한가? 만약 일체지지가 청정하거나, 만약 설계가 청정하거나, 만약 항주사성이 청정하다면, 무이이고 둘로 나눌 수 없으며 분별이 없고 단절 없는 까닭이니라. 일체지지가 청정한 까닭으로 미계·설식계, 나아가 설촉·설촉을 인연으로 생겨난 여러 수가 청정하고, 미계, 나아가 설촉을 인연으로 생겨난 여러 수가 청정한 까닭으로 항주사성이 청정하니라. 왜 그러한가? 만약 일체지지가 청정하거나, 만약 미계, 나아가 설촉을 인연으로 생겨난 여러 수가 청정하거나, 만약 항주사성이 청정하다면, 무이이고 둘로 나눌 수 없으며 분별이 없고 단절도 없는 까닭이니라.

선현이여. 일체지지가 청정한 까닭으로 신계가 청정하고, 신계가 청정한 까닭으로 항주사성이 청정하니라. 왜 그러한가? 만약 일체지지가 청정하거나, 만약 신계가 청정하거나, 만약 항주사성이 청정하다면, 무이이고 둘로 나눌 수 없으며 분별이 없고 단절도 없는 까닭이니라. 일체지지가 청정한 까닭으로 촉계·신식계, 나아가 신촉·신촉을 인연으로 생겨난 여러 수가 청정하고, 촉계, 나아가 신촉을 인연으로 생겨난 여러 수가 청정한 까닭으로 항주사성이 청정하니라. 왜 그러한가? 만약 일체지지가 청정하거나, 만약 촉계, 나아가 신촉을 인연으로 생겨난 여러 수가 청정하거나, 만약 항주사성이 청정하다면, 무이이고 둘로 나눌 수 없으며 분별이 없고 단절도 없는 까닭이니라.

선현이여. 일체지지가 청정한 까닭으로 의계가 청정하고, 의계가 청정한 까닭으로 항주사성이 청정하니라. 왜 그러한가? 만약 일체지지가 청정하거나, 만약 의계가 청정하거나, 만약 항주사성이 청정하다면, 무이이고 둘로 나눌 수 없으며 분별이 없고 단절도 없는 까닭이니라. 일체지지가 청정한 까닭으로 법계·의식계, 나아가 의촉·의촉을 인연으로 생겨난 여러 수가 청정하고, 법계, 나아가 의촉을 인연으로 생겨난 여러 수가 청정한 까닭으로 항주사성이 청정하니라. 왜 그러한가? 만약 일체지지가 청정하거나, 만약 법계, 나아가 의촉을 인연으로 생겨난 여러 수가 청정하거나, 만약 항주사성이 청정하다면, 무이이고 둘로 나눌 수 없으며 분별이 없고 단절도 없는 까닭이니라.

선현이여. 일체지지가 청정한 까닭으로 지계가 청정하고, 지계가 청정한 까닭으로 항주사성이 청정하니라. 왜 그러한가? 만약 일체지지가 청정하거나, 만약 지계가 청정하거나, 만약 항주사성이 청정하다면, 무이이고 둘로 나눌 수 없으며 분별이 없고 단절도 없는 까닭이니라. 일체지지가 청정한 까닭으로 수·화·풍·공·식계가 청정하고, 수·화·풍·공·식계가 청정한 까닭으로 항주사성이 청정하니라. 왜 그러한가? 만약 일체지지가 청정하거나, 만약 수·화·풍·공·식계가 청정하거나, 만약 항주사성이 청정하다면, 무이이고 둘로 나눌 수 없으며 분별이 없고 단절도 없는 까닭이니라.

선현이여. 일체지지가 청정한 까닭으로 무명이 청정하고, 무명이 청정한 까닭으로 항주사성이 청정하니라. 왜 그러한가? 만약 일체지지가 청정하거나, 만약 무명이 청정하거나, 만약 항주사성이 청정하다면, 무이이고 둘로 나눌 수 없으며 분별이 없고 단절도 없는 까닭이니라. 일체지지가 청정한 까닭으로 행·식·명색·육처·촉·수·애·취·유·생·노사의 수탄고우뇌가 청정하고, 행, 나아가 노사의 수탄고우뇌가 청정한 까닭으로 항주사성이 청정하니라. 왜 그러한가? 만약 일체지지가 청정하거나, 만약 행, 나아가 노사의 수탄고우뇌가 청정하거나, 만약 항주사성이 청정하다면, 무이이고 둘로 나눌 수 없으며 분별이 없고 단절도 없는 까닭이니라.

선현이여. 일체지지가 청정한 까닭으로 보시바라밀다가 청정하고,

보시바라밀다가 청정한 까닭으로 항주사성이 청정하니라. 왜 그러한가? 만약 일체지지가 청정하거나, 만약 보시바라밀다가 청정하거나, 만약 항주사성이 청정하다면, 무이이고 둘로 나눌 수 없으며 분별이 없고 단절도 없는 까닭이니라. 일체지지가 청정한 까닭으로 정계·안인·정진·정려·반야바라밀다가 청정하고, 정계, 나아가 반야바라밀다가 청정한 까닭으로 항주사성이 청정하니라. 왜 그러한가? 만약 일체지지가 청정하거나, 만약 정계, 나아가 반야바라밀다가 청정하거나, 만약 항주사성이 청정하다면, 무이이고 둘로 나눌 수 없으며 분별이 없고 단절도 없는 까닭이니라.

선현이여. 일체지지가 청정한 까닭으로 내공이 청정하고, 내공이 청정한 까닭으로 항주사성이 청정하니라. 왜 그러한가? 만약 일체지지가 청정하거나, 만약 내공이 청정하거나, 만약 항주사성이 청정하다면, 무이이고 둘로 나눌 수 없으며 분별이 없고 단절도 없는 까닭이니라. 일체지지가 청정한 까닭으로 외공·내외공·공공·대공·승의공·유위공·무위공·필경공·무제공·산공·무변이공·본성공·자상공·공상공·일체법공·불가득공·무성공·자성공·무성자성공이 청정하고, 외공, 나아가 무성자성공이 청정한 까닭으로 항주사성이 청정하니라. 왜 그러한가? 만약 일체지지가 청정하거나, 만약 외공, 나아가 무성자성공이 청정하거나, 만약 항주사성이 청정하다면, 무이이고 둘로 나눌 수 없으며 분별이 없고 단절도 없는 까닭이니라.

선현이여. 일체지지가 청정한 까닭으로 진여가 청정하고, 진여가 청정한 까닭으로 항주사성이 청정하니라. 왜 그러한가? 만약 일체지지가 청정하거나, 만약 진여가 청정하거나, 만약 항주사성이 청정하다면, 무이이고 둘로 나눌 수 없으며 분별이 없고 단절도 없는 까닭이니라. 일체지지가 청정한 까닭으로 법계·법성·불허망성·불변이성·평등성·이생성·법정·법주·실제·허공계·부사의계가 청정하고 법계, 나아가 부사의계가 청정한 까닭으로 항주사성이 청정하니라. 왜 그러한가? 만약 일체지지가 청정하거나, 만약 법계, 나아가 부사의계가 청정하거나, 만약 항주사성이

청정하다면, 무이이고 둘로 나눌 수 없으며 분별이 없고 단절도 없는 까닭이니라.

선현이여. 일체지지가 청정한 까닭으로 고성제가 청정하고, 고성제가 청정한 까닭으로 항주사성이 청정하니라. 왜 그러한가? 만약 일체지지가 청정하거나, 만약 고성제가 청정하거나, 만약 항주사성이 청정하다면, 무이이고 둘로 나눌 수 없으며 분별이 없고 단절도 없는 까닭이니라. 일체지지가 청정한 까닭으로 집·멸·도성제가 청정하고, 집·멸·도성제가 청정한 까닭으로 항주사성이 청정하니라. 왜 그러한가? 만약 일체지지가 청정하거나, 만약 집·멸·도성제가 청정하거나, 만약 항주사성이 청정하다면, 무이이고 둘로 나눌 수 없으며 분별이 없고 단절도 없는 까닭이니라.

선현이여. 일체지지가 청정한 까닭으로 4정려가 청정하고, 4정려가 청정한 까닭으로 항주사성이 청정하니라. 왜 그러한가? 만약 일체지지가 청정하거나, 만약 4정려가 청정하거나, 만약 항주사성이 청정하다면, 무이이고 둘로 나눌 수 없으며 분별이 없고 단절도 없는 까닭이니라. 일체지지가 청정한 까닭으로 4무량·4무색정이 청정하고, 4무량·4무색정이 청정한 까닭으로 항주사성이 청정하니라. 왜 그러한가? 만약 일체지지가 청정하거나, 만약 4무량·4무색정이 청정하거나, 만약 항주사성이 청정하다면, 무이이고 둘로 나눌 수 없으며 분별이 없고 단절도 없는 까닭이니라.

선현이여. 일체지지가 청정한 까닭으로 8해탈이 청정하고, 8해탈이 청정한 까닭으로 항주사성이 청정하니라. 왜 그러한가? 만약 일체지지가 청정하거나, 만약 8해탈이 청정하거나, 만약 항주사성이 청정하다면, 무이이고 둘로 나눌 수 없으며 분별이 없고 단절도 없는 까닭이니라. 일체지지가 청정한 까닭으로 8승처·9차제정·10변처가 청정하고, 8승처·9차제정·10변처가 청정한 까닭으로 항주사성이 청정하니라. 왜 그러한가? 만약 일체지지가 청정하거나, 만약 8승처·9차제정·10변처가 청정하거나, 만약 항주사성이 청정하다면, 무이이고 둘로 나눌 수 없으며 분별이 없고 단절도 없는 까닭이니라.

선현이여. 일체지지가 청정한 까닭으로 4념주가 청정하고, 4념주가

청정한 까닭으로 항주사성이 청정하니라. 왜 그러한가? 만약 일체지지가 청정하거나, 만약 4념주가 청정하거나, 만약 항주사성이 청정하다면, 무이이고 둘로 나눌 수 없으며 분별이 없고 단절도 없는 까닭이니라. 일체지지가 청정한 까닭으로 4정단·4신족·5근·5력·7등각지·8성도지가 청정하고, 4정단, 나아가 8성도지가 청정한 까닭으로 항주사성이 청정하니라. 왜 그러한가? 만약 일체지지가 청정하거나, 만약 4정단, 나아가 8성도지가 청정하거나, 만약 항주사성이 청정하다면, 무이이고 둘로 나눌 수 없으며 분별이 없고 단절도 없는 까닭이니라.

선현이여. 일체지지가 청정한 까닭으로 공해탈문이 청정하고, 공해탈문이 청정한 까닭으로 항주사성이 청정하니라. 왜 그러한가? 만약 일체지지가 청정하거나, 만약 공해탈문이 청정하거나, 만약 항주사성이 청정하다면, 무이이고 둘로 나눌 수 없으며 분별이 없고 단절도 없는 까닭이니라. 일체지지가 청정한 까닭으로 무상·무원해탈문이 청정하고, 무상·무원해탈문이 청정한 까닭으로 항주사성이 청정하니라. 왜 그러한가? 만약 일체지지가 청정하거나, 만약 무상·무원해탈문이 청정하거나, 만약 항주사성이 청정하다면, 무이이고 둘로 나눌 수 없으며 분별이 없고 단절도 없는 까닭이니라.

선현이여. 일체지지가 청정한 까닭으로 보살의 10지가 청정하고, 보살의 10지가 청정한 까닭으로 항주사성이 청정하니라. 왜 그러한가? 만약 일체지지가 청정하거나, 만약 보살의 10지가 청정하거나, 만약 항주사성이 청정하다면, 무이이고 둘로 나눌 수 없으며 분별이 없고 단절도 없는 까닭이니라.

선현이여. 일체지지가 청정한 까닭으로 5안이 청정하고, 5안이 청정한 까닭으로 항주사성이 청정하니라. 왜 그러한가? 만약 일체지지가 청정하거나, 만약 5안이 청정하거나, 만약 항주사성이 청정하다면, 무이이고 둘로 나눌 수 없으며 분별이 없고 단절도 없는 까닭이니라. 선현이여. 일체지지가 청정한 까닭으로 6신통이 청정하고, 6신통이 청정한 까닭으로 항주사성이 청정하니라. 왜 그러한가? 만약 일체지지가 청정하거나,

만약 6신통이 청정하거나, 만약 항주사성이 청정하다면, 무이이고 둘로 나눌 수 없으며 분별이 없고 단절도 없는 까닭이니라.

선현이여. 일체지지가 청정한 까닭으로 여래의 10력이 청정하고, 여래의 10력이 청정한 까닭으로 항주사성이 청정하니라. 왜 그러한가? 만약 일체지지가 청정하거나, 만약 여래의 10력이 청정하거나, 만약 항주사성이 청정하다면, 무이이고 둘로 나눌 수 없으며 분별이 없고 단절도 없는 까닭이니라. 일체지지가 청정한 까닭으로 4무소외·4무애해·대자·대비·대희·대사·18불불공법이 청정하고, 4무소외, 나아가 18불불공법이 청정한 까닭으로 항주사성이 청정하니라. 왜 그러한가? 만약 일체지지가 청정하거나, 만약 4무소외, 나아가 18불불공법이 청정하거나, 만약 항주사성이 청정하다면, 무이이고 둘로 나눌 수 없으며 분별이 없고 단절도 없는 까닭이니라.

선현이여. 일체지지가 청정한 까닭으로 무망실법이 청정하고, 무망실법이 청정한 까닭으로 항주사성이 청정하니라. 왜 그러한가? 만약 일체지지가 청정하거나, 만약 무망실법이 청정하거나, 만약 항주사성이 청정하다면, 무이이고 둘로 나눌 수 없으며 분별이 없고 단절도 없는 까닭이니라.

선현이여. 일체지지가 청정한 까닭으로 일체지가 청정하고, 일체지가 청정한 까닭으로 항주사성이 청정하니라. 왜 그러한가? 만약 일체지지가 청정하거나, 만약 일체지가 청정하거나, 만약 항주사성이 청정하다면, 무이이고 둘로 나눌 수 없으며 분별이 없고 단절도 없는 까닭이니라. 일체지지가 청정한 까닭으로 도상지·일체상지가 청정하고, 도상지·일체상지가 청정한 까닭으로 항주사성이 청정하니라. 왜 그러한가? 만약 일체지지가 청정하거나, 만약 도상지·일체상지가 청정하거나, 만약 항주사성이 청정하다면, 무이이고 둘로 나눌 수 없으며 분별이 없고 단절도 없는 까닭이니라.

선현이여. 일체지지가 청정한 까닭으로 일체의 다라니문이 청정하고, 일체의 다라니문이 청정한 까닭으로 항주사성이 청정하니라. 왜 그러한가? 만약 일체지지가 청정하거나, 만약 일체의 다라니문이 청정하거나,

만약 항주사성이 청정하다면, 무이이고 둘로 나눌 수 없으며 분별이 없고 단절도 없는 까닭이니라. 선현이여. 일체지지가 청정한 까닭으로 일체의 삼마지문이 청정하고, 일체의 삼마지문이 청정한 까닭으로 항주사성이 청정하니라. 왜 그러한가? 만약 일체지지가 청정하거나, 만약 일체의 삼마지문이 청정하거나, 만약 항주사성이 청정하다면, 무이이고 둘로 나눌 수 없으며 분별이 없고 단절도 없는 까닭이니라.

선현이여. 일체지지가 청정한 까닭으로 예류과가 청정하고, 예류과가 청정한 까닭으로 항주사성이 청정하니라. 왜 그러한가? 만약 일체지지가 청정하거나, 만약 예류과가 청정하거나, 만약 항주사성이 청정하다면, 무이이고 둘로 나눌 수 없으며 분별이 없고 단절도 없는 까닭이니라. 일체지지가 청정한 까닭으로 일래·불환·아라한과가 청정하고, 일래·불환·아라한과가 청정한 까닭으로 항주사성이 청정하니라. 왜 그러한가? 만약 일체지지가 청정하거나, 만약 일래·불환·아라한과가 청정하거나, 만약 항주사성이 청정하다면, 무이이고 둘로 나눌 수 없으며 분별이 없고 단절도 없는 까닭이니라.

선현이여. 일체지지가 청정한 까닭으로 독각의 보리가 청정하고, 독각의 보리가 청정한 까닭으로 항주사성이 청정하니라. 왜 그러한가? 만약 일체지지가 청정하거나, 만약 독각의 보리가 청정하거나, 만약 항주사성이 청정하다면, 무이이고 둘로 나눌 수 없으며 분별이 없고 단절도 없는 까닭이니라.

선현이여. 일체지지가 청정한 까닭으로 일체의 보살마하살의 행이 청정하고, 일체의 보살마하살의 행이 청정한 까닭으로 항주사성이 청정하니라. 왜 그러한가? 만약 일체지지가 청정하거나, 만약 일체의 보살마하살의 행이 청정하거나, 만약 항주사성이 청정하다면, 무이이고 둘로 나눌 수 없으며 분별이 없고 단절도 없는 까닭이니라.

선현이여. 일체지지가 청정한 까닭으로 제불의 무상정등보리가 청정하고, 제불의 무상정등보리가 청정한 까닭으로 항주사성이 청정하니라. 왜 그러한가? 만약 일체지지가 청정하거나, 만약 제불의 무상정등보리가 청정하거나, 만약 항주사성이 청정하다면, 무이이고 둘로 나눌 수 없으며 분별이 없고 단절도 없는 까닭이니라."

"다시 다음으로 선현이여. 일체지지가 청정한 까닭으로 색이 청정하고, 색이 청정한 까닭으로 일체지(一切智)가 청정하니라. 왜 그러한가? 만약 일체지지가 청정하거나, 만약 색이 청정하거나, 만약 일체지가 청정하다 면, 무이이고 둘로 나눌 수 없으며 분별이 없고 단절도 없는 까닭이니라. 일체지지가 청정한 까닭으로 수·상·행·식이 청정하고, 수·상·행·식이 청정한 까닭으로 일체지가 청정하니라. 왜 그러한가? 만약 일체지지가 청정하거나, 만약 수·상·행·식이 청정하거나, 만약 일체지가 청정하다면, 무이이고 둘로 나눌 수 없으며 분별이 없고 단절도 없는 까닭이니라.

선현이여. 일체지지가 청정한 까닭으로 안처가 청정하고, 안처가 청정한 까닭으로 일체지가 청정하니라. 왜 그러한가? 만약 일체지지가 청정하거나, 만약 안처가 청정하거나, 만약 일체지가 청정하다면, 무이이고 둘로 나눌 수 없으며 분별이 없고 단절도 없는 까닭이니라. 일체지지가 청정한 까닭으로 이·비·설·신·의처가 청정하고, 이·비·설·신·의처가 청정한 까닭으로 일체지가 청정하니라. 왜 그러한가? 만약 일체지지가 청정하거나, 만약 이·비·설·신·의처가 청정하거나, 만약 일체지가 청정하다면, 무이이고 둘로 나눌 수 없으며 분별이 없고 단절도 없는 까닭이니라.

선현이여. 일체지지가 청정한 까닭으로 색처가 청정하고, 색처가 청정한 까닭으로 일체지가 청정하니라. 왜 그러한가? 만약 일체지지가 청정하거나, 만약 색처가 청정하거나, 만약 일체지가 청정하다면, 무이이고 둘로 나눌 수 없으며 분별이 없고 단절도 없는 까닭이니라. 일체지지가 청정한 까닭으로 성·향·미·촉·법처가 청정하고, 성·향·미·촉·법처가 청정한 까닭으로 일체지가 청정하니라. 왜 그러한가? 만약 일체지지가 청정하거나, 만약 성·향·미·촉·법처가 청정하거나, 만약 일체지가 청정하다면, 무이이고 둘로 나눌 수 없으며 분별이 없고 단절도 없는 까닭이니라.

선현이여. 일체지지가 청정한 까닭으로 안계가 청정하고, 안계가 청정

한 까닭으로 일체지가 청정하니라. 왜 그러한가? 만약 일체지지가 청정하거나, 만약 안계가 청정하거나, 만약 일체지가 청정하다면, 무이이고 둘로 나눌 수 없으며 분별이 없고 단절도 없는 까닭이니라. 일체지지가 청정한 까닭으로 색계·안식계, 나아가 안촉·안촉을 인연으로 생겨난 여러 수가 청정하고, 색계, 나아가 안촉을 인연으로 생겨난 여러 수가 청정한 까닭으로 일체지가 청정하니라. 왜 그러한가? 만약 일체지지가 청정하거나, 만약 색계, 나아가 안촉을 인연으로 생겨난 여러 수가 청정하거나, 만약 일체지가 청정하다면, 무이이고 둘로 나눌 수 없으며 분별이 없고 단절도 없는 까닭이니라.

선현이여. 일체지지가 청정한 까닭으로 이계가 청정하고, 이계가 청정한 까닭으로 일체지가 청정하니라. 왜 그러한가? 만약 일체지지가 청정하거나, 만약 이계가 청정하거나, 만약 일체지가 청정하다면, 무이이고 둘로 나눌 수 없으며 분별이 없고 단절도 없는 까닭이니라. 일체지지가 청정한 까닭으로 성계·이식계, 나아가 이촉·이촉을 인연으로 생겨난 여러 수가 청정하고, 성계, 나아가 이촉을 인연으로 생겨난 여러 수가 청정한 까닭으로 일체지가 청정하니라. 왜 그러한가? 만약 일체지지가 청정하거나, 만약 성계, 나아가 이촉을 인연으로 생겨난 여러 수가 청정하거나, 만약 일체지가 청정하다면, 무이이고 둘로 나눌 수 없으며 분별이 없고 단절도 없는 까닭이니라.

선현이여. 일체지지가 청정한 까닭으로 비계가 청정하고, 비계가 청정한 까닭으로 일체지가 청정하니라. 왜 그러한가? 만약 일체지지가 청정하거나, 만약 비계가 청정하거나, 만약 일체지가 청정하다면, 무이이고 둘로 나눌 수 없으며 분별이 없고 단절도 없는 까닭이니라. 일체지지가 청정한 까닭으로 향계·비식계, 나아가 비촉·비촉을 인연으로 생겨난 여러 수가 청정하고, 향계, 나아가 비촉을 인연으로 생겨난 여러 수가 청정한 까닭으로 일체지가 청정하니라. 왜 그러한가? 만약 일체지지가 청정하거나, 만약 향계, 나아가 비촉을 인연으로 생겨난 여러 수가 청정하거나, 만약 일체지가 청정하다면, 무이이고 둘로 나눌 수 없으며 분별이

없고 단절도 없는 까닭이니라.

선현이여. 일체지지가 청정한 까닭으로 설계가 청정하고, 설계가 청정한 까닭으로 일체지가 청정하니라. 왜 그러한가? 만약 일체지지가 청정하거나, 만약 설계가 청정하거나, 만약 일체지가 청정하다면, 무이이고 둘로 나눌 수 없으며 분별이 없고 단절도 없는 까닭이니라. 일체지지가 청정한 까닭으로 미계·설식계, 나아가 설촉·설촉을 인연으로 생겨난 여러 수가 청정하고, 미계, 나아가 설촉을 인연으로 생겨난 여러 수가 청정한 까닭으로 일체지가 청정하니라. 왜 그러한가? 만약 일체지지가 청정하거나, 만약 미계, 나아가 설촉을 인연으로 생겨난 여러 수가 청정하거나, 만약 일체지가 청정하다면, 무이이고 둘로 나눌 수 없으며 분별이 없고 단절도 없는 까닭이니라.

선현이여. 일체지지가 청정한 까닭으로 신계가 청정하고, 신계가 청정한 까닭으로 일체지가 청정하니라. 왜 그러한가? 만약 일체지지가 청정하거나, 만약 신계가 청정하거나, 만약 일체지가 청정하다면, 무이이고 둘로 나눌 수 없으며 분별이 없고 단절도 없는 까닭이니라. 일체지지가 청정한 까닭으로 촉계·신식계, 나아가 신촉·신촉을 인연으로 생겨난 여러 수가 청정하고, 촉계, 나아가 신촉을 인연으로 생겨난 여러 수가 청정한 까닭으로 일체지가 청정하니라. 왜 그러한가? 만약 일체지지가 청정하거나, 만약 촉계, 나아가 신촉을 인연으로 생겨난 여러 수가 청정하거나, 만약 일체지가 청정하다면, 무이이고 둘로 나눌 수 없으며 분별이 없고 단절도 없는 까닭이니라.

선현이여. 일체지지가 청정한 까닭으로 의계가 청정하고, 의계가 청정한 까닭으로 일체지가 청정하니라. 왜 그러한가? 만약 일체지지가 청정하거나, 만약 의계가 청정하거나, 만약 일체지가 청정하다면, 무이이고 둘로 나눌 수 없으며 분별이 없고 단절도 없는 까닭이니라. 일체지지가 청정한 까닭으로 법계·의식계, 나아가 의촉·의촉을 인연으로 생겨난 여러 수가 청정하고, 법계, 나아가 의촉을 인연으로 생겨난 여러 수가 청정한 까닭으로 일체지가 청정하니라. 왜 그러한가? 만약 일체지지가 청정하거나, 만약 법계, 나아가 의촉을 인연으로 생겨난 여러 수가 청정하거나, 만약 일체지가 청정하다면, 무이이고 둘로 나눌 수 없으며 분별이 없고 단절도 없는 까닭이니라.

선현이여. 일체지지가 청정한 까닭으로 지계가 청정하고, 지계가 청정한 까닭으로 일체지가 청정하니라. 왜 그러한가? 만약 일체지지가 청정하거나, 만약 지계가 청정하거나, 만약 일체지가 청정하다면, 무이이고 둘로 나눌 수 없으며 분별이 없고 단절도 없는 까닭이니라. 일체지지가 청정한 까닭으로 수·화·풍·공·식계가 청정하고, 수·화·풍·공·식계가 청정한 까닭으로 일체지가 청정하니라. 왜 그러한가? 만약 일체지지가 청정하거나, 만약 수·화·풍·공·식계가 청정하거나, 만약 일체지가 청정하다면, 무이이고 둘로 나눌 수 없으며 분별이 없고 단절도 없는 까닭이니라.

선현이여. 일체지지가 청정한 까닭으로 무명이 청정하고, 무명이 청정한 까닭으로 일체지가 청정하니라. 왜 그러한가? 만약 일체지지가 청정하거나, 만약 무명이 청정하거나, 만약 일체지가 청정하다면, 무이이고 둘로 나눌 수 없으며 분별이 없고 단절도 없는 까닭이니라. 일체지지가 청정한 까닭으로 행·식·명색·육처·촉·수·애·취·유·생·노사의 수탄고우뇌가 청정하고, 행, 나아가 노사의 수탄고우뇌가 청정한 까닭으로 일체지가 청정하니라. 왜 그러한가? 만약 일체지지가 청정하거나, 만약 행, 나아가 노사의 수탄고우뇌가 청정하거나, 만약 일체지가 청정하다면, 무이이고 둘로 나눌 수 없으며 분별이 없고 단절도 없는 까닭이니라.

선현이여. 일체지지가 청정한 까닭으로 보시바라밀다가 청정하고, 보시바라밀다가 청정한 까닭으로 일체지가 청정하니라. 왜 그러한가? 만약 일체지지가 청정하거나, 만약 보시바라밀다가 청정하거나, 만약 일체지가 청정하다면, 무이이고 둘로 나눌 수 없으며 분별이 없고 단절도 없는 까닭이니라. 일체지지가 청정한 까닭으로 정계·안인·정진·정려·반야바라밀다가 청정하고, 정계, 나아가 반야바라밀다가 청정한 까닭으로 일체지가 청정하니라. 왜 그러한가? 만약 일체지지가 청정하거나, 만약 정계, 나아가 반야바라밀다가 청정하거나, 만약 일체지가 청정하다면,

무이이고 둘로 나눌 수 없으며 분별이 없고 단절도 없는 까닭이니라.

선현이여. 일체지지가 청정한 까닭으로 내공이 청정하고, 내공이 청정한 까닭으로 일체지가 청정하니라. 왜 그러한가? 만약 일체지지가 청정하거나, 만약 내공이 청정하거나, 만약 일체지가 청정하다면, 무이이고 둘로 나눌 수 없으며 분별이 없고 단절도 없는 까닭이니라. 일체지지가 청정한 까닭으로 외공·내외공·공공·대공·승의공·유위공·무위공·필경공·무제공·산공·무변이공·본성공·자상공·공상공·일체법공·불가득공·무성공·자성공·무성자성공이 청정하고, 외공, 나아가 무성자성공이 청정한 까닭으로 일체지가 청정하니라. 왜 그러한가? 만약 일체지지가 청정하거나, 만약 외공, 나아가 무성자성공이 청정하거나, 만약 일체지가 청정하다면, 무이이고 둘로 나눌 수 없으며 분별이 없고 단절도 없는 까닭이니라.

선현이여. 일체지지가 청정한 까닭으로 진여가 청정하고, 진여가 청정한 까닭으로 일체지가 청정하니라. 왜 그러한가? 만약 일체지지가 청정하거나, 만약 진여가 청정하거나, 만약 일체지가 청정하다면, 무이이고 둘로 나눌 수 없으며 분별이 없고 단절도 없는 까닭이니라. 일체지지가 청정한 까닭으로 법계·법성·불허망성·불변이성·평등성·이생성·법정·법주·실제·허공계·부사의계가 청정하고 법계, 나아가 부사의계가 청정한 까닭으로 일체지가 청정하니라. 왜 그러한가? 만약 일체지지가 청정하거나, 만약 법계, 나아가 부사의계가 청정하거나, 만약 일체지가 청정하다면, 무이이고 둘로 나눌 수 없으며 분별이 없고 단절도 없는 까닭이니라.

선현이여. 일체지지가 청정한 까닭으로 고성제가 청정하고, 고성제가 청정한 까닭으로 일체지가 청정하니라. 왜 그러한가? 만약 일체지지가 청정하거나, 만약 고성제가 청정하거나, 만약 일체지가 청정하다면, 무이이고 둘로 나눌 수 없으며 분별이 없고 단절도 없는 까닭이니라. 일체지지가 청정한 까닭으로 집·멸·도성제가 청정하고, 집·멸·도성제가 청정한 까닭으로 일체지가 청정하니라. 왜 그러한가? 만약 일체지지가 청정하거나, 만약 집·멸·도성제가 청정하거나, 만약 일체지가 청정하다면, 무이이고 둘로 나눌 수 없으며 분별이 없고 단절도 없는 까닭이니라.

선현이여. 일체지지가 청정한 까닭으로 4정려가 청정하고, 4정려가 청정한 까닭으로 일체지가 청정하니라. 왜 그러한가? 만약 일체지지가 청정하거나, 만약 4정려가 청정하거나, 만약 일체지가 청정하다면, 무이이고 둘로 나눌 수 없으며 분별이 없고 단절도 없는 까닭이니라. 일체지지가 청정한 까닭으로 4무량·4무색정이 청정하고, 4무량·4무색정이 청정한 까닭으로 일체지가 청정하니라. 왜 그러한가? 만약 일체지지가 청정하거나, 만약 4무량·4무색정이 청정하거나, 만약 일체지가 청정하다면, 무이이고 둘로 나눌 수 없으며 분별이 없고 단절도 없는 까닭이니라.

선현이여. 일체지지가 청정한 까닭으로 8해탈이 청정하고, 8해탈이 청정한 까닭으로 일체지가 청정하니라. 왜 그러한가? 만약 일체지지가 청정하거나, 만약 8해탈이 청정하거나, 만약 일체지가 청정하다면, 무이이고 둘로 나눌 수 없으며 분별이 없고 단절도 없는 까닭이니라. 일체지지가 청정한 까닭으로 8승처·9차제정·10변처가 청정하고, 8승처·9차제정·10변처가 청정한 까닭으로 일체지가 청정하니라. 왜 그러한가? 만약 일체지지가 청정하거나, 만약 8승처·9차제정·10변처가 청정하거나, 만약 일체지가 청정하다면, 무이이고 둘로 나눌 수 없으며 분별이 없고 단절도 없는 까닭이니라.

선현이여. 일체지지가 청정한 까닭으로 4념주가 청정하고, 4념주가 청정한 까닭으로 일체지가 청정하니라. 왜 그러한가? 만약 일체지지가 청정하거나, 만약 4념주가 청정하거나, 만약 일체지가 청정하다면, 무이이고 둘로 나눌 수 없으며 분별이 없고 단절도 없는 까닭이니라. 일체지지가 청정한 까닭으로 4정단·4신족·5근·5력·7등각지·8성도지가 청정하고, 4정단, 나아가 8성도지가 청정한 까닭으로 일체지가 청정하니라. 왜 그러한가? 만약 일체지지가 청정하거나, 만약 4정단, 나아가 8성도지가 청정하거나, 만약 일체지가 청정하다면, 무이이고 둘로 나눌 수 없으며 분별이 없고 단절도 없는 까닭이니라.

선현이여. 일체지지가 청정한 까닭으로 공해탈문이 청정하고, 공해탈문이 청정한 까닭으로 일체지가 청정하니라. 왜 그러한가? 만약 일체지지가 청정하거나, 만약 공해탈문이 청정하거나, 만약 일체지가 청정하다면, 무이이고 둘로 나눌 수 없으며 분별이 없고 단절도 없는 까닭이니라. 일체지지가 청정한 까닭으로 무상·무원해탈문이 청정하고, 무상·무원해 탈문이 청정한 까닭으로 일체지가 청정하니라. 왜 그러한가? 만약 일체지 지가 청정하거나, 만약 무상·무원해탈문이 청정하거나, 만약 일체지가 청정하다면, 무이이고 둘로 나눌 수 없으며 분별이 없고 단절도 없는 까닭이니라.

선현이여. 일체지지가 청정한 까닭으로 보살의 10지가 청정하고, 보살 의 10지가 청정한 까닭으로 일체지가 청정하니라. 왜 그러한가? 만약 일체지지가 청정하거나, 만약 보살의 10지가 청정하거나, 만약 일체지가 청정하다면, 무이이고 둘로 나눌 수 없으며 분별이 없고 단절도 없는 까닭이니라.

선현이여. 일체지지가 청정한 까닭으로 5안이 청정하고, 5안이 청정한 까닭으로 일체지가 청정하니라. 왜 그러한가? 만약 일체지지가 청정하거 나, 만약 5안이 청정하거나, 만약 일체지가 청정하다면, 무이이고 둘로 나눌 수 없으며 분별이 없고 단절도 없는 까닭이니라. 선현이여. 일체지지 가 청정한 까닭으로 6신통이 청정하고, 6신통이 청정한 까닭으로 일체지 가 청정하니라. 왜 그러한가? 만약 일체지지가 청정하거나, 만약 6신통이 청정하거나, 만약 일체지가 청정하다면, 무이이고 둘로 나눌 수 없으며 분별이 없고 단절도 없는 까닭이니라.

선현이여. 일체지지가 청정한 까닭으로 여래의 10력이 청정하고, 여래 의 10력이 청정한 까닭으로 일체지가 청정하니라. 왜 그러한가? 만약 일체지지가 청정하거나, 만약 여래의 10력이 청정하거나, 만약 일체지가 청정하다면, 무이이고 둘로 나눌 수 없으며 분별이 없고 단절도 없는 까닭이니라. 일체지지가 청정한 까닭으로 4무소외·4무애해·대자·대비· 대희·대사·18불불공법이 청정하고, 4무소외, 나아가 18불불공법이 청정 한 까닭으로 일체지가 청정하니라. 왜 그러한가? 만약 일체지지가 청정하 거나, 만약 4무소외, 나아가 18불불공법이 청정하거나, 만약 일체지가

청정하다면, 무이이고 둘로 나눌 수 없으며 분별이 없고 단절도 없는 까닭이니라.

선현이여. 일체지지가 청정한 까닭으로 무망실법이 청정하고, 무망실법이 청정한 까닭으로 일체지가 청정하니라. 왜 그러한가? 만약 일체지지가 청정하거나, 만약 무망실법이 청정하거나, 만약 일체지가 청정하다면, 무이이고 둘로 나눌 수 없으며 분별이 없고 단절도 없는 까닭이니라. 선현이여. 일체지지가 청정한 까닭으로 일체지가 청정하고, 일체지가 청정한 까닭으로 항주사성이 청정하니라. 왜 그러한가? 만약 일체지지가 청정하거나, 만약 일체지가 청정하거나, 만약 항주사성이 청정하다면, 무이이고 둘로 나눌 수 없으며 분별이 없고 단절도 없는 까닭이니라.

일체지지가 청정한 까닭으로 도상지가 청정하고, 도상지가 청정한 까닭으로 일체지가 청정하니라. 왜 그러한가? 만약 일체지지가 청정하거나, 만약 도상지가 청정하거나, 만약 일체지가 청정하다면, 무이이고 둘로 나눌 수 없으며 분별이 없고 단절도 없는 까닭이니라. 일체지지가 청정한 까닭으로 일체상지가 청정하고, 일체상지가 청정한 까닭으로 일체지가 청정하니라. 왜 그러한가? 만약 일체지지가 청정하거나, 만약 일체상지가 청정하거나, 만약 일체지가 청정하다면, 무이이고 둘로 나눌 수 없으며 분별이 없고 단절도 없는 까닭이니라."

마하반야바라밀다경 제280권

34. 난신해품(難信解品)(99)

"선현이여. 일체지지가 청정한 까닭으로 일체의 다라니문이 청정하고, 일체의 다라니문이 청정한 까닭으로 일체지가 청정하니라. 왜 그러한가? 만약 일체지지가 청정하거나, 만약 일체의 다라니문이 청정하거나, 만약 일체지가 청정하다면, 무이이고 둘로 나눌 수 없으며 분별이 없고 단절도 없는 까닭이니라. 선현이여. 일체지지가 청정한 까닭으로 일체의 삼마지문이 청정하고, 일체의 삼마지문이 청정한 까닭으로 일체지가 청정하니라. 왜 그러한가? 만약 일체지지가 청정하거나, 만약 일체의 삼마지문이 청정하거나, 만약 일체지가 청정하다면, 무이이고 둘로 나눌 수 없으며 분별이 없고 단절도 없는 까닭이니라.

선현이여. 일체지지가 청정한 까닭으로 예류과가 청정하고, 예류과가 청정한 까닭으로 일체지가 청정하니라. 왜 그러한가? 만약 일체지지가 청정하거나, 만약 예류과가 청정하거나, 만약 일체지가 청정하다면, 무이이고 둘로 나눌 수 없으며 분별이 없고 단절도 없는 까닭이니라. 일체지지가 청정한 까닭으로 일래·불환·아라한과가 청정하고, 일래·불환·아라한과가 청정한 까닭으로 일체지가 청정하니라. 왜 그러한가? 만약 일체지지가 청정하거나, 만약 일래·불환·아라한과가 청정하거나, 만약 일체지가 청정하다면, 무이이고 둘로 나눌 수 없으며 분별이 없고 단절도 없는 까닭이니라.

선현이여. 일체지지가 청정한 까닭으로 독각의 보리가 청정하고, 독각의 보리가 청정한 까닭으로 일체지가 청정하니라. 왜 그러한가? 만약 일체지지가 청정하거나, 만약 독각의 보리가 청정하거나, 만약 일체지가 청정하다면, 무이이고 둘로 나눌 수 없으며 분별이 없고 단절도 없는 까닭이니라.

선현이여. 일체지지가 청정한 까닭으로 일체의 보살마하살의 행이 청정하고, 일체의 보살마하살의 행이 청정한 까닭으로 일체지가 청정하니라. 왜 그러한가? 만약 일체지지가 청정하거나, 만약 일체의 보살마하살의 행이 청정하거나, 만약 일체지가 청정하다면, 무이이고 둘로 나눌 수 없으며 분별이 없고 단절도 없는 까닭이니라.

선현이여. 일체지지가 청정한 까닭으로 제불의 무상정등보리가 청정하고, 제불의 무상정등보리가 청정한 까닭으로 일체지가 청정하니라. 왜 그러한가? 만약 일체지지가 청정하거나, 만약 제불의 무상정등보리가 청정하거나, 만약 일체지가 청정하다면, 무이이고 둘로 나눌 수 없으며 분별이 없고 단절도 없는 까닭이니라.”

“다시 다음으로 선현이여. 일체지지가 청정한 까닭으로 색이 청정하고, 색이 청정한 까닭으로 도상지(道相智)가 청정하니라. 왜 그러한가? 만약 일체지지가 청정하거나, 만약 색이 청정하거나, 만약 도상지가 청정하다면, 무이이고 둘로 나눌 수 없으며 분별이 없고 단절도 없는 까닭이니라. 일체지지가 청정한 까닭으로 수·상·행·식이 청정하고, 수·상·행·식이 청정한 까닭으로 도상지가 청정하니라. 왜 그러한가? 만약 일체지지가 청정하거나, 만약 수·상·행·식이 청정하거나, 만약 도상지가 청정하다면, 무이이고 둘로 나눌 수 없으며 분별이 없고 단절도 없는 까닭이니라.

선현이여. 일체지지가 청정한 까닭으로 안처가 청정하고, 안처가 청정한 까닭으로 도상지가 청정하니라. 왜 그러한가? 만약 일체지지가 청정하거나, 만약 안처가 청정하거나, 만약 도상지가 청정하다면, 무이이고 둘로 나눌 수 없으며 분별이 없고 단절도 없는 까닭이니라. 일체지지가 청정한 까닭으로 이·비·설·신·의처가 청정하고, 이·비·설·신·의처가 청

정한 까닭으로 도상지가 청정하니라. 왜 그러한가? 만약 일체지지가
청정하거나, 만약 이·비·설·신·의처가 청정하거나, 만약 도상지가 청정하
다면, 무이이고 둘로 나눌 수 없으며 분별이 없고 단절도 없는 까닭이니라.
　선현이여. 일체지지가 청정한 까닭으로 색처가 청정하고, 색처가 청정
한 까닭으로 도상지가 청정하니라. 왜 그러한가? 만약 일체지지가 청정하
거나, 만약 색처가 청정하거나, 만약 도상지가 청정하다면, 무이이고
둘로 나눌 수 없으며 분별이 없고 단절도 없는 까닭이니라. 일체지지가
청정한 까닭으로 성·향·미·촉·법처가 청정하고, 성·향·미·촉·법처가 청
정한 까닭으로 도상지가 청정하니라. 왜 그러한가? 만약 일체지지가
청정하거나, 만약 성·향·미·촉·법처가 청정하거나, 만약 도상지가 청정하
다면, 무이이고 둘로 나눌 수 없으며 분별이 없고 단절도 없는 까닭이니라.
　선현이여. 일체지지가 청정한 까닭으로 안계가 청정하고, 안계가 청정
한 까닭으로 도상지가 청정하니라. 왜 그러한가? 만약 일체지지가 청정하
거나, 만약 안계가 청정하거나, 만약 도상지가 청정하다면, 무이이고
둘로 나눌 수 없으며 분별이 없고 단절도 없는 까닭이니라. 일체지지가
청정한 까닭으로 색계·안식계, 나아가 안촉·안촉을 인연으로 생겨난
여러 수가 청정하고, 색계, 나아가 안촉을 인연으로 생겨난 여러 수가
청정한 까닭으로 도상지가 청정하니라. 왜 그러한가? 만약 일체지지가
청정하거나, 만약 색계, 나아가 안촉을 인연으로 생겨난 여러 수가 청정하
거나, 만약 도상지가 청정하다면, 무이이고 둘로 나눌 수 없으며 분별이
없고 단절도 없는 까닭이니라.
　선현이여. 일체지지가 청정한 까닭으로 이계가 청정하고, 이계가 청정
한 까닭으로 도상지가 청정하니라. 왜 그러한가? 만약 일체지지가 청정하
거나, 만약 이계가 청정하거나, 만약 도상지가 청정하다면, 무이이고
둘로 나눌 수 없으며 분별이 없고 단절도 없는 까닭이니라. 일체지지가
청정한 까닭으로 성계·이식계, 나아가 이촉·이촉을 인연으로 생겨난
여러 수가 청정하고, 성계, 나아가 이촉을 인연으로 생겨난 여러 수가
청정한 까닭으로 도상지가 청정하니라. 왜 그러한가? 만약 일체지지가

청정하거나, 만약 성계, 나아가 이촉을 인연으로 생겨난 여러 수가 청정하거나, 만약 도상지가 청정하다면, 무이이고 둘로 나눌 수 없으며 분별이 없고 단절도 없는 까닭이니라.

선현이여. 일체지지가 청정한 까닭으로 비계가 청정하고, 비계가 청정한 까닭으로 도상지가 청정하니라. 왜 그러한가? 만약 일체지지가 청정하거나, 만약 비계가 청정하거나, 만약 도상지가 청정하다면, 무이이고 둘로 나눌 수 없으며 분별이 없고 단절도 없는 까닭이니라. 일체지지가 청정한 까닭으로 향계·비식계, 나아가 비촉·비촉을 인연으로 생겨난 여러 수가 청정하고, 향계, 나아가 비촉을 인연으로 생겨난 여러 수가 청정한 까닭으로 도상지가 청정하니라. 왜 그러한가? 만약 일체지지가 청정하거나, 만약 향계, 나아가 비촉을 인연으로 생겨난 여러 수가 청정하거나, 만약 도상지가 청정하다면, 무이이고 둘로 나눌 수 없으며 분별이 없고 단절도 없는 까닭이니라.

선현이여. 일체지지가 청정한 까닭으로 설계가 청정하고, 설계가 청정한 까닭으로 도상지가 청정하니라. 왜 그러한가? 만약 일체지지가 청정하거나, 만약 설계가 청정하거나, 만약 도상지가 청정하다면, 무이이고 둘로 나눌 수 없으며 분별이 없고 단절도 없는 까닭이니라. 일체지지가 청정한 까닭으로 미계·설식계, 나아가 설촉·설촉을 인연으로 생겨난 여러 수가 청정하고, 미계, 나아가 설촉을 인연으로 생겨난 여러 수가 청정한 까닭으로 도상지가 청정하니라. 왜 그러한가? 만약 일체지지가 청정하거나, 만약 미계, 나아가 설촉을 인연으로 생겨난 여러 수가 청정하거나, 만약 도상지가 청정하다면, 무이이고 둘로 나눌 수 없으며 분별이 없고 단절도 없는 까닭이니라.

선현이여. 일체지지가 청정한 까닭으로 신계가 청정하고, 신계가 청정한 까닭으로 도상지가 청정하니라. 왜 그러한가? 만약 일체지지가 청정하거나, 만약 신계가 청정하거나, 만약 도상지가 청정하다면, 무이이고 둘로 나눌 수 없으며 분별이 없고 단절도 없는 까닭이니라. 일체지지가 청정한 까닭으로 촉계·신식계, 나아가 신촉·신촉을 인연으로 생겨난 여러 수가 청정하고, 촉계, 나아가 신촉을 인연으로 생겨난 여러 수가 청정한 까닭으로 도상지가 청정하니라. 왜 그러한가? 만약 일체지지가 청정하거나, 만약 촉계, 나아가 신촉을 인연으로 생겨난 여러 수가 청정하거나, 만약 도상지가 청정하다면, 무이이고 둘로 나눌 수 없으며 분별이 없고 단절도 없는 까닭이니라.

선현이여. 일체지지가 청정한 까닭으로 의계가 청정하고, 의계가 청정한 까닭으로 도상지가 청정하니라. 왜 그러한가? 만약 일체지지가 청정하거나, 만약 의계가 청정하거나, 만약 도상지가 청정하다면, 무이이고 둘로 나눌 수 없으며 분별이 없고 단절도 없는 까닭이니라. 일체지지가 청정한 까닭으로 법계·의식계, 나아가 의촉·의촉을 인연으로 생겨난 여러 수가 청정하고, 법계, 나아가 의촉을 인연으로 생겨난 여러 수가 청정한 까닭으로 도상지가 청정하니라. 왜 그러한가? 만약 일체지지가 청정하거나, 만약 법계, 나아가 의촉을 인연으로 생겨난 여러 수가 청정하거나, 만약 도상지가 청정하다면, 무이이고 둘로 나눌 수 없으며 분별이 없고 단절도 없는 까닭이니라.

선현이여. 일체지지가 청정한 까닭으로 지계가 청정하고, 지계가 청정한 까닭으로 일체상지가 청정하니라. 왜 그러한가? 만약 일체지지가 청정하거나, 만약 지계가 청정하거나, 만약 일체상지가 청정하다면, 무이이고 둘로 나눌 수 없으며 분별이 없고 단절도 없는 까닭이니라. 일체지지가 청정한 까닭으로 수·화·풍·공·식계가 청정하고, 수·화·풍·공·식계가 청정한 까닭으로 일체상지가 청정하니라. 왜 그러한가? 만약 일체지지가 청정하거나, 만약 수·화·풍·공·식계가 청정하거나, 만약 일체상지가 청정하다면, 무이이고 둘로 나눌 수 없으며 분별이 없고 단절도 없는 까닭이니라.

선현이여. 일체지지가 청정한 까닭으로 무명이 청정하고, 무명이 청정한 까닭으로 도상지가 청정하니라. 왜 그러한가? 만약 일체지지가 청정하거나, 만약 무명이 청정하거나, 만약 도상지가 청정하다면, 무이이고 둘로 나눌 수 없으며 분별이 없고 단절도 없는 까닭이니라. 일체지지가 청정한 까닭으로 행·식·명색·육처·촉·수·애·취·유·생·노사의 수탄고우뇌가 청정하고, 행, 나아가 노사의 수탄고우뇌가 청정한 까닭으로 도상지가 청정하니라. 왜 그러한가? 만약 일체지지가 청정하거나, 만약 행, 나아가 노사의 수탄고우뇌가 청정하거나, 만약 도상지가 청정하다면, 무이이고 둘로 나눌 수 없으며 분별이 없고 단절도 없는 까닭이니라.

선현이여. 일체지지가 청정한 까닭으로 보시바라밀다가 청정하고, 보시바라밀다가 청정한 까닭으로 도상지가 청정하니라. 왜 그러한가? 만약 일체지지가 청정하거나, 만약 보시바라밀다가 청정하거나, 만약 도상지가 청정하다면, 무이이고 둘로 나눌 수 없으며 분별이 없고 단절도 없는 까닭이니라. 일체지지가 청정한 까닭으로 정계·안인·정진·정려·반야바라밀다가 청정하고, 정계, 나아가 반야바라밀다가 청정한 까닭으로 도상지가 청정하니라. 왜 그러한가? 만약 일체지지가 청정하거나, 만약 정계, 나아가 반야바라밀다가 청정하거나, 만약 도상지가 청정하다면, 무이이고 둘로 나눌 수 없으며 분별이 없고 단절도 없는 까닭이니라.

선현이여. 일체지지가 청정한 까닭으로 내공이 청정하고, 내공이 청정한 까닭으로 도상지가 청정하니라. 왜 그러한가? 만약 일체지지가 청정하거나, 만약 내공이 청정하거나, 만약 도상지가 청정하다면, 무이이고 둘로 나눌 수 없으며 분별이 없고 단절도 없는 까닭이니라. 일체지지가 청정한 까닭으로 외공·내외공·공공·대공·승의공·유위공·무위공·필경공·무제공·산공·무변이공·본성공·자상공·공상공·일체법공·불가득공·무성공·자성공·무성자성공이 청정하고, 외공, 나아가 무성자성공이 청정한 까닭으로 도상지가 청정하니라. 왜 그러한가? 만약 일체지지가 청정하거나, 만약 외공, 나아가 무성자성공이 청정하거나, 만약 도상지가 청정하다면, 무이이고 둘로 나눌 수 없으며 분별이 없고 단절도 없는 까닭이니라.

선현이여. 일체지지가 청정한 까닭으로 진여가 청정하고, 진여가 청정한 까닭으로 도상지가 청정하니라. 왜 그러한가? 만약 일체지지가 청정하거나, 만약 진여가 청정하거나, 만약 도상지가 청정하다면, 무이이고 둘로 나눌 수 없으며 분별이 없고 단절도 없는 까닭이니라. 일체지지가 청정한 까닭으로 법계·법성·불허망성·불변이성·평등성·이생성·법정·

법주·실제·허공계·부사의계가 청정하고 법계, 나아가 부사의계가 청정한 까닭으로 도상지가 청정하니라. 왜 그러한가? 만약 일체지지가 청정하거나, 만약 법계, 나아가 부사의계가 청정하거나, 만약 도상지가 청정하다면, 무이이고 둘로 나눌 수 없으며 분별이 없고 단절도 없는 까닭이니라.

선현이여. 일체지지가 청정한 까닭으로 고성제가 청정하고, 고성제가 청정한 까닭으로 도상지가 청정하니라. 왜 그러한가? 만약 일체지지가 청정하거나, 만약 고성제가 청정하거나, 만약 도상지가 청정하다면, 무이이고 둘로 나눌 수 없으며 분별이 없고 단절도 없는 까닭이니라. 일체지지가 청정한 까닭으로 집·멸·도성제가 청정하고, 집·멸·도성제가 청정한 까닭으로 도상지가 청정하니라. 왜 그러한가? 만약 일체지지가 청정하거나, 만약 집·멸·도성제가 청정하거나, 만약 도상지가 청정하다면, 무이이고 둘로 나눌 수 없으며 분별이 없고 단절도 없는 까닭이니라.

선현이여. 일체지지가 청정한 까닭으로 4정려가 청정하고, 4정려가 청정한 까닭으로 도상지가 청정하니라. 왜 그러한가? 만약 일체지지가 청정하거나, 만약 4정려가 청정하거나, 만약 도상지가 청정하다면, 무이이고 둘로 나눌 수 없으며 분별이 없고 단절도 없는 까닭이니라. 일체지지가 청정한 까닭으로 4무량·4무색정이 청정하고, 4무량·4무색정이 청정한 까닭으로 도상지가 청정하니라. 왜 그러한가? 만약 일체지지가 청정하거나, 만약 4무량·4무색정이 청정하거나, 만약 도상지가 청정하다면, 무이이고 둘로 나눌 수 없으며 분별이 없고 단절도 없는 까닭이니라.

선현이여. 일체지지가 청정한 까닭으로 8해탈이 청정하고, 8해탈이 청정한 까닭으로 도상지가 청정하니라. 왜 그러한가? 만약 일체지지가 청정하거나, 만약 8해탈이 청정하거나, 만약 도상지가 청정하다면, 무이이고 둘로 나눌 수 없으며 분별이 없고 단절도 없는 까닭이니라. 일체지지가 청정한 까닭으로 8승처·9차제정·10변처가 청정하고, 8승처·9차제정·10변처가 청정한 까닭으로 도상지가 청정하니라. 왜 그러한가? 만약 일체지지가 청정하거나, 만약 8승처·9차제정·10변처가 청정하거나, 만약 도상지가 청정하다면, 무이이고 둘로 나눌 수 없으며 분별이 없고 단절도

없는 까닭이니라.

선현이여. 일체지지가 청정한 까닭으로 4념주가 청정하고, 4념주가 청정한 까닭으로 도상지가 청정하니라. 왜 그러한가? 만약 일체지지가 청정하거나, 만약 4념주가 청정하거나, 만약 도상지가 청정하다면, 무이이고 둘로 나눌 수 없으며 분별이 없고 단절도 없는 까닭이니라. 일체지지가 청정한 까닭으로 4정단·4신족·5근·5력·7등각지·8성도지가 청정하고, 4정단, 나아가 8성도지가 청정한 까닭으로 도상지가 청정하니라. 왜 그러한가? 만약 일체지지가 청정하거나, 만약 4정단, 나아가 8성도지가 청정하거나, 만약 도상지가 청정하다면, 무이이고 둘로 나눌 수 없으며 분별이 없고 단절도 없는 까닭이니라.

선현이여. 일체지지가 청정한 까닭으로 공해탈문이 청정하고, 공해탈문이 청정한 까닭으로 도상지가 청정하니라. 왜 그러한가? 만약 일체지지가 청정하거나, 만약 공해탈문이 청정하거나, 만약 도상지가 청정하다면, 무이이고 둘로 나눌 수 없으며 분별이 없고 단절도 없는 까닭이니라. 일체지지가 청정한 까닭으로 무상·무원해탈문이 청정하고, 무상·무원해탈문이 청정한 까닭으로 도상지가 청정하니라. 왜 그러한가? 만약 일체지지가 청정하거나, 만약 무상·무원해탈문이 청정하거나, 만약 도상지가 청정하다면, 무이이고 둘로 나눌 수 없으며 분별이 없고 단절도 없는 까닭이니라.

선현이여. 일체지지가 청정한 까닭으로 보살의 10지가 청정하고, 보살의 10지가 청정한 까닭으로 도상지가 청정하니라. 왜 그러한가? 만약 일체지지가 청정하거나, 만약 보살의 10지가 청정하거나, 만약 도상지가 청정하다면, 무이이고 둘로 나눌 수 없으며 분별이 없고 단절도 없는 까닭이니라.

선현이여. 일체지지가 청정한 까닭으로 5안이 청정하고, 5안이 청정한 까닭으로 도상지가 청정하니라. 왜 그러한가? 만약 일체지지가 청정하거나, 만약 5안이 청정하거나, 만약 도상지가 청정하다면, 무이이고 둘로 나눌 수 없으며 분별이 없고 단절도 없는 까닭이니라. 선현이여. 일체지지

가 청정한 까닭으로 6신통이 청정하고, 6신통이 청정한 까닭으로 도상지
가 청정하니라. 왜 그러한가? 만약 일체지지가 청정하거나, 만약 6신통이
청정하거나, 만약 도상지가 청정하다면, 무이이고 둘로 나눌 수 없으며
분별이 없고 단절도 없는 까닭이니라.

선현이여. 일체지지가 청정한 까닭으로 여래의 10력이 청정하고, 여래
의 10력이 청정한 까닭으로 도상지가 청정하니라. 왜 그러한가? 만약
일체지지가 청정하거나, 만약 여래의 10력이 청정하거나, 만약 도상지가
청정하다면, 무이이고 둘로 나눌 수 없으며 분별이 없고 단절도 없는 까닭이
니라. 일체지지가 청정한 까닭으로 4무소외·4무애해·대자·대비·대희·
대사·18불불공법이 청정하고, 4무소외, 나아가 18불불공법이 청정한 까
닭으로 도상지가 청정하니라. 왜 그러한가? 만약 일체지지가 청정하거나,
만약 4무소외, 나아가 18불불공법이 청정하거나, 만약 도상지가 청정하다
면, 무이이고 둘로 나눌 수 없으며 분별이 없고 단절도 없는 까닭이니라.

선현이여. 일체지지가 청정한 까닭으로 무망실법이 청정하고, 무망실
법이 청정한 까닭으로 도상지가 청정하니라. 왜 그러한가? 만약 일체지지
가 청정하거나, 만약 무망실법이 청정하거나, 만약 도상지가 청정하다면,
무이이고 둘로 나눌 수 없으며 분별이 없고 단절도 없는 까닭이니라.
선현이여. 일체지지가 청정한 까닭으로 항주사성이 청정하고, 항주사성
이 청정한 까닭으로 도상지가 청정하니라. 왜 그러한가? 만약 일체지지가
청정하거나, 만약 항주사성이 청정하거나, 만약 도상지가 청정하다면,
무이이고 둘로 나눌 수 없으며 분별이 없고 단절도 없는 까닭이니라.

선현이여. 일체지지가 청정한 까닭으로 일체지가 청정하고, 일체지가
청정한 까닭으로 도상지가 청정하니라. 왜 그러한가? 만약 일체지지가
청정하거나, 만약 일체지가 청정하거나, 만약 도상지가 청정하다면, 무이
이고 둘로 나눌 수 없으며 분별이 없고 단절도 없는 까닭이니라. 일체지지
가 청정한 까닭으로 일체상지가 청정하고, 일체상지가 청정한 까닭으로
도상지가 청정하니라. 왜 그러한가? 만약 일체지지가 청정하거나, 만약
일체상지가 청정하거나, 만약 도상지가 청정하다면, 무이이고 둘로 나눌

수 없으며 분별이 없고 단절도 없는 까닭이니라.

선현이여. 일체지지가 청정한 까닭으로 일체의 다라니문이 청정하고, 일체의 다라니문이 청정한 까닭으로 도상지가 청정하니라. 왜 그러한가? 만약 일체지지가 청정하거나, 만약 일체의 다라니문이 청정하거나, 만약 도상지가 청정하다면, 무이이고 둘로 나눌 수 없으며 분별이 없고 단절도 없는 까닭이니라. 선현이여. 일체지지가 청정한 까닭으로 일체의 삼마지문이 청정하고, 일체의 삼마지문이 청정한 까닭으로 도상지가 청정하니라. 왜 그러한가? 만약 일체지지가 청정하거나, 만약 일체의 삼마지문이 청정하거나, 만약 도상지가 청정하다면, 무이이고 둘로 나눌 수 없으며 분별이 없고 단절도 없는 까닭이니라.

선현이여. 일체지지가 청정한 까닭으로 예류과가 청정하고, 예류과가 청정한 까닭으로 도상지가 청정하니라. 왜 그러한가? 만약 일체지지가 청정하거나, 만약 예류과가 청정하거나, 만약 도상지가 청정하다면, 무이이고 둘로 나눌 수 없으며 분별이 없고 단절도 없는 까닭이니라. 일체지지가 청정한 까닭으로 일래·불환·아라한과가 청정하고, 일래·불환·아라한과가 청정한 까닭으로 도상지가 청정하니라. 왜 그러한가? 만약 일체지지가 청정하거나, 만약 일래·불환·아라한과가 청정하거나, 만약 도상지가 청정하다면, 무이이고 둘로 나눌 수 없으며 분별이 없고 단절도 없는 까닭이니라.

선현이여. 일체지지가 청정한 까닭으로 독각의 보리가 청정하고, 독각의 보리가 청정한 까닭으로 도상지가 청정하니라. 왜 그러한가? 만약 일체지지가 청정하거나, 만약 독각의 보리가 청정하거나, 만약 도상지가 청정하다면, 무이이고 둘로 나눌 수 없으며 분별이 없고 단절도 없는 까닭이니라.

선현이여. 일체지지가 청정한 까닭으로 일체의 보살마하살의 행이 청정하고, 일체의 보살마하살의 행이 청정한 까닭으로 도상지가 청정하니라. 왜 그러한가? 만약 일체지지가 청정하거나, 만약 일체의 보살마하살의 행이 청정하거나, 만약 도상지가 청정하다면, 무이이고 둘로 나눌 수 없으며 분별이 없고 단절도 없는 까닭이니라.

선현이여. 일체지지가 청정한 까닭으로 제불의 무상정등보리가 청정하고, 제불의 무상정등보리가 청정한 까닭으로 도상지가 청정하니라. 왜 그러한가? 만약 일체지지가 청정하거나, 만약 제불의 무상정등보리가 청정하거나, 만약 도상지가 청정하다면, 무이이고 둘로 나눌 수 없으며 분별이 없고 단절도 없는 까닭이니라."

"다시 다음으로 선현이여. 일체지지가 청정한 까닭으로 색이 청정하고, 색이 청정한 까닭으로 일체상지(一切相智)가 청정하니라. 왜 그러한가? 만약 일체지지가 청정하거나, 만약 색이 청정하거나, 만약 일체상지가 청정하다면, 무이이고 둘로 나눌 수 없으며 분별이 없고 단절도 없는 까닭이니라. 일체지지가 청정한 까닭으로 수·상·행·식이 청정하고, 수·상·행·식이 청정한 까닭으로 일체상지가 청정하니라. 왜 그러한가? 만약 일체지지가 청정하거나, 만약 수·상·행·식이 청정하거나, 만약 일체상지가 청정하다면, 무이이고 둘로 나눌 수 없으며 분별이 없고 단절도 없는 까닭이니라.
　선현이여. 일체지지가 청정한 까닭으로 안처가 청정하고, 안처가 청정한 까닭으로 일체상지가 청정하니라. 왜 그러한가? 만약 일체지지가 청정하거나, 만약 안처가 청정하거나, 만약 일체상지가 청정하다면, 무이이고 둘로 나눌 수 없으며 분별이 없고 단절도 없는 까닭이니라. 일체지지가 청정한 까닭으로 이·비·설·신·의처가 청정하고, 이·비·설·신·의처가 청정한 까닭으로 일체상지가 청정하니라. 왜 그러한가? 만약 일체지지가 청정하거나, 만약 이·비·설·신·의처가 청정하거나, 만약 일체상지가 청정하다면, 무이이고 둘로 나눌 수 없으며 분별이 없고 단절도 없는 까닭이니라.
　선현이여. 일체지지가 청정한 까닭으로 색처가 청정하고, 색처가 청정한 까닭으로 일체상지가 청정하니라. 왜 그러한가? 만약 일체지지가 청정하거나, 만약 색처가 청정하거나, 만약 일체상지가 청정하다면, 무이이고 둘로 나눌 수 없으며 분별이 없고 단절도 없는 까닭이니라. 일체지지가 청정한 까닭으로 성·향·미·촉·법처가 청정하고, 성·향·미·촉·법처가 청정한 까닭으로 일체상지가 청정하니라. 왜 그러한가? 만약 일체지지가 청정하거나, 만약 성·향·미·촉·법처가 청정하거나, 만약 일체상지가 청정하다면, 무이이고 둘로 나눌 수 없으며 분별이 없고 단절도 없는 까닭이니라.

선현이여. 일체지지가 청정한 까닭으로 안계가 청정하고, 안계가 청정한 까닭으로 일체상지가 청정하니라. 왜 그러한가? 만약 일체지지가 청정하거나, 만약 안계가 청정하거나, 만약 일체상지가 청정하다면, 무이이고 둘로 나눌 수 없으며 분별이 없고 단절도 없는 까닭이니라. 일체지지가 청정한 까닭으로 색계·안식계, 나아가 안촉·안촉을 인연으로 생겨난 여러 수가 청정하고, 색계, 나아가 안촉을 인연으로 생겨난 여러 수가 청정한 까닭으로 일체상지가 청정하니라. 왜 그러한가? 만약 일체지지가 청정하거나, 만약 색계, 나아가 안촉을 인연으로 생겨난 여러 수가 청정하거나, 만약 일체상지가 청정하다면, 무이이고 둘로 나눌 수 없으며 분별이 없고 단절도 없는 까닭이니라.

선현이여. 일체지지가 청정한 까닭으로 이계가 청정하고, 이계가 청정한 까닭으로 일체상지가 청정하니라. 왜 그러한가? 만약 일체지지가 청정하거나, 만약 이계가 청정하거나, 만약 일체상지가 청정하다면, 무이이고 둘로 나눌 수 없으며 분별이 없고 단절도 없는 까닭이니라. 일체지지가 청정한 까닭으로 성계·이식계, 나아가 이촉·이촉을 인연으로 생겨난 여러 수가 청정하고, 성계, 나아가 이촉을 인연으로 생겨난 여러 수가 청정한 까닭으로 일체상지가 청정하니라. 왜 그러한가? 만약 일체지지가 청정하거나, 만약 성계, 나아가 이촉을 인연으로 생겨난 여러 수가 청정하거나, 만약 일체상지가 청정하다면, 무이이고 둘로 나눌 수 없으며 분별이 없고 단절도 없는 까닭이니라.

선현이여. 일체지지가 청정한 까닭으로 비계가 청정하고, 비계가 청정한 까닭으로 일체상지가 청정하니라. 왜 그러한가? 만약 일체지지가 청정하거나, 만약 비계가 청정하거나, 만약 일체상지가 청정하다면, 무이이고 둘로 나눌 수 없으며 분별이 없고 단절도 없는 까닭이니라. 일체지지가 청정한 까닭으로 향계·비식계, 나아가 비촉·비촉을 인연으로 생겨난 여러 수가 청정하고, 향계, 나아가 비촉을 인연으로 생겨난 여러 수가

청정한 까닭으로 일체상지가 청정하니라. 왜 그러한가? 만약 일체지지가
청정하거나, 만약 향계, 나아가 비촉을 인연으로 생겨난 여러 수가 청정하
거나, 만약 일체상지가 청정하다면, 무이이고 둘로 나눌 수 없으며 분별이
없고 단절도 없는 까닭이니라.

　선현이여. 일체지지가 청정한 까닭으로 설계가 청정하고, 설계가 청정
한 까닭으로 일체상지가 청정하니라. 왜 그러한가? 만약 일체지지가
청정하거나, 만약 설계가 청정하거나, 만약 일체상지가 청정하다면, 무이
이고 둘로 나눌 수 없으며 분별이 없고 단절도 없는 까닭이니라. 일체지지
가 청정한 까닭으로 미계·설식계, 나아가 설촉·설촉을 인연으로 생겨난
여러 수가 청정하고, 미계, 나아가 설촉을 인연으로 생겨난 여러 수가
청정한 까닭으로 일체상지가 청정하니라. 왜 그러한가? 만약 일체지지가
청정하거나, 만약 미계, 나아가 설촉을 인연으로 생겨난 여러 수가 청정하
거나, 만약 일체상지가 청정하다면, 무이이고 둘로 나눌 수 없으며 분별이
없고 단절도 없는 까닭이니라.

　선현이여. 일체지지가 청정한 까닭으로 신계가 청정하고, 신계가 청정
한 까닭으로 일체상지가 청정하니라. 왜 그러한가? 만약 일체지지가
청정하거나, 만약 신계가 청정하거나, 만약 일체상지가 청정하다면, 무이
이고 둘로 나눌 수 없으며 분별이 없고 단절도 없는 까닭이니라. 일체지지
가 청정한 까닭으로 촉계·신식계, 나아가 신촉·신촉을 인연으로 생겨난
여러 수가 청정하고, 촉계, 나아가 신촉을 인연으로 생겨난 여러 수가
청정한 까닭으로 일체상지가 청정하니라. 왜 그러한가? 만약 일체지지가
청정하거나, 만약 촉계, 나아가 신촉을 인연으로 생겨난 여러 수가 청정하
거나, 만약 일체상지가 청정하다면, 무이이고 둘로 나눌 수 없으며 분별이
없고 단절도 없는 까닭이니라.

　선현이여. 일체지지가 청정한 까닭으로 의계가 청정하고, 의계가 청정
한 까닭으로 일체상지가 청정하니라. 왜 그러한가? 만약 일체지지가
청정하거나, 만약 의계가 청정하거나, 만약 일체상지가 청정하다면, 무이
이고 둘로 나눌 수 없으며 분별이 없고 단절도 없는 까닭이니라. 일체지지

가 청정한 까닭으로 법계·의식계, 나아가 의촉·의촉을 인연으로 생겨난 여러 수가 청정하고, 법계, 나아가 의촉을 인연으로 생겨난 여러 수가 청정한 까닭으로 일체상지가 청정하니라. 왜 그러한가? 만약 일체지지가 청정하거나, 만약 법계, 나아가 의촉을 인연으로 생겨난 여러 수가 청정하거나, 만약 일체상지가 청정하다면, 무이이고 둘로 나눌 수 없으며 분별이 없고 단절도 없는 까닭이니라.

선현이여. 일체지지가 청정한 까닭으로 지계가 청정하고, 지계가 청정한 까닭으로 일체상지가 청정하니라. 왜 그러한가? 만약 일체지지가 청정하거나, 만약 지계가 청정하거나, 만약 일체상지가 청정하다면, 무이이고 둘로 나눌 수 없으며 분별이 없고 단절도 없는 까닭이니라. 일체지지가 청정한 까닭으로 수·화·풍·공·식계가 청정하고, 수·화·풍·공·식계가 청정한 까닭으로 일체상지가 청정하니라. 왜 그러한가? 만약 일체지지가 청정하거나, 만약 수·화·풍·공·식계가 청정하거나, 만약 일체상지가 청정하다면, 무이이고 둘로 나눌 수 없으며 분별이 없고 단절도 없는 까닭이니라.

선현이여. 일체지지가 청정한 까닭으로 무명이 청정하고, 무명이 청정한 까닭으로 일체상지가 청정하니라. 왜 그러한가? 만약 일체지지가 청정하거나, 만약 무명이 청정하거나, 만약 일체상지가 청정하다면, 무이이고 둘로 나눌 수 없으며 분별이 없고 단절도 없는 까닭이니라. 일체지지가 청정한 까닭으로 행·식·명색·육처·촉·수·애·취·유·생·노사의 수탄고우뇌가 청정하고, 행, 나아가 노사의 수탄고우뇌가 청정한 까닭으로 일체상지가 청정하니라. 왜 그러한가? 만약 일체지지가 청정하거나, 만약 행, 나아가 노사의 수탄고우뇌가 청정하거나, 만약 일체상지가 청정하다면, 무이이고 둘로 나눌 수 없으며 분별이 없고 단절도 없는 까닭이니라.

선현이여. 일체지지가 청정한 까닭으로 보시바라밀다가 청정하고, 보시바라밀다가 청정한 까닭으로 일체상지가 청정하니라. 왜 그러한가? 만약 일체지지가 청정하거나, 만약 보시바라밀다가 청정하거나, 만약 일체상지가 청정하다면, 무이이고 둘로 나눌 수 없으며 분별이 없고 단절도 없는 까닭이니라. 일체지지가 청정한 까닭으로 정계·안인·정진·정려·반야바라밀다가 청정하고, 정계, 나아가 반야바라밀다가 청정한 까닭으로 일체상지가 청정하니라. 왜 그러한가? 만약 일체지지가 청정하거나, 만약 정계, 나아가 반야바라밀다가 청정하거나, 만약 일체상지가 청정하다면, 무이이고 둘로 나눌 수 없으며 분별이 없고 단절도 없는 까닭이니라.

선현이여. 일체지지가 청정한 까닭으로 내공이 청정하고, 내공이 청정한 까닭으로 일체상지가 청정하니라. 왜 그러한가? 만약 일체지지가 청정하거나, 만약 내공이 청정하거나, 만약 일체상지가 청정하다면, 무이이고 둘로 나눌 수 없으며 분별이 없고 단절도 없는 까닭이니라. 일체지지가 청정한 까닭으로 외공·내외공·공공·대공·승의공·유위공·무위공·필경공·무제공·산공·무변이공·본성공·자상공·공상공·일체법공·불가득공·무성공·자성공·무성자성공이 청정하고, 외공, 나아가 무성자성공이 청정한 까닭으로 일체상지가 청정하니라. 왜 그러한가? 만약 일체지지가 청정하거나, 만약 외공, 나아가 무성자성공이 청정하거나, 만약 일체상지가 청정하다면, 무이이고 둘로 나눌 수 없으며 분별이 없고 단절도 없는 까닭이니라.

선현이여. 일체지지가 청정한 까닭으로 진여가 청정하고, 진여가 청정한 까닭으로 일체상지가 청정하니라. 왜 그러한가? 만약 일체지지가 청정하거나, 만약 진여가 청정하거나, 만약 일체상지가 청정하다면, 무이이고 둘로 나눌 수 없으며 분별이 없고 단절도 없는 까닭이니라. 일체지지가 청정한 까닭으로 법계·법성·불허망성·불변이성·평등성·이생성·법정·법주·실제·허공계·부사의계가 청정하고 법계, 나아가 부사의계가 청정한 까닭으로 일체상지가 청정하니라. 왜 그러한가? 만약 일체지지가 청정하거나, 만약 법계, 나아가 부사의계가 청정하거나, 만약 일체상지가 청정하다면, 무이이고 둘로 나눌 수 없으며 분별이 없고 단절도 없는 까닭이니라.

선현이여. 일체지지가 청정한 까닭으로 고성제가 청정하고, 고성제가 청정한 까닭으로 일체상지가 청정하니라. 왜 그러한가? 만약 일체지지가 청정하거나, 만약 고성제가 청정하거나, 만약 일체상지가 청정하다면, 무이이고 둘로 나눌 수 없으며 분별이 없고 단절도 없는 까닭이니라.

일체지지가 청정한 까닭으로 집·멸·도성제가 청정하고, 집·멸·도성제가 청정한 까닭으로 일체상지가 청정하니라. 왜 그러한가? 만약 일체지지가 청정하거나, 만약 집·멸·도성제가 청정하거나, 만약 일체상지가 청정하다면, 무이이고 둘로 나눌 수 없으며 분별이 없고 단절도 없는 까닭이니라.

　선현이여. 일체지지가 청정한 까닭으로 4정려가 청정하고, 4정려가 청정한 까닭으로 일체상지가 청정하니라. 왜 그러한가? 만약 일체지지가 청정하거나, 만약 4정려가 청정하거나, 만약 일체상지가 청정하다면, 무이이고 둘로 나눌 수 없으며 분별이 없고 단절도 없는 까닭이니라. 일체지지가 청정한 까닭으로 4무량·4무색정이 청정하고, 4무량·4무색정이 청정한 까닭으로 일체상지가 청정하니라. 왜 그러한가? 만약 일체지지가 청정하거나, 만약 4무량·4무색정이 청정하거나, 만약 일체상지가 청정하다면, 무이이고 둘로 나눌 수 없으며 분별이 없고 단절도 없는 까닭이니라.

　선현이여. 일체지지가 청정한 까닭으로 8해탈이 청정하고, 8해탈이 청정한 까닭으로 일체상지가 청정하니라. 왜 그러한가? 만약 일체지지가 청정하거나, 만약 8해탈이 청정하거나, 만약 일체상지가 청정하다면, 무이이고 둘로 나눌 수 없으며 분별이 없고 단절도 없는 까닭이니라. 일체지지가 청정한 까닭으로 8승처·9차제정·10변처가 청정하고, 8승처·9차제정·10변처가 청정한 까닭으로 일체상지가 청정하니라. 왜 그러한가? 만약 일체지지가 청정하거나, 만약 8승처·9차제정·10변처가 청정하거나, 만약 일체상지가 청정하다면, 무이이고 둘로 나눌 수 없으며 분별이 없고 단절도 없는 까닭이니라.

　선현이여. 일체지지가 청정한 까닭으로 4념주가 청정하고, 4념주가 청정한 까닭으로 일체상지가 청정하니라. 왜 그러한가? 만약 일체지지가 청정하거나, 만약 4념주가 청정하거나, 만약 일체상지가 청정하다면, 무이이고 둘로 나눌 수 없으며 분별이 없고 단절도 없는 까닭이니라. 일체지지가 청정한 까닭으로 4정단·4신족·5근·5력·7등각지·8성도지가 청정하고, 4정단, 나아가 8성도지가 청정한 까닭으로 일체상지가 청정하니라. 왜 그러한가? 만약 일체지지가 청정하거나, 만약 4정단, 나아가

8성도지가 청정하거나, 만약 일체상지가 청정하다면, 무이이고 둘로 나눌 수 없으며 분별이 없고 단절도 없는 까닭이니라.

선현이여. 일체지지가 청정한 까닭으로 공해탈문이 청정하고, 공해탈문이 청정한 까닭으로 일체상지가 청정하니라. 왜 그러한가? 만약 일체지지가 청정하거나, 만약 공해탈문이 청정하거나, 만약 일체상지가 청정하다면, 무이이고 둘로 나눌 수 없으며 분별이 없고 단절도 없는 까닭이니라. 일체지지가 청정한 까닭으로 무상·무원해탈문이 청정하고, 무상·무원해탈문이 청정한 까닭으로 일체상지가 청정하니라. 왜 그러한가? 만약 일체지지가 청정하거나, 만약 무상·무원해탈문이 청정하거나, 만약 일체상지가 청정하다면, 무이이고 둘로 나눌 수 없으며 분별이 없고 단절도 없는 까닭이니라.

선현이여. 일체지지가 청정한 까닭으로 보살의 10지가 청정하고, 보살의 10지가 청정한 까닭으로 일체상지가 청정하니라. 왜 그러한가? 만약 일체지지가 청정하거나, 만약 보살의 10지가 청정하거나, 만약 일체상지가 청정하다면, 무이이고 둘로 나눌 수 없으며 분별이 없고 단절도 없는 까닭이니라.

선현이여. 일체지지가 청정한 까닭으로 5안이 청정하고, 5안이 청정한 까닭으로 일체상지가 청정하니라. 왜 그러한가? 만약 일체지지가 청정하거나, 만약 5안이 청정하거나, 만약 일체상지가 청정하다면, 무이이고 둘로 나눌 수 없으며 분별이 없고 단절도 없는 까닭이니라. 선현이여. 일체지지가 청정한 까닭으로 6신통이 청정하고, 6신통이 청정한 까닭으로 일체상지가 청정하니라. 왜 그러한가? 만약 일체지지가 청정하거나, 만약 6신통이 청정하거나, 만약 일체상지가 청정하다면, 무이이고 둘로 나눌 수 없으며 분별이 없고 단절도 없는 까닭이니라.

선현이여. 일체지지가 청정한 까닭으로 여래의 10력이 청정하고, 여래의 10력이 청정한 까닭으로 일체상지가 청정하니라. 왜 그러한가? 만약 일체지지가 청정하거나, 만약 여래의 10력이 청정하거나, 만약 일체상지가 청정하다면, 무이이고 둘로 나눌 수 없으며 분별이 없고 단절도 없는 까닭이니라. 일체지지가 청정한 까닭으로 4무소외·4무애해·대자·대비·대희·대사·18불불공법이 청정하고, 4무소외, 나아가 18불불공법이 청정한 까닭으로 일체상지가 청정하니라. 왜 그러한가? 만약 일체지지가 청정하거나, 만약 4무소외, 나아가 18불불공법이 청정하거나, 만약 일체상지가 청정하다면, 무이이고 둘로 나눌 수 없으며 분별이 없고 단절도 없는 까닭이니라.

선현이여. 일체지지가 청정한 까닭으로 무망실법이 청정하고, 무망실법이 청정한 까닭으로 일체상지가 청정하니라. 왜 그러한가? 만약 일체지지가 청정하거나, 만약 무망실법이 청정하거나, 만약 일체상지가 청정하다면, 무이이고 둘로 나눌 수 없으며 분별이 없고 단절도 없는 까닭이니라. 선현이여. 일체지지가 청정한 까닭으로 항주사성이 청정하고, 항주사성이 청정한 까닭으로 일체상지가 청정하니라. 왜 그러한가? 만약 일체지지가 청정하거나, 만약 항주사성이 청정하거나, 만약 일체상지가 청정하다면, 무이이고 둘로 나눌 수 없으며 분별이 없고 단절도 없는 까닭이니라.

선현이여. 일체지지가 청정한 까닭으로 일체지가 청정하고, 일체지가 청정한 까닭으로 일체상지가 청정하니라. 왜 그러한가? 만약 일체지지가 청정하거나, 만약 일체지가 청정하거나, 만약 일체상지가 청정하다면, 무이이고 둘로 나눌 수 없으며 분별이 없고 단절도 없는 까닭이니라. 일체지지가 청정한 까닭으로 도상지가 청정하고, 도상지가 청정한 까닭으로 일체상지가 청정하니라. 왜 그러한가? 만약 일체지지가 청정하거나, 만약 도상지가 청정하거나, 만약 일체상지가 청정하다면, 무이이고 둘로 나눌 수 없으며 분별이 없고 단절도 없는 까닭이니라.

선현이여. 일체지지가 청정한 까닭으로 일체의 다라니문이 청정하고, 일체의 다라니문이 청정한 까닭으로 일체상지가 청정하니라. 왜 그러한가? 만약 일체지지가 청정하거나, 만약 일체의 다라니문이 청정하거나, 만약 일체상지가 청정하다면, 무이이고 둘로 나눌 수 없으며 분별이 없고 단절도 없는 까닭이니라. 선현이여. 일체지지가 청정한 까닭으로 일체의 삼마지문이 청정하고, 일체의 삼마지문이 청정한 까닭으로 일체상지가 청정하니라. 왜 그러한가? 만약 일체지지가 청정하거나, 만약 일체의 삼마지문이 청정하거나, 만약 일체상지가 청정하다면, 무이이고 둘로 나눌 수 없으며 분별이 없고 단절도 없는 까닭이니라.

선현이여. 일체지지가 청정한 까닭으로 예류과가 청정하고, 예류과가 청정한 까닭으로 일체상지가 청정하니라. 왜 그러한가? 만약 일체지지가 청정하거나, 만약 예류과가 청정하거나, 만약 일체상지가 청정하다면, 무이이고 둘로 나눌 수 없으며 분별이 없고 단절도 없는 까닭이니라. 일체지지가 청정한 까닭으로 일래·불환·아라한과가 청정하고, 일래·불환·아라한과가 청정한 까닭으로 일체상지가 청정하니라. 왜 그러한가? 만약 일체지지가 청정하거나, 만약 일래·불환·아라한과가 청정하거나, 만약 일체상지가 청정하다면, 무이이고 둘로 나눌 수 없으며 분별이 없고 단절도 없는 까닭이니라.

선현이여. 일체지지가 청정한 까닭으로 독각의 보리가 청정하고, 독각의 보리가 청정한 까닭으로 일체상지가 청정하니라. 왜 그러한가? 만약 일체지지가 청정하거나, 만약 독각의 보리가 청정하거나, 만약 일체상지가 청정하다면, 무이이고 둘로 나눌 수 없으며 분별이 없고 단절도 없는 까닭이니라.

선현이여. 일체지지가 청정한 까닭으로 일체의 보살마하살의 행이 청정하고, 일체의 보살마하살의 행이 청정한 까닭으로 일체상지가 청정하니라. 왜 그러한가? 만약 일체지지가 청정하거나, 만약 일체의 보살마하살의 행이 청정하거나, 만약 일체상지가 청정하다면, 무이이고 둘로 나눌 수 없으며 분별이 없고 단절도 없는 까닭이니라.

선현이여. 일체지지가 청정한 까닭으로 제불의 무상정등보리가 청정하고, 제불의 무상정등보리가 청정한 까닭으로 일체상지가 청정하니라. 왜 그러한가? 만약 일체지지가 청정하거나, 만약 제불의 무상정등보리가 청정하거나, 만약 일체상지가 청정하다면, 무이이고 둘로 나눌 수 없으며 분별이 없고 단절도 없는 까닭이니라."

마하반야바라밀다경 제281권

34. 난신해품(難信解品)(100)

"다시 다음으로 선현이여. 일체지지(一切智地)가 청정(淸淨)한 까닭으로 색(色)이 청정하고, 색이 청정한 까닭으로 일체(一切)의 다라니문(陀羅尼門)이 청정하니라. 왜 그러한가? 만약 일체지지가 청정하거나, 만약 색이 청정하거나, 만약 일체의 다라니문이 청정하다면, 무이(無二)이고 둘로 나눌 수 없으며(無二分) 분별이 없고(無別) 단절도 없는(無斷) 까닭이니라. 일체지지가 청정한 까닭으로 수(受)·상(想)·행(行)·식(識)이 청정하고, 수·상·행·식이 청정한 까닭으로 일체의 다라니문이 청정하니라. 왜 그러한가? 만약 일체의 다라니문이 청정하거나, 만약 수·상·행·식이 청정하거나, 만약 일체상지가 청정하다면, 무이이고 둘로 나눌 수 없으며 분별이 없고 단절도 없는 까닭이니라.

선현이여. 일체지지가 청정한 까닭으로 안처(眼處)가 청정하고, 안처가 청정한 까닭으로 일체의 다라니문이 청정하니라. 왜 그러한가? 만약 일체지지가 청정하거나, 만약 안처가 청정하거나, 만약 일체의 다라니문이 청정하다면, 무이이고 둘로 나눌 수 없으며 분별이 없고 단절도 없는 까닭이니라. 일체지지가 청정한 까닭으로 이(耳)·비(鼻)·설(舌)·신(身)·의처(意處)가 청정하고, 이·비·설·신·의처가 청정한 까닭으로 일체의 다라니문이 청정하니라. 왜 그러한가? 만약 일체지지가 청정하거나, 만약 이·비·설·신·의처가 청정하거나, 만약 일체의 다라니문이 청정하다면, 무이이고 둘로 나눌 수 없으며 분별이 없고 단절도 없는 까닭이니라.

선현이여. 일체지지가 청정한 까닭으로 색처(色處)가 청정하고, 색처가 청정한 까닭으로 일체의 다라니문이 청정하니라. 왜 그러한가? 만약 일체지지가 청정하거나, 만약 색처가 청정하거나, 만약 일체의 다라니문이 청정하다면, 무이이고 둘로 나눌 수 없으며 분별이 없고 단절도 없는 까닭이니라. 일체지지가 청정한 까닭으로 성(聲)·향(香)·미(味)·촉(觸)·법처(法處)가 청정하고, 성·향·미·촉·법처가 청정한 까닭으로 일체의 다라니문이 청정하니라. 왜 그러한가? 만약 일체지지가 청정하거나, 만약 성·향·미·촉·법처가 청정하거나, 만약 일체의 다라니문이 청정하다면, 무이이고 둘로 나눌 수 없으며 분별이 없고 단절도 없는 까닭이니라.

선현이여. 일체지지가 청정한 까닭으로 안계(眼界)가 청정하고, 안계가 청정한 까닭으로 일체의 다라니문이 청정하니라. 왜 그러한가? 만약 일체지지가 청정하거나, 만약 안계가 청정하거나, 만약 일체의 다라니문이 청정하다면, 무이이고 둘로 나눌 수 없으며 분별이 없고 단절도 없는 까닭이니라. 일체지지가 청정한 까닭으로 색계(色界)·안식계(眼識界), …… 나아가 …… 안촉(眼觸)·안촉을 인연으로 생겨나는 여러 수(受)가 청정하고, 색계, 나아가 안촉을 인연으로 생겨난 여러 수가 청정한 까닭으로 일체의 다라니문이 청정하니라. 왜 그러한가? 만약 일체의 다라니문이 청정하거나, 만약 색계, 나아가 안촉을 인연으로 생겨난 여러 수가 청정하거나, 만약 일체상지가 청정하다면, 무이이고 둘로 나눌 수 없으며 분별이 없고 단절도 없는 까닭이니라.

선현이여. 일체지지가 청정한 까닭으로 이계(耳界)가 청정하고, 이계가 청정한 까닭으로 일체의 다라니문이 청정하니라. 왜 그러한가? 만약 일체지지가 청정하거나, 만약 이계가 청정하거나, 만약 일체의 다라니문이 청정하다면, 무이이고 둘로 나눌 수 없으며 분별이 없고 단절도 없는 까닭이니라. 일체지지가 청정한 까닭으로 성계(聲界)·이식계(耳識界), …… 나아가 …… 이촉(耳觸)·이촉을 인연으로 생겨난 여러 수가 청정하고, 성계, 나아가 이촉을 인연으로 생겨난 여러 수가 청정한 까닭으로 일체의 다라니문이 청정하니라. 왜 그러한가? 만약 일체지지가 청정하거나,

만약 성계, 나아가 이촉을 인연으로 생겨난 여러 수가 청정하거나, 만약 일체의 다라니문이 청정하다면, 무이이고 둘로 나눌 수 없으며 분별이 없고 단절도 없는 까닭이니라.

선현이여. 일체지지가 청정한 까닭으로 비계(鼻界)가 청정하고, 비계가 청정한 까닭으로 일체의 다라니문이 청정하니라. 왜 그러한가? 만약 일체지지가 청정하거나, 만약 비계가 청정하거나, 만약 일체의 다라니문이 청정하다면, 무이이고 둘로 나눌 수 없으며 분별이 없고 단절도 없는 까닭이니라. 일체지지가 청정한 까닭으로 향계(香界)·비식계(鼻識界), …… 나아가 …… 비촉(鼻觸)·비촉을 인연으로 생겨난 여러 수가 청정하고, 향계, 나아가 비촉을 인연으로 생겨난 여러 수가 청정한 까닭으로 일체의 다라니문이 청정하니라. 왜 그러한가? 만약 일체지지가 청정하거나, 만약 향계, 나아가 비촉을 인연으로 생겨난 여러 수가 청정하거나, 만약 일체의 다라니문이 청정하다면, 무이이고 둘로 나눌 수 없으며 분별이 없고 단절도 없는 까닭이니라.

선현이여. 일체지지가 청정한 까닭으로 설계(舌界)가 청정하고, 설계가 청정한 까닭으로 일체의 다라니문이 청정하니라. 왜 그러한가? 만약 일체지지가 청정하거나, 만약 설계가 청정하거나, 만약 일체의 다라니문이 청정하다면, 무이이고 둘로 나눌 수 없으며 분별이 없고 단절도 없는 까닭이니라. 일체지지가 청정한 까닭으로 미계(味界)·설식계(舌識界), …… 나아가 …… 설촉(舌觸)·설촉을 인연으로 생겨난 여러 수가 청정하고, 미계, 나아가 설촉을 인연으로 생겨난 여러 수가 청정한 까닭으로 일체의 다라니문이 청정하니라. 왜 그러한가? 만약 일체지지가 청정하거나, 만약 미계, 나아가 설촉을 인연으로 생겨난 여러 수가 청정하거나, 만약 일체의 다라니문이 청정하다면, 무이이고 둘로 나눌 수 없으며 분별이 없고 단절도 없는 까닭이니라.

선현이여. 일체지지가 청정한 까닭으로 신계(身界)가 청정하고, 신계가 청정한 까닭으로 일체의 다라니문이 청정하니라. 왜 그러한가? 만약 일체지지가 청정하거나, 만약 신계가 청정하거나, 만약 일체의 다라니문이 청정하다면, 무이이고 둘로 나눌 수 없으며 분별이 없고 단절도 없는 까닭이니라. 일체지지가 청정한 까닭으로 촉계(觸界)·신식계(身識界), …… 나아가 …… 신촉(身觸)·신촉을 인연으로 생겨난 여러 수가 청정하고, 촉계, 나아가 신촉을 인연으로 생겨난 여러 수가 청정한 까닭으로 일체의 다라니문이 청정하니라. 왜 그러한가? 만약 일체지지가 청정하거나, 만약 촉계, 나아가 신촉을 인연으로 생겨난 여러 수가 청정하거나, 만약 일체의 다라니문이 청정하다면, 무이이고 둘로 나눌 수 없으며 분별이 없고 단절도 없는 까닭이니라.

선현이여. 일체지지가 청정한 까닭으로 의계(意界)가 청정하고, 의계가 청정한 까닭으로 일체의 다라니문이 청정하니라. 왜 그러한가? 만약 일체지지가 청정하거나, 만약 의계가 청정하거나, 만약 일체의 다라니문이 청정하다면, 무이이고 둘로 나눌 수 없으며 분별이 없고 단절도 없는 까닭이니라. 일체지지가 청정한 까닭으로 법계(法界)·의식계(意識界), …… 나아가 …… 의촉(意觸)·의촉을 인연으로 생겨난 여러 수가 청정하고, 법계, 나아가 의촉을 인연으로 생겨난 여러 수가 청정한 까닭으로 일체의 다라니문이 청정하니라. 왜 그러한가? 만약 일체지지가 청정하거나, 만약 법계, 나아가 의촉을 인연으로 생겨난 여러 수가 청정하거나, 만약 일체의 다라니문이 청정하다면, 무이이고 둘로 나눌 수 없으며 분별이 없고 단절도 없는 까닭이니라.

선현이여. 일체지지가 청정한 까닭으로 지계(地界)가 청정하고, 지계가 청정한 까닭으로 일체의 다라니문이 청정하니라. 왜 그러한가? 만약 일체지지가 청정하거나, 만약 지계가 청정하거나, 만약 일체의 다라니문이 청정하다면, 무이이고 둘로 나눌 수 없으며 분별이 없고 단절도 없는 까닭이니라. 일체지지가 청정한 까닭으로 수(水)·화(火)·풍(風)·공(空)·식계(識界)가 청정하고, 수·화·풍·공·식계가 청정한 까닭으로 일체의 다라니문이 청정하니라. 왜 그러한가? 만약 일체지지가 청정하거나, 만약 수·화·풍·공·식계가 청정하거나, 만약 일체의 다라니문이 청정하다면, 무이이고 둘로 나눌 수 없으며 분별이 없고 단절도 없는 까닭이니라.

선현이여. 일체지지가 청정한 까닭으로 무명(無明)이 청정하고, 무명이 청정한 까닭으로 일체의 다라니문이 청정하니라. 왜 그러한가? 만약 일체지지가 청정하거나, 만약 무명이 청정하거나, 만약 일체의 다라니문이 청정하다면, 무이이고 둘로 나눌 수 없으며 분별이 없고 단절도 없는 까닭이니라. 일체지지가 청정한 까닭으로 행(行)·식(識)·명색(名色)·육처(六處)·촉(觸)·수(受)·애(愛)·취(取)·유(有)·생(生)·노사(老死)의 수탄고우뇌(愁歎苦憂惱)가 청정하고, 행, 나아가 노사의 수탄고우뇌가 청정한 까닭으로 일체의 다라니문이 청정하니라. 왜 그러한가? 만약 일체지지가 청정하거나, 만약 행, 나아가 노사의 수탄고우뇌가 청정하거나, 만약 일체의 다라니문이 청정하다면, 무이이고 둘로 나눌 수 없으며 분별이 없고 단절도 없는 까닭이니라.

선현이여. 일체지지가 청정한 까닭으로 보시바라밀다(布施波羅蜜多)가 청정하고, 보시바라밀다가 청정한 까닭으로 일체의 다라니문이 청정하니라. 왜 그러한가? 만약 일체지지가 청정하거나, 만약 보시바라밀다가 청정하거나, 만약 일체의 다라니문이 청정하다면, 무이이고 둘로 나눌 수 없으며 분별이 없고 단절도 없는 까닭이니라. 일체지지가 청정한 까닭으로 정계(淨戒)·안인(安忍)·정진(精進)·정려(靜慮)·반야바라밀다(般若波羅蜜多)가 청정하고, 정계, 나아가 반야바라밀다가 청정한 까닭으로 일체의 다라니문이 청정하니라. 왜 그러한가? 만약 일체지지가 청정하거나, 만약 정계, 나아가 반야바라밀다가 청정하거나, 만약 일체의 다라니문이 청정하다면, 무이이고 둘로 나눌 수 없으며 분별이 없고 단절도 없는 까닭이니라.

선현이여. 일체지지가 청정한 까닭으로 내공(內空)이 청정하고, 내공이 청정한 까닭으로 일체의 다라니문이 청정하니라. 왜 그러한가? 만약 일체지지가 청정하거나, 만약 내공이 청정하거나, 만약 일체의 다라니문이 청정하다면, 무이이고 둘로 나눌 수 없으며 분별이 없고 단절도 없는 까닭이니라. 일체지지가 청정한 까닭으로 외공(外空)·내외공(內外空)·공공(空空)·대공(大空)·승의공(勝義空)·유위공(有爲空)·무위공(無爲空)·필경공(畢竟空)·무제공(無際空)·산공(散空)·무변이공(無變異空)·본성공(本性空)·자상공(自相空)·공상공(共相空)·일체법공(一切法空)·불가득공(不可得空)·무성공(無性空)·자성공(自性空)·무성자성공(無性自性空)이 청정하고, 외공, 나아가 무성자성공이 청정한 까닭으로 일체의 다라니문이 청정하니라. 왜 그러한가? 만약 일체지지가 청정하거나, 만약 외공, 나아가 무성자성공이 청정하거나, 만약 일체의 다라니문이 청정하다면, 무이이고 둘로 나눌 수 없으며 분별이 없고 단절도 없는 까닭이니라.

선현이여. 일체지지가 청정한 까닭으로 진여(眞如)가 청정하고, 진여가 청정한 까닭으로 일체의 다라니문이 청정하니라. 왜 그러한가? 만약 일체지지가 청정하거나, 만약 진여가 청정하거나, 만약 일체의 다라니문이 청정하다면, 무이이고 둘로 나눌 수 없으며 분별이 없고 단절도 없는 까닭이니라. 일체지지가 청정한 까닭으로 법계(法界)·법성(法性)·불허망성(不虛妄性)·불변이성(不變異性)·평등성(平等性)·이생성(離生性)·법정(法定)·법주(法住)·실제(實際)·허공계(虛空界)·부사의계(不思議界)가 청정하고 법계, 나아가 부사의계가 청정한 까닭으로 일체의 다라니문이 청정하니라. 왜 그러한가? 만약 일체지지가 청정하거나, 만약 법계, 나아가 부사의계가 청정하거나, 만약 일체의 다라니문이 청정하다면, 무이이고 둘로 나눌 수 없으며 분별이 없고 단절도 없는 까닭이니라.

선현이여. 일체지지가 청정한 까닭으로 고성제(苦聖諦)가 청정하고, 고성제가 청정한 까닭으로 일체의 다라니문이 청정하니라. 왜 그러한가? 만약 일체지지가 청정하거나, 만약 고성제가 청정하거나, 만약 일체의 다라니문이 청정하다면, 무이이고 둘로 나눌 수 없으며 분별이 없고 단절도 없는 까닭이니라. 일체지지가 청정한 까닭으로 집(集)·멸(滅)·도성제(道聖諦)가 청정하고, 집·멸·도성제가 청정한 까닭으로 일체의 다라니문이 청정하니라. 왜 그러한가? 만약 일체지지가 청정하거나, 만약 집·멸·도성제가 청정하거나, 만약 일체의 다라니문이 청정하다면, 무이이고 둘로 나눌 수 없으며 분별이 없고 단절도 없는 까닭이니라.

선현이여. 일체지지가 청정한 까닭으로 4정려(四靜慮)가 청정하고,

4정려가 청정한 까닭으로 일체의 다라니문이 청정하니라. 왜 그러한가? 만약 일체지지가 청정하거나, 만약 4정려가 청정하거나, 만약 일체의 다라니문이 청정하다면, 무이이고 둘로 나눌 수 없으며 분별이 없고 단절도 없는 까닭이니라. 일체지지가 청정한 까닭으로 4무량(四無量)·4무색정(四無色定)이 청정하고, 4무량·4무색정이 청정한 까닭으로 일체의 다라니문이 청정하니라. 왜 그러한가? 만약 일체지지가 청정하거나, 만약 4무량·4무색정이 청정하거나, 만약 일체의 다라니문이 청정하다면, 무이이고 둘로 나눌 수 없으며 분별이 없고 단절도 없는 까닭이니라.

　선현이여. 일체지지가 청정한 까닭으로 8해탈(八解脫)이 청정하고, 8해탈이 청정한 까닭으로 일체의 다라니문이 청정하니라. 왜 그러한가? 만약 일체지지가 청정하거나, 만약 8해탈이 청정하거나, 만약 일체의 다라니문이 청정하다면, 무이이고 둘로 나눌 수 없으며 분별이 없고 단절도 없는 까닭이니라. 일체지지가 청정한 까닭으로 8승처(八勝處)·9차제정(九次第定)·10변처(十遍處)가 청정하고, 8승처·9차제정·10변처가 청정한 까닭으로 일체의 다라니문이 청정하니라. 왜 그러한가? 만약 일체지지가 청정하거나, 만약 8승처·9차제정·10변처가 청정하거나, 만약 일체의 다라니문이 청정하다면, 무이이고 둘로 나눌 수 없으며 분별이 없고 단절도 없는 까닭이니라.

　선현이여. 일체지지가 청정한 까닭으로 4념주(四念住)가 청정하고, 4념주가 청정한 까닭으로 일체의 다라니문이 청정하니라. 왜 그러한가? 만약 일체지지가 청정하거나, 만약 4념주가 청정하거나, 만약 일체의 다라니문이 청정하다면, 무이이고 둘로 나눌 수 없으며 분별이 없고 단절도 없는 까닭이니라. 일체지지가 청정한 까닭으로 4정단(四正斷)·4신족(四神足)·5근(五根)·5력(五力)·7등각지(七等覺支)·8성도지(八聖道支)가 청정하고, 4정단, 나아가 8성도지가 청정한 까닭으로 일체의 다라니문이 청정하니라. 왜 그러한가? 만약 일체의 다라니문이 청정하거나, 만약 4정단, 나아가 8성도지가 청정하거나, 만약 일체상지가 청정하다면, 무이이고 둘로 나눌 수 없으며 분별이 없고 단절도 없는 까닭이니라.

선현이여. 일체지지가 청정한 까닭으로 공해탈문(空解脫門)이 청정하고, 공해탈문이 청정한 까닭으로 일체의 다라니문이 청정하니라. 왜 그러한가? 만약 일체지지가 청정하거나, 만약 공해탈문이 청정하거나, 만약 일체의 다라니문이 청정하다면, 무이이고 둘로 나눌 수 없으며 분별이 없고 단절도 없는 까닭이니라. 일체지지가 청정한 까닭으로 무상(無相)·무원해탈문(無願解脫門)이 청정하고, 무상·무원해탈문이 청정한 까닭으로 일체의 다라니문이 청정하니라. 왜 그러한가? 만약 일체지지가 청정하거나, 만약 무상·무원해탈문이 청정하거나, 만약 일체의 다라니문이 청정하다면, 무이이고 둘로 나눌 수 없으며 분별이 없고 단절도 없는 까닭이니라.

선현이여. 일체지지가 청정한 까닭으로 보살(菩薩)의 10지(十地)가 청정하고, 보살의 10지가 청정한 까닭으로 일체의 다라니문이 청정하니라. 왜 그러한가? 만약 일체지지가 청정하거나, 만약 보살의 10지가 청정하거나, 만약 일체의 다라니문이 청정하다면, 무이이고 둘로 나눌 수 없으며 분별이 없고 단절도 없는 까닭이니라.

선현이여. 일체지지가 청정한 까닭으로 5안(五眼)이 청정하고, 5안이 청정한 까닭으로 일체의 다라니문이 청정하니라. 왜 그러한가? 만약 일체지지가 청정하거나, 만약 5안이 청정하거나, 만약 일체의 다라니문이 청정하다면, 무이이고 둘로 나눌 수 없으며 분별이 없고 단절도 없는 까닭이니라. 선현이여. 일체지지가 청정한 까닭으로 6신통(六神通)이 청정하고, 6신통이 청정한 까닭으로 일체의 다라니문이 청정하니라. 왜 그러한가? 만약 일체지지가 청정하거나, 만약 6신통이 청정하거나, 만약 일체의 다라니문이 청정하다면, 무이이고 둘로 나눌 수 없으며 분별이 없고 단절도 없는 까닭이니라.

선현이여. 일체지지가 청정한 까닭으로 여래(佛)의 10력(十力)이 청정하고, 여래의 10력이 청정한 까닭으로 일체의 다라니문이 청정하니라. 왜 그러한가? 만약 일체지지가 청정하거나, 만약 여래의 10력이 청정하거나, 만약 일체의 다라니문이 청정하다면, 무이이고 둘로 나눌 수 없으며 분별이 없고 단절도 없는 까닭이니라. 일체지지가 청정한 까닭으로 4무소외(四無所畏)·4무애해(四無礙解)·대자(大慈)·대비(大悲)·대희(大喜)·대사(大捨)·18불불공법(十八佛不共法)이 청정하고, 4무소외, 나아가 18불불공법이 청정한 까닭으로 일체의 다라니문이 청정하니라. 왜 그러한가? 만약 일체지지가 청정하거나, 만약 4무소외, 나아가 18불불공법이 청정하거나, 만약 일체의 다라니문이 청정하다면, 무이이고 둘로 나눌 수 없으며 분별이 없고 단절도 없는 까닭이니라.

선현이여. 일체지지가 청정한 까닭으로 무망실법(無忘失法)이 청정하고, 무망실법이 청정한 까닭으로 일체의 다라니문이 청정하니라. 왜 그러한가? 만약 일체지지가 청정하거나, 만약 무망실법이 청정하거나, 만약 일체의 다라니문이 청정하다면, 무이이고 둘로 나눌 수 없으며 분별이 없고 단절도 없는 까닭이니라. 선현이여. 일체지지가 청정한 까닭으로 항주사성(恒住捨性)이 청정하고, 항주사성이 청정한 까닭으로 일체의 다라니문이 청정하니라. 왜 그러한가? 만약 일체지지가 청정하거나, 만약 항주사성이 청정하거나, 만약 일체의 다라니문이 청정하다면, 무이이고 둘로 나눌 수 없으며 분별이 없고 단절도 없는 까닭이니라.

선현이여. 일체지지가 청정한 까닭으로 일체지(一切智)가 청정하고, 일체지가 청정한 까닭으로 일체의 다라니문이 청정하니라. 왜 그러한가? 만약 일체지지가 청정하거나, 만약 일체지가 청정하거나, 만약 일체의 다라니문이 청정하다면, 무이이고 둘로 나눌 수 없으며 분별이 없고 단절도 없는 까닭이니라. 일체지지가 청정한 까닭으로 도상지(道相智)·일체상지(一切相智)가 청정하고, 도상지·일체상지가 청정한 까닭으로 일체의 다라니문이 청정하니라. 왜 그러한가? 만약 일체지지가 청정하거나, 만약 도상지·일체상지가 청정하거나, 만약 일체의 다라니문이 청정하다면, 무이이고 둘로 나눌 수 없으며 분별이 없고 단절도 없는 까닭이니라.

선현이여. 일체지지가 청정한 까닭으로 일체의 삼마지문(三摩地門)이 청정하고, 일체의 삼마지문이 청정한 까닭으로 일체의 다라니문이 청정하니라. 왜 그러한가? 만약 일체지지가 청정하거나, 만약 일체의 삼마지문이 청정하거나, 만약 일체의 다라니문이 청정하다면, 무이이고 둘로 나눌 수 없으며 분별이 없고 단절도 없는 까닭이니라.

선현이여. 일체지지가 청정한 까닭으로 예류과(預流果)가 청정하고, 예류과가 청정한 까닭으로 일체의 다라니문이 청정하니라. 왜 그러한가? 만약 일체지지가 청정하거나, 만약 예류과가 청정하거나, 만약 일체의 다라니문이 청정하다면, 무이이고 둘로 나눌 수 없으며 분별이 없고 단절도 없는 까닭이니라. 일체지지가 청정한 까닭으로 일래(一來)·불환(不還)·아라한과(阿羅漢果)가 청정하고, 일래·불환·아라한과가 청정한 까닭으로 일체의 다라니문이 청정하니라. 왜 그러한가? 만약 일체지지가 청정하거나, 만약 일래·불환·아라한과가 청정하거나, 만약 일체의 다라니문이 청정하다면, 무이이고 둘로 나눌 수 없으며 분별이 없고 단절도 없는 까닭이니라.

선현이여. 일체지지가 청정한 까닭으로 독각(獨覺)의 보리(菩提)가 청정하고, 독각의 보리가 청정한 까닭으로 일체의 다라니문이 청정하니라. 왜 그러한가? 만약 일체지지가 청정하거나, 만약 독각의 보리가 청정하거나, 만약 일체의 다라니문이 청정하다면, 무이이고 둘로 나눌 수 없으며 분별이 없고 단절도 없는 까닭이니라.

선현이여. 일체지지가 청정한 까닭으로 일체의 보살마하살(菩薩摩訶薩)의 행(行)이 청정하고, 일체의 보살마하살의 행이 청정한 까닭으로 일체의 다라니문이 청정하니라. 왜 그러한가? 만약 일체지지가 청정하거나, 만약 일체의 보살마하살의 행이 청정하거나, 만약 일체의 다라니문이 청정하다면, 무이이고 둘로 나눌 수 없으며 분별이 없고 단절도 없는 까닭이니라.

선현이여. 일체지지가 청정한 까닭으로 제불(諸佛)의 무상정등보리(無上正等菩提)가 청정하고, 제불의 무상정등보리가 청정한 까닭으로 일체의 다라니문이 청정하니라. 왜 그러한가? 만약 일체지지가 청정하거나, 만약 제불의 무상정등보리가 청정하거나, 만약 일체의 다라니문이 청정하다면, 무이이고 둘로 나눌 수 없으며 분별이 없고 단절도 없는 까닭이니라."

"다시 다음으로 선현이여. 일체지지가 청정한 까닭으로 색이 청정하고, 색이 청정한 까닭으로 일체(一切)의 삼마지문(三摩地門)이 청정하니라. 왜 그러한가? 만약 일체지지가 청정하거나, 만약 색이 청정하거나, 만약 일체의 삼마지문이 청정하다면, 무이이고 둘로 나눌 수 없으며 분별이 없고 단절도 없는 까닭이니라. 일체지지가 청정한 까닭으로 수·상·행·식이 청정하고, 수·상·행·식이 청정한 까닭으로 일체의 삼마지문이 청정하니라. 왜 그러한가? 만약 일체지지가 청정하거나, 만약 수·상·행·식이 청정하거나, 만약 일체의 삼마지문이 청정하다면, 무이이고 둘로 나눌 수 없으며 분별이 없고 단절도 없는 까닭이니라.

선현이여. 일체지지가 청정한 까닭으로 안처가 청정하고, 안처가 청정한 까닭으로 일체의 삼마지문이 청정하니라. 왜 그러한가? 만약 일체지지가 청정하거나, 만약 안처가 청정하거나, 만약 일체의 삼마지문이 청정하다면, 무이이고 둘로 나눌 수 없으며 분별이 없고 단절도 없는 까닭이니라. 일체지지가 청정한 까닭으로 이·비·설·신·의처가 청정하고, 이·비·설·신·의처가 청정한 까닭으로 일체의 삼마지문이 청정하니라. 왜 그러한가? 만약 일체지지가 청정하거나, 만약 이·비·설·신·의처가 청정하거나, 만약 일체의 삼마지문이 청정하다면, 무이이고 둘로 나눌 수 없으며 분별이 없고 단절도 없는 까닭이니라.

선현이여. 일체지지가 청정한 까닭으로 색처가 청정하고, 색처가 청정한 까닭으로 일체의 삼마지문이 청정하니라. 왜 그러한가? 만약 일체지지가 청정하거나, 만약 색처가 청정하거나, 만약 일체의 삼마지문이 청정하다면, 무이이고 둘로 나눌 수 없으며 분별이 없고 단절도 없는 까닭이니라. 일체지지가 청정한 까닭으로 성·향·미·촉·법처가 청정하고, 성·향·미·촉·법처가 청정한 까닭으로 일체의 삼마지문이 청정하니라. 왜 그러한가? 만약 일체지지가 청정하거나, 만약 성·향·미·촉·법처가 청정하거나, 만약 일체의 삼마지문이 청정하다면, 무이이고 둘로 나눌 수 없으며 분별이 없고 단절도 없는 까닭이니라.

선현이여. 일체지지가 청정한 까닭으로 안계가 청정하고, 안계가 청정

한 까닭으로 일체의 삼마지문이 청정하니라. 왜 그러한가? 만약 일체지지가 청정하거나, 만약 안계가 청정하거나, 만약 일체의 삼마지문이 청정하다면, 무이이고 둘로 나눌 수 없으며 분별이 없고 단절도 없는 까닭이니라. 일체지지가 청정한 까닭으로 색계·안식계, 나아가 안촉·안촉을 인연으로 생겨난 여러 수가 청정하고, 색계, 나아가 안촉을 인연으로 생겨난 여러 수가 청정한 까닭으로 일체의 삼마지문이 청정하니라. 왜 그러한가? 만약 일체지지가 청정하거나, 만약 색계, 나아가 안촉을 인연으로 생겨난 여러 수가 청정하거나, 만약 일체의 삼마지문이 청정하다면, 무이이고 둘로 나눌 수 없으며 분별이 없고 단절도 없는 까닭이니라.

선현이여. 일체지지가 청정한 까닭으로 이계가 청정하고, 이계가 청정한 까닭으로 일체의 삼마지문이 청정하니라. 왜 그러한가? 만약 일체지지가 청정하거나, 만약 이계가 청정하거나, 만약 일체의 삼마지문이 청정하다면, 무이이고 둘로 나눌 수 없으며 분별이 없고 단절도 없는 까닭이니라. 일체지지가 청정한 까닭으로 성계·이식계, 나아가 이촉·이촉을 인연으로 생겨난 여러 수가 청정하고, 성계, 나아가 이촉을 인연으로 생겨난 여러 수가 청정한 까닭으로 일체의 삼마지문이 청정하니라. 왜 그러한가? 만약 일체지지가 청정하거나, 만약 성계, 나아가 이촉을 인연으로 생겨난 여러 수가 청정하거나, 만약 일체의 삼마지문이 청정하다면, 무이이고 둘로 나눌 수 없으며 분별이 없고 단절도 없는 까닭이니라.

선현이여. 일체지지가 청정한 까닭으로 비계가 청정하고, 비계가 청정한 까닭으로 일체의 삼마지문이 청정하니라. 왜 그러한가? 만약 일체지지가 청정하거나, 만약 비계가 청정하거나, 만약 일체의 삼마지문이 청정하다면, 무이이고 둘로 나눌 수 없으며 분별이 없고 단절도 없는 까닭이니라. 일체지지가 청정한 까닭으로 향계·비식계, 나아가 비촉·비촉을 인연으로 생겨난 여러 수가 청정하고, 향계, 나아가 비촉을 인연으로 생겨난 여러 수가 청정한 까닭으로 일체의 삼마지문이 청정하니라. 왜 그러한가? 만약 일체지지가 청정하거나, 만약 향계, 나아가 비촉을 인연으로 생겨난 여러 수가 청정하거나, 만약 일체의 삼마지문이 청정하다면, 무이이고

둘로 나눌 수 없으며 분별이 없고 단절도 없는 까닭이니라.

　선현이여. 일체지지가 청정한 까닭으로 설계가 청정하고, 설계가 청정한 까닭으로 일체의 삼마지문이 청정하니라. 왜 그러한가? 만약 일체지지가 청정하거나, 만약 설계가 청정하거나, 만약 일체의 삼마지문이 청정하다면, 무이이고 둘로 나눌 수 없으며 분별이 없고 단절도 없는 까닭이니라. 일체지지가 청정한 까닭으로 미계·설식계, 나아가 설촉·설촉을 인연으로 생겨난 여러 수가 청정하고, 미계, 나아가 설촉을 인연으로 생겨난 여러 수가 청정한 까닭으로 일체의 삼마지문이 청정하니라. 왜 그러한가? 만약 일체지지가 청정하거나, 만약 미계, 나아가 설촉을 인연으로 생겨난 여러 수가 청정하거나, 만약 일체의 삼마지문이 청정하다면, 무이이고 둘로 나눌 수 없으며 분별이 없고 단절도 없는 까닭이니라.

　선현이여. 일체지지가 청정한 까닭으로 신계가 청정하고, 신계가 청정한 까닭으로 일체의 삼마지문이 청정하니라. 왜 그러한가? 만약 일체지지가 청정하거나, 만약 신계가 청정하거나, 만약 일체의 삼마지문이 청정하다면, 무이이고 둘로 나눌 수 없으며 분별이 없고 단절도 없는 까닭이니라. 일체지지가 청정한 까닭으로 촉계·신식계, 나아가 신촉·신촉을 인연으로 생겨난 여러 수가 청정하고, 촉계, 나아가 신촉을 인연으로 생겨난 여러 수가 청정한 까닭으로 일체의 삼마지문이 청정하니라. 왜 그러한가? 만약 일체지지가 청정하거나, 만약 촉계, 나아가 신촉을 인연으로 생겨난 여러 수가 청정하거나, 만약 일체의 삼마지문이 청정하다면, 무이이고 둘로 나눌 수 없으며 분별이 없고 단절도 없는 까닭이니라.

　선현이여. 일체지지가 청정한 까닭으로 의계가 청정하고, 의계가 청정한 까닭으로 일체의 삼마지문이 청정하니라. 왜 그러한가? 만약 일체지지가 청정하거나, 만약 의계가 청정하거나, 만약 일체의 삼마지문이 청정하다면, 무이이고 둘로 나눌 수 없으며 분별이 없고 단절도 없는 까닭이니라. 일체지지가 청정한 까닭으로 법계·의식계, 나아가 의촉·의촉을 인연으로 생겨난 여러 수가 청정하고, 법계, 나아가 의촉을 인연으로 생겨난 여러 수가 청정한 까닭으로 일체의 삼마지문이 청정하니라. 왜 그러한가?

만약 일체지지가 청정하거나, 만약 법계, 나아가 의촉을 인연으로 생겨난 여러 수가 청정하거나, 만약 일체의 삼마지문이 청정하다면, 무이이고 둘로 나눌 수 없으며 분별이 없고 단절도 없는 까닭이니라.

선현이여. 일체지지가 청정한 까닭으로 지계가 청정하고, 지계가 청정한 까닭으로 일체의 삼마지문이 청정하니라. 왜 그러한가? 만약 일체지지가 청정하거나, 만약 지계가 청정하거나, 만약 일체의 삼마지문이 청정하다면, 무이이고 둘로 나눌 수 없으며 분별이 없고 단절도 없는 까닭이니라. 일체지지가 청정한 까닭으로 수·화·풍·공·식계가 청정하고, 수·화·풍·공·식계가 청정한 까닭으로 일체의 삼마지문이 청정하니라. 왜 그러한가? 만약 일체지지가 청정하거나, 만약 수·화·풍·공·식계가 청정하거나, 만약 일체의 삼마지문이 청정하다면, 무이이고 둘로 나눌 수 없으며 분별이 없고 단절도 없는 까닭이니라.

선현이여. 일체지지가 청정한 까닭으로 무명이 청정하고, 무명이 청정한 까닭으로 일체의 삼마지문이 청정하니라. 왜 그러한가? 만약 일체지지가 청정하거나, 만약 무명이 청정하거나, 만약 일체의 삼마지문이 청정하다면, 무이이고 둘로 나눌 수 없으며 분별이 없고 단절도 없는 까닭이니라. 일체지지가 청정한 까닭으로 행·식·명색·육처·촉·수·애·취·유·생·노사의 수탄고우뇌가 청정하고, 행, 나아가 노사의 수탄고우뇌가 청정한 까닭으로 일체의 삼마지문이 청정하니라. 왜 그러한가? 만약 일체지지가 청정하거나, 만약 행, 나아가 노사의 수탄고우뇌가 청정하거나, 만약 일체의 삼마지문이 청정하다면, 무이이고 둘로 나눌 수 없으며 분별이 없고 단절도 없는 까닭이니라.

선현이여. 일체지지가 청정한 까닭으로 보시바라밀다가 청정하고, 보시바라밀다가 청정한 까닭으로 일체의 삼마지문이 청정하니라. 왜 그러한가? 만약 일체지지가 청정하거나, 만약 보시바라밀다가 청정하거나, 만약 일체의 삼마지문이 청정하다면, 무이이고 둘로 나눌 수 없으며 분별이 없고 단절도 없는 까닭이니라. 일체지지가 청정한 까닭으로 정계·안인·정진·정려·반야바라밀다가 청정하고, 정계, 나아가 반야바라밀다가 청정한 까닭으로 일체의 삼마지문이 청정하니라. 왜 그러한가? 만약 일체지지가 청정하거나, 만약 정계, 나아가 반야바라밀다가 청정하거나, 만약 일체의 삼마지문이 청정하다면, 무이이고 둘로 나눌 수 없으며 분별이 없고 단절도 없는 까닭이니라.

선현이여. 일체지지가 청정한 까닭으로 내공이 청정하고, 내공이 청정한 까닭으로 일체의 삼마지문이 청정하니라. 왜 그러한가? 만약 일체지지가 청정하거나, 만약 내공이 청정하거나, 만약 일체의 삼마지문이 청정하다면, 무이이고 둘로 나눌 수 없으며 분별이 없고 단절도 없는 까닭이니라. 일체지지가 청정한 까닭으로 외공·내외공·공공·대공·승의공·유위공·무위공·필경공·무제공·산공·무변이공·본성공·자상공·공상공·일체법공·불가득공·무성공·자성공·무성자성공이 청정하고, 외공, 나아가 무성자성공이 청정한 까닭으로 일체의 삼마지문이 청정하니라. 왜 그러한가? 만약 일체지지가 청정하거나, 만약 외공, 나아가 무성자성공이 청정하거나, 만약 일체의 삼마지문이 청정하다면, 무이이고 둘로 나눌 수 없으며 분별이 없고 단절도 없는 까닭이니라.

선현이여. 일체지지가 청정한 까닭으로 진여가 청정하고, 진여가 청정한 까닭으로 일체의 삼마지문이 청정하니라. 왜 그러한가? 만약 일체지지가 청정하거나, 만약 진여가 청정하거나, 만약 일체의 삼마지문이 청정하다면, 무이이고 둘로 나눌 수 없으며 분별이 없고 단절도 없는 까닭이니라. 일체지지가 청정한 까닭으로 법계·법성·불허망성·불변이성·평등성·이생성·법정·법주·실제·허공계·부사의계가 청정하고 법계, 나아가 부사의계가 청정한 까닭으로 일체의 삼마지문이 청정하니라. 왜 그러한가? 만약 일체지지가 청정하거나, 만약 법계, 나아가 부사의계가 청정하거나, 만약 일체의 삼마지문이 청정하다면, 무이이고 둘로 나눌 수 없으며 분별이 없고 단절도 없는 까닭이니라.

선현이여. 일체지지가 청정한 까닭으로 고성제가 청정하고, 고성제가 청정한 까닭으로 일체의 삼마지문이 청정하니라. 왜 그러한가? 만약 일체지지가 청정하거나, 만약 고성제가 청정하거나, 만약 일체의 삼마지문이 청정하다면, 무이이고 둘로 나눌 수 없으며 분별이 없고 단절도 없는 까닭이니라. 일체지지가 청정한 까닭으로 집·멸·도성제가 청정하고, 집·멸·도성제가 청정한 까닭으로 일체의 삼마지문이 청정하니라. 왜 그러한가? 만약 일체지지가 청정하거나, 만약 집·멸·도성제가 청정하거나, 만약 일체의 삼마지문이 청정하다면, 무이이고 둘로 나눌 수 없으며 분별이 없고 단절도 없는 까닭이니라.

선현이여. 일체지지가 청정한 까닭으로 4정려가 청정하고, 4정려가 청정한 까닭으로 일체의 삼마지문이 청정하니라. 왜 그러한가? 만약 일체지지가 청정하거나, 만약 4정려가 청정하거나, 만약 일체의 삼마지문이 청정하다면, 무이이고 둘로 나눌 수 없으며 분별이 없고 단절도 없는 까닭이니라. 일체지지가 청정한 까닭으로 4무량·4무색정이 청정하고, 4무량·4무색정이 청정한 까닭으로 일체의 삼마지문이 청정하니라. 왜 그러한가? 만약 일체지지가 청정하거나, 만약 4무량·4무색정이 청정하거나, 만약 일체의 삼마지문이 청정하다면, 무이이고 둘로 나눌 수 없으며 분별이 없고 단절도 없는 까닭이니라.

선현이여. 일체지지가 청정한 까닭으로 8해탈이 청정하고, 8해탈이 청정한 까닭으로 일체의 삼마지문이 청정하니라. 왜 그러한가? 만약 일체지지가 청정하거나, 만약 8해탈이 청정하거나, 만약 일체의 삼마지문이 청정하다면, 무이이고 둘로 나눌 수 없으며 분별이 없고 단절도 없는 까닭이니라. 일체지지가 청정한 까닭으로 8승처·9차제정·10변처가 청정하고, 8승처·9차제정·10변처가 청정한 까닭으로 일체의 삼마지문이 청정하니라. 왜 그러한가? 만약 일체지지가 청정하거나, 만약 8승처·9차제정·10변처가 청정하거나, 만약 일체의 삼마지문이 청정하다면, 무이이고 둘로 나눌 수 없으며 분별이 없고 단절도 없는 까닭이니라.

선현이여. 일체지지가 청정한 까닭으로 4념주가 청정하고, 4념주가 청정한 까닭으로 일체의 삼마지문이 청정하니라. 왜 그러한가? 만약 일체지지가 청정하거나, 만약 4념주가 청정하거나, 만약 일체의 삼마지문이 청정하다면, 무이이고 둘로 나눌 수 없으며 분별이 없고 단절도 없는 까닭이니라. 일체지지가 청정한 까닭으로 4정단·4신족·5근·5력·7등각지·8성도지가 청정하고, 4정단, 나아가 8성도지가 청정한 까닭으로 일체의 삼마지문이 청정하니라. 왜 그러한가? 만약 일체지지가 청정하거나, 만약 4정단, 나아가 8성도지가 청정하거나, 만약 일체의 삼마지문이 청정하다면, 무이이고 둘로 나눌 수 없으며 분별이 없고 단절도 없는 까닭이니라.

선현이여. 일체지지가 청정한 까닭으로 공해탈문이 청정하고, 공해탈문이 청정한 까닭으로 일체의 삼마지문이 청정하니라. 왜 그러한가? 만약 일체지지가 청정하거나, 만약 공해탈문이 청정하거나, 만약 일체의 삼마지문이 청정하다면, 무이이고 둘로 나눌 수 없으며 분별이 없고 단절도 없는 까닭이니라. 일체지지가 청정한 까닭으로 무상·무원해탈문이 청정하고, 무상·무원해탈문이 청정한 까닭으로 일체의 삼마지문이 청정하니라. 왜 그러한가? 만약 일체지지가 청정하거나, 만약 무상·무원해탈문이 청정하거나, 만약 일체의 삼마지문이 청정하다면, 무이이고 둘로 나눌 수 없으며 분별이 없고 단절도 없는 까닭이니라.

선현이여. 일체지지가 청정한 까닭으로 보살의 10지가 청정하고, 보살의 10지가 청정한 까닭으로 일체의 삼마지문이 청정하니라. 왜 그러한가? 만약 일체지지가 청정하거나, 만약 보살의 10지가 청정하거나, 만약 일체의 삼마지문이 청정하다면, 무이이고 둘로 나눌 수 없으며 분별이 없고 단절도 없는 까닭이니라.

선현이여. 일체지지가 청정한 까닭으로 5안이 청정하고, 5안이 청정한 까닭으로 일체의 삼마지문이 청정하니라. 왜 그러한가? 만약 일체지지가 청정하거나, 만약 5안이 청정하거나, 만약 일체의 삼마지문이 청정하다면, 무이이고 둘로 나눌 수 없으며 분별이 없고 단절도 없는 까닭이니라. 선현이여. 일체지지가 청정한 까닭으로 6신통이 청정하고, 6신통이 청정한 까닭으로 일체의 삼마지문이 청정하니라. 왜 그러한가? 만약 일체지지가 청정하거나, 만약 6신통이 청정하거나, 만약 일체의 삼마지문이 청정하다면, 무이이고 둘로 나눌 수 없으며 분별이 없고 단절도 없는 까닭이니라.

선현이여. 일체지지가 청정한 까닭으로 여래의 10력이 청정하고, 여래의 10력이 청정한 까닭으로 일체의 삼마지문이 청정하니라. 왜 그러한가? 만약 일체지지가 청정하거나, 만약 여래의 10력이 청정하거나, 만약 일체의 삼마지문이 청정하다면, 무이이고 둘로 나눌 수 없으며 분별이 없고 단절도 없는 까닭이니라. 일체지지가 청정한 까닭으로 4무소외·4무애해·대자·대비·대희·대사·18불불공법이 청정하고, 4무소외, 나아가 18불불공법이 청정한 까닭으로 일체의 삼마지문이 청정하니라. 왜 그러한가? 만약 일체지지가 청정하거나, 만약 4무소외, 나아가 18불불공법이 청정하거나, 만약 일체의 삼마지문이 청정하다면, 무이이고 둘로 나눌 수 없으며 분별이 없고 단절도 없는 까닭이니라.

선현이여. 일체지지가 청정한 까닭으로 무망실법이 청정하고, 무망실법이 청정한 까닭으로 일체의 삼마지문이 청정하니라. 왜 그러한가? 만약 일체지지가 청정하거나, 만약 무망실법이 청정하거나, 만약 일체의 삼마지문이 청정하다면, 무이이고 둘로 나눌 수 없으며 분별이 없고 단절도 없는 까닭이니라. 선현이여. 일체지지가 청정한 까닭으로 항주사성이 청정하고, 항주사성이 청정한 까닭으로 일체의 삼마지문이 청정하니라. 왜 그러한가? 만약 일체지지가 청정하거나, 만약 항주사성이 청정하거나, 만약 일체의 삼마지문이 청정하다면, 무이이고 둘로 나눌 수 없으며 분별이 없고 단절도 없는 까닭이니라.

선현이여. 일체지지가 청정한 까닭으로 일체지가 청정하고, 일체지가 청정한 까닭으로 일체의 삼마지문이 청정하니라. 왜 그러한가? 만약 일체지지가 청정하거나, 만약 일체지가 청정하거나, 만약 일체의 삼마지문이 청정하다면, 무이이고 둘로 나눌 수 없으며 분별이 없고 단절도 없는 까닭이니라. 일체지지가 청정한 까닭으로 도상지·일체상지가 청정하고, 도상지·일체상지가 청정한 까닭으로 일체의 삼마지문이 청정하니라. 왜 그러한가? 만약 일체지지가 청정하거나, 만약 도상지·일체상지가 청정하거나, 만약 일체의 삼마지문이 청정하다면, 무이이고 둘로 나눌 수 없으며 분별이 없고 단절도 없는 까닭이니라.

선현이여. 일체지지가 청정한 까닭으로 일체의 다라니문이 청정하고, 일체의 다라니문이 청정한 까닭으로 일체의 삼마지문이 청정하니라. 왜 그러한가? 만약 일체지지가 청정하거나, 만약 일체의 다라니문이 청정하거나, 만약 일체의 삼마지문이 청정하다면, 무이이고 둘로 나눌 수 없으며 분별이 없고 단절도 없는 까닭이니라.

선현이여. 일체지지가 청정한 까닭으로 예류과가 청정하고, 예류과가 청정한 까닭으로 일체의 삼마지문이 청정하니라. 왜 그러한가? 만약 일체지지가 청정하거나, 만약 예류과가 청정하거나, 만약 일체의 삼마지문이 청정하다면, 무이이고 둘로 나눌 수 없으며 분별이 없고 단절도 없는 까닭이니라. 일체지지가 청정한 까닭으로 일래·불환·아라한과가 청정하고, 일래·불환·아라한과가 청정한 까닭으로 일체의 삼마지문이 청정하니라. 왜 그러한가? 만약 일체지지가 청정하거나, 만약 일래·불환·아라한과가 청정하거나, 만약 일체의 삼마지문이 청정하다면, 무이이고 둘로 나눌 수 없으며 분별이 없고 단절도 없는 까닭이니라.

선현이여. 일체지지가 청정한 까닭으로 독각의 보리가 청정하고, 독각의 보리가 청정한 까닭으로 일체의 삼마지문이 청정하니라. 왜 그러한가? 만약 일체지지가 청정하거나, 만약 독각의 보리가 청정하거나, 만약 일체의 삼마지문이 청정하다면, 무이이고 둘로 나눌 수 없으며 분별이 없고 단절도 없는 까닭이니라.

선현이여. 일체지지가 청정한 까닭으로 일체의 보살마하살의 행이 청정하고, 일체의 보살마하살의 행이 청정한 까닭으로 일체의 삼마지문이 청정하니라. 왜 그러한가? 만약 일체지지가 청정하거나, 만약 일체의 보살마하살의 행이 청정하거나, 만약 일체의 삼마지문이 청정하다면, 무이이고 둘로 나눌 수 없으며 분별이 없고 단절도 없는 까닭이니라.

선현이여. 일체지지가 청정한 까닭으로 제불의 무상정등보리가 청정하고, 제불의 무상정등보리가 청정한 까닭으로 일체의 삼마지문이 청정하니라. 왜 그러한가? 만약 일체지지가 청정하거나, 만약 제불의 무상정등보리가 청정하거나, 만약 일체의 삼마지문이 청정하다면, 무이이고 둘로 나눌 수 없으며 분별이 없고 단절도 없는 까닭이니라."

"다시 다음으로 선현이여. 일체지지가 청정한 까닭으로 색이 청정하고, 색이 청정한 까닭으로 예류과(預流果)가 청정하니라. 왜 그러한가? 만약 일체지지가 청정하거나, 만약 색이 청정하거나, 만약 예류과가 청정하다면, 무이이고 둘로 나눌 수 없으며 분별이 없고 단절도 없는 까닭이니라. 일체지지가 청정한 까닭으로 수·상·행·식이 청정하고, 수·상·행·식이 청정한 까닭으로 예류과가 청정하니라. 왜 그러한가? 만약 일체지지가 청정하거나, 만약 수·상·행·식이 청정하거나, 만약 예류과가 청정하다면, 무이이고 둘로 나눌 수 없으며 분별이 없고 단절도 없는 까닭이니라.

선현이여. 일체지지가 청정한 까닭으로 안처가 청정하고, 안처가 청정한 까닭으로 예류과가 청정하니라. 왜 그러한가? 만약 일체지지가 청정하거나, 만약 안처가 청정하거나, 만약 예류과가 청정하다면, 무이이고 둘로 나눌 수 없으며 분별이 없고 단절도 없는 까닭이니라. 일체지지가 청정한 까닭으로 이·비·설·신·의처가 청정하고, 이·비·설·신·의처가 청정한 까닭으로 예류과가 청정하니라. 왜 그러한가? 만약 일체지지가 청정하거나, 만약 이·비·설·신·의처가 청정하거나, 만약 예류과가 청정하다면, 무이이고 둘로 나눌 수 없으며 분별이 없고 단절도 없는 까닭이니라.

선현이여. 일체지지가 청정한 까닭으로 색처가 청정하고, 색처가 청정한 까닭으로 예류과가 청정하니라. 왜 그러한가? 만약 일체지지가 청정하거나, 만약 색처가 청정하거나, 만약 예류과가 청정하다면, 무이이고 둘로 나눌 수 없으며 분별이 없고 단절도 없는 까닭이니라. 일체지지가 청정한 까닭으로 성·향·미·촉·법처가 청정하고, 성·향·미·촉·법처가 청정한 까닭으로 예류과가 청정하니라. 왜 그러한가? 만약 일체지지가 청정하거나, 만약 성·향·미·촉·법처가 청정하거나, 만약 예류과가 청정하다면, 무이이고 둘로 나눌 수 없으며 분별이 없고 단절도 없는 까닭이니라.

선현이여. 일체지지가 청정한 까닭으로 안계가 청정하고, 안계가 청정한 까닭으로 예류과가 청정하니라. 왜 그러한가? 만약 일체지지가 청정하거나, 만약 안계가 청정하거나, 만약 예류과가 청정하다면, 무이이고 둘로 나눌 수 없으며 분별이 없고 단절도 없는 까닭이니라. 일체지지가 청정한 까닭으로 색계·안식계, 나아가 안촉·안촉을 인연으로 생겨난 여러 수가 청정하고, 색계, 나아가 안촉을 인연으로 생겨난 여러 수가 청정한 까닭으로 예류과가 청정하니라. 왜 그러한가? 만약 일체지지가 청정하거나, 만약 색계, 나아가 안촉을 인연으로 생겨난 여러 수가 청정하거나, 만약 예류과가 청정하다면, 무이이고 둘로 나눌 수 없으며 분별이 없고 단절도 없는 까닭이니라.

  선현이여. 일체지지가 청정한 까닭으로 이계가 청정하고, 이계가 청정한 까닭으로 예류과가 청정하니라. 왜 그러한가? 만약 일체지지가 청정하거나, 만약 이계가 청정하거나, 만약 예류과가 청정하다면, 무이이고 둘로 나눌 수 없으며 분별이 없고 단절도 없는 까닭이니라. 일체지지가 청정한 까닭으로 성계·이식계, 나아가 이촉·이촉을 인연으로 생겨난 여러 수가 청정하고, 성계, 나아가 이촉을 인연으로 생겨난 여러 수가 청정한 까닭으로 예류과가 청정하니라. 왜 그러한가? 만약 일체지지가 청정하거나, 만약 성계, 나아가 이촉을 인연으로 생겨난 여러 수가 청정하거나, 만약 예류과가 청정하다면, 무이이고 둘로 나눌 수 없으며 분별이 없고 단절도 없는 까닭이니라."

마하반야바라밀다경 제282권

34. 난신해품(難信解品)(101)

"선현이여. 일체지지가 청정한 까닭으로 비계가 청정하고, 비계가 청정한 까닭으로 예류과가 청정하니라. 왜 그러한가? 만약 일체지지가 청정하거나, 만약 비계가 청정하거나, 만약 예류과가 청정하다면, 무이이고 둘로 나눌 수 없으며 분별이 없고 단절도 없는 까닭이니라. 일체지지가 청정한 까닭으로 향계·비식계, 나아가 비촉·비촉을 인연으로 생겨난 여러 수가 청정하고, 향계, 나아가 비촉을 인연으로 생겨난 여러 수가 청정한 까닭으로 예류과가 청정하니라. 왜 그러한가? 만약 일체지지가 청정하거나, 만약 향계, 나아가 비촉을 인연으로 생겨난 여러 수가 청정하거나, 만약 예류과가 청정하다면, 무이이고 둘로 나눌 수 없으며 분별이 없고 단절도 없는 까닭이니라.

선현이여. 일체지지가 청정한 까닭으로 설계가 청정하고, 설계가 청정한 까닭으로 예류과가 청정하니라. 왜 그러한가? 만약 일체지지가 청정하거나, 만약 설계가 청정하거나, 만약 예류과가 청정하다면, 무이이고 둘로 나눌 수 없으며 분별이 없고 단절도 없는 까닭이니라. 일체지지가 청정한 까닭으로 미계·설식계, 나아가 설촉·설촉을 인연으로 생겨난 여러 수가 청정하고, 미계, 나아가 설촉을 인연으로 생겨난 여러 수가 청정한 까닭으로 예류과가 청정하니라. 왜 그러한가? 만약 일체지지가 청정하거나, 만약 미계, 나아가 설촉을 인연으로 생겨난 여러 수가 청정하거나, 만약 예류과가 청정하다면, 무이이고 둘로 나눌 수 없으며 분별이

없고 단절도 없는 까닭이니라.

선현이여. 일체지지가 청정한 까닭으로 신계가 청정하고, 신계가 청정한 까닭으로 예류과가 청정하니라. 왜 그러한가? 만약 일체지지가 청정하거나, 만약 신계가 청정하거나, 만약 예류과가 청정하다면, 무이이고 둘로 나눌 수 없으며 분별이 없고 단절도 없는 까닭이니라. 일체지지가 청정한 까닭으로 촉계·신식계, 나아가 신촉·신촉을 인연으로 생겨난 여러 수가 청정하고, 촉계, 나아가 신촉을 인연으로 생겨난 여러 수가 청정한 까닭으로 예류과가 청정하니라. 왜 그러한가? 만약 일체지지가 청정하거나, 만약 촉계, 나아가 신촉을 인연으로 생겨난 여러 수가 청정하거나, 만약 예류과가 청정하다면, 무이이고 둘로 나눌 수 없으며 분별이 없고 단절도 없는 까닭이니라.

선현이여. 일체지지가 청정한 까닭으로 의계가 청정하고, 의계가 청정한 까닭으로 예류과가 청정하니라. 왜 그러한가? 만약 일체지지가 청정하거나, 만약 의계가 청정하거나, 만약 예류과가 청정하다면, 무이이고 둘로 나눌 수 없으며 분별이 없고 단절도 없는 까닭이니라. 일체지지가 청정한 까닭으로 법계·의식계, 나아가 의촉·의촉을 인연으로 생겨난 여러 수가 청정하고, 법계, 나아가 의촉을 인연으로 생겨난 여러 수가 청정한 까닭으로 예류과가 청정하니라. 왜 그러한가? 만약 일체지지가 청정하거나, 만약 법계, 나아가 의촉을 인연으로 생겨난 여러 수가 청정하거나, 만약 예류과가 청정하다면, 무이이고 둘로 나눌 수 없으며 분별이 없고 단절도 없는 까닭이니라.

선현이여. 일체지지가 청정한 까닭으로 지계가 청정하고, 지계가 청정한 까닭으로 예류과가 청정하니라. 왜 그러한가? 만약 일체지지가 청정하거나, 만약 지계가 청정하거나, 만약 예류과가 청정하다면, 무이이고 둘로 나눌 수 없으며 분별이 없고 단절도 없는 까닭이니라. 일체지지가 청정한 까닭으로 수·화·풍·공·식계가 청정하고, 수·화·풍·공·식계가 청정한 까닭으로 예류과가 청정하니라. 왜 그러한가? 만약 일체지지가 청정하거나, 만약 수·화·풍·공·식계가 청정하거나, 만약 예류과가 청정하

다면, 무이이고 둘로 나눌 수 없으며 분별이 없고 단절도 없는 까닭이니라.

　선현이여. 일체지지가 청정한 까닭으로 무명이 청정하고, 무명이 청정한 까닭으로 예류과가 청정하니라. 왜 그러한가? 만약 일체지지가 청정하거나, 만약 무명이 청정하거나, 만약 예류과가 청정하다면, 무이이고 둘로 나눌 수 없으며 분별이 없고 단절도 없는 까닭이니라. 일체지지가 청정한 까닭으로 행·식·명색·육처·촉·수·애·취·유·생·노사의 수탄고우뇌가 청정하고, 행, 나아가 노사의 수탄고우뇌가 청정한 까닭으로 예류과가 청정하니라. 왜 그러한가? 만약 일체지지가 청정하거나, 만약 행, 나아가 노사의 수탄고우뇌가 청정하거나, 만약 예류과가 청정하다면, 무이이고 둘로 나눌 수 없으며 분별이 없고 단절도 없는 까닭이니라.

　선현이여. 일체지지가 청정한 까닭으로 보시바라밀다가 청정하고, 보시바라밀다가 청정한 까닭으로 예류과가 청정하니라. 왜 그러한가? 만약 일체지지가 청정하거나, 만약 보시바라밀다가 청정하거나, 만약 예류과가 청정하다면, 무이이고 둘로 나눌 수 없으며 분별이 없고 단절도 없는 까닭이니라. 일체지지가 청정한 까닭으로 정계·안인·정진·정려·반야바라밀다가 청정하고, 정계, 나아가 반야바라밀다가 청정한 까닭으로 예류과가 청정하니라. 왜 그러한가? 만약 일체지지가 청정하거나, 만약 정계, 나아가 반야바라밀다가 청정하거나, 만약 예류과가 청정하다면, 무이이고 둘로 나눌 수 없으며 분별이 없고 단절도 없는 까닭이니라.

　선현이여. 일체지지가 청정한 까닭으로 내공이 청정하고, 내공이 청정한 까닭으로 예류과가 청정하니라. 왜 그러한가? 만약 일체지지가 청정하거나, 만약 내공이 청정하거나, 만약 예류과가 청정하다면, 무이이고 둘로 나눌 수 없으며 분별이 없고 단절도 없는 까닭이니라. 일체지지가 청정한 까닭으로 외공·내외공·공공·대공·승의공·유위공·무위공·필경공·무제공·산공·무변이공·본성공·자상공·공상공·일체법공·불가득공·무성공·자성공·무성자성공이 청정하고, 외공, 나아가 무성자성공이 청정한 까닭으로 예류과가 청정하니라. 왜 그러한가? 만약 일체지지가 청정하거나, 만약 외공, 나아가 무성자성공이 청정하거나, 만약 예류과가 청정하

다면, 무이이고 둘로 나눌 수 없으며 분별이 없고 단절도 없는 까닭이니라.

선현이여. 일체지지가 청정한 까닭으로 진여가 청정하고, 진여가 청정한 까닭으로 예류과가 청정하니라. 왜 그러한가? 만약 일체지지가 청정하거나, 만약 진여가 청정하거나, 만약 예류과가 청정하다면, 무이이고 둘로 나눌 수 없으며 분별이 없고 단절도 없는 까닭이니라. 일체지지가 청정한 까닭으로 법계·법성·불허망성·불변이성·평등성·이생성·법정·법주·실제·허공계·부사의계가 청정하고 법계, 나아가 부사의계가 청정한 까닭으로 예류과가 청정하니라. 왜 그러한가? 만약 일체지지가 청정하거나, 만약 법계, 나아가 부사의계가 청정하거나, 만약 예류과가 청정하다면, 무이이고 둘로 나눌 수 없으며 분별이 없고 단절도 없는 까닭이니라.

선현이여. 일체지지가 청정한 까닭으로 고성제가 청정하고, 고성제가 청정한 까닭으로 예류과가 청정하니라. 왜 그러한가? 만약 일체지지가 청정하거나, 만약 고성제가 청정하거나, 만약 예류과가 청정하다면, 무이이고 둘로 나눌 수 없으며 분별이 없고 단절도 없는 까닭이니라. 일체지지가 청정한 까닭으로 집·멸·도성제가 청정하고, 집·멸·도성제가 청정한 까닭으로 예류과가 청정하니라. 왜 그러한가? 만약 일체지지가 청정하거나, 만약 집·멸·도성제가 청정하거나, 만약 예류과가 청정하다면, 무이이고 둘로 나눌 수 없으며 분별이 없고 단절도 없는 까닭이니라.

선현이여. 일체지지가 청정한 까닭으로 4정려가 청정하고, 4정려가 청정한 까닭으로 예류과가 청정하니라. 왜 그러한가? 만약 일체지지가 청정하거나, 만약 4정려가 청정하거나, 만약 예류과가 청정하다면, 무이이고 둘로 나눌 수 없으며 분별이 없고 단절도 없는 까닭이니라. 일체지지가 청정한 까닭으로 4무량·4무색정이 청정하고, 4무량·4무색정이 청정한 까닭으로 예류과가 청정하니라. 왜 그러한가? 만약 일체지지가 청정하거나, 만약 4무량·4무색정이 청정하거나, 만약 예류과가 청정하다면, 무이이고 둘로 나눌 수 없으며 분별이 없고 단절도 없는 까닭이니라.

선현이여. 일체지지가 청정한 까닭으로 8해탈이 청정하고, 8해탈이 청정한 까닭으로 예류과가 청정하니라. 왜 그러한가? 만약 일체지지가 청정하거나, 만약 8해탈이 청정하거나, 만약 예류과가 청정하다면, 무이 이고 둘로 나눌 수 없으며 분별이 없고 단절도 없는 까닭이니라. 일체지지 가 청정한 까닭으로 8승처·9차제정·10변처가 청정하고, 8승처·9차제정· 10변처가 청정한 까닭으로 예류과가 청정하니라. 왜 그러한가? 만약 일체지지가 청정하거나, 만약 8승처·9차제정·10변처가 청정하거나, 만약 예류과가 청정하다면, 무이이고 둘로 나눌 수 없으며 분별이 없고 단절도 없는 까닭이니라.

선현이여. 일체지지가 청정한 까닭으로 4념주가 청정하고, 4념주가 청정한 까닭으로 예류과가 청정하니라. 왜 그러한가? 만약 일체지지가 청정하거나, 만약 4념주가 청정하거나, 만약 예류과가 청정하다면, 무이 이고 둘로 나눌 수 없으며 분별이 없고 단절도 없는 까닭이니라. 일체지지 가 청정한 까닭으로 4정단·4신족·5근·5력·7등각지·8성도지가 청정하고, 4정단, 나아가 8성도지가 청정한 까닭으로 예류과가 청정하니라. 왜 그러한가? 만약 일체지지가 청정하거나, 만약 4정단, 나아가 8성도지가 청정하거나, 만약 예류과가 청정하다면, 무이이고 둘로 나눌 수 없으며 분별이 없고 단절도 없는 까닭이니라.

선현이여. 일체지지가 청정한 까닭으로 공해탈문이 청정하고, 공해탈 문이 청정한 까닭으로 예류과가 청정하니라. 왜 그러한가? 만약 일체지지 가 청정하거나, 만약 공해탈문이 청정하거나, 만약 예류과가 청정하다면, 무이이고 둘로 나눌 수 없으며 분별이 없고 단절도 없는 까닭이니라. 일체지지가 청정한 까닭으로 무상·무원해탈문이 청정하고, 무상·무원해 탈문이 청정한 까닭으로 예류과가 청정하니라. 왜 그러한가? 만약 일체지 지가 청정하거나, 만약 무상·무원해탈문이 청정하거나, 만약 예류과가 청정하다면, 무이이고 둘로 나눌 수 없으며 분별이 없고 단절도 없는 까닭이니라.

선현이여. 일체지지가 청정한 까닭으로 보살의 10지가 청정하고, 보살 의 10지가 청정한 까닭으로 예류과가 청정하니라. 왜 그러한가? 만약 일체지지가 청정하거나, 만약 보살의 10지가 청정하거나, 만약 예류과가

청정하다면, 무이이고 둘로 나눌 수 없으며 분별이 없고 단절도 없는 까닭이니라.

　선현이여. 일체지지가 청정한 까닭으로 5안이 청정하고, 5안이 청정한 까닭으로 예류과가 청정하니라. 왜 그러한가? 만약 일체지지가 청정하거나, 만약 5안이 청정하거나, 만약 예류과가 청정하다면, 무이이고 둘로 나눌 수 없으며 분별이 없고 단절도 없는 까닭이니라. 선현이여. 일체지지가 청정한 까닭으로 6신통이 청정하고, 6신통이 청정한 까닭으로 예류과가 청정하니라. 왜 그러한가? 만약 일체지지가 청정하거나, 만약 6신통이 청정하거나, 만약 예류과가 청정하다면, 무이이고 둘로 나눌 수 없으며 분별이 없고 단절도 없는 까닭이니라.

　선현이여. 일체지지가 청정한 까닭으로 여래의 10력이 청정하고, 여래의 10력이 청정한 까닭으로 예류과가 청정하니라. 왜 그러한가? 만약 일체지지가 청정하거나, 만약 여래의 10력이 청정하거나, 만약 예류과가 청정하다면, 무이이고 둘로 나눌 수 없으며 분별이 없고 단절도 없는 까닭이니라. 일체지지가 청정한 까닭으로 4무소외·4무애해·대자·대비·대희·대사·18불불공법이 청정하고, 4무소외, 나아가 18불불공법이 청정한 까닭으로 예류과가 청정하니라. 왜 그러한가? 만약 일체지지가 청정하거나, 만약 4무소외, 나아가 18불불공법이 청정하거나, 만약 예류과가 청정하다면, 무이이고 둘로 나눌 수 없으며 분별이 없고 단절도 없는 까닭이니라.

　선현이여. 일체지지가 청정한 까닭으로 무망실법이 청정하고, 무망실법이 청정한 까닭으로 예류과가 청정하니라. 왜 그러한가? 만약 일체지지가 청정하거나, 만약 무망실법이 청정하거나, 만약 예류과가 청정하다면, 무이이고 둘로 나눌 수 없으며 분별이 없고 단절도 없는 까닭이니라. 선현이여. 일체지지가 청정한 까닭으로 항주사성이 청정하고, 항주사성이 청정한 까닭으로 예류과가 청정하니라. 왜 그러한가? 만약 일체지지가 청정하거나, 만약 항주사성이 청정하거나, 만약 예류과가 청정하다면, 무이이고 둘로 나눌 수 없으며 분별이 없고 단절도 없는 까닭이니라.

선현이여. 일체지지가 청정한 까닭으로 일체지가 청정하고, 일체지가 청정한 까닭으로 예류과가 청정하니라. 왜 그러한가? 만약 일체지지가 청정하거나, 만약 일체지가 청정하거나, 만약 예류과가 청정하다면, 무이이고 둘로 나눌 수 없으며 분별이 없고 단절도 없는 까닭이니라. 일체지지가 청정한 까닭으로 도상지·일체상지가 청정하고, 도상지·일체상지가 청정한 까닭으로 예류과가 청정하니라. 왜 그러한가? 만약 일체지지가 청정하거나, 만약 도상지·일체상지가 청정하거나, 만약 예류과가 청정하다면, 무이이고 둘로 나눌 수 없으며 분별이 없고 단절도 없는 까닭이니라.

선현이여. 일체지지가 청정한 까닭으로 일체의 다라니문이 청정하고, 일체의 다라니문이 청정한 까닭으로 예류과가 청정하니라. 왜 그러한가? 만약 일체지지가 청정하거나, 만약 일체의 다라니문이 청정하거나, 만약 예류과가 청정하다면, 무이이고 둘로 나눌 수 없으며 분별이 없고 단절도 없는 까닭이니라. 일체지지가 청정한 까닭으로 일체의 삼마지문이 청정하고, 일체의 삼마지문이 청정한 까닭으로 예류과가 청정하니라. 왜 그러한가? 만약 일체지지가 청정하거나, 만약 일체의 삼마지문이 청정하거나, 만약 예류과가 청정하다면, 무이이고 둘로 나눌 수 없으며 분별이 없고 단절도 없는 까닭이니라.

선현이여. 일체지지가 청정한 까닭으로 일래과가 청정하고, 일래과가 청정한 까닭으로 예류과가 청정하니라. 왜 그러한가? 만약 일체지지가 청정하거나, 만약 일래과가 청정하거나, 만약 예류과가 청정하다면, 무이이고 둘로 나눌 수 없으며 분별이 없고 단절도 없는 까닭이니라. 일체지지가 청정한 까닭으로 불환·아라한과가 청정하고, 불환·아라한과가 청정한 까닭으로 예류과가 청정하니라. 왜 그러한가? 만약 일체지지가 청정하거나, 만약 불환·아라한과가 청정하거나, 만약 예류과가 청정하다면, 무이이고 둘로 나눌 수 없으며 분별이 없고 단절도 없는 까닭이니라.

선현이여. 일체지지가 청정한 까닭으로 독각의 보리가 청정하고, 독각의 보리가 청정한 까닭으로 예류과가 청정하니라. 왜 그러한가? 만약 일체지지가 청정하거나, 만약 독각의 보리가 청정하거나, 만약 예류과가

청정하다면, 무이이고 둘로 나눌 수 없으며 분별이 없고 단절도 없는
까닭이니라.

선현이여. 일체지지가 청정한 까닭으로 일체의 보살마하살의 행이
청정하고, 일체의 보살마하살의 행이 청정한 까닭으로 예류과가 청정하니
라. 왜 그러한가? 만약 일체지지가 청정하거나, 만약 일체의 보살마하살의
행이 청정하거나, 만약 예류과가 청정하다면, 무이이고 둘로 나눌 수
없으며 분별이 없고 단절도 없는 까닭이니라.

선현이여. 일체지지가 청정한 까닭으로 제불의 무상정등보리가 청정하
고, 제불의 무상정등보리가 청정한 까닭으로 예류과가 청정하니라. 왜
그러한가? 만약 일체지지가 청정하거나, 만약 제불의 무상정등보리가
청정하거나, 만약 예류과가 청정하다면, 무이이고 둘로 나눌 수 없으며
분별이 없고 단절도 없는 까닭이니라."

"다시 다음으로 선현이여. 일체지지가 청정한 까닭으로 색이 청정하고,
색이 청정한 까닭으로 일래과(一來果)가 청정하니라. 왜 그러한가? 만약
일체지지가 청정하거나, 만약 색이 청정하거나, 만약 일래과가 청정하다
면, 무이이고 둘로 나눌 수 없으며 분별이 없고 단절도 없는 까닭이니라.
일체지지가 청정한 까닭으로 수·상·행·식이 청정하고, 수·상·행·식이
청정한 까닭으로 일래과가 청정하니라. 왜 그러한가? 만약 일체지지가
청정하거나, 만약 수·상·행·식이 청정하거나, 만약 일래과가 청정하다면,
무이이고 둘로 나눌 수 없으며 분별이 없고 단절도 없는 까닭이니라.

선현이여. 일체지지가 청정한 까닭으로 안처가 청정하고, 안처가 청정
한 까닭으로 일래과가 청정하니라. 왜 그러한가? 만약 일체지지가 청정하
거나, 만약 안처가 청정하거나, 만약 일래과가 청정하다면, 무이이고
둘로 나눌 수 없으며 분별이 없고 단절도 없는 까닭이니라. 일체지지가
청정한 까닭으로 이·비·설·신·의처가 청정하고, 이·비·설·신·의처가 청
정한 까닭으로 일래과가 청정하니라. 왜 그러한가? 만약 일체지지가
청정하거나, 만약 이·비·설·신·의처가 청정하거나, 만약 일래과가 청정하

다면, 무이이고 둘로 나눌 수 없으며 분별이 없고 단절도 없는 까닭이니라.

선현이여. 일체지지가 청정한 까닭으로 색처가 청정하고, 색처가 청정한 까닭으로 일래과가 청정하니라. 왜 그러한가? 만약 일체지지가 청정하거나, 만약 색처가 청정하거나, 만약 일래과가 청정하다면, 무이이고 둘로 나눌 수 없으며 분별이 없고 단절도 없는 까닭이니라. 일체지지가 청정한 까닭으로 성·향·미·촉·법처가 청정하고, 성·향·미·촉·법처가 청정한 까닭으로 일래과가 청정하니라. 왜 그러한가? 만약 일체지지가 청정하거나, 만약 성·향·미·촉·법처가 청정하거나, 만약 일래과가 청정하다면, 무이이고 둘로 나눌 수 없으며 분별이 없고 단절도 없는 까닭이니라.

선현이여. 일체지지가 청정한 까닭으로 안계가 청정하고, 안계가 청정한 까닭으로 일래과가 청정하니라. 왜 그러한가? 만약 일체지지가 청정하거나, 만약 안계가 청정하거나, 만약 일래과가 청정하다면, 무이이고 둘로 나눌 수 없으며 분별이 없고 단절도 없는 까닭이니라. 일체지지가 청정한 까닭으로 색계·안식계, 나아가 안촉·안촉을 인연으로 생겨난 여러 수가 청정하고, 색계, 나아가 안촉을 인연으로 생겨난 여러 수가 청정한 까닭으로 일래과가 청정하니라. 왜 그러한가? 만약 일체지지가 청정하거나, 만약 색계, 나아가 안촉을 인연으로 생겨난 여러 수가 청정하거나, 만약 일래과가 청정하다면, 무이이고 둘로 나눌 수 없으며 분별이 없고 단절도 없는 까닭이니라.

선현이여. 일체지지가 청정한 까닭으로 이계가 청정하고, 이계가 청정한 까닭으로 일래과가 청정하니라. 왜 그러한가? 만약 일체지지가 청정하거나, 만약 이계가 청정하거나, 만약 일래과가 청정하다면, 무이이고 둘로 나눌 수 없으며 분별이 없고 단절도 없는 까닭이니라. 일체지지가 청정한 까닭으로 성계·이식계, 나아가 이촉·이촉을 인연으로 생겨난 여러 수가 청정하고, 성계, 나아가 이촉을 인연으로 생겨난 여러 수가 청정한 까닭으로 일래과가 청정하니라. 왜 그러한가? 만약 일체지지가 청정하거나, 만약 성계, 나아가 이촉을 인연으로 생겨난 여러 수가 청정하거나, 만약 일래과가 청정하다면, 무이이고 둘로 나눌 수 없으며 분별이

없고 단절도 없는 까닭이니라.

　선현이여. 일체지지가 청정한 까닭으로 비계가 청정하고, 비계가 청정한 까닭으로 일래과가 청정하니라. 왜 그러한가? 만약 일체지지가 청정하거나, 만약 비계가 청정하거나, 만약 일래과가 청정하다면, 무이이고 둘로 나눌 수 없으며 분별이 없고 단절도 없는 까닭이니라. 일체지지가 청정한 까닭으로 향계·비식계, 나아가 비촉·비촉을 인연으로 생겨난 여러 수가 청정하고, 향계, 나아가 비촉을 인연으로 생겨난 여러 수가 청정한 까닭으로 일래과가 청정하니라. 왜 그러한가? 만약 일체지지가 청정하거나, 만약 향계, 나아가 비촉을 인연으로 생겨난 여러 수가 청정하거나, 만약 일래과가 청정하다면, 무이이고 둘로 나눌 수 없으며 분별이 없고 단절도 없는 까닭이니라.

　선현이여. 일체지지가 청정한 까닭으로 설계가 청정하고, 설계가 청정한 까닭으로 일래과가 청정하니라. 왜 그러한가? 만약 일체지지가 청정하거나, 만약 설계가 청정하거나, 만약 일래과가 청정하다면, 무이이고 둘로 나눌 수 없으며 분별이 없고 단절도 없는 까닭이니라. 일체지지가 청정한 까닭으로 미계·설식계, 나아가 설촉·설촉을 인연으로 생겨난 여러 수가 청정하고, 미계, 나아가 설촉을 인연으로 생겨난 여러 수가 청정한 까닭으로 일래과가 청정하니라. 왜 그러한가? 만약 일체지지가 청정하거나, 만약 미계, 나아가 설촉을 인연으로 생겨난 여러 수가 청정하거나, 만약 일래과가 청정하다면, 무이이고 둘로 나눌 수 없으며 분별이 없고 단절도 없는 까닭이니라.

　선현이여. 일체지지가 청정한 까닭으로 신계가 청정하고, 신계가 청정한 까닭으로 일래과가 청정하니라. 왜 그러한가? 만약 일체지지가 청정하거나, 만약 신계가 청정하거나, 만약 일래과가 청정하다면, 무이이고 둘로 나눌 수 없으며 분별이 없고 단절도 없는 까닭이니라. 일체지지가 청정한 까닭으로 촉계·신식계, 나아가 신촉·신촉을 인연으로 생겨난 여러 수가 청정하고, 촉계, 나아가 신촉을 인연으로 생겨난 여러 수가 청정한 까닭으로 일래과가 청정하니라. 왜 그러한가? 만약 일체지지가 청정하거나, 만약 촉계, 나아가 신촉을 인연으로 생겨난 여러 수가 청정하거나, 만약 일래과가 청정하다면, 무이이고 둘로 나눌 수 없으며 분별이 없고 단절도 없는 까닭이니라.

선현이여. 일체지지가 청정한 까닭으로 의계가 청정하고, 의계가 청정한 까닭으로 일래과가 청정하니라. 왜 그러한가? 만약 일체지지가 청정하거나, 만약 의계가 청정하거나, 만약 일래과가 청정하다면, 무이이고 둘로 나눌 수 없으며 분별이 없고 단절도 없는 까닭이니라. 일체지지가 청정한 까닭으로 법계·의식계, 나아가 의촉·의촉을 인연으로 생겨난 여러 수가 청정하고, 법계, 나아가 의촉을 인연으로 생겨난 여러 수가 청정한 까닭으로 일래과가 청정하니라. 왜 그러한가? 만약 일체지지가 청정하거나, 만약 법계, 나아가 의촉을 인연으로 생겨난 여러 수가 청정하거나, 만약 일래과가 청정하다면, 무이이고 둘로 나눌 수 없으며 분별이 없고 단절도 없는 까닭이니라.

선현이여. 일체지지가 청정한 까닭으로 지계가 청정하고, 지계가 청정한 까닭으로 일래과가 청정하니라. 왜 그러한가? 만약 일체지지가 청정하거나, 만약 지계가 청정하거나, 만약 일래과가 청정하다면, 무이이고 둘로 나눌 수 없으며 분별이 없고 단절도 없는 까닭이니라. 일체지지가 청정한 까닭으로 수·화·풍·공·식계가 청정하고, 수·화·풍·공·식계가 청정한 까닭으로 일래과가 청정하니라. 왜 그러한가? 만약 일체지지가 청정하거나, 만약 수·화·풍·공·식계가 청정하거나, 만약 일래과가 청정하다면, 무이이고 둘로 나눌 수 없으며 분별이 없고 단절도 없는 까닭이니라.

선현이여. 일체지지가 청정한 까닭으로 무명이 청정하고, 무명이 청정한 까닭으로 일래과가 청정하니라. 왜 그러한가? 만약 일체지지가 청정하거나, 만약 무명이 청정하거나, 만약 일래과가 청정하다면, 무이이고 둘로 나눌 수 없으며 분별이 없고 단절도 없는 까닭이니라. 일체지지가 청정한 까닭으로 행·식·명색·육처·촉·수·애·취·유·생·노사의 수탄고우뇌가 청정하고, 행, 나아가 노사의 수탄고우뇌가 청정한 까닭으로 일래과가 청정하니라. 왜 그러한가? 만약 일체지지가 청정하거나, 만약 행,

나아가 노사의 수탄고우뇌가 청정하거나, 만약 일래과가 청정하다면, 무이이고 둘로 나눌 수 없으며 분별이 없고 단절도 없는 까닭이니라.

선현이여. 일체지지가 청정한 까닭으로 보시바라밀다가 청정하고, 보시바라밀다가 청정한 까닭으로 일래과가 청정하니라. 왜 그러한가? 만약 일체지지가 청정하거나, 만약 보시바라밀다가 청정하거나, 만약 일래과가 청정하다면, 무이이고 둘로 나눌 수 없으며 분별이 없고 단절도 없는 까닭이니라. 일체지지가 청정한 까닭으로 정계·안인·정진·정려·반야바라밀다가 청정하고, 정계, 나아가 반야바라밀다가 청정한 까닭으로 일래과가 청정하니라. 왜 그러한가? 만약 일체지지가 청정하거나, 만약 정계, 나아가 반야바라밀다가 청정하거나, 만약 일래과가 청정하다면, 무이이고 둘로 나눌 수 없으며 분별이 없고 단절도 없는 까닭이니라.

선현이여. 일체지지가 청정한 까닭으로 내공이 청정하고, 내공이 청정한 까닭으로 일래과가 청정하니라. 왜 그러한가? 만약 일체지지가 청정하거나, 만약 내공이 청정하거나, 만약 일래과가 청정하다면, 무이이고 둘로 나눌 수 없으며 분별이 없고 단절도 없는 까닭이니라. 일체지지가 청정한 까닭으로 외공·내외공·공공·대공·승의공·유위공·무위공·필경공·무제공·산공·무변이공·본성공·자상공·공상공·일체법공·불가득공·무성공·자성공·무성자성공이 청정하고, 외공, 나아가 무성자성공이 청정한 까닭으로 일래과가 청정하니라. 왜 그러한가? 만약 일체지지가 청정하거나, 만약 외공, 나아가 무성자성공이 청정하거나, 만약 일래과가 청정하다면, 무이이고 둘로 나눌 수 없으며 분별이 없고 단절도 없는 까닭이니라.

선현이여. 일체지지가 청정한 까닭으로 진여가 청정하고, 진여가 청정한 까닭으로 일래과가 청정하니라. 왜 그러한가? 만약 일체지지가 청정하거나, 만약 진여가 청정하거나, 만약 일래과가 청정하다면, 무이이고 둘로 나눌 수 없으며 분별이 없고 단절도 없는 까닭이니라. 일체지지가 청정한 까닭으로 법계·법성·불허망성·불변이성·평등성·이생성·법정·법주·실제·허공계·부사의계가 청정하고 법계, 나아가 부사의계가 청정한 까닭으로 일래과가 청정하니라. 왜 그러한가? 만약 일체지지가 청정하거나, 만약 법계, 나아가 부사의계가 청정하거나, 만약 일래과가 청정하다면, 무이이고 둘로 나눌 수 없으며 분별이 없고 단절도 없는 까닭이니라.

선현이여. 일체지지가 청정한 까닭으로 고성제가 청정하고, 고성제가 청정한 까닭으로 일래과가 청정하니라. 왜 그러한가? 만약 일체지지가 청정하거나, 만약 고성제가 청정하거나, 만약 일래과가 청정하다면, 무이이고 둘로 나눌 수 없으며 분별이 없고 단절도 없는 까닭이니라. 일체지지가 청정한 까닭으로 집·멸·도성제가 청정하고, 집·멸·도성제가 청정한 까닭으로 일래과가 청정하니라. 왜 그러한가? 만약 일체지지가 청정하거나, 만약 집·멸·도성제가 청정하거나, 만약 일래과가 청정하다면, 무이이고 둘로 나눌 수 없으며 분별이 없고 단절도 없는 까닭이니라.

선현이여. 일체지지가 청정한 까닭으로 4정려가 청정하고, 4정려가 청정한 까닭으로 일래과가 청정하니라. 왜 그러한가? 만약 일체지지가 청정하거나, 만약 4정려가 청정하거나, 만약 일래과가 청정하다면, 무이이고 둘로 나눌 수 없으며 분별이 없고 단절도 없는 까닭이니라. 일체지지가 청정한 까닭으로 4무량·4무색정이 청정하고, 4무량·4무색정이 청정한 까닭으로 일래과가 청정하니라. 왜 그러한가? 만약 일체지지가 청정하거나, 만약 4무량·4무색정이 청정하거나, 만약 일래과가 청정하다면, 무이이고 둘로 나눌 수 없으며 분별이 없고 단절도 없는 까닭이니라.

선현이여. 일체지지가 청정한 까닭으로 8해탈이 청정하고, 8해탈이 청정한 까닭으로 일래과가 청정하니라. 왜 그러한가? 만약 일체지지가 청정하거나, 만약 8해탈이 청정하거나, 만약 일래과가 청정하다면, 무이이고 둘로 나눌 수 없으며 분별이 없고 단절도 없는 까닭이니라. 일체지지가 청정한 까닭으로 8승처·9차제정·10변처가 청정하고, 8승처·9차제정·10변처가 청정한 까닭으로 일래과가 청정하니라. 왜 그러한가? 만약 일체지지가 청정하거나, 만약 8승처·9차제정·10변처가 청정하거나, 만약 일래과가 청정하다면, 무이이고 둘로 나눌 수 없으며 분별이 없고 단절도 없는 까닭이니라.

선현이여. 일체지지가 청정한 까닭으로 4념주가 청정하고, 4념주가

청정한 까닭으로 일래과가 청정하니라. 왜 그러한가? 만약 일체지지가 청정하거나, 만약 4념주가 청정하거나, 만약 일래과가 청정하다면, 무이이고 둘로 나눌 수 없으며 분별이 없고 단절도 없는 까닭이니라. 일체지지가 청정한 까닭으로 4정단·4신족·5근·5력·7등각지·8성도지가 청정하고, 4정단, 나아가 8성도지가 청정한 까닭으로 일래과가 청정하니라. 왜 그러한가? 만약 일체지지가 청정하거나, 만약 4정단, 나아가 8성도지가 청정하거나, 만약 일래과가 청정하다면, 무이이고 둘로 나눌 수 없으며 분별이 없고 단절도 없는 까닭이니라.

선현이여. 일체지지가 청정한 까닭으로 공해탈문이 청정하고, 공해탈문이 청정한 까닭으로 일래과가 청정하니라. 왜 그러한가? 만약 일체지지가 청정하거나, 만약 공해탈문이 청정하거나, 만약 일래과가 청정하다면, 무이이고 둘로 나눌 수 없으며 분별이 없고 단절도 없는 까닭이니라. 일체지지가 청정한 까닭으로 무상·무원해탈문이 청정하고, 무상·무원해탈문이 청정한 까닭으로 일래과가 청정하니라. 왜 그러한가? 만약 일체지지가 청정하거나, 만약 무상·무원해탈문이 청정하거나, 만약 일래과가 청정하다면, 무이이고 둘로 나눌 수 없으며 분별이 없고 단절도 없는 까닭이니라.

선현이여. 일체지지가 청정한 까닭으로 보살의 10지가 청정하고, 보살의 10지가 청정한 까닭으로 일래과가 청정하니라. 왜 그러한가? 만약 일체지지가 청정하거나, 만약 보살의 10지가 청정하거나, 만약 일래과가 청정하다면, 무이이고 둘로 나눌 수 없으며 분별이 없고 단절도 없는 까닭이니라.

선현이여. 일체지지가 청정한 까닭으로 5안이 청정하고, 5안이 청정한 까닭으로 일래과가 청정하니라. 왜 그러한가? 만약 일체지지가 청정하거나, 만약 5안이 청정하거나, 만약 일래과가 청정하다면, 무이이고 둘로 나눌 수 없으며 분별이 없고 단절도 없는 까닭이니라. 선현이여. 일체지지가 청정한 까닭으로 6신통이 청정하고, 6신통이 청정한 까닭으로 일래과가 청정하니라. 왜 그러한가? 만약 일체지지가 청정하거나, 만약 6신통이 청정하거나, 만약 일래과가 청정하다면, 무이이고 둘로 나눌 수 없으며 분별이 없고 단절도 없는 까닭이니라.

　선현이여. 일체지지가 청정한 까닭으로 여래의 10력이 청정하고, 여래의 10력이 청정한 까닭으로 일래과가 청정하니라. 왜 그러한가? 만약 일체지지가 청정하거나, 만약 여래의 10력이 청정하거나, 만약 일래과가 청정하다면, 무이이고 둘로 나눌 수 없으며 분별이 없고 단절도 없는 까닭이니라. 일체지지가 청정한 까닭으로 4무소외·4무애해·대자·대비·대희·대사·18불불공법이 청정하고, 4무소외, 나아가 18불불공법이 청정한 까닭으로 일래과가 청정하니라. 왜 그러한가? 만약 일체지지가 청정하거나, 만약 4무소외, 나아가 18불불공법이 청정하거나, 만약 일래과가 청정하다면, 무이이고 둘로 나눌 수 없으며 분별이 없고 단절도 없는 까닭이니라.

　선현이여. 일체지지가 청정한 까닭으로 무망실법이 청정하고, 무망실법이 청정한 까닭으로 일래과가 청정하니라. 왜 그러한가? 만약 일체지지가 청정하거나, 만약 무망실법이 청정하거나, 만약 일래과가 청정하다면, 무이이고 둘로 나눌 수 없으며 분별이 없고 단절도 없는 까닭이니라. 선현이여. 일체지지가 청정한 까닭으로 항주사성이 청정하고, 항주사성이 청정한 까닭으로 일래과가 청정하니라. 왜 그러한가? 만약 일체지지가 청정하거나, 만약 항주사성이 청정하거나, 만약 일래과가 청정하다면, 무이이고 둘로 나눌 수 없으며 분별이 없고 단절도 없는 까닭이니라.

　선현이여. 일체지지가 청정한 까닭으로 일체지가 청정하고, 일체지가 청정한 까닭으로 일래과가 청정하니라. 왜 그러한가? 만약 일체지지가 청정하거나, 만약 일체지가 청정하거나, 만약 일래과가 청정하다면, 무이이고 둘로 나눌 수 없으며 분별이 없고 단절도 없는 까닭이니라. 일체지지가 청정한 까닭으로 도상지·일체상지가 청정하고, 도상지·일체상지가 청정한 까닭으로 일래과가 청정하니라. 왜 그러한가? 만약 일체지지가 청정하거나, 만약 도상지·일체상지가 청정하거나, 만약 일래과가 청정하다면, 무이이고 둘로 나눌 수 없으며 분별이 없고 단절도 없는 까닭이니라.

　선현이여. 일체지지가 청정한 까닭으로 일체의 다라니문이 청정하고,

일체의 다라니문이 청정한 까닭으로 일래과가 청정하니라. 왜 그러한가? 만약 일체지지가 청정하거나, 만약 일체의 다라니문이 청정하거나, 만약 일래과가 청정하다면, 무이이고 둘로 나눌 수 없으며 분별이 없고 단절도 없는 까닭이니라. 일체지지가 청정한 까닭으로 일체의 삼마지문이 청정하고, 일체의 삼마지문이 청정한 까닭으로 일래과가 청정하니라. 왜 그러한가? 만약 일체지지가 청정하거나, 만약 일체의 삼마지문이 청정하거나, 만약 일래과가 청정하다면, 무이이고 둘로 나눌 수 없으며 분별이 없고 단절도 없는 까닭이니라.

선현이여. 일체지지가 청정한 까닭으로 예류과가 청정하고, 예류과가 청정한 까닭으로 일래과가 청정하니라. 왜 그러한가? 만약 일체지지가 청정하거나, 만약 예류과가 청정하거나, 만약 일래과가 청정하다면, 무이이고 둘로 나눌 수 없으며 분별이 없고 단절도 없는 까닭이니라. 일체지지가 청정한 까닭으로 불환·아라한과가 청정하고, 불환·아라한과가 청정한 까닭으로 일래과가 청정하니라. 왜 그러한가? 만약 일체지지가 청정하거나, 만약 불환·아라한과가 청정하거나, 만약 일래과가 청정하다면, 무이이고 둘로 나눌 수 없으며 분별이 없고 단절도 없는 까닭이니라.

선현이여. 일체지지가 청정한 까닭으로 독각의 보리가 청정하고, 독각의 보리가 청정한 까닭으로 일래과가 청정하니라. 왜 그러한가? 만약 일체지지가 청정하거나, 만약 독각의 보리가 청정하거나, 만약 일래과가 청정하다면, 무이이고 둘로 나눌 수 없으며 분별이 없고 단절도 없는 까닭이니라.

선현이여. 일체지지가 청정한 까닭으로 일체의 보살마하살의 행이 청정하고, 일체의 보살마하살의 행이 청정한 까닭으로 일래과가 청정하니라. 왜 그러한가? 만약 일체지지가 청정하거나, 만약 일체의 보살마하살의 행이 청정하거나, 만약 일래과가 청정하다면, 무이이고 둘로 나눌 수 없으며 분별이 없고 단절도 없는 까닭이니라.

선현이여. 일체지지가 청정한 까닭으로 제불의 무상정등보리가 청정하고, 제불의 무상정등보리가 청정한 까닭으로 일래과가 청정하니라. 왜 그러한가? 만약 일체지지가 청정하거나, 만약 제불의 무상정등보리가 청정하거나, 만약 일래과가 청정하다면, 무이이고 둘로 나눌 수 없으며 분별이 없고 단절도 없는 까닭이니라."

"다시 다음으로 선현이여. 일체지지가 청정한 까닭으로 색이 청정하고, 색이 청정한 까닭으로 불환과(不還果)가 청정하니라. 왜 그러한가? 만약 일체지지가 청정하거나, 만약 색이 청정하거나, 만약 불환과가 청정하다면, 무이이고 둘로 나눌 수 없으며 분별이 없고 단절도 없는 까닭이니라. 일체지지가 청정한 까닭으로 수·상·행·식이 청정하고, 수·상·행·식이 청정한 까닭으로 불환과가 청정하니라. 왜 그러한가? 만약 일체지지가 청정하거나, 만약 수·상·행·식이 청정하거나, 만약 불환과가 청정하다면, 무이이고 둘로 나눌 수 없으며 분별이 없고 단절도 없는 까닭이니라.

선현이여. 일체지지가 청정한 까닭으로 안처가 청정하고, 안처가 청정한 까닭으로 불환과가 청정하니라. 왜 그러한가? 만약 일체지지가 청정하거나, 만약 안처가 청정하거나, 만약 불환과가 청정하다면, 무이이고 둘로 나눌 수 없으며 분별이 없고 단절도 없는 까닭이니라. 일체지지가 청정한 까닭으로 이·비·설·신·의처가 청정하고, 이·비·설·신·의처가 청정한 까닭으로 불환과가 청정하니라. 왜 그러한가? 만약 일체지지가 청정하거나, 만약 이·비·설·신·의처가 청정하거나, 만약 불환과가 청정하다면, 무이이고 둘로 나눌 수 없으며 분별이 없고 단절도 없는 까닭이니라.

선현이여. 일체지지가 청정한 까닭으로 색처가 청정하고, 색처가 청정한 까닭으로 불환과가 청정하니라. 왜 그러한가? 만약 일체지지가 청정하거나, 만약 색처가 청정하거나, 만약 불환과가 청정하다면, 무이이고 둘로 나눌 수 없으며 분별이 없고 단절도 없는 까닭이니라. 일체지지가 청정한 까닭으로 성·향·미·촉·법처가 청정하고, 성·향·미·촉·법처가 청정한 까닭으로 불환과가 청정하니라. 왜 그러한가? 만약 일체지지가 청정하거나, 만약 성·향·미·촉·법처가 청정하거나, 만약 불환과가 청정하다면, 무이이고 둘로 나눌 수 없으며 분별이 없고 단절도 없는 까닭이니라.

선현이여. 일체지지가 청정한 까닭으로 안계가 청정하고, 안계가 청정

한 까닭으로 불환과가 청정하니라. 왜 그러한가? 만약 일체지지가 청정하거나, 만약 안계가 청정하거나, 만약 불환과가 청정하다면, 무이이고 둘로 나눌 수 없으며 분별이 없고 단절도 없는 까닭이니라. 일체지지가 청정한 까닭으로 색계·안식계, 나아가 안촉·안촉을 인연으로 생겨난 여러 수가 청정하고, 색계, 나아가 안촉을 인연으로 생겨난 여러 수가 청정한 까닭으로 불환과가 청정하니라. 왜 그러한가? 만약 일체지지가 청정하거나, 만약 색계, 나아가 안촉을 인연으로 생겨난 여러 수가 청정하거나, 만약 불환과가 청정하다면, 무이이고 둘로 나눌 수 없으며 분별이 없고 단절도 없는 까닭이니라.

선현이여. 일체지지가 청정한 까닭으로 이계가 청정하고, 이계가 청정한 까닭으로 불환과가 청정하니라. 왜 그러한가? 만약 일체지지가 청정하거나, 만약 이계가 청정하거나, 만약 불환과가 청정하다면, 무이이고 둘로 나눌 수 없으며 분별이 없고 단절도 없는 까닭이니라. 일체지지가 청정한 까닭으로 성계·이식계, 나아가 이촉·이촉을 인연으로 생겨난 여러 수가 청정하고, 성계, 나아가 이촉을 인연으로 생겨난 여러 수가 청정한 까닭으로 불환과가 청정하니라. 왜 그러한가? 만약 일체지지가 청정하거나, 만약 성계, 나아가 이촉을 인연으로 생겨난 여러 수가 청정하거나, 만약 불환과가 청정하다면, 무이이고 둘로 나눌 수 없으며 분별이 없고 단절도 없는 까닭이니라.

선현이여. 일체지지가 청정한 까닭으로 비계가 청정하고, 비계가 청정한 까닭으로 불환과가 청정하니라. 왜 그러한가? 만약 일체지지가 청정하거나, 만약 비계가 청정하거나, 만약 불환과가 청정하다면, 무이이고 둘로 나눌 수 없으며 분별이 없고 단절도 없는 까닭이니라. 일체지지가 청정한 까닭으로 향계·비식계, 나아가 비촉·비촉을 인연으로 생겨난 여러 수가 청정하고, 향계, 나아가 비촉을 인연으로 생겨난 여러 수가 청정한 까닭으로 불환과가 청정하니라. 왜 그러한가? 만약 일체지지가 청정하거나, 만약 향계, 나아가 비촉을 인연으로 생겨난 여러 수가 청정하거나, 만약 불환과가 청정하다면, 무이이고 둘로 나눌 수 없으며 분별이

없고 단절도 없는 까닭이니라.

선현이여. 일체지지가 청정한 까닭으로 설계가 청정하고, 설계가 청정한 까닭으로 불환과가 청정하니라. 왜 그러한가? 만약 일체지지가 청정하거나, 만약 설계가 청정하거나, 만약 불환과가 청정하다면, 무이이고 둘로 나눌 수 없으며 분별이 없고 단절도 없는 까닭이니라. 일체지지가 청정한 까닭으로 미계·설식계, 나아가 설촉·설촉을 인연으로 생겨난 여러 수가 청정하고, 미계, 나아가 설촉을 인연으로 생겨난 여러 수가 청정한 까닭으로 불환과가 청정하니라. 왜 그러한가? 만약 일체지지가 청정하거나, 만약 미계, 나아가 설촉을 인연으로 생겨난 여러 수가 청정하거나, 만약 불환과가 청정하다면, 무이이고 둘로 나눌 수 없으며 분별이 없고 단절도 없는 까닭이니라.

선현이여. 일체지지가 청정한 까닭으로 신계가 청정하고, 신계가 청정한 까닭으로 불환과가 청정하니라. 왜 그러한가? 만약 일체지지가 청정하거나, 만약 신계가 청정하거나, 만약 불환과가 청정하다면, 무이이고 둘로 나눌 수 없으며 분별이 없고 단절도 없는 까닭이니라. 일체지지가 청정한 까닭으로 촉계·신식계, 나아가 신촉·신촉을 인연으로 생겨난 여러 수가 청정하고, 촉계, 나아가 신촉을 인연으로 생겨난 여러 수가 청정한 까닭으로 불환과가 청정하니라. 왜 그러한가? 만약 일체지지가 청정하거나, 만약 촉계, 나아가 신촉을 인연으로 생겨난 여러 수가 청정하거나, 만약 불환과가 청정하다면, 무이이고 둘로 나눌 수 없으며 분별이 없고 단절도 없는 까닭이니라.

선현이여. 일체지지가 청정한 까닭으로 의계가 청정하고, 의계가 청정한 까닭으로 불환과가 청정하니라. 왜 그러한가? 만약 일체지지가 청정하거나, 만약 의계가 청정하거나, 만약 불환과가 청정하다면, 무이이고 둘로 나눌 수 없으며 분별이 없고 단절도 없는 까닭이니라. 일체지지가 청정한 까닭으로 법계·의식계, 나아가 의촉·의촉을 인연으로 생겨난 여러 수가 청정하고, 법계, 나아가 의촉을 인연으로 생겨난 여러 수가 청정한 까닭으로 불환과가 청정하니라. 왜 그러한가? 만약 일체지지가 청정하거나, 만약 법계, 나아가 의촉을 인연으로 생겨난 여러 수가 청정하거나, 만약 불환과가 청정하다면, 무이이고 둘로 나눌 수 없으며 분별이 없고 단절도 없는 까닭이니라.

선현이여. 일체지지가 청정한 까닭으로 지계가 청정하고, 지계가 청정한 까닭으로 불환과가 청정하니라. 왜 그러한가? 만약 일체지지가 청정하거나, 만약 지계가 청정하거나, 만약 불환과가 청정하다면, 무이이고 둘로 나눌 수 없으며 분별이 없고 단절도 없는 까닭이니라. 일체지지가 청정한 까닭으로 수·화·풍·공·식계가 청정하고, 수·화·풍·공·식계가 청정한 까닭으로 불환과가 청정하니라. 왜 그러한가? 만약 일체지지가 청정하거나, 만약 수·화·풍·공·식계가 청정하거나, 만약 불환과가 청정하다면, 무이이고 둘로 나눌 수 없으며 분별이 없고 단절도 없는 까닭이니라.

선현이여. 일체지지가 청정한 까닭으로 무명이 청정하고, 무명이 청정한 까닭으로 불환과가 청정하니라. 왜 그러한가? 만약 일체지지가 청정하거나, 만약 무명이 청정하거나, 만약 불환과가 청정하다면, 무이이고 둘로 나눌 수 없으며 분별이 없고 단절도 없는 까닭이니라. 일체지지가 청정한 까닭으로 행·식·명색·육처·촉·수·애·취·유·생·노사의 수탄고우뇌가 청정하고, 행, 나아가 노사의 수탄고우뇌가 청정한 까닭으로 불환과가 청정하니라. 왜 그러한가? 만약 일체지지가 청정하거나, 만약 행, 나아가 노사의 수탄고우뇌가 청정하거나, 만약 불환과가 청정하다면, 무이이고 둘로 나눌 수 없으며 분별이 없고 단절도 없는 까닭이니라.

선현이여. 일체지지가 청정한 까닭으로 보시바라밀다가 청정하고, 보시바라밀다가 청정한 까닭으로 불환과가 청정하니라. 왜 그러한가? 만약 일체지지가 청정하거나, 만약 보시바라밀다가 청정하거나, 만약 불환과가 청정하다면, 무이이고 둘로 나눌 수 없으며 분별이 없고 단절도 없는 까닭이니라. 일체지지가 청정한 까닭으로 정계·안인·정진·정려·반야바라밀다가 청정하고, 정계, 나아가 반야바라밀다가 청정한 까닭으로 불환과가 청정하니라. 왜 그러한가? 만약 일체지지가 청정하거나, 만약 정계, 나아가 반야바라밀다가 청정하거나, 만약 불환과가 청정하다면,

무이이고 둘로 나눌 수 없으며 분별이 없고 단절도 없는 까닭이니라.

선현이여. 일체지지가 청정한 까닭으로 내공이 청정하고, 내공이 청정한 까닭으로 불환과가 청정하니라. 왜 그러한가? 만약 일체지지가 청정하거나, 만약 내공이 청정하거나, 만약 불환과가 청정하다면, 무이이고 둘로 나눌 수 없으며 분별이 없고 단절도 없는 까닭이니라. 일체지지가 청정한 까닭으로 외공·내외공·공공·대공·승의공·유위공·무위공·필경공·무제공·산공·무변이공·본성공·자상공·공상공·일체법공·불가득공·무성공·자성공·무성자성공이 청정하고, 외공, 나아가 무성자성공이 청정한 까닭으로 불환과가 청정하니라. 왜 그러한가? 만약 일체지지가 청정하거나, 만약 외공, 나아가 무성자성공이 청정하거나, 만약 불환과가 청정하다면, 무이이고 둘로 나눌 수 없으며 분별이 없고 단절도 없는 까닭이니라.

선현이여. 일체지지가 청정한 까닭으로 진여가 청정하고, 진여가 청정한 까닭으로 불환과가 청정하니라. 왜 그러한가? 만약 일체지지가 청정하거나, 만약 진여가 청정하거나, 만약 불환과가 청정하다면, 무이이고 둘로 나눌 수 없으며 분별이 없고 단절도 없는 까닭이니라. 일체지지가 청정한 까닭으로 법계·법성·불허망성·불변이성·평등성·이생성·법정·법주·실제·허공계·부사의계가 청정하고 법계, 나아가 부사의계가 청정한 까닭으로 불환과가 청정하니라. 왜 그러한가? 만약 일체지지가 청정하거나, 만약 법계, 나아가 부사의계가 청정하거나, 만약 불환과가 청정하다면, 무이이고 둘로 나눌 수 없으며 분별이 없고 단절도 없는 까닭이니라.

선현이여. 일체지지가 청정한 까닭으로 고성제가 청정하고, 고성제가 청정한 까닭으로 불환과가 청정하니라. 왜 그러한가? 만약 일체지지가 청정하거나, 만약 고성제가 청정하거나, 만약 불환과가 청정하다면, 무이이고 둘로 나눌 수 없으며 분별이 없고 단절도 없는 까닭이니라. 일체지지가 청정한 까닭으로 집·멸·도성제가 청정하고, 집·멸·도성제가 청정한 까닭으로 불환과가 청정하니라. 왜 그러한가? 만약 일체지지가 청정하거나, 만약 집·멸·도성제가 청정하거나, 만약 불환과가 청정하다면, 무이이고 둘로 나눌 수 없으며 분별이 없고 단절도 없는 까닭이니라."

마하반야바라밀다경 제283권

34. 난신해품(難信解品)(102)

"선현이여. 일체지지가 청정한 까닭으로 4정려가 청정하고, 4정려가 청정한 까닭으로 불환과가 청정하니라. 왜 그러한가? 만약 일체지지가 청정하거나, 만약 4정려가 청정하거나, 만약 불환과가 청정하다면, 무이이고 둘로 나눌 수 없으며 분별이 없고 단절도 없는 까닭이니라. 일체지지가 청정한 까닭으로 4무량·4무색정이 청정하고, 4무량·4무색정이 청정한 까닭으로 불환과가 청정하니라. 왜 그러한가? 만약 일체지지가 청정하거나, 만약 4무량·4무색정이 청정하거나, 만약 불환과가 청정하다면, 무이이고 둘로 나눌 수 없으며 분별이 없고 단절도 없는 까닭이니라.

선현이여. 일체지지가 청정한 까닭으로 8해탈이 청정하고, 8해탈이 청정한 까닭으로 불환과가 청정하니라. 왜 그러한가? 만약 일체지지가 청정하거나, 만약 8해탈이 청정하거나, 만약 불환과가 청정하다면, 무이이고 둘로 나눌 수 없으며 분별이 없고 단절도 없는 까닭이니라. 일체지지가 청정한 까닭으로 8승처·9차제정·10변처가 청정하고, 8승처·9차제정·10변처가 청정한 까닭으로 불환과가 청정하니라. 왜 그러한가? 만약 일체지지가 청정하거나, 만약 8승처·9차제정·10변처가 청정하거나, 만약 불환과가 청정하다면, 무이이고 둘로 나눌 수 없으며 분별이 없고 단절도 없는 까닭이니라.

선현이여. 일체지지가 청정한 까닭으로 4념주가 청정하고, 4념주가 청정한 까닭으로 불환과가 청정하니라. 왜 그러한가? 만약 일체지지가

청정하거나, 만약 4념주가 청정하거나, 만약 불환과가 청정하다면, 무이
이고 둘로 나눌 수 없으며 분별이 없고 단절도 없는 까닭이니라. 일체지지
가 청정한 까닭으로 4정단·4신족·5근·5력·7등각지·8성도지가 청정하고,
4정단, 나아가 8성도지가 청정한 까닭으로 불환과가 청정하니라. 왜
그러한가? 만약 일체지지가 청정하거나, 만약 4정단, 나아가 8성도지가
청정하거나, 만약 불환과가 청정하다면, 무이이고 둘로 나눌 수 없으며
분별이 없고 단절도 없는 까닭이니라.

　선현이여. 일체지지가 청정한 까닭으로 공해탈문이 청정하고, 공해탈
문이 청정한 까닭으로 불환과가 청정하니라. 왜 그러한가? 만약 일체지지
가 청정하거나, 만약 공해탈문이 청정하거나, 만약 불환과가 청정하다면,
무이이고 둘로 나눌 수 없으며 분별이 없고 단절도 없는 까닭이니라.
일체지지가 청정한 까닭으로 무상·무원해탈문이 청정하고, 무상·무원해
탈문이 청정한 까닭으로 불환과가 청정하니라. 왜 그러한가? 만약 일체지
지가 청정하거나, 만약 무상·무원해탈문이 청정하거나, 만약 불환과가
청정하다면, 무이이고 둘로 나눌 수 없으며 분별이 없고 단절도 없는
까닭이니라.

　선현이여. 일체지지가 청정한 까닭으로 보살의 10지가 청정하고, 보살
의 10지가 청정한 까닭으로 불환과가 청정하니라. 왜 그러한가? 만약
일체지지가 청정하거나, 만약 보살의 10지가 청정하거나, 만약 불환과가
청정하다면, 무이이고 둘로 나눌 수 없으며 분별이 없고 단절도 없는
까닭이니라.

　선현이여. 일체지지가 청정한 까닭으로 5안이 청정하고, 5안이 청정한
까닭으로 불환과가 청정하니라. 왜 그러한가? 만약 일체지지가 청정하거
나, 만약 5안이 청정하거나, 만약 불환과가 청정하다면, 무이이고 둘로
나눌 수 없으며 분별이 없고 단절도 없는 까닭이니라. 선현이여. 일체지지
가 청정한 까닭으로 6신통이 청정하고, 6신통이 청정한 까닭으로 불환과
가 청정하니라. 왜 그러한가? 만약 일체지지가 청정하거나, 만약 6신통이
청정하거나, 만약 불환과가 청정하다면, 무이이고 둘로 나눌 수 없으며

분별이 없고 단절도 없는 까닭이니라.

선현이여. 일체지지가 청정한 까닭으로 여래의 10력이 청정하고, 여래의 10력이 청정한 까닭으로 불환과가 청정하니라. 왜 그러한가? 만약 일체지지가 청정하거나, 만약 여래의 10력이 청정하거나, 만약 불환과가 청정하다면, 무이이고 둘로 나눌 수 없으며 분별이 없고 단절도 없는 까닭이니라. 일체지지가 청정한 까닭으로 4무소외·4무애해·대자·대비·대희·대사·18불불공법이 청정하고, 4무소외, 나아가 18불불공법이 청정한 까닭으로 불환과가 청정하니라. 왜 그러한가? 만약 일체지지가 청정하거나, 만약 4무소외, 나아가 18불불공법이 청정하거나, 만약 불환과가 청정하다면, 무이이고 둘로 나눌 수 없으며 분별이 없고 단절도 없는 까닭이니라.

선현이여. 일체지지가 청정한 까닭으로 무망실법이 청정하고, 무망실법이 청정한 까닭으로 불환과가 청정하니라. 왜 그러한가? 만약 일체지지가 청정하거나, 만약 무망실법이 청정하거나, 만약 불환과가 청정하다면, 무이이고 둘로 나눌 수 없으며 분별이 없고 단절도 없는 까닭이니라. 선현이여. 일체지지가 청정한 까닭으로 항주사성이 청정하고, 항주사성이 청정한 까닭으로 불환과가 청정하니라. 왜 그러한가? 만약 일체지지가 청정하거나, 만약 항주사성이 청정하거나, 만약 불환과가 청정하다면, 무이이고 둘로 나눌 수 없으며 분별이 없고 단절도 없는 까닭이니라.

선현이여. 일체지지가 청정한 까닭으로 일체지가 청정하고, 일체지가 청정한 까닭으로 불환과가 청정하니라. 왜 그러한가? 만약 일체지지가 청정하거나, 만약 일체지가 청정하거나, 만약 불환과가 청정하다면, 무이이고 둘로 나눌 수 없으며 분별이 없고 단절도 없는 까닭이니라. 일체지지가 청정한 까닭으로 도상지·일체상지가 청정하고, 도상지·일체상지가 청정한 까닭으로 불환과가 청정하니라. 왜 그러한가? 만약 일체지지가 청정하거나, 만약 도상지·일체상지가 청정하거나, 만약 불환과가 청정하다면, 무이이고 둘로 나눌 수 없으며 분별이 없고 단절도 없는 까닭이니라.

선현이여. 일체지지가 청정한 까닭으로 일체의 다라니문이 청정하고,

일체의 다라니문이 청정한 까닭으로 불환과가 청정하니라. 왜 그러한가? 만약 일체지지가 청정하거나, 만약 일체의 다라니문이 청정하거나, 만약 불환과가 청정하다면, 무이이고 둘로 나눌 수 없으며 분별이 없고 단절도 없는 까닭이니라. 일체지지가 청정한 까닭으로 일체의 삼마지문이 청정하고, 일체의 삼마지문이 청정한 까닭으로 불환과가 청정하니라. 왜 그러한가? 만약 일체지지가 청정하거나, 만약 일체의 삼마지문이 청정하거나, 만약 불환과가 청정하다면, 무이이고 둘로 나눌 수 없으며 분별이 없고 단절도 없는 까닭이니라.

선현이여. 일체지지가 청정한 까닭으로 예류과가 청정하고, 예류과가 청정한 까닭으로 불환과가 청정하니라. 왜 그러한가? 만약 일체지지가 청정하거나, 만약 예류과가 청정하거나, 만약 불환과가 청정하다면, 무이이고 둘로 나눌 수 없으며 분별이 없고 단절도 없는 까닭이니라. 일체지지가 청정한 까닭으로 일래·아라한과가 청정하고, 일래·아라한과가 청정한 까닭으로 불환과가 청정하니라. 왜 그러한가? 만약 일체지지가 청정하거나, 만약 일래·아라한과가 청정하거나, 만약 불환과가 청정하다면, 무이이고 둘로 나눌 수 없으며 분별이 없고 단절도 없는 까닭이니라.

선현이여. 일체지지가 청정한 까닭으로 독각의 보리가 청정하고, 독각의 보리가 청정한 까닭으로 불환과가 청정하니라. 왜 그러한가? 만약 일체지지가 청정하거나, 만약 독각의 보리가 청정하거나, 만약 불환과가 청정하다면, 무이이고 둘로 나눌 수 없으며 분별이 없고 단절도 없는 까닭이니라.

선현이여. 일체지지가 청정한 까닭으로 일체의 보살마하살의 행이 청정하고, 일체의 보살마하살의 행이 청정한 까닭으로 불환과가 청정하니라. 왜 그러한가? 만약 일체지지가 청정하거나, 만약 일체의 보살마하살의 행이 청정하거나, 만약 불환과가 청정하다면, 무이이고 둘로 나눌 수 없으며 분별이 없고 단절도 없는 까닭이니라.

선현이여. 일체지지가 청정한 까닭으로 제불의 무상정등보리가 청정하고, 제불의 무상정등보리가 청정한 까닭으로 불환과가 청정하니라. 왜 그러한가? 만약 일체지지가 청정하거나, 만약 제불의 무상정등보리가 청정하거나, 만약 불환과가 청정하다면, 무이이고 둘로 나눌 수 없으며 분별이 없고 단절도 없는 까닭이니라."

"다시 다음으로 선현이여. 일체지지가 청정한 까닭으로 색이 청정하고, 색이 청정한 까닭으로 아라한과(阿羅漢果)가 청정하니라. 왜 그러한가? 만약 일체지지가 청정하거나, 만약 색이 청정하거나, 만약 아라한과가 청정하다면, 무이이고 둘로 나눌 수 없으며 분별이 없고 단절도 없는 까닭이니라. 일체지지가 청정한 까닭으로 수·상·행·식이 청정하고, 수·상·행·식이 청정한 까닭으로 아라한과가 청정하니라. 왜 그러한가? 만약 일체지지가 청정하거나, 만약 수·상·행·식이 청정하거나, 만약 아라한과가 청정하다면, 무이이고 둘로 나눌 수 없으며 분별이 없고 단절도 없는 까닭이니라.

선현이여. 일체지지가 청정한 까닭으로 안처가 청정하고, 안처가 청정한 까닭으로 아라한과가 청정하니라. 왜 그러한가? 만약 일체지지가 청정하거나, 만약 안처가 청정하거나, 만약 아라한과가 청정하다면, 무이이고 둘로 나눌 수 없으며 분별이 없고 단절도 없는 까닭이니라. 일체지지가 청정한 까닭으로 이·비·설·신·의처가 청정하고, 이·비·설·신·의처가 청정한 까닭으로 아라한과가 청정하니라. 왜 그러한가? 만약 일체지지가 청정하거나, 만약 이·비·설·신·의처가 청정하거나, 만약 아라한과가 청정하다면, 무이이고 둘로 나눌 수 없으며 분별이 없고 단절도 없는 까닭이니라.

선현이여. 일체지지가 청정한 까닭으로 색처가 청정하고, 색처가 청정한 까닭으로 아라한과가 청정하니라. 왜 그러한가? 만약 일체지지가 청정하거나, 만약 색처가 청정하거나, 만약 아라한과가 청정하다면, 무이이고 둘로 나눌 수 없으며 분별이 없고 단절도 없는 까닭이니라. 일체지지가 청정한 까닭으로 성·향·미·촉·법처가 청정하고, 성·향·미·촉·법처가 청정한 까닭으로 아라한과가 청정하니라. 왜 그러한가? 만약 일체지지가 청정하거나, 만약 성·향·미·촉·법처가 청정하거나, 만약 아라한과가 청정하다면, 무이이고 둘로 나눌 수 없으며 분별이 없고 단절도 없는 까닭이니라.

선현이여. 일체지지가 청정한 까닭으로 안계가 청정하고, 안계가 청정한 까닭으로 아라한과가 청정하니라. 왜 그러한가? 만약 일체지지가 청정하거나, 만약 안계가 청정하거나, 만약 아라한과가 청정하다면, 무이이고 둘로 나눌 수 없으며 분별이 없고 단절도 없는 까닭이니라. 일체지지가 청정한 까닭으로 색계·안식계, 나아가 안촉·안촉을 인연으로 생겨난 여러 수가 청정하고, 색계, 나아가 안촉을 인연으로 생겨난 여러 수가 청정한 까닭으로 아라한과가 청정하니라. 왜 그러한가? 만약 일체지지가 청정하거나, 만약 색계, 나아가 안촉을 인연으로 생겨난 여러 수가 청정하거나, 만약 아라한과가 청정하다면, 무이이고 둘로 나눌 수 없으며 분별이 없고 단절도 없는 까닭이니라.

선현이여. 일체지지가 청정한 까닭으로 이계가 청정하고, 이계가 청정한 까닭으로 아라한과가 청정하니라. 왜 그러한가? 만약 일체지지가 청정하거나, 만약 이계가 청정하거나, 만약 아라한과가 청정하다면, 무이이고 둘로 나눌 수 없으며 분별이 없고 단절도 없는 까닭이니라. 일체지지가 청정한 까닭으로 성계·이식계, 나아가 이촉·이촉을 인연으로 생겨난 여러 수가 청정하고, 성계, 나아가 이촉을 인연으로 생겨난 여러 수가 청정한 까닭으로 아라한과가 청정하니라. 왜 그러한가? 만약 일체지지가 청정하거나, 만약 성계, 나아가 이촉을 인연으로 생겨난 여러 수가 청정하거나, 만약 아라한과가 청정하다면, 무이이고 둘로 나눌 수 없으며 분별이 없고 단절도 없는 까닭이니라.

선현이여. 일체지지가 청정한 까닭으로 비계가 청정하고, 비계가 청정한 까닭으로 아라한과가 청정하니라. 왜 그러한가? 만약 일체지지가 청정하거나, 만약 비계가 청정하거나, 만약 아라한과가 청정하다면, 무이이고 둘로 나눌 수 없으며 분별이 없고 단절도 없는 까닭이니라. 일체지지가 청정한 까닭으로 향계·비식계, 나아가 비촉·비촉을 인연으로 생겨난 여러 수가 청정하고, 향계, 나아가 비촉을 인연으로 생겨난 여러 수가 청정한 까닭으로 아라한과가 청정하니라. 왜 그러한가? 만약 일체지지가 청정하거나, 만약 향계, 나아가 비촉을 인연으로 생겨난 여러 수가 청정하거나, 만약 아라한과가 청정하다면, 무이이고 둘로 나눌 수 없으며 분별이 없고 단절도 없는 까닭이니라.

선현이여. 일체지지가 청정한 까닭으로 설계가 청정하고, 설계가 청정한 까닭으로 아라한과가 청정하니라. 왜 그러한가? 만약 일체지지가 청정하거나, 만약 설계가 청정하거나, 만약 아라한과가 청정하다면, 무이이고 둘로 나눌 수 없으며 분별이 없고 단절도 없는 까닭이니라. 일체지지가 청정한 까닭으로 미계·설식계, 나아가 설촉·설촉을 인연으로 생겨난 여러 수가 청정하고, 미계, 나아가 설촉을 인연으로 생겨난 여러 수가 청정한 까닭으로 아라한과가 청정하니라. 왜 그러한가? 만약 일체지지가 청정하거나, 만약 미계, 나아가 설촉을 인연으로 생겨난 여러 수가 청정하거나, 만약 아라한과가 청정하다면, 무이이고 둘로 나눌 수 없으며 분별이 없고 단절도 없는 까닭이니라.

선현이여. 일체지지가 청정한 까닭으로 신계가 청정하고, 신계가 청정한 까닭으로 아라한과가 청정하니라. 왜 그러한가? 만약 일체지지가 청정하거나, 만약 신계가 청정하거나, 만약 아라한과가 청정하다면, 무이이고 둘로 나눌 수 없으며 분별이 없고 단절도 없는 까닭이니라. 일체지지가 청정한 까닭으로 촉계·신식계, 나아가 신촉·신촉을 인연으로 생겨난 여러 수가 청정하고, 촉계, 나아가 신촉을 인연으로 생겨난 여러 수가 청정한 까닭으로 아라한과가 청정하니라. 왜 그러한가? 만약 일체지지가 청정하거나, 만약 촉계, 나아가 신촉을 인연으로 생겨난 여러 수가 청정하거나, 만약 아라한과가 청정하다면, 무이이고 둘로 나눌 수 없으며 분별이 없고 단절도 없는 까닭이니라.

선현이여. 일체지지가 청정한 까닭으로 의계가 청정하고, 의계가 청정한 까닭으로 아라한과가 청정하니라. 왜 그러한가? 만약 일체지지가 청정하거나, 만약 의계가 청정하거나, 만약 아라한과가 청정하다면, 무이이고 둘로 나눌 수 없으며 분별이 없고 단절도 없는 까닭이니라. 일체지지가 청정한 까닭으로 법계·의식계, 나아가 의촉·의촉을 인연으로 생겨난 여러 수가 청정하고, 법계, 나아가 의촉을 인연으로 생겨난 여러 수가 청정한 까닭으로 아라한과가 청정하니라. 왜 그러한가? 만약 일체지지가 청정하거나, 만약 법계, 나아가 의촉을 인연으로 생겨난 여러 수가 청정하거나, 만약 아라한과가 청정하다면, 무이이고 둘로 나눌 수 없으며 분별이 없고 단절도 없는 까닭이니라.

  선현이여. 일체지지가 청정한 까닭으로 지계가 청정하고, 지계가 청정한 까닭으로 아라한과가 청정하니라. 왜 그러한가? 만약 일체지지가 청정하거나, 만약 지계가 청정하거나, 만약 아라한과가 청정하다면, 무이이고 둘로 나눌 수 없으며 분별이 없고 단절도 없는 까닭이니라. 일체지지가 청정한 까닭으로 수·화·풍·공·식계가 청정하고, 수·화·풍·공·식계가 청정한 까닭으로 아라한과가 청정하니라. 왜 그러한가? 만약 일체지지가 청정하거나, 만약 수·화·풍·공·식계가 청정하거나, 만약 아라한과가 청정하다면, 무이이고 둘로 나눌 수 없으며 분별이 없고 단절도 없는 까닭이니라.

  선현이여. 일체지지가 청정한 까닭으로 무명이 청정하고, 무명이 청정한 까닭으로 아라한과가 청정하니라. 왜 그러한가? 만약 일체지지가 청정하거나, 만약 무명이 청정하거나, 만약 아라한과가 청정하다면, 무이이고 둘로 나눌 수 없으며 분별이 없고 단절도 없는 까닭이니라. 일체지지가 청정한 까닭으로 행·식·명색·육처·촉·수·애·취·유·생·노사의 수탄고우뇌가 청정하고, 행, 나아가 노사의 수탄고우뇌가 청정한 까닭으로 아라한과가 청정하니라. 왜 그러한가? 만약 일체지지가 청정하거나, 만약 행, 나아가 노사의 수탄고우뇌가 청정하거나, 만약 아라한과가 청정하다면, 무이이고 둘로 나눌 수 없으며 분별이 없고 단절도 없는 까닭이니라.

  선현이여. 일체지지가 청정한 까닭으로 보시바라밀다가 청정하고, 보시바라밀다가 청정한 까닭으로 아라한과가 청정하니라. 왜 그러한가? 만약 일체지지가 청정하거나, 만약 보시바라밀다가 청정하거나, 만약 아라한과가 청정하다면, 무이이고 둘로 나눌 수 없으며 분별이 없고 단절도 없는 까닭이니라. 일체지지가 청정한 까닭으로 정계·안인·정진·정려·반야바라밀다가 청정하고, 정계, 나아가 반야바라밀다가 청정한 까닭으로 아라한과가 청정하니라. 왜 그러한가? 만약 일체지지가 청정하거나, 만약 정계, 나아가 반야바라밀다가 청정하거나, 만약 아라한과가 청정하다면, 무이이고 둘로 나눌 수 없으며 분별이 없고 단절도 없는 까닭이니라.

선현이여. 일체지지가 청정한 까닭으로 내공이 청정하고, 내공이 청정한 까닭으로 아라한과가 청정하니라. 왜 그러한가? 만약 일체지지가 청정하거나, 만약 내공이 청정하거나, 만약 아라한과가 청정하다면, 무이이고 둘로 나눌 수 없으며 분별이 없고 단절도 없는 까닭이니라. 일체지지가 청정한 까닭으로 외공·내외공·공공·대공·승의공·유위공·무위공·필경공·무제공·산공·무변이공·본성공·자상공·공상공·일체법공·불가득공·무성공·자성공·무성자성공이 청정하고, 외공, 나아가 무성자성공이 청정한 까닭으로 아라한과가 청정하니라. 왜 그러한가? 만약 일체지지가 청정하거나, 만약 외공, 나아가 무성자성공이 청정하거나, 만약 아라한과가 청정하다면, 무이이고 둘로 나눌 수 없으며 분별이 없고 단절도 없는 까닭이니라.

선현이여. 일체지지가 청정한 까닭으로 진여가 청정하고, 진여가 청정한 까닭으로 아라한과가 청정하니라. 왜 그러한가? 만약 일체지지가 청정하거나, 만약 진여가 청정하거나, 만약 아라한과가 청정하다면, 무이이고 둘로 나눌 수 없으며 분별이 없고 단절도 없는 까닭이니라. 일체지지가 청정한 까닭으로 법계·법성·불허망성·불변이성·평등성·이생성·법정·법주·실제·허공계·부사의계가 청정하고 법계, 나아가 부사의계가 청정한 까닭으로 아라한과가 청정하니라. 왜 그러한가? 만약 일체지지가 청정하거나, 만약 법계, 나아가 부사의계가 청정하거나, 만약 아라한과가 청정하다면, 무이이고 둘로 나눌 수 없으며 분별이 없고 단절도 없는 까닭이니라.

선현이여. 일체지지가 청정한 까닭으로 고성제가 청정하고, 고성제가 청정한 까닭으로 아라한과가 청정하니라. 왜 그러한가? 만약 일체지지가 청정하거나, 만약 고성제가 청정하거나, 만약 아라한과가 청정하다면,

무이이고 둘로 나눌 수 없으며 분별이 없고 단절도 없는 까닭이니라. 일체지지가 청정한 까닭으로 집·멸·도성제가 청정하고, 집·멸·도성제가 청정한 까닭으로 아라한과가 청정하니라. 왜 그러한가? 만약 일체지지가 청정하거나, 만약 집·멸·도성제가 청정하거나, 만약 아라한과가 청정하다면, 무이이고 둘로 나눌 수 없으며 분별이 없고 단절도 없는 까닭이니라.

  선현이여. 일체지지가 청정한 까닭으로 4정려가 청정하고, 4정려가 청정한 까닭으로 아라한과가 청정하니라. 왜 그러한가? 만약 일체지지가 청정하거나, 만약 4정려가 청정하거나, 만약 아라한과가 청정하다면, 무이이고 둘로 나눌 수 없으며 분별이 없고 단절도 없는 까닭이니라. 일체지지가 청정한 까닭으로 4무량·4무색정이 청정하고, 4무량·4무색정이 청정한 까닭으로 아라한과가 청정하니라. 왜 그러한가? 만약 일체지지가 청정하거나, 만약 4무량·4무색정이 청정하거나, 만약 아라한과가 청정하다면, 무이이고 둘로 나눌 수 없으며 분별이 없고 단절도 없는 까닭이니라.

  선현이여. 일체지지가 청정한 까닭으로 8해탈이 청정하고, 8해탈이 청정한 까닭으로 아라한과가 청정하니라. 왜 그러한가? 만약 일체지지가 청정하거나, 만약 8해탈이 청정하거나, 만약 아라한과가 청정하다면, 무이이고 둘로 나눌 수 없으며 분별이 없고 단절도 없는 까닭이니라. 일체지지가 청정한 까닭으로 8승처·9차제정·10변처가 청정하고, 8승처·9차제정·10변처가 청정한 까닭으로 아라한과가 청정하니라. 왜 그러한가? 만약 일체지지가 청정하거나, 만약 8승처·9차제정·10변처가 청정하거나, 만약 아라한과가 청정하다면, 무이이고 둘로 나눌 수 없으며 분별이 없고 단절도 없는 까닭이니라.

  선현이여. 일체지지가 청정한 까닭으로 4념주가 청정하고, 4념주가 청정한 까닭으로 아라한과가 청정하니라. 왜 그러한가? 만약 일체지지가 청정하거나, 만약 4념주가 청정하거나, 만약 아라한과가 청정하다면, 무이이고 둘로 나눌 수 없으며 분별이 없고 단절도 없는 까닭이니라. 일체지지가 청정한 까닭으로 4정단·4신족·5근·5력·7등각지·8성도지가 청정하고, 4정단, 나아가 8성도지가 청정한 까닭으로 아라한과가 청정하니라. 왜 그러한가? 만약 일체지지가 청정하거나, 만약 4정단, 나아가 8성도지가 청정하거나, 만약 아라한과가 청정하다면, 무이이고 둘로 나눌 수 없으며 분별이 없고 단절도 없는 까닭이니라.

선현이여. 일체지지가 청정한 까닭으로 공해탈문이 청정하고, 공해탈문이 청정한 까닭으로 아라한과가 청정하니라. 왜 그러한가? 만약 일체지지가 청정하거나, 만약 공해탈문이 청정하거나, 만약 아라한과가 청정하다면, 무이이고 둘로 나눌 수 없으며 분별이 없고 단절도 없는 까닭이니라. 일체지지가 청정한 까닭으로 무상·무원해탈문이 청정하고, 무상·무원해탈문이 청정한 까닭으로 아라한과가 청정하니라. 왜 그러한가? 만약 일체지지가 청정하거나, 만약 무상·무원해탈문이 청정하거나, 만약 아라한과가 청정하다면, 무이이고 둘로 나눌 수 없으며 분별이 없고 단절도 없는 까닭이니라.

선현이여. 일체지지가 청정한 까닭으로 보살의 10지가 청정하고, 보살의 10지가 청정한 까닭으로 아라한과가 청정하니라. 왜 그러한가? 만약 일체지지가 청정하거나, 만약 보살의 10지가 청정하거나, 만약 아라한과가 청정하다면, 무이이고 둘로 나눌 수 없으며 분별이 없고 단절도 없는 까닭이니라.

선현이여. 일체지지가 청정한 까닭으로 5안이 청정하고, 5안이 청정한 까닭으로 아라한과가 청정하니라. 왜 그러한가? 만약 일체지지가 청정하거나, 만약 5안이 청정하거나, 만약 아라한과가 청정하다면, 무이이고 둘로 나눌 수 없으며 분별이 없고 단절도 없는 까닭이니라. 선현이여. 일체지지가 청정한 까닭으로 6신통이 청정하고, 6신통이 청정한 까닭으로 아라한과가 청정하니라. 왜 그러한가? 만약 일체지지가 청정하거나, 만약 6신통이 청정하거나, 만약 아라한과가 청정하다면, 무이이고 둘로 나눌 수 없으며 분별이 없고 단절도 없는 까닭이니라.

선현이여. 일체지지가 청정한 까닭으로 여래의 10력이 청정하고, 여래의 10력이 청정한 까닭으로 아라한과가 청정하니라. 왜 그러한가? 만약 일체지지가 청정하거나, 만약 여래의 10력이 청정하거나, 만약 아라한과가 청정하다면, 무이이고 둘로 나눌 수 없으며 분별이 없고 단절도 없는 까닭이니라. 일체지지가 청정한 까닭으로 4무소외·4무애해·대자·대비·대희·대사·18불불공법이 청정하고, 4무소외, 나아가 18불불공법이 청정한 까닭으로 아라한과가 청정하니라. 왜 그러한가? 만약 일체지지가 청정하거나, 만약 4무소외, 나아가 18불불공법이 청정하거나, 만약 아라한과가 청정하다면, 무이이고 둘로 나눌 수 없으며 분별이 없고 단절도 없는 까닭이니라.

선현이여. 일체지지가 청정한 까닭으로 무망실법이 청정하고, 무망실법이 청정한 까닭으로 아라한과가 청정하니라. 왜 그러한가? 만약 일체지지가 청정하거나, 만약 무망실법이 청정하거나, 만약 아라한과가 청정하다면, 무이이고 둘로 나눌 수 없으며 분별이 없고 단절도 없는 까닭이니라. 선현이여. 일체지지가 청정한 까닭으로 항주사성이 청정하고, 항주사성이 청정한 까닭으로 아라한과가 청정하니라. 왜 그러한가? 만약 일체지지가 청정하거나, 만약 항주사성이 청정하거나, 만약 아라한과가 청정하다면, 무이이고 둘로 나눌 수 없으며 분별이 없고 단절도 없는 까닭이니라.

선현이여. 일체지지가 청정한 까닭으로 일체지가 청정하고, 일체지가 청정한 까닭으로 아라한과가 청정하니라. 왜 그러한가? 만약 일체지지가 청정하거나, 만약 일체지가 청정하거나, 만약 아라한과가 청정하다면, 무이이고 둘로 나눌 수 없으며 분별이 없고 단절도 없는 까닭이니라. 일체지지가 청정한 까닭으로 도상지·일체상지가 청정하고, 도상지·일체상지가 청정한 까닭으로 아라한과가 청정하니라. 왜 그러한가? 만약 일체지지가 청정하거나, 만약 도상지·일체상지가 청정하거나, 만약 아라한과가 청정하다면, 무이이고 둘로 나눌 수 없으며 분별이 없고 단절도 없는 까닭이니라.

선현이여. 일체지지가 청정한 까닭으로 일체의 다라니문이 청정하고, 일체의 다라니문이 청정한 까닭으로 아라한과가 청정하니라. 왜 그러한가? 만약 일체지지가 청정하거나, 만약 일체의 다라니문이 청정하거나, 만약 아라한과가 청정하다면, 무이이고 둘로 나눌 수 없으며 분별이 없고 단절도 없는 까닭이니라. 일체지지가 청정한 까닭으로 일체의 삼마지문이 청정하고, 일체의 삼마지문이 청정한 까닭으로 아라한과가 청정하니라. 왜 그러한가? 만약 일체지지가 청정하거나, 만약 일체의 삼마지문이 청정하거나, 만약 아라한과가 청정하다면, 무이이고 둘로 나눌 수 없으며 분별이 없고 단절도 없는 까닭이니라.

선현이여. 일체지지가 청정한 까닭으로 예류과가 청정하고, 예류과가 청정한 까닭으로 아라한과가 청정하니라. 왜 그러한가? 만약 일체지지가 청정하거나, 만약 예류과가 청정하거나, 만약 아라한과가 청정하다면, 무이이고 둘로 나눌 수 없으며 분별이 없고 단절도 없는 까닭이니라. 일체지지가 청정한 까닭으로 일래·불환과가 청정하고, 일래·불환과가 청정한 까닭으로 아라한과가 청정하니라. 왜 그러한가? 만약 일체지지가 청정하거나, 만약 일래·불환과가 청정하거나, 만약 아라한과가 청정하다면, 무이이고 둘로 나눌 수 없으며 분별이 없고 단절도 없는 까닭이니라.

선현이여. 일체지지가 청정한 까닭으로 독각의 보리가 청정하고, 독각의 보리가 청정한 까닭으로 아라한과가 청정하니라. 왜 그러한가? 만약 일체지지가 청정하거나, 만약 독각의 보리가 청정하거나, 만약 아라한과가 청정하다면, 무이이고 둘로 나눌 수 없으며 분별이 없고 단절도 없는 까닭이니라.

선현이여. 일체지지가 청정한 까닭으로 일체의 보살마하살의 행이 청정하고, 일체의 보살마하살의 행이 청정한 까닭으로 아라한과가 청정하니라. 왜 그러한가? 만약 일체지지가 청정하거나, 만약 일체의 보살마하살의 행이 청정하거나, 만약 아라한과가 청정하다면, 무이이고 둘로 나눌 수 없으며 분별이 없고 단절도 없는 까닭이니라.

선현이여. 일체지지가 청정한 까닭으로 제불의 무상정등보리가 청정하고, 제불의 무상정등보리가 청정한 까닭으로 아라한과가 청정하니라. 왜 그러한가? 만약 일체지지가 청정하거나, 만약 제불의 무상정등보리가 청정하거나, 만약 아라한과가 청정하다면, 무이이고 둘로 나눌 수 없으며 분별이 없고 단절도 없는 까닭이니라."

"다시 다음으로 선현이여. 일체지지가 청정한 까닭으로 색이 청정하고, 색이 청정한 까닭으로 독각(獨覺)의 보리(菩提)가 청정하니라. 왜 그러한 가? 만약 일체지지가 청정하거나, 만약 색이 청정하거나, 만약 독각의 보리가 청정하다면, 무이이고 둘로 나눌 수 없으며 분별이 없고 단절도 없는 까닭이니라. 일체지지가 청정한 까닭으로 수·상·행·식이 청정하고, 수·상·행·식이 청정한 까닭으로 독각의 보리가 청정하니라. 왜 그러한가? 만약 일체지지가 청정하거나, 만약 수·상·행·식이 청정하거나, 만약 독각의 보리가 청정하다면, 무이이고 둘로 나눌 수 없으며 분별이 없고 단절도 없는 까닭이니라.

선현이여. 일체지지가 청정한 까닭으로 안처가 청정하고, 안처가 청정한 까닭으로 독각의 보리가 청정하니라. 왜 그러한가? 만약 일체지지가 청정하거나, 만약 안처가 청정하거나, 만약 독각의 보리가 청정하다면, 무이이고 둘로 나눌 수 없으며 분별이 없고 단절도 없는 까닭이니라. 일체지지가 청정한 까닭으로 이·비·설·신·의처가 청정하고, 이·비·설·신·의처가 청정한 까닭으로 독각의 보리가 청정하니라. 왜 그러한가? 만약 일체지지가 청정하거나, 만약 이·비·설·신·의처가 청정하거나, 만약 독각의 보리가 청정하다면, 무이이고 둘로 나눌 수 없으며 분별이 없고 단절도 없는 까닭이니라.

선현이여. 일체지지가 청정한 까닭으로 색처가 청정하고, 색처가 청정한 까닭으로 독각의 보리가 청정하니라. 왜 그러한가? 만약 일체지지가 청정하거나, 만약 색처가 청정하거나, 만약 독각의 보리가 청정하다면, 무이이고 둘로 나눌 수 없으며 분별이 없고 단절도 없는 까닭이니라. 일체지지가 청정한 까닭으로 성·향·미·촉·법처가 청정하고, 성·향·미·촉·법처가 청정한 까닭으로 독각의 보리가 청정하니라. 왜 그러한가? 만약 일체지지가 청정하거나, 만약 성·향·미·촉·법처가 청정하거나, 만약 독각의 보리가 청정하다면, 무이이고 둘로 나눌 수 없으며 분별이 없고 단절도 없는 까닭이니라.

선현이여. 일체지지가 청정한 까닭으로 안계가 청정하고, 안계가 청정

한 까닭으로 독각의 보리가 청정하니라. 왜 그러한가? 만약 일체지지가
청정하거나, 만약 안계가 청정하거나, 만약 독각의 보리가 청정하다면,
무이이고 둘로 나눌 수 없으며 분별이 없고 단절도 없는 까닭이니라.
일체지지가 청정한 까닭으로 색계·안식계, 나아가 안촉·안촉을 인연으로
생겨난 여러 수가 청정하고, 색계, 나아가 안촉을 인연으로 생겨난 여러
수가 청정한 까닭으로 독각의 보리가 청정하니라. 왜 그러한가? 만약
일체지지가 청정하거나, 만약 색계, 나아가 안촉을 인연으로 생겨난 여러
수가 청정하거나, 만약 독각의 보리가 청정하다면, 무이이고 둘로 나눌
수 없으며 분별이 없고 단절도 없는 까닭이니라.

선현이여. 일체지지가 청정한 까닭으로 이계가 청정하고, 이계가 청정
한 까닭으로 독각의 보리가 청정하니라. 왜 그러한가? 만약 일체지지가
청정하거나, 만약 이계가 청정하거나, 만약 독각의 보리가 청정하다면,
무이이고 둘로 나눌 수 없으며 분별이 없고 단절도 없는 까닭이니라.
일체지지가 청정한 까닭으로 성계·이식계, 나아가 이촉·이촉을 인연으로
생겨난 여러 수가 청정하고, 성계, 나아가 이촉을 인연으로 생겨난 여러
수가 청정한 까닭으로 독각의 보리가 청정하니라. 왜 그러한가? 만약
일체지지가 청정하거나, 만약 성계, 나아가 이촉을 인연으로 생겨난 여러
수가 청정하거나, 만약 독각의 보리가 청정하다면, 무이이고 둘로 나눌
수 없으며 분별이 없고 단절도 없는 까닭이니라.

선현이여. 일체지지가 청정한 까닭으로 비계가 청정하고, 비계가 청정
한 까닭으로 독각의 보리가 청정하니라. 왜 그러한가? 만약 일체지지가
청정하거나, 만약 비계가 청정하거나, 만약 독각의 보리가 청정하다면,
무이이고 둘로 나눌 수 없으며 분별이 없고 단절도 없는 까닭이니라.
일체지지가 청정한 까닭으로 향계·비식계, 나아가 비촉·비촉을 인연으로
생겨난 여러 수가 청정하고, 향계, 나아가 비촉을 인연으로 생겨난 여러
수가 청정한 까닭으로 독각의 보리가 청정하니라. 왜 그러한가? 만약
일체지지가 청정하거나, 만약 향계, 나아가 비촉을 인연으로 생겨난 여러
수가 청정하거나, 만약 독각의 보리가 청정하다면, 무이이고 둘로 나눌

수 없으며 분별이 없고 단절도 없는 까닭이니라.

　선현이여. 일체지지가 청정한 까닭으로 설계가 청정하고, 설계가 청정한 까닭으로 독각의 보리가 청정하니라. 왜 그러한가? 만약 일체지지가 청정하거나, 만약 설계가 청정하거나, 만약 독각의 보리가 청정하다면, 무이이고 둘로 나눌 수 없으며 분별이 없고 단절도 없는 까닭이니라. 일체지지가 청정한 까닭으로 미계·설식계, 나아가 설촉·설촉을 인연으로 생겨난 여러 수가 청정하고, 미계, 나아가 설촉을 인연으로 생겨난 여러 수가 청정한 까닭으로 독각의 보리가 청정하니라. 왜 그러한가? 만약 일체지지가 청정하거나, 만약 미계, 나아가 설촉을 인연으로 생겨난 여러 수가 청정하거나, 만약 독각의 보리가 청정하다면, 무이이고 둘로 나눌 수 없으며 분별이 없고 단절도 없는 까닭이니라.

　선현이여. 일체지지가 청정한 까닭으로 신계가 청정하고, 신계가 청정한 까닭으로 독각의 보리가 청정하니라. 왜 그러한가? 만약 일체지지가 청정하거나, 만약 신계가 청정하거나, 만약 독각의 보리가 청정하다면, 무이이고 둘로 나눌 수 없으며 분별이 없고 단절도 없는 까닭이니라. 일체지지가 청정한 까닭으로 촉계·신식계, 나아가 신촉·신촉을 인연으로 생겨난 여러 수가 청정하고, 촉계, 나아가 신촉을 인연으로 생겨난 여러 수가 청정한 까닭으로 독각의 보리가 청정하니라. 왜 그러한가? 만약 일체지지가 청정하거나, 만약 촉계, 나아가 신촉을 인연으로 생겨난 여러 수가 청정하거나, 만약 독각의 보리가 청정하다면, 무이이고 둘로 나눌 수 없으며 분별이 없고 단절도 없는 까닭이니라.

　선현이여. 일체지지가 청정한 까닭으로 의계가 청정하고, 의계가 청정한 까닭으로 독각의 보리가 청정하니라. 왜 그러한가? 만약 일체지지가 청정하거나, 만약 의계가 청정하거나, 만약 독각의 보리가 청정하다면, 무이이고 둘로 나눌 수 없으며 분별이 없고 단절도 없는 까닭이니라. 일체지지가 청정한 까닭으로 법계·의식계, 나아가 의촉·의촉을 인연으로 생겨난 여러 수가 청정하고, 법계, 나아가 의촉을 인연으로 생겨난 여러 수가 청정한 까닭으로 독각의 보리가 청정하니라. 왜 그러한가? 만약 일체지지가 청정하거나, 만약 법계, 나아가 의촉을 인연으로 생겨난 여러 수가 청정하거나, 만약 독각의 보리가 청정하다면, 무이이고 둘로 나눌 수 없으며 분별이 없고 단절도 없는 까닭이니라.

선현이여. 일체지지가 청정한 까닭으로 지계가 청정하고, 지계가 청정한 까닭으로 독각의 보리가 청정하니라. 왜 그러한가? 만약 일체지지가 청정하거나, 만약 지계가 청정하거나, 만약 독각의 보리가 청정하다면, 무이이고 둘로 나눌 수 없으며 분별이 없고 단절도 없는 까닭이니라. 일체지지가 청정한 까닭으로 수·화·풍·공·식계가 청정하고, 수·화·풍·공·식계가 청정한 까닭으로 독각의 보리가 청정하니라. 왜 그러한가? 만약 일체지지가 청정하거나, 만약 수·화·풍·공·식계가 청정하거나, 만약 독각의 보리가 청정하다면, 무이이고 둘로 나눌 수 없으며 분별이 없고 단절도 없는 까닭이니라.

선현이여. 일체지지가 청정한 까닭으로 무명이 청정하고, 무명이 청정한 까닭으로 독각의 보리가 청정하니라. 왜 그러한가? 만약 일체지지가 청정하거나, 만약 무명이 청정하거나, 만약 독각의 보리가 청정하다면, 무이이고 둘로 나눌 수 없으며 분별이 없고 단절도 없는 까닭이니라. 일체지지가 청정한 까닭으로 행·식·명색·육처·촉·수·애·취·유·생·노사의 수탄고우뇌가 청정하고, 행, 나아가 노사의 수탄고우뇌가 청정한 까닭으로 독각의 보리가 청정하니라. 왜 그러한가? 만약 일체지지가 청정하거나, 만약 행, 나아가 노사의 수탄고우뇌가 청정하거나, 만약 독각의 보리가 청정하다면, 무이이고 둘로 나눌 수 없으며 분별이 없고 단절도 없는 까닭이니라.

선현이여. 일체지지가 청정한 까닭으로 보시바라밀다가 청정하고, 보시바라밀다가 청정한 까닭으로 독각의 보리가 청정하니라. 왜 그러한가? 만약 일체지지가 청정하거나, 만약 보시바라밀다가 청정하거나, 만약 독각의 보리가 청정하다면, 무이이고 둘로 나눌 수 없으며 분별이 없고 단절도 없는 까닭이니라. 일체지지가 청정한 까닭으로 정계·안인·정진·정려·반야바라밀다가 청정하고, 정계, 나아가 반야바라밀다가 청정한 까닭으로 독각의 보리가 청정하니라. 왜 그러한가? 만약 일체지지가 청정하거나, 만약 정계, 나아가 반야바라밀다가 청정하거나, 만약 독각의 보리가 청정하다면, 무이이고 둘로 나눌 수 없으며 분별이 없고 단절도 없는 까닭이니라.

선현이여. 일체지지가 청정한 까닭으로 내공이 청정하고, 내공이 청정한 까닭으로 독각의 보리가 청정하니라. 왜 그러한가? 만약 일체지지가 청정하거나, 만약 내공이 청정하거나, 만약 독각의 보리가 청정하다면, 무이이고 둘로 나눌 수 없으며 분별이 없고 단절도 없는 까닭이니라. 일체지지가 청정한 까닭으로 외공·내외공·공공·대공·승의공·유위공·무위공·필경공·무제공·산공·무변이공·본성공·자상공·공상공·일체법공·불가득공·무성공·자성공·무성자성공이 청정하고, 외공, 나아가 무성자성공이 청정한 까닭으로 독각의 보리가 청정하니라. 왜 그러한가? 만약 일체지지가 청정하거나, 만약 외공, 나아가 무성자성공이 청정하거나, 만약 독각의 보리가 청정하다면, 무이이고 둘로 나눌 수 없으며 분별이 없고 단절도 없는 까닭이니라.

선현이여. 일체지지가 청정한 까닭으로 진여가 청정하고, 진여가 청정한 까닭으로 독각의 보리가 청정하니라. 왜 그러한가? 만약 일체지지가 청정하거나, 만약 진여가 청정하거나, 만약 독각의 보리가 청정하다면, 무이이고 둘로 나눌 수 없으며 분별이 없고 단절도 없는 까닭이니라. 일체지지가 청정한 까닭으로 법계·법성·불허망성·불변이성·평등성·이생성·법정·법주·실제·허공계·부사의계가 청정하고 법계, 나아가 부사의계가 청정한 까닭으로 독각의 보리가 청정하니라. 왜 그러한가? 만약 일체지지가 청정하거나, 만약 법계, 나아가 부사의계가 청정하거나, 만약 독각의 보리가 청정하다면, 무이이고 둘로 나눌 수 없으며 분별이 없고 단절도 없는 까닭이니라.

선현이여. 일체지지가 청정한 까닭으로 고성제가 청정하고, 고성제가 청정한 까닭으로 독각의 보리가 청정하니라. 왜 그러한가? 만약 일체지지가 청정하거나, 만약 고성제가 청정하거나, 만약 독각의 보리가 청정하다면, 무이이고 둘로 나눌 수 없으며 분별이 없고 단절도 없는 까닭이니라. 일체지지가 청정한 까닭으로 집·멸·도성제가 청정하고, 집·멸·도성제가 청정한 까닭으로 독각의 보리가 청정하니라. 왜 그러한가? 만약 일체지지가 청정하거나, 만약 집·멸·도성제가 청정하거나, 만약 독각의 보리가 청정하다면, 무이이고 둘로 나눌 수 없으며 분별이 없고 단절도 없는 까닭이니라.

선현이여. 일체지지가 청정한 까닭으로 4정려가 청정하고, 4정려가 청정한 까닭으로 독각의 보리가 청정하니라. 왜 그러한가? 만약 일체지지가 청정하거나, 만약 4정려가 청정하거나, 만약 독각의 보리가 청정하다면, 무이이고 둘로 나눌 수 없으며 분별이 없고 단절도 없는 까닭이니라. 일체지지가 청정한 까닭으로 4무량·4무색정이 청정하고, 4무량·4무색정이 청정한 까닭으로 독각의 보리가 청정하니라. 왜 그러한가? 만약 일체지지가 청정하거나, 만약 4무량·4무색정이 청정하거나, 만약 독각의 보리가 청정하다면, 무이이고 둘로 나눌 수 없으며 분별이 없고 단절도 없는 까닭이니라.

선현이여. 일체지지가 청정한 까닭으로 8해탈이 청정하고, 8해탈이 청정한 까닭으로 독각의 보리가 청정하니라. 왜 그러한가? 만약 일체지지가 청정하거나, 만약 8해탈이 청정하거나, 만약 독각의 보리가 청정하다면, 무이이고 둘로 나눌 수 없으며 분별이 없고 단절도 없는 까닭이니라. 일체지지가 청정한 까닭으로 8승처·9차제정·10변처가 청정하고, 8승처·9차제정·10변처가 청정한 까닭으로 독각의 보리가 청정하니라. 왜 그러한가? 만약 일체지지가 청정하거나, 만약 8승처·9차제정·10변처가 청정하거나, 만약 독각의 보리가 청정하다면, 무이이고 둘로 나눌 수 없으며 분별이 없고 단절도 없는 까닭이니라.

선현이여. 일체지지가 청정한 까닭으로 4념주가 청정하고, 4념주가 청정한 까닭으로 독각의 보리가 청정하니라. 왜 그러한가? 만약 일체지지가 청정하거나, 만약 4념주가 청정하거나, 만약 독각의 보리가 청정하다면, 무이이고 둘로 나눌 수 없으며 분별이 없고 단절도 없는 까닭이니라.

일체지지가 청정한 까닭으로 4정단·4신족·5근·5력·7등각지·8성도지가 청정하고, 4정단, 나아가 8성도지가 청정한 까닭으로 독각의 보리가 청정하니라. 왜 그러한가? 만약 일체지지가 청정하거나, 만약 4정단, 나아가 8성도지가 청정하거나, 만약 독각의 보리가 청정하다면, 무이이고 둘로 나눌 수 없으며 분별이 없고 단절도 없는 까닭이니라.

선현이여. 일체지지가 청정한 까닭으로 공해탈문이 청정하고, 공해탈문이 청정한 까닭으로 독각의 보리가 청정하니라. 왜 그러한가? 만약 일체지지가 청정하거나, 만약 공해탈문이 청정하거나, 만약 독각의 보리가 청정하다면, 무이이고 둘로 나눌 수 없으며 분별이 없고 단절도 없는 까닭이니라. 일체지지가 청정한 까닭으로 무상·무원해탈문이 청정하고, 무상·무원해탈문이 청정한 까닭으로 독각의 보리가 청정하니라. 왜 그러한가? 만약 일체지지가 청정하거나, 만약 무상·무원해탈문이 청정하거나, 만약 독각의 보리가 청정하다면, 무이이고 둘로 나눌 수 없으며 분별이 없고 단절도 없는 까닭이니라.

선현이여. 일체지지가 청정한 까닭으로 보살의 10지가 청정하고, 보살의 10지가 청정한 까닭으로 독각의 보리가 청정하니라. 왜 그러한가? 만약 일체지지가 청정하거나, 만약 보살의 10지가 청정하거나, 만약 독각의 보리가 청정하다면, 무이이고 둘로 나눌 수 없으며 분별이 없고 단절도 없는 까닭이니라.

선현이여. 일체지지가 청정한 까닭으로 5안이 청정하고, 5안이 청정한 까닭으로 독각의 보리가 청정하니라. 왜 그러한가? 만약 일체지지가 청정하거나, 만약 5안이 청정하거나, 만약 독각의 보리가 청정하다면, 무이이고 둘로 나눌 수 없으며 분별이 없고 단절도 없는 까닭이니라. 선현이여. 일체지지가 청정한 까닭으로 6신통이 청정하고, 6신통이 청정한 까닭으로 독각의 보리가 청정하니라. 왜 그러한가? 만약 일체지지가 청정하거나, 만약 6신통이 청정하거나, 만약 독각의 보리가 청정하다면, 무이이고 둘로 나눌 수 없으며 분별이 없고 단절도 없는 까닭이니라.

선현이여. 일체지지가 청정한 까닭으로 여래의 10력이 청정하고, 여래의 10력이 청정한 까닭으로 독각의 보리가 청정하니라. 왜 그러한가? 만약 일체지지가 청정하거나, 만약 여래의 10력이 청정하거나, 만약 독각의 보리가 청정하다면, 무이이고 둘로 나눌 수 없으며 분별이 없고 단절도 없는 까닭이니라. 일체지지가 청정한 까닭으로 4무소외·4무애해·대자·대비·대희·대사·18불불공법이 청정하고, 4무소외, 나아가 18불불공법이 청정한 까닭으로 독각의 보리가 청정하니라. 왜 그러한가? 만약 일체지지가 청정하거나, 만약 4무소외, 나아가 18불불공법이 청정하거나, 만약 독각의 보리가 청정하다면, 무이이고 둘로 나눌 수 없으며 분별이 없고 단절도 없는 까닭이니라.

　선현이여. 일체지지가 청정한 까닭으로 무망실법이 청정하고, 무망실법이 청정한 까닭으로 독각의 보리가 청정하니라. 왜 그러한가? 만약 일체지지가 청정하거나, 만약 무망실법이 청정하거나, 만약 독각의 보리가 청정하다면, 무이이고 둘로 나눌 수 없으며 분별이 없고 단절도 없는 까닭이니라. 선현이여. 일체지지가 청정한 까닭으로 항주사성이 청정하고, 항주사성이 청정한 까닭으로 독각의 보리가 청정하니라. 왜 그러한가? 만약 일체지지가 청정하거나, 만약 항주사성이 청정하거나, 만약 독각의 보리가 청정하다면, 무이이고 둘로 나눌 수 없으며 분별이 없고 단절도 없는 까닭이니라.

　선현이여. 일체지지가 청정한 까닭으로 일체지가 청정하고, 일체지가 청정한 까닭으로 독각의 보리가 청정하니라. 왜 그러한가? 만약 일체지지가 청정하거나, 만약 일체지가 청정하거나, 만약 독각의 보리가 청정하다면, 무이이고 둘로 나눌 수 없으며 분별이 없고 단절도 없는 까닭이니라. 일체지지가 청정한 까닭으로 도상지·일체상지가 청정하고, 도상지·일체상지가 청정한 까닭으로 독각의 보리가 청정하니라. 왜 그러한가? 만약 일체지지가 청정하거나, 만약 도상지·일체상지가 청정하거나, 만약 독각의 보리가 청정하다면, 무이이고 둘로 나눌 수 없으며 분별이 없고 단절도 없는 까닭이니라.

　선현이여. 일체지지가 청정한 까닭으로 일체의 다라니문이 청정하고,

일체의 다라니문이 청정한 까닭으로 독각의 보리가 청정하니라. 왜 그러한가? 만약 일체지지가 청정하거나, 만약 일체의 다라니문이 청정하거나, 만약 독각의 보리가 청정하다면, 무이이고 둘로 나눌 수 없으며 분별이 없고 단절도 없는 까닭이니라. 일체지지가 청정한 까닭으로 일체의 삼마지문이 청정하고, 일체의 삼마지문이 청정한 까닭으로 독각의 보리가 청정하니라. 왜 그러한가? 만약 일체지지가 청정하거나, 만약 일체의 삼마지문이 청정하거나, 만약 독각의 보리가 청정하다면, 무이이고 둘로 나눌 수 없으며 분별이 없고 단절도 없는 까닭이니라.

선현이여. 일체지지가 청정한 까닭으로 예류과가 청정하고, 예류과가 청정한 까닭으로 독각의 보리가 청정하니라. 왜 그러한가? 만약 일체지지가 청정하거나, 만약 예류과가 청정하거나, 만약 독각의 보리가 청정하다면, 무이이고 둘로 나눌 수 없으며 분별이 없고 단절도 없는 까닭이니라. 일체지지가 청정한 까닭으로 일래·불환·아라한과가 청정하고, 일래·불환·아라한과가 청정한 까닭으로 독각의 보리가 청정하니라. 왜 그러한가? 만약 일체지지가 청정하거나, 만약 일래·불환·아라한과가 청정하거나, 만약 독각의 보리가 청정하다면, 무이이고 둘로 나눌 수 없으며 분별이 없고 단절도 없는 까닭이니라.

선현이여. 일체지지가 청정한 까닭으로 일체의 보살마하살의 행이 청정하고, 일체의 보살마하살의 행이 청정한 까닭으로 독각의 보리가 청정하니라. 왜 그러한가? 만약 일체지지가 청정하거나, 만약 일체의 보살마하살의 행이 청정하거나, 만약 독각의 보리가 청정하다면, 무이이고 둘로 나눌 수 없으며 분별이 없고 단절도 없는 까닭이니라.

선현이여. 일체지지가 청정한 까닭으로 제불의 무상정등보리가 청정하고, 제불의 무상정등보리가 청정한 까닭으로 독각의 보리가 청정하니라. 왜 그러한가? 만약 일체지지가 청정하거나, 만약 제불의 무상정등보리가 청정하거나, 만약 독각의 보리가 청정하다면, 무이이고 둘로 나눌 수 없으며 분별이 없고 단절도 없는 까닭이니라."

마하반야바라밀다경 제284권

34. 난신해품(難信解品)(103)

"다시 다음으로 선현이여. 일체지지가 청정한 까닭으로 색이 청정하고, 색이 청정한 까닭으로 일체(一切)의 보살마하살(菩薩摩訶薩)의 행(行)이 청정하니라. 왜 그러한가? 만약 일체지지가 청정하거나, 만약 색이 청정하거나, 만약 일체의 보살마하살의 행이 청정하다면, 무이이고 둘로 나눌 수 없으며 분별이 없고 단절도 없는 까닭이니라. 일체지지가 청정한 까닭으로 수·상·행·식이 청정하고, 수·상·행·식이 청정한 까닭으로 일체의 보살마하살의 행이 청정하니라. 왜 그러한가? 만약 일체지지가 청정하거나, 만약 수·상·행·식이 청정하거나, 만약 일체의 보살마하살의 행이 청정하다면, 무이이고 둘로 나눌 수 없으며 분별이 없고 단절도 없는 까닭이니라.

선현이여. 일체지지가 청정한 까닭으로 안처가 청정하고, 안처가 청정한 까닭으로 일체의 보살마하살의 행이 청정하니라. 왜 그러한가? 만약 일체지지가 청정하거나, 만약 안처가 청정하거나, 만약 일체의 보살마하살의 행이 청정하다면, 무이이고 둘로 나눌 수 없으며 분별이 없고 단절도 없는 까닭이니라. 일체지지가 청정한 까닭으로 이·비·설·신·의처가 청정하고, 이·비·설·신·의처가 청정한 까닭으로 일체의 보살마하살의 행이 청정하니라. 왜 그러한가? 만약 일체지지가 청정하거나, 만약 이·비·설·신·의처가 청정하거나, 만약 일체의 보살마하살의 행이 청정하다면, 무이이고 둘로 나눌 수 없으며 분별이 없고 단절도 없는 까닭이니라.

　선현이여. 일체지지가 청정한 까닭으로 색처가 청정하고, 색처가 청정한 까닭으로 일체의 보살마하살의 행이 청정하니라. 왜 그러한가? 만약 일체지지가 청정하거나, 만약 색처가 청정하거나, 만약 일체의 보살마하살의 행이 청정하다면, 무이이고 둘로 나눌 수 없으며 분별이 없고 단절도 없는 까닭이니라. 일체지지가 청정한 까닭으로 성·향·미·촉·법처가 청정하고, 성·향·미·촉·법처가 청정한 까닭으로 일체의 보살마하살의 행이 청정하니라. 왜 그러한가? 만약 일체지지가 청정하거나, 만약 성·향·미·촉·법처가 청정하거나, 만약 일체의 보살마하살의 행이 청정하다면, 무이이고 둘로 나눌 수 없으며 분별이 없고 단절도 없는 까닭이니라.

　선현이여. 일체지지가 청정한 까닭으로 안계가 청정하고, 안계가 청정한 까닭으로 일체의 보살마하살의 행이 청정하니라. 왜 그러한가? 만약 일체지지가 청정하거나, 만약 안계가 청정하거나, 만약 일체의 보살마하살의 행이 청정하다면, 무이이고 둘로 나눌 수 없으며 분별이 없고 단절도 없는 까닭이니라. 일체지지가 청정한 까닭으로 색계·안식계, 나아가 안촉·안촉을 인연으로 생겨난 여러 수가 청정하고, 색계, 나아가 안촉을 인연으로 생겨난 여러 수가 청정한 까닭으로 일체의 보살마하살의 행이 청정하니라. 왜 그러한가? 만약 일체지지가 청정하거나, 만약 색계, 나아가 안촉을 인연으로 생겨난 여러 수가 청정하거나, 만약 일체의 보살마하살의 행이 청정하다면, 무이이고 둘로 나눌 수 없으며 분별이 없고 단절도 없는 까닭이니라.

　선현이여. 일체지지가 청정한 까닭으로 이계가 청정하고, 이계가 청정한 까닭으로 일체의 보살마하살의 행이 청정하니라. 왜 그러한가? 만약 일체지지가 청정하거나, 만약 이계가 청정하거나, 만약 일체의 보살마하살의 행이 청정하다면, 무이이고 둘로 나눌 수 없으며 분별이 없고 단절도 없는 까닭이니라. 일체지지가 청정한 까닭으로 성계·이식계, 나아가 이촉·이촉을 인연으로 생겨난 여러 수가 청정하고, 성계, 나아가 이촉을 인연으로 생겨난 여러 수가 청정한 까닭으로 일체의 보살마하살의 행이 청정하니라. 왜 그러한가? 만약 일체지지가 청정하거나, 만약 성계, 나아가 이촉을 인연으로 생겨난 여러 수가 청정하거나, 만약 일체의 보살마하살의 행이 청정하다면, 무이이고 둘로 나눌 수 없으며 분별이 없고 단절도 없는 까닭이니라.

선현이여. 일체지지가 청정한 까닭으로 비계가 청정하고, 비계가 청정한 까닭으로 일체의 보살마하살의 행이 청정하니라. 왜 그러한가? 만약 일체지지가 청정하거나, 만약 비계가 청정하거나, 만약 일체의 보살마하살의 행이 청정하다면, 무이이고 둘로 나눌 수 없으며 분별이 없고 단절도 없는 까닭이니라. 일체지지가 청정한 까닭으로 향계·비식계, 나아가 비촉·비촉을 인연으로 생겨난 여러 수가 청정하고, 향계, 나아가 비촉을 인연으로 생겨난 여러 수가 청정한 까닭으로 일체의 보살마하살의 행이 청정하니라. 왜 그러한가? 만약 일체지지가 청정하거나, 만약 향계, 나아가 비촉을 인연으로 생겨난 여러 수가 청정하거나, 만약 일체의 보살마하살의 행이 청정하다면, 무이이고 둘로 나눌 수 없으며 분별이 없고 단절도 없는 까닭이니라.

선현이여. 일체지지가 청정한 까닭으로 설계가 청정하고, 설계가 청정한 까닭으로 일체의 보살마하살의 행이 청정하니라. 왜 그러한가? 만약 일체지지가 청정하거나, 만약 설계가 청정하거나, 만약 일체의 보살마하살의 행이 청정하다면, 무이이고 둘로 나눌 수 없으며 분별이 없고 단절도 없는 까닭이니라. 일체지지가 청정한 까닭으로 미계·설식계, 나아가 설촉·설촉을 인연으로 생겨난 여러 수가 청정하고, 미계, 나아가 설촉을 인연으로 생겨난 여러 수가 청정한 까닭으로 일체의 보살마하살의 행이 청정하니라. 왜 그러한가? 만약 일체지지가 청정하거나, 만약 미계, 나아가 설촉을 인연으로 생겨난 여러 수가 청정하거나, 만약 일체의 보살마하살의 행이 청정하다면, 무이이고 둘로 나눌 수 없으며 분별이 없고 단절도 없는 까닭이니라.

선현이여. 일체지지가 청정한 까닭으로 신계가 청정하고, 신계가 청정한 까닭으로 일체의 보살마하살의 행이 청정하니라. 왜 그러한가? 만약 일체지지가 청정하거나, 만약 신계가 청정하거나, 만약 일체의 보살마하살의 행이 청정하다면, 무이이고 둘로 나눌 수 없으며 분별이 없고 단절도 없는 까닭이니라. 일체지지가 청정한 까닭으로 촉계·신식계, 나아가 신촉·신촉을 인연으로 생겨난 여러 수가 청정하고, 촉계, 나아가 신촉을 인연으로 생겨난 여러 수가 청정한 까닭으로 일체의 보살마하살의 행이 청정하니라. 왜 그러한가? 만약 일체지지가 청정하거나, 만약 촉계, 나아가 신촉을 인연으로 생겨난 여러 수가 청정하거나, 만약 일체의 보살마하살의 행이 청정하다면, 무이이고 둘로 나눌 수 없으며 분별이 없고 단절도 없는 까닭이니라.

선현이여. 일체지지가 청정한 까닭으로 의계가 청정하고, 의계가 청정한 까닭으로 일체의 보살마하살의 행이 청정하니라. 왜 그러한가? 만약 일체지지가 청정하거나, 만약 의계가 청정하거나, 만약 일체의 보살마하살의 행이 청정하다면, 무이이고 둘로 나눌 수 없으며 분별이 없고 단절도 없는 까닭이니라. 일체지지가 청정한 까닭으로 법계·의식계, 나아가 의촉·의촉을 인연으로 생겨난 여러 수가 청정하고, 법계, 나아가 의촉을 인연으로 생겨난 여러 수가 청정한 까닭으로 일체의 보살마하살의 행이 청정하니라. 왜 그러한가? 만약 일체지지가 청정하거나, 만약 법계, 나아가 의촉을 인연으로 생겨난 여러 수가 청정하거나, 만약 일체의 보살마하살의 행이 청정하다면, 무이이고 둘로 나눌 수 없으며 분별이 없고 단절도 없는 까닭이니라.

선현이여. 일체지지가 청정한 까닭으로 지계가 청정하고, 지계가 청정한 까닭으로 일체의 보살마하살의 행이 청정하니라. 왜 그러한가? 만약 일체지지가 청정하거나, 만약 지계가 청정하거나, 만약 일체의 보살마하살의 행이 청정하다면, 무이이고 둘로 나눌 수 없으며 분별이 없고 단절도 없는 까닭이니라. 일체지지가 청정한 까닭으로 수·화·풍·공·식계가 청정하고, 수·화·풍·공·식계가 청정한 까닭으로 일체의 보살마하살의 행이 청정하니라. 왜 그러한가? 만약 일체지지가 청정하거나, 만약 수·화·풍·공·식계가 청정하거나, 만약 일체의 보살마하살의 행이 청정하다면, 무이이고 둘로 나눌 수 없으며 분별이 없고 단절도 없는 까닭이니라.

선현이여. 일체지지가 청정한 까닭으로 무명이 청정하고, 무명이 청정한 까닭으로 일체의 보살마하살의 행이 청정하니라. 왜 그러한가? 만약 일체지지가 청정하거나, 만약 무명이 청정하거나, 만약 일체의 보살마하살의 행이 청정하다면, 무이이고 둘로 나눌 수 없으며 분별이 없고 단절도 없는 까닭이니라. 일체지지가 청정한 까닭으로 행·식·명색·육처·촉·수·애·취·유·생·노사의 수탄고우뇌가 청정하고, 행, 나아가 노사의 수탄고우뇌가 청정한 까닭으로 일체의 보살마하살의 행이 청정하니라. 왜 그러한가? 만약 일체지지가 청정하거나, 만약 행, 나아가 노사의 수탄고우뇌가 청정하거나, 만약 일체의 보살마하살의 행이 청정하다면, 무이이고 둘로 나눌 수 없으며 분별이 없고 단절도 없는 까닭이니라.

선현이여. 일체지지가 청정한 까닭으로 보시바라밀다가 청정하고, 보시바라밀다가 청정한 까닭으로 일체의 보살마하살의 행이 청정하니라. 왜 그러한가? 만약 일체지지가 청정하거나, 만약 보시바라밀다가 청정하거나, 만약 일체의 보살마하살의 행이 청정하다면, 무이이고 둘로 나눌 수 없으며 분별이 없고 단절도 없는 까닭이니라. 일체지지가 청정한 까닭으로 정계·안인·정진·정려·반야바라밀다가 청정하고, 정계, 나아가 반야바라밀다가 청정한 까닭으로 일체의 보살마하살의 행이 청정하니라. 왜 그러한가? 만약 일체지지가 청정하거나, 만약 정계, 나아가 반야바라밀다가 청정하거나, 만약 일체의 보살마하살의 행이 청정하다면, 무이이고 둘로 나눌 수 없으며 분별이 없고 단절도 없는 까닭이니라.

선현이여. 일체지지가 청정한 까닭으로 내공이 청정하고, 내공이 청정한 까닭으로 일체의 보살마하살의 행이 청정하니라. 왜 그러한가? 만약 일체지지가 청정하거나, 만약 내공이 청정하거나, 만약 일체의 보살마하살의 행이 청정하다면, 무이이고 둘로 나눌 수 없으며 분별이 없고 단절도 없는 까닭이니라. 일체지지가 청정한 까닭으로 외공·내외공·공공·대공·승의공·유위공·무위공·필경공·무제공·산공·무변이공·본성공·자상공·공상공·일체법공·불가득공·무성공·자성공·무성자성공이 청정하고, 외공, 나아가 무성자성공이 청정한 까닭으로 일체의 보살마하살의 행이 청정하니라. 왜 그러한가? 만약 일체지지가 청정하거나, 만약 외공, 나아 가 무성자성공이 청정하거나, 만약 일체의 보살마하살의 행이 청정하다 면, 무이이고 둘로 나눌 수 없으며 분별이 없고 단절도 없는 까닭이니라.

선현이여. 일체지지가 청정한 까닭으로 진여가 청정하고, 진여가 청정 한 까닭으로 일체의 보살마하살의 행이 청정하니라. 왜 그러한가? 만약 일체지지가 청정하거나, 만약 진여가 청정하거나, 만약 일체의 보살마하 살의 행이 청정하다면, 무이이고 둘로 나눌 수 없으며 분별이 없고 단절도 없는 까닭이니라. 일체지지가 청정한 까닭으로 법계·법성·불허망성·불 변이성·평등성·이생성·법정·법주·실제·허공계·부사의계가 청정하고 법계, 나아가 부사의계가 청정한 까닭으로 일체의 보살마하살의 행이 청정하니라. 왜 그러한가? 만약 일체지지가 청정하거나, 만약 법계, 나아 가 부사의계가 청정하거나, 만약 일체의 보살마하살의 행이 청정하다면, 무이이고 둘로 나눌 수 없으며 분별이 없고 단절도 없는 까닭이니라.

선현이여. 일체지지가 청정한 까닭으로 고성제가 청정하고, 고성제가 청정한 까닭으로 일체의 보살마하살의 행이 청정하니라. 왜 그러한가? 만약 일체지지가 청정하거나, 만약 고성제가 청정하거나, 만약 일체의 보살마하살의 행이 청정하다면, 무이이고 둘로 나눌 수 없으며 분별이 없고 단절도 없는 까닭이니라. 일체지지가 청정한 까닭으로 집·멸·도성제 가 청정하고, 집·멸·도성제가 청정한 까닭으로 일체의 보살마하살의 행이 청정하니라. 왜 그러한가? 만약 일체지지가 청정하거나, 만약 집·멸· 도성제가 청정하거나, 만약 일체의 보살마하살의 행이 청정하다면, 무이 이고 둘로 나눌 수 없으며 분별이 없고 단절도 없는 까닭이니라.

선현이여. 일체지지가 청정한 까닭으로 4정려가 청정하고, 4정려가 청정한 까닭으로 일체의 보살마하살의 행이 청정하니라. 왜 그러한가? 만약 일체지지가 청정하거나, 만약 4정려가 청정하거나, 만약 일체의 보살마하살의 행이 청정하다면, 무이이고 둘로 나눌 수 없으며 분별이 없고 단절도 없는 까닭이니라. 일체지지가 청정한 까닭으로 4무량·4무색 정이 청정하고, 4무량·4무색정이 청정한 까닭으로 일체의 보살마하살의

행이 청정하니라. 왜 그러한가? 만약 일체지지가 청정하거나, 만약 4무량·
4무색정이 청정하거나, 만약 일체의 보살마하살의 행이 청정하다면, 무이
이고 둘로 나눌 수 없으며 분별이 없고 단절도 없는 까닭이니라.

　선현이여. 일체지지가 청정한 까닭으로 8해탈이 청정하고, 8해탈이
청정한 까닭으로 일체의 보살마하살의 행이 청정하니라. 왜 그러한가?
만약 일체지지가 청정하거나, 만약 8해탈이 청정하거나, 만약 일체의
보살마하살의 행이 청정하다면, 무이이고 둘로 나눌 수 없으며 분별이
없고 단절도 없는 까닭이니라. 일체지지가 청정한 까닭으로 8승처·9차제
정·10변처가 청정하고, 8승처·9차제정·10변처가 청정한 까닭으로 일체
의 보살마하살의 행이 청정하니라. 왜 그러한가? 만약 일체지지가 청정하
거나, 만약 8승처·9차제정·10변처가 청정하거나, 만약 일체의 보살마하
살의 행이 청정하다면, 무이이고 둘로 나눌 수 없으며 분별이 없고 단절도
없는 까닭이니라.

　선현이여. 일체지지가 청정한 까닭으로 4념주가 청정하고, 4념주가
청정한 까닭으로 일체의 보살마하살의 행이 청정하니라. 왜 그러한가?
만약 일체지지가 청정하거나, 만약 4념주가 청정하거나, 만약 일체의
보살마하살의 행이 청정하다면, 무이이고 둘로 나눌 수 없으며 분별이
없고 단절도 없는 까닭이니라. 일체지지가 청정한 까닭으로 4정단·4신족·
5근·5력·7등각지·8성도지가 청정하고, 4정단, 나아가 8성도지가 청정한
까닭으로 일체의 보살마하살의 행이 청정하니라. 왜 그러한가? 만약
일체지지가 청정하거나, 만약 4정단, 나아가 8성도지가 청정하거나, 만약
일체의 보살마하살의 행이 청정하다면, 무이이고 둘로 나눌 수 없으며
분별이 없고 단절도 없는 까닭이니라.

　선현이여. 일체지지가 청정한 까닭으로 공해탈문이 청정하고, 공해탈
문이 청정한 까닭으로 일체의 보살마하살의 행이 청정하니라. 왜 그러한
가? 만약 일체지지가 청정하거나, 만약 공해탈문이 청정하거나, 만약
일체의 보살마하살의 행이 청정하다면, 무이이고 둘로 나눌 수 없으며
분별이 없고 단절도 없는 까닭이니라. 일체지지가 청정한 까닭으로 무상·

무원해탈문이 청정하고, 무상·무원해탈문이 청정한 까닭으로 일체의 보살마하살의 행이 청정하니라. 왜 그러한가? 만약 일체지지가 청정하거나, 만약 무상·무원해탈문이 청정하거나, 만약 일체의 보살마하살의 행이 청정하다면, 무이이고 둘로 나눌 수 없으며 분별이 없고 단절도 없는 까닭이니라.

선현이여. 일체지지가 청정한 까닭으로 보살의 10지가 청정하고, 보살의 10지가 청정한 까닭으로 일체의 보살마하살의 행이 청정하니라. 왜 그러한가? 만약 일체지지가 청정하거나, 만약 보살의 10지가 청정하거나, 만약 일체의 보살마하살의 행이 청정하다면, 무이이고 둘로 나눌 수 없으며 분별이 없고 단절도 없는 까닭이니라.

선현이여. 일체지지가 청정한 까닭으로 5안이 청정하고, 5안이 청정한 까닭으로 일체의 보살마하살의 행이 청정하니라. 왜 그러한가? 만약 일체지지가 청정하거나, 만약 5안이 청정하거나, 만약 일체의 보살마하살의 행이 청정하다면, 무이이고 둘로 나눌 수 없으며 분별이 없고 단절도 없는 까닭이니라. 선현이여. 일체지지가 청정한 까닭으로 6신통이 청정하고, 6신통이 청정한 까닭으로 일체의 보살마하살의 행이 청정하니라. 왜 그러한가? 만약 일체지지가 청정하거나, 만약 6신통이 청정하거나, 만약 일체의 보살마하살의 행이 청정하다면, 무이이고 둘로 나눌 수 없으며 분별이 없고 단절도 없는 까닭이니라.

선현이여. 일체지지가 청정한 까닭으로 여래의 10력이 청정하고, 여래의 10력이 청정한 까닭으로 일체의 보살마하살의 행이 청정하니라. 왜 그러한가? 만약 일체지지가 청정하거나, 만약 여래의 10력이 청정하거나, 만약 일체의 보살마하살의 행이 청정하다면, 무이이고 둘로 나눌 수 없으며 분별이 없고 단절도 없는 까닭이니라. 일체지지가 청정한 까닭으로 4무소외·4무애해·대자·대비·대희·대사·18불불공법이 청정하고, 4무소외, 나아가 18불불공법이 청정한 까닭으로 일체의 보살마하살의 행이 청정하니라. 왜 그러한가? 만약 일체지지가 청정하거나, 만약 4무소외, 나아가 18불불공법이 청정하거나, 만약 일체의 보살마하살의 행이 청정하

다면, 무이이고 둘로 나눌 수 없으며 분별이 없고 단절도 없는 까닭이니라.

선현이여. 일체지지가 청정한 까닭으로 무망실법이 청정하고, 무망실법이 청정한 까닭으로 일체의 보살마하살의 행이 청정하니라. 왜 그러한가? 만약 일체지지가 청정하거나, 만약 무망실법이 청정하거나, 만약 일체의 보살마하살의 행이 청정하다면, 무이이고 둘로 나눌 수 없으며 분별이 없고 단절도 없는 까닭이니라. 선현이여. 일체지지가 청정한 까닭으로 항주사성이 청정하고, 항주사성이 청정한 까닭으로 일체의 보살마하살의 행이 청정하니라. 왜 그러한가? 만약 일체지지가 청정하거나, 만약 항주사성이 청정하거나, 만약 일체의 보살마하살의 행이 청정하다면, 무이이고 둘로 나눌 수 없으며 분별이 없고 단절도 없는 까닭이니라.

선현이여. 일체지지가 청정한 까닭으로 일체지가 청정하고, 일체지가 청정한 까닭으로 일체의 보살마하살의 행이 청정하니라. 왜 그러한가? 만약 일체지지가 청정하거나, 만약 일체지가 청정하거나, 만약 일체의 보살마하살의 행이 청정하다면, 무이이고 둘로 나눌 수 없으며 분별이 없고 단절도 없는 까닭이니라. 일체지지가 청정한 까닭으로 도상지·일체상지가 청정하고, 도상지·일체상지가 청정한 까닭으로 일체의 보살마하살의 행이 청정하니라. 왜 그러한가? 만약 일체지지가 청정하거나, 만약 도상지·일체상지가 청정하거나, 만약 일체의 보살마하살의 행이 청정하다면, 무이이고 둘로 나눌 수 없으며 분별이 없고 단절도 없는 까닭이니라.

선현이여. 일체지지가 청정한 까닭으로 일체의 다라니문이 청정하고, 일체의 다라니문이 청정한 까닭으로 일체의 보살마하살의 행이 청정하니라. 왜 그러한가? 만약 일체지지가 청정하거나, 만약 일체의 다라니문이 청정하거나, 만약 일체의 보살마하살의 행이 청정하다면, 무이이고 둘로 나눌 수 없으며 분별이 없고 단절도 없는 까닭이니라. 일체지지가 청정한 까닭으로 일체의 삼마지문이 청정하고, 일체의 삼마지문이 청정한 까닭으로 일체의 보살마하살의 행이 청정하니라. 왜 그러한가? 만약 일체지지가 청정하거나, 만약 일체의 삼마지문이 청정하거나, 만약 일체의 보살마하살의 행이 청정하다면, 무이이고 둘로 나눌 수 없으며 분별이 없고 단절도

없는 까닭이니라.

선현이여. 일체지지가 청정한 까닭으로 예류과가 청정하고, 예류과가 청정한 까닭으로 일체의 보살마하살의 행이 청정하니라. 왜 그러한가? 만약 일체지지가 청정하거나, 만약 예류과가 청정하거나, 만약 일체의 보살마하살의 행이 청정하다면, 무이이고 둘로 나눌 수 없으며 분별이 없고 단절도 없는 까닭이니라. 일체지지가 청정한 까닭으로 일래·불환·아라한과가 청정하고, 일래·불환·아라한과가 청정한 까닭으로 일체의 보살마하살의 행이 청정하니라. 왜 그러한가? 만약 일체지지가 청정하거나, 만약 일래·불환·아라한과가 청정하거나, 만약 일체의 보살마하살의 행이 청정하다면, 무이이고 둘로 나눌 수 없으며 분별이 없고 단절도 없는 까닭이니라.

선현이여. 일체지지가 청정한 까닭으로 독각의 보리가 청정하고, 독각의 보리가 청정한 까닭으로 일체의 보살마하살의 행이 청정하니라. 왜 그러한가? 만약 일체지지가 청정하거나, 만약 독각의 보리가 청정하거나, 만약 일체의 보살마하살의 행이 청정하다면, 무이이고 둘로 나눌 수 없으며 분별이 없고 단절도 없는 까닭이니라.

선현이여. 일체지지가 청정한 까닭으로 제불의 무상정등보리가 청정하고, 제불의 무상정등보리가 청정한 까닭으로 일체의 보살마하살의 행이 청정하니라. 왜 그러한가? 만약 일체지지가 청정하거나, 만약 제불의 무상정등보리가 청정하거나, 만약 일체의 보살마하살의 행이 청정하다면, 무이이고 둘로 나눌 수 없으며 분별이 없고 단절도 없는 까닭이니라."

"다시 다음으로 선현이여. 일체지지가 청정한 까닭으로 색이 청정하고, 색이 청정한 까닭으로 제불(諸佛)의 무상정등보리(無上正等菩提)가 청정하니라. 왜 그러한가? 만약 일체지지가 청정하거나, 만약 색이 청정하거나, 만약 제불의 무상정등보리가 청정하다면, 무이이고 둘로 나눌 수 없으며 분별이 없고 단절도 없는 까닭이니라. 일체지지가 청정한 까닭으로 수·상·행·식이 청정하고, 수·상·행·식이 청정한 까닭으로 제불의 무상정등보리가 청정하니라. 왜 그러한가? 만약 일체지지가 청정하거나, 만약 수·상·행·식이 청정하거나, 만약 제불의 무상정등보리가 청정하다면, 무이이고 둘로 나눌 수 없으며 분별이 없고 단절도 없는 까닭이니라.

선현이여. 일체지지가 청정한 까닭으로 안처가 청정하고, 안처가 청정한 까닭으로 제불의 무상정등보리가 청정하니라. 왜 그러한가? 만약 일체지지가 청정하거나, 만약 안처가 청정하거나, 만약 제불의 무상정등보리가 청정하다면, 무이이고 둘로 나눌 수 없으며 분별이 없고 단절도 없는 까닭이니라. 일체지지가 청정한 까닭으로 이·비·설·신·의처가 청정하고, 이·비·설·신·의처가 청정한 까닭으로 제불의 무상정등보리가 청정하니라. 왜 그러한가? 만약 일체지지가 청정하거나, 만약 이·비·설·신·의처가 청정하거나, 만약 제불의 무상정등보리가 청정하다면, 무이이고 둘로 나눌 수 없으며 분별이 없고 단절도 없는 까닭이니라.

선현이여. 일체지지가 청정한 까닭으로 색처가 청정하고, 색처가 청정한 까닭으로 제불의 무상정등보리가 청정하니라. 왜 그러한가? 만약 일체지지가 청정하거나, 만약 색처가 청정하거나, 만약 제불의 무상정등보리가 청정하다면, 무이이고 둘로 나눌 수 없으며 분별이 없고 단절도 없는 까닭이니라. 일체지지가 청정한 까닭으로 성·향·미·촉·법처가 청정하고, 성·향·미·촉·법처가 청정한 까닭으로 제불의 무상정등보리가 청정하니라. 왜 그러한가? 만약 일체지지가 청정하거나, 만약 성·향·미·촉·법처가 청정하거나, 만약 제불의 무상정등보리가 청정하다면, 무이이고 둘로 나눌 수 없으며 분별이 없고 단절도 없는 까닭이니라.

선현이여. 일체지지가 청정한 까닭으로 안계가 청정하고, 안계가 청정한 까닭으로 제불의 무상정등보리가 청정하니라. 왜 그러한가? 만약 일체지지가 청정하거나, 만약 안계가 청정하거나, 만약 제불의 무상정등보리가 청정하다면, 무이이고 둘로 나눌 수 없으며 분별이 없고 단절도 없는 까닭이니라. 일체지지가 청정한 까닭으로 색계·안식계, 나아가 안촉·안촉을 인연으로 생겨난 여러 수가 청정하고, 색계, 나아가 안촉을 인연으로 생겨난 여러 수가 청정한 까닭으로 제불의 무상정등보리가 청정하니라. 왜 그러한가? 만약 일체지지가 청정하거나, 만약 색계, 나아가 안촉을 인연으로 생겨난 여러 수가 청정하거나, 만약 제불의 무상정등보리가 청정한다면, 무이이고 둘로 나눌 수 없으며 분별이 없고 단절도 없는 까닭이니라.

　선현이여. 일체지지가 청정한 까닭으로 이계가 청정하고, 이계가 청정한 까닭으로 제불의 무상정등보리가 청정하니라. 왜 그러한가? 만약 일체지지가 청정하거나, 만약 이계가 청정하거나, 만약 제불의 무상정등보리가 청정한다면, 무이이고 둘로 나눌 수 없으며 분별이 없고 단절도 없는 까닭이니라. 일체지지가 청정한 까닭으로 성계·이식계, 나아가 이촉·이촉을 인연으로 생겨난 여러 수가 청정하고, 성계, 나아가 이촉을 인연으로 생겨난 여러 수가 청정한 까닭으로 제불의 무상정등보리가 청정하니라. 왜 그러한가? 만약 일체지지가 청정하거나, 만약 성계, 나아가 이촉을 인연으로 생겨난 여러 수가 청정하거나, 만약 제불의 무상정등보리가 청정한다면, 무이이고 둘로 나눌 수 없으며 분별이 없고 단절도 없는 까닭이니라.

　선현이여. 일체지지가 청정한 까닭으로 비계가 청정하고, 비계가 청정한 까닭으로 제불의 무상정등보리가 청정하니라. 왜 그러한가? 만약 일체지지가 청정하거나, 만약 비계가 청정하거나, 만약 제불의 무상정등보리가 청정한다면, 무이이고 둘로 나눌 수 없으며 분별이 없고 단절도 없는 까닭이니라. 일체지지가 청정한 까닭으로 향계·비식계, 나아가 비촉·비촉을 인연으로 생겨난 여러 수가 청정하고, 향계, 나아가 비촉을 인연으로 생겨난 여러 수가 청정한 까닭으로 제불의 무상정등보리가 청정하니라. 왜 그러한가? 만약 일체지지가 청정하거나, 만약 향계, 나아가 비촉을 인연으로 생겨난 여러 수가 청정하거나, 만약 제불의 무상정등보리가 청정한다면, 무이이고 둘로 나눌 수 없으며 분별이 없고 단절도 없는 까닭이니라.

　선현이여. 일체지지가 청정한 까닭으로 설계가 청정하고, 설계가 청정한 까닭으로 제불의 무상정등보리가 청정하니라. 왜 그러한가? 만약

일체지지가 청정하거나, 만약 설계가 청정하거나, 만약 제불의 무상정등
보리가 청정하다면, 무이이고 둘로 나눌 수 없으며 분별이 없고 단절도
없는 까닭이니라. 일체지지가 청정한 까닭으로 미계·설식계, 나아가
설촉·설촉을 인연으로 생겨난 여러 수가 청정하고, 미계, 나아가 설촉을
인연으로 생겨난 여러 수가 청정한 까닭으로 제불의 무상정등보리가
청정하니라. 왜 그러한가? 만약 일체지지가 청정하거나, 만약 미계, 나아
가 설촉을 인연으로 생겨난 여러 수가 청정하거나, 만약 제불의 무상정등
보리가 청정하다면, 무이이고 둘로 나눌 수 없으며 분별이 없고 단절도
없는 까닭이니라.

　선현이여. 일체지지가 청정한 까닭으로 신계가 청정하고, 신계가 청정
한 까닭으로 제불의 무상정등보리가 청정하니라. 왜 그러한가? 만약
일체지지가 청정하거나, 만약 신계가 청정하거나, 만약 제불의 무상정등
보리가 청정하다면, 무이이고 둘로 나눌 수 없으며 분별이 없고 단절도
없는 까닭이니라. 일체지지가 청정한 까닭으로 촉계·신식계, 나아가
신촉·신촉을 인연으로 생겨난 여러 수가 청정하고, 촉계, 나아가 신촉을
인연으로 생겨난 여러 수가 청정한 까닭으로 제불의 무상정등보리가
청정하니라. 왜 그러한가? 만약 일체지지가 청정하거나, 만약 촉계, 나아
가 신촉을 인연으로 생겨난 여러 수가 청정하거나, 만약 제불의 무상정등
보리가 청정하다면, 무이이고 둘로 나눌 수 없으며 분별이 없고 단절도
없는 까닭이니라.

　선현이여. 일체지지가 청정한 까닭으로 의계가 청정하고, 의계가 청정
한 까닭으로 제불의 무상정등보리가 청정하니라. 왜 그러한가? 만약
일체지지가 청정하거나, 만약 의계가 청정하거나, 만약 제불의 무상정등
보리가 청정하다면, 무이이고 둘로 나눌 수 없으며 분별이 없고 단절도
없는 까닭이니라. 일체지지가 청정한 까닭으로 법계·의식계, 나아가
의촉·의촉을 인연으로 생겨난 여러 수가 청정하고, 법계, 나아가 의촉을
인연으로 생겨난 여러 수가 청정한 까닭으로 제불의 무상정등보리가
청정하니라. 왜 그러한가? 만약 일체지지가 청정하거나, 만약 법계, 나아

가 의촉을 인연으로 생겨난 여러 수가 청정하거나, 만약 제불의 무상정등
보리가 청정하다면, 무이이고 둘로 나눌 수 없으며 분별이 없고 단절도
없는 까닭이니라.

선현이여. 일체지지가 청정한 까닭으로 지계가 청정하고, 지계가 청정
한 까닭으로 제불의 무상정등보리가 청정하니라. 왜 그러한가? 만약
일체지지가 청정하거나, 만약 지계가 청정하거나, 만약 제불의 무상정등
보리가 청정하다면, 무이이고 둘로 나눌 수 없으며 분별이 없고 단절도
없는 까닭이니라. 일체지지가 청정한 까닭으로 수·화·풍·공·식계가 청정
하고, 수·화·풍·공·식계가 청정한 까닭으로 제불의 무상정등보리가 청정
하니라. 왜 그러한가? 만약 일체지지가 청정하거나, 만약 수·화·풍·공·식
계가 청정하거나, 만약 제불의 무상정등보리가 청정하다면, 무이이고
둘로 나눌 수 없으며 분별이 없고 단절도 없는 까닭이니라.

선현이여. 일체지지가 청정한 까닭으로 무명이 청정하고, 무명이 청정
한 까닭으로 제불의 무상정등보리가 청정하니라. 왜 그러한가? 만약
일체지지가 청정하거나, 만약 무명이 청정하거나, 만약 제불의 무상정등
보리가 청정하다면, 무이이고 둘로 나눌 수 없으며 분별이 없고 단절도
없는 까닭이니라. 일체지지가 청정한 까닭으로 행·식·명색·육처·촉·수·
애·취·유·생·노사의 수탄고우뇌가 청정하고, 행, 나아가 노사의 수탄고우
뇌가 청정한 까닭으로 제불의 무상정등보리가 청정하니라. 왜 그러한가?
만약 일체지지가 청정하거나, 만약 행, 나아가 노사의 수탄고우뇌가 청정
하거나, 만약 제불의 무상정등보리가 청정하다면, 무이이고 둘로 나눌
수 없으며 분별이 없고 단절도 없는 까닭이니라.

선현이여. 일체지지가 청정한 까닭으로 보시바라밀다가 청정하고,
보시바라밀다가 청정한 까닭으로 제불의 무상정등보리가 청정하니라.
왜 그러한가? 만약 일체지지가 청정하거나, 만약 보시바라밀다가 청정하
거나, 만약 제불의 무상정등보리가 청정하다면, 무이이고 둘로 나눌 수
없으며 분별이 없고 단절도 없는 까닭이니라. 일체지지가 청정한 까닭으
로 정계·안인·정진·정려·반야바라밀다가 청정하고, 정계, 나아가 반야바

라밀다가 청정한 까닭으로 제불의 무상정등보리가 청정하니라. 왜 그러한가? 만약 일체지지가 청정하거나, 만약 정계, 나아가 반야바라밀다가 청정하거나, 만약 제불의 무상정등보리가 청정하다면, 무이이고 둘로 나눌 수 없으며 분별이 없고 단절도 없는 까닭이니라.

선현이여. 일체지지가 청정한 까닭으로 내공이 청정하고, 내공이 청정한 까닭으로 제불의 무상정등보리가 청정하니라. 왜 그러한가? 만약 일체지지가 청정하거나, 만약 내공이 청정하거나, 만약 제불의 무상정등보리가 청정하다면, 무이이고 둘로 나눌 수 없으며 분별이 없고 단절도 없는 까닭이니라. 일체지지가 청정한 까닭으로 외공·내외공·공공·대공·승의공·유위공·무위공·필경공·무제공·산공·무변이공·본성공·자상공·공상공·일체법공·불가득공·무성공·자성공·무성자성공이 청정하고, 외공, 나아가 무성자성공이 청정한 까닭으로 제불의 무상정등보리가 청정하니라. 왜 그러한가? 만약 일체지지가 청정하거나, 만약 외공, 나아가 무성자성공이 청정하거나, 만약 제불의 무상정등보리가 청정하다면, 무이이고 둘로 나눌 수 없으며 분별이 없고 단절도 없는 까닭이니라.

선현이여. 일체지지가 청정한 까닭으로 진여가 청정하고, 진여가 청정한 까닭으로 제불의 무상정등보리가 청정하니라. 왜 그러한가? 만약 일체지지가 청정하거나, 만약 진여가 청정하거나, 만약 제불의 무상정등보리가 청정하다면, 무이이고 둘로 나눌 수 없으며 분별이 없고 단절도 없는 까닭이니라. 일체지지가 청정한 까닭으로 법계·법성·불허망성·불변이성·평등성·이생성·법정·법주·실제·허공계·부사의계가 청정하고 법계, 나아가 부사의계가 청정한 까닭으로 제불의 무상정등보리가 청정하니라. 왜 그러한가? 만약 일체지지가 청정하거나, 만약 법계, 나아가 부사의계가 청정하거나, 만약 제불의 무상정등보리가 청정하다면, 무이이고 둘로 나눌 수 없으며 분별이 없고 단절도 없는 까닭이니라.

선현이여. 일체지지가 청정한 까닭으로 고성제가 청정하고, 고성제가 청정한 까닭으로 제불의 무상정등보리가 청정하니라. 왜 그러한가? 만약 일체지지가 청정하거나, 만약 고성제가 청정하거나, 만약 제불의 무상정등보리가 청정하다면, 무이이고 둘로 나눌 수 없으며 분별이 없고 단절도 없는 까닭이니라. 일체지지가 청정한 까닭으로 집·멸·도성제가 청정하고, 집·멸·도성제가 청정한 까닭으로 제불의 무상정등보리가 청정하니라. 왜 그러한가? 만약 일체지지가 청정하거나, 만약 집·멸·도성제가 청정하거나, 만약 제불의 무상정등보리가 청정하다면, 무이이고 둘로 나눌 수 없으며 분별이 없고 단절도 없는 까닭이니라.

선현이여. 일체지지가 청정한 까닭으로 4정려가 청정하고, 4정려가 청정한 까닭으로 제불의 무상정등보리가 청정하니라. 왜 그러한가? 만약 일체지지가 청정하거나, 만약 4정려가 청정하거나, 만약 제불의 무상정등보리가 청정하다면, 무이이고 둘로 나눌 수 없으며 분별이 없고 단절도 없는 까닭이니라. 일체지지가 청정한 까닭으로 4무량·4무색정이 청정하고, 4무량·4무색정이 청정한 까닭으로 제불의 무상정등보리가 청정하니라. 왜 그러한가? 만약 일체지지가 청정하거나, 만약 4무량·4무색정이 청정하거나, 만약 제불의 무상정등보리가 청정하다면, 무이이고 둘로 나눌 수 없으며 분별이 없고 단절도 없는 까닭이니라.

선현이여. 일체지지가 청정한 까닭으로 8해탈이 청정하고, 8해탈이 청정한 까닭으로 제불의 무상정등보리가 청정하니라. 왜 그러한가? 만약 일체지지가 청정하거나, 만약 8해탈이 청정하거나, 만약 제불의 무상정등보리가 청정하다면, 무이이고 둘로 나눌 수 없으며 분별이 없고 단절도 없는 까닭이니라. 일체지지가 청정한 까닭으로 8승처·9차제정·10변처가 청정하고, 8승처·9차제정·10변처가 청정한 까닭으로 제불의 무상정등보리가 청정하니라. 왜 그러한가? 만약 일체지지가 청정하거나, 만약 8승처·9차제정·10변처가 청정하거나, 만약 제불의 무상정등보리가 청정하다면, 무이이고 둘로 나눌 수 없으며 분별이 없고 단절도 없는 까닭이니라.

선현이여. 일체지지가 청정한 까닭으로 4념주가 청정하고, 4념주가 청정한 까닭으로 제불의 무상정등보리가 청정하니라. 왜 그러한가? 만약 일체지지가 청정하거나, 만약 4념주가 청정하거나, 만약 제불의 무상정등보리가 청정하다면, 무이이고 둘로 나눌 수 없으며 분별이 없고 단절도 없는 까닭이니라. 일체지지가 청정한 까닭으로 4정단·4신족·5근·5력·7등각지·8성도지가 청정하고, 4정단, 나아가 8성도지가 청정한 까닭으로 제불의 무상정등보리가 청정하니라. 왜 그러한가? 만약 일체지지가 청정하거나, 만약 4정단, 나아가 8성도지가 청정하거나, 만약 제불의 무상정등보리가 청정하다면, 무이이고 둘로 나눌 수 없으며 분별이 없고 단절도 없는 까닭이니라.

선현이여. 일체지지가 청정한 까닭으로 공해탈문이 청정하고, 공해탈문이 청정한 까닭으로 제불의 무상정등보리가 청정하니라. 왜 그러한가? 만약 일체지지가 청정하거나, 만약 공해탈문이 청정하거나, 만약 제불의 무상정등보리가 청정하다면, 무이이고 둘로 나눌 수 없으며 분별이 없고 단절도 없는 까닭이니라. 일체지지가 청정한 까닭으로 무상·무원해탈문이 청정하고, 무상·무원해탈문이 청정한 까닭으로 제불의 무상정등보리가 청정하니라. 왜 그러한가? 만약 일체지지가 청정하거나, 만약 무상·무원해탈문이 청정하거나, 만약 제불의 무상정등보리가 청정하다면, 무이이고 둘로 나눌 수 없으며 분별이 없고 단절도 없는 까닭이니라.

선현이여. 일체지지가 청정한 까닭으로 보살의 10지가 청정하고, 보살의 10지가 청정한 까닭으로 제불의 무상정등보리가 청정하니라. 왜 그러한가? 만약 일체지지가 청정하거나, 만약 보살의 10지가 청정하거나, 만약 제불의 무상정등보리가 청정하다면, 무이이고 둘로 나눌 수 없으며 분별이 없고 단절도 없는 까닭이니라.

선현이여. 일체지지가 청정한 까닭으로 5안이 청정하고, 5안이 청정한 까닭으로 제불의 무상정등보리가 청정하니라. 왜 그러한가? 만약 일체지지가 청정하거나, 만약 5안이 청정하거나, 만약 제불의 무상정등보리가 청정하다면, 무이이고 둘로 나눌 수 없으며 분별이 없고 단절도 없는 까닭이니라. 선현이여. 일체지지가 청정한 까닭으로 6신통이 청정하고, 6신통이 청정한 까닭으로 제불의 무상정등보리가 청정하니라. 왜 그러한가? 만약 일체지지가 청정하거나, 만약 6신통이 청정하거나, 만약 제불의 무상정등보리가 청정하다면, 무이이고 둘로 나눌 수 없으며 분별이 없고 단절도 없는 까닭이니라.

선현이여. 일체지지가 청정한 까닭으로 여래의 10력이 청정하고, 여래의 10력이 청정한 까닭으로 제불의 무상정등보리가 청정하니라. 왜 그러한가? 만약 일체지지가 청정하거나, 만약 여래의 10력이 청정하거나, 만약 제불의 무상정등보리가 청정하다면, 무이이고 둘로 나눌 수 없으며 분별이 없고 단절도 없는 까닭이니라. 일체지지가 청정한 까닭으로 4무소외·4무애해·대자·대비·대희·대사·18불불공법이 청정하고, 4무소외, 나아가 18불불공법이 청정한 까닭으로 제불의 무상정등보리가 청정하니라. 왜 그러한가? 만약 일체지지가 청정하거나, 만약 4무소외, 나아가 18불불공법이 청정하거나, 만약 제불의 무상정등보리가 청정하다면, 무이이고 둘로 나눌 수 없으며 분별이 없고 단절도 없는 까닭이니라.

선현이여. 일체지지가 청정한 까닭으로 무망실법이 청정하고, 무망실법이 청정한 까닭으로 제불의 무상정등보리가 청정하니라. 왜 그러한가? 만약 일체지지가 청정하거나, 만약 무망실법이 청정하거나, 만약 제불의 무상정등보리가 청정하다면, 무이이고 둘로 나눌 수 없으며 분별이 없고 단절도 없는 까닭이니라. 선현이여. 일체지지가 청정한 까닭으로 항주사성이 청정하고, 항주사성이 청정한 까닭으로 제불의 무상정등보리가 청정하니라. 왜 그러한가? 만약 일체지지가 청정하거나, 만약 항주사성이 청정하거나, 만약 제불의 무상정등보리가 청정하다면, 무이이고 둘로 나눌 수 없으며 분별이 없고 단절도 없는 까닭이니라.

선현이여. 일체지지가 청정한 까닭으로 일체지가 청정하고, 일체지가 청정한 까닭으로 제불의 무상정등보리가 청정하니라. 왜 그러한가? 만약 일체지지가 청정하거나, 만약 일체지가 청정하거나, 만약 제불의 무상정등보리가 청정하다면, 무이이고 둘로 나눌 수 없으며 분별이 없고 단절도 없는 까닭이니라. 일체지지가 청정한 까닭으로 도상지·일체상지가 청정하고, 도상지·일체상지가 청정한 까닭으로 제불의 무상정등보리가 청정하니라. 왜 그러한가? 만약 일체지지가 청정하거나, 만약 도상지·일체상지가 청정하거나, 만약 제불의 무상정등보리가 청정하다면, 무이이고

둘로 나눌 수 없으며 분별이 없고 단절도 없는 까닭이니라.

선현이여. 일체지지가 청정한 까닭으로 일체의 다라니문이 청정하고, 일체의 다라니문이 청정한 까닭으로 제불의 무상정등보리가 청정하니라. 왜 그러한가? 만약 일체지지가 청정하거나, 만약 일체의 다라니문이 청정하거나, 만약 제불의 무상정등보리가 청정하다면, 무이이고 둘로 나눌 수 없으며 분별이 없고 단절도 없는 까닭이니라. 일체지지가 청정한 까닭으로 일체의 삼마지문이 청정하고, 일체의 삼마지문이 청정한 까닭으로 제불의 무상정등보리가 청정하니라. 왜 그러한가? 만약 일체지지가 청정하거나, 만약 일체의 삼마지문이 청정하거나, 만약 제불의 무상정등보리가 청정하다면, 무이이고 둘로 나눌 수 없으며 분별이 없고 단절도 없는 까닭이니라.

선현이여. 일체지지가 청정한 까닭으로 예류과가 청정하고, 예류과가 청정한 까닭으로 제불의 무상정등보리가 청정하니라. 왜 그러한가? 만약 일체지지가 청정하거나, 만약 예류과가 청정하거나, 만약 제불의 무상정등보리가 청정하다면, 무이이고 둘로 나눌 수 없으며 분별이 없고 단절도 없는 까닭이니라. 일체지지가 청정한 까닭으로 일래·불환·아라한과가 청정하고, 일래·불환·아라한과가 청정한 까닭으로 제불의 무상정등보리가 청정하니라. 왜 그러한가? 만약 일체지지가 청정하거나, 만약 일래·불환·아라한과가 청정하거나, 만약 제불의 무상정등보리가 청정하다면, 무이이고 둘로 나눌 수 없으며 분별이 없고 단절도 없는 까닭이니라.

선현이여. 일체지지가 청정한 까닭으로 독각의 보리가 청정하고, 독각의 보리가 청정한 까닭으로 제불의 무상정등보리가 청정하니라. 왜 그러한가? 만약 일체지지가 청정하거나, 만약 독각의 보리가 청정하거나, 만약 제불의 무상정등보리가 청정하다면, 무이이고 둘로 나눌 수 없으며 분별이 없고 단절도 없는 까닭이니라.

선현이여. 일체지지가 청정한 까닭으로 일체의 보살마하살의 행이 청정하고, 일체의 보살마하살의 행이 청정한 까닭으로 제불의 무상정등보리가 청정하니라. 왜 그러한가? 만약 일체지지가 청정하거나, 만약 일체의 보살마하살의 행이 청정하거나, 만약 제불의 무상정등보리가 청정하다면, 무이이고 둘로 나눌 수 없으며 분별이 없고 단절도 없는 까닭이니라."

"다시 다음으로 선현이여. 유위(有爲)가 청정(淸淨)한 까닭으로 무위(無爲)가 청정하고, 무위가 청정한 까닭으로 유위가 청정하니라. 왜 그러한가? 만약 유위가 청정하거나, 무위가 청정하다면, 무이(無二)이고 둘로 나눌 수 없으며(無二分) 분별이 없고(無別) 단절도 없는(無斷) 까닭이니라.

다시 다음으로 선현이여. 과거(過去)가 청정한 까닭으로 미래(未來)·현재(現在)가 청정하고, 미래·현재가 청정한 까닭으로 과거가 청정하니라. 왜 그러한가? 만약 과거가 청정하거나, 미래·현재가 청정하다면, 무이이고 둘로 나눌 수 없으며 분별이 없고 단절도 없는 까닭이니라.

선현이여. 현재가 청정한 까닭으로 과거·미래가 청정하고, 과거·미래가 청정한 까닭으로 현재가 청정하니라. 왜 그러한가? 만약 현재가 청정하거나, 과거·미래가 청정하다면, 무이이고 둘로 나눌 수 없으며 분별이 없고 단절도 없는 까닭이니라."

마하반야바라밀다경 제285권

35. 찬청정품(讚淸淨品)(1)

그때 구수(具壽) 사리자(舍利子)가 세존께 아뢰어 말하였다.

"세존이시여. 이와 같이 청정(淸淨)하다면 최고로 매우 깊습니다."

세존께서 말씀하셨다.

"그와 같으니라. 반드시 결국 청정한 까닭이니라."

사리자가 말하였다.

"무슨 법이 반드시 구경(究竟)에 청정한 까닭으로 이것의 청정함이 최고로 매우 깊다고 설(說)하십니까?"

세존께서 말씀하셨다.

"사리자여. 색(色)이 반드시 결국에 청정한 까닭으로 이것의 청정함이 최고로 매우 깊다고 설하고, 수(受)·상(想)·행(行)·식(識)이 반드시 결국에 청정한 까닭으로 이것의 청정함이 최고로 매우 깊다고 설하느니라. 사리자여. 안처(眼處)가 반드시 결국에 청정한 까닭으로 이것의 청정함이 최고로 매우 깊다고 설하고, 이(耳)·비(鼻)·설(舌)·신(身)·의처(意處)가 반드시 결국에 청정한 까닭으로 이것의 청정함이 최고로 매우 깊다고 설하느니라.

사리자여. 색처(色處)가 반드시 결국에 청정한 까닭으로 이것의 청정함이 최고로 매우 깊다고 설하고, 성(聲)·향(香)·미(味)·촉(觸)·법처(法處)가 반드시 결국에 청정한 까닭으로 이것의 청정함이 최고로 매우 깊다고 설하느니라. 사리자여. 안계(眼界)가 반드시 결국에 청정한 까닭으로 이것의 청정함이 최고로 매우 깊다고 설하고, 색계(色界)·안식계(眼識界), …… 나아가 …… 안촉(眼觸)·안촉을 인연으로 생겨나는 여러 수(受)가 반드시 결국에 청정한 까닭으로 이것의 청정함이 최고로 매우 깊다고 설하느니라.

사리자여. 이계(耳界)가 반드시 결국에 청정한 까닭으로 이것의 청정함이 최고로 매우 깊다고 설하고, 성계(聲界)·이식계(耳識界), …… 나아가 …… 이촉(耳觸)·이촉을 인연으로 생겨나는 여러 수가 반드시 결국에 청정한 까닭으로 이것의 청정함이 최고로 매우 깊다고 설하느니라. 사리자여. 비계(鼻界)가 반드시 결국에 청정한 까닭으로 이것의 청정함이 최고로 매우 깊다고 설하고, 향계(香界)·비식계(鼻識界), …… 나아가 …… 비촉(鼻觸)·비촉을 인연으로 생겨나는 여러 수가 반드시 결국에 청정한 까닭으로 이것의 청정함이 최고로 매우 깊다고 설하느니라.

사리자여. 설계(舌界)가 반드시 결국에 청정한 까닭으로 이것의 청정함이 최고로 매우 깊다고 설하고, 미계(味界)·설식계(舌識界), …… 나아가 …… 설촉(舌觸)·설촉을 인연으로 생겨나는 여러 수가 반드시 결국에 청정한 까닭으로 이것의 청정함이 최고로 매우 깊다고 설하느니라. 사리자여. 신계(身界)가 반드시 결국에 청정한 까닭으로 이것의 청정함이 최고로 매우 깊다고 설하며, 촉계(觸界)·신식계(身識界), …… 나아가 …… 신촉(身觸)·신촉을 인연으로 생겨나는 여러 수가 반드시 결국에 청정한 까닭으로 이것의 청정함이 최고로 매우 깊다고 설하느니라.

사리자여. 의계(意界)가 반드시 결국에 청정한 까닭으로 이것의 청정함이 최고로 매우 깊다고 설하고, 법계(法界)·의식계(意識界), …… 나아가 …… 의촉(意觸)·의촉을 인연으로 생겨나는 여러 수가 반드시 결국에 청정한 까닭으로 이것의 청정함이 최고로 매우 깊다고 설하느니라. 지계(地界)가 반드시 결국에 청정한 까닭으로 이것의 청정함이 최고로 매우 깊다고 설하고, 수(水)·화(火)·풍(風)·공(空)·식계(識界)가 반드시 결국에 청정한 까닭으로 이것의 청정함이 최고로 매우 깊다고 설하느니라.

무명(無明)이 반드시 결국에 청정한 까닭으로 이것의 청정함이 최고로 매우 깊다고 설하고, 행(行)·식(識)·명색(名色)·육처(六處)·촉(觸)·수(受)·애(愛)·취(取)·유(有)·생(生)·노사(老死)의 수탄고우뇌(愁歎苦憂惱)가 반드시 결국에 청정한 까닭으로 이것의 청정함이 최고로 매우 깊다고 설하느니라. 사리자여. 보시바라밀다(布施波羅蜜多)가 반드시 결국에 청정한 까닭으로 이것의 청정함이 최고로 매우 깊다고 설하고, 정계(淨戒)·안인(安忍)·정진(精進)·정려(靜慮)·반야바라밀다(般若波羅蜜多)가 반드시 결국에 청정한 까닭으로 이것의 청정함이 최고로 매우 깊다고 설하느니라.

사리자여. 내공(內空)이 반드시 결국에 청정한 까닭으로 이것의 청정함이 최고로 매우 깊다고 설하고, 외공(外空)·내외공(內外空)·공공(空空)·대공(大空)·승의공(勝義空)·유위공(有爲空)·무위공(無爲空)·필경공(畢竟空)·무제공(無際空)·산공(散空)·무변이공(無變異空)·본성공(本性空)·자상공(自相空)·공상공(共相空)·일체법공(一切法空)·불가득공(不可得空)·무성공(無性空)·자성공(自性空)·무성자성공(無性自性空)이 반드시 결국에 청정한 까닭으로 이것의 청정함이 최고로 매우 깊다고 설하느니라. 사리자여. 진여(眞如)가 반드시 결국에 청정한 까닭으로 이것의 청정함이 최고로 매우 깊다고 설하고, 법계(法界)·법성(法性)·불허망성(不虛妄性)·불변이성(不變異性)·평등성(平等性)·이생성(離生性)·법정(法定)·법주(法住)·실제(實際)·허공계(虛空界)·부사의계(不思議界)가 반드시 결국에 청정한 까닭으로 이것의 청정함이 최고로 매우 깊다고 설하느니라.

사리자여. 고성제(苦聖諦)가 반드시 결국에 청정한 까닭으로 이것의 청정함이 최고로 매우 깊다고 설하고, 집(集)·멸(滅)·도성제(道聖諦)가 반드시 결국에 청정한 까닭으로 이것의 청정함이 최고로 매우 깊다고 설하느니라. 사리자여. 4정려(四靜慮)가 반드시 결국에 청정한 까닭으로 이것의 청정함이 최고로 매우 깊다고 설하고, 4무량(四無量)·4무색정(四無色定)이 반드시 결국에 청정한 까닭으로 이것의 청정함이 최고로 매우 깊다고 설하느니라.

사리자여. 8해탈(八解脫)이 반드시 결국에 청정한 까닭으로 이것의 청정함이 최고로 매우 깊다고 설하고, 8승처(八勝處)·9차제정(九次第定)·

10변처(十遍處)가 반드시 결국에 청정한 까닭으로 이것의 청정함이 최고로 매우 깊다고 설하느니라. 사리자여. 4념주(四念住)가 반드시 결국에 청정한 까닭으로 이것의 청정함이 최고로 매우 깊다고 설하고, 4정단(四正斷)·4신족(四神足)·5근(五根)·5력(五力)·7등각지(七等覺支)·8성도지(八聖道支)가 반드시 결국에 청정한 까닭으로 이것의 청정함이 최고로 매우 깊다고 설하느니라.

사리자여. 공해탈문(空解脫門)이 반드시 결국에 청정한 까닭으로 이것의 청정함이 최고로 매우 깊다고 설하고, 무상(無相)·무원해탈문(無願解脫門)이 반드시 결국에 청정한 까닭으로 이것의 청정함이 최고로 매우 깊다고 설하느니라. 사리자여. 보살의 10지(十地)가 반드시 결국에 청정한 까닭으로 이러한 청정함이 최고로 매우 깊다고 설하느니라.

사리자여. 5안(五眼)이 반드시 결국에 청정한 까닭으로 이것의 청정함이 최고로 매우 깊다고 설하고, 6신통(六神通)이 반드시 결국에 청정한 까닭으로 이것의 청정함이 최고로 매우 깊다고 설하느니라. 사리자여. 여래(佛)의 10력(十力)이 반드시 결국에 청정한 까닭으로 이것의 청정함이 최고로 매우 깊다고 설하고, 4무소외(四無所畏)·4무애해(四無礙解)·대자(大慈)·대비(大悲)·대희(大喜)·대사(大捨)·18불불공법(十八佛不共法)이 반드시 결국에 청정한 까닭으로 이것의 청정함이 최고로 매우 깊다고 설하느니라.

사리자여. 무망실법(無忘失法)이 반드시 결국에 청정한 까닭으로 이것의 청정함이 최고로 매우 깊다고 설하고, 항주사성(恒住捨性)이 반드시 결국에 청정한 까닭으로 이것의 청정함이 최고로 매우 깊다고 설하느니라. 사리자여. 일체지(一切智)가 반드시 결국에 청정한 까닭으로 이것의 청정함이 최고로 매우 깊다고 설하고, 도상지(道相智)·일체상지(一切相智)가 반드시 결국에 청정한 까닭으로 이것의 청정함이 최고로 매우 깊다고 설하느니라.

사리자여. 일체의 다라니문(陀羅尼門)이 반드시 결국에 청정한 까닭으로 이것의 청정함이 최고로 매우 깊다고 설하고, 일체의 삼마지문(三摩地

門)이 반드시 결국에 청정한 까닭으로 이것의 청정함이 최고로 매우 깊다고 설하느니라.

사리자여. 예류과(預流果)가 반드시 결국에 청정한 까닭으로 이것의 청정함이 최고로 매우 깊다고 설하고, 일래과(一來果)·불환과(不還果)·아라한과(阿羅漢果)가 반드시 결국에 청정한 까닭으로 이것의 청정함이 최고로 매우 깊다고 설하느니라. 사리자여. 독각(獨覺)의 보리(菩提)가 반드시 결국에 청정한 까닭으로 이것의 청정함이 최고로 매우 깊다고 설하느니라.

사리자여. 일체의 보살마하살(菩薩摩訶薩)의 행(行)이 반드시 결국에 청정한 까닭으로 이것의 청정함이 최고로 매우 깊다고 설하느니라. 사리자여. 제불(諸佛)의 무상정등보리(無上正等菩提)가 반드시 결국에 청정한 까닭으로 이것의 청정함이 최고로 매우 깊다고 설하느니라."

그때 사리자가 다시 세존께 아뢰어 말하였다.

"세존이시여. 이와 같이 청정하므로 지극하게 명료(明了)합니다."

세존께서 말씀하셨다.

"그와 같으니라. 반드시 결국에 청정한 까닭이니라."

사리자가 말하였다.

"무슨 법이 반드시 결국에 청정한 까닭으로, 이것이 청정하여 지극히 명료하다고 설하십니까?"

세존께서 말씀하셨다.

"사리자여. 반야바라밀다가 반드시 결국에 청정한 까닭으로 이것이 청정하여 지극히 명료하다고 설하고, 정려·정진·안인·정계·보시바라밀다가 반드시 결국에 청정한 까닭으로 이것이 청정하여 지극히 명료하다고 설하느니라. 사리자여. 내공이 반드시 결국에 청정한 까닭으로 이것이 청정하여 지극히 명료하다고 설하고, 외공·내외공·공공·대공·승의공·유위공·무위공·필경공·무제공·산공·무변이공·본성공·자상공·공상공·일체법공·불가득공·무성공·자성공·무성자성공이 반드시 결국에 청정한 까닭으로, 이것이 청정하여 지극히 명료하다고 설하느니라.

사리자여. 진여가 반드시 결국에 청정한 까닭으로 이것이 청정하여 지극히 명료하다고 설하고, 법계·법성·불허망성·불변이성·평등성·이생성·법정·법주·실제·허공계·부사의계가 반드시 결국에 청정한 까닭으로, 이것이 청정하여 지극히 명료하다고 설하느니라. 사리자여. 고성제가 반드시 결국에 청정한 까닭으로 이것이 청정하여 지극히 명료하다고 설하고, 집·멸·도성제가 반드시 결국에 청정한 까닭으로 이것이 청정하여 지극히 명료하다고 설하느니라.

사리자여. 4정려가 반드시 결국에 청정한 까닭으로 이것이 청정하여 지극히 명료하다고 설하고, 4무량·4무색정이 반드시 결국에 청정한 까닭으로 이것이 청정하여 지극히 명료하다고 설하느니라. 사리자여. 8해탈이 반드시 결국에 청정한 까닭으로 이것이 청정하여 지극히 명료하다고 설하고, 8승처·9차제정·10변처가 반드시 결국에 청정한 까닭으로 이것이 청정하여 지극히 명료하다고 설하느니라.

사리자여. 4념주가 반드시 결국에 청정한 까닭으로 이것이 청정하여 지극히 명료하다고 설하고, 4정단·4신족·5근·5력·7등각지·8성도지가 반드시 결국에 청정한 까닭으로 이것이 청정하여 지극히 명료하다고 설하느니라. 사리자여. 공해탈문이 반드시 결국에 청정한 까닭으로 이것이 청정하여 지극히 명료하다고 설하고, 무상·무원해탈문이 반드시 결국에 청정한 까닭으로 이것이 청정하여 지극히 명료하다고 설하느니라.

사리자여. 보살의 10지가 반드시 결국에 청정한 까닭으로 이것이 청정하여 지극히 명료하다고 설하느니라. 사리자여. 5안이 반드시 결국에 청정한 까닭으로 이것이 청정하여 지극히 명료하다고 설하고, 6신통이 반드시 결국에 청정한 까닭으로 이것이 청정하여 지극히 명료하다고 설하느니라.

사리자여. 여래의 10력이 반드시 결국에 청정한 까닭으로 이것이 청정하여 지극히 명료하다고 설하고, 4무소외·4무애해·대자·대비·대희·대사·18불불공법이 반드시 결국에 청정한 까닭으로 이것이 청정하여 지극히

명료하다고 설하느니라. 사리자여. 무망실법이 반드시 결국에 청정한
까닭으로 이것이 청정하여 지극히 명료하다고 설하고, 항주사성이 반드시
결국에 청정한 까닭으로 이것이 청정함은 지극히 명료하다고 설하느니라.

사리자여. 일체지가 반드시 결국에 청정한 까닭으로 이것이 청정하여
지극히 명료하다고 설하고, 도상지·일체상지가 반드시 결국에 청정한
까닭으로 이것이 청정하여 지극히 명료하다고 설하느니라. 사리자여.
일체의 다라니문이 반드시 결국에 청정한 까닭으로 이것이 청정하여
지극히 명료하다고 설하고, 일체의 삼마지문이 반드시 결국에 청정한
까닭으로 이것이 청정하여 지극히 명료하다고 설하느니라.

사리자여. 예류과가 반드시 결국에 청정한 까닭으로 이것이 청정하여
지극히 명료하다고 설하고, 일래과·불환과·아라한과가 반드시 결국에
청정한 까닭으로 이것이 청정하여 지극히 명료하다고 설하느니라. 사리
자여. 독각의 보리가 반드시 결국에 청정한 까닭으로 이것이 청정하여
지극히 명료하다고 설하느니라. 사리자여. 일체의 보살마하살의 행이
반드시 결국에 청정한 까닭으로 이것이 청정하여 지극히 명료하다고
설하느니라. 사리자여. 제불의 무상정등보리가 반드시 결국에 청정한
까닭으로 이것이 청정하여 지극히 명료하다고 설하느니라."

그때 사리자가 다시 세존께 아뢰어 말하였다.
"세존이시여. 이와 같이 청정하다면 전전(展轉)하지도 않고 상속(相續)
하지도 않습니다."
세존께서 말씀하셨다.
"그와 같으니라. 반드시 결국에 청정한 까닭이니라."
사리자가 말하였다.
"무슨 법이 반드시 결국에 청정한 까닭으로, 이것이 청정하여 전전하지
도 않고 상속하지도 않습니까?"
세존께서 말씀하셨다.
"사리자여. 색이 반드시 결국에 청정한 까닭으로 이것이 청정하여

전전하지도 않고 상속하지도 않는다고 설하고, 수·상·행·식이 반드시 결국에 청정한 까닭으로, 이것이 청정하여 전전하지도 않고 상속하지도 않는다고 설하느니라. 사리자여. 안처가 반드시 결국에 청정한 까닭으로 이것이 청정하여 전전하지도 않고 상속하지도 않는다고 설하고, 이·비·설·신·의처가 반드시 결국에 청정한 까닭으로, 이것이 청정하여 전전하지도 않고 상속하지도 않는다고 설하느니라.

사리자여. 색처가 반드시 결국에 청정한 까닭으로 이것이 청정하여 전전하지도 않고 상속하지도 않는다고 설하고, 성·향·미·촉·법처가 반드시 결국에 청정한 까닭으로, 이것이 청정하여 전전하지도 않고 상속하지도 않는다고 설하느니라. 사리자여. 안계가 반드시 결국에 청정한 까닭으로 이것이 청정하여 전전하지도 않고 상속하지도 않는다고 설하고, 색계·안식계, 나아가 안촉·안촉을 인연으로 생겨난 여러 수가 반드시 결국에 청정한 까닭으로, 이것이 청정하여 전전하지도 않고 상속하지도 않는다고 설하느니라.

사리자여. 이계가 반드시 결국에 청정한 까닭으로 이것이 청정하여 전전하지도 않고 상속하지도 않는다고 설하고, 성계·이식계, 나아가 이촉·이촉을 인연으로 생겨난 여러 수가 반드시 결국에 청정한 까닭으로, 이것이 청정하여 전전하지도 않고 상속하지도 않는다고 설하느니라. 사리자여. 비계가 반드시 결국에 청정한 까닭으로 이것이 청정하여 전전하지도 않고 상속하지도 않는다고 설하고, 향계·비식계, 나아가 비촉·비촉을 인연으로 생겨난 여러 수가 반드시 결국에 청정한 까닭으로, 이것이 청정하여 전전하지도 않고 상속하지도 않는다고 설하느니라.

사리자여. 설계가 반드시 결국에 청정한 까닭으로 이것이 청정하여 전전하지도 않고 상속하지도 않는다고 설하고, 미계·설식계, 나아가 설촉·설촉을 인연으로 생겨난 여러 수가 반드시 결국에 청정한 까닭으로, 이것이 청정하여 전전하지도 않고 상속하지도 않는다고 설하느니라. 사리자여. 신계가 반드시 결국에 청정한 까닭으로 이것이 청정하여 전전하지도 않고 상속하지도 않는다고 설하고, 촉계·신식계, 나아가 신촉·신촉을 인연으로 생겨난 여러 수가 반드시 결국에 청정한 까닭으로, 이것이 청정하여 전전하지도 않고 상속하지도 않는다고 설하느니라.

사리자여. 의계가 반드시 결국에 청정한 까닭으로 이것이 청정하여 전전하지도 않고 상속하지도 않는다고 설하고, 법계·의식계, 나아가 의촉·의촉을 인연으로 생겨난 여러 수가 반드시 결국에 청정한 까닭으로, 이것이 청정하여 전전하지도 않고 상속하지도 않는다고 설하느니라. 사리자여. 지계가 반드시 결국에 청정한 까닭으로, 이것이 청정하여 전전하지도 않고 상속하지도 않는다고 설하고, 수·화·풍·공·식계가 반드시 결국에 청정한 까닭으로 이것이 청정하여 전전하지도 않고 상속하지도 않는다고 설하느니라.

사리자여. 무명이 반드시 결국에 청정한 까닭으로 이것이 청정하여 전전하지도 않고 상속하지도 않는다고 설하고, 행·식·명색·육처·촉·수·애·취·유·생·노사의 수탄고우뇌가 반드시 결국에 청정한 까닭으로, 이것이 청정하여 전전하지도 않고 상속하지도 않는다고 설하느니라. 사리자여. 보시바라밀다가 반드시 결국에 청정한 까닭으로 이것이 청정하여 전전하지도 않고 상속하지도 않는다고 설하고, 정계·안인·정진·정려·반야바라밀다가 반드시 결국에 청정한 까닭으로, 이것이 청정하여 전전하지도 않고 상속하지도 않는다고 설하느니라.

사리자여. 내공이 반드시 결국에 청정한 까닭으로 이것이 청정하여 전전하지도 않고 상속하지도 않는다고 설하고, 외공·내외공·공공·대공·승의공·유위공·무위공·필경공·무제공·산공·무변이공·본성공·자상공·공상공·일체법공·불가득공·무성공·자성공·무성자성공이 반드시 결국에 청정한 까닭으로, 이것이 청정하여 전전하지도 않고 상속하지도 않는다고 설하느니라.

사리자여. 진여가 반드시 결국에 청정한 까닭으로 이것이 청정하여 전전하지도 않고 상속하지도 않는다고 설하고, 법계·법성·불허망성·불변이성·평등성·이생성·법정·법주·실제·허공계·부사의계가 반드시 결국에 청정한 까닭으로 이것이 청정하여 전전하지도 않고 상속하지도 않는다고 설하느니라. 사리자여. 고성제가 반드시 결국에 청정한 까닭으로 이것이 청정하여 전전하지도 않고 상속하지도 않는다고 설하고, 집·멸·도성제가 반드시 결국에 청정한 까닭으로, 이것이 청정하여 전전하지도 않고 상속하지도 않는다고 설하느니라.

사리자여. 4정려가 반드시 결국에 청정한 까닭으로 이것이 청정하여 전전하지도 않고 상속하지도 않는다고 설하고, 4무량·4무색정이 반드시 결국에 청정한 까닭으로, 이것이 청정하여 전전하지도 않고 상속하지도 않는다고 설하느니라. 사리자여. 4정려가 반드시 결국에 청정한 까닭으로 이것이 청정하여 전전하지도 않고 상속하지도 않는다고 설하고, 4무량·4무색정이 반드시 결국에 청정한 까닭으로, 이것이 청정하여 전전하지도 않고 상속하지도 않는다고 설하느니라.

사리자여. 8해탈이 반드시 결국에 청정한 까닭으로, 이것이 청정하여 전전하지도 않고 상속하지도 않는다고 설하고, 8승처·9차제정·10변처가 반드시 결국에 청정한 까닭으로 이것이 청정하여 전전하지도 않고 상속하지도 않는다고 설하느니라. 사리자여. 4념주가 반드시 결국에 청정한 까닭으로 이것이 청정하여 전전하지도 않고 상속하지도 않는다고 설하고, 4정단·4신족·5근·5력·7등각지·8성도지가 반드시 결국에 청정한 까닭으로, 이것이 청정하여 전전하지도 않고 상속하지도 않는다고 설하느니라.

사리자여. 공해탈문이 반드시 결국에 청정한 까닭으로 이것이 청정하여 전전하지도 않고 상속하지도 않는다고 설하고, 무상·무원해탈문이 반드시 결국에 청정한 까닭으로 이것이 청정하여 전전하지도 않고 상속하지도 않는다고 설하느니라. 사리자여. 보살의 10지가 반드시 결국에 청정한 까닭으로, 이것이 청정하여 전전하지도 않고 상속하지도 않는다고 설하느니라.

사리자여. 5안이 반드시 결국에 청정한 까닭으로 이것이 청정하여 전전하지도 않고 상속하지도 않는다고 설하고, 6신통이 반드시 결국에 청정한 까닭으로 이것이 청정하여 전전하지도 않고 상속하지도 않는다고 설하느니라. 사리자여. 여래의 10력이 반드시 결국에 청정한 까닭으로 이것이 청정하여 전전하지도 않고 상속하지도 않는다고 설하고, 4무소외·4무애해·대자·대비·대희·대사·18불불공법이 반드시 결국에 청정한 까닭으로, 이것이 청정하여 전전하지도 않고 상속하지도 않는다고 설하느니라.

사리자여. 무망실법이 반드시 결국에 청정한 까닭으로 이것이 청정하여 전전하지도 않고 상속하지도 않는다고 설하고, 항주사성이 반드시 결국에 청정한 까닭으로 이것이 청정하여 전전하지도 않고 상속하지도 않는다고 설하느니라. 사리자여. 일체지가 반드시 결국에 청정한 까닭으로 이것이 청정하여 전전하지도 않고 상속하지도 않는다고 설하고, 도상지·일체상지가 반드시 결국에 청정한 까닭으로, 이것이 청정하여 전전하지도 않고 상속하지도 않는다고 설하느니라.

사리자여. 일체의 다라니문이 반드시 결국에 청정한 까닭으로 이것이 청정하여 전전하지도 않고 상속하지도 않는다고 설하고, 일체의 삼마지문이 반드시 결국에 청정한 까닭으로, 이것이 청정하여 전전하지도 않고 상속하지도 않는다고 설하느니라. 사리자여. 예류과가 반드시 결국에 청정한 까닭으로 이것이 청정하여 전전하지도 않고 상속하지도 않는다고 설하고, 일래과·불환과·아라한과가 반드시 결국에 청정한 까닭으로, 이것이 청정하여 전전하지도 않고 상속하지도 않는다고 설하느니라.

사리자여. 독각의 보리가 반드시 결국에 청정한 까닭으로 이것이 청정하여 전전하지도 않고 상속하지도 않는다고 설하느니라. 사리자여. 일체의 보살마하살의 행이 반드시 결국에 청정한 까닭으로 이것이 청정하여 전전하지도 않고 상속하지도 않는다고 설하느니라. 사리자여. 제불의 무상정등보리가 반드시 결국에 청정한 까닭으로, 이것이 청정하여 전전하지도 않고 상속하지도 않는다고 설하느니라.”

그때 사리자가 다시 세존께 아뢰어 말하였다.
“세존이시여. 이와 같이 청정하다면 본래부터 잡염(雜染)이 없습니다.”
세존께서 말씀하셨다.
“그와 같으니라. 반드시 결국에 청정한 까닭이니라.”

사리자가 말하였다.

"무슨 법이 반드시 결국에 청정한 까닭으로, 이것이 청정하여 본래부터 잡염이 없습니까?"

세존께서 말씀하셨다.

"사리자여. 색이 반드시 결국에 청정한 까닭으로 이것이 청정하여 본래부터 잡염이 없다고 설하고, 수·상·행·식이 반드시 결국에 청정한 까닭으로 이것이 청정하여 본래부터 잡염이 없다고 설하느니라. 사리자여. 안처가 반드시 결국에 청정한 까닭으로 이것이 청정하여 본래부터 잡염이 없다고 설하고, 이·비·설·신·의처가 반드시 결국에 청정한 까닭으로, 이것이 청정하여 본래부터 잡염이 없다고 설하느니라.

사리자여. 색처가 반드시 결국에 청정한 까닭으로 이것이 청정하여 본래부터 잡염이 없다고 설하고, 성·향·미·촉·법처가 반드시 결국에 청정한 까닭으로 이것이 청정하여 본래부터 잡염이 없다고 설하느니라. 사리자여. 안계가 반드시 결국에 청정한 까닭으로, 이것이 청정하여 본래부터 잡염이 없다고 설하고, 색계·안식계, 나아가 안촉·안촉을 인연으로 생겨난 여러 수가 반드시 결국에 청정한 까닭으로, 이것이 청정하여 본래부터 잡염이 없다고 설하느니라.

사리자여. 이계가 반드시 결국에 청정한 까닭으로 이것이 청정하여 본래부터 잡염이 없다고 설하고, 성계·이식계, 나아가 이촉·이촉을 인연으로 생겨난 여러 수가 반드시 결국에 청정한 까닭으로 이것이 청정하여 본래부터 잡염이 없다고 설하느니라. 사리자여. 비계가 반드시 결국에 청정한 까닭으로 이것이 청정하여 본래부터 잡염이 없다고 설하고, 향계·비식계, 나아가 비촉·비촉을 인연으로 생겨난 여러 수가 반드시 결국에 청정한 까닭으로 이것이 청정하여 본래부터 잡염이 없다고 설하느니라.

사리자여. 설계가 반드시 결국에 청정한 까닭으로 이것이 청정하여 본래부터 잡염이 없다고 설하고, 미계·설식계, 나아가 설촉·설촉을 인연으로 생겨난 여러 수가 반드시 결국에 청정한 까닭으로, 이것이 청정하여 본래부터 잡염이 없다고 설하느니라. 사리자여. 신계가 반드시 결국에

청정한 까닭으로 이것이 청정하여 본래부터 잡염이 없다고 설하고, 촉계·
신식계, 나아가 신촉·신촉을 인연으로 생겨난 여러 수가 반드시 결국에
청정한 까닭으로, 이것이 청정하여 본래부터 잡염이 없다고 설하느니라.

사리자여. 의계가 반드시 결국에 청정한 까닭으로 이것이 청정하여
본래부터 잡염이 없다고 설하고, 법계·의식계, 나아가 의촉·의촉을 인연
으로 생겨난 여러 수가 반드시 결국에 청정한 까닭으로, 이것이 청정하여
본래부터 잡염이 없다고 설하느니라. 사리자여. 지계가 반드시 결국에
청정한 까닭으로 이것이 청정하여 본래부터 잡염이 없다고 설하고, 수·화·
풍·공·식계가 반드시 결국에 청정한 까닭으로, 이것이 청정하여 본래부터
잡염이 없다고 설하느니라.

사리자여. 무명이 반드시 결국에 청정한 까닭으로 이것이 청정하여
본래부터 잡염이 없다고 설하고, 행·식·명색·육처·촉·수·애·취·유·생·
노사의 수탄고우뇌가 반드시 결국에 청정한 까닭으로 이것이 청정하여
본래부터 잡염이 없다고 설하느니라. 사리자여. 보시바라밀다가 반드시
결국에 청정한 까닭으로 이것이 청정하여 본래부터 잡염이 없다고 설하고,
정계·안인·정진·정려·반야바라밀다가 반드시 결국에 청정한 까닭으로
이것이 청정하여 본래부터 잡염이 없다고 설하느니라.

사리자여. 내공이 반드시 결국에 청정한 까닭으로 이것이 청정하여
본래부터 잡염이 없다고 설하고, 외공·내외공·공공·대공·승의공·유위공
·무위공·필경공·무제공·산공·무변이공·본성공·자상공·공상공·일체
법공·불가득공·무성공·자성공·무성자성공이 반드시 결국에 청정한 까
닭으로 이것이 청정하여 본래부터 잡염이 없다고 설하느니라.

사리자여. 진여가 반드시 결국에 청정한 까닭으로 이것이 청정하여
본래부터 잡염이 없다고 설하고, 법계·법성·불허망성·불변이성·평등성·
이생성·법정·법주·실제·허공계·부사의계가 반드시 결국에 청정한 까닭
으로, 이것이 청정하여 본래부터 잡염이 없다고 설하느니라. 사리자여.
고성제가 반드시 결국에 청정한 까닭으로 이것이 청정하여 본래부터
잡염이 없다고 설하고, 집·멸·도성제가 반드시 결국에 청정한 까닭으로,

이것이 청정하여 본래부터 잡염이 없다고 설하느니라.

　사리자여. 4정려가 반드시 결국에 청정한 까닭으로 이것이 청정하여 본래부터 잡염이 없다고 설하고, 4무량·4무색정이 반드시 결국에 청정한 까닭으로, 이것이 청정하여 본래부터 잡염이 없다고 설하느니라. 사리자여. 4정려가 반드시 결국에 청정한 까닭으로 이것이 청정하여 본래부터 잡염이 없다고 설하고, 4무량·4무색정이 반드시 결국에 청정한 까닭으로 이것이 청정하여 본래부터 잡염이 없다고 설하느니라.

　사리자여. 8해탈이 반드시 결국에 청정한 까닭으로 이것이 청정하여 본래부터 잡염이 없다고 설하고, 8승처·9차제정·10변처가 반드시 결국에 청정한 까닭으로 이것이 청정하여 본래부터 잡염이 없다고 설하느니라. 사리자여. 4념주가 반드시 결국에 청정한 까닭으로 이것이 청정하여 본래부터 잡염이 없다고 설하고, 4정단·4신족·5근·5력·7등각지·8성도지가 반드시 결국에 청정한 까닭으로, 이것이 청정하여 본래부터 잡염이 없다고 설하느니라.

　사리자여. 공해탈문이 반드시 결국에 청정한 까닭으로 이것이 청정하여 본래부터 잡염이 없다고 설하고, 무상·무원해탈문이 반드시 결국에 청정한 까닭으로 이것이 청정하여 본래부터 잡염이 없다고 설하느니라. 사리자여. 보살의 10지가 반드시 결국에 청정한 까닭으로 이것이 청정하여 본래부터 잡염이 없다고 설하느니라.

　사리자여. 5안이 반드시 결국에 청정한 까닭으로 이것이 청정하여 본래부터 잡염이 없다고 설하고, 6신통이 반드시 결국에 청정한 까닭으로, 이것이 청정하여 본래부터 잡염이 없다고 설하느니라. 사리자여. 여래의 10력이 반드시 결국에 청정한 까닭으로 이것이 청정하여 본래부터 잡염이 없다고 설하고, 4무소외·4무애해·대자·대비·대희·대사·18불불공법이 반드시 결국에 청정한 까닭으로, 이것이 청정하여 본래부터 잡염이 없다고 설하느니라.

　사리자여. 무망실법이 반드시 결국에 청정한 까닭으로 이것이 청정하여 본래부터 잡염이 없다고 설하고, 항주사성이 반드시 결국에 청정한 까닭으로 이것이 청정하여 본래부터 잡염이 없다고 설하느니라. 사리자여. 일체지가 반드시 결국에 청정한 까닭으로 이것이 청정하여 본래부터 잡염이 없다고 설하고, 도상지·일체상지가 반드시 결국에 청정한 까닭으로 이것이 청정하여 본래부터 잡염이 없다고 설하느니라.

사리자여. 일체의 다라니문이 반드시 결국에 청정한 까닭으로 이것이 청정하여 본래부터 잡염이 없다고 설하고, 일체의 삼마지문이 반드시 결국에 청정한 까닭으로, 이것이 청정하여 본래부터 잡염이 없다고 설하느니라. 사리자여. 예류과가 반드시 결국에 청정한 까닭으로 이것이 청정하여 본래부터 잡염이 없다고 설하고, 일래과·불환과·아라한과가 반드시 결국에 청정한 까닭으로 이것이 청정하여 본래부터 잡염이 없다고 설하느니라.

사리자여. 독각의 보리가 반드시 결국에 청정한 까닭으로 이것이 청정하여 본래부터 잡염이 없다고 설하느니라. 사리자여. 일체의 보살마하살의 행이 반드시 결국에 청정한 까닭으로 이것이 청정하여 본래부터 잡염이 없다고 설하느니라. 사리자여. 제불의 무상정등보리가 반드시 결국에 청정한 까닭으로, 이것이 청정하여 본래부터 잡염이 없다고 설하느니라.”

그때 사리자가 다시 세존께 아뢰어 말하였다.
“세존이시여. 이와 같이 청정하다면 본성(本性)이 빛나고(光) 깨끗합니다(潔).”
세존께서 말씀하셨다.
“그와 같으니라. 반드시 결국에 청정한 까닭이니라.”
사리자가 말하였다.
“무슨 법이 반드시 결국에 청정한 까닭으로 이것이 청정하여 본래의 성품이 빛나고 깨끗합니까?”
세존께서 말씀하셨다.
“사리자여. 색이 반드시 결국에 청정한 까닭으로 이것이 청정하여 본성이 빛나고 깨끗하다고 설하고, 수·상·행·식이 반드시 결국에 청정한 까닭으로 이것이 청정하여 본성이 빛나고 깨끗하다고 설하느니라. 사리자여. 안처가 반드시 결국에 청정한 까닭으로 이것이 청정하여 본성이 빛나고 깨끗하다고 설하고, 이·비·설·신·의처가 반드시 결국에 청정한 까닭으로 이것이 청정하여 본성이 빛나고 깨끗하다고 설하느니라.

사리자여. 색처가 반드시 결국에 청정한 까닭으로 이것이 청정하여 본성이 빛나고 깨끗하다고 설하고, 성·향·미·촉·법처가 반드시 결국에 청정한 까닭으로 이것이 청정하여 본성이 빛나고 깨끗하다고 설하느니라. 사리자여. 안계가 반드시 결국에 청정한 까닭으로 이것이 청정하여 본성이 빛나고 깨끗하다고 설하고, 색계·안식계, 나아가 안촉·안촉을 인연으로 생겨난 여러 수가 반드시 결국에 청정한 까닭으로 이것이 청정하여 본성이 빛나고 깨끗하다고 설하느니라.

사리자여. 이계가 반드시 결국에 청정한 까닭으로 이것이 청정하여 본성이 빛나고 깨끗하다고 설하고, 성계·이식계, 나아가 이촉·이촉을 인연으로 생겨난 여러 수가 반드시 결국에 청정한 까닭으로, 이것이 청정하여 본성이 빛나고 깨끗하다고 설하느니라. 사리자여. 비계가 반드시 결국에 청정한 까닭으로 이것이 청정하여 본성이 빛나고 깨끗하다고 설하고, 향계·비식계, 나아가 비촉·비촉을 인연으로 생겨난 여러 수가 반드시 결국에 청정한 까닭으로, 이것이 청정하여 본성이 빛나고 깨끗하다고 설하느니라.

사리자여. 설계가 반드시 결국에 청정한 까닭으로 이것이 청정하여 본성이 빛나고 깨끗하다고 설하고, 미계·설식계, 나아가 설촉·설촉을 인연으로 생겨난 여러 수가 반드시 결국에 청정한 까닭으로 이것이 청정하여 본성이 빛나고 깨끗하다고 설하느니라. 사리자여. 신계가 반드시 결국에 청정한 까닭으로 이것이 청정하여 본성이 빛나고 깨끗하다고 설하고, 촉계·신식계, 나아가 신촉·신촉을 인연으로 생겨난 여러 수가 반드시 결국에 청정한 까닭으로 이것이 청정하여 본성이 빛나고 깨끗하다고 설하느니라.

사리자여. 의계가 반드시 결국에 청정한 까닭으로 이것이 청정하여 본성이 빛나고 깨끗하다고 설하고, 법계·의식계, 나아가 의촉·의촉을 인연으로 생겨난 여러 수가 반드시 결국에 청정한 까닭으로 이것이 청정하여 본성이 빛나고 깨끗하다고 설하느니라. 사리자여. 지계가 반드시 결국에 청정한 까닭으로 이것이 청정하여 본성이 빛나고 깨끗하다고 설하고, 수·화·풍·공·식계가 반드시 결국에 청정한 까닭으로 이것이 청정하여 본성이 빛나고 깨끗하다고 설하느니라.

사리자여. 무명이 반드시 구경에 청정한 까닭으로 이것이 청정하여 본성이 빛나고 깨끗하다고 설하고, 행·식·명색·육처·촉·수·애·취·유·생·노사의 수탄고우뇌가 반드시 결국에 청정한 까닭으로 이것이 청정하여 본성이 빛나고 깨끗하다고 설하느니라. 사리자여. 보시바라밀다가 반드시 결국에 청정한 까닭으로 이것이 청정하여 본성이 빛나고 깨끗하다고 설하고, 정계·안인·정진·정려·반야바라밀다가 반드시 결국에 청정한 까닭으로 이것이 청정하여 본성이 빛나고 깨끗하다고 설하느니라.

사리자여. 내공이 반드시 결국에 청정한 까닭으로 이것이 청정하여 본성이 빛나고 깨끗하다고 설하고, 외공·내외공·공공·대공·승의공·유위공·무위공·필경공·무제공·산공·무변이공·본성공·자상공·공상공·일체법공·불가득공·무성공·자성공·무성자성공이 반드시 결국에 청정한 까닭으로 이것이 청정하여 본성이 빛나고 깨끗하다고 설하느니라.

사리자여. 진여가 반드시 결국에 청정한 까닭으로 이것이 청정하여 본성이 빛나고 깨끗하다고 설하고, 법계·법성·불허망성·불변이성·평등성·이생성·법정·법주·실제·허공계·부사의계가 반드시 결국에 청정한 까닭으로 이것이 청정하여 본성이 빛나고 깨끗하다고 설하느니라. 사리자여. 고성제가 반드시 결국에 청정한 까닭으로 이것이 청정하여 본성이 빛나고 깨끗하다고 설하고, 집·멸·도성제가 반드시 결국에 청정한 까닭으로 이것이 청정하여 본성이 빛나고 깨끗하다고 설하느니라.

사리자여. 4정려가 반드시 결국에 청정한 까닭으로 이것이 청정하여 본성이 빛나고 깨끗하다고 설하고, 4무량·4무색정이 반드시 결국에 청정한 까닭으로 이것이 청정하여 본성이 빛나고 깨끗하다고 설하느니라.

사리자여. 8해탈이 반드시 결국에 청정한 까닭으로 이것이 청정하여 본성이 빛나고 깨끗하다고 설하고, 8승처·9차제정·10변처가 반드시 결국에 청정한 까닭으로 이것이 청정하여 본성이 빛나고 깨끗하다고 설하느니라. 사리자여. 4념주가 반드시 결국에 청정한 까닭으로, 이것이 청정하여 본성이 빛나고 깨끗하다고 설하고, 4정단·4신족·5근·5력·7등각지·8성도지가 반드시 결국에 청정한 까닭으로, 이것이 청정하여 본성이 빛나고 깨끗하다고 설하느니라.

사리자여. 공해탈문이 반드시 결국에 청정한 까닭으로 이것이 청정하여 본성이 빛나고 깨끗하다고 설하고, 무상·무원해탈문이 반드시 결국에 청정한 까닭으로 이것이 청정하여 본성이 빛나고 깨끗하다고 설하느니라. 사리자여. 보살의 10지가 반드시 결국에 청정한 까닭으로, 이것이 청정하여 본성이 빛나고 깨끗하다고 설하느니라.

사리자여. 5안이 반드시 결국에 청정한 까닭으로, 이것이 청정하여 본성이 빛나고 깨끗하다고 설하고, 6신통이 반드시 결국에 청정한 까닭으로 이것이 청정하여 본성이 빛나고 깨끗하다고 설하느니라. 사리자여. 여래의 10력이 반드시 결국에 청정한 까닭으로 이것이 청정하여 본성이 빛나고 깨끗하다고 설하고, 4무소외·4무애해·대자·대비·대희·대사·18불불공법이 반드시 결국에 청정한 까닭으로, 이것이 청정하여 본성이 빛나고 깨끗하다고 설하느니라.

사리자여. 무망실법이 반드시 결국에 청정한 까닭으로 이것이 청정하여 본성이 빛나고 깨끗하다고 설하고, 항주사성이 반드시 결국에 청정한 까닭으로 이것이 청정하여 본성이 빛나고 깨끗하다고 설하느니라. 사리자여. 일체지가 반드시 결국에 청정한 까닭으로 이것이 청정하여 본성이 빛나고 깨끗하다고 설하고, 도상지·일체상지가 반드시 결국에 청정한 까닭으로 이것이 청정하여 본성이 빛나고 깨끗하다고 설하느니라.

사리자여. 일체의 다라니문이 반드시 결국에 청정한 까닭으로 이것이 청정하여 본성이 빛나고 깨끗하다고 설하고, 일체의 삼마지문이 반드시 결국에 청정한 까닭으로 이것이 청정하여 본성이 빛나고 깨끗하다고

설하느니라. 사리자여. 예류과가 반드시 결국에 청정한 까닭으로 이것이
청정하여 본성이 빛나고 깨끗하다고 설하고, 일래과·불환과·아라한과가
반드시 결국에 청정한 까닭으로 이것이 청정하여 본성이 빛나고 깨끗하다
고 설하느니라.

사리자여. 독각의 보리가 반드시 결국에 청정한 까닭으로 이것이 청정
하여 본성이 빛나고 깨끗하다고 설하느니라. 사리자여. 일체의 보살마하
살의 행이 반드시 결국에 청정한 까닭으로 이것이 청정하여 본성이 빛나고
깨끗하다고 설하느니라. 사리자여. 제불의 무상정등보리가 반드시 결국
에 청정한 까닭으로, 이것이 청정하여 본성이 빛나고 깨끗하다고 설하느
니라.”

그때 사리자가 다시 세존께 아뢰어 말하였다.
“세존이시여. 이와 같이 청정하다면 얻을(得) 수 없고 관찰(觀)할 수
없습니다.”
세존께서 말씀하셨다.
“그와 같으니라. 반드시 결국에 청정한 까닭이니라.”
사리자가 말하였다.
“무슨 법이 반드시 결국에 청정한 까닭으로 이것이 청정하여 얻을
수 없고 관찰할 수 없습니까?”
세존께서 말씀하셨다.
“사리자여. 색이 반드시 결국에 청정한 까닭으로 이것이 청정하여
얻을 수 없고 관찰할 수 없다고 설하고, 수·상·행·식이 반드시 결국에
청정한 까닭으로 이것이 청정하여 얻을 수 없고 관찰할 수 없다고 설하느
니라. 사리자여. 안처가 반드시 결국에 청정한 까닭으로 이것이 청정하여
얻을 수 없고 관찰할 수 없다고 설하고, 이·비·설·신·의처가 반드시
결국에 청정한 까닭으로 이것이 청정하여 얻을 수 없고 관찰할 수 없다고
설하느니라.

사리자여. 색처가 반드시 결국에 청정한 까닭으로 이것이 청정하여

얻을 수 없고 관찰할 수 없다고 설하고, 성·향·미·촉·법처가 반드시 결국에 청정한 까닭으로 이것이 청정하여 얻을 수 없고 관찰할 수 없다고 설하느니라. 사리자여. 안계가 반드시 결국에 청정한 까닭으로 이것이 청정하여 얻을 수 없고 관찰할 수 없다고 설하고, 색계·안식계, 나아가 안촉·안촉을 인연으로 생겨난 여러 수가 반드시 결국에 청정한 까닭으로 이것이 얻을 수 없고 관찰할 수 없다고 설하느니라.

사리자여. 이계가 반드시 결국에 청정한 까닭으로 이것이 청정하여 얻을 수 없고 관찰할 수 없다고 설하고, 성계·이식계, 나아가 이촉·이촉을 인연으로 생겨난 여러 수가 반드시 결국에 청정한 까닭으로 이것이 청정하여 얻을 수 없고 관찰할 수 없다고 설하느니라. 사리자여. 비계가 반드시 결국에 청정한 까닭으로 이것이 청정하여 얻을 수 없고 관찰할 수 없다고 설하고, 향계·비식계, 나아가 비촉·비촉을 인연으로 생겨난 여러 수가 반드시 결국에 청정한 까닭으로 이것이 청정하여 얻을 수 없고 관찰할 수 없다고 설하느니라.

사리자여. 설계가 반드시 결국에 청정한 까닭으로 이것이 청정하여 얻을 수 없고 관찰할 수 없다고 설하고, 미계·설식계, 나아가 설촉·설촉을 인연으로 생겨난 여러 수가 반드시 결국에 청정한 까닭으로 이것이 청정하여 얻을 수 없고 관찰할 수 없다고 설하느니라. 사리자여. 신계가 반드시 결국에 청정한 까닭으로 이것이 청정하여 얻을 수 없고 관찰할 수 없다고 설하고, 촉계·신식계, 나아가 신촉·신촉을 인연으로 생겨난 여러 수가 반드시 결국에 청정한 까닭으로 이것이 청정하여 얻을 수 없고 관찰할 수 없다고 설하느니라.

사리자여. 의계가 반드시 결국에 청정한 까닭으로 이것이 얻을 수 없고 관찰할 수 없다고 설하고, 법계·의식계, 나아가 의촉·의촉을 인연으로 생겨난 여러 수가 반드시 결국에 청정한 까닭으로 이것이 청정하여 얻을 수 없고 관찰할 수 없다고 설하느니라. 사리자여. 지계가 반드시 결국에 청정한 까닭으로 이것이 청정하여 얻을 수 없고 관찰할 수 없다고 설하고, 수·화·풍·공·식계가 반드시 결국에 청정한 까닭으로 이것이 청정하여 얻을 수 없고 관찰할 수 없다고 설하느니라.

사리자여. 무명이 반드시 결국에 청정한 까닭으로 이것이 청정하여 얻을 수 없고 관찰할 수 없다고 설하고, 행·식·명색·육처·촉·수·애·취·유·생·노사의 수탄고우뇌가 반드시 결국에 청정한 까닭으로 이것이 청정하여 얻을 수 없고 관찰할 수 없다고 설하느니라. 사리자여. 보시바라밀다가 반드시 결국에 청정한 까닭으로 이것이 청정하여 얻을 수 없고 관찰할 수 없다고 설하고, 정계·안인·정진·정려·반야바라밀다가 반드시 결국에 청정한 까닭으로 이것이 청정하여 얻을 수 없고 관찰할 수 없다고 설하느니라.

사리자여. 내공이 반드시 결국에 청정한 까닭으로 이것이 청정하여 얻을 수 없고 관찰할 수 없다고 설하고, 외공·내외공·공공·대공·승의공·유위공·무위공·필경공·무제공·산공·무변이공·본성공·자상공·공상공·일체법공·불가득공·무성공·자성공·무성자성공이 반드시 결국에 청정한 까닭으로 이것이 청정하여 얻을 수 없고 관찰할 수 없다고 설하느니라.

사리자여. 진여가 반드시 결국에 청정한 까닭으로 이것이 청정하여 얻을 수 없고 관찰할 수 없다고 설하고, 법계·법성·불허망성·불변이성·평등성·이생성·법정·법주·실제·허공계·부사의계가 반드시 결국에 청정한 까닭으로 이것이 청정하여 얻을 수 없고 관찰할 수 없다고 설하느니라. 사리자여. 고성제가 반드시 결국에 청정한 까닭으로 이것이 청정하여 얻을 수 없고 관찰할 수 없다고 설하고, 집·멸·도성제가 반드시 결국에 청정한 까닭으로 이것이 청정하여 얻을 수 없고 관찰할 수 없다고 설하느니라.

사리자여. 4정려가 반드시 결국에 청정한 까닭으로 이것이 청정하여 얻을 수 없고 관찰할 수 없다고 설하고, 4무량·4무색정이 반드시 결국에 청정한 까닭으로, 이것이 청정하여 얻을 수 없고 관찰할 수 없다고 설하느니라. 사리자여. 4정려가 반드시 결국에 청정한 까닭으로 이것이 청정하여 얻을 수 없고 관찰할 수 없다고 설하고, 4무량·4무색정이 반드시 결국에 청정한 까닭으로 이것이 청정하여 얻을 수 없고 관찰할 수 없다고 설하느니라.

사리자여. 8해탈이 반드시 결국에 청정한 까닭으로 이것이 청정하여 얻을 수 없고 관찰할 수 없다고 설하고, 8승처·9차제정·10변처가 반드시 결국에 청정한 까닭으로 이것이 청정하여 얻을 수 없고 관찰할 수 없다고 설하느니라. 사리자여. 4념주가 반드시 결국에 청정한 까닭으로 이것이 청정하여 얻을 수 없고 관찰할 수 없다고 설하고, 4정단·4신족·5근·5력·7등각지·8성도지가 반드시 결국에 청정한 까닭으로 이것이 청정하여 얻을 수 없고 관찰할 수 없다고 설하느니라.

사리자여. 공해탈문이 반드시 결국에 청정한 까닭으로 이것이 청정하여 얻을 수 없고 관찰할 수 없다고 설하고, 무상·무원해탈문이 반드시 결국에 청정한 까닭으로, 이것이 얻을 수 없고 관찰할 수 없다고 설하느니라. 사리자여. 보살의 10지가 반드시 결국에 청정한 까닭으로 이것이 청정하여 얻을 것이 수 관찰할 수 없다고 설하느니라.

사리자여. 5안이 반드시 결국에 청정한 까닭으로 이것이 청정하여 얻을 수 없고 관찰할 수 없다고 설하고, 6신통이 반드시 결국에 청정한 까닭으로 이것이 청정하여 얻을 수 없고 관찰할 수 없다고 설하느니라. 사리자여. 여래의 10력이 반드시 결국에 청정한 까닭으로 이것이 청정하여 얻을 수 없고 관찰할 수 없다고 설하고, 4무소외·4무애해·대자·대비·대희·대사·18불불공법이 반드시 결국에 청정한 까닭으로 이것이 청정하여 얻을 수 없고 관찰할 수 없다고 설하느니라.

사리자여. 무망실법이 반드시 결국에 청정한 까닭으로 이것이 청정하여 얻을 수 없고 관찰할 수 없다고 설하고, 항주사성이 반드시 결국에 청정한 까닭으로 이것이 청정하여 얻을 수 없고 관찰할 수 없다고 설하느니라. 사리자여. 일체지가 반드시 결국에 청정한 까닭으로 이것이 청정하여 얻을 수 없고 관찰할 수 없다고 설하고, 도상지·일체상지가 반드시 결국에 청정한 까닭으로 이것이 청정하여 얻을 수 없고 관찰할 수 없다고 설하느니라.

사리자여. 일체의 다라니문이 반드시 결국에 청정한 까닭으로 이것이 청정하여 얻을 수 없고 관찰할 수 없다고 설하고, 일체의 삼마지문이 반드시 결국에 청정한 까닭으로 이것이 청정하여 얻을 수 없고 관찰할 수 없다고 설하느니라. 사리자여. 예류과가 반드시 결국에 청정한 까닭으로 이것이 청정하여 얻을 수 없고 관찰할 수 없다고 설하고, 일래과·불환과·아라한과가 반드시 결국에 청정한 까닭으로 이것이 청정하여 얻을 수 없고 관찰할 수 없다고 설하느니라.

사리자여. 독각의 보리가 반드시 결국에 청정한 까닭으로 이것이 청정하여 얻을 수 없고 관찰할 수 없다고 설하느니라. 사리자여. 일체의 보살마하살의 행이 반드시 결국에 청정한 까닭으로 이것이 청정하여 얻을 수 없고 관찰할 수 없다고 설하느니라. 사리자여. 제불의 무상정등보리가 반드시 결국에 청정한 까닭으로 이것이 청정하여 얻을 수 없고 관찰할 수 없다고 설하느니라."

그때 사리자가 다시 세존께 아뢰어 말하였다.
"세존이시여. 이와 같이 청정하다면 생겨나는(生) 것이 없고 현현(顯現)[1]하는 것도 없습니다."
세존께서 말씀하셨다.
"그와 같으니라. 반드시 결국에 청정한 까닭이니라."
사리자가 말하였다.
"무슨 법이 반드시 결국에 청정한 까닭으로, 이것이 청정하여 생겨나는 것이 없고 현현하는 것도 없습니까?"
세존께서 말씀하셨다.
"사리자여. 색이 반드시 결국에 청정한 까닭으로 이것이 청정하여 생겨나는 것이 없고 현현하는 것도 없다고 설하고, 수·상·행·식이 반드시 결국에 청정한 까닭으로, 이것이 청정하여 생겨나는 것이 없고 현현하는

---

1) 산스크리트어 pratibhāsa의 음사이고, 물에 비친 달이거나, 거울 속의 모습같이 일시적으로 마음에 비추어진 형상, 또는 마음에 형성된 대상의 모습이나 특징을 가리킨다.

것도 없다고 설하느니라. 사리자여. 안처가 반드시 결국에 청정한 까닭으로 이것이 청정하여 생겨나는 것이 없고 현현하는 것도 없다고 설하고, 이·비·설·신·의처가 반드시 결국에 청정한 까닭으로 이것이 청정하여 생겨나는 것이 없고 현현하는 것도 없다고 설하느니라.

사리자여. 색처가 반드시 결국에 청정한 까닭으로 이것이 청정하여 생겨나는 것이 없고 현현하는 것도 없다고 설하고, 성·향·미·촉·법처가 반드시 결국에 청정한 까닭으로 이것이 청정하여 생겨나는 것이 없고 현현하는 것도 없다고 설하느니라. 사리자여. 안계가 반드시 결국에 청정한 까닭으로 이것이 청정하여 생겨나는 것이 없고 현현하는 것도 없다고 설하고, 색계·안식계, 나아가 안촉·안촉을 인연으로 생겨난 여러 수가 반드시 결국에 청정한 까닭으로 이것이 청정하여 생겨나는 것이 없고 현현하는 것도 없다고 설하느니라.

사리자여. 이계가 반드시 결국에 청정한 까닭으로, 이것이 청정하여 생겨나는 것이 없고 현현하는 것도 없다고 설하고, 성계·이식계, 나아가 이촉·이촉을 인연으로 생겨난 여러 수가 반드시 결국에 청정한 까닭으로, 이것이 청정하여 생겨나는 것이 없고 현현하는 것도 없다고 설하느니라. 사리자여. 비계가 반드시 결국에 청정한 까닭으로, 이것이 청정하여 생겨나는 것이 없고 현현하는 것도 없다고 설하고, 향계·비식계, 나아가 비촉·비촉을 인연으로 생겨난 여러 수가 반드시 결국에 청정한 까닭으로, 이것이 청정하여 생겨나는 것이 없고 현현하는 것도 없다고 설하느니라.

사리자여. 설계가 반드시 결국에 청정한 까닭으로 이것이 청정하여 생겨나는 것이 없고 현현하는 것도 없다고 설하고, 미계·설식계, 나아가 설촉·설촉을 인연으로 생겨난 여러 수가 반드시 결국에 청정한 까닭으로 이것이 청정하여 생겨나는 것이 없고 현현하는 것도 없다고 설하느니라. 사리자여. 신계가 반드시 결국에 청정한 까닭으로 이것이 청정하여 생겨나는 것이 없고 현현하는 것도 없다고 설하고, 촉계·신식계, 나아가 신촉·신촉을 인연으로 생겨난 여러 수가 반드시 결국에 청정한 까닭으로 이것이 청정하여 생겨나는 것이 없고 현현하는 것도 없다고 설하느니라.

사리자여. 의계가 반드시 결국에 청정한 까닭으로 이것이 청정하여 생겨나는 것이 없고 현현하는 것도 없다고 설하고, 법계·의식계, 나아가 의촉·의촉을 인연으로 생겨난 여러 수가 반드시 결국에 청정한 까닭으로 이것이 청정하여 생겨나는 것이 없고 현현하는 것도 없다고 설하느니라. 사리자여. 지계가 반드시 결국에 청정한 까닭으로 이것이 청정하여 생겨나는 것이 없고 현현하는 것도 없다고 설하고, 수·화·풍·공·식계가 반드시 결국에 청정한 까닭으로 이것이 청정하여 생겨나는 것이 없고 현현하는 것도 없다고 설하느니라.

사리자여. 무명이 반드시 결국에 청정한 까닭으로, 이것이 청정하여 생겨나는 것이 없고 현현하는 것도 없다고 설하고, 행·식·명색·육처·촉·수·애·취·유·생·노사의 수탄고우뇌가 반드시 결국에 청정한 까닭으로, 이것이 청정하여 생겨나는 것이 없고 현현하는 것도 없다고 설하느니라."

마하반야바라밀다경 제286권

35. 찬청정품(讚淸淨品)(2)

"사리자여. 보시바라밀다가 반드시 결국에 청정한 까닭으로 이것이 청정하여 생겨나는 것이 없고 현현하는 것도 설하고, 정계·안인·정진·정려·반야바라밀다가 반드시 결국에 청정한 까닭으로 이것이 청정하여 생겨나는 것이 없고 현현하는 것도 없다고 설하느니라.

사리자여. 내공이 반드시 결국에 청정한 까닭으로 이것이 청정하여 생겨나는 것이 없고 현현하는 것도 없다고 설하고, 외공·내외공·공공·대공·승의공·유위공·무위공·필경공·무제공·산공·무변이공·본성공·자상공·공상공·일체법공·불가득공·무성공·자성공·무성자성공이 반드시 결국에 청정한 까닭으로 이것이 청정하여 생겨나는 것이 없고 현현하는 것도 없다고 설하느니라.

사리자여. 진여가 반드시 결국에 청정한 까닭으로, 이것이 청정하여 생겨나는 것이 없고 현현하는 것도 없다고 설하고, 법계·법성·불허망성·불변이성·평등성·이생성·법정·법주·실제·허공계·부사의계가 반드시 결국에 청정한 까닭으로 이것이 청정하여 생겨나는 것이 없고 현현하는 것도 없다고 설하느니라. 사리자여. 고성제가 반드시 결국에 청정한 까닭으로 이것이 청정하여 생겨나는 것이 없고 현현하는 것도 없다고 설하고, 집·멸·도성제가 반드시 결국에 청정한 까닭으로 이것이 청정하여 생겨나는 것이 없고 현현하는 것도 없다고 설하느니라.

사리자여. 4정려가 반드시 결국에 청정한 까닭으로 이것이 청정하여 생겨나는 것이 없고 현현하는 것도 없다고 설하고, 4무량·4무색정이 반드시 결국에 청정한 까닭으로 이것이 청정하여 생겨나는 것이 없고 현현하는 것도 없다고 설하느니라.

사리자여. 8해탈이 반드시 결국에 청정한 까닭으로 이것이 청정하여 생겨나는 것이 없고 현현하는 것도 없다고 설하고, 8승처·9차제정·10변처가 반드시 결국에 청정한 까닭으로 이것이 청정하여 생겨나는 것이 없고 현현하는 것도 없다고 설하느니라. 사리자여. 4념주가 반드시 결국에 청정한 까닭으로 이것이 청정하여 생겨나는 것이 없고 현현하는 것도 없다고 설하고, 4정단·4신족·5근·5력·7등각지·8성도지가 반드시 결국에 청정한 까닭으로 이것이 청정하여 생겨나는 것이 없고 현현하는 것도 없다고 설하느니라.

사리자여. 공해탈문이 반드시 결국에 청정한 까닭으로 이것이 청정하여 생겨나는 것이 없고 현현하는 것도 없다고 설하고, 무상·무원해탈문이 반드시 결국에 청정한 까닭으로 이것이 청정하여 생겨나는 것이 없고 현현하는 것도 없다고 설하느니라. 사리자여. 보살의 10지가 반드시 결국에 청정한 까닭으로 이것이 청정하여 생겨나는 것이 없고 현현하는 것도 없다고 설하느니라.

사리자여. 5안이 반드시 결국에 청정한 까닭으로 이것이 청정하여 생겨나는 것이 없고 현현하는 것도 없다고 설하고, 6신통이 반드시 결국에 청정한 까닭으로 이것이 청정하여 생겨나는 것이 없고 현현하는 것도 없다고 설하느니라. 사리자여. 여래의 10력이 반드시 결국에 청정한 까닭으로 이것이 청정하여 생겨나는 것이 없고 현현하는 것도 없다고 설하고, 4무소외·4무애해·대자·대비·대희·대사·18불불공법이 반드시 결국에 청정한 까닭으로 이것이 청정하여 생겨나는 것이 없고 현현하는 것도 없다고 설하느니라.

사리자여. 무망실법이 반드시 결국에 청정한 까닭으로 이것이 청정하여 생겨나는 것이 없고 현현하는 것도 없다고 설하고, 항주사성이 반드시 결국에 청정한 까닭으로 이것이 청정하여 생겨나는 것이 없고 현현하는 것도 없다고 설하느니라. 사리자여. 일체지가 반드시 결국에 청정한 까닭으로 이것이 청정하여 생겨나는 것이 없고 현현하는 것도 없다고 설하고, 도상지·일체상지가 반드시 결국에 청정한 까닭으로 이것이 청정하여 생겨나는 것이 없고 현현하는 것도 없다고 설하느니라.

사리자여. 일체의 다라니문이 반드시 결국에 청정한 까닭으로 이것이 청정하여 생겨나는 것이 없고 현현하는 것도 없다고 설하고, 일체의 삼마지문이 반드시 결국에 청정한 까닭으로 이것이 청정하여 생겨나는 것이 없고 현현하는 것도 없다고 설하느니라. 사리자여. 예류과가 반드시 결국에 청정한 까닭으로 이것이 청정하여 생겨나는 것도 없다고 설하고, 일래과·불환과·아라한과가 반드시 결국에 청정한 까닭으로 이것이 청정하여 생겨나는 것이 없고 현현하는 것도 없다고 설하느니라.

사리자여. 독각의 보리가 반드시 결국에 청정한 까닭으로, 이것이 청정하여 생겨나는 것이 없고 현현하는 것도 없다고 설하느니라. 사리자여. 일체의 보살마하살의 행이 반드시 결국에 청정한 까닭으로 이것이 청정하여 생겨나는 것이 없고 현현하는 것도 없다고 설하느니라. 사리자여. 제불의 무상정등보리가 반드시 결국에 청정한 까닭으로 이것이 청정하여 생겨나는 것이 없고 현현하는 것도 없다고 설하느니라.”

그때 사리자(舍利子)가 다시 세존께 아뢰어 말하였다.
“세존이시여. 이와 같이 청정(淸淨)하다면 욕계(欲界)에 태어나지 않습니다.”
세존께서 말씀하셨다.
“그와 같으니라. 반드시 결국에 청정한 까닭이니라.”
사리자가 말하였다.
“어찌하여 이와 같이 청정하다면 욕계에 태어나지 않는다고 말합니까?”
세존께서 말씀하셨다.
“욕계의 자성(自性)은 얻을 수 없는 까닭으로, 이와 같이 청정하다면 욕계에 태어나지 않느니라.”

사리자가 말하였다.

"이와 같이 청정하다면 색계(色界)에 태어나지 않습니다."

세존께서 말씀하셨다.

"그와 같으니라. 반드시 결국에 청정한 까닭이니라."

사리자가 말하였다.

"어찌하여 이와 같이 청정하다면 색계에 태어나지 않는다고 말합니까?"

세존께서 말씀하셨다.

"색계의 자성은 얻을 수 없는 까닭으로 이와 같이 청정하다면 색계에 태어나지 않느니라."

사리자가 말하였다.

"이와 같이 청정하다면 무색계(無色界)에 태어나지 않습니다."

세존께서 말씀하셨다.

"그와 같으니라. 반드시 결국에 청정한 까닭이니라."

사리자가 말하였다.

"어찌하여 이와 같이 청정하다면 무색계에 태어나지 않는다고 말합니까?"

세존께서 말씀하셨다.

"무색계의 자성은 얻을 수 없는 까닭으로 이와 같이 청정하다면 무색계에 태어나지 않느니라."

그때 사리자가 다시 세존께 아뢰어 말하였다.

"세존이시여. 이와 같이 청정하다면 본성(本性)을 알 수 없습니다(無知)."

세존께서 말씀하셨다.

"그와 같으니라. 반드시 결국에 청정한 까닭이니라."

사리자가 말하였다.

"어찌하여 이와 같이 청정하다면 본성을 알 수 없다고 말합니까?"

세존께서 말씀하셨다.

"일체법(一切法)의 본성은 매둔(昧鈍)[1]한 까닭으로, 이와 같이 청정하다

---

1) '어리석고 미련하다.'는 뜻이다.

면 본성을 알 수 없느니라."

사리자가 말하였다.
"색의 자성(色性)을 알 수 없더라도, 곧 이것은 청정(淸淨)합니다."
세존께서 말씀하셨다.
"그와 같으니라. 반드시 결국에 청정한 까닭이니라."
사리자가 말하였다.
"어찌하여 색의 자성을 알 수 없는데, 곧 이것은 청정하다고 말합니까?"
세존께서 말씀하셨다.
"자상(自相)은 공(空)한 까닭으로, 색의 자성을 알 수 없더라도 이것은 청정하니라."
사리자가 말하였다.
"수(受)·상(想)·행(行)·식(識)의 자성을 알 수 없더라도, 곧 이것은 청정합니다."
세존께서 말씀하셨다.
"그와 같으니라. 반드시 결국에 청정한 까닭이니라."
사리자가 말하였다.
"어찌하여 수·상·행·식의 자성을 알 수 없는데, 곧 이것은 청정하다고 말합니까?"
세존께서 말씀하셨다.
"자상은 공한 까닭으로, 수·상·행·식의 자성을 알 수 없더라도 이것은 청정하니라."
사리자가 말하였다.
"안처(眼處)의 자성을 알 수 없더라도, 곧 이것은 청정합니다."
세존께서 말씀하셨다.
"그와 같으니라. 반드시 결국에 청정한 까닭이니라."
사리자가 말하였다.
"어찌하여 안처의 자성을 알 수 없는데, 곧 이것은 청정하다고 말합니까?"

세존께서 말씀하셨다.

"자상은 공한 까닭으로, 안처의 자성을 알 수 없더라도 이것은 청정하니라."

사리자가 말하였다.

"이(耳)·비(鼻)·설(舌)·신(身)·의처(意處)의 자성을 알 수 없더라도, 곧 이것은 청정합니다."

세존께서 말씀하셨다.

"그와 같으니라. 반드시 결국에 청정한 까닭이니라."

사리자가 말하였다.

"어찌하여 이·비·설·신·의처의 자성을 알 수 없는데, 곧 이것은 청정하다고 말합니까?"

세존께서 말씀하셨다.

"자상은 공한 까닭으로, 이·비·설·신·의처의 자성을 알 수 없더라도 이것은 청정하니라."

사리자가 말하였다.

"색처(色處)의 자성을 알 수 없더라도, 곧 이것은 청정합니다."

세존께서 말씀하셨다.

"그와 같으니라. 반드시 결국에 청정한 까닭이니라."

사리자가 말하였다.

"어찌하여 색처의 자성을 알 수 없는데, 곧 이것은 청정하다고 말합니까?"

세존께서 말씀하셨다.

"자상은 공한 까닭으로, 색처의 자성을 알 수 없더라도 이것은 청정하니라."

사리자가 말하였다.

"성(聲)·향(香)·미(味)·촉(觸)·법처(法處)의 자성을 알 수 없더라도, 곧 이것은 청정합니다."

세존께서 말씀하셨다.

"그와 같으니라. 반드시 결국에 청정한 까닭이니라."

사리자가 말하였다.

"어찌하여 성·향·미·촉·법처의 자성을 알 수 없는데, 곧 이것은 청정하다고 말합니까?"

세존께서 말씀하셨다.

"자상은 공한 까닭으로, 성·향·미·촉·법처의 자성을 알 수 없더라도 이것은 청정하니라."

사리자가 말하였다.

"안계(眼界)의 자성을 알 수 없더라도, 곧 이것은 청정합니다."

세존께서 말씀하셨다.

"그와 같으니라. 반드시 결국에 청정한 까닭이니라."

사리자가 말하였다.

"어찌하여 안계의 자성을 알 수 없는데, 곧 이것은 청정하다고 말합니까?"

세존께서 말씀하셨다.

"자상은 공한 까닭으로, 안계의 자성을 알 수 없더라도 이것은 청정하니라."

사리자가 말하였다.

"색계(色界)·안식계(眼識界), …… 나아가 …… 안촉(眼觸)·안촉을 인연으로 생겨나는 여러 수(受)의 자성을 알 수 없더라도, 곧 이것은 청정합니다."

세존께서 말씀하셨다.

"그와 같으니라. 반드시 결국에 청정한 까닭이니라."

사리자가 말하였다.

"어찌하여 색계, 나아가 안촉을 인연으로 생겨난 여러 수의 자성을 알 수 없는데, 곧 이것은 청정하다고 말합니까?"

세존께서 말씀하셨다.

"자상은 공한 까닭으로, 색계, 나아가 안촉을 인연으로 생겨난 여러 수의 자성을 알 수 없더라도 이것은 청정하니라."

사리자가 말하였다.

"이계(耳界)의 자성을 알 수 없더라도, 곧 이것은 청정합니다."

세존께서 말씀하셨다.

"그와 같으니라. 반드시 결국에 청정한 까닭이니라."

사리자가 말하였다.

"어찌하여 이계의 자성을 알 수 없는데, 곧 이것은 청정하다고 말합니까?"

세존께서 말씀하셨다.

"자상은 공한 까닭으로, 이계의 자성을 알 수 없더라도 이것은 청정하니라."

사리자가 말하였다.

"성계(聲界)·이식계(耳識界), …… 나아가 …… 이촉(耳觸)·이촉을 인연으로 생겨나는 여러 수의 자성을 알 수 없더라도, 곧 이것은 청정합니다."

세존께서 말씀하셨다.

"그와 같으니라. 반드시 결국에 청정한 까닭이니라."

사리자가 말하였다.

"어찌하여 성계, 나아가 이촉을 인연으로 생겨난 여러 수의 자성을 알 수 없는데, 곧 이것은 청정하다고 말합니까?"

세존께서 말씀하셨다.

"자상은 공한 까닭으로, 성계, 나아가 이촉을 인연으로 생겨난 여러 수의 자성을 알 수 없더라도 이것은 청정하니라."

사리자가 말하였다.

"비계(鼻界)의 자성을 알 수 없더라도, 곧 이것은 청정합니다."

세존께서 말씀하셨다.

"그와 같으니라. 반드시 결국에 청정한 까닭이니라."

사리자가 말하였다.

"어찌하여 비계의 자성을 알 수 없는데, 곧 이것은 청정하다고 말합니까?"

세존께서 말씀하셨다.

"자상은 공한 까닭으로, 비계의 자성을 알 수 없더라도 이것은 청정하니라."

사리자가 말하였다.

"향계(香界)·비식계(鼻識界), …… 나아가 …… 비촉(鼻觸)·비촉을 인연으로 생겨나는 여러 수의 자성을 알 수 없더라도, 곧 이것은 청정합니다."

세존께서 말씀하셨다.

"그와 같으니라. 반드시 결국에 청정한 까닭이니라."

사리자가 말하였다.

"어찌하여 향계, 나아가 비촉을 인연으로 생겨난 여러 수의 자성을 알 수 없는데, 곧 이것은 청정하다고 말합니까?"

세존께서 말씀하셨다.

"자상은 공한 까닭으로, 향계, 나아가 비촉을 인연으로 생겨난 여러 수의 자성을 알 수 없더라도 이것은 청정하니라."

사리자가 말하였다.

"설계(舌界)의 자성을 알 수 없더라도, 곧 이것은 청정합니다."

세존께서 말씀하셨다.

"그와 같으니라. 반드시 결국에 청정한 까닭이니라."

사리자가 말하였다.

"어찌하여 설계의 자성을 알 수 없는데, 곧 이것은 청정하다고 말합니까?"

세존께서 말씀하셨다.

"자상은 공한 까닭으로, 설계의 자성을 알 수 없더라도 이것은 청정하니라."

사리자가 말하였다.

"미계(味界)·설식계(舌識界), …… 나아가 …… 설촉(舌觸)·설촉을 인연으로 생겨나는 여러 수의 자성을 알 수 없더라도, 곧 이것은 청정합니다."

세존께서 말씀하셨다.

"그와 같으니라. 반드시 결국에 청정한 까닭이니라."

사리자가 말하였다.

"어찌하여 미계, 나아가 설촉을 인연으로 생겨난 여러 수의 자성을 알 수 없는데, 곧 이것은 청정하다고 말합니까?"

세존께서 말씀하셨다.

"자상은 공한 까닭으로, 미계, 나아가 설촉을 인연으로 생겨난 여러 수의 자성을 알 수 없더라도 이것은 청정하니라."

사리자가 말하였다.

"신계(身界)의 자성을 알 수 없더라도, 곧 이것은 청정합니다."

세존께서 말씀하셨다.

"그와 같으니라. 반드시 결국에 청정한 까닭이니라."

사리자가 말하였다.

"어찌하여 신계의 자성을 알 수 없는데, 곧 이것은 청정하다고 말합니까?"

세존께서 말씀하셨다.

"자상은 공한 까닭으로, 신계의 자성을 알 수 없더라도 이것은 청정하니라."

사리자가 말하였다.

"촉계(觸界)·신식계(身識界), …… 나아가 …… 신촉(身觸)·신촉을 인연으로 생겨나는 여러 수의 자성을 알 수 없더라도, 곧 이것은 청정합니다."

세존께서 말씀하셨다.

"그와 같으니라. 반드시 결국에 청정한 까닭이니라."

사리자가 말하였다.

"어찌하여 촉계, 나아가 신촉을 인연으로 생겨난 여러 수의 자성을 알 수 없는데, 곧 이것은 청정하다고 말합니까?"

세존께서 말씀하셨다.

"자상은 공한 까닭으로, 촉계, 나아가 신촉을 인연으로 생겨난 여러 수의 자성을 알 수 없더라도 이것은 청정하니라."

사리자가 말하였다.

"의계(意界)의 자성을 알 수 없더라도, 곧 이것은 청정합니다."

세존께서 말씀하셨다.

"그와 같으니라. 반드시 결국에 청정한 까닭이니라."

사리자가 말하였다.

"어찌하여 의계의 자성을 알 수 없는데, 곧 이것은 청정하다고 말합니까?"

세존께서 말씀하셨다.

"자상은 공한 까닭으로, 의계의 자성을 알 수 없더라도 이것은 청정하니라."

사리자가 말하였다.

"법계(法界)·의식계(意識界), …… 나아가 …… 의촉(意觸)·의촉을 인연으로 생겨나는 여러 수의 자성을 알 수 없더라도, 곧 이것은 청정합니다."

세존께서 말씀하셨다.

"그와 같으니라. 반드시 결국에 청정한 까닭이니라."

사리자가 말하였다.

"어찌하여 법계, 나아가 의촉을 인연으로 생겨난 여러 수의 자성을 알 수 없는데, 곧 이것은 청정하다고 말합니까?"

세존께서 말씀하셨다.

"자상은 공한 까닭으로, 법계, 나아가 의촉을 인연으로 생겨난 여러 수의 자성을 알 수 없더라도, 이것은 청정하니라."

사리자가 말하였다.

"지계(地界)의 자성을 알 수 없더라도, 곧 이것은 청정합니다."

세존께서 말씀하셨다.

"그와 같으니라. 반드시 결국에 청정한 까닭이니라."

사리자가 말하였다.

"어찌하여 지계의 자성을 알 수 없는데, 곧 이것은 청정하다고 말합니까?"

세존께서 말씀하셨다.

"자상은 공한 까닭으로, 지계의 자성을 알 수 없더라도 이것은 청정하니라."

사리자가 말하였다.

"수(水)·화(火)·풍(風)·공(空)·식계(識界)의 자성을 알 수 없더라도, 곧 이것은 청정합니다."

세존께서 말씀하셨다.

"그와 같으니라. 반드시 결국에 청정한 까닭이니라."

사리자가 말하였다.

"어찌하여 수·화·풍·공·식계의 자성을 알 수 없는데, 곧 이것은 청정하다고 말합니까?"

세존께서 말씀하셨다.

"자상은 공한 까닭으로, 수·화·풍·공·식계의 자성을 알 수 없더라도 이것은 청정하니라."

사리자가 말하였다.

"무명(無明)의 자성을 알 수 없더라도, 곧 이것은 청정합니다."

세존께서 말씀하셨다.

"그와 같으니라. 반드시 결국에 청정한 까닭이니라."
사리자가 말하였다.
"어찌하여 무명의 자성을 알 수 없는데, 곧 이것은 청정하다고 말합니까?"
세존께서 말씀하셨다.
"자상은 공한 까닭으로, 무명의 자성을 알 수 없더라도 이것은 청정하니라."
사리자가 말하였다.
"행(行)·식(識)·명색(名色)·육처(六處)·촉(觸)·수(受)·애(愛)·취(取)·유(有)·생(生)·노사(老死)의 수탄고우뇌(愁歎苦憂惱)의 자성을 알 수 없더라도, 곧 이것은 청정합니다."
세존께서 말씀하셨다.
"그와 같으니라. 반드시 결국에 청정한 까닭이니라."
사리자가 말하였다.
"어찌하여 행, 나아가 노사의 수탄고우뇌의 자성을 알 수 없는데, 곧 이것은 청정하다고 말합니까?"
세존께서 말씀하셨다.
"자상은 공한 까닭으로, 행, 나아가 노사의 수탄고우뇌의 자성을 알 수 없더라도 이것은 청정하니라."
사리자가 말하였다.
"보시바라밀다(布施波羅蜜多)의 자성을 알 수 없더라도, 곧 이것은 청정합니다."
세존께서 말씀하셨다.
"그와 같으니라. 반드시 결국에 청정한 까닭이니라."
사리자가 말하였다.
"어찌하여 보시바라밀다의 자성을 알 수 없는데, 곧 이것은 청정하다고 말합니까?"
세존께서 말씀하셨다.
"자상은 공한 까닭으로, 보시바라밀다의 자성을 알 수 없더라도 이것은 청정하니라."

사리자가 말하였다.

"정계(淨戒)·안인(安忍)·정진(精進)·정려(靜慮)·반야바라밀다(般若波羅蜜多)의 자성을 알 수 없더라도, 곧 이것은 청정합니다."

세존께서 말씀하셨다.

"그와 같으니라. 반드시 결국에 청정한 까닭이니라."

사리자가 말하였다.

"어찌하여 정계, 나아가 반야바라밀다의 자성을 알 수 없는데, 곧 이것은 청정하다고 말합니까?"

세존께서 말씀하셨다.

"자상은 공한 까닭으로, 정계, 나아가 반야바라밀다의 자성을 알 수 없더라도 이것은 청정하니라."

사리자가 말하였다.

"내공(內空)의 자성을 알 수 없더라도, 곧 이것은 청정합니다."

세존께서 말씀하셨다.

"그와 같으니라. 반드시 결국에 청정한 까닭이니라."

사리자가 말하였다.

"어찌하여 내공의 자성을 알 수 없는데, 곧 이것은 청정하다고 말합니까?"

세존께서 말씀하셨다.

"자상은 공한 까닭으로, 내공의 자성을 알 수 없더라도 이것은 청정하니라."

사리자가 말하였다.

"외공(外空)·내외공(內外空)·공공(空空)·대공(大空)·승의공(勝義空)·유위공(有爲空)·무위공(無爲空)·필경공(畢竟空)·무제공(無際空)·산공(散空)·무변이공(無變異空)·본성공(本性空)·자상공(自相空)·공상공(共相空)·일체법공(一切法空)·불가득공(不可得空)·무성공(無性空)·자성공(自性空)·무성자성공(無性自性空)의 자성을 알 수 없더라도, 곧 이것은 청정합니다."

세존께서 말씀하셨다.

"그와 같으니라. 반드시 결국에 청정한 까닭이니라."

사리자가 말하였다.

"어찌하여 외공, 나아가 무성자성공의 자성을 알 수 없는데, 곧 이것은 청정하다고 말합니까?"

세존께서 말씀하셨다.

"자상은 공한 까닭으로, 외공, 나아가 무성자성공의 자성을 알 수 없더라도 이것은 청정하니라."

사리자가 말하였다.

"진여(眞如)의 자성을 알 수 없더라도, 곧 이것은 청정합니다."

세존께서 말씀하셨다.

"그와 같으니라. 반드시 결국에 청정한 까닭이니라."

사리자가 말하였다.

"어찌하여 진여의 자성을 알 수 없는데, 곧 이것은 청정하다고 말합니까?"

세존께서 말씀하셨다.

"자상은 공한 까닭으로, 진여의 자성을 알 수 없더라도 이것은 청정하니라."

사리자가 말하였다.

"법계(法界)·법성(法性)·불허망성(不虛妄性)·불변이성(不變異性)·평등성(平等性)·이생성(離生性)·법정(法定)·법주(法住)·실제(實際)·허공계(虛空界)·부사의계(不思議界)의 자성을 알 수 없더라도, 곧 이것은 청정합니다."

세존께서 말씀하셨다.

"그와 같으니라. 반드시 결국에 청정한 까닭이니라."

사리자가 말하였다.

"어찌하여 법계, 나아가 부사의계의 자성을 알 수 없는데, 곧 이것은 청정하다고 말합니까?"

세존께서 말씀하셨다.

"자상은 공한 까닭으로, 법계, 나아가 부사의계의 자성을 알 수 없더라도 이것은 청정하니라."

사리자가 말하였다.

"진여(眞如)의 자성을 알 수 없더라도, 곧 이것은 청정합니다."

세존께서 말씀하셨다.

"그와 같으니라. 반드시 결국에 청정한 까닭이니라."

사리자가 말하였다.

"어찌하여 진여의 자성을 알 수 없는데, 곧 이것은 청정하다고 말합니까?"

세존께서 말씀하셨다.

"자상은 공한 까닭으로, 진여의 자성을 알 수 없더라도 이것은 청정하니라."

사리자가 말하였다.

"법계(法界)·법성(法性)·불허망성(不虛妄性)·불변이성(不變異性)·평등성(平等性)·이생성(離生性)·법정(法定)·법주(法住)·실제(實際)·허공계(虛空界)·부사의계(不思議界)의 자성을 알 수 없더라도, 곧 이것은 청정합니다."

세존께서 말씀하셨다.

"그와 같으니라. 반드시 결국에 청정한 까닭이니라."

사리자가 말하였다.

"어찌하여 법계, 나아가 부사의계의 자성을 알 수 없는데, 곧 이것은 청정하다고 말합니까?"

세존께서 말씀하셨다.

"자상은 공한 까닭으로, 법계, 나아가 부사의계의 자성을 알 수 없더라도 이것은 청정하니라."

사리자가 말하였다.

"고성제(苦聖諦)의 자성을 알 수 없더라도, 곧 이것은 청정합니다."

세존께서 말씀하셨다.

"그와 같으니라. 반드시 결국에 청정한 까닭이니라."

사리자가 말하였다.

"어찌하여 고성제의 자성을 알 수 없는데, 곧 이것은 청정하다고 말합니까?"

세존께서 말씀하셨다.

"자상은 공한 까닭으로, 고성제의 자성을 알 수 없더라도 이것은 청정하니라."

사리자가 말하였다.

"집(集)·멸(滅)·도성제(道聖諦)의 자성을 알 수 없더라도, 곧 이것은 청정합니다."

세존께서 말씀하셨다.

"그와 같으니라. 반드시 결국에 청정한 까닭이니라."

사리자가 말하였다.

"어찌하여 집·멸·도성제의 자성을 알 수 없는데, 곧 이것은 청정하다고 말합니까?"

세존께서 말씀하셨다.

"자상은 공한 까닭으로, 집·멸·도성제의 자성을 알 수 없더라도 이것은 청정하니라."

사리자가 말하였다.

"4정려(四靜慮)의 자성을 알 수 없더라도, 곧 이것은 청정합니다."

세존께서 말씀하셨다.

"그와 같으니라. 반드시 결국에 청정한 까닭이니라."

사리자가 말하였다.

"어찌하여 4정려의 자성을 알 수 없는데, 곧 이것은 청정하다고 말합니까?"

세존께서 말씀하셨다.

"자상은 공한 까닭으로, 4정려의 자성을 알 수 없더라도 이것은 청정하니라."

사리자가 말하였다.

"4무량(四無量)·4무색정(四無色定)의 자성을 알 수 없더라도, 곧 이것은 청정합니다."

세존께서 말씀하셨다.

"그와 같으니라. 반드시 결국에 청정한 까닭이니라."

사리자가 말하였다.

"어찌하여 4무량·4무색정의 자성을 알 수 없는데, 곧 이것은 청정하다고 말합니까?"

세존께서 말씀하셨다.

"자상은 공한 까닭으로, 4무량·4무색정의 자성을 알 수 없더라도 이것은 청정하니라."

사리자가 말하였다.

"8해탈(八解脫)의 자성을 알 수 없더라도, 곧 이것은 청정합니다."

세존께서 말씀하셨다.

"그와 같으니라. 반드시 결국에 청정한 까닭이니라."

사리자가 말하였다.

"어찌하여 8해탈의 자성을 알 수 없는데, 곧 이것은 청정하다고 말합니까?"

세존께서 말씀하셨다.

"자상은 공한 까닭으로, 8해탈의 자성을 알 수 없더라도 이것은 청정하니라."

사리자가 말하였다.

"8승처(八勝處)·9차제정(九次第定)·10변처(十遍處)의 자성을 알 수 없더라도, 곧 이것은 청정합니다."

세존께서 말씀하셨다.

"그와 같으니라. 반드시 결국에 청정한 까닭이니라."

사리자가 말하였다.

"어찌하여 8승처·9차제정·10변처의 자성을 알 수 없는데, 곧 이것은 청정하다고 말합니까?"

세존께서 말씀하셨다.

"자상은 공한 까닭으로, 8승처·9차제정·10변처의 자성을 알 수 없더라도 이것은 청정하니라."

사리자가 말하였다.

"4념주(四念住)의 자성을 알 수 없더라도, 곧 이것은 청정합니다."

세존께서 말씀하셨다.

"그와 같으니라. 반드시 결국에 청정한 까닭이니라."

사리자가 말하였다.

"어찌하여 4념주의 자성을 알 수 없는데, 곧 이것은 청정하다고 말합니까?"

세존께서 말씀하셨다.

"자상은 공한 까닭으로, 4념주의 자성을 알 수 없더라도 이것은 청정하니라."

사리자가 말하였다.

"4정단(四正斷)·4신족(四神足)·5근(五根)·5력(五力)·7등각지(七等覺支)·8성도지(八聖道支)의 자성을 알 수 없더라도, 곧 이것은 청정합니다."

세존께서 말씀하셨다.

"그와 같으니라. 반드시 결국에 청정한 까닭이니라."

사리자가 말하였다.

"어찌하여 4정단, 나아가 8성도지의 자성을 알 수 없는데, 곧 이것은 청정하다고 말합니까?"

세존께서 말씀하셨다.

"자상은 공한 까닭으로, 4정단, 나아가 8성도지의 자성을 알 수 없더라도 이것은 청정하니라."

사리자가 말하였다.

"공해탈문(空解脫門)의 자성을 알 수 없더라도, 곧 이것은 청정합니다."

세존께서 말씀하셨다.

"그와 같으니라. 반드시 결국에 청정한 까닭이니라."

사리자가 말하였다.

"어찌하여 공해탈문의 자성을 알 수 없는데, 곧 이것은 청정하다고 말합니까?"

세존께서 말씀하셨다.

"자상은 공한 까닭으로, 공해탈문의 자성을 알 수 없더라도 이것은 청정하니라."

사리자가 말하였다.

"무상(無相)·무원해탈문(無願解脫門)의 자성을 알 수 없더라도, 곧 이것은 청정합니다."

세존께서 말씀하셨다.

"그와 같으니라. 반드시 결국에 청정한 까닭이니라."

사리자가 말하였다.

"어찌하여 무상·무원해탈문의 자성을 알 수 없는데, 곧 이것은 청정하다고 말합니까?"

세존께서 말씀하셨다.

"자상은 공한 까닭으로, 무상·무원해탈문의 자성을 알 수 없더라도 이것은 청정하니라."

사리자가 말하였다.

"보살(菩薩)의 10지(十地)의 자성을 알 수 없더라도, 곧 이것은 청정합니다."

세존께서 말씀하셨다.

"그와 같으니라. 반드시 결국에 청정한 까닭이니라."

사리자가 말하였다.

"어찌하여 보살의 10지의 자성을 알 수 없는데, 곧 이것은 청정하다고 말합니까?"

세존께서 말씀하셨다.

"자상은 공한 까닭으로, 보살의 10지의 자성을 알 수 없더라도 이것은 청정하니라."

사리자가 말하였다.

"5안(五眼)의 자성을 알 수 없더라도, 곧 이것은 청정합니다."

세존께서 말씀하셨다.

"그와 같으니라. 반드시 결국에 청정한 까닭이니라."

사리자가 말하였다.

"어찌하여 5안의 자성을 알 수 없는데, 곧 이것은 청정하다고 말합니까?"

세존께서 말씀하셨다.

"자상은 공한 까닭으로, 5안의 자성을 알 수 없더라도 이것은 청정하니라."

사리자가 말하였다.

"6신통(六神通)의 자성을 알 수 없더라도, 곧 이것은 청정합니다."

세존께서 말씀하셨다.

"그와 같으니라. 반드시 결국에 청정한 까닭이니라."

사리자가 말하였다.

"어찌하여 6신통의 자성을 알 수 없는데, 곧 이것은 청정하다고 말합니까?"

세존께서 말씀하셨다.

"자상은 공한 까닭으로, 6신통의 자성을 알 수 없더라도 이것은 청정하니라."

사리자가 말하였다.

"여래(佛)의 10력(十力)의 자성을 알 수 없더라도, 곧 이것은 청정합니다."

세존께서 말씀하셨다.

"그와 같으니라. 반드시 결국에 청정한 까닭이니라."

사리자가 말하였다.

"어찌하여 여래의 10력의 자성을 알 수 없는데, 곧 이것은 청정하다고 말합니까?"

세존께서 말씀하셨다.

"자상은 공한 까닭으로, 여래의 10력의 자성을 알 수 없더라도 이것은 청정하니라."

사리자가 말하였다.

"4무소외(四無所畏)·4무애해(四無礙解)·대자(大慈)·대비(大悲)·대희(大喜)·대사(大捨)·18불불공법(十八佛不共法)의 자성을 알 수 없더라도, 곧 이것은 청정합니다."

세존께서 말씀하셨다.

"그와 같으니라. 반드시 결국에 청정한 까닭이니라."

사리자가 말하였다.

"어찌하여 4무소외, 나아가 18불불공법의 자성을 알 수 없는데, 곧 이것은 청정하다고 말합니까?"

세존께서 말씀하셨다.

"자상은 공한 까닭으로, 4무소외, 나아가 18불불공법의 자성을 알 수 없더라도 이것은 청정하니라.”

사리자가 말하였다.

“무망실법(無忘失法)의 자성을 알 수 없더라도, 곧 이것은 청정합니다.”

세존께서 말씀하셨다.

“그와 같으니라. 반드시 결국에 청정한 까닭이니라.”

사리자가 말하였다.

“어찌하여 무망실법의 자성을 알 수 없는데, 곧 이것은 청정하다고 말합니까?”

세존께서 말씀하셨다.

“자상은 공한 까닭으로, 무망실법의 자성을 알 수 없더라도 이것은 청정하니라.”

사리자가 말하였다.

“항주사성(恒住捨性)의 자성을 알 수 없더라도, 곧 이것은 청정합니다.”

세존께서 말씀하셨다.

“그와 같으니라. 반드시 결국에 청정한 까닭이니라.”

사리자가 말하였다.

“어찌하여 항주사성의 자성을 알 수 없는데, 곧 이것은 청정하다고 말합니까?”

세존께서 말씀하셨다.

“자상은 공한 까닭으로, 항주사성의 자성을 알 수 없더라도 이것은 청정하니라.”

사리자가 말하였다.

“일체지(一切智)의 자성을 알 수 없더라도, 곧 이것은 청정합니다.”

세존께서 말씀하셨다.

“그와 같으니라. 반드시 결국에 청정한 까닭이니라.”

사리자가 말하였다.

“어찌하여 일체지의 자성을 알 수 없는데, 곧 이것은 청정하다고 말합니까?”

세존께서 말씀하셨다.

"자상은 공한 까닭으로, 일체지의 자성을 알 수 없더라도 이것은 청정하니라."

사리자가 말하였다.

"도상지(道相智)·일체상지(一切相智)의 자성을 알 수 없더라도, 곧 이것은 청정합니다."

세존께서 말씀하셨다.

"그와 같으니라. 반드시 결국에 청정한 까닭이니라."

사리자가 말하였다.

"어찌하여 도상지·일체상지의 자성을 알 수 없는데, 곧 이것은 청정하다고 말합니까?"

세존께서 말씀하셨다.

"자상은 공한 까닭으로, 도상지·일체상지의 자성을 알 수 없더라도 이것은 청정하니라."

사리자가 말하였다.

"일체(一切)의 다라니문(陀羅尼門)의 자성을 알 수 없더라도, 곧 이것은 청정합니다."

세존께서 말씀하셨다.

"그와 같으니라. 반드시 결국에 청정한 까닭이니라."

사리자가 말하였다.

"어찌하여 일체의 다라니문의 자성을 알 수 없는데, 곧 이것은 청정하다고 말합니까?"

세존께서 말씀하셨다.

"자상은 공한 까닭으로, 일체의 다라니문의 자성을 알 수 없더라도 이것은 청정하니라."

사리자가 말하였다.

"일체의 삼마지문(三摩地門)의 자성을 알 수 없더라도, 곧 이것은 청정합니다."

세존께서 말씀하셨다.

"그와 같으니라. 반드시 결국에 청정한 까닭이니라."

사리자가 말하였다.

"어찌하여 일체의 삼마지문의 자성을 알 수 없는데, 곧 이것은 청정하다고 말합니까?"

세존께서 말씀하셨다.

"자상은 공한 까닭으로, 일체의 삼마지문의 자성을 알 수 없더라도 이것은 청정하니라."

사리자가 말하였다.

"예류과(預流果)의 자성을 알 수 없더라도 곧 이것은 청정합니다."

세존께서 말씀하셨다.

"그와 같으니라. 반드시 결국에 청정한 까닭이니라."

사리자가 말하였다.

"어찌하여 예류과의 자성을 알 수 없는데, 곧 이것은 청정하다고 말합니까?"

세존께서 말씀하셨다.

"자상은 공한 까닭으로, 예류과의 자성을 알 수 없더라도 이것은 청정하니라."

사리자가 말하였다.

"일래(一來)·불환(不還)·아라한과(阿羅漢果)의 자성을 알 수 없더라도, 곧 이것은 청정합니다."

세존께서 말씀하셨다.

"그와 같으니라. 반드시 결국에 청정한 까닭이니라."

사리자가 말하였다.

"어찌하여 일래·불환·아라한과의 자성을 알 수 없는데, 곧 이것은 청정하다고 말합니까?"

세존께서 말씀하셨다.

"자상은 공한 까닭으로, 일래·불환·아라한과의 자성을 알 수 없더라도 이것은 청정하니라."

사리자가 말하였다.

"독각(獨覺)의 보리(菩提)의 자성을 알 수 없더라도, 곧 이것은 청정합니다."

세존께서 말씀하셨다.

"그와 같으니라. 반드시 결국에 청정한 까닭이니라."

사리자가 말하였다.

"어찌하여 독각의 보리의 자성을 알 수 없는데, 곧 이것은 청정하다고 말합니까?"

세존께서 말씀하셨다.

"자상은 공한 까닭으로, 독각의 보리의 자성을 알 수 없더라도 이것은 청정하니라."

사리자가 말하였다.

"일체의 보살마하살(菩薩摩訶薩)의 행(行)의 자성을 알 수 없더라도, 곧 이것은 청정합니다."

세존께서 말씀하셨다.

"그와 같으니라. 반드시 결국에 청정한 까닭이니라."

사리자가 말하였다.

"어찌하여 일체의 보살마하살의 행의 자성을 알 수 없는데, 곧 이것은 청정하다고 말합니까?"

세존께서 말씀하셨다.

"자상은 공한 까닭으로, 일체의 보살마하살의 행의 자성을 알 수 없더라도 이것은 청정하니라."

사리자가 말하였다.

"제불(諸佛)의 무상정등보리(無上正等菩提)의 자성을 알 수 없더라도, 곧 이것은 청정합니다."

세존께서 말씀하셨다.

"그와 같으니라. 반드시 결국에 청정한 까닭이니라."

사리자가 말하였다.

"어찌하여 제불의 무상정등보리의 자성을 알 수 없는데, 곧 이것은 청정하다고 말합니까?"

세존께서 말씀하셨다.

"자상은 공한 까닭으로, 제불의 무상정등보리의 자성을 알 수 없더라도 이것은 청정하니라."

그때 사리자가 다시 세존께 아뢰어 말하였다.

"세존이시여. 반야바라밀다(般若波羅蜜多)는 일체지지(一切智智)에서 이익(利益)이 없고 손해(損害)도 없습니다."

세존께서 말씀하셨다.

"그와 같으니라. 반드시 결국에 청정한 까닭이니라."

사리자가 말하였다.

"어찌하여 반야바라밀다는 일체지지에서 이익이 없고 손해도 없다고 말합니까?"

세존께서 말씀하셨다.

"사리자여. 법계(法界)가 상주(常住)하는 까닭으로, 반야바라밀다는 일체지지에서 이익이 없고 손해도 없느니라."

그때 사리자가 다시 세존께 아뢰어 말하였다.

"세존이시여. 청정한 반야바라밀다에서 집수(執受)[2]하는 것이 없습니다."

세존께서 말씀하셨다.

"그와 같으니라. 반드시 결국에 청정한 까닭이니라."

사리자가 말하였다.

"어찌하여 청정한 반야바라밀다에서 집수하는 것이 없다고 말합니까?"

세존께서 말씀하셨다.

---

2) 6경(六境)과 접촉하면서 그것을 받아들여서 집착하는 감각을 일으키는 것으로써, 유정의 몸에서 감각이 있는 유집수(有執受)와 몸에서 감각이 없는 무집수(無執受) 등이 있다.

"사리자여. 법계는 움직이지 않는 까닭으로, 청정한 반야바라밀다에서 집수하는 것이 없다고 말하느니라."

그때 구수(具壽) 선현(善現)이 세존께 아뢰어 말하였다.

"세존이시여. 내(我)가 청정한 까닭으로 색도 청정합니다."

세존께서 말씀하셨다.

"그와 같으니라. 반드시 결국에 청정한 까닭이니라."

"세존이시여. 무슨 인연으로 내가 청정한 까닭으로 색도 청정하고, 이것이 반드시 결국에 청정하다고 설하십니까?"

세존께서 말씀하셨다.

"선현이여. 내가 무소유(無所有)인 까닭으로 색도 무소유이나니, 이것은 반드시 결국에 청정하니라."

"세존이시여. 내가 청정한 까닭으로 수·상·행·식도 청정합니다."

세존께서 말씀하셨다.

"그와 같으니라. 반드시 결국에 청정한 까닭이니라."

"세존이시여. 무슨 인연으로 내가 청정한 까닭으로 수·상·행·식도 청정하고, 이것이 반드시 결국에 청정하다고 설하십니까?"

세존께서 말씀하셨다.

"선현이여. 내가 무소유인 까닭으로 수·상·행·식도 무소유이나니, 이것은 반드시 결국에 청정하니라."

"세존이시여. 내가 청정한 까닭으로 안처도 청정합니다."

세존께서 말씀하셨다.

"그와 같으니라. 반드시 결국에 청정한 까닭이니라."

"세존이시여. 무슨 인연으로 내가 청정한 까닭으로 안처도 청정하고, 이것이 반드시 결국에 청정하다고 설하십니까?"

세존께서 말씀하셨다.

"선현이여. 내가 무소유인 까닭으로 안처도 무소유이나니, 이것은 반드시 결국에 청정하니라."

"세존이시여. 내가 청정한 까닭으로 이·비·설·신·의처도 청정합니다."

세존께서 말씀하셨다.

"그와 같으니라. 반드시 결국에 청정한 까닭이니라."

"세존이시여. 무슨 인연으로 내가 청정한 까닭으로 이·비·설·신·의처도 청정하고, 이것이 반드시 결국에 청정하다고 설하십니까?"

세존께서 말씀하셨다.

"선현이여. 내가 무소유인 까닭으로 이·비·설·신·의처도 무소유이나니, 이것은 반드시 결국에 청정하느니라."

"세존이시여. 내가 청정한 까닭으로 색처도 청정합니다."

세존께서 말씀하셨다.

"그와 같으니라. 반드시 결국에 청정한 까닭이니라."

"세존이시여. 무슨 인연으로 내가 청정한 까닭으로 색처도 청정하고, 이것이 반드시 결국에 청정하다고 설하십니까?"

세존께서 말씀하셨다.

"선현이여. 내가 무소유인 까닭으로 색처도 무소유이나니, 이것은 반드시 결국에 청정하니라."

"세존이시여. 내가 청정한 까닭으로 성·향·미·촉·법처도 청정합니다."

세존께서 말씀하셨다.

"그와 같으니라. 반드시 결국에 청정한 까닭이니라."

"세존이시여. 무슨 인연으로 내가 청정한 까닭으로 성·향·미·촉·법처도 청정하고, 이것이 반드시 결국에 청정하다고 설하십니까?"

세존께서 말씀하셨다.

"선현이여. 내가 무소유인 까닭으로 성·향·미·촉·법처도 무소유이나니, 이것은 반드시 결국에 청정하니라."

"세존이시여. 내가 청정한 까닭으로 안계도 청정합니다."

세존께서 말씀하셨다.

"그와 같으니라. 반드시 결국에 청정한 까닭이니라."

"세존이시여. 무슨 인연으로 내가 청정한 까닭으로 안계도 청정하고,

이것이 반드시 결국에 청정하다고 설하십니까?"

세존께서 말씀하셨다.

"선현이여. 내가 무소유인 까닭으로 안계도 무소유이나니, 이것은 반드시 결국에 청정하니라."

"세존이시여. 내가 청정한 까닭으로 색계·안식계, 나아가 안촉·안촉을 인연으로 생겨난 여러 수도 청정합니다."

세존께서 말씀하셨다.

"그와 같으니라. 반드시 결국에 청정한 까닭이니라."

"세존이시여. 무슨 인연으로 내가 청정한 까닭으로 색계, 나아가 안촉을 인연으로 생겨난 여러 수도 청정하고, 이것이 반드시 결국에 청정하다고 설하십니까?"

세존께서 말씀하셨다.

"선현이여. 내가 무소유인 까닭으로 색계, 나아가 안촉을 인연으로 생겨난 여러 수도 무소유이나니, 이것은 반드시 결국에 청정하니라."

"세존이시여. 내가 청정한 까닭으로 이계도 청정합니다."

세존께서 말씀하셨다.

"그와 같으니라. 반드시 결국에 청정한 까닭이니라."

"세존이시여. 무슨 인연으로 내가 청정한 까닭으로 이계도 청정하고, 이것이 반드시 결국에 청정하다고 설하십니까?"

세존께서 말씀하셨다.

"선현이여. 내가 무소유인 까닭으로 이계도 무소유이나니, 이것은 반드시 결국에 청정하니라."

"세존이시여. 내가 청정한 까닭으로 성계·이식계, 나아가 이촉·이촉을 인연으로 생겨난 여러 수도 청정합니다."

세존께서 말씀하셨다.

"그와 같으니라. 반드시 결국에 청정한 까닭이니라."

"세존이시여. 무슨 인연으로 내가 청정한 까닭으로 성계, 나아가 이촉을 인연으로 생겨난 여러 수도 청정하고, 이것이 반드시 결국에 청정하다고 설하십니까?"

세존께서 말씀하셨다.

"선현이여. 내가 무소유인 까닭으로 성계, 나아가 이촉을 인연으로 생겨난 여러 수도 무소유이나니, 이것은 반드시 결국에 청정하니라."

"세존이시여. 내가 청정한 까닭으로 비계도 청정합니다."

세존께서 말씀하셨다.

"그와 같으니라. 반드시 결국에 청정한 까닭이니라."

"세존이시여. 무슨 인연으로 내가 청정한 까닭으로 비계도 청정하고, 이것이 반드시 결국에 청정하다고 설하십니까?"

세존께서 말씀하셨다.

"선현이여. 내가 무소유인 까닭으로 비계도 무소유이나니, 이것은 반드시 결국에 청정하니라."

"세존이시여. 내가 청정한 까닭으로 향계·비식계, 나아가 비촉·비촉을 인연으로 생겨난 여러 수도 청정합니다."

세존께서 말씀하셨다.

"그와 같으니라. 반드시 결국에 청정한 까닭이니라."

"세존이시여. 무슨 인연으로 내가 청정한 까닭으로 향계, 나아가 비촉을 인연으로 생겨난 여러 수도 청정하고, 이것이 반드시 결국에 청정하다고 설하십니까?"

세존께서 말씀하셨다.

"선현이여. 내가 무소유인 까닭으로 향계, 나아가 비촉을 인연으로 생겨난 여러 수도 무소유이나니, 이것은 반드시 결국에 청정하니라."

"세존이시여. 내가 청정한 까닭으로 설계도 청정합니다."

세존께서 말씀하셨다.

"그와 같으니라. 반드시 결국에 청정한 까닭이니라."

"세존이시여. 무슨 인연으로 내가 청정한 까닭으로 설계도 청정하고, 이것이 반드시 결국에 청정하다고 설하십니까?"

세존께서 말씀하셨다.

"선현이여. 내가 무소유인 까닭으로 설계도 무소유이나니, 이것은 반드시 결국에 청정하니라."

"세존이시여. 내가 청정한 까닭으로 미계·설식계, 나아가 설촉·설촉을 인연으로 생겨난 여러 수도 청정합니다."

세존께서 말씀하셨다.

"그와 같으니라. 반드시 결국에 청정한 까닭이니라."

"세존이시여. 무슨 인연으로 내가 청정한 까닭으로 미계, 나아가 설촉을 인연으로 생겨난 여러 수도 청정하고, 이것이 반드시 결국에 청정하다고 설하십니까?"

세존께서 말씀하셨다.

"선현이여. 내가 무소유인 까닭으로 미계, 나아가 설촉을 인연으로 생겨난 여러 수도 무소유이나니, 이것은 반드시 결국에 청정하니라."

"세존이시여. 내가 청정한 까닭으로 신계도 청정합니다."

세존께서 말씀하셨다.

"그와 같으니라. 반드시 결국에 청정한 까닭이니라."

"세존이시여. 무슨 인연으로 내가 청정한 까닭으로 신계도 청정하고, 이것이 반드시 결국에 청정하다고 설하십니까?"

세존께서 말씀하셨다.

"선현이여. 내가 무소유인 까닭으로 신계도 무소유이나니, 이것은 반드시 결국에 청정하니라."

"세존이시여. 내가 청정한 까닭으로 촉계·신식계, 나아가 신촉·신촉을 인연으로 생겨난 여러 수도 청정합니다."

세존께서 말씀하셨다.

"그와 같으니라. 반드시 결국에 청정한 까닭이니라."

"세존이시여. 무슨 인연으로 내가 청정한 까닭으로 촉계, 나아가 신촉을 인연으로 생겨난 여러 수도 청정하고, 이것이 반드시 결국에 청정하다고 설하십니까?"

세존께서 말씀하셨다.

"선현이여. 내가 무소유인 까닭으로 촉계, 나아가 신촉을 인연으로 생겨난 여러 수도 무소유이나니, 이것은 반드시 결국에 청정하니라."

"세존이시여. 내가 청정한 까닭으로 의계도 청정합니다."

세존께서 말씀하셨다.

"그와 같으니라. 반드시 결국에 청정한 까닭이니라."

"세존이시여. 무슨 인연으로 내가 청정한 까닭으로 의계도 청정하고, 이것이 반드시 결국에 청정하다고 설하십니까?"

세존께서 말씀하셨다.

"선현이여. 내가 무소유인 까닭으로 의계도 무소유이나니, 이것은 반드시 결국에 청정하니라."

"세존이시여. 내가 청정한 까닭으로 법계·의식계, 나아가 의촉·의촉을 인연으로 생겨난 여러 수도 청정합니다."

세존께서 말씀하셨다.

"그와 같으니라. 반드시 결국에 청정한 까닭이니라."

"세존이시여. 무슨 인연으로 내가 청정한 까닭으로 법계, 나아가 의촉을 인연으로 생겨난 여러 수도 청정하고, 이것이 반드시 결국에 청정하다고 설하십니까?"

세존께서 말씀하셨다.

"선현이여. 내가 무소유인 까닭으로 법계, 나아가 의촉을 인연으로 생겨난 여러 수도 무소유이나니, 이것은 반드시 결국에 청정하니라."

"세존이시여. 내가 청정한 까닭으로 지계도 청정합니다."

세존께서 말씀하셨다.

"그와 같으니라. 반드시 결국에 청정한 까닭이니라."

"세존이시여. 무슨 인연으로 내가 청정한 까닭으로 지계도 청정하고, 이것이 반드시 결국에 청정하다고 설하십니까?"

세존께서 말씀하셨다.

"선현이여. 내가 무소유인 까닭으로 지계도 무소유이나니, 이것은 반드시 결국에 청정하니라."

"세존이시여. 내가 청정한 까닭으로 수·화·풍·공·식계도 청정합니다."

세존께서 말씀하셨다.

"그와 같으니라. 반드시 결국에 청정한 까닭이니라."

"세존이시여. 무슨 인연으로 내가 청정한 까닭으로 수·화·풍·공·식계도 청정하고, 이것이 반드시 결국에 청정하다고 설하십니까?"

세존께서 말씀하셨다.

"선현이여. 내가 무소유인 까닭으로 수·화·풍·공·식계도 무소유이나니, 이것은 반드시 결국에 청정하니라."

"세존이시여. 내가 청정한 까닭으로 무명도 청정합니다."

세존께서 말씀하셨다.

"그와 같으니라. 반드시 결국에 청정한 까닭이니라."

"세존이시여. 무슨 인연으로 내가 청정한 까닭으로 무명도 청정하고, 이것이 반드시 결국에 청정하다고 설하십니까?"

세존께서 말씀하셨다.

"선현이여. 내가 무소유인 까닭으로 무명도 무소유이고, 이것은 반드시 결국에 청정하니라."

"세존이시여. 내가 청정한 까닭으로 행·식·명색·육처·촉·수·애·취·유·생·노사의 수탄고우뇌도 청정합니다."

세존께서 말씀하셨다.

"그와 같으니라. 반드시 결국에 청정한 까닭이니라."

"세존이시여. 무슨 인연으로 내가 청정한 까닭으로 행, 나아가 노사의 수탄고우뇌도 청정하고, 이것이 반드시 결국에 청정하다고 설하십니까?"

세존께서 말씀하셨다.

"선현이여. 내가 무소유인 까닭으로 행, 나아가 노사의 수탄고우뇌도 무소유이나니, 이것은 반드시 결국에 청정하니라."

"세존이시여. 내가 청정한 까닭으로 보시바라밀다도 청정합니다."

세존께서 말씀하셨다.

"그와 같으니라. 반드시 결국에 청정한 까닭이니라."

"세존이시여. 무슨 인연으로 내가 청정한 까닭으로 보시바라밀다도 청정하고, 이것이 반드시 결국에 청정하다고 설하십니까?"

세존께서 말씀하셨다.

"선현이여. 내가 무소유인 까닭으로 보시바라밀다도 무소유이나니, 이것은 반드시 결국에 청정하니라."

"세존이시여. 내가 청정한 까닭으로 정계·안인·정진·정려·반야바라밀다도 청정합니다."

세존께서 말씀하셨다.

"그와 같으니라. 반드시 결국에 청정한 까닭이니라."

"세존이시여. 무슨 인연으로 내가 청정한 까닭으로 정계, 나아가 반야바라밀다도 청정하고, 이것이 반드시 결국에 청정하다고 설하십니까?"

세존께서 말씀하셨다.

"선현이여. 내가 무소유인 까닭으로 정계, 나아가 반야바라밀다도 무소유이나니, 이것은 반드시 결국에 청정하니라."

"세존이시여. 내가 청정한 까닭으로 내공도 청정합니다."

세존께서 말씀하셨다.

"그와 같으니라. 반드시 결국에 청정한 까닭이니라."

사리자가 말하였다.

"세존이시여. 무슨 인연으로 내가 청정한 까닭으로 내공도 청정하고, 이것이 반드시 결국에 청정하다고 설하십니까?"

세존께서 말씀하셨다.

"선현이여. 내가 무소유인 까닭으로 내공도 무소유이나니, 이것은 반드시 결국에 청정하니라."

"세존이시여. 내가 청정한 까닭으로 외공·내외공·공공·대공·승의공·유위공·무위공·필경공·무제공·산공·무변이공·본성공·자상공·공상공·일체법공·불가득공·무성공·자성공·무성자성공도 청정합니다."

세존께서 말씀하셨다.

"그와 같으니라. 반드시 결국에 청정한 까닭이니라."

"세존이시여. 무슨 인연으로 내가 청정한 까닭으로 외공, 나아가 무성자 성공도 청정하고, 이것이 반드시 결국에 청정하다고 설하십니까?"

세존께서 말씀하셨다.

"선현이여. 내가 무소유인 까닭으로 외공, 나아가 무성자성공도 무소유 이나니, 이것은 반드시 결국에 청정하니라."

"세존이시여. 내가 청정한 까닭으로 진여도 청정합니다."

세존께서 말씀하셨다.

"그와 같으니라. 반드시 결국에 청정한 까닭이니라."

"세존이시여. 무슨 인연으로 내가 청정한 까닭으로 진여도 청정하고, 이것이 반드시 결국에 청정하다고 설하십니까?"

세존께서 말씀하셨다.

"선현이여. 내가 무소유인 까닭으로 진여도 무소유이나니, 이것은 반드 시 결국에 청정하니라."

"세존이시여. 내가 청정한 까닭으로 법계·법성·불허망성·불변이성·평 등성·이생성·법정·법주·실제·허공계·부사의계도 청정합니다."

세존께서 말씀하셨다.

"그와 같으니라. 반드시 결국에 청정한 까닭이니라."

"세존이시여. 무슨 인연으로 내가 청정한 까닭으로 법계, 나아가 부사의 계도 청정하고, 이것이 반드시 결국에 청정하다고 설하십니까?"

세존께서 말씀하셨다.

"선현이여. 내가 무소유인 까닭으로 법계, 나아가 부사의계도 무소유이 나니, 이것은 반드시 결국에 청정하니라."

"세존이시여. 내가 청정한 까닭으로 고성제도 청정합니다."

세존께서 말씀하셨다.

"그와 같으니라. 반드시 결국에 청정한 까닭이니라."

"세존이시여. 무슨 인연으로 내가 청정한 까닭으로 고성제도 청정하고, 이것이 반드시 결국에 청정하다고 설하십니까?"

세존께서 말씀하셨다.

"선현이여. 내가 무소유인 까닭으로 고성제도 무소유이나니, 이것은 반드시 결국에 청정하니라."

"세존이시여. 내가 청정한 까닭으로 집·멸·도성제도 청정합니다."

세존께서 말씀하셨다.

"그와 같으니라. 반드시 결국에 청정한 까닭이니라."

"세존이시여. 무슨 인연으로 내가 청정한 까닭으로 집·멸·도성제도 청정하고, 이것이 반드시 결국에 청정하다고 설하십니까?"

세존께서 말씀하셨다.

"선현이여. 내가 무소유인 까닭으로 집·멸·도성제도 무소유이나니, 이것은 반드시 결국에 청정하니라."

"세존이시여. 내가 청정한 까닭으로 4정려도 청정합니다."

세존께서 말씀하셨다.

"그와 같으니라. 반드시 결국에 청정한 까닭이니라."

"세존이시여. 무슨 인연으로 내가 청정한 까닭으로 4정려도 청정하고, 이것이 반드시 결국에 청정하다고 설하십니까?"

세존께서 말씀하셨다.

"선현이여. 내가 무소유인 까닭으로 4정려도 무소유이나니, 이것은 반드시 결국에 청정하니라."

"세존이시여. 내가 청정한 까닭으로 4무량·4무색정도 청정합니다."

세존께서 말씀하셨다.

"그와 같으니라. 반드시 결국에 청정한 까닭이니라."

"세존이시여. 무슨 인연으로 내가 청정한 까닭으로 4무량·4무색정도 청정하고, 이것이 반드시 결국에 청정하다고 설하십니까?"

세존께서 말씀하셨다.

"선현이여. 내가 무소유인 까닭으로 4무량·4무색정도 무소유이나니, 이것은 반드시 결국에 청정하니라."

"세존이시여. 내가 청정한 까닭으로 8해탈도 청정합니다."

세존께서 말씀하셨다.

"그와 같으니라. 반드시 결국에 청정한 까닭이니라."

"세존이시여. 무슨 인연으로 내가 청정한 까닭으로 8해탈도 청정하고, 이것이 반드시 결국에 청정하다고 설하십니까?"

세존께서 말씀하셨다.

"선현이여. 내가 무소유인 까닭으로 8해탈도 무소유이고, 반드시 결국에 청정하니라."

"세존이시여. 내가 청정한 까닭으로 8승처·9차제정·10변처도 청정합니다."

세존께서 말씀하셨다.

"그와 같으니라. 반드시 결국에 청정한 까닭이니라."

"세존이시여. 무슨 인연으로 내가 청정한 까닭으로 8승처·9차제정·10변처도 청정하고, 이것이 반드시 결국에 청정하다고 설하십니까?"

세존께서 말씀하셨다.

"선현이여. 내가 무소유인 까닭으로 8승처·9차제정·10변처도 무소유이나니, 이것은 반드시 결국에 청정하니라."

"세존이시여. 내가 청정한 까닭으로 4념주도 청정합니다."

세존께서 말씀하셨다.

"그와 같으니라. 반드시 결국에 청정한 까닭이니라."

"세존이시여. 무슨 인연으로 내가 청정한 까닭으로 4념주도 청정하고, 이것이 반드시 결국에 청정하다고 설하십니까?"

세존께서 말씀하셨다.

"선현이여. 내가 무소유인 까닭으로 4념주도 무소유이나니, 이것은 반드시 결국에 청정하니라."

"세존이시여. 내가 청정한 까닭으로 4정단·4신족·5근·5력·7등각지·8성도지도 청정합니다."

세존께서 말씀하셨다.

"그와 같으니라. 반드시 결국에 청정한 까닭이니라."

"세존이시여. 무슨 인연으로 내가 청정한 까닭으로 4정단, 나아가 8성도지도 청정하고, 이것이 반드시 결국에 청정하다고 설하십니까?"

세존께서 말씀하셨다.

"선현이여. 내가 무소유인 까닭으로 4정단, 나아가 8성도지도 무소유이나니, 이것은 반드시 결국에 청정하니라."

"세존이시여. 내가 청정한 까닭으로 공해탈문도 청정합니다."

세존께서 말씀하셨다.

"그와 같으니라. 반드시 결국에 청정한 까닭이니라."

"세존이시여. 무슨 인연으로 내가 청정한 까닭으로 공해탈문도 청정하고, 이것이 반드시 결국에 청정하다고 설하십니까?"

세존께서 말씀하셨다.

"선현이여. 내가 무소유인 까닭으로 공해탈문도 무소유이나니, 이것은 반드시 결국에 청정하니라."

"세존이시여. 내가 청정한 까닭으로 무상·무원해탈문도 청정합니다."

세존께서 말씀하셨다.

"그와 같으니라. 반드시 결국에 청정한 까닭이니라."

"세존이시여. 무슨 인연으로 내가 청정한 까닭으로 무상·무원해탈문도 청정하고, 이것이 반드시 결국에 청정하다고 설하십니까?"

세존께서 말씀하셨다.

"선현이여. 내가 무소유인 까닭으로 무상·무원해탈문도 무소유이나니, 이것은 반드시 결국에 청정하니라."

"세존이시여. 내가 청정한 까닭으로 보살의 10지도 청정합니다."

세존께서 말씀하셨다.

"그와 같으니라. 반드시 결국에 청정한 까닭이니라."

"세존이시여. 무슨 인연으로 내가 청정한 까닭으로 보살의 10지도 청정하고, 이것이 반드시 결국에 청정하다고 설하십니까?"

세존께서 말씀하셨다.

"선현이여. 내가 무소유인 까닭으로 보살의 10지도 무소유이나니, 이것은 반드시 결국에 청정하니라."

마하반야바라밀다경 제287권

35. 찬청정품(讚淸淨品)(3)

"세존이시여. 내가 청정한 까닭으로 5안도 청정합니다."

세존께서 말씀하셨다.

"그와 같으니라. 반드시 결국에 청정한 까닭이니라."

"세존이시여. 무슨 인연으로 내가 청정한 까닭으로 5안도 청정하고, 이것이 반드시 결국에 청정하다고 설하십니까?"

세존께서 말씀하셨다.

"선현이여. 내가 무소유인 까닭으로 5안도 무소유이나니, 이것은 반드시 결국에 청정하니라."

"세존이시여. 내가 청정한 까닭으로 6신통도 청정합니다."

세존께서 말씀하셨다.

"그와 같으니라. 반드시 결국에 청정한 까닭이니라."

"세존이시여. 무슨 인연으로 내가 청정한 까닭으로 6신통도 청정하고, 이것이 반드시 결국에 청정하다고 설하십니까?"

세존께서 말씀하셨다.

"선현이여. 내가 무소유인 까닭으로 6신통도 무소유이나니, 이것은 반드시 결국에 청정하니라."

"세존이시여. 내가 청정한 까닭으로 여래의 10력도 청정합니다."

세존께서 말씀하셨다.

"그와 같으니라. 반드시 결국에 청정한 까닭이니라."

"세존이시여. 무슨 인연으로 내가 청정한 까닭으로 여래의 10력도 청정하고, 이것이 반드시 결국에 청정하다고 설하십니까?"

세존께서 말씀하셨다.

"선현이여. 내가 무소유인 까닭으로 여래의 10력도 무소유이나니, 이것은 반드시 결국에 청정하니라."

"세존이시여. 내가 청정한 까닭으로 4무소외·4무애해·대자·대비·대희·대사·18불불공법도 청정합니다."

세존께서 말씀하셨다.

"그와 같으니라. 반드시 결국에 청정한 까닭이니라."

"세존이시여. 무슨 인연으로 내가 청정한 까닭으로 4무소외, 나아가 18불불공법도 청정하고, 이것이 반드시 결국에 청정하다고 설하십니까?"

세존께서 말씀하셨다.

"선현이여. 내가 무소유인 까닭으로 4무소외, 나아가 18불불공법도 무소유이나니, 이것은 반드시 결국에 청정하니라."

"세존이시여. 내가 청정한 까닭으로 무망실법도 청정합니다."

세존께서 말씀하셨다.

"그와 같으니라. 반드시 결국에 청정한 까닭이니라."

"세존이시여. 무슨 인연으로 내가 청정한 까닭으로 무망실법도 청정하고, 이것이 반드시 결국에 청정하다고 설하십니까?"

세존께서 말씀하셨다.

"선현이여. 내가 무소유인 까닭으로 무망실법도 무소유이나니, 이것은 반드시 결국에 청정하니라."

"세존이시여. 내가 청정한 까닭으로 항주사성도 청정합니다."

세존께서 말씀하셨다.

"그와 같으니라. 반드시 결국에 청정한 까닭이니라."

"세존이시여. 무슨 인연으로 내가 청정한 까닭으로 항주사성도 청정하고, 이것이 반드시 결국에 청정하다고 설하십니까?"

세존께서 말씀하셨다.

"선현이여. 내가 무소유인 까닭으로 항주사성도 무소유이나니, 이것은 반드시 결국에 청정하니라."

"세존이시여. 내가 청정한 까닭으로 일체지도 청정합니다."

세존께서 말씀하셨다.

"그와 같으니라. 반드시 결국에 청정한 까닭이니라."

"세존이시여. 무슨 인연으로 내가 청정한 까닭으로 일체지도 청정하고, 이것이 반드시 결국에 청정하다고 설하십니까?"

세존께서 말씀하셨다.

"선현이여. 내가 무소유인 까닭으로 일체지도 무소유이나니, 이것은 반드시 결국에 청정하니라."

"세존이시여. 내가 청정한 까닭으로 도상지·일체상지도 청정합니다."

세존께서 말씀하셨다.

"그와 같으니라. 반드시 결국에 청정한 까닭이니라."

"세존이시여. 무슨 인연으로 내가 청정한 까닭으로 도상지·일체상지도 청정하고, 이것이 반드시 결국에 청정하다고 설하십니까?"

세존께서 말씀하셨다.

"선현이여. 내가 무소유인 까닭으로 도상지·일체상지도 무소유이나니, 이것은 반드시 결국에 청정하니라."

"세존이시여. 내가 청정한 까닭으로 일체의 다라니문도 청정합니다."

세존께서 말씀하셨다.

"그와 같으니라. 반드시 결국에 청정한 까닭이니라."

"세존이시여. 무슨 인연으로 내가 청정한 까닭으로 일체의 다라니문도 청정하고, 이것이 반드시 결국에 청정하다고 설하십니까?"

세존께서 말씀하셨다.

"선현이여. 내가 무소유인 까닭으로 일체의 다라니문도 무소유이나니, 이것은 반드시 결국에 청정하니라."

"세존이시여. 내가 청정한 까닭으로 일체의 삼마지문도 청정합니다."

세존께서 말씀하셨다.

"그와 같으니라. 반드시 결국에 청정한 까닭이니라."

"세존이시여. 무슨 인연으로 내가 청정한 까닭으로 일체의 삼마지문도 청정하고, 이것이 반드시 결국에 청정하다고 설하십니까?"

세존께서 말씀하셨다.

"선현이여. 내가 무소유인 까닭으로 일체의 삼마지문도 무소유이나니, 이것은 반드시 결국에 청정하니라."

"세존이시여. 내가 청정한 까닭으로 예류과도 청정합니다."

세존께서 말씀하셨다.

"그와 같으니라. 반드시 결국에 청정한 까닭이니라."

"세존이시여. 무슨 인연으로 내가 청정한 까닭으로 예류과도 청정하고, 이것이 반드시 결국에 청정하다고 설하십니까?"

세존께서 말씀하셨다.

"선현이여. 내가 무소유인 까닭으로 예류과도 무소유이나니, 이것은 반드시 결국에 청정하니라."

"세존이시여. 내가 청정한 까닭으로 일래·불환·아라한과도 청정합니다."

세존께서 말씀하셨다.

"그와 같으니라. 반드시 결국에 청정한 까닭이니라."

"세존이시여. 무슨 인연으로 내가 청정한 까닭으로 일래·불환·아라한과도 청정하고, 이것이 반드시 결국에 청정하다고 설하십니까?"

세존께서 말씀하셨다.

"선현이여. 내가 무소유인 까닭으로 일래·불환·아라한과도 무소유이나니, 이것은 반드시 결국에 청정하니라."

"세존이시여. 내가 청정한 까닭으로 독각의 보리도 청정합니다."

세존께서 말씀하셨다.

"그와 같으니라. 반드시 결국에 청정한 까닭이니라."

"세존이시여. 무슨 인연으로 내가 청정한 까닭으로 독각의 보리도 청정하고, 이것이 반드시 결국에 청정하다고 설하십니까?"

세존께서 말씀하셨다.

"선현이여. 내가 무소유인 까닭으로 독각의 보리도 무소유이나니, 이것은 반드시 결국에 청정하니라."

"세존이시여. 내가 청정한 까닭으로 일체의 보살마하살의 행도 청정합니다."

세존께서 말씀하셨다.

"그와 같으니라. 반드시 결국에 청정한 까닭이니라."

"세존이시여. 무슨 인연으로 내가 청정한 까닭으로 일체의 보살마하살의 행도 청정하고, 이것이 반드시 결국에 청정하다고 설하십니까?"

세존께서 말씀하셨다.

"선현이여. 내가 무소유인 까닭으로 일체의 보살마하살의 행도 무소유이나니, 이것은 반드시 결국에 청정하니라."

"세존이시여. 내가 청정한 까닭으로 제불의 무상정등보리도 청정합니다."

세존께서 말씀하셨다.

"그와 같으니라. 반드시 결국에 청정한 까닭이니라."

"세존이시여. 무슨 인연으로 내가 청정한 까닭으로 제불의 무상정등보리도 청정하고, 이것이 반드시 결국에 청정하다고 설하십니까?"

세존께서 말씀하셨다.

"선현이여. 내가 무소유인 까닭으로 제불의 무상정등보리도 무소유이나니, 이것은 반드시 결국에 청정하니라."

"세존이시여. 내가 청정한 까닭으로 일체지지도 청정합니다."

세존께서 말씀하셨다.

"그와 같으니라. 반드시 결국에 청정한 까닭이니라."

"세존이시여. 무슨 인연으로 내가 청정한 까닭으로 일체지지도 청정하고, 이것이 반드시 결국에 청정하다고 설하십니까?"

세존께서 말씀하셨다.

"선현이여. 나는 무상(無相)이고 얻을 수 없으며(無得) 무념(無念)이고 알 수 없는(無知) 까닭으로, 일체지지도 무상이고 얻을 수 없으며 무념이고 알 수 없나니, 이것은 반드시 결국에 청정하니라."

"세존이시여. 무이(無二)이므로 청정하고 얻을 수 없으며 관찰할 수 없습니다."

세존께서 말씀하셨다.

"그와 같으니라. 반드시 결국에 청정한 까닭이니라."

"세존이시여. 무슨 인연으로 무이이므로 청정하며 얻을 수 없고 관찰할 수 없나니, 이것은 반드시 결국에 청정하다고 설하십니까?"

세존께서 말씀하셨다.

"선현이여. 염오(染汚)와 청정함이 없는 까닭으로, 이것은 반드시 결국에 청정하니라."

그때 구수 선현이 세존께 아뢰어 말하였다.

"세존이시여. 내가 무변(無邊)한 까닭으로 색도 무변합니다."

세존께서 말씀하셨다.

"그와 같으니라. 반드시 결국에 청정한 까닭이니라."

"세존이시여. 무슨 인연으로 내가 무변한 까닭으로 색도 무변하고, 이것이 반드시 결국에 청정하다고 설하십니까?"

세존께서 말씀하셨다.

"선현이여. 필경공(畢竟空)으로써 무제공(無際空)인 까닭이나니, 이것은 반드시 결국에 청정하니라."

"세존이시여. 내가 무변한 까닭으로 수·상·행·식도 무변합니다."

세존께서 말씀하셨다.

"그와 같으니라. 반드시 결국에 청정한 까닭이니라."

"세존이시여. 무슨 인연으로 내가 무변한 까닭으로 수·상·행·식도 무변하고, 이것이 반드시 결국에 청정하다고 설하십니까?"

세존께서 말씀하셨다.

"선현이여. 필경공으로써 무제공인 까닭이나니, 이것은 반드시 결국에 청정하니라."

"세존이시여. 내가 무변한 까닭으로 안처도 무변합니다."

세존께서 말씀하셨다.

"그와 같으니라. 반드시 결국에 청정한 까닭이니라."

"세존이시여. 무슨 인연으로 내가 무변한 까닭으로 안처도 무변하고, 이것이 반드시 결국에 청정하다고 설하십니까?"

세존께서 말씀하셨다.

"선현이여. 필경공으로써 무제공인 까닭이나니, 이것은 반드시 결국에 청정하니라."

"세존이시여. 내가 무변한 까닭으로 이·비·설·신·의처도 무변합니다."

세존께서 말씀하셨다.

"그와 같으니라. 반드시 결국에 청정한 까닭이니라."

"세존이시여. 무슨 인연으로 내가 무변한 까닭으로 이·비·설·신·의처도 무변하고, 이것이 반드시 결국에 청정하다고 설하십니까?"

세존께서 말씀하셨다.

"선현이여. 필경공으로써 무제공인 까닭이나니, 이것은 반드시 결국에 청정하니라."

"세존이시여. 내가 무변한 까닭으로 색처도 무변합니다."

세존께서 말씀하셨다.

"그와 같으니라. 반드시 결국에 청정한 까닭이니라."

"세존이시여. 무슨 인연으로 내가 무변한 까닭으로 색처도 무변하고, 이것이 반드시 결국에 청정하다고 설하십니까?"

세존께서 말씀하셨다.

"선현이여. 필경공으로써 무제공인 까닭이나니, 이것은 반드시 결국에 청정하니라."

"세존이시여. 내가 무변한 까닭으로 성·향·미·촉·법처도 무변합니다."

세존께서 말씀하셨다.

"그와 같으니라. 반드시 결국에 청정한 까닭이니라."

"세존이시여. 무슨 인연으로 내가 무변한 까닭으로 성·향·미·촉·법처도 무변하고, 이것이 반드시 결국에 청정하다고 설하십니까?"

세존께서 말씀하셨다.

"선현이여. 필경공으로써 무제공인 까닭이나니, 이것은 반드시 결국에 청정하니라."

"세존이시여. 내가 무변한 까닭으로 안계도 무변합니다."

세존께서 말씀하셨다.

"그와 같으니라. 반드시 결국에 청정한 까닭이니라."

"세존이시여. 무슨 인연으로 내가 무변한 까닭으로 안계도 무변하고, 이것이 반드시 결국에 청정하다고 설하십니까?"

세존께서 말씀하셨다.

"선현이여. 필경공으로써 무제공인 까닭이나니, 이것은 반드시 결국에 청정하니라."

"세존이시여. 내가 무변한 까닭으로 색계·안식계, 나아가 안촉·안촉을 인연으로 생겨난 여러 수도 무변합니다."

세존께서 말씀하셨다.

"그와 같으니라. 반드시 결국에 청정한 까닭이니라."

"세존이시여. 무슨 인연으로 내가 무변한 까닭으로 색계, 나아가 안촉을 인연으로 생겨난 여러 수도 무변하고, 이것이 반드시 결국에 청정하다고 설하십니까?"

세존께서 말씀하셨다.

"선현이여. 필경공으로써 무제공인 까닭이나니, 이것은 반드시 결국에 청정하니라."

"세존이시여. 내가 무변한 까닭으로 이계도 무변합니다."

세존께서 말씀하셨다.

"그와 같으니라. 반드시 결국에 청정한 까닭이니라."

"세존이시여. 무슨 인연으로 내가 무변한 까닭으로 이계도 무변하고, 이것이 반드시 결국에 청정하다고 설하십니까?"

세존께서 말씀하셨다.

"선현이여. 필경공으로써 무제공인 까닭이나니, 이것은 반드시 결국에 청정하니라."

"세존이시여. 내가 무변한 까닭으로 성계·이식계, 나아가 이촉·이촉을 인연으로 생겨난 여러 수도 무변합니다."

세존께서 말씀하셨다.

"그와 같으니라. 반드시 결국에 청정한 까닭이니라."

"세존이시여. 무슨 인연으로 내가 무변한 까닭으로 성계, 나아가 이촉을 인연으로 생겨난 여러 수도 무변하고, 이것이 반드시 결국에 청정하다고 설하십니까?"

세존께서 말씀하셨다.

"선현이여. 필경공으로써 무제공인 까닭이나니, 이것은 반드시 결국에 청정하니라."

"세존이시여. 내가 무변한 까닭으로 비계도 무변합니다."

세존께서 말씀하셨다.

"그와 같으니라. 반드시 결국에 청정한 까닭이니라."

"세존이시여. 무슨 인연으로 내가 무변한 까닭으로 비계도 무변하고, 이것이 반드시 결국에 청정하다고 설하십니까?"

세존께서 말씀하셨다.

"선현이여. 필경공으로써 무제공인 까닭이나니, 이것은 반드시 결국에 청정하니라."

"세존이시여. 내가 무변한 까닭으로 향계·비식계, 나아가 비촉·비촉을 인연으로 생겨난 여러 수도 무변합니다."

세존께서 말씀하셨다.

"그와 같으니라. 반드시 결국에 청정한 까닭이니라."

"세존이시여. 무슨 인연으로 내가 무변한 까닭으로 향계, 나아가 비촉을 인연으로 생겨난 여러 수도 무변하고, 이것이 반드시 결국에 청정하다고 설하십니까?"

세존께서 말씀하셨다.

"선현이여. 필경공으로써 무제공인 까닭이나니, 이것은 반드시 결국에 청정하니라."

"세존이시여. 내가 무변한 까닭으로 설계도 무변합니다."

세존께서 말씀하셨다.

"그와 같으니라. 반드시 결국에 청정한 까닭이니라."

"세존이시여. 무슨 인연으로 내가 무변한 까닭으로 설계도 무변하고, 이것이 반드시 결국에 청정하다고 설하십니까?"

세존께서 말씀하셨다.

"선현이여. 필경공으로써 무제공인 까닭이나니, 이것은 반드시 결국에 청정하니라."

"세존이시여. 내가 무변한 까닭으로 미계·설식계, 나아가 설촉·설촉을 인연으로 생겨난 여러 수도 무변합니다."

세존께서 말씀하셨다.

"그와 같으니라. 반드시 결국에 청정한 까닭이니라."

"세존이시여. 무슨 인연으로 내가 무변한 까닭으로 미계, 나아가 설촉을 인연으로 생겨난 여러 수도 무변하고, 이것이 반드시 결국에 청정하다고 설하십니까?"

세존께서 말씀하셨다.

"선현이여. 필경공으로써 무제공인 까닭이나니, 이것은 반드시 결국에 청정하니라."

"세존이시여. 내가 무변한 까닭으로 신계도 무변합니다."

세존께서 말씀하셨다.

"그와 같으니라. 반드시 결국에 청정한 까닭이니라."

"세존이시여. 무슨 인연으로 내가 무변한 까닭으로 신계도 무변하고, 이것이 반드시 결국에 청정하다고 설하십니까?"

세존께서 말씀하셨다.

"선현이여. 필경공으로써 무제공인 까닭이나니, 이것은 반드시 결국에 청정하니라."

"세존이시여. 내가 무변한 까닭으로 촉계·신식계, 나아가 신촉·신촉을 인연으로 생겨난 여러 수도 무변합니다."

세존께서 말씀하셨다.

"그와 같으니라. 반드시 결국에 청정한 까닭이니라."

"세존이시여. 무슨 인연으로 내가 무변한 까닭으로 촉계, 나아가 신촉을 인연으로 생겨난 여러 수도 무변하고, 이것이 반드시 결국에 청정하다고 설하십니까?"

세존께서 말씀하셨다.

"선현이여. 필경공으로써 무제공인 까닭이나니, 이것은 반드시 결국에 청정하니라."

"세존이시여. 내가 무변한 까닭으로 의계도 무변합니다."

세존께서 말씀하셨다.

"그와 같으니라. 반드시 결국에 청정한 까닭이니라."

"세존이시여. 무슨 인연으로 내가 무변한 까닭으로 의계도 무변하고, 이것이 반드시 결국에 청정하다고 설하십니까?"

세존께서 말씀하셨다.

"선현이여. 필경공으로써 무제공인 까닭이나니, 이것은 반드시 결국에 청정하니라."

"세존이시여. 내가 무변한 까닭으로 법계·의식계, 나아가 의촉·의촉을 인연으로 생겨난 여러 수도 무변합니다."

세존께서 말씀하셨다.

"그와 같으니라. 반드시 결국에 청정한 까닭이니라."

"세존이시여. 무슨 인연으로 내가 무변한 까닭으로 법계, 나아가 의촉을 인연으로 생겨난 여러 수도 무변하고, 이것이 반드시 결국에 청정하다고 설하십니까?"

세존께서 말씀하셨다.

"선현이여. 필경공으로써 무제공인 까닭이나니, 이것은 반드시 결국에 청정하니라."

"세존이시여. 내가 무변한 까닭으로 지계도 무변합니다."

세존께서 말씀하셨다.

"그와 같으니라. 반드시 결국에 청정한 까닭이니라."

"세존이시여. 무슨 인연으로 내가 무변한 까닭으로 지계도 무변하고, 이것이 반드시 결국에 청정하다고 설하십니까?"

세존께서 말씀하셨다.

"선현이여. 필경공으로써 무제공인 까닭이나니, 이것은 반드시 결국에 청정하니라."

"세존이시여. 내가 무변한 까닭으로 수·화·풍·공·식계도 무변합니다."

세존께서 말씀하셨다.

"그와 같으니라. 반드시 결국에 청정한 까닭이니라."

"세존이시여. 무슨 인연으로 내가 무변한 까닭으로 수·화·풍·공·식계도 무변하고, 이것이 반드시 결국에 청정하다고 설하십니까?"

세존께서 말씀하셨다.

"선현이여. 필경공으로써 무제공인 까닭이나니, 이것은 반드시 결국에 청정하니라."

"세존이시여. 내가 무변한 까닭으로 무명도 무변합니다."

세존께서 말씀하셨다.

"그와 같으니라. 반드시 결국에 청정한 까닭이니라."

"세존이시여. 무슨 인연으로 내가 무변한 까닭으로 무명도 무변하고, 이것이 반드시 결국에 청정하다고 설하십니까?"

세존께서 말씀하셨다.

"선현이여. 필경공으로써 무제공인 까닭이나니, 이것은 반드시 결국에 청정하니라."

"세존이시여. 내가 무변한 까닭으로 행·식·명색·육처·촉·수·애·취·유·생·노사의 수탄고우뇌도 무변합니다."

세존께서 말씀하셨다.

"그와 같으니라. 반드시 결국에 청정한 까닭이니라."

"세존이시여. 무슨 인연으로 내가 무변한 까닭으로 행, 나아가 노사의 수탄고우뇌도 무변하고, 이것이 반드시 결국에 청정하다고 설하십니까?"

세존께서 말씀하셨다.

"선현이여. 필경공으로써 무제공인 까닭이나니, 이것은 반드시 결국에 청정하니라."

"세존이시여. 내가 무변한 까닭으로 보시바라밀다도 무변합니다."

세존께서 말씀하셨다.

"그와 같으니라. 반드시 결국에 청정한 까닭이니라."

"세존이시여. 무슨 인연으로 내가 무변한 까닭으로 보시바라밀다도 무변하고, 이것이 반드시 결국에 청정하다고 설하십니까?"

세존께서 말씀하셨다.

"선현이여. 필경공으로써 무제공인 까닭이나니, 이것은 반드시 결국에 청정하니라."

"세존이시여. 내가 무변한 까닭으로 정계·안인·정진·정려·반야바라밀다도 무변합니다."

세존께서 말씀하셨다.

"그와 같으니라. 반드시 결국에 청정한 까닭이니라."

"세존이시여. 무슨 인연으로 내가 무변한 까닭으로 정계, 나아가 반야바라밀다도 무변하고, 이것이 반드시 결국에 청정하다고 설하십니까?"

세존께서 말씀하셨다.

"선현이여. 필경공으로써 무제공인 까닭이나니, 이것은 반드시 결국에 청정하니라."

"세존이시여. 내가 무변한 까닭으로 내공도 무변합니다."

세존께서 말씀하셨다.

"그와 같으니라. 반드시 결국에 청정한 까닭이니라."

"세존이시여. 무슨 인연으로 내가 무변한 까닭으로 내공도 무변하고, 이것이 반드시 결국에 청정하다고 설하십니까?"

세존께서 말씀하셨다.

"선현이여. 필경공으로써 무제공인 까닭이나니, 이것은 반드시 결국에 청정하니라."

"세존이시여. 내가 무변한 까닭으로 외공·내외공·공공·대공·승의공·유위공·무위공·필경공·무제공·산공·무변이공·본성공·자상공·공상공·일체법공·불가득공·무성공·자성공·무성자성공도 무변합니다."

세존께서 말씀하셨다.

"그와 같으니라. 반드시 결국에 청정한 까닭이니라."

"세존이시여. 무슨 인연으로 내가 무변한 까닭으로 외공, 나아가 무성자성공도 무변하고, 이것이 반드시 결국에 청정하다고 설하십니까?"

세존께서 말씀하셨다.

"선현이여. 필경공으로써 무제공인 까닭이나니, 이것은 반드시 결국에 청정하니라."

세존이시여. 내가 무변한 까닭으로 진여도 무변합니다."

세존께서 말씀하셨다.

"그와 같으니라. 반드시 결국에 청정한 까닭이니라."

"세존이시여. 무슨 인연으로 내가 무변한 까닭으로 진여도 무변하고, 이것이 반드시 결국에 청정하다고 설하십니까?"

세존께서 말씀하셨다.

"선현이여. 필경공으로써 무제공인 까닭이나니, 이것은 반드시 결국에 청정하니라."

"세존이시여. 내가 무변한 까닭으로 법계·법성·불허망성·불변이성·평등성·이생성·법정·법주·실제·허공계·부사의계도 무변합니다."

세존께서 말씀하셨다.

"그와 같으니라. 반드시 결국에 청정한 까닭이니라."

"세존이시여. 무슨 인연으로 내가 무변한 까닭으로 법계, 나아가 부사의계도 무변하고, 이것이 반드시 결국에 청정하다고 설하십니까?"

세존께서 말씀하셨다.

"선현이여. 필경공으로써 무제공인 까닭이나니, 이것은 반드시 결국에

청정하니라."

세존이시여. 내가 무변한 까닭으로 고성제도 무변합니다."

세존께서 말씀하셨다.

"그와 같으니라. 반드시 결국에 청정한 까닭이니라."

"세존이시여. 무슨 인연으로 내가 무변한 까닭으로 고성제도 무변하고, 이것이 반드시 결국에 청정하다고 설하십니까?"

세존께서 말씀하셨다.

"선현이여. 필경공으로써 무제공인 까닭이나니, 이것은 반드시 결국에 청정하니라."

"세존이시여. 내가 무변한 까닭으로 집·멸·도성제도 무변합니다."

세존께서 말씀하셨다.

"그와 같으니라. 반드시 결국에 청정한 까닭이니라."

"세존이시여. 무슨 인연으로 내가 무변한 까닭으로 집·멸·도성제도 무변하고, 이것이 반드시 결국에 청정하다고 설하십니까?"

세존께서 말씀하셨다.

"선현이여. 필경공으로써 무제공인 까닭이나니, 이것은 반드시 결국에 청정하니라."

세존이시여. 내가 무변한 까닭으로 4정려도 무변합니다."

세존께서 말씀하셨다.

"그와 같으니라. 반드시 결국에 청정한 까닭이니라."

"세존이시여. 무슨 인연으로 내가 무변한 까닭으로 4정려도 무변하고, 이것이 반드시 결국에 청정하다고 설하십니까?"

세존께서 말씀하셨다.

"선현이여. 필경공으로써 무제공인 까닭이나니, 이것은 반드시 결국에 청정하니라."

"세존이시여. 내가 무변한 까닭으로 4무량·4무색정도 무변합니다."

세존께서 말씀하셨다.

"그와 같으니라. 반드시 결국에 청정한 까닭이니라."

"세존이시여. 무슨 인연으로 내가 무변한 까닭으로 4무량·4무색정도 무변하고, 이것이 반드시 결국에 청정하다고 설하십니까?"

세존께서 말씀하셨다.

"선현이여. 필경공으로써 무제공인 까닭이나니, 이것은 반드시 결국에 청정하니라."

세존이시여. 내가 무변한 까닭으로 8해탈도 무변합니다."

세존께서 말씀하셨다.

"그와 같으니라. 반드시 결국에 청정한 까닭이니라."

"세존이시여. 무슨 인연으로 내가 무변한 까닭으로 8해탈도 무변하고, 이것이 반드시 결국에 청정하다고 설하십니까?"

세존께서 말씀하셨다.

"선현이여. 필경공으로써 무제공인 까닭이나니, 이것은 반드시 결국에 청정하니라."

"세존이시여. 내가 무변한 까닭으로 8승처·9차제정·10변처도 무변합니다."

세존께서 말씀하셨다.

"그와 같으니라. 반드시 결국에 청정한 까닭이니라."

"세존이시여. 무슨 인연으로 내가 무변한 까닭으로 8승처·9차제정·10변처도 무변하고, 이것이 반드시 결국에 청정하다고 설하십니까?"

세존께서 말씀하셨다.

"선현이여. 필경공으로써 무제공인 까닭이나니, 이것은 반드시 결국에 청정하니라."

세존이시여. 내가 무변한 까닭으로 4념주도 무변합니다."

세존께서 말씀하셨다.

"그와 같으니라. 반드시 결국에 청정한 까닭이니라."

"세존이시여. 무슨 인연으로 내가 무변한 까닭으로 4념주도 무변하고, 이것이 반드시 결국에 청정하다고 설하십니까?"

세존께서 말씀하셨다.

"선현이여. 필경공으로써 무제공인 까닭이나니, 이것은 반드시 결국에 청정하니라."

"세존이시여. 내가 무변한 까닭으로 4정단·4신족·5근·5력·7등각지·8성도지도 무변합니다."

세존께서 말씀하셨다.

"그와 같으니라. 반드시 결국에 청정한 까닭이니라."

"세존이시여. 무슨 인연으로 내가 무변한 까닭으로 4정단, 나아가 8성도지도 무변하고, 이것이 반드시 결국에 청정하다고 설하십니까?"

세존께서 말씀하셨다.

"선현이여. 필경공으로써 무제공인 까닭이나니, 이것은 반드시 결국에 청정하니라."

세존이시여. 내가 무변한 까닭으로 공해탈문도 무변합니다."

세존께서 말씀하셨다.

"그와 같으니라. 반드시 결국에 청정한 까닭이니라."

"세존이시여. 무슨 인연으로 내가 무변한 까닭으로 공해탈문도 무변하고, 이것이 반드시 결국에 청정하다고 설하십니까?"

세존께서 말씀하셨다.

"선현이여. 필경공으로써 무제공인 까닭이나니, 이것은 반드시 결국에 청정하니라."

"세존이시여. 내가 무변한 까닭으로 무상·무원해탈문도 무변합니다."

세존께서 말씀하셨다.

"그와 같으니라. 반드시 결국에 청정한 까닭이니라."

"세존이시여. 무슨 인연으로 내가 무변한 까닭으로 무상·무원해탈문도 무변하고, 이것이 반드시 결국에 청정하다고 설하십니까?"

세존께서 말씀하셨다.

"선현이여. 필경공으로써 무제공인 까닭이나니, 이것은 반드시 결국에 청정하니라."

세존이시여. 내가 무변한 까닭으로 보살의 10지도 무변합니다."

세존께서 말씀하셨다.

"그와 같으니라. 반드시 결국에 청정한 까닭이니라."

"세존이시여. 무슨 인연으로 내가 무변한 까닭으로 보살의 10지도 무변하고, 이것이 반드시 결국에 청정하다고 설하십니까?"

세존께서 말씀하셨다.

"선현이여. 필경공으로써 무제공인 까닭이나니, 이것은 반드시 결국에 청정하니라."

"세존이시여. 내가 무변한 까닭으로 5안도 무변합니다."

세존께서 말씀하셨다.

"그와 같으니라. 반드시 결국에 청정한 까닭이니라."

"세존이시여. 무슨 인연으로 내가 무변한 까닭으로 5안도 무변하고, 이것이 반드시 결국에 청정하다고 설하십니까?"

세존께서 말씀하셨다.

"선현이여. 필경공으로써 무제공인 까닭이나니, 이것은 반드시 결국에 청정하니라."

"세존이시여. 내가 무변한 까닭으로 6신통도 무변합니다."

세존께서 말씀하셨다.

"그와 같으니라. 반드시 결국에 청정한 까닭이니라."

"세존이시여. 무슨 인연으로 내가 무변한 까닭으로 6신통도 무변하고, 이것이 반드시 결국에 청정하다고 설하십니까?"

세존께서 말씀하셨다.

"선현이여. 필경공으로써 무제공인 까닭이나니, 이것은 반드시 결국에 청정하니라."

"세존이시여. 내가 무변한 까닭으로 여래의 10력도 무변합니다."

세존께서 말씀하셨다.

"그와 같으니라. 반드시 결국에 청정한 까닭이니라."

"세존이시여. 무슨 인연으로 내가 무변한 까닭으로 여래의 10력도 무변하고, 이것이 반드시 결국에 청정하다고 설하십니까?"

세존께서 말씀하셨다.

"선현이여. 필경공으로써 무제공인 까닭이나니, 이것은 반드시 결국에 청정하니라."

"세존이시여. 내가 무변한 까닭으로 4무소외·4무애해·대자·대비·대희·대사·18불불공법도 무변합니다."

세존께서 말씀하셨다.

"그와 같으니라. 반드시 결국에 청정한 까닭이니라."

"세존이시여. 무슨 인연으로 내가 무변한 까닭으로 4무소외·4무애해·대자·대비·대희·대사·18불불공법도 무변하고, 이것이 반드시 결국에 청정하다고 설하십니까?"

세존께서 말씀하셨다.

"선현이여. 필경공으로써 무제공인 까닭이나니, 이것은 반드시 결국에 청정하니라."

"세존이시여. 내가 무변한 까닭으로 무망실법도 무변합니다."

세존께서 말씀하셨다.

"그와 같으니라. 반드시 결국에 청정한 까닭이니라."

"세존이시여. 무슨 인연으로 내가 무변한 까닭으로 무망실법도 무변하고, 이것이 반드시 결국에 청정하다고 설하십니까?"

세존께서 말씀하셨다.

"선현이여. 필경공으로써 무제공인 까닭이나니, 이것은 반드시 결국에 청정하니라."

"세존이시여. 내가 무변한 까닭으로 항주사성도 무변합니다."

세존께서 말씀하셨다.

"그와 같으니라. 반드시 결국에 청정한 까닭이니라."

"세존이시여. 무슨 인연으로 내가 무변한 까닭으로 항주사성도 무변하고, 이것이 반드시 결국에 청정하다고 설하십니까?"

세존께서 말씀하셨다.

"선현이여. 필경공으로써 무제공인 까닭이나니, 이것은 반드시 결국에

청정하니라."

"세존이시여. 내가 무변한 까닭으로 일체지도 무변합니다."

세존께서 말씀하셨다.

"그와 같으니라. 반드시 결국에 청정한 까닭이니라."

"세존이시여. 무슨 인연으로 내가 무변한 까닭으로 일체지도 무변하고, 이것이 반드시 결국에 청정하다고 설하십니까?"

세존께서 말씀하셨다.

"선현이여. 필경공으로써 무제공인 까닭이나니, 이것은 반드시 결국에 청정하니라."

"세존이시여. 내가 무변한 까닭으로 도상지·일체상지도 무변합니다."

세존께서 말씀하셨다.

"그와 같으니라. 반드시 결국에 청정한 까닭이니라."

"세존이시여. 무슨 인연으로 내가 무변한 까닭으로 도상지·일체상지도 무변하고, 이것이 반드시 결국에 청정하다고 설하십니까?"

세존께서 말씀하셨다.

"선현이여. 필경공으로써 무제공인 까닭이나니, 이것은 반드시 결국에 청정하니라."

"세존이시여. 내가 무변한 까닭으로 일체의 다라니문도 무변합니다."

세존께서 말씀하셨다.

"그와 같으니라. 반드시 결국에 청정한 까닭이니라."

"세존이시여. 무슨 인연으로 내가 무변한 까닭으로 일체의 다라니문도 무변하고, 이것이 반드시 결국에 청정하다고 설하십니까?"

세존께서 말씀하셨다.

"선현이여. 필경공으로써 무제공인 까닭이나니, 이것은 반드시 결국에 청정하니라."

"세존이시여. 내가 무변한 까닭으로 일체의 삼마지문도 무변합니다."

세존께서 말씀하셨다.

"그와 같으니라. 반드시 결국에 청정한 까닭이니라."

“세존이시여. 무슨 인연으로 내가 무변한 까닭으로 일체의 삼마지문도 무변하고, 이것이 반드시 결국에 청정하다고 설하십니까?”

세존께서 말씀하셨다.

“선현이여. 필경공으로써 무제공인 까닭이나니, 이것은 반드시 결국에 청정하니라.”

“세존이시여. 내가 무변한 까닭으로 예류과도 무변합니다.”

세존께서 말씀하셨다.

“그와 같으니라. 반드시 결국에 청정한 까닭이니라.”

“세존이시여. 무슨 인연으로 내가 무변한 까닭으로 예류과도 무변하고, 이것이 반드시 결국에 청정하다고 설하십니까?”

세존께서 말씀하셨다.

“선현이여. 필경공으로써 무제공인 까닭이나니, 이것은 반드시 결국에 청정하니라.”

“세존이시여. 내가 무변한 까닭으로 일래·불환·아라한과도 무변합니다.”

세존께서 말씀하셨다.

“그와 같으니라. 반드시 결국에 청정한 까닭이니라.”

“세존이시여. 무슨 인연으로 내가 무변한 까닭으로 일래·불환·아라한과도 무변하고, 이것이 반드시 결국에 청정하다고 설하십니까?”

세존께서 말씀하셨다.

“선현이여. 필경공으로써 무제공인 까닭이나니, 이것은 반드시 결국에 청정하니라.”

“세존이시여. 내가 무변한 까닭으로 독각의 보리도 무변합니다.”

세존께서 말씀하셨다.

“그와 같으니라. 반드시 결국에 청정한 까닭이니라.”

“세존이시여. 무슨 인연으로 내가 무변한 까닭으로 독각의 보리도 무변하고, 이것이 반드시 결국에 청정하다고 설하십니까?”

세존께서 말씀하셨다.

“선현이여. 필경공으로써 무제공인 까닭이나니, 이것은 반드시 결국에

청정하니라."

"세존이시여. 내가 무변한 까닭으로 일체의 보살마하살의 행도 무변합니다."

세존께서 말씀하셨다.

"그와 같으니라. 반드시 결국에 청정한 까닭이니라."

"세존이시여. 무슨 인연으로 내가 무변한 까닭으로 일체의 보살마하살의 행도 무변하고, 이것이 반드시 결국에 청정하다고 설하십니까?"

세존께서 말씀하셨다.

"선현이여. 필경공으로써 무제공인 까닭이나니, 이것은 반드시 결국에 청정하니라."

"세존이시여. 내가 무변한 까닭으로 제불의 무상정등보리도 무변합니다."

세존께서 말씀하셨다.

"그와 같으니라. 반드시 결국에 청정한 까닭이니라."

"세존이시여. 무슨 인연으로 내가 무변한 까닭으로 제불의 무상정등보리도 무변하고, 이것이 반드시 결국에 청정하다고 설하십니까?"

세존께서 말씀하셨다.

"선현이여. 필경공으로써 무제공인 까닭이나니, 이것은 반드시 결국에 청정하니라."

그때 선현이 다시 세존께 아뢰어 말하였다.

"세존이시여. 만약 보살마하살이 능히 이와 같이 깨달아서 안다면, 이것이 보살마하살의 반야바라밀다입니다."

세존께서 말씀하셨다.

"그와 같으니라. 반드시 결국에 청정한 까닭이니라."

"세존이시여. 무슨 인연으로 만약 보살마하살이 능히 이와 같이 깨달아서 안다면, 이것이 보살마하살의 반야바라밀다이며, 반드시 구경의 청정함으로 나아간다고 설하십니까?"

"선현이여. 필경공으로써 무제공인 까닭이나니, 도상지(道相智)를 성취하느니라."

"세존이시여. 만약 보살마하살이 반야바라밀다를 수행하면서 차안(此岸)[1]에 안주하지 않고 피안(彼岸)[2]에도 안주하지 않으며 중류(中流)에도 안주하지 않는다면, 이것이 보살마하살의 반야바라밀다입니다."

세존께서 말씀하셨다.

"그와 같으니라. 반드시 결국에 청정한 까닭이니라."

"세존이시여. 무슨 인연으로 만약 보살마하살이 반야바라밀다를 수행하면서 차안(此岸)에 안주하지 않고 피안(彼岸)에도 안주하지 않으며 중류(中流)에도 안주하지 않는다면, 이것이 보살마하살의 반야바라밀다이며 반드시 구경의 청정함으로 나아간다고 설하십니까?"

"선현이여. 3세(三世)의 법성(法性)으로써 평등(平等)한 까닭이나니, 도상지를 성취하느니라."

36. 착불착상품(着不着相品)(1)

그때 구수 선현이 세존께 아뢰어 말하였다.

"세존이시여. 보살승(菩薩乘)에 안주(安住)하는 여러 선남자와 선여인 등이 만약 방편선교(方便善巧)가 없으나, 이 반야바라밀다에 대하여 반야바라밀다라는 생각을 일으킨다면, 얻을 수 있는 것(有所得)으로써 방편으로 삼는 까닭으로 매우 깊은 반야바라밀다를 포기하고 버리면서 멀리 벗어납니다."

세존께서 말씀하셨다.

---

1) 생사를 윤회하는 고통스러운 현실의 세계를 가리킨다.
2) 산스크리트어 pāramitā의 번역이고, '열반의 세계' 또는 '생사를 해탈한 세계'를 가리킨다.

"선현이여. 옳도다(善哉). 옳도다. 그와 같으니라. 그와 같으니라. 그대가 말하는 것과 같이, 그 선남자와 선여인 등이 이 반야바라밀다에서 명자(名字)에 집착하고 상(相)에 집착하는 이러한 까닭으로, 이것을 포기하고 버리면서 멀리 벗어나느니라."

구수 선현이 다시 세존께 아뢰어 말하였다.

"세존이시여. 무엇이 그 선남자와 선여인 등이 이 반야바라밀다에서 명자에 집착하고 상에 집착하는 것입니까?"

세존께서 말씀하셨다.

"선현이여. 그 선남자와 선여인 등이 이 반야바라밀다에서 명자를 취(取)하고 상을 취하며, 명자와 상을 취하고서 반야바라밀다에 탐착(耽着)하므로 능히 실상(實相)의 반야(般若)를 증득하지 못하나니, 이러한 까닭으로 그 부류들은 매우 깊은 반야바라밀다를 포기하고 버리며 멀리 벗어나느니라.

다시 다음으로 선현이여. 보살승에 안주하는 그 선남자와 선여인 등이 방편선교가 없으나, 이 반야바라밀다에서 명자를 취하고 상을 취하며, 명자와 상을 취하고서 이 반야바라밀다에 의지하고 교만(憍慢)한 마음이 생겨나므로 능히 실상의 반야를 증득하지 못하나니, 이러한 까닭으로 그 부류들은 매우 깊은 반야바라밀다를 포기하고 버리면서 멀리 벗어나느니라.

다시 다음으로 선현이여. 보살승에 안주하는 그 선남자와 선여인 등이 방편선교가 있고 얻을 수 없는 것(無所得)으로써 방편으로 삼는다면, 이 반야바라밀다의 이름과 모양을 취하지도 않고 탐착을 일으키지도 않으며 교만한 마음이 생겨나지 않으므로 곧 능히 실상의 반야를 증득하나니, 마땅히 알라. 이러한 부류들은 매우 깊은 반야바라밀다를 포기하고 버리면서 멀리 벗어나지 않는다고 이름하느니라."

구수 선현이 곧 세존께 아뢰어 말하였다.

"매우 기이(奇異)합니다. 세존이시여. 선(善)한 보살마하살의 대중들을 위하여 이 반야바라밀다에 집착하거나, 집착하지 않는 상을 열어서 보여주셨고 분별하여 주셨습니다."

그때 구수 사리자가 구수 선현에게 물어 말하였다.
"보살마하살이 반야바라밀다를 수행하는 때에 무엇을 집착하거나 집착하지 않는 상이라고 말합니까?"
선현이 대답하여 말하였다.
"사리자여. 보살승에 안주하는 여러 선남자와 선여인 등이 만약 방편선교가 없으나 반야바라밀다를 수행하는 때라면, 색(色)에서 공(空)하다고 말하고 공하다는 생각을 일으키면서 집착하며, 수(受)·상(想)·행(行)·식(識)에서 공하다고 말하고 공하다는 생각을 일으키면서 집착합니다. 만약 안처(眼處)에서 공하다고 말하고 공하다는 생각을 일으키면서 집착하며, 이(耳)·비(鼻)·설(舌)·신(身)·의처(意處)에서 공하다고 말하고 공하다는 생각을 일으키면서 집착합니다.

만약 색처(色處)에서 공하다고 말하고 공하다는 생각을 일으키면서 집착하며, 성(聲)·향(香)·미(味)·촉(觸)·법처(法處)에서라도 공하다고 말하고 공하다는 생각을 일으키면서 집착합니다. 만약 안계(眼界)에서 공하다고 말하고 공하다는 생각을 일으키면서 집착하며, 색계(色界)·안식계(眼識界), …… 나아가 …… 안촉(眼觸)·안촉을 인연으로 생겨나는 여러 수(受)에서 공하다고 말하고 공하다는 생각을 일으키면서 집착합니다.

만약 이계(耳界)에서 공하다고 말하고 공하다는 생각을 일으키면서 집착하며, 성계(聲界)·이식계(耳識界), …… 나아가 …… 이촉(耳觸)·이촉을 인연으로 생겨나는 여러 수에서 공하다고 말하고 공하다는 생각을 일으키면서 집착합니다. 만약 비계(鼻界)에서 공하다고 말하고 공하다는 생각을 일으키면서 집착하며, 향계(香界)·비식계(鼻識界), …… 나아가 …… 비촉(鼻觸)·비촉을 인연으로 생겨나는 여러 수에서 공하다고 말하고 공하다는 생각을 일으키면서 집착합니다.

만약 설계(舌界)에서 공하다고 말하고 공하다는 생각을 일으키면서 집착하며, 미계(味界)·설식계(舌識界), …… 나아가 …… 설촉(舌觸)·설촉을 인연으로 생겨나는 여러 수에서 공하다고 말하고 공하다는 생각을 일으키면서 집착합니다. 만약 신계(身界)에서 공하다고 말하고 공하다는 생각을 일으키면서 집착하며, 촉계(觸界)·신식계(身識界), …… 나아가 …… 신촉(身觸)·신촉을 인연으로 생겨나는 여러 수에서 공하다고 말하고 공하다는 생각을 일으키면서 집착합니다.

만약 의계(意界)에서 공하다고 말하고 공하다는 생각을 일으키면서 집착하며, 법계(法界)·의식계(意識界), …… 나아가 …… 의촉(意觸)·의촉을 인연으로 생겨나는 여러 수에서 공하다고 말하고 공하다는 생각을 일으키면서 집착합니다. 만약 지계(地界)에서 공하다고 말하고 공하다는 생각을 일으키면서 집착하며, 수(水)·화(火)·풍(風)·공(空)·식계(識界)에서 공하다고 말하고 공하다는 생각을 일으키면서 집착합니다.

만약 무명(無明)에서 공하다고 말하고 공하다는 생각을 일으키면서 집착하며, 행(行)·식(識)·명색(名色)·육처(六處)·촉(觸)·수(受)·애(愛)·취(取)·유(有)·생(生)·노사(老死)의 수탄고우뇌(愁歎苦憂惱)에서 공하다고 말하고 공하다는 생각을 일으키면서 집착합니다. 만약 보시바라밀다(布施波羅蜜多)에서 공하다고 말하고 공하다는 생각을 일으키면서 집착하며, 정계(淨戒)·안인(安忍)·정진(精進)·정려(靜慮)·반야바라밀다(般若波羅蜜多)에서 공하다고 말하고 공하다는 생각을 일으키면서 집착합니다.

만약 내공(內空)에서 공하다고 말하고 공하다는 생각을 일으키면서 집착하며, 외공(外空)·내외공(內外空)·공공(空空)·대공(大空)·승의공(勝義空)·유위공(有爲空)·무위공(無爲空)·필경공(畢竟空)·무제공(無際空)·산공(散空)·무변이공(無變異空)·본성공(本性空)·자상공(自相空)·공상공(共相空)·일체법공(一切法空)·불가득공(不可得空)·무성공(無性空)·자성공(自性空)·무성자성공(無性自性空)에서 공하다고 말하고 공하다는 생각을 일으키면서 집착합니다.

만약 진여(眞如)에서 공하다고 말하고 공하다는 생각을 일으키면서 집착하며, 법계(法界)·법성(法性)·불허망성(不虛妄性)·불변이성(不變異性)·평등성(平等性)·이생성(離生性)·법정(法定)·법주(法住)·실제(實際)·

허공계(虛空界)·부사의계(不思議界)에서 공하다고 말하고 공하다는 생각을 일으키면서 집착합니다. 만약 고성제(苦聖諦)에서 공하다고 말하고 공하다는 생각을 일으키면서 집착하며, 집(集)·멸(滅)·도성제(道聖諦)에서 공하다고 말하고 공하다는 생각을 일으키면서 집착합니다.

만약 4정려(四靜慮)에서도 공하다고 말하고 공하다는 생각을 일으키면서 집착하며, 4무량(四無量)·4무색정(四無色定)에서 공하다고 말하고 공하다는 생각을 일으키면서 집착합니다. 만약 8해탈(八解脫)에서 공하다고 말하고 공하다는 생각을 일으키면서 집착하며, 8승처(八勝處)·9차제정(九次第定)·10변처(十遍處)에서 공하다고 말하고 공하다는 생각을 일으키면서 집착합니다.

만약 4념주(四念住)에서도 공하다고 말하고 공하다는 생각을 일으키면서 집착하며, 4정단(四正斷)·4신족(四神足)·5근(五根)·5력(五力)·7등각지(七等覺支)·8성도지(八聖道支)에서 공하다고 말하고 공하다는 생각을 일으키면서 집착합니다. 만약 공해탈문(空解脫門)에서 공하다고 말하고, 공하다는 생각을 일으키면서 집착하며, 무상(無相)·무원해탈문(無願解脫門)에서라도 공하다고 말하고 공하다는 생각을 일으키면서 집착합니다. 만약 보살(菩薩)의 10지(十地)에서 공하다고 말하고 공하다는 생각을 일으키면서 집착합니다.

만약 5안(五眼)에서 공하다고 말하고 공하다는 생각을 일으키면서 집착하며, 6신통(六神通)에서 공하다고 말하고 공하다는 생각을 일으키면서 집착합니다. 만약 여래(佛)의 10력(十力)에서 공하다고 말하고 공하다는 생각을 일으키면서 집착하며, 4무소외(四無所畏)·4무애해(四無礙解)·대자(大慈)·대비(大悲)·대희(大喜)·대사(大捨)·18불불공법(十八佛不共法)에서 공하다고 말하고 공하다는 생각을 일으키면서 집착합니다.

만약 무망실법(無忘失法)에서 공하다고 말하고 공하다는 생각을 일으키면서 집착하며, 항주사성(恒住捨性)에서 공하다고 말하고 공하다는 생각을 일으키면서 집착합니다. 만약 일체지(一切智)에서 공하다고 말하고, 공하다는 생각을 일으키면서 집착하며, 도상지(道相智)·일체상지(一切相

智)에서 공하다고 말하고 공하다는 생각을 일으키면서 집착합니다.

만약 일체(一切)의 다라니문(陀羅尼門)에서도 공하다고 말하고 공하다는 생각을 일으키면서 집착하며, 일체의 삼마지문(三摩地門)에서라도 공하다고 말하고 공하다는 생각을 일으키면서 집착합니다. 만약 예류과(預流果)에서 공하다고 말하고 공하다는 생각을 일으키면서 집착하며, 일래(一來)·불환(不還)·아라한과(阿羅漢果)에서라도 공하다고 말하고 공하다는 생각을 일으키면서 집착합니다.

만약 독각(獨覺)의 보리(菩提)에서 공하다고 말하고 공하다는 생각을 일으키면서 집착합니다. 만약 일체의 보살마하살(菩薩摩訶薩)의 행(行)에서 공하다고 말하고 공하다는 생각을 일으키면서 집착합니다. 만약 제불(諸佛)의 무상정등보리(無上正等菩提)에서 공하다고 말하고 공하다는 생각을 일으키면서 집착합니다.

만약 과거(過去)의 법(法)에서라도 공하다고 말하고 공하다는 생각을 일으키면서 집착하며, 미래(未來)·현재(現在) 법에서라도 공하다고 말하고 공하다는 생각을 일으키면서 집착합니다."

"다시 다음으로 사리자여. 보살승에 안주하는 여러 선남자와 선여인 등이 만약 방편선교가 없으나 반야바라밀다를 수행하는 때라면, 색에서 색이라고 말하고 색이라는 생각을 일으키면서 집착하며, 수·상·행·식에서 수·상·행·식이라고 말하고 수·상·행·식이라는 생각을 일으키면서 집착합니다. 만약 안처에서 공하다고 말하고 안처라는 생각을 일으키면서 집착하며, 이·비·설·신·의처에서 이·비·설·신·의처라고 말하고 이·비·설·신·의처라는 생각을 일으키면서 집착합니다.

만약 색처에서 색처라고 말하고 색처라는 생각을 일으키면서 집착하며, 성·향·미·촉·법처에서라도 성·향·미·촉·법처라고 말하고 성·향·미·촉·법처라는 생각을 일으키면서 집착합니다. 만약 안계에서 안계라고 말하고, 안계라는 생각을 일으키면서 집착하며, 색계·안식계, 나아가 안촉·안촉을 인연으로 생겨나는 여러 수에서 색계, 나아가 안촉을 인연으로 생겨나는 여러 수라고 말하고 색계, 나아가 안촉을 인연으로 생겨나는 여러 수라는 생각을 일으키면서 집착합니다.

만약 이계에서 이계라고 말하고 이계라는 생각을 일으키면서 집착하며, 성계·이식계, 나아가 이촉·이촉을 인연으로 생겨나는 여러 수에서 성계, 나아가 이촉을 인연으로 생겨나는 여러 수라고 말하고 성계, 나아가 이촉을 인연으로 생겨나는 여러 수라는 생각을 일으키면서 집착합니다. 만약 비계에서 비계라고 말하고 비계라는 생각을 일으키면서 집착하며, 향계·비식계, 나아가 비촉·비촉을 인연으로 생겨나는 여러 수에서 향계, 나아가 비촉을 인연으로 생겨나는 여러 수라고 말하고 향계, 나아가 비촉을 인연으로 생겨나는 여러 수라는 생각을 일으키면서 집착합니다.

만약 설계에서 설계라고 말하고 설계라는 생각을 일으키면서 집착하며, 미계·설식계, 나아가 설촉·설촉을 인연으로 생겨나는 여러 수에서 미계, 나아가 설촉을 인연으로 생겨나는 여러 수라고 말하고 미계, 나아가 설촉을 인연으로 생겨나는 여러 수라는 생각을 일으키면서 집착합니다. 만약 신계에서 신계라고 말하고 신계라는 생각을 일으키면서 집착하며, 촉계·신식계, 나아가 신촉·신촉을 인연으로 생겨나는 여러 수에서 촉계, 나아가 신촉을 인연으로 생겨나는 여러 수라고 말하고 촉계, 나아가 신촉을 인연으로 생겨나는 여러 수라는 생각을 일으키면서 집착합니다.

만약 의계에서 의계라고 말하고 의계라는 생각을 일으키면서 집착하며, 법계·의식계, 나아가 의촉·의촉을 인연으로 생겨나는 여러 수에서 법계, 나아가 의촉을 인연으로 생겨나는 여러 수라고 말하고 법계, 나아가 의촉을 인연으로 생겨나는 여러 수라는 생각을 일으키면서 집착합니다. 만약 지계에서 지계라고 말하고 지계라는 생각을 일으키면서 집착하며, 수·화·풍·공·식계에서라도 수·화·풍·공·식계라고 말하고 수·화·풍·공·식계라는 생각을 일으키면서 집착합니다.

만약 무명에서 무명이라고 말하고 무명이라는 생각을 일으키면서 집착하며, 행·식·명색·육처·촉·수·애·취·유·생·노사의 수탄고우뇌에서 행, 나아가 노사의 수탄고우뇌라고 말하고 행, 나아가 노사의 수탄고우뇌라는 생각을 일으키면서 집착합니다. 만약 보시바라밀다에서 보시바라밀다라고 말하고 보시바라밀다라는 생각을 일으키면서 집착하며, 정계·안인·정진·정려·반야바라밀다에서 정계, 나아가 반야바라밀다라고 말하고 정계, 나아가 반야바라밀다라는 생각을 일으키면서 집착합니다.

만약 내공에서 내공이라고 말하고, 내공이라는 생각을 일으키면서 집착하며, 외공·내외공·공공·대공·승의공·유위공·무위공·필경공·무제공·산공·무변이공·본성공·자상공·공상공·일체법공·불가득공·무성공·자성공·무성자성공에서 외공, 나아가 무성자성공이라고 말하고 외공, 나아가 무성자성공이라는 생각을 일으키면서 집착합니다. 만약 진여에서 진여라고 말하고, 진여라는 생각을 일으키면서 집착하며, 법계·법성·불허망성·불변이성·평등성·이생성·법정·법주·실제·허공계·부사의계에서 법계, 나아가 부사의계라고 말하고 법계, 나아가 부사의계라는 생각을 일으키면서 집착합니다.

만약 고성제에서 고성제라고 말하고, 고성제라는 생각을 일으키면서 집착하며, 집·멸·도성제에서 집·멸·도성제라고 말하고 집·멸·도성제라는 생각을 일으키면서 집착합니다. 만약 4정려에서 4정려라고 말하고, 4정려라는 생각을 일으키면서 집착하며, 4무량·4무색정에서 4무량·4무색정이라고 말하고 4무량·4무색정이라는 생각을 일으키면서 집착합니다.

만약 8해탈에서 8해탈이라고 말하고, 8해탈이라는 생각을 일으키면서 집착하며, 8승처·9차제정·10변처에서 8승처·9차제정·10변처라고 말하고 8승처·9차제정·10변처라는 생각을 일으키면서 집착합니다. 만약 4념주에서 4념주라고 말하고, 4념주라는 생각을 일으키면서 집착하며, 4정단·4신족·5근·5력·7등각지·8성도지에서 4정단, 나아가 8성도지라고 말하고 4정단, 나아가 8성도지라는 생각을 일으키면서 집착합니다.

만약 공해탈문에서 공해탈문이라고 말하고, 공해탈문이라는 생각을 일으키면서 집착하며, 무상·무원해탈문에서 무상·무원해탈문이라고 말하고 무상·무원해탈문이라는 생각을 일으키면서 집착합니다. 만약 보살의 10지에서 보살의 10지라고 말하고, 보살의 10지라는 생각을 일으키면서 집착합니다. 만약 5안에서 5안이라고 말하고, 5안이라는 생각을 일으키면서 집착하며, 6신통에서 6신통이라고 말하고 6신통이라는 생각을 일으키면서 집착합니다.

만약 여래의 10력에서 여래의 10력이라고 말하고, 여래의 10력이라는 생각을 일으키면서 집착하며, 4무소외·4무애해·대자·대비·대희·대사·18불불공법에서 4무소외, 나아가 18불불공법이라고 말하고 4무소외, 나아가 18불불공법이라는 생각을 일으키면서 집착합니다. 만약 무망실법에서 무망실법이라고 말하고, 무망실법이라는 생각을 일으키면서 집착하며, 항주사성에서 항주사성이라고 말하고 항주사성이라는 생각을 일으키면서 집착합니다.

만약 일체지에서 일체지라고 말하고, 일체지라는 생각을 일으키면서 집착하며, 도상지·일체상지에서 도상지·일체상지라고 말하고 도상지·일체상지라는 생각을 일으키면서 집착합니다. 만약 일체의 다라니문에서 일체의 다라니문이라고 말하고, 일체의 다라니문이라는 생각을 일으키면서 집착하며, 일체의 삼마지문에서 일체의 삼마지문이라고 말하고 일체의 삼마지문이라는 생각을 일으키면서 집착합니다.

만약 예류과에서 예류과라고 말하고, 예류과라는 생각을 일으키면서 집착하며, 일래·불환·아라한과에서 일래·불환·아라한과라고 말하고 일래·불환·아라한과라는 생각을 일으키면서 집착합니다. 만약 독각의 보리에서 독각의 보리라고 말하고, 독각의 보리라는 생각을 일으키면서 집착합니다. 만약 일체의 보살마하살의 행에서 일체의 보살마하살의 행이라고 말하고, 일체의 보살마하살의 행이라는 생각을 일으키면서 집착합니다.

만약 제불의 무상정등보리에서 제불의 무상정등보리라고 말하고, 제불의 무상정등보리라는 생각을 일으키면서 집착합니다. 만약 과거의 법에서 과거의 법이라고 말하고, 과거의 법이라는 생각을 일으키면서 집착하며, 미래·현재의 법에서 미래·현재의 법이라고 말하고 미래·현재의 법이라는 생각을 일으키면서 집착합니다.”

마하반야바라밀다경 제288권

36. 착불착상품(着不着相品)(2)

"다시 다음으로 사리자여. 보살승에 안주하는 여러 선남자와 선여인 등이 만약 얻을 수 있는 것으로써 방편을 삼는다면, 초발심(初發心)에서 보시바라밀다까지 수행한다는 생각을 일으키면서 집착하고, 정계·안인·정진·정려·반야바라밀다에서도 수행한다는 생각을 일으키면서 집착합니다. 만약 내공에서 수행한다는 생각을 일으키면서 집착한다면, 외공·내외공·공공·대공·승의공·유위공·무위공·필경공·무제공·산공·무변이공·본성공·자상공·공상공·일체법공·불가득공·무성공·자성공·무성자성공에서도 수행한다는 생각을 일으키면서 집착합니다.

만약 진여에서 수행한다는 생각을 일으키면서 집착한다면, 법계·법성·불허망성·불변이성·평등성·이생성·법정·법주·실제·허공계·부사의계에서도 수행한다는 생각을 일으키면서 집착합니다. 만약 고성제에서 수행한다는 생각을 일으키면서 집착한다면, 집·멸·도성제에서도 수행한다는 생각을 일으키면서 집착합니다. 만약 4정려에서 수행한다는 생각을 일으키면서 집착한다면, 4무량·4무색정에서도 수행한다는 생각을 일으키면서 집착합니다.

만약 8해탈에서 수행한다는 생각을 일으키면서 집착한다면, 8승처·9차제정·10변처에서도 수행한다는 생각을 일으키면서 집착합니다. 만약 4념주에서 수행한다는 생각을 일으키면서 집착한다면, 4정단·4신족·5근·5력·7등각지·8성도지에서도 수행한다는 생각을 일으키면서 집착합니

다. 만약 공해탈문에서 수행한다는 생각을 일으키면서 집착한다면, 무상·
무원해탈문에서도 수행한다는 생각을 일으키면서 집착합니다.

만약 보살의 10지에서도 수행한다는 생각을 일으키면서 집착합니다.
만약 5안에서 수행한다는 생각을 일으키면서 집착한다면, 6신통에서도
수행한다는 생각을 일으키면서 집착합니다. 만약 여래의 10력에서 수행
한다는 생각을 일으키면서 집착한다면, 4무소외·4무애해·대자·대비·대
희·대사·18불불공법에서도 수행한다는 생각을 일으키면서 집착합니다.
만약 무망실법에서 수행한다는 생각을 일으키면서 집착한다면, 항주사성
에서도 수행한다는 생각을 일으키면서 집착합니다.

만약 일체지에서 수행한다는 생각을 일으키면서 집착한다면, 도상지·
일체상지에서도 수행한다는 생각을 일으키면서 집착합니다. 만약 일체의
다라니문에서 수행한다는 생각을 일으키면서 집착한다면, 일체의 삼마지
문에서도 수행한다는 생각을 일으키면서 집착합니다. 만약 예류과에서
수행한다는 생각을 일으키면서 집착한다면, 일래·불환·아라한과에서도
수행한다는 생각을 일으키면서 집착합니다.

만약 독각의 보리에서 수행한다는 생각을 일으키면서 집착합니다.
만약 일체의 보살마하살의 행에서 수행한다는 생각을 일으키면서 집착합
니다. 만약 제불의 무상정등보리에서 수행한다는 생각을 일으키면서
집착합니다. 만약 과거의 법에서 수행한다는 생각을 일으키면서 집착한
다면, 미래·현재의 법에서도 수행한다는 생각을 일으키면서 집착합니다.

사리자여. 보살마하살이 반야바라밀다를 수행하는 때에 만약 방편선교
가 없으나, 얻을 수 있는 것으로써 방편으로 삼고서 이와 같은 여러
종류의 생각을 일으켜서 집착한다면, 상에 집착하게 된다고 이름합니다."

"다시 다음으로 사리자여. '무엇을 보살마하살이 반야바라밀다를 수행
하는 때에 집착하지 않는 상인가?'라고 먼저 물었던 것을 말한다면, 사리자
여. 보살마하살이 반야바라밀다를 수행하는 때에 방편선교가 있다면,
색에서 공하거나 공하지 않다는 생각을 일으키지 않고, 수·상·행·식에서

공하거나 공하지 않다는 생각을 일으키지 않습니다. 안처에서 공하거나 공하지 않다는 생각을 일으키지 않고, 이·비·설·신·의처에서 공하거나 공하지 않다는 생각을 일으키지 않습니다.

색처에서 공하거나 공하지 않다는 생각을 일으키지 않고, 성·향·미·촉·법처에서 공하거나 공하지 않다는 생각을 일으키지 않습니다. 안계에서 공하거나 공하지 않다는 생각을 일으키지 않고, 색계·안식계, 나아가 안촉·안촉을 인연으로 생겨난 여러 수에서 공하거나 공하지 않다는 생각을 일으키지 않습니다. 이계에서 공하거나 공하지 않다는 생각을 일으키지 않고, 성계·이식계, 나아가 이촉·이촉을 인연으로 생겨난 여러 수에서 공하거나 공하지 않다는 생각을 일으키지 않습니다.

비계에서 공하거나 공하지 않다는 생각을 일으키지 않고, 향계·비식계, 나아가 비촉·비촉을 인연으로 생겨난 여러 수에서 공하거나 공하지 않다는 생각을 일으키지 않습니다. 설계에서 공하거나 공하지 않다는 생각을 일으키지 않고, 미계·설식계, 나아가 설촉·설촉을 인연으로 생겨난 여러 수에서 공하거나 공하지 않다는 생각을 일으키지 않습니다. 신계에서 공하거나 공하지 않다는 생각을 일으키지 않고, 촉계·신식계, 나아가 신촉·신촉을 인연으로 생겨난 여러 수에서 공하거나 공하지 않다는 생각을 일으키지 않습니다.

의계에서 공하거나 공하지 않다는 생각을 일으키지 않고, 법계·의식계, 나아가 의촉·의촉을 인연으로 생겨난 여러 수에서 공하거나 공하지 않다는 생각을 일으키지 않습니다. 지계에서 공하거나 공하지 않다는 생각을 일으키지 않고, 수·화·풍·공·식계에서 공하거나 공하지 않다는 생각을 일으키지 않습니다. 무명에서 공하거나 공하지 않다는 생각을 일으키지 않고, 행·식·명색·육처·촉·수·애·취·유·생·노사의 수탄고우뇌에서 공하거나 공하지 않다는 생각을 일으키지 않습니다.

보시바라밀다에서 공하거나 공하지 않다는 생각을 일으키지 않고, 정계·안인·정진·정려·반야바라밀다에서 공하거나 공하지 않다는 생각을 일으키지 않습니다. 내공에서 공하거나 공하지 않다는 생각을 일으키

지 않고, 외공·내외공·공공·대공·승의공·유위공·무위공·필경공·무제
공·산공·무변이공·본성공·자상공·공상공·일체법공·불가득공·무성공·
자성공·무성자성공에서 공하거나 공하지 않다는 생각을 일으키지 않습
니다. 진여에서 공하거나 공하지 않다는 생각을 일으키지 않고, 법계·법성
·불허망성·불변이성·평등성·이생성·법정·법주·실제·허공계·부사의
계에서 공하거나 공하지 않다는 생각을 일으키지 않습니다.

고성제에서 공하거나 공하지 않다는 생각을 일으키지 않고, 집·멸·도성
제에서 공하거나 공하지 않다는 생각을 일으키지 않습니다. 4정려에서
공하거나 공하지 않다는 생각을 일으키지 않고, 4무량·4무색정에서 공하
거나 공하지 않다는 생각을 일으키지 않습니다. 8해탈에서 공하거나
공하지 않다는 생각을 일으키지 않고, 8승처·9차제정·10변처에서 공하거
나 공하지 않다는 생각을 일으키지 않습니다.

4념주에서 공하거나 공하지 않다는 생각을 일으키지 않고, 4정단·4신족
·5근·5력·7등각지·8성도지에서 공하거나 공하지 않다는 생각을 일으키
지 않습니다. 공해탈문에서 공하거나 공하지 않다는 생각을 일으키지
않고, 무상·무원해탈문에서 공하거나 공하지 않다는 생각을 일으키지
않습니다. 보살의 10지에서 공하거나 공하지 않다는 생각을 일으키지
않습니다. 5안에서 공하거나 공하지 않다는 생각을 일으키지 않고, 6신통
에서 공하거나 공하지 않다는 생각을 일으키지 않습니다.

여래의 10력에서 공하거나 공하지 않다는 생각을 일으키지 않고, 4무소
외·4무애해·대자·대비·대희·대사·18불불공법에서 공하거나 공하지 않
다는 생각을 일으키지 않습니다. 무망실법에서 공하거나 공하지 않다는
생각을 일으키지 않고, 항주사성에서 공하거나 공하지 않다는 생각을
일으키지 않습니다. 일체지에서 공하거나 공하지 않다는 생각을 일으키
지 않고, 도상지·일체상지에서 공하거나 공하지 않다는 생각을 일으키지
않습니다.

일체의 다라니문에서 공하거나 공하지 않다는 생각을 일으키지 않고,
일체의 삼마지문에서 공하거나 공하지 않다는 생각을 일으키지 않습니다.

예류과에서 공하거나 공하지 않다는 생각을 일으키지 않고, 일래·불환·아라한과에서 공하거나 공하지 않다는 생각을 일으키지 않습니다. 독각의 보리에서 공하거나 공하지 않다는 생각을 일으키지 않습니다. 일체의 보살마하살의 행에서 공하거나 공하지 않다는 생각을 일으키지 않습니다.

　제불의 무상정등보리에서 공하거나 공하지 않다는 생각을 일으키지 않습니다. 과거의 법에서 공하거나 공하지 않다는 생각을 일으키지 않고, 미래·현재의 법에서 공하거나 공하지 않다는 생각을 일으키지 않습니다."

　"다시 다음으로 사리자여. 보살마하살이 반야바라밀다를 수행하는 때에, 얻을 수 없는 것을 방편으로 삼는다면, '나는 능히 그에게 보시와 은혜를 행하는 것이고, 이것은 보시하는 물건이고 더불어 은혜로운 보시의 성품이다.'라고 이렇게 생각을 짓지 않으며, '나는 능히 정계를 호지(護持)하고, 이것은 정계를 호지하는 것이다.'라고 이렇게 생각을 짓지 않으며, '나는 능히 안인(安忍)을 수습하고, 이것이 안인을 수습(修習)하는 것이다.'라고 이렇게 생각을 짓지 않으며, '나는 능히 정진(精進)하고, 이것은 정진하는 것이다.'라고 이렇게 생각을 짓지 않으며, '나는 능히 정려에 들어가고, 이것은 정려에 들어가는 것이다.'라고 이렇게 생각을 짓지 않으며, '나는 능히 지혜를 닦고, 이것은 지혜를 닦는 것이다.'라고 이렇게 생각을 짓지 않으며, '나는 능히 복을 심었고, 이것은 심었던 복덕이고 더불어 얻어진 과보이다.'라고 이렇게 생각을 짓지 않으며, '나는 능히 보살의 정성이생(正性離生)에 들어간다.'라고 이렇게 생각을 짓지 않으며, '나는 능히 유정(有情)을 성숙(成熟)시킨다.'라고 이렇게 생각을 짓지 않으며, '나는 능히 불국토를 청정하게 장엄한다.'라고 이렇게 생각을 짓지 않으며, '나는 능히 일체지지를 증득한다.'라고 이렇게 생각을 짓지 않으며, '나는 능히 공(空)에 안주하면서 법의 진실한 성품을 증득한다.'라고 이렇게 생각을 짓지 않으며, '나는 능히 제보살의 행을 수습한다.'라고 이렇게 생각을 짓지 않으며, '나는 능히 제불의 공덕을 구족한다.'라고 이렇게 생각을 짓지 않습니다.

사리자여. 만약 보살마하살이 방편선교가 있고 얻을 수 없는 것으로써 방편으로 삼아서 반야바라밀다를 수행하는 때에 이와 같은 것 등의 일체의 분별(分別)·망상(妄想)·집착(執著)이 없나니, 오히려 내공·외공·내외공·공공·대공·승의공·유위공·무위공·필경공·무제공·산공·무변이공·본성공·자상공·공상공·일체법공·불가득공·무성공·자성공·무성자성공을 잘 통달하였던 까닭입니다. 사리자여. 이것을 보살마하살이 반야바라밀다를 수행하는 때에 방편선교가 있고, 얻을 수 없는 것으로 방편으로 삼으며 집착이 없는 상이라고 이름합니다."

그때 천제석(天帝釋)이 구수 선현에게 물어 말하였다.
"대덕(大德)이여. 보살승(菩薩乘)에 안주하는 여러 선남자와 선여인 등이 반야바라밀다를 수행하는 때에 무엇을 집착하는 상이라고 말합니까?"
선현이 대답하여 말하였다.
"교시가(憍尸迦)여. 보살승에 안주하는 여러 선남자와 선여인 등이 반야바라밀다를 수행하는 때에 방편선교가 없으나 얻을 수 있는 것으로 방편으로 삼는다면 마음에 집착하는 생각을 일으키는데, 보시바라밀다라는 생각을 일으켜서 집착하고 정계·안인·정진·정려·반야바라밀다라는 생각을 일으켜서 집착하며, 내공이라는 생각을 일으켜서 집착하고, 외공·내외공·공공·대공·승의공·유위공·무위공·필경공·무제공·산공·무변이공·본성공·자상공·공상공·일체법공·불가득공·무성공·자성공·무성자성공이라는 생각을 일으켜서 집착합니다.
진여라는 생각을 일으켜서 집착하고, 법계·법성·불허망성·불변이성·평등성·이생성·법정·법주·실제·허공계·부사의계라는 생각을 일으켜서 집착하며, 고성제라는 생각을 일으켜서 집착하고, 집·멸·도성제라는 생각을 일으켜서 집착하며, 4정려라는 생각을 일으켜서 집착하고, 4무량·4무색정이라는 생각을 일으켜서 집착하며, 8해탈이라는 생각을 일으켜서 집착하고, 8승처·9차제정·10변처라는 생각을 일으켜서 집착합니다.
4념주라는 생각을 일으켜서 집착하고, 4정단·4신족·5근·5력·7등각지·

8성도지라는 생각을 일으켜서 집착하며, 공해탈문이라는 생각을 일으켜서 집착하고, 무상·무원해탈문이라는 생각을 일으켜서 집착하며, 보살의 10지라는 생각을 일으켜서 집착하고, 5안이라는 생각을 일으켜서 집착하며, 6신통이라는 생각을 일으켜서 집착하고, 여래의 10력이라는 생각을 일으켜서 집착하며, 4무소외·4무애해·대자·대비·대희·대사·18불불공법이라는 생각을 일으켜서 집착합니다.

무망실법이라는 생각을 일으켜서 집착하고, 항주사성이라는 생각을 일으켜서 집착하며, 일체지라는 생각을 일으켜서 집착하고, 도상지·일체상지라는 생각을 일으켜서 집착하며, 일체의 다라니문이라는 생각을 일으켜서 집착하고, 일체의 삼마지문이라는 생각을 일으켜서 집착하며, 예류과라는 생각을 일으켜서 집착하고, 일래과·불환과·아라한과라는 생각을 일으켜서 집착합니다.

독각의 보리라는 생각을 일으켜서 집착하고, 일체의 보살마하살의 행이라는 생각을 일으켜서 집착하며, 제불의 무상정등보리라는 생각을 일으켜서 집착하고, 제보살마하살이라는 생각을 일으켜서 집착하며, 제여래(如來)·응공(應供)·정등각(正等覺)이라는 생각을 일으켜서 집착하고, 세존의 처소에서 심었던 여러 선근(善根)이라는 생각을 일으켜서 집착하고, 이와 같이 심었던 선근을 잘 화합하여 아뇩다라삼먁삼보리(阿耨多羅三藐三菩提)에 회향(廻向)하겠다는 생각을 일으켜서 집착합니다.

교시가여. 이것을 보살승에 안주하는 여러 선남자와 선여인 등이 반야바라밀다를 수행하는 때에 방편선교가 없으나, 얻을 수 있는 것으로 방편으로 삼는다면 집착하는 상이라고 이름합니다.”

“교시가여. 보살승에 안주하는 여러 선남자와 선여인 등이 오히려 집착하는 생각을 까닭으로, 능히 집착이 없는 반야바라밀다를 수행하더라도 무상정등보리(無上正等菩提)에 회향할 수 없습니다. 왜 그러한가? 교시가여. 색의 본성(本性)은 능히 회향하는 것이 아니고, 수·상·행·식의 본성도 능히 회향하는 것이 아닌 까닭입니다. 안처의 본성은 능히 회향하는 것이 아니고, 이·비·설·신·의처의 본성도 능히 회향하는 것이 아닌 까닭입니다. 색처의 본성은 능히 회향하는 것이 아니고, 성·향·미·촉·법 처의 본성도 능히 회향하는 것이 아닌 까닭입니다.

안계의 본성은 능히 회향하는 것이 아니고, 색계·안식계, 나아가 안촉· 안촉을 인연으로 생겨난 여러 수의 본성도 능히 회향하는 것이 아닌 까닭입니다. 이계의 본성은 능히 회향하는 것이 아니고, 성계·이식계, 나아가 이촉·이촉을 인연으로 생겨난 여러 수의 본성도 능히 회향하는 것이 아닌 까닭입니다. 비계의 본성은 능히 회향하는 것이 아니고, 향계·비 식계, 나아가 비촉·비촉을 인연으로 생겨난 여러 수의 본성도 능히 회향하 는 것이 아닌 까닭입니다.

설계의 본성은 능히 회향하는 것이 아니고, 미계·설식계, 나아가 설촉· 설촉을 인연으로 생겨난 여러 수의 본성도 능히 회향하는 것이 아닌 까닭입니다. 신계의 본성은 능히 회향하는 것이 아니고, 촉계·신식계, 나아가 신촉·신촉을 인연으로 생겨난 여러 수의 본성도 능히 회향하는 것이 아닌 까닭입니다. 의계의 본성은 능히 회향하는 것이 아니고, 법계·의 식계, 나아가 의촉·의촉을 인연으로 생겨난 여러 수의 본성도 능히 회향하 는 것이 아닌 까닭입니다.

지계의 본성은 능히 회향하는 것이 아니고, 수·화·풍·공·식계의 본성도 능히 회향하는 것이 아닌 까닭입니다. 무명의 본성은 능히 회향하는 것이 아니고, 행·식·명색·육처·촉·수·애·취·유·생·노사의 수탄고우뇌 의 본성도 능히 회향하는 것이 아닌 까닭입니다. 보시바라밀다의 본성은 능히 회향하는 것이 아니고, 정계·안인·정진·정려·반야바라밀다의 본성 도 능히 회향하는 것이 아닌 까닭입니다.

내공의 본성은 능히 회향하는 것이 아니고, 외공·내외공·공공·대공·승 의공·유위공·무위공·필경공·무제공·산공·무변이공·본성공·자상공· 공상공·일체법공·불가득공·무성공·자성공·무성자성공의 본성도 능히 회향하는 것이 아닌 까닭입니다. 진여의 본성은 능히 회향하는 것이 아니고, 법계·법성·불허망성·불변이성·평등성·이생성·법정·법주·실제

·허공계·부사의계의 본성도 능히 회향하는 것이 아닌 까닭입니다. 고성제의 본성은 능히 회향하는 것이 아니고, 집·멸·도성제의 본성도 능히 회향하는 것이 아닌 까닭입니다.

4정려의 본성은 능히 회향하는 것이 아니고, 4무량·4무색정의 본성도 능히 회향하는 것이 아닌 까닭입니다. 8해탈의 본성은 능히 회향하는 것이 아니고, 8승처·9차제정·10변처의 본성도 능히 회향하는 것이 아닌 까닭입니다. 4념주의 본성은 능히 회향하는 것이 아니고, 4정단·4신족·5근·5력·7등각지·8성도지의 본성도 능히 회향하는 것이 아닌 까닭입니다. 공해탈문의 본성은 능히 회향하는 것이 아니고, 4무량·4무색정의 본성도 능히 회향하는 것이 아닌 까닭입니다.

보살의 10지의 본성은 능히 회향하는 것이 아닌 까닭입니다. 5안의 본성은 능히 회향하는 것이 아니고, 6신통의 본성도 능히 회향하는 것이 아닌 까닭입니다. 여래의 10력의 본성은 능히 회향하는 것이 아니고, 4무소외·4무애해·대자·대비·대희·대사·18불불공법의 본성도 능히 회향하는 것이 아닌 까닭입니다. 무망실법의 본성은 능히 회향하는 것이 아니고, 항주사성의 본성도 능히 회향하는 것이 아닌 까닭입니다. 일체지의 본성은 능히 회향하는 것이 아니고, 도상지·일체상지의 본성도 능히 회향하는 것이 아닌 까닭입니다.

일체의 다라니문의 본성은 능히 회향하는 것이 아니고, 일체의 삼마지문의 본성도 능히 회향하는 것이 아닌 까닭입니다. 예류과의 본성은 능히 회향하는 것이 아니고, 일래·불환·아라한과의 본성도 능히 회향하는 것이 아닌 까닭입니다. 독각의 보리의 본성은 능히 회향하는 것이 아닌 까닭입니다. 일체의 보살마하살의 행의 본성은 능히 회향하는 것이 아닌 까닭입니다. 제불의 무상정등보리의 본성은 능히 회향하는 것이 아닌 까닭입니다."

"다시 다음으로 교시가여. 만약 보살마하살이 무상정등보리에서 다른 유정인 자들에게 드러내어 보여주고(示現) 교수하여 인도하며(教導) 권장

(勸勵)하고 칭찬하여 환희(歡喜)하게 하고자 하였다면, 상응(相應)하여 여실(如實)한 상의 뜻으로 드러내어 보여주고 교수하여 인도하며 권장하고 칭찬하여 환희해야 합니다.

다시 상응하여 이와 같이 드러내어 보여주고 교수하여 인도하며 권장하고 칭찬하여 환희하게 해야 하나니 이를테면, 보시바라밀다를 수행하는 때라면 '나는 능히 은혜롭게 보시한다.'라고 상응하여 분별하지 않아야 하고, 만약 정계바라밀다를 수행하는 때라면 '나는 능히 정계를 호지한다.'라고 상응하여 분별하지 않아야 하며, 만약 안인바라밀다를 수행하는 때라면 '나는 능히 안인을 수습한다.'라고 상응하여 분별하지 않아야 하고, 만약 정진바라밀다를 수행하는 때라면 '나는 능히 정진한다.'라고 상응하여 분별하지 않아야 하며, 만약 정려바라밀다를 수행하는 때라면 '나는 능히 정려에 들어간다.'라고 상응하여 분별하지 않아야 하고, 만약 반야바라밀다를 수행하는 때라면 '나는 능히 지혜를 수습한다.'라고 상응하여 분별하지 않아야 합니다.

만약 내공을 수행하는 때라면 '나는 능히 내공에 안주한다.'라고 상응하여 분별하지 않아야 하고, 외공·내외공·공공·대공·승의공·유위공·무위공·필경공·무제공·산공·무변이공·본성공·자상공·공상공·일체법공·불가득공·무성공·자성공·무성자성공을 수행하는 때에도 '나는 능히 외공, 나아가 무성자성공에 안주한다.'라고 상응하여 분별하지 않아야 합니다. 만약 진여를 수행하는 때라면 '나는 능히 진여에 안주한다.'라고 상응하여 분별하지 않아야 하고, 법계·법성·불허망성·불변이성·평등성·이생성·법정·법주·실제·허공계·부사의계를 수행하는 때에도 '나는 능히 법계, 나아가 부사의계에 안주한다.'라고 상응하여 분별하지 않아야 합니다.

만약 고성제를 수행하는 때라면 '나는 능히 고성제에 안주한다.'라고 상응하여 분별하지 않아야 하고, 집·멸·도성제를 수행하는 때에도 '나는 능히 집·멸·도성제에 안주한다.'라고 상응하여 분별하지 않아야 합니다. 만약 4정려를 수행하는 때라면 '나는 능히 4정려를 수행한다.'라고 상응하여 분별하지 않아야 하고, 4무량·4무색정을 수행하는 때에도 '나는 능히

4무량·4무색정을 수행한다.'라고 상응하여 분별하지 않아야 합니다.

만약 8해탈을 수행하는 때라면 '나는 능히 8해탈을 수행한다.'라고 상응하여 분별하지 않아야 하고, 8승처·9차제정·10변처를 수행하는 때에도 '나는 능히 8승처·9차제정·10변처를 수행한다.'라고 상응하여 분별하지 않아야 하며, 만약 4념주를 수행하는 때라면 '나는 능히 4념주를 수행한다.'라고 상응하여 분별하지 않아야 하고, 4정단·4신족·5근·5력·7등각지·8성도지를 수행하는 때에도 '나는 능히 4정단, 나아가 8성도지를 수행한다.'라고 상응하여 분별하지 않아야 합니다.

만약 공해탈문을 수행하는 때라면 '나는 능히 공해탈문을 수행한다.'라고 상응하여 분별하지 않아야 하고, 무상·무원해탈문을 수행하는 때에도 '나는 능히 무상·무원해탈문을 수행한다.'라고 상응하여 분별하지 않아야 합니다. 만약 보살의 10지를 수행하는 때라면 '나는 보살의 10지를 수행한다.'라고 상응하여 분별하지 않아야 합니다.

만약 5안을 수행하는 때라면 '나는 능히 5안을 수행한다.'라고 상응하여 분별하지 않아야 하고, 6신통을 수행하는 때에도 '나는 능히 6신통을 수행한다.'라고 상응하여 분별하지 않아야 합니다. 만약 여래의 10력을 수행하는 때라면 '나는 능히 여래의 10력을 수행한다.'라고 상응하여 분별하지 않아야 하고, 4무소외·4무애해·대자·대비·대희·대사·18불불공법을 수행하는 때에도 '나는 능히 4무소외, 나아가 18불불공법을 수행한다.'라고 상응하여 분별하지 않아야 합니다.

만약 무망실법을 수행하는 때라면 '나는 능히 무망실법을 수행한다.'라고 상응하여 분별하지 않아야 하고, 항주사성을 수행하는 때에도 '나는 능히 항주사성을 수행한다.'라고 상응하여 분별하지 않아야 합니다. 만약 일체지를 수행하는 때라면 '나는 능히 일체지를 수행한다.'라고 상응하여 분별하지 않아야 하고, 도상지·일체상지를 수행하는 때에도 '나는 능히 도상지·일체상지를 수행한다.'라고 상응하여 분별하지 않아야 합니다.

만약 일체의 다라니문을 수행하는 때라면 '나는 능히 온갖 다라니문을 수행한다.'라고 상응하여 분별하지 않아야 하고, 일체의 삼마지문을 수행하는 때에도 '나는 능히 온갖 삼마지문을 수행한다.'라고 상응하여 분별하지 않아야 합니다. 만약 예류과를 수행하는 때라면 '나는 능히 예류과를 수행한다.'라고 상응하여 분별하지 않아야 하고, 일래과·불환과·아라한과를 수행하는 때에도 '나는 능히 일래과·불환과·아라한과를 수행한다.'라고 상응하여 분별하지 않아야 합니다.

만약 독각의 보리를 수행하는 때라면 '나는 능히 독각의 보리를 수행한다.'라고 상응하여 분별하지 않아야 합니다. 만약 일체의 보살마하살의 행을 수행하는 때라면 '나는 능히 일체의 보살마하살의 행을 수행한다.'라고 상응하여 분별하지 않아야 합니다. 만약 제불의 무상정등보리를 수행하는 때라면 '나는 능히 제불의 무상정등보리를 수행한다.'라고 상응하여 분별하지 않아야 합니다.

교시가여. 제보살마하살은 무상정등보리에서 다른 유정인 부류들에게 마땅히 이와 같이 드러내어 보여주고 교수하여 인도하며 권장하고 칭찬하여 환희하게 해야 합니다.

만약 보살마하살이 무상정등보리에서 다른 유정인 자들에게 마땅히 이와 같이 드러내어 보여주고 교수하여 인도하며 권장하고 칭찬하여 환희하게 하였다면, 스스로에게 손해가 없고 다른 사람에게도 손해가 없나니, 제여래께서 상응하여 허가(許可)하신 것을 제유정(諸有情)에게 드러내어 보여주고 교수하여 인도하며 권장하고 칭찬하여 환희하게 하려는 까닭입니다.

교시가여. 보살승에 안주하는 여러 선남자와 선여인 등이 만약 보살승으로 나아가는 제유정의 부류들에게 이와 같이 능히 드러내어 보여주고 교수하여 인도하며 권장하고 칭찬하여 환희하게 하였다면, 곧 능히 일체의 생각에서 집착을 멀리 벗어날 수 있습니다."

그때 세존께서 구수 선현을 찬탄(讚歎)하셨다.

"옳도다. 옳도다. 그대가 말한 것과 같으니라. 그대는 지금 능히 제보살들을 위하여 집착하는 상을 잘 설하였느니라. 선현이여. 다시 이것의 나머지에도 미세하게 집착하는 상이 있으므로, 마땅히 그대를 위하여 설하겠나니, 그대는 상응하여 자세하게 듣고서 지극히 잘 사유(思惟)해야 하느니라."

선현이 아뢰어 말하였다.

"오직 그러하옵니다. 원하옵건대 설하십시오. 저희들은 즐겁게 듣겠습니다."

세존께서 말씀하셨다.

"선현이여. 보살승에 안주하는 여러 선남자와 선여인 등이 무상정등보리에 나아가고자 하면서, 만약 여래·응공·정등각께서 상(相)을 취(取)한다고 억념(憶念)¹⁾하였다면, 모두가 이것은 집착이니라. 만약 과거·미래·현재의 일체의 여래·응공·정등각의 집착이 없는 공덕이거나, 초발심(初發心)부터 나아가 법에 안주하면서 소유(所有)하신 선근에서 상을 취하여 억념하였거나, 이미 억념하고서 무상정등보리에 회향하였다면, 이와 같은 일체의 상을 취하여 억념하는 모두를 집착이라고 이름하느니라.

만약 일체의 여래의 제자와 더불어 나머지의 유정들이 수습하였던 것인 선법(善法)에서 상을 취하여 억념하고서 무상정등보리에 회향하였다면, 이와 같은 일체도 역시 집착이라고 이름하느니라. 그 까닭은 무엇인가? 일체의 여래·응공·정등각의 집착이 없는 공덕(功德)과 선근(善根)은 상응하여 상을 취하고서 억념할 수 없는 까닭이고, 세존의 제자와 더불어 나머지의 유정들이 소유한 선법도 상을 취하여 억념할 수 없는 까닭이나니, 여러 상을 취하는 것은 모두가 허망한 까닭이니라."

그때 구수 선현이 세존께 아뢰어 말하였다.

"세존이시여. 이와 같은 반야바라밀다는 최고로 매우 깊습니다."

세존께서 말씀하셨다.

"그와 같으니라. 일체법(一切法)으로써 본성(本性)을 벗어난 까닭이니라."

---

1) 마음속에 항상 간직하여 잊지 않으면서 생각하는 것이다.

그때 구수 선현이 다시 세존께 아뢰어 말하였다.

"세존이시여. 이와 같은 반야바라밀다는 모두 상응하여 예경(禮敬)하여야 합니다."

세존께서 말씀하셨다.

"그와 같으니라. 공덕이 많은 까닭이니라. 그러나 이 반야바라밀다는 건립(造)할 수도 없고 지을(作) 수 없으며 능히 깨달(覺)을 수 없는 것이니라."

그때 구수 선현이 다시 세존께 아뢰어 말하였다.

"세존이시여. 일체법의 자성은 모두 깨닫기 어렵습니다."

세존께서 말씀하셨다.

"그와 같으니라. 일체법은 하나의 자성(一性)이고 둘이 아니니라. 선현이여. 제법(諸法)의 한 자성은 이것이 무성(無性)으로 나아가고, 제법의 무성은 이것이 한 자성으로 나아간다고 마땅히 알지니라. 이와 같이 제법의 한 자성과 무성은 건립할 수도 없고 지을 수 없느니라. 만약 보살마하살이 여러 소유한 법이 한 자성이고 무성이므로 건립할 수 없고 지을 수도 없다고 능히 여실하게 알았다면, 곧 능히 일체의 집착을 멀리 벗어나느니라."

구수 선현이 다시 세존께 아뢰어 말하였다.

"세존이시여. 이와 같은 반야바라밀다는 명료하게 깨닫기가 어렵습니다."

세존께서 말씀하셨다.

"그와 같으니라. 오히려 이 반야바라밀다는 능히 볼 수 있는 자가 없고 능히 들을 수 있는 자가 없으며 능히 깨달을 수 있는 자가 없고 능히 알 수 있는 자가 없나니, 증득하는 상(相)을 벗어난 까닭이니라."

구수 선현이 다시 세존께 아뢰어 말하였다.

"세존이시여. 이와 같은 반야바라밀다는 불가사의(不可思議)입니다."

세존께서 말씀하셨다.

"그와 같으니라. 그 까닭은 무엇인가? 이와 같은 반야바라밀다는 마음으로써 알 수 없는데, 마음의 상을 벗어난 까닭이니라. 이와 같은 반야바라밀다는 색으로써 알 수 없는데, 색의 상을 벗어난 까닭이고, 수·상·행·식으로써 알 수 없는데, 수·상·행·식의 상을 벗어난 까닭이니라.

이와 같은 반야바라밀다는 안처로써 알 수 없는데, 안처의 상을 벗어난 까닭이고, 이·비·설·신·의처로써 알 수 없는데, 이·비·설·신·의처의 상을 벗어난 까닭이니라. 이와 같은 반야바라밀다는 색처로써 알 수 없는데, 색처의 상을 벗어난 까닭이고, 성·향·미·촉·법처로써 알 수 없는데, 성·향·미·촉·법처의 상을 벗어난 까닭이니라.

이와 같은 반야바라밀다는 안계로써 알 수 없는데, 안계의 상을 벗어난 까닭이고, 색계·안식계, 나아가 안촉·안촉을 인연으로 생겨난 여러 수로써 알 수 없는데, 색계, 나아가 안촉을 인연으로 생겨난 여러 수의 상을 벗어난 까닭이니라. 이와 같은 반야바라밀다는 이계로써 알 수 없는데, 이계의 상을 벗어난 까닭이고, 성계·이식계, 나아가 이촉·이촉을 인연으로 생겨난 여러 수로써 알 수 없는데, 성계, 나아가 이촉을 인연으로 생겨난 여러 수의 상을 벗어난 까닭이니라.

이와 같은 반야바라밀다는 비계로써 알 수 없는데, 비계의 상을 벗어난 까닭이고, 향계·비식계, 나아가 비촉·비촉을 인연으로 생겨난 여러 수로써 알 수 없는데, 향계, 나아가 비촉을 인연으로 생겨난 여러 수의 상을 벗어난 까닭이니라. 이와 같은 반야바라밀다는 설계로써 알 수 없는데, 설계의 상을 벗어난 까닭이고, 미계·설식계, 나아가 설촉·설촉을 인연으로 생겨난 여러 수로써 알 수 없는데, 미계, 나아가 설촉을 인연으로 생겨난 여러 수의 상을 벗어난 까닭이니라.

이와 같은 반야바라밀다는 신계로써 알 수 없는데, 신계의 상을 벗어난 까닭이고, 촉계·신식계, 나아가 신촉·신촉을 인연으로 생겨난 여러 수로써 알 수 없는데, 촉계, 나아가 신촉을 인연으로 생겨난 여러 수의 상을 벗어난 까닭이니라. 이와 같은 반야바라밀다는 의계로써 알 수 없는데, 의계의 상을 벗어난 까닭이고, 법계·의식계, 나아가 의촉·의촉을 인연으로 생겨난 여러 수로써 알 수 없는데, 법계, 나아가 의촉을 인연으로 생겨난 여러 수의 상을 벗어난 까닭이니라.

　이와 같은 반야바라밀다는 지계로써 알 수 없는데, 지계의 상을 벗어난 까닭이고, 수·화·풍·공·식계로써 알 수 없는데, 촉계, 나아가 신촉을 인연으로 생겨난 여러 수의 상을 벗어난 까닭이니라. 이와 같은 반야바라밀다는 무명으로써 알 수 없는데, 무명의 상을 벗어난 까닭이고, 행·식·명색·육처·촉·수·애·취·유·생·노사의 수탄고우뇌로써 알 수 없는데, 행, 나아가 노사의 수탄고우뇌의 상을 벗어난 까닭이니라. 이와 같은 반야바라밀다는 보시바라밀다로써 알 수 없는데, 보시바라밀다의 상을 벗어난 까닭이고, 정계·안인·정진·정려·반야바라밀다로써 알 수 없는데, 정계, 나아가 반야바라밀다의 상을 벗어난 까닭이니라.

　이와 같은 반야바라밀다는 내공으로써 알 수 없는데, 내공의 상을 벗어난 까닭이고, 외공·내외공·공공·대공·승의공·유위공·무위공·필경공·무제공·산공·무변이공·본성공·자상공·공상공·일체법공·불가득공·무성공·자성공·무성자성공으로써 알 수 없는데, 외공, 나아가 무성자성공의 상을 벗어난 까닭이니라. 이와 같은 반야바라밀다는 진여로써 알 수 없는데, 진여의 상을 벗어난 까닭이고, 법계·법성·불허망성·불변이성·평등성·이생성·법정·법주·실제·허공계·부사의계로써 알 수 없는데, 법계, 나아가 부사의계의 상을 벗어난 까닭이니라.

　이와 같은 반야바라밀다는 고성제로써 알 수 없는데, 고성제의 상을 벗어난 까닭이고, 집·멸·도성제로써 알 수 없는데, 집·멸·도성제의 상을 벗어난 까닭이니라. 이와 같은 반야바라밀다는 4정려로써 알 수 없는데, 4정려의 상을 벗어난 까닭이고, 4무량·4무색정으로써 알 수 없는데, 4무량·4무색정의 상을 벗어난 까닭이니라. 이와 같은 반야바라밀다는 8해탈로써 알 수 없는데, 8해탈의 상을 벗어난 까닭이고, 8승처·9차제정·10변처로써 알 수 없는데, 8승처·9차제정·10변처의 상을 벗어난 까닭이니라.

　이와 같은 반야바라밀다는 4념주로써 알 수 없는데, 4념주의 상을 벗어난 까닭이고, 4정단·4신족·5근·5력·7등각지·8성도지로써 알 수 없는데, 4정단, 나아가 8성도지의 상을 벗어난 까닭이니라. 이와 같은 반야바라밀다는 공해탈문으로써 알 수 없는데, 공해탈문의 상을 벗어난 까닭이고, 무상·무원해탈문으로써 알 수 없는데, 무상·무원해탈문의 상을 벗어난 까닭이니라. 이와 같은 반야바라밀다는 보살의 10지로써 알 수 없는데, 보살의 10지의 상을 벗어난 까닭이니라.

이와 같은 반야바라밀다는 5안으로써 알 수 없는데, 5안의 상을 벗어난 까닭이고, 6신통으로써 알 수 없는데, 6신통의 상을 벗어난 까닭이니라. 이와 같은 반야바라밀다는 여래의 10력으로써 알 수 없는데, 여래의 10력의 상을 벗어난 까닭이고, 4무소외·4무애해·대자·대비·대희·대사· 18불불공법으로써 알 수 없는데, 4무소외, 나아가 18불불공법의 상을 벗어난 까닭이니라. 이와 같은 반야바라밀다는 무망실법으로써 알 수 없는데, 무망실법의 상을 벗어난 까닭이고, 항주사성으로써 알 수 없는데, 항주사성의 상을 벗어난 까닭이니라.

이와 같은 반야바라밀다는 일체지로써 알 수 없는데, 일체지의 상을 벗어난 까닭이고, 도상지·일체상지로써 알 수 없는데, 도상지·일체상지의 상을 벗어난 까닭이니라. 이와 같은 반야바라밀다는 일체의 다라니문으로써 알 수 없는데, 일체의 다라니문의 상을 벗어난 까닭이고, 일체의 삼마지문으로써 알 수 없는데, 일체의 삼마지문의 상을 벗어난 까닭이니라. 이와 같은 반야바라밀다는 예류과로써 알 수 없는데, 예류과의 상을 벗어난 까닭이고, 일래과·불환과·아라한과로써 알 수 없는데, 일래과·불환과·아라한과의 상을 벗어난 까닭이니라.

이와 같은 반야바라밀다는 독각의 보리로써 알 수 없는데, 독각의 보리의 상을 벗어난 까닭이니라. 이와 같은 반야바라밀다는 일체의 보살마하살의 행으로써 알 수 없는데, 일체의 보살마하살의 행의 상을 벗어난 까닭이니라. 이와 같은 반야바라밀다는 제불의 무상정등보리로써 알 수 없는데, 제불의 무상정등보리의 상을 벗어난 까닭이니라."

구수 선현이 다시 세존께 아뢰어 말하였다.
"세존이시여. 이와 같은 반야바라밀다는 조작(造作)하는 것이 없습니다."
세존께서 말씀하셨다.

"그와 같으니라. 여러 조작하는 것으로써 얻을 수 없는 까닭이니라. 선현이여. 색은 얻을 수 없는 까닭으로 조작하는 것을 얻을 수 없고, 수·상·행·식도 얻을 수 없는 까닭으로 조작하는 것을 얻을 수 없느니라. 선현이여. 안처는 얻을 수 없는 까닭으로 조작하는 것을 얻을 수 없고, 이·비·설·신·의처도 얻을 수 없는 까닭으로 조작하는 것을 얻을 수 없느니라. 선현이여. 색처는 얻을 수 없는 까닭으로 조작하는 것을 얻을 수 없고, 성·향·미·촉·법처도 얻을 수 없는 까닭으로 조작하는 것을 얻을 수 없느니라.

선현이여. 안계는 얻을 수 없는 까닭으로 조작하는 것을 얻을 수 없고, 색계·안식계, 나아가 안촉·안촉을 인연으로 생겨난 여러 수도 얻을 수 없는 까닭으로 조작하는 것을 얻을 수 없느니라. 선현이여. 이계는 얻을 수 없는 까닭으로 조작하는 것을 얻을 수 없고, 성계·이식계, 나아가 이촉·이촉을 인연으로 생겨난 여러 수도 얻을 수 없는 까닭으로 조작하는 것을 얻을 수 없느니라. 선현이여. 비계는 얻을 수 없는 까닭으로 조작하는 것을 얻을 수 없고, 향계·비식계, 나아가 비촉·비촉을 인연으로 생겨난 여러 수도 얻을 수 없는 까닭으로 조작하는 것을 얻을 수 없느니라.

선현이여. 설계는 얻을 수 없는 까닭으로 조작하는 것을 얻을 수 없고, 미계·설식계, 나아가 설촉·설촉을 인연으로 생겨난 여러 수도 얻을 수 없는 까닭으로 조작하는 것을 얻을 수 없느니라. 선현이여. 신계는 얻을 수 없는 까닭으로 조작하는 것을 얻을 수 없고, 촉계·신식계, 나아가 신촉·신촉을 인연으로 생겨난 여러 수도 얻을 수 없는 까닭으로 조작하는 것을 얻을 수 없느니라. 선현이여. 의계는 얻을 수 없는 까닭으로 조작하는 것을 얻을 수 없고, 법계·의식계, 나아가 의촉·의촉을 인연으로 생겨난 여러 수도 얻을 수 없는 까닭으로 조작하는 것을 얻을 수 없느니라.

선현이여. 지계는 얻을 수 없는 까닭으로 조작하는 것을 얻을 수 없고, 수·화·풍·공·식계도 얻을 수 없는 까닭으로 조작하는 것을 얻을 수 없느니라. 선현이여. 무명은 얻을 수 없는 까닭으로 조작하는 것을 얻을 수 없고, 행·식·명색·육처·촉·수·애·취·유·생·노사의 수탄고우뇌도 얻을

수 없는 까닭으로 조작하는 것을 얻을 수 없느니라. 선현이여. 보시바라밀
다는 얻을 수 없는 까닭으로 조작하는 것을 얻을 수 없고, 정계·안인·정진·
정려·반야바라밀다도 얻을 수 없는 까닭으로 조작하는 것을 얻을 수
없느니라.

선현이여. 내공은 얻을 수 없는 까닭으로 조작하는 것을 얻을 수 없고,
외공·내외공·공공·대공·승의공·유위공·무위공·필경공·무제공·산공·
무변이공·본성공·자상공·공상공·일체법공·불가득공·무성공·자성공·
무성자성공도 얻을 수 없는 까닭으로 조작하는 것을 얻을 수 없느니라.
선현이여. 진여는 얻을 수 없는 까닭으로 조작하는 것을 얻을 수 없고,
법계·법성·불허망성·불변이성·평등성·이생성·법정·법주·실제·허공
계·부사의계도 얻을 수 없는 까닭으로 조작하는 것을 얻을 수 없느니라.

선현이여. 고성제는 얻을 수 없는 까닭으로 조작하는 것을 얻을 수
없고, 집·멸·도성제도 얻을 수 없는 까닭으로 조작하는 것을 얻을 수
없느니라. 선현이여. 4정려는 얻을 수 없는 까닭으로 조작하는 것을
얻을 수 없고, 4무량·4무색정도 얻을 수 없는 까닭으로 조작하는 것을
얻을 수 없느니라. 선현이여. 8해탈은 얻을 수 없는 까닭으로 조작하는
것을 얻을 수 없고, 8승처·9차제정·10변처도 얻을 수 없는 까닭으로
조작하는 것을 얻을 수 없느니라.

선현이여. 4념주는 얻을 수 없는 까닭으로 조작하는 것을 얻을 수
없고, 4정단·4신족·5근·5력·7등각지·8성도지도 얻을 수 없는 까닭으로
조작하는 것을 얻을 수 없느니라. 선현이여. 공해탈문은 얻을 수 없는
까닭으로 조작하는 것을 얻을 수 없고, 무상·무원해탈문도 얻을 수 없는
까닭으로 조작하는 것을 얻을 수 없느니라. 선현이여. 보살의 10지는
얻을 수 없는 까닭으로 조작하는 것을 얻을 수 없느니라. 선현이여.
5안은 얻을 수 없는 까닭으로 조작하는 것을 얻을 수 없고, 6신통도
얻을 수 없는 까닭으로 조작하는 것을 얻을 수 없느니라.

선현이여. 여래의 10력은 얻을 수 없는 까닭으로 조작하는 것을 얻을
수 없고, 4무소외·4무애해·대자·대비·대희·대사·18불불공법도 얻을 수

없는 까닭으로 조작하는 것을 얻을 수 없느니라. 선현이여. 무망실법은 얻을 수 없는 까닭으로 조작하는 것을 얻을 수 없고, 항주사성도 얻을 수 없는 까닭으로 조작하는 것을 얻을 수 없느니라. 선현이여. 일체지는 얻을 수 없는 까닭으로 조작하는 것을 얻을 수 없고, 도상지·일체상지도 얻을 수 없는 까닭으로 조작하는 것을 얻을 수 없느니라. 선현이여. 일체의 다라니문은 얻을 수 없는 까닭으로 조작하는 것을 얻을 수 없고, 일체의 삼마지문도 얻을 수 없는 까닭으로 조작하는 것을 얻을 수 없느니라.

선현이여. 예류과는 얻을 수 없는 까닭으로 조작하는 것을 얻을 수 없고, 일래과·불환과 아라한과도 얻을 수 없는 까닭으로 조작하는 것을 얻을 수 없느니라. 선현이여. 독각의 보리는 얻을 수 없는 까닭으로 조작하는 것을 얻을 수 없느니라. 선현이여. 일체의 보살마하살의 행은 얻을 수 없는 까닭으로 조작하는 것을 얻을 수 없느니라. 선현이여. 제불의 무상정등보리는 얻을 수 없는 까닭으로 조작하는 것을 얻을 수 없느니라. 선현이여. 오히려 여러 작자(作者)와 색(色) 등의 법을 얻을 수 없는 까닭으로 이와 같은 반야바라밀다는 조작하는 것이 없느니라."

마하반야바라밀다경 제289권

36. 착불착상품(着不着相品)(3)

구수 선현이 다시 세존께 아뢰어 말하였다.

"세존이시여. 보살마하살에 상응하였다면, 어찌 반야바라밀다를 수행한다고 말합니까?"

세존께서 말씀하셨다.

"선현이여. 보살마하살이 반야바라밀다를 수행하는 때에, 만약 색을 수행하지 않는다면 이것이 반야바라밀다를 수행하는 것이고, 수·상·행·식을 수행하지 않는다면 이것이 반야바라밀다를 수행하는 것이며, 색이 만약 항상(常)하거나 만약 무상(無常)하다고 수행하지 않는다면 이것이 반야바라밀다를 수행하는 것이고, 수·상·행·식이 만약 항상하거나 만약 무상하다고 수행하지 않는다면 이것이 반야바라밀다를 수행하는 것이며, 색이 만약 즐겁(樂)거나 만약 괴롭(苦)다고 수행하지 않는다면 이것이 반야바라밀다를 수행하는 것이고, 수·상·행·식이 만약 즐겁거나 만약 괴롭다고 수행하지 않는다면 이것이 반야바라밀다를 수행하는 것이며, 색이 만약 나(我)이거나 만약 무아(無我)라고 수행하지 않는다면 이것이 반야바라밀다를 수행하는 것이고, 수·상·행·식이 만약 나이거나 만약 무아라고 수행하지 않는다면 이것이 반야바라밀다를 수행하는 것이며, 색이 만약 청정(淨)하거나 만약 부정(不淨)하다고 수행하지 않는다면 이것이 반야바라밀다를 수행하는 것이고, 수·상·행·식이 만약 청정하거나 만약 부정하다고 수행하지 않는다면 이것이 반야바라밀다를 수행하는 것이니라.

왜 그러한가? 선현이여. 색의 자성은 오히려 무소유(無所有)인데, 하물며 색이 만약 항상하거나 만약 무상하거나, 만약 즐겁거나 만약 괴롭거나, 만약 나이거나 만약 무아이거나, 만약 청정하거나 만약 부정함이 있겠는가? 수·상·행·식의 자성은 오히려 무소유인데, 하물며 수·상·행·식이 만약 항상하거나 만약 무상하거나, 만약 즐겁거나 만약 괴롭거나, 만약 나이거나 만약 무아이거나, 만약 청정하거나 만약 부정함이 있겠는가?

선현이여. 보살마하살이 반야바라밀다를 수행하는 때에, 만약 안처를 수행하지 않는다면 이것이 반야바라밀다를 수행하는 것이고, 이·비·설·신·의처를 수행하지 않는다면 이것이 반야바라밀다를 수행하는 것이며, 안처가 만약 항상하거나 만약 무상하다고 수행하지 않는다면 이것이 반야바라밀다를 수행하는 것이고, 이·비·설·신·의처가 만약 항상하거나 만약 무상하다고 수행하지 않는다면 이것이 반야바라밀다를 수행하는 것이며, 안처가 만약 즐겁거나 만약 괴롭다고 수행하지 않는다면 이것이 반야바라밀다를 수행하는 것이고, 이·비·설·신·의처가 만약 즐겁거나 만약 괴롭다고 수행하지 않는다면 이것이 반야바라밀다를 수행하는 것이며, 안처가 만약 나이거나 만약 무아라고 수행하지 않는다면 이것이 반야바라밀다를 수행하는 것이고, 이·비·설·신·의처가 만약 나이거나 만약 무아라고 수행하지 않는다면 이것이 반야바라밀다를 수행하는 것이며, 안처가 만약 청정하거나 만약 부정하다고 수행하지 않는다면 이것이 반야바라밀다를 수행하는 것이고, 이·비·설·신·의처가 만약 청정하거나 만약 부정하다고 수행하지 않는다면 이것이 반야바라밀다를 수행하는 것이니라.

왜 그러한가? 선현이여. 안처의 자성은 오히려 무소유인데, 하물며 안처가 만약 항상하거나 만약 무상하거나, 만약 즐겁거나 만약 괴롭거나, 만약 나이거나 만약 무아이거나, 만약 청정하거나 만약 부정함이 있겠는가? 이·비·설·신·의처의 자성은 오히려 무소유인데, 하물며 이·비·설·신·의처가 만약 항상하거나 만약 무상하거나, 만약 즐겁거나 만약 괴롭거나, 만약 나이거나 만약 무아이거나, 만약 청정하거나 만약 부정함이 있겠는가?

선현이여. 보살마하살이 반야바라밀다를 수행하는 때에, 만약 색처를 수행하지 않는다면 이것이 반야바라밀다를 수행하는 것이고, 성·향·미·촉·법처를 수행하지 않는다면 이것이 반야바라밀다를 수행하는 것이며, 색처가 만약 항상하거나 만약 무상하다고 수행하지 않는다면 이것이 반야바라밀다를 수행하는 것이고, 성·향·미·촉·법처가 만약 항상하거나 만약 무상하다고 수행하지 않는다면 이것이 반야바라밀다를 수행하는 것이며, 색처가 만약 즐겁거나 만약 괴롭다고 수행하지 않는다면 이것이 반야바라밀다를 수행하는 것이고, 성·향·미·촉·법처가 만약 즐겁거나 만약 괴롭다고 수행하지 않는다면 이것이 반야바라밀다를 수행하는 것이며, 색처가 만약 나이거나 만약 무아라고 수행하지 않는다면 이것이 반야바라밀다를 수행하는 것이고, 성·향·미·촉·법처가 만약 나이거나 만약 무아라고 수행하지 않는다면 이것이 반야바라밀다를 수행하는 것이며, 색처가 만약 청정하거나 만약 부정하다고 수행하지 않는다면 이것이 반야바라밀다를 수행하는 것이고, 성·향·미·촉·법처가 만약 청정하거나 만약 부정하다고 수행하지 않는다면 이것이 반야바라밀다를 수행하는 것이니라.

왜 그러한가? 선현이여. 색처의 자성은 오히려 무소유인데, 하물며 색처가 만약 항상하거나 만약 무상하거나, 만약 즐겁거나 만약 괴롭거나, 만약 나이거나 만약 무아이거나, 만약 청정하거나 만약 부정함이 있겠는가? 성·향·미·촉·법처의 자성은 오히려 무소유인데, 하물며 성·향·미·촉·법처가 만약 항상하거나 만약 무상하거나, 만약 즐겁거나 만약 괴롭거나, 만약 나이거나 만약 무아이거나, 만약 청정하거나 만약 부정함이 있겠는가?

선현이여. 보살마하살이 반야바라밀다를 수행하는 때에, 만약 안계를 수행하지 않는다면 이것이 반야바라밀다를 수행하는 것이고, 색계·안식계, 나아가 안촉·안촉을 인연으로 생겨난 여러 수를 수행하지 않는다면 이것이 반야바라밀다를 수행하는 것이며, 안계가 만약 항상하거나 만약 무상하다고 수행하지 않는다면 이것이 반야바라밀다를 수행하는 것이고,

색계, 나아가 안촉을 인연으로 생겨난 여러 수가 만약 항상하거나 만약 무상하다고 수행하지 않는다면 이것이 반야바라밀다를 수행하는 것이며, 안계가 만약 즐겁거나 만약 괴롭다고 수행하지 않는다면 이것이 반야바라밀다를 수행하는 것이고, 색계, 나아가 안촉을 인연으로 생겨난 여러 수가 만약 즐겁거나 만약 괴롭다고 수행하지 않는다면 이것이 반야바라밀다를 수행하는 것이며, 안계가 만약 나이거나 만약 무아라고 수행하지 않는다면 이것이 반야바라밀다를 수행하는 것이고, 색계, 나아가 안촉을 인연으로 생겨난 여러 수가 만약 나이거나 만약 무아라고 수행하지 않는다면 이것이 반야바라밀다를 수행하는 것이며, 안계가 만약 청정하거나 만약 부정하다고 수행하지 않는다면 이것이 반야바라밀다를 수행하는 것이고, 색계, 나아가 안촉을 인연으로 생겨난 여러 수가 만약 청정하거나 만약 부정하다고 수행하지 않는다면 이것이 반야바라밀다를 수행하는 것이니라.

왜 그러한가? 선현이여. 안계의 자성은 오히려 무소유인데, 하물며 안계가 만약 항상하거나 만약 무상하거나, 만약 즐겁거나 만약 괴롭거나, 만약 나이거나 만약 무아이거나, 만약 청정하거나 만약 부정함이 있겠는가? 색계, 나아가 안촉을 인연으로 생겨난 여러 수의 자성은 오히려 무소유인데, 하물며 색계, 나아가 안촉을 인연으로 생겨난 여러 수가 만약 항상하거나 만약 무상하거나, 만약 즐겁거나 만약 괴롭거나, 만약 나이거나 만약 무아이거나, 만약 청정하거나 만약 부정함이 있겠는가?

선현이여. 보살마하살이 반야바라밀다를 수행하는 때에, 만약 이계를 수행하지 않는다면 이것이 반야바라밀다를 수행하는 것이고, 성계·이식계, 나아가 이촉·이촉을 인연으로 생겨난 여러 수를 수행하지 않는다면 이것이 반야바라밀다를 수행하는 것이며, 이계가 만약 항상하거나 만약 무상하다고 수행하지 않는다면 이것이 반야바라밀다를 수행하는 것이고, 성계, 나아가 이촉을 인연으로 생겨난 여러 수가 만약 항상하거나 만약 무상하다고 수행하지 않는다면 이것이 반야바라밀다를 수행하는 것이며, 이계가 만약 즐겁거나 만약 괴롭다고 수행하지 않는다면 이것이 반야바라

밀다를 수행하는 것이고, 성계, 나아가 이촉을 인연으로 생겨난 여러
수가 만약 즐겁거나 만약 괴롭다고 수행하지 않는다면 이것이 반야바라밀
다를 수행하는 것이며, 이계가 만약 나이거나 만약 무아라고 수행하지
않는다면 이것이 반야바라밀다를 수행하는 것이고, 성계, 나아가 이촉을
인연으로 생겨난 여러 수가 만약 나이거나 만약 무아라고 수행하지 않는다
면 이것이 반야바라밀다를 수행하는 것이며, 이계가 만약 청정하거나
만약 부정하다고 수행하지 않는다면 이것이 반야바라밀다를 수행하는
것이고, 성계, 나아가 이촉을 인연으로 생겨난 여러 수가 만약 청정하거나
만약 부정하다고 수행하지 않는다면 이것이 반야바라밀다를 수행하는
것이니라.

왜 그러한가? 선현이여. 이계의 자성은 오히려 무소유인데, 하물며
이계가 만약 항상하거나 만약 무상하거나, 만약 즐겁거나 만약 괴롭거나,
만약 나이거나 만약 무아이거나, 만약 청정하거나 만약 부정함이 있겠는
가? 성계, 나아가 이촉을 인연으로 생겨난 여러 수의 자성은 오히려
무소유인데, 하물며 성계, 나아가 이촉을 인연으로 생겨난 여러 수가
만약 항상하거나 만약 무상하거나, 만약 즐겁거나 만약 괴롭거나, 만약
나이거나 만약 무아이거나, 만약 청정하거나 만약 부정함이 있겠는가?

선현이여. 보살마하살이 반야바라밀다를 수행하는 때에, 만약 비계를
수행하지 않는다면 이것이 반야바라밀다를 수행하는 것이고, 향계·비식
계, 나아가 비촉·비촉을 인연으로 생겨난 여러 수를 수행하지 않는다면
이것이 반야바라밀다를 수행하는 것이며, 비계가 만약 항상하거나 만약
무상하다고 수행하지 않는다면 이것이 반야바라밀다를 수행하는 것이고,
향계, 나아가 비촉을 인연으로 생겨난 여러 수가 만약 항상하거나 만약
무상하다고 수행하지 않는다면 이것이 반야바라밀다를 수행하는 것이며,
비계가 만약 즐겁거나 만약 괴롭다고 수행하지 않는다면 이것이 반야바라
밀다를 수행하는 것이고, 향계, 나아가 비촉을 인연으로 생겨난 여러
수가 만약 즐겁거나 만약 괴롭다고 수행하지 않는다면 이것이 반야바라밀
다를 수행하는 것이며, 비계가 만약 나이거나 만약 무아라고 수행하지

않는다면 이것이 반야바라밀다를 수행하는 것이고, 향계, 나아가 비촉을 인연으로 생겨난 여러 수가 만약 나이거나 만약 무아라고 수행하지 않는다면 이것이 반야바라밀다를 수행하는 것이며, 비계가 만약 청정하거나 만약 부정하다고 수행하지 않는다면 이것이 반야바라밀다를 수행하는 것이고, 향계, 나아가 비촉을 인연으로 생겨난 여러 수가 만약 청정하거나 만약 부정하다고 수행하지 않는다면 이것이 반야바라밀다를 수행하는 것이니라.

왜 그러한가? 선현이여. 비계의 자성은 오히려 무소유인데, 하물며 비계가 만약 항상하거나 만약 무상하거나, 만약 즐겁거나 만약 괴롭거나, 만약 나이거나 만약 무아이거나, 만약 청정하거나 만약 부정함이 있겠는가? 향계, 나아가 비촉을 인연으로 생겨난 여러 수의 자성은 오히려 무소유인데, 하물며 향계, 나아가 비촉을 인연으로 생겨난 여러 수가 만약 항상하거나 만약 무상하거나, 만약 즐겁거나 만약 괴롭거나, 만약 나이거나 만약 무아이거나, 만약 청정하거나 만약 부정함이 있겠는가?

선현이여. 보살마하살이 반야바라밀다를 수행하는 때에, 만약 설계를 수행하지 않는다면 이것이 반야바라밀다를 수행하는 것이고, 미계·설식계, 나아가 설촉·설촉을 인연으로 생겨난 여러 수를 수행하지 않는다면 이것이 반야바라밀다를 수행하는 것이며, 설계가 만약 항상하거나 만약 무상하다고 수행하지 않는다면 이것이 반야바라밀다를 수행하는 것이고, 미계, 나아가 설촉을 인연으로 생겨난 여러 수가 만약 항상하거나 만약 무상하다고 수행하지 않는다면 이것이 반야바라밀다를 수행하는 것이며, 설계가 만약 즐겁거나 만약 괴롭다고 수행하지 않는다면 이것이 반야바라밀다를 수행하는 것이고, 미계, 나아가 설촉을 인연으로 생겨난 여러 수가 만약 즐겁거나 만약 괴롭다고 수행하지 않는다면 이것이 반야바라밀다를 수행하는 것이며, 설계가 만약 나이거나 만약 무아라고 수행하지 않는다면 이것이 반야바라밀다를 수행하는 것이고, 미계, 나아가 설촉을 인연으로 생겨난 여러 수가 만약 나이거나 만약 무아라고 수행하지 않는다면 이것이 반야바라밀다를 수행하는 것이며, 설계가 만약 청정하거나 만약 부정하다고 수행하지 않는다면 이것이 반야바라밀다를 수행하는 것이고, 미계, 나아가 설촉을 인연으로 생겨난 여러 수가 만약 청정하거나 만약 부정하다고 수행하지 않는다면 이것이 반야바라밀다를 수행하는 것이니라.

왜 그러한가? 선현이여. 설계의 자성은 오히려 무소유인데, 하물며 설계가 만약 항상하거나 만약 무상하거나, 만약 즐겁거나 만약 괴롭거나, 만약 나이거나 만약 무아이거나, 만약 청정하거나 만약 부정함이 있겠는가? 미계, 나아가 설촉을 인연으로 생겨난 여러 수의 자성은 오히려 무소유인데, 하물며 미계, 나아가 설촉을 인연으로 생겨난 여러 수가 만약 항상하거나 만약 무상하거나, 만약 즐겁거나 만약 괴롭거나, 만약 나이거나 만약 무아이거나, 만약 청정하거나 만약 부정함이 있겠는가?

선현이여. 보살마하살이 반야바라밀다를 수행하는 때에, 만약 신계를 수행하지 않는다면 이것이 반야바라밀다를 수행하는 것이고, 촉계·신식계, 나아가 신촉·신촉을 인연으로 생겨난 여러 수를 수행하지 않는다면 이것이 반야바라밀다를 수행하는 것이며, 신계가 만약 항상하거나 만약 무상하다고 수행하지 않는다면 이것이 반야바라밀다를 수행하는 것이고, 촉계, 나아가 신촉을 인연으로 생겨난 여러 수가 만약 항상하거나 만약 무상하다고 수행하지 않는다면 이것이 반야바라밀다를 수행하는 것이며, 신계가 만약 즐겁거나 만약 괴롭다고 수행하지 않는다면 이것이 반야바라밀다를 수행하는 것이고, 촉계, 나아가 신촉을 인연으로 생겨난 여러 수가 만약 즐겁거나 만약 괴롭다고 수행하지 않는다면 이것이 반야바라밀다를 수행하는 것이며, 신계가 만약 나이거나 만약 무아라고 수행하지 않는다면 이것이 반야바라밀다를 수행하는 것이고, 촉계, 나아가 신촉을 인연으로 생겨난 여러 수가 만약 나이거나 만약 무아라고 수행하지 않는다면 이것이 반야바라밀다를 수행하는 것이며, 신계가 만약 청정하거나 만약 부정하다고 수행하지 않는다면 이것이 반야바라밀다를 수행하는 것이고, 촉계, 나아가 신촉을 인연으로 생겨난 여러 수가 만약 청정하거나 만약 부정하다고 수행하지 않는다면 이것이 반야바라밀다를 수행하는 것이니라.

왜 그러한가? 선현이여. 신계의 자성은 오히려 무소유인데, 하물며 신계가 만약 항상하거나 만약 무상하거나, 만약 즐겁거나 만약 괴롭거나, 만약 나이거나 만약 무아이거나, 만약 청정하거나 만약 부정함이 있겠는가? 촉계, 나아가 신촉을 인연으로 생겨난 여러 수의 자성은 오히려 무소유인데, 하물며 촉계, 나아가 신촉을 인연으로 생겨난 여러 수가 만약 항상하거나 만약 무상하거나, 만약 즐겁거나 만약 괴롭거나, 만약 나이거나 만약 무아이거나, 만약 청정하거나 만약 부정함이 있겠는가?

선현이여. 보살마하살이 반야바라밀다를 수행하는 때에, 만약 의계를 행하지 않는다면 이것이 반야바라밀다를 수행하는 것이고, 법계·의식계, 나아가 의촉·의촉을 인연으로 생겨난 여러 수를 수행하지 않는다면 이것이 반야바라밀다를 수행하는 것이며, 의계가 만약 항상하거나 만약 무상하다고 수행하지 않는다면 이것이 반야바라밀다를 수행하는 것이고, 법계, 나아가 의촉을 인연으로 생겨난 여러 수가 만약 항상하거나 만약 무상하다고 수행하지 않는다면 이것이 반야바라밀다를 수행하는 것이며, 의계가 만약 즐겁거나 만약 괴롭다고 수행하지 않는다면 이것이 반야바라밀다를 수행하는 것이고, 법계, 나아가 의촉을 인연으로 생겨난 여러 수가 만약 즐겁거나 만약 괴롭다고 수행하지 않는다면 이것이 반야바라밀다를 수행하는 것이며, 의계가 만약 나이거나 만약 무아라고 수행하지 않는다면 이것이 반야바라밀다를 수행하는 것이고, 법계, 나아가 의촉을 인연으로 생겨난 여러 수가 만약 나이거나 만약 무아라고 수행하지 않는다면 이것이 반야바라밀다를 수행하는 것이며, 의계가 만약 청정하거나 만약 부정하다고 수행하지 않는다면 이것이 반야바라밀다를 수행하는 것이고, 법계, 나아가 의촉을 인연으로 생겨난 여러 수가 만약 청정하거나 만약 부정하다고 수행하지 않는다면 이것이 반야바라밀다를 수행하는 것이니라.

왜 그러한가? 선현이여. 의계의 자성은 오히려 무소유인데, 하물며 의계가 만약 항상하거나 만약 무상하거나, 만약 즐겁거나 만약 괴롭거나,

만약 나이거나 만약 무아이거나, 만약 청정하거나 만약 부정함이 있겠는가? 법계, 나아가 의촉을 인연으로 생겨난 여러 수의 자성은 오히려 무소유인데, 하물며 법계, 나아가 의촉을 인연으로 생겨난 여러 수가 만약 항상하거나 만약 무상하거나, 만약 즐겁거나 만약 괴롭거나, 만약 나이거나 만약 무아이거나, 만약 청정하거나 만약 부정함이 있겠는가?

선현이여. 보살마하살이 반야바라밀다를 수행하는 때에, 만약 지계를 수행하지 않는다면 이것이 반야바라밀다를 수행하는 것이고, 수·화·풍·공·식계를 수행하지 않는다면 이것이 반야바라밀다를 수행하는 것이며, 지계가 만약 항상하거나 만약 무상하다고 수행하지 않는다면 이것이 반야바라밀다를 수행하는 것이고, 수·화·풍·공·식계가 만약 항상하거나 만약 무상하다고 수행하지 않는다면 이것이 반야바라밀다를 수행하는 것이며, 지계가 만약 즐겁거나 만약 괴롭다고 수행하지 않는다면 이것이 반야바라밀다를 수행하는 것이고, 수·화·풍·공·식계가 만약 즐겁거나 만약 괴롭다고 수행하지 않는다면 이것이 반야바라밀다를 수행하는 것이며, 지계가 만약 나이거나 만약 무아라고 수행하지 않는다면 이것이 반야바라밀다를 행하는 것이고, 수·화·풍·공·식계가 만약 나이거나 만약 무아라고 수행하지 않는다면 이것이 반야바라밀다를 수행하는 것이며, 지계가 만약 청정하거나 만약 부정하다고 수행하지 않는다면 이것이 반야바라밀다를 수행하는 것이고, 수·화·풍·공·식계가 만약 청정하거나 만약 부정하다고 수행하지 않는다면 이것이 반야바라밀다를 수행하는 것이니라.

왜 그러한가? 선현이여. 지계의 자성은 오히려 무소유인데, 하물며 지계가 만약 항상하거나 만약 무상하거나, 만약 즐겁거나 만약 괴롭거나, 만약 나이거나 만약 무아이거나, 만약 청정하거나 만약 부정함이 있겠는가? 수·화·풍·공·식계의 자성은 오히려 무소유인데, 하물며 수·화·풍·공·식계가 만약 항상하거나 만약 무상하거나, 만약 즐겁거나 만약 괴롭거나, 만약 나이거나 만약 무아이거나, 만약 청정하거나 만약 부정함이 있겠는가?

선현이여. 보살마하살이 반야바라밀다를 수행하는 때에, 만약 무명을 수행하지 않는다면 이것이 반야바라밀다를 수행하는 것이고, 행·식·명색·육처·촉·수·애·취·유·생·노사의 수탄고우뇌를 수행하지 않는다면 이것이 반야바라밀다를 수행하는 것이며, 무명이 만약 항상하거나 만약 무상하다고 수행하지 않는다면 이것이 반야바라밀다를 수행하는 것이고, 행, 나아가 노사의 수탄고우뇌가 만약 항상하거나 만약 무상하다고 수행하지 않는다면 이것이 반야바라밀다를 수행하는 것이며, 무명이 만약 즐겁거나 만약 괴롭다고 수행하지 않는다면 이것이 반야바라밀다를 수행하는 것이고, 행, 나아가 노사의 수탄고우뇌가 만약 즐겁거나 만약 괴롭다고 수행하지 않는다면 이것이 반야바라밀다를 수행하는 것이며, 무명이 만약 나이거나 만약 무아라고 수행하지 않는다면 이것이 반야바라밀다를 수행하는 것이고, 행, 나아가 노사의 수탄고우뇌가 만약 나이거나 만약 무아라고 수행하지 않는다면 이것이 반야바라밀다를 수행하는 것이며, 무명이 만약 청정하거나 만약 부정하다고 수행하지 않는다면 이것이 반야바라밀다를 수행하는 것이고, 행, 나아가 노사의 수탄고우뇌가 만약 청정하거나 만약 부정하다고 수행하지 않는다면 이것이 반야바라밀다를 수행하는 것이니라.

왜 그러한가? 선현이여. 무명의 자성은 오히려 무소유인데, 하물며 무명이 만약 항상하거나 만약 무상하거나, 만약 즐겁거나 만약 괴롭거나, 만약 나이거나 만약 무아이거나, 만약 청정하거나 만약 부정함이 있겠는가? 행, 나아가 노사의 수탄고우뇌의 자성은 오히려 무소유인데, 하물며 행, 나아가 노사의 수탄고우뇌가 만약 항상하거나 만약 무상하거나, 만약 즐겁거나 만약 괴롭거나, 만약 나이거나 만약 무아이거나, 만약 청정하거나 만약 부정함이 있겠는가?

선현이여. 보살마하살이 반야바라밀다를 수행하는 때에, 만약 보시바라밀다를 수행하지 않는다면 이것이 반야바라밀다를 수행하는 것이고, 정계·안인·정진·정려·반야바라밀다를 수행하지 않는다면 이것이 반야바라밀다를 수행하는 것이며, 보시바라밀다가 만약 항상하거나 만약 무상하다고 수행하지 않는다면 이것이 반야바라밀다를 수행하는 것이고,

정계, 나아가 반야바라밀다가 만약 항상하거나 만약 무상하다고 수행하지 않는다면 이것이 반야바라밀다를 수행하는 것이며, 보시바라밀다가 만약 즐겁거나 만약 괴롭다고 수행하지 않는다면 이것이 반야바라밀다를 수행하는 것이고, 정계, 나아가 반야바라밀다가 만약 즐겁거나 만약 괴롭다고 수행하지 않는다면 이것이 반야바라밀다를 수행하는 것이며, 보시바라밀다가 만약 나이거나 만약 무아라고 수행하지 않는다면 이것이 반야바라밀다를 수행하는 것이고, 정계, 나아가 반야바라밀다가 만약 나이거나 만약 무아라고 수행하지 않는다면 이것이 반야바라밀다를 수행하는 것이며, 보시바라밀다가 만약 청정하거나 만약 부정하다고 수행하지 않는다면 이것이 반야바라밀다를 수행하는 것이고, 정계, 나아가 반야바라밀다가 만약 청정하거나 만약 부정하다고 수행하지 않는다면 이것이 반야바라밀다를 수행하는 것이니라.

왜 그러한가? 선현이여. 보시바라밀다의 자성은 오히려 무소유인데, 하물며 보시바라밀다가 만약 항상하거나 만약 무상하거나, 만약 즐겁거나 만약 괴롭거나, 만약 나이거나 만약 무아이거나, 만약 청정하거나 만약 부정함이 있겠는가? 정계, 나아가 반야바라밀다의 자성은 오히려 무소유인데, 하물며 정계, 나아가 반야바라밀다가 만약 항상하거나 만약 무상하거나, 만약 즐겁거나 만약 괴롭거나, 만약 나이거나 만약 무아이거나, 만약 청정하거나 만약 부정함이 있겠는가?

선현이여. 보살마하살이 반야바라밀다를 수행하는 때에, 만약 내공을 수행하지 않는다면 이것이 반야바라밀다를 수행하는 것이고, 외공·내외공·공공·대공·승의공·유위공·무위공·필경공·무제공·산공·무변이공·본성공·자상공·공상공·일체법공·불가득공·무성공·자성공·무성자성공을 수행하지 않는다면 이것이 반야바라밀다를 수행하는 것이며, 내공이 만약 항상하거나 만약 무상하다고 수행하지 않는다면 이것이 반야바라밀다를 수행하는 것이고, 외공, 나아가 무성자성공이 만약 항상하거나 만약 무상하다고 수행하지 않는다면 이것이 반야바라밀다를 수행하는 것이며, 내공이 만약 즐겁거나 만약 괴롭다고 수행하지 않는다면 이것이 반야바라밀다를 수행하는 것이고, 외공, 나아가 무성자성공이 만약 즐겁거나 만약 괴롭다고 수행하지 않는다면 이것이 반야바라밀다를 수행하는 것이며, 내공이 만약 나이거나 만약 무아라고 수행하지 않는다면 이것이 반야바라밀다를 수행하는 것이고, 외공, 나아가 무성자성공이 만약 나이거나 만약 무아라고 수행하지 않는다면 이것이 반야바라밀다를 수행하는 것이며, 내공이 만약 청정하거나 만약 부정하다고 수행하지 않는다면 이것이 반야바라밀다를 수행하는 것이고, 외공, 나아가 무성자성공이 만약 청정하거나 만약 부정하다고 수행하지 않는다면 이것이 반야바라밀다를 수행하는 것이니라.

왜 그러한가? 선현이여. 내공의 자성은 오히려 무소유인데, 하물며 내공이 만약 항상하거나 만약 무상하거나, 만약 즐겁거나 만약 괴롭거나, 만약 나이거나 만약 무아이거나, 만약 청정하거나 만약 부정함이 있겠는가? 외공, 나아가 무성자성공의 자성은 오히려 무소유인데, 하물며 외공, 나아가 무성자성공이 만약 항상하거나 만약 무상하거나, 만약 즐겁거나 만약 괴롭거나, 만약 나이거나 만약 무아이거나, 만약 청정하거나 만약 부정함이 있겠는가?

선현이여. 보살마하살이 반야바라밀다를 수행하는 때에, 만약 진여를 수행하지 않는다면 이것이 반야바라밀다를 수행하는 것이고, 법계·법성·불허망성·불변이성·평등성·이생성·법정·법주·실제·허공계·부사의계를 수행하지 않는다면 이것이 반야바라밀다를 수행하는 것이며, 진여가 만약 항상하거나 만약 무상하다고 수행하지 않는다면 이것이 반야바라밀다를 수행하는 것이고, 법계, 나아가 부사의계가 만약 항상하거나 만약 무상하다고 수행하지 않는다면 이것이 반야바라밀다를 수행하는 것이며, 진여가 만약 즐겁거나 만약 괴롭다고 수행하지 않는다면 이것이 반야바라밀다를 수행하는 것이고, 법계, 나아가 부사의계가 만약 즐겁거나 만약 괴롭다고 수행하지 않는다면 이것이 반야바라밀다를 수행하는 것이며, 진여가 만약 나이거나 만약 무아라고 수행하지 않는다면 이것이 반야바라밀다를 수행하는 것이고, 법계, 나아가 부사의계가 만약 나이거나 만약 무아라고 수행하지 않는다면 이것이 반야바라밀다를 수행하는 것이며, 진여가 만약 청정하거나 만약 부정하다고 수행하지 않는다면 이것이 반야바라밀다를 수행하는 것이고, 법계, 나아가 부사의계가 만약 청정하거나 만약 부정하다고 수행하지 않는다면 이것이 반야바라밀다를 수행하는 것이니라.

왜 그러한가? 선현이여. 진여의 자성은 오히려 무소유인데, 하물며 진여가 만약 항상하거나 만약 무상하거나, 만약 즐겁거나 만약 괴롭거나, 만약 나이거나 만약 무아이거나, 만약 청정하거나 만약 부정함이 있겠는가? 법계, 나아가 부사의계의 자성은 오히려 무소유인데, 하물며 법계, 나아가 부사의계가 만약 항상하거나 만약 무상하거나, 만약 즐겁거나 만약 괴롭거나, 만약 나이거나 만약 무아이거나, 만약 청정하거나 만약 부정함이 있겠는가?

선현이여. 보살마하살이 반야바라밀다를 수행하는 때에, 만약 고성제를 수행하지 않는다면 이것이 반야바라밀다를 수행하는 것이고, 집·멸·도성제를 수행하지 않는다면 이것이 반야바라밀다를 수행하는 것이며, 고성제가 만약 항상하거나 만약 무상하다고 수행하지 않는다면 이것이 반야바라밀다를 수행하는 것이고, 집·멸·도성제가 만약 항상하거나 만약 무상하다고 수행하지 않는다면 이것이 반야바라밀다를 수행하는 것이며, 고성제가 만약 즐겁거나 만약 괴롭다고 수행하지 않는다면 이것이 반야바라밀다를 수행하는 것이고, 집·멸·도성제가 만약 즐겁거나 만약 괴롭다고 수행하지 않는다면 이것이 반야바라밀다를 수행하는 것이며, 고성제가 만약 나이거나 만약 무아라고 수행하지 않는다면 이것이 반야바라밀다를 수행하는 것이고, 집·멸·도성제가 만약 나이거나 만약 무아라고 수행하지 않는다면 이것이 반야바라밀다를 수행하는 것이며, 고성제가 만약 청정하거나 만약 부정하다고 수행하지 않는다면 이것이 반야바라밀다를 수행하는 것이고, 집·멸·도성제가 만약 청정하거나 만약 부정하다고 수행하지 않는다면 이것이 반야바라밀다를 수행하는 것이니라.

왜 그러한가? 선현이여. 고성제의 자성은 오히려 무소유인데, 하물며 고성제가 만약 항상하거나 만약 무상하거나, 만약 즐겁거나 만약 괴롭거나, 만약 나이거나 만약 무아이거나, 만약 청정하거나 만약 부정함이 있겠는가? 집·멸·도성제의 자성은 오히려 무소유인데, 하물며 집·멸·도성제가 만약 항상하거나 만약 무상하거나, 만약 즐겁거나 만약 괴롭거나, 만약 나이거나 만약 무아이거나, 만약 청정하거나 만약 부정함이 있겠는가?

선현이여. 보살마하살이 반야바라밀다를 수행하는 때에, 만약 4정려를 수행하지 않는다면 이것이 반야바라밀다를 수행하는 것이고, 4무량·4무색정을 수행하지 않는다면 이것이 반야바라밀다를 수행하는 것이며, 4정려가 만약 항상하거나 만약 무상하다고 수행하지 않는다면 이것이 반야바라밀다를 수행하는 것이고, 4무량·4무색정이 만약 항상하거나 만약 무상하다고 수행하지 않는다면 이것이 반야바라밀다를 수행하는 것이며, 4정려가 만약 즐겁거나 만약 괴롭다고 수행하지 않는다면 이것이 반야바라밀다를 수행하는 것이고, 4무량·4무색정이 만약 즐겁거나 만약 괴롭다고 수행하지 않는다면 이것이 반야바라밀다를 수행하는 것이며, 4정려가 만약 나이거나 만약 무아라고 수행하지 않는다면 이것이 반야바라밀다를 수행하는 것이고, 4무량·4무색정이 만약 나이거나 만약 무아라고 수행하지 않는다면 이것이 반야바라밀다를 수행하는 것이며, 4정려가 만약 청정하거나 만약 부정하다고 수행하지 않는다면 이것이 반야바라밀다를 수행하는 것이고, 4무량·4무색정이 만약 청정하거나 만약 부정하다고 수행하지 않는다면 이것이 반야바라밀다를 수행하는 것이니라.

왜 그러한가? 선현이여. 4정려의 자성은 오히려 무소유인데, 하물며 4정려가 만약 항상하거나 만약 무상하거나, 만약 즐겁거나 만약 괴롭거나, 만약 나이거나 만약 무아이거나, 만약 청정하거나 만약 부정함이 있겠는가? 4무량·4무색정의 자성은 오히려 무소유인데, 하물며 4무량·4무색정이 만약 항상하거나 만약 무상하거나, 만약 즐겁거나 만약 괴롭거나, 만약 나이거나 만약 무아이거나, 만약 청정하거나 만약 부정함이 있겠는가?

선현이여. 보살마하살이 반야바라밀다를 수행하는 때에, 만약 8해탈을 수행하지 않는다면 이것이 반야바라밀다를 수행하는 것이고, 8승처·9차제정·10변처를 수행하지 않는다면 이것이 반야바라밀다를 수행하는 것이며, 8해탈이 만약 항상하거나 만약 무상하다고 수행하지 않는다면 이것이 반야바라밀다를 수행하는 것이고, 8승처·9차제정·10변처가 만약 항상하거나 만약 무상하다고 수행하지 않는다면 이것이 반야바라밀다를 수행하는 것이며, 8해탈이 만약 즐겁거나 만약 괴롭다고 수행하지 않는다면 이것이 반야바라밀다를 수행하는 것이고, 8승처·9차제정·10변처가 만약 즐겁거나 만약 괴롭다고 수행하지 않는다면 이것이 반야바라밀다를 수행하는 것이며, 8해탈이 만약 나이거나 만약 무아라고 수행하지 않는다면 이것이 반야바라밀다를 수행하는 것이고, 8승처·9차제정·10변처가 만약 나이거나 만약 무아라고 수행하지 않는다면 이것이 반야바라밀다를 수행하는 것이며, 8해탈이 만약 청정하거나 만약 부정하다고 수행하지 않는다면 이것이 반야바라밀다를 행하는 것이고, 8승처·9차제정·10변처가 만약 청정하거나 만약 부정하다고 수행하지 않는다면 이것이 반야바라밀다를 수행하는 것이니라.

왜 그러한가? 선현이여. 8해탈의 자성은 오히려 무소유인데, 하물며 8해탈이 만약 항상하거나 만약 무상하거나, 만약 즐겁거나 만약 괴롭거나, 만약 나이거나 만약 무아이거나, 만약 청정하거나 만약 부정함이 있겠는가? 8승처·9차제정·10변처의 자성은 오히려 무소유인데, 하물며 8승처·9차제정·10변처가 만약 항상하거나 만약 무상하거나, 만약 즐겁거나 만약 괴롭거나, 만약 나이거나 만약 무아이거나, 만약 청정하거나 만약 부정함이 있겠는가?

선현이여. 보살마하살이 반야바라밀다를 수행하는 때에, 만약 4념주를 수행하지 않는다면 이것이 반야바라밀다를 수행하는 것이고, 4정단·4신족·5근·5력·7등각지·8성도지를 수행하지 않는다면 이것이 반야바라밀다를 수행하는 것이며, 4념주가 만약 항상하거나 만약 무상하다고 수행하지 않는다면 이것이 반야바라밀다를 수행하는 것이고, 4정단, 나아가 8성도지가 만약 항상하거나 만약 무상하다고 수행하지 않는다면 이것이 반야바라밀다를 수행하는 것이며, 4념주가 만약 즐겁거나 만약 괴롭다고 수행하지 않는다면 이것이 반야바라밀다를 수행하는 것이고, 4정단, 나아가 8성도지가 만약 즐겁거나 만약 괴롭다고 수행하지 않는다면 이것이 반야바라밀다를 수행하는 것이며, 4념주가 만약 나이거나 만약 무아라고 수행하지 않는다면 이것이 반야바라밀다를 수행하는 것이고, 4정단, 나아가 8성도지가 만약 나이거나 만약 무아라고 수행하지 않는다면 이것이 반야바라밀다를 수행하는 것이며, 4념주가 만약 청정하거나 만약 부정하다고 수행하지 않는다면 이것이 반야바라밀다를 수행하는 것이고, 4정단, 나아가 8성도지가 만약 청정하거나 만약 부정하다고 수행하지 않는다면 이것이 반야바라밀다를 수행하는 것이니라.

왜 그러한가? 선현이여. 4념주의 자성은 오히려 무소유인데, 하물며 4념주가 만약 항상하거나 만약 무상하거나, 만약 즐겁거나 만약 괴롭거나, 만약 나이거나 만약 무아이거나, 만약 청정하거나 만약 부정함이 있겠는가? 4정단, 나아가 8성도지의 자성은 오히려 무소유인데, 하물며 4정단, 나아가 8성도지가 만약 항상하거나 만약 무상하거나, 만약 즐겁거나 만약 괴롭거나, 만약 나이거나 만약 무아이거나, 만약 청정하거나 만약 부정함이 있겠는가?

선현이여. 보살마하살이 반야바라밀다를 수행하는 때에, 만약 4념주를 수행하지 않는다면 이것이 반야바라밀다를 수행하는 것이고, 4정단·4신족·5근·5력·7등각지·8성도지를 수행하지 않는다면 이것이 반야바라밀다를 수행하는 것이며, 4념주가 만약 항상하거나 만약 무상하다고 수행하지 않는다면 이것이 반야바라밀다를 수행하는 것이고, 4정단, 나아가 8성도지가 만약 항상하거나 만약 무상하다고 수행하지 않는다면 이것이 반야바라밀다를 수행하는 것이며, 4념주가 만약 즐겁거나 만약 괴롭다고 수행하지 않는다면 이것이 반야바라밀다를 수행하는 것이고, 4정단, 나아가 8성도지가 만약 즐겁거나 만약 괴롭다고 수행하지 않는다면 이것이 반야바라밀다를 수행하는 것이며, 4념주가 만약 나이거나 만약 무아라고 수행하지 않는다면 이것이 반야바라밀다를 수행하는 것이고, 4정단, 나아가 8성도지가 만약 나이거나 만약 무아라고 수행하지 않는다면 이것이 반야바라밀다를 수행하는 것이며, 4념주가 만약 청정하거나 만약 부정하다고 수행하지 않는다면 이것이 반야바라밀다를 수행하는 것이고, 4정단, 나아가 8성도지가 만약 청정하거나 만약 부정하다고 수행하지 않는다면 이것이 반야바라밀다를 수행하는 것이니라.

왜 그러한가? 선현이여. 4념주의 자성은 오히려 무소유인데, 하물며 4념주가 만약 항상하거나 만약 무상하거나, 만약 즐겁거나 만약 괴롭거나, 만약 나이거나 만약 무아이거나, 만약 청정하거나 만약 부정함이 있겠는가? 4정단, 나아가 8성도지의 자성은 오히려 무소유인데, 하물며 4정단, 나아가 8성도지가 만약 항상하거나 만약 무상하거나, 만약 즐겁거나 만약 괴롭거나, 만약 나이거나 만약 무아이거나, 만약 청정하거나 만약 부정함이 있겠는가?

선현이여. 보살마하살이 반야바라밀다를 수행하는 때에, 만약 공해탈문을 수행하지 않는다면 이것이 반야바라밀다를 수행하는 것이고, 무상·무원해탈문을 수행하지 않는다면 이것이 반야바라밀다를 수행하는 것이며, 공해탈문이 만약 항상하거나 만약 무상하다고 수행하지 않는다면 이것이 반야바라밀다를 수행하는 것이고, 무상·무원해탈문이 만약 항상하거나 만약 무상하다고 수행하지 않는다면 이것이 반야바라밀다를 수행하는 것이며, 공해탈문이 만약 즐겁거나 만약 괴롭다고 수행하지 않는다면 이것이 반야바라밀다를 수행하는 것이고, 무상·무원해탈문이 만약 즐겁거나 만약 괴롭다고 수행하지 않는다면 이것이 반야바라밀다를 수행하는 것이며, 공해탈문이 만약 나이거나 만약 무아라고 수행하지 않는다면 이것이 반야바라밀다를 수행하는 것이고, 무상·무원해탈문이 만약 나이거나 만약 무아라고 수행하지 않는다면 이것이 반야바라밀다를 수행하는 것이며, 공해탈문이 만약 청정하거나 만약 부정하다고 수행하지 않는다면 이것이 반야바라밀다를 수행하는 것이고, 무상·무원해탈문이 만약 청정하거나 만약 부정하다고 수행하지 않는다면 이것이 반야바라밀다를 수행하는 것이니라.

왜 그러한가? 선현이여. 공해탈문의 자성은 오히려 무소유인데, 하물며 공해탈문이 만약 항상하거나 만약 무상하거나, 만약 즐겁거나 만약 괴롭거나, 만약 나이거나 만약 무아이거나, 만약 청정하거나 만약 부정함이 있겠는가? 무상·무원해탈문의 자성은 오히려 무소유인데, 하물며 무상·무원해탈문이 만약 항상하거나 만약 무상하거나, 만약 즐겁거나 만약 괴롭거나, 만약 나이거나 만약 무아이거나, 만약 청정하거나 만약 부정함이 있겠는가?

선현이여. 보살마하살이 반야바라밀다를 수행하는 때에, 만약 보살의 10지를 수행하지 않는다면 이것이 반야바라밀다를 수행하는 것이고, 보살의 10지가 만약 항상하거나 만약 무상하다고 수행하지 않는다면 이것이 반야바라밀다를 수행하는 것이며, 보살의 10지가 만약 즐겁거나 만약 괴롭다고 수행하지 않는다면 이것이 반야바라밀다를 수행하는 것이고, 보살의 10지가 만약 나이거나 만약 무아라고 수행하지 않는다면 이것이 반야바라밀다를 수행하는 것이며, 보살의 10지가 만약 청정하거나 만약 부정하다고 수행하지 않는다면 이것이 반야바라밀다를 수행하는 것이니라.

왜 그러한가? 선현이여. 보살의 10지의 자성은 오히려 무소유인데, 하물며 보살의 10지가 만약 항상하거나 만약 무상하거나, 만약 즐겁거나 만약 괴롭거나, 만약 나이거나 만약 무아이거나, 만약 청정하거나 만약 부정함이 있겠는가?

선현이여. 보살마하살이 반야바라밀다를 수행하는 때에, 만약 5안을 수행하지 않는다면 이것이 반야바라밀다를 수행하는 것이고, 6신통을 수행하지 않는다면 이것이 반야바라밀다를 수행하는 것이며, 5안이 만약 항상하거나 만약 무상하다고 수행하지 않는다면 이것이 반야바라밀다를 수행하는 것이고, 6신통이 만약 항상하거나 만약 무상하다고 수행하지 않는다면 이것이 반야바라밀다를 수행하는 것이며, 5안이 만약 즐겁거나 만약 괴롭다고 수행하지 않는다면 이것이 반야바라밀다를 수행하는 것이고, 6신통이 만약 즐겁거나 만약 괴롭다고 수행하지 않는다면 이것이 반야바라밀다를 수행하는 것이며, 5안이 만약 나이거나 만약 무아라고 수행하지 않는다면 이것이 반야바라밀다를 수행하는 것이고, 6신통이 만약 나이거나 만약 무아라고 수행하지 않는다면 이것이 반야바라밀다를 수행하는 것이며, 5안이 만약 청정하거나 만약 부정하다고 수행하지 않는다면 이것이 반야바라밀다를 수행하는 것이고, 6신통이 만약 청정하거나 만약 부정하다고 수행하지 않는다면 이것이 반야바라밀다를 수행하는 것이니라.

왜 그러한가? 선현이여. 5안의 자성은 오히려 무소유인데, 하물며 5안이 만약 항상하거나 만약 무상하거나, 만약 즐겁거나 만약 괴롭거나, 만약 나이거나 만약 무아이거나, 만약 청정하거나 만약 부정함이 있겠는가? 6신통의 자성은 오히려 무소유인데, 하물며 6신통이 만약 항상하거나 만약 무상하거나, 만약 즐겁거나 만약 괴롭거나, 만약 나이거나 만약 무아이거나, 만약 청정하거나 만약 부정함이 있겠는가?

선현이여. 보살마하살이 반야바라밀다를 수행하는 때에, 만약 여래의 10력을 수행하지 않는다면 이것이 반야바라밀다를 수행하는 것이고, 4무소외·4무애해·대자·대비·대희·대사·18불불공법을 수행하지 않는다면 이것이 반야바라밀다를 수행하는 것이며, 여래의 10력이 만약 항상하거나 만약 무상하다고 수행하지 않는다면 이것이 반야바라밀다를 수행하는 것이고, 4무소외, 나아가 18불불공법이 만약 항상하거나 만약 무상하다고 수행하지 않는다면 이것이 반야바라밀다를 수행하는 것이며, 여래의 10력이 만약 즐겁거나 만약 괴롭다고 수행하지 않는다면 이것이 반야바라밀다를 수행하는 것이고, 4무소외, 나아가 18불불공법이 만약 즐겁거나 만약 괴롭다고 수행하지 않는다면 이것이 반야바라밀다를 수행하는 것이며, 여래의 10력이 만약 나이거나 만약 무아라고 수행하지 않는다면 이것이 반야바라밀다를 수행하는 것이고, 4무소외, 나아가 18불불공법이 만약 나이거나 만약 무아라고 수행하지 않는다면 이것이 반야바라밀다를 수행하는 것이며, 여래의 10력이 만약 청정하거나 만약 부정하다고 수행하지 않는다면 이것이 반야바라밀다를 수행하는 것이고, 4무소외, 나아가 18불불공법이 만약 청정하거나 만약 부정하다고 수행하지 않는다면 이것이 반야바라밀다를 수행하는 것이니라.

왜 그러한가? 선현이여. 여래의 10력의 자성은 오히려 무소유인데, 하물며 여래의 10력이 만약 항상하거나 만약 무상하거나, 만약 즐겁거나 만약 괴롭거나, 만약 나이거나 만약 무아이거나, 만약 청정하거나 만약 부정함이 있겠는가? 4무소외, 나아가 18불불공법의 자성은 오히려 무소유인데, 하물며 4무소외, 나아가 18불불공법이 만약 항상하거나 만약 무상하거나, 만약 즐겁거나 만약 괴롭거나, 만약 나이거나 만약 무아이거나, 만약 청정하거나 만약 부정함이 있겠는가?

선현이여. 보살마하살이 반야바라밀다를 수행하는 때에, 만약 무망실법을 수행하지 않는다면 이것이 반야바라밀다를 수행하는 것이고, 항주사성을 수행하지 않는다면 이것이 반야바라밀다를 수행하는 것이며, 무망실법이 만약 항상하거나 만약 무상하다고 수행하지 않는다면 이것이 반야바라밀다를 수행하는 것이고, 항주사성이 만약 항상하거나 만약 무상하다고 수행하지 않는다면 이것이 반야바라밀다를 수행하는 것이며, 무망실법이 만약 즐겁거나 만약 괴롭다고 수행하지 않는다면 이것이 반야바라밀다를 수행하는 것이고, 항주사성이 만약 즐겁거나 만약 괴롭다고 수행하지 않는다면 이것이 반야바라밀다를 수행하는 것이며, 무망실법이 만약 나이거나 만약 무아라고 수행하지 않는다면 이것이 반야바라밀다를 수행하는 것이고, 항주사성이 만약 나이거나 만약 무아라고 수행하지 않는다면 이것이 반야바라밀다를 수행하는 것이며, 무망실법이 만약 청정하거나 만약 부정하다고 수행하지 않는다면 이것이 반야바라밀다를 수행하는 것이고, 항주사성이 만약 청정하거나 만약 부정하다고 수행하지 않는다면 이것이 반야바라밀다를 수행하는 것이니라.

왜 그러한가? 선현이여. 무망실법의 자성은 오히려 무소유인데, 하물며 무망실법이 만약 항상하거나 만약 무상하거나, 만약 즐겁거나 만약 괴롭거나, 만약 나이거나 만약 무아이거나, 만약 청정하거나 만약 부정함이 있겠는가? 항주사성의 자성은 오히려 무소유인데, 하물며 항주사성이 만약 항상하거나 만약 무상하거나, 만약 즐겁거나 만약 괴롭거나, 만약 나이거나 만약 무아이거나, 만약 청정하거나 만약 부정함이 있겠는가?"

마하반야바라밀다경 제290권

36. 착불착상품(着不着相品)(4)

"선현이여. 보살마하살이 반야바라밀다를 수행하는 때에, 만약 일체지를 수행하지 않는다면 이것이 반야바라밀다를 수행하는 것이고, 도상지·일체상지를 수행하지 않는다면 이것이 반야바라밀다를 수행하는 것이며, 일체지가 만약 항상하거나 만약 무상하다고 수행하지 않는다면 이것이 반야바라밀다를 수행하는 것이고, 도상지·일체상지가 만약 항상하거나 만약 무상하다고 수행하지 않는다면 이것이 반야바라밀다를 수행하는 것이며, 일체지가 만약 즐겁거나 만약 괴롭다고 수행하지 않는다면 이것이 반야바라밀다를 수행하는 것이고, 도상지·일체상지가 만약 즐겁거나 만약 괴롭다고 수행하지 않는다면 이것이 반야바라밀다를 수행하는 것이며, 일체지가 만약 나이거나 만약 무아라고 수행하지 않는다면 이것이 반야바라밀다를 수행하는 것이고, 도상지·일체상지가 만약 나이거나 만약 무아라고 수행하지 않는다면 이것이 반야바라밀다를 수행하는 것이며, 일체지가 만약 청정하거나 만약 부정하다고 수행하지 않는다면 이것이 반야바라밀다를 수행하는 것이고, 도상지·일체상지가 만약 청정하거나 만약 부정하다고 수행하지 않는다면 이것이 반야바라밀다를 수행하는 것이니라.

왜 그러한가? 선현이여. 일체지의 자성은 오히려 무소유인데, 하물며 일체지가 만약 항상하거나 만약 무상하거나, 만약 즐겁거나 만약 괴롭거나, 만약 나이거나 만약 무아이거나, 만약 청정하거나 만약 부정함이 있겠는가? 도상지·일체상지의 자성은 오히려 무소유인데, 하물며 도상지·일체상지가 만약 항상하거나 만약 무상하거나, 만약 즐겁거나 만약 괴롭거나, 만약 나이거나 만약 무아이거나, 만약 청정하거나 만약 부정함이 있겠는가?

선현이여. 보살마하살이 반야바라밀다를 수행하는 때에, 만약 일체의 다라니문을 수행하지 않는다면 이것이 반야바라밀다를 수행하는 것이고, 일체의 삼마지문을 수행하지 않는다면 이것이 반야바라밀다를 수행하는 것이며, 일체의 다라니문이 만약 항상하거나 만약 무상하다고 수행하지 않는다면 이것이 반야바라밀다를 수행하는 것이고, 일체의 삼마지문이 만약 항상하거나 만약 무상하다고 수행하지 않는다면 이것이 반야바라밀다를 수행하는 것이며, 일체의 다라니문이 만약 즐겁거나 만약 괴롭다고 수행하지 않는다면 이것이 반야바라밀다를 수행하는 것이고, 일체의 삼마지문이 만약 즐겁거나 만약 괴롭다고 수행하지 않는다면 이것이 반야바라밀다를 수행하는 것이며, 일체의 다라니문이 만약 나이거나 만약 무아라고 수행하지 않는다면 이것이 반야바라밀다를 수행하는 것이고, 일체의 삼마지문이 만약 나이거나 만약 무아라고 수행하지 않는다면 이것이 반야바라밀다를 수행하는 것이며, 일체의 다라니문이 만약 청정하거나 만약 부정하다고 수행하지 않는다면 이것이 반야바라밀다를 수행하는 것이고, 일체의 삼마지문이 만약 청정하거나 만약 부정하다고 수행하지 않는다면 이것이 반야바라밀다를 수행하는 것이니라.

왜 그러한가? 선현이여. 일체의 다라니문의 자성은 오히려 무소유인데, 하물며 일체의 다라니문이 만약 항상하거나 만약 무상하거나, 만약 즐겁거나 만약 괴롭거나, 만약 나이거나 만약 무아이거나, 만약 청정하거나 만약 부정함이 있겠는가? 일체의 삼마지문의 자성은 오히려 무소유인데, 하물며 일체의 삼마지문이 만약 항상하거나 만약 무상하거나, 만약 즐겁거나 만약 괴롭거나, 만약 나이거나 만약 무아이거나, 만약 청정하거나 만약 부정함이 있겠는가?

선현이여. 보살마하살이 반야바라밀다를 수행하는 때에, 만약 예류과를 수행하지 않는다면 이것이 반야바라밀다를 수행하는 것이고, 일래·불환·아라한과를 수행하지 않는다면 이것이 반야바라밀다를 수행하는 것이며, 예류과가 만약 항상하거나 만약 무상하다고 수행하지 않는다면 이것이 반야바라밀다를 수행하는 것이고, 일래·불환·아라한과가 만약 항상하거나 만약 무상하다고 수행하지 않는다면 이것이 반야바라밀다를 수행하는 것이며, 예류과가 만약 즐겁거나 만약 괴롭다고 수행하지 않는다면 이것이 반야바라밀다를 수행하는 것이고, 일래·불환·아라한과가 만약 즐겁거나 만약 괴롭다고 수행하지 않는다면 이것이 반야바라밀다를 수행하는 것이며, 예류과가 만약 나이거나 만약 무아라고 수행하지 않는다면 이것이 반야바라밀다를 수행하는 것이고, 일체의 삼마지문이 만약 나이거나 만약 무아라고 수행하지 않는다면 이것이 반야바라밀다를 수행하는 것이며, 예류과가 만약 청정하거나 만약 부정하다고 수행하지 않는다면 이것이 반야바라밀다를 수행하는 것이고, 일래·불환·아라한과가 만약 청정하거나 만약 부정하다고 수행하지 않는다면 이것이 반야바라밀다를 수행하는 것이니라.

　왜 그러한가? 선현이여. 예류과의 자성은 오히려 무소유인데, 하물며 예류과가 만약 항상하거나 만약 무상하거나, 만약 즐겁거나 만약 괴롭거나, 만약 나이거나 만약 무아이거나, 만약 청정하거나 만약 부정함이 있겠는가? 일래·불환·아라한과의 자성은 오히려 무소유인데, 하물며 일래·불환·아라한과가 만약 항상하거나 만약 무상하거나, 만약 즐겁거나 만약 괴롭거나, 만약 나이거나 만약 무아이거나, 만약 청정하거나 만약 부정함이 있겠는가?

　선현이여. 보살마하살이 반야바라밀다를 수행하는 때에, 만약 독각의 보리를 수행하지 않는다면 이것이 반야바라밀다를 수행하는 것이고, 독각의 보리가 만약 항상하거나 만약 무상하다고 수행하지 않는다면 이것이 반야바라밀다를 수행하는 것이며, 독각의 보리가 만약 즐겁거나 만약 괴롭다고 수행하지 않는다면 이것이 반야바라밀다를 수행하는 것이고, 독각의 보리가 만약 나이거나 만약 무아라고 수행하지 않는다면 이것이 반야바라밀다를 수행하는 것이며, 독각의 보리가 만약 청정하거나 만약 부정하다고 수행하지 않는다면 이것이 반야바라밀다를 수행하는 것이니라.

왜 그러한가? 선현이여. 독각의 보리의 자성은 오히려 무소유인데, 하물며 독각의 보리가 만약 항상하거나 만약 무상하거나, 만약 즐겁거나 만약 괴롭거나, 만약 나이거나 만약 무아이거나, 만약 청정하거나 만약 부정함이 있겠는가?

선현이여. 보살마하살이 반야바라밀다를 수행하는 때에, 만약 일체의 보살마하살의 행을 수행하지 않는다면 이것이 반야바라밀다를 수행하는 것이고, 일체의 보살마하살의 행이 만약 항상하거나 만약 무상하다고 수행하지 않는다면 이것이 반야바라밀다를 수행하는 것이며, 일체의 보살마하살의 행이 만약 즐겁거나 만약 괴롭다고 수행하지 않는다면 이것이 반야바라밀다를 수행하는 것이고, 일체의 보살마하살의 행이 만약 나이거나 만약 무아라고 수행하지 않는다면 이것이 반야바라밀다를 수행하는 것이며, 일체의 보살마하살의 행이 만약 청정하거나 만약 부정하다고 수행하지 않는다면 이것이 반야바라밀다를 수행하는 것이니라.

왜 그러한가? 선현이여. 일체의 보살마하살의 행의 자성은 오히려 무소유인데, 하물며 일체의 보살마하살의 행이 만약 항상하거나 만약 무상하거나, 만약 즐겁거나 만약 괴롭거나, 만약 나이거나 만약 무아이거나, 만약 청정하거나 만약 부정함이 있겠는가?

선현이여. 보살마하살이 반야바라밀다를 수행하는 때에, 만약 제불의 무상정등보리를 수행하지 않는다면 이것이 반야바라밀다를 수행하는 것이고, 제불의 무상정등보리가 만약 항상하거나 만약 무상하다고 수행하지 않는다면 이것이 반야바라밀다를 수행하는 것이며, 제불의 무상정등보리가 만약 즐겁거나 만약 괴롭다고 수행하지 않는다면 이것이 반야바라밀다를 수행하는 것이고, 제불의 무상정등보리가 만약 나이거나 만약 무아라고 수행하지 않는다면 이것이 반야바라밀다를 수행하는 것이며, 제불의 무상정등보리가 만약 청정하거나 만약 부정하다고 수행하지 않는다면 이것이 반야바라밀다를 수행하는 것이니라.

왜 그러한가? 선현이여. 제불의 무상정등보리의 자성은 오히려 무소유
인데, 하물며 제불의 무상정등보리가 만약 항상하거나 만약 무상하거나,
만약 즐겁거나 만약 괴롭거나, 만약 나이거나 만약 무아이거나, 만약
청정하거나 만약 부정함이 있겠는가?"

"다시 다음으로 선현이여. 보살마하살이 반야바라밀다를 수행하는
때에, 만약 색이 원만(圓滿)하거나 원만하지 않다고 수행하지 않는다면,
이것이 반야바라밀다를 수행하는 것이니라. 왜 그러한가? 선현이여.
만약 색이 원만하거나 원만하지 않는다면 함께 색이라고 이름하지 않고,
역시 이와 같다면 이것은 반야바라밀다를 수행하는 것이 아니니라. 선현
이여. 보살마하살이 반야바라밀다를 수행하는 때에, 만약 수·상·행·식이
원만하거나 원만하지 않다고 수행하지 않는다면, 이것이 반야바라밀다를
수행하는 것이니라. 왜 그러한가? 선현이여. 만약 수·상·행·식이 원만하
거나 원만하지 않는다면 함께 수·상·행·식이라고 이름하지 않고, 역시
이와 같다면 이것은 반야바라밀다를 수행하는 것이 아니니라.

선현이여. 보살마하살이 반야바라밀다를 수행하는 때에, 만약 안처가
원만하거나 원만하지 않다고 수행하지 않는다면, 이것이 반야바라밀다를
수행하는 것이니라. 왜 그러한가? 선현이여. 만약 안처가 원만하거나
원만하지 않는다면 함께 안처라고 이름하지 않고, 역시 이와 같다면
이것은 반야바라밀다를 수행하는 것이 아니니라. 선현이여. 보살마하살
이 반야바라밀다를 수행하는 때에, 만약 이·비·설·신·의처가 원만하거나
원만하지 않다고 수행하지 않는다면, 이것이 반야바라밀다를 수행하는
것이니라. 왜 그러한가? 선현이여. 만약 이·비·설·신·의처가 원만하거나
원만하지 않는다면 함께 이·비·설·신·의처라고 이름하지 않고, 역시
이와 같다면 이것은 반야바라밀다를 수행하는 것이 아니니라.

선현이여. 보살마하살이 반야바라밀다를 수행하는 때에, 만약 색처가
원만하거나 원만하지 않다고 수행하지 않는다면, 이것이 반야바라밀다를

수행하는 것이니라. 왜 그러한가? 선현이여. 만약 색처가 원만하거나
원만하지 않는다면 함께 색처라고 이름하지 않고, 역시 이와 같다면
이것은 반야바라밀다를 수행하는 것이 아니니라. 선현이여. 보살마하살
이 반야바라밀다를 수행하는 때에, 만약 성·향·미·촉·법처가 원만하거나
원만하지 않다고 수행하지 않는다면, 이것이 반야바라밀다를 수행하는
것이니라. 왜 그러한가? 선현이여. 만약 성·향·미·촉·법처가 원만하거나
원만하지 않는다면 함께 성·향·미·촉·법처라고 이름하지 않고, 역시
이와 같다면 이것은 반야바라밀다를 수행하는 것이 아니니라.

  선현이여. 보살마하살이 반야바라밀다를 수행하는 때에, 만약 안계가
원만하거나 원만하지 않다고 수행하지 않는다면, 이것이 반야바라밀다를
수행하는 것이니라. 왜 그러한가? 선현이여. 만약 안계가 원만하거나
원만하지 않는다면 함께 안계라고 이름하지 않고, 역시 이와 같다면
이것은 반야바라밀다를 수행하는 것이 아니니라. 선현이여. 보살마하살
이 반야바라밀다를 수행하는 때에, 만약 색계·안식계, 나아가 안촉·안촉
을 인연으로 생겨난 여러 수가 원만하거나 원만하지 않다고 수행하지
않는다면, 이것이 반야바라밀다를 수행하는 것이니라. 왜 그러한가?
선현이여. 만약 색계, 나아가 안촉을 인연으로 생겨난 여러 수가 원만하거
나 원만하지 않는다면 함께 색계, 나아가 안촉을 인연으로 생겨난 여러
수라고 이름하지 않고, 역시 이와 같다면 이것은 반야바라밀다를 수행하
는 것이 아니니라.

  선현이여. 보살마하살이 반야바라밀다를 수행하는 때에, 만약 이계가
원만하거나 원만하지 않다고 수행하지 않는다면, 이것이 반야바라밀다를
수행하는 것이니라. 왜 그러한가? 선현이여. 만약 이계가 원만하거나
원만하지 않는다면 함께 이계라고 이름하지 않고, 역시 이와 같다면
이것은 반야바라밀다를 수행하는 것이 아니니라. 선현이여. 보살마하살
이 반야바라밀다를 수행하는 때에, 만약 성계·이식계, 나아가 이촉·이촉
을 인연으로 생겨난 여러 수가 원만하거나 원만하지 않다고 수행하지
않는다면, 이것이 반야바라밀다를 수행하는 것이니라. 왜 그러한가?

선현이여. 만약 성계, 나아가 이촉을 인연으로 생겨난 여러 수가 원만하거나 원만하지 않는다면 함께 성계, 나아가 이촉을 인연으로 생겨난 여러 수라고 이름하지 않고, 역시 이와 같다면 이것은 반야바라밀다를 수행하는 것이 아니니라.

　　선현이여. 보살마하살이 반야바라밀다를 수행하는 때에, 만약 비계가 원만하거나 원만하지 않다고 수행하지 않는다면, 이것이 반야바라밀다를 수행하는 것이니라. 왜 그러한가? 선현이여. 만약 비계가 원만하거나 원만하지 않는다면 함께 비계라고 이름하지 않고, 역시 이와 같다면 이것은 반야바라밀다를 수행하는 것이 아니니라. 선현이여. 보살마하살이 반야바라밀다를 수행하는 때에, 만약 향계·비식계, 나아가 비촉·비촉을 인연으로 생겨난 여러 수가 원만하거나 원만하지 않다고 수행하지 않는다면, 이것이 반야바라밀다를 수행하는 것이니라. 왜 그러한가? 선현이여. 만약 향계, 나아가 비촉을 인연으로 생겨난 여러 수가 원만하거나 원만하지 않는다면 함께 향계, 나아가 비촉을 인연으로 생겨난 여러 수라고 이름하지 않고, 역시 이와 같다면 이것은 반야바라밀다를 수행하는 것이 아니니라.

　　선현이여. 보살마하살이 반야바라밀다를 수행하는 때에, 만약 설계가 원만하거나 원만하지 않다고 수행하지 않는다면, 이것이 반야바라밀다를 수행하는 것이니라. 왜 그러한가? 선현이여. 만약 설계가 원만하거나 원만하지 않는다면 함께 설계라고 이름하지 않고, 역시 이와 같다면 이것은 반야바라밀다를 수행하는 것이 아니니라. 선현이여. 보살마하살이 반야바라밀다를 수행하는 때에, 만약 미계·설식계, 나아가 설촉·설촉을 인연으로 생겨난 여러 수가 원만하거나 원만하지 않다고 수행하지 않는다면, 이것이 반야바라밀다를 수행하는 것이니라. 왜 그러한가? 선현이여. 만약 미계, 나아가 설촉을 인연으로 생겨난 여러 수가 원만하거나 원만하지 않는다면 함께 미계, 나아가 설촉을 인연으로 생겨난 여러 수라고 이름하지 않고, 역시 이와 같다면 이것은 반야바라밀다를 수행하는 것이 아니니라.

선현이여. 보살마하살이 반야바라밀다를 수행하는 때에, 만약 신계가 원만하거나 원만하지 않다고 수행하지 않는다면, 이것이 반야바라밀다를 수행하는 것이니라. 왜 그러한가? 선현이여. 만약 신계가 원만하거나 원만하지 않는다면 함께 신계라고 이름하지 않고, 역시 이와 같다면 이것은 반야바라밀다를 수행하는 것이 아니니라. 선현이여. 보살마하살이 반야바라밀다를 수행하는 때에, 만약 촉계·신식계, 나아가 신촉·신촉을 인연으로 생겨난 여러 수가 원만하거나 원만하지 않다고 수행하지 않는다면, 이것이 반야바라밀다를 수행하는 것이니라. 왜 그러한가? 선현이여. 만약 촉계, 나아가 신촉을 인연으로 생겨난 여러 수가 원만하거나 원만하지 않는다면 함께 촉계, 나아가 신촉을 인연으로 생겨난 여러 수라고 이름하지 않고, 역시 이와 같다면 이것은 반야바라밀다를 수행하는 것이 아니니라.

선현이여. 보살마하살이 반야바라밀다를 수행하는 때에, 만약 의계가 원만하거나 원만하지 않다고 수행하지 않는다면, 이것이 반야바라밀다를 수행하는 것이니라. 왜 그러한가? 선현이여. 만약 의계가 원만하거나 원만하지 않는다면 함께 의계라고 이름하지 않고, 역시 이와 같다면 이것은 반야바라밀다를 수행하는 것이 아니니라. 선현이여. 보살마하살이 반야바라밀다를 수행하는 때에, 만약 법계·의식계, 나아가 의촉·의촉을 인연으로 생겨난 여러 수가 원만하거나 원만하지 않다고 수행하지 않는다면, 이것이 반야바라밀다를 수행하는 것이니라. 왜 그러한가? 선현이여. 만약 법계, 나아가 의촉을 인연으로 생겨난 여러 수가 원만하거나 원만하지 않는다면 함께 법계, 나아가 의촉을 인연으로 생겨난 여러 수라고 이름하지 않고, 역시 이와 같다면 이것은 반야바라밀다를 수행하는 것이 아니니라.

선현이여. 보살마하살이 반야바라밀다를 수행하는 때에, 만약 지계가 원만하거나 원만하지 않다고 수행하지 않는다면, 이것이 반야바라밀다를 수행하는 것이니라. 왜 그러한가? 선현이여. 만약 지계가 원만하거나 원만하지 않는다면 함께 지계라고 이름하지 않고, 역시 이와 같다면 이것은 반야바라밀다를 수행하는 것이 아니니라. 선현이여. 보살마하살이 반야바라밀다를 수행하는 때에, 만약 수·화·풍·공·식계가 원만하거나 원만하지 않다고 수행하지 않는다면, 이것이 반야바라밀다를 수행하는 것이니라. 왜 그러한가? 선현이여. 만약 수·화·풍·공·식계가 원만하거나 원만하지 않는다면 함께 수·화·풍·공·식계라고 이름하지 않고, 역시 이와 같다면 이것은 반야바라밀다를 수행하는 것이 아니니라.

선현이여. 보살마하살이 반야바라밀다를 수행하는 때에, 만약 무명이 원만하거나 원만하지 않다고 수행하지 않는다면, 이것이 반야바라밀다를 수행하는 것이니라. 왜 그러한가? 선현이여. 만약 무명이 원만하거나 원만하지 않는다면 함께 무명이라고 이름하지 않고, 역시 이와 같다면 이것은 반야바라밀다를 수행하는 것이 아니니라. 선현이여. 보살마하살이 반야바라밀다를 수행하는 때에, 만약 행·식·명색·육처·촉·수·애·취·유·생·노사의 수탄고우뇌가 원만하거나 원만하지 않다고 수행하지 않는다면, 이것이 반야바라밀다를 수행하는 것이니라. 왜 그러한가? 선현이여. 만약 행, 나아가 노사의 수탄고우뇌가 원만하거나 원만하지 않는다면 함께 행, 나아가 노사의 수탄고우뇌라고 이름하지 않고, 역시 이와 같다면 이것은 반야바라밀다를 수행하는 것이 아니니라.

선현이여. 보살마하살이 반야바라밀다를 수행하는 때에, 만약 보시바라밀다가 원만하거나 원만하지 않다고 수행하지 않는다면, 이것이 반야바라밀다를 수행하는 것이니라. 왜 그러한가? 선현이여. 만약 보시바라밀다가 원만하거나 원만하지 않는다면 함께 보시바라밀다라고 이름하지 않고, 역시 이와 같다면 이것은 반야바라밀다를 수행하는 것이 아니니라. 선현이여. 보살마하살이 반야바라밀다를 수행하는 때에, 만약 정계·안인·정진·정려·반야바라밀다가 원만하거나 원만하지 않다고 수행하지 않는다면, 이것이 반야바라밀다를 수행하는 것이니라. 왜 그러한가? 선현이여. 만약 정계, 나아가 반야바라밀다가 원만하거나 원만하지 않는다면 함께 정계, 나아가 반야바라밀다라고 이름하지 않고, 역시 이와 같다면 이것은 반야바라밀다를 수행하는 것이 아니니라.

　선현이여. 보살마하살이 반야바라밀다를 수행하는 때에, 만약 내공이
원만하거나 원만하지 않다고 수행하지 않는다면, 이것이 반야바라밀다를
수행하는 것이니라. 왜 그러한가? 선현이여. 만약 내공이 원만하거나
원만하지 않는다면 함께 내공이라고 이름하지 않고, 역시 이와 같다면
이것은 반야바라밀다를 수행하는 것이 아니니라. 선현이여. 보살마하살
이 반야바라밀다를 수행하는 때에, 만약 외공·내외공·공공·대공·승의공·
유위공·무위공·필경공·무제공·산공·무변이공·본성공·자상공·공상공·
일체법공·불가득공·무성공·자성공·무성자성공이 원만하거나 원만하지
않다고 수행하지 않는다면, 이것이 반야바라밀다를 수행하는 것이니라.
왜 그러한가? 선현이여. 만약 외공, 나아가 무성자성공이 원만하거나
원만하지 않는다면 함께 외공, 나아가 무성자성공이라고 이름하지 않고,
역시 이와 같다면 이것은 반야바라밀다를 수행하는 것이 아니니라.
　선현이여. 보살마하살이 반야바라밀다를 수행하는 때에, 만약 진여가
원만하거나 원만하지 않다고 수행하지 않는다면, 이것이 반야바라밀다를
수행하는 것이니라. 왜 그러한가? 선현이여. 만약 진여가 원만하거나
원만하지 않는다면 함께 진여라고 이름하지 않고, 역시 이와 같다면
이것은 반야바라밀다를 수행하는 것이 아니니라. 선현이여. 보살마하살
이 반야바라밀다를 수행하는 때에, 만약 법계·법성·불허망성·불변이성·
평등성·이생성·법정·법주·실제·허공계·부사의계가 원만하거나 원만하
지 않다고 수행하지 않는다면, 이것이 반야바라밀다를 수행하는 것이니
라. 왜 그러한가? 선현이여. 만약 법계, 나아가 부사의계가 원만하거나
원만하지 않는다면 함께 법계, 나아가 부사의계라고 이름하지 않고, 역시
이와 같다면 이것은 반야바라밀다를 수행하는 것이 아니니라.
　선현이여. 보살마하살이 반야바라밀다를 수행하는 때에, 만약 고성제
가 원만하거나 원만하지 않다고 수행하지 않는다면, 이것이 반야바라밀다
를 수행하는 것이니라. 왜 그러한가? 선현이여. 만약 고성제가 원만하거나
원만하지 않는다면 함께 고성제라고 이름하지 않고, 역시 이와 같다면
이것은 반야바라밀다를 수행하는 것이 아니니라. 선현이여. 보살마하살

이 반야바라밀다를 수행하는 때에, 만약 집·멸·도성제가 원만하거나 원만하지 않다고 수행하지 않는다면, 이것이 반야바라밀다를 수행하는 것이니라. 왜 그러한가? 선현이여. 만약 집·멸·도성제가 원만하거나 원만하지 않는다면 함께 집·멸·도성제라고 이름하지 않고, 역시 이와 같다면 이것은 반야바라밀다를 수행하는 것이 아니니라.

선현이여. 보살마하살이 반야바라밀다를 수행하는 때에, 만약 4정려가 원만하거나 원만하지 않다고 수행하지 않는다면, 이것이 반야바라밀다를 수행하는 것이니라. 왜 그러한가? 선현이여. 만약 4정려가 원만하거나 원만하지 않는다면 함께 4정려라고 이름하지 않고, 역시 이와 같다면 이것은 반야바라밀다를 수행하는 것이 아니니라. 선현이여. 보살마하살이 반야바라밀다를 수행하는 때에, 만약 4무량·4무색정이 원만하거나 원만하지 않다고 수행하지 않는다면, 이것이 반야바라밀다를 수행하는 것이니라. 왜 그러한가? 선현이여. 만약 4무량·4무색정이 원만하거나 원만하지 않는다면 함께 4무량·4무색정이라고 이름하지 않고, 역시 이와 같다면 이것은 반야바라밀다를 수행하는 것이 아니니라.

선현이여. 보살마하살이 반야바라밀다를 수행하는 때에, 만약 8해탈이 원만하거나 원만하지 않다고 수행하지 않는다면, 이것이 반야바라밀다를 수행하는 것이니라. 왜 그러한가? 선현이여. 만약 8해탈이 원만하거나 원만하지 않는다면 함께 8해탈이라고 이름하지 않고, 역시 이와 같다면 이것은 반야바라밀다를 수행하는 것이 아니니라. 선현이여. 보살마하살이 반야바라밀다를 수행하는 때에, 만약 8승처·9차제정·10변처가 원만하거나 원만하지 않다고 수행하지 않는다면, 이것이 반야바라밀다를 수행하는 것이니라. 왜 그러한가? 선현이여. 만약 8승처·9차제정·10변처가 원만하거나 원만하지 않는다면 함께 8승처·9차제정·10변처라고 이름하지 않고, 역시 이와 같다면 이것은 반야바라밀다를 수행하는 것이 아니니라.

선현이여. 보살마하살이 반야바라밀다를 수행하는 때에, 만약 4념주가 원만하거나 원만하지 않다고 수행하지 않는다면, 이것이 반야바라밀다를 수행하는 것이니라. 왜 그러한가? 선현이여. 만약 4념주가 원만하거나 원만하지 않는다면 함께 4념주라고 이름하지 않고, 역시 이와 같다면 이것은 반야바라밀다를 수행하는 것이 아니니라. 선현이여. 보살마하살이 반야바라밀다를 수행하는 때에, 만약 4정단·4신족·5근·5력·7등각지·8성도지가 원만하거나 원만하지 않다고 수행하지 않는다면, 이것이 반야바라밀다를 수행하는 것이니라. 왜 그러한가? 선현이여. 만약 4정단, 나아가 8성도지가 원만하거나 원만하지 않는다면 함께 4정단, 나아가 8성도지라고 이름하지 않고, 역시 이와 같다면 이것은 반야바라밀다를 수행하는 것이 아니니라.

선현이여. 보살마하살이 반야바라밀다를 수행하는 때에, 만약 공해탈문이 원만하거나 원만하지 않다고 수행하지 않는다면, 이것이 반야바라밀다를 수행하는 것이니라. 왜 그러한가? 선현이여. 만약 공해탈문이 원만하거나 원만하지 않는다면 함께 공해탈문이라고 이름하지 않고, 역시 이와 같다면 이것은 반야바라밀다를 수행하는 것이 아니니라. 선현이여. 보살마하살이 반야바라밀다를 수행하는 때에, 만약 무상·무원해탈문이 원만하거나 원만하지 않다고 수행하지 않는다면, 이것이 반야바라밀다를 수행하는 것이니라. 왜 그러한가? 선현이여. 만약 무상·무원해탈문이 원만하거나 원만하지 않는다면 함께 무상·무원해탈문이라고 이름하지 않고, 역시 이와 같다면 이것은 반야바라밀다를 수행하는 것이 아니니라.

선현이여. 보살마하살이 반야바라밀다를 수행하는 때에, 만약 보살의 10지가 원만하거나 원만하지 않다고 수행하지 않는다면, 이것이 반야바라밀다를 수행하는 것이니라. 왜 그러한가? 선현이여. 만약 보살의 10지가 원만하거나 원만하지 않는다면 함께 보살의 10지라고 이름하지 않고, 역시 이와 같다면 이것은 반야바라밀다를 수행하는 것이 아니니라.

선현이여. 보살마하살이 반야바라밀다를 수행하는 때에, 만약 5안이 원만하거나 원만하지 않다고 수행하지 않는다면, 이것이 반야바라밀다를 수행하는 것이니라. 왜 그러한가? 선현이여. 만약 5안이 원만하거나 원만하지 않는다면 함께 5안이라고 이름하지 않고, 역시 이와 같다면 이것은 반야바라밀다를 수행하는 것이 아니니라. 선현이여. 보살마하살이 반야바라밀다를 수행하는 때에, 만약 6신통이 원만하거나 원만하지 않다고 수행하지 않는다면, 이것이 반야바라밀다를 수행하는 것이니라. 왜 그러한가? 선현이여. 만약 6신통이 원만하거나 원만하지 않는다면 함께 6신통이라고 이름하지 않고, 역시 이와 같다면 이것은 반야바라밀다를 수행하는 것이 아니니라.

선현이여. 보살마하살이 반야바라밀다를 수행하는 때에, 만약 여래의 10력이 원만하거나 원만하지 않다고 수행하지 않는다면, 이것이 반야바라밀다를 수행하는 것이니라. 왜 그러한가? 선현이여. 만약 여래의 10력이 원만하거나 원만하지 않는다면 함께 여래의 10력이라고 이름하지 않고, 역시 이와 같다면 이것은 반야바라밀다를 수행하는 것이 아니니라. 선현이여. 보살마하살이 반야바라밀다를 수행하는 때에, 만약 4무소외·4무애해·대자·대비·대희·대사·18불불공법이 원만하거나 원만하지 않다고 수행하지 않는다면, 이것이 반야바라밀다를 수행하는 것이니라. 왜 그러한가? 선현이여. 만약 4무소외, 나아가 18불불공법이 원만하거나 원만하지 않는다면 함께 4무소외, 나아가 18불불공법이라고 이름하지 않고, 역시 이와 같다면 이것은 반야바라밀다를 수행하는 것이 아니니라.

선현이여. 보살마하살이 반야바라밀다를 수행하는 때에, 만약 무망실법이 원만하거나 원만하지 않다고 수행하지 않는다면, 이것이 반야바라밀다를 수행하는 것이니라. 왜 그러한가? 선현이여. 만약 무망실법이 원만하거나 원만하지 않는다면 함께 무망실법이라고 이름하지 않고, 역시 이와 같다면 이것은 반야바라밀다를 수행하는 것이 아니니라. 선현이여. 보살마하살이 반야바라밀다를 수행하는 때에, 만약 항주사성이 원만하거나 원만하지 않다고 수행하지 않는다면, 이것이 반야바라밀다를 수행하는 것이니라. 왜 그러한가? 선현이여. 만약 항주사성이 원만하거나 원만하지 않는다면 함께 항주사성이라고 이름하지 않고, 역시 이와 같다면 이것은 반야바라밀다를 수행하는 것이 아니니라.

선현이여. 보살마하살이 반야바라밀다를 수행하는 때에, 만약 일체지가 원만하거나 원만하지 않다고 수행하지 않는다면, 이것이 반야바라밀다를 수행하는 것이니라. 왜 그러한가? 선현이여. 만약 일체지가 원만하거나 원만하지 않는다면 함께 일체지라고 이름하지 않고, 역시 이와 같다면 이것은 반야바라밀다를 수행하는 것이 아니니라. 선현이여. 보살마하살이 반야바라밀다를 수행하는 때에, 만약 도상지·일체상지가 원만하거나 원만하지 않다고 수행하지 않는다면, 이것이 반야바라밀다를 수행하는 것이니라. 왜 그러한가? 선현이여. 만약 도상지·일체상지가 원만하거나 원만하지 않는다면 함께 도상지·일체상지라고 이름하지 않고, 역시 이와 같다면 이것은 반야바라밀다를 수행하는 것이 아니니라.

선현이여. 보살마하살이 반야바라밀다를 수행하는 때에, 만약 일체의 다라니문이 원만하거나 원만하지 않다고 수행하지 않는다면, 이것이 반야바라밀다를 수행하는 것이니라. 왜 그러한가? 선현이여. 만약 일체의 다라니문이 원만하거나 원만하지 않는다면 함께 일체의 다라니문이라고 이름하지 않고, 역시 이와 같다면 이것은 반야바라밀다를 수행하는 것이 아니니라. 선현이여. 보살마하살이 반야바라밀다를 수행하는 때에, 만약 일체의 삼마지문이 원만하거나 원만하지 않다고 수행하지 않는다면, 이것이 반야바라밀다를 수행하는 것이니라. 왜 그러한가? 선현이여. 만약 일체의 삼마지문이 원만하거나 원만하지 않는다면 함께 일체의 삼마지문이라고 이름하지 않고, 역시 이와 같다면 이것은 반야바라밀다를 수행하는 것이 아니니라.

선현이여. 보살마하살이 반야바라밀다를 수행하는 때에, 만약 예류과가 원만하거나 원만하지 않다고 수행하지 않는다면, 이것이 반야바라밀다를 수행하는 것이니라. 왜 그러한가? 선현이여. 만약 예류과가 원만하거나 원만하지 않는다면 함께 예류과라고 이름하지 않고, 역시 이와 같다면 이것은 반야바라밀다를 수행하는 것이 아니니라. 선현이여. 보살마하살이 반야바라밀다를 수행하는 때에, 만약 일래·불환·아라한과가 원만하거나 원만하지 않다고 수행하지 않는다면, 이것이 반야바라밀다를 수행하는 것이니라. 왜 그러한가? 선현이여. 만약 일래·불환·아라한과가 원만하거나 원만하지 않는다면 함께 일래·불환·아라한과라고 이름하지 않고,

역시 이와 같다면 이것은 반야바라밀다를 수행하는 것이 아니니라.

선현이여. 보살마하살이 반야바라밀다를 수행하는 때에, 만약 독각의
보리가 원만하거나 원만하지 않다고 수행하지 않는다면, 이것이 반야바라
밀다를 수행하는 것이니라. 왜 그러한가? 선현이여. 만약 독각의 보리가
원만하거나 원만하지 않는다면 함께 독각의 보리라고 이름하지 않고,
역시 이와 같다면 이것은 반야바라밀다를 수행하는 것이 아니니라.

선현이여. 보살마하살이 반야바라밀다를 수행하는 때에, 만약 일체의
보살마하살의 행이 원만하거나 원만하지 않다고 수행하지 않는다면,
이것이 반야바라밀다를 수행하는 것이니라. 왜 그러한가? 선현이여.
만약 일체의 보살마하살의 행이 원만하거나 원만하지 않는다면 함께
일체의 보살마하살의 행이라고 이름하지 않고, 역시 이와 같다면 이것은
반야바라밀다를 수행하는 것이 아니니라.

선현이여. 보살마하살이 반야바라밀다를 수행하는 때에, 만약 제불의
무상정등보리가 원만하거나 원만하지 않다고 수행하지 않는다면, 이것이
반야바라밀다를 수행하는 것이니라. 왜 그러한가? 선현이여. 만약 제불의
무상정등보리가 원만하거나 원만하지 않는다면 함께 제불의 무상정등보
리라고 이름하지 않고, 역시 이와 같다면 이것은 반야바라밀다를 수행하
는 것이 아니니라."

그때 구수 선현이 세존께 아뢰어 말하였다.

"세존이시여. 매우 기이(奇異)합니다. 일체의 여래·응공·정등각께서는
대승(大乘)의 여러 선남자와 선여인 등을 위하여 여러 종류의 집착하는
상과 집착하지 않는 상을 널리 설하셨습니다."

세존께서 말씀하셨다.

"선현이여. 그와 같으니라.(如是) 그와 같으니라. 그대가 말한 것과
같으니라. 일체의 여래·응공·정등각께서는 대승(大乘)의 여러 선남자와
선여인 등을 위하여 여러 종류의 집착하는 상과 집착하지 않는 상을
널리 설하면서 반야바라밀다를 수학하게 시켰고, 여러 집착을 벗어나서

빠르게 구경(究竟)을 증득하게 시키느니라.

　다시 다음으로 선현이여. 보살마하살이 반야바라밀다를 수행하는 때에, 만약 색을 집착하거나 집착하지 않는 상을 수행하지 않는다면 이것이 반야바라밀다를 수행하는 것이고, 수·상·행·식을 집착하거나 집착하지 않는 상을 수행하지 않는다면 이것이 반야바라밀다를 수행하는 것이니라. 선현이여. 보살마하살이 반야바라밀다를 수행하는 때에, 만약 안처를 집착하거나 집착하지 않는 상을 수행하지 않는다면 이것이 반야바라밀다를 수행하는 것이고, 이·비·설·신·의처를 집착하거나 집착하지 않는 상을 수행하지 않는다면 이것이 반야바라밀다를 수행하는 것이니라.

　선현이여. 보살마하살이 반야바라밀다를 수행하는 때에, 만약 색처를 집착하거나 집착하지 않는 상을 수행하지 않는다면 이것이 반야바라밀다를 수행하는 것이고, 성·향·미·촉·법처를 집착하거나 집착하지 않는 상을 수행하지 않는다면 이것이 반야바라밀다를 수행하는 것이니라. 선현이여. 보살마하살이 반야바라밀다를 수행하는 때에, 만약 안계를 집착하거나 집착하지 않는 상을 수행하지 않는다면 이것이 반야바라밀다를 수행하는 것이고, 색계·안식계, 나아가 안촉·안촉을 인연으로 생겨난 여러 수를 집착하거나 집착하지 않는 상을 수행하지 않는다면 이것이 반야바라밀다를 수행하는 것이니라.

　선현이여. 보살마하살이 반야바라밀다를 수행하는 때에, 만약 이계를 집착하거나 집착하지 않는 상을 수행하지 않는다면 이것이 반야바라밀다를 수행하는 것이고, 성계·이식계, 나아가 이촉·이촉을 인연으로 생겨난 여러 수를 집착하거나 집착하지 않는 상을 수행하지 않는다면 이것이 반야바라밀다를 수행하는 것이니라. 선현이여. 보살마하살이 반야바라밀다를 수행하는 때에, 만약 비계를 집착하거나 집착하지 않는 상을 수행하지 않는다면 이것이 반야바라밀다를 수행하는 것이고, 향계·비식계, 나아가 비촉·비촉을 인연으로 생겨난 여러 수를 집착하거나 집착하지 않는 상을 수행하지 않는다면 이것이 반야바라밀다를 수행하는 것이니라.

　선현이여. 보살마하살이 반야바라밀다를 수행하는 때에, 만약 설계를 집착하거나 집착하지 않는 상을 수행하지 않는다면 이것이 반야바라밀다를 수행하는 것이고, 미계·설식계, 나아가 설촉·설촉을 인연으로 생겨난 여러 수를 집착하거나 집착하지 않는 상을 수행하지 않는다면 이것이 반야바라밀다를 수행하는 것이니라. 선현이여. 보살마하살이 반야바라밀다를 수행하는 때에, 만약 신계를 집착하거나 집착하지 않는 상을 수행하지 않는다면 이것이 반야바라밀다를 수행하는 것이고, 촉계·신식계, 나아가 신촉·신촉을 인연으로 생겨난 여러 수를 집착하거나 집착하지 않는 상을 수행하지 않는다면 이것이 반야바라밀다를 수행하는 것이니라.

선현이여. 보살마하살이 반야바라밀다를 수행하는 때에, 만약 의계를 집착하거나 집착하지 않는 상을 수행하지 않는다면 이것이 반야바라밀다를 수행하는 것이고, 법계·의식계, 나아가 의촉·의촉을 인연으로 생겨난 여러 수를 집착하거나 집착하지 않는 상을 수행하지 않는다면 이것이 반야바라밀다를 수행하는 것이니라. 선현이여. 보살마하살이 반야바라밀다를 수행하는 때에, 만약 지계를 집착하거나 집착하지 않는 상을 수행하지 않는다면 이것이 반야바라밀다를 수행하는 것이고, 수·화·풍·공·식계를 집착하거나 집착하지 않는 상을 수행하지 않는다면 이것이 반야바라밀다를 수행하는 것이니라.

선현이여. 보살마하살이 반야바라밀다를 수행하는 때에, 만약 무명을 집착하거나 집착하지 않는 상을 수행하지 않는다면 이것이 반야바라밀다를 수행하는 것이고, 행·식·명색·육처·촉·수·애·취·유·생·노사의 수탄고우뇌를 집착하거나 집착하지 않는 상을 수행하지 않는다면 이것이 반야바라밀다를 수행하는 것이니라. 선현이여. 보살마하살이 반야바라밀다를 수행하는 때에, 만약 보시바라밀다를 집착하거나 집착하지 않는 상을 수행하지 않는다면 이것이 반야바라밀다를 수행하는 것이고, 정계·안인·정진·정려·반야바라밀다를 집착하거나 집착하지 않는 상을 수행하지 않는다면 이것이 반야바라밀다를 수행하는 것이니라.

선현이여. 보살마하살이 반야바라밀다를 수행하는 때에, 만약 내공을 집착하거나 집착하지 않는 상을 수행하지 않는다면 이것이 반야바라밀다

를 수행하는 것이고, 외공·내외공·공공·대공·승의공·유위공·무위공·필
경공·무제공·산공·무변이공·본성공·자상공·공상공·일체법공·불가득
공·무성공·자성공·무성자성공을 집착하거나 집착하지 않는 상을 수행하
지 않는다면 이것이 반야바라밀다를 수행하는 것이니라.

　선현이여. 보살마하살이 반야바라밀다를 수행하는 때에, 만약 진여를
집착하거나 집착하지 않는 상을 수행하지 않는다면 이것이 반야바라밀다
를 수행하는 것이고, 법계·법성·불허망성·불변이성·평등성·이생성·법
정·법주·실제·허공계·부사의계를 집착하거나 집착하지 않는 상을 수행
하지 않는다면 이것이 반야바라밀다를 수행하는 것이니라.

　선현이여. 보살마하살이 반야바라밀다를 수행하는 때에, 만약 고성제
를 집착하거나 집착하지 않는 상을 수행하지 않는다면 이것이 반야바라밀
다를 수행하는 것이고, 집·멸·도성제를 집착하거나 집착하지 않는 상을
수행하지 않는다면 이것이 반야바라밀다를 수행하는 것이니라. 선현이
여. 보살마하살이 반야바라밀다를 수행하는 때에, 만약 4정려를 집착하거
나 집착하지 않는 상을 수행하지 않는다면 이것이 반야바라밀다를 수행하
는 것이고, 4무량·4무색정을 집착하거나 집착하지 않는 상을 수행하지
않는다면 이것이 반야바라밀다를 수행하는 것이니라.

　선현이여. 보살마하살이 반야바라밀다를 수행하는 때에, 만약 8해탈을
집착하거나 집착하지 않는 상을 수행하지 않는다면 이것이 반야바라밀다
를 수행하는 것이고, 8승처·9차제정·10변처를 집착하거나 집착하지 않는
상을 수행하지 않는다면 이것이 반야바라밀다를 수행하는 것이니라.
선현이여. 보살마하살이 반야바라밀다를 수행하는 때에, 만약 4념주를
집착하거나 집착하지 않는 상을 수행하지 않는다면 이것이 반야바라밀다
를 수행하는 것이고, 4정단·4신족·5근·5력·7등각지·8성도지를 집착하거
나 집착하지 않는 상을 수행하지 않는다면 이것이 반야바라밀다를 수행하
는 것이니라.

　선현이여. 보살마하살이 반야바라밀다를 수행하는 때에, 만약 공해탈
문을 집착하거나 집착하지 않는 상을 수행하지 않는다면 이것이 반야바라

밀다를 수행하는 것이고, 무상·무원해탈문을 집착하거나 집착하지 않는
상을 수행하지 않는다면 이것이 반야바라밀다를 수행하는 것이니라.
선현이여. 보살마하살이 반야바라밀다를 수행하는 때에, 만약 보살의
10지를 집착하거나 집착하지 않는 상을 수행하지 않는다면 이것이 반야바
라밀다를 수행하는 것이니라."

마하반야바라밀다경 제291권

36. 착불착상품(着不着相品)(5)

"선현이여. 보살마하살이 반야바라밀다를 수행하는 때에, 만약 5안을 집착하거나 집착하지 않는 상을 수행하지 않는다면 이것이 반야바라밀다를 수행하는 것이고, 6신통을 집착하거나 집착하지 않는 상을 수행하지 않는다면 이것이 반야바라밀다를 수행하는 것이니라. 선현이여. 보살마하살이 반야바라밀다를 수행하는 때에, 만약 여래의 10력을 집착하거나 집착하지 않는 상을 수행하지 않는다면 이것이 반야바라밀다를 수행하는 것이고, 4무소외·4무애해·대자·대비·대희·대사·18불불공법을 집착하거나 집착하지 않는 상을 수행하지 않는다면 이것이 반야바라밀다를 수행하는 것이니라.

선현이여. 보살마하살이 반야바라밀다를 수행하는 때에, 만약 무망실법을 집착하거나 집착하지 않는 상을 수행하지 않는다면 이것이 반야바라밀다를 수행하는 것이고, 항주사성을 집착하거나 집착하지 않는 상을 수행하지 않는다면 이것이 반야바라밀다를 수행하는 것이니라. 선현이여. 보살마하살이 반야바라밀다를 수행하는 때에, 만약 일체지를 집착하거나 집착하지 않는 상을 수행하지 않는다면 이것이 반야바라밀다를 수행하는 것이고, 도상지·일체상지를 집착하거나 집착하지 않는 상을 수행하지 않는다면 이것이 반야바라밀다를 수행하는 것이니라.

선현이여. 보살마하살이 반야바라밀다를 수행하는 때에, 만약 일체의 다라니문을 집착하거나 집착하지 않는 상을 수행하지 않는다면 이것이 반야바라밀다를 수행하는 것이고, 일체의 삼마지문을 집착하거나 집착하지 않는 상을 수행하지 않는다면 이것이 반야바라밀다를 수행하는 것이니라. 선현이여. 보살마하살이 반야바라밀다를 수행하는 때에, 만약 예류과를 집착하거나 집착하지 않는 상을 수행하지 않는다면 이것이 반야바라밀다를 수행하는 것이고, 일래·불환·아라한과를 집착하거나 집착하지 않는 상을 수행하지 않는다면 이것이 반야바라밀다를 수행하는 것이니라.

선현이여. 보살마하살이 반야바라밀다를 수행하는 때에, 만약 독각의 보리를 집착하거나 집착하지 않는 상을 수행하지 않는다면 이것이 반야바라밀다를 수행하는 것이니라. 선현이여. 보살마하살이 반야바라밀다를 수행하는 때에, 만약 일체의 보살마하살의 행을 집착하거나 집착하지 않는 상을 수행하지 않는다면 이것이 반야바라밀다를 수행하는 것이니라. 선현이여. 보살마하살이 반야바라밀다를 수행하는 때에, 만약 제불의 무상정등보리를 집착하거나 집착하지 않는 상을 수행하지 않는다면 이것이 반야바라밀다를 수행하는 것이니라."

"선현이여. 보살마하살은 이와 같이 반야바라밀다를 수행하는 때에, 만약 색(色)에서 집착하거나 집착하지 않는 생각(想)을 일으키지 않고, 수(受)·상(想)·행(行)·식(識)에서 집착하거나 집착하지 않는 생각을 일으키지 않는다면 이것이 반야바라밀다를 수행하는 것이니라. 선현이여. 보살마하살은 이와 같이 반야바라밀다를 수행하는 때에, 만약 안처(眼處)에서 집착하거나 집착하지 않는 생각을 일으키지 않고, 이(耳)·비(鼻)·설(舌)·신(身)·의처(意處)에서 집착하거나 집착하지 않는 생각을 일으키지 않는다면 이것이 반야바라밀다를 수행하는 것이니라.

선현이여. 보살마하살은 이와 같이 반야바라밀다를 수행하는 때에, 만약 색처(色處)에서 집착하거나 집착하지 않는 생각을 일으키지 않고, 성(聲)·향(香)·미(味)·촉(觸)·법처(法處)에서 집착하거나 집착하지 않는 생각을 일으키지 않는다면 이것이 반야바라밀다를 수행하는 것이니라. 선현이여. 보살마하살은 이와 같이 반야바라밀다를 수행하는 때에, 만약 안계(眼界)에서 집착하거나 집착하지 않는 생각을 일으키지 않고, 색계(色界)·안식계(眼識界), …… 나아가 …… 안촉(眼觸)·안촉을 인연으로 생겨나는 여러 수(受)에서 집착하거나 집착하지 않는 생각을 일으키지 않는다면 이것이 반야바라밀다를 수행하는 것이니라.

선현이여. 보살마하살은 이와 같이 반야바라밀다를 수행하는 때에, 만약 이계(耳界)에서 집착하거나 집착하지 않는 생각을 일으키지 않고, 성계(聲界)·이식계(耳識界), …… 나아가 …… 이촉(耳觸)·이촉을 인연으로 생겨나는 여러 수에서 집착하거나 집착하지 않는 생각을 일으키지 않는다면 이것이 반야바라밀다를 수행하는 것이니라. 선현이여. 보살마하살은 이와 같이 반야바라밀다를 수행하는 때에, 만약 비계(鼻界)에서 집착하거나 집착하지 않는 생각을 일으키지 않고, 향계(香界)·비식계(鼻識界), …… 나아가 …… 비촉(鼻觸)·비촉을 인연으로 생겨나는 여러 수에서 집착하거나 집착하지 않는 생각을 일으키지 않는다면 이것이 반야바라밀다를 수행하는 것이니라.

선현이여. 보살마하살은 이와 같이 반야바라밀다를 수행하는 때에, 만약 설계(舌界)에서 집착하거나 집착하지 않는 생각을 일으키지 않고, 미계(味界)·설식계(舌識界), …… 나아가 …… 설촉(舌觸)·설촉을 인연으로 생겨나는 여러 수에서 집착하거나 집착하지 않는 생각을 일으키지 않는다면 이것이 반야바라밀다를 수행하는 것이니라. 선현이여. 보살마하살은 이와 같이 반야바라밀다를 수행하는 때에, 만약 신계(身界)에서 집착하거나 집착하지 않는 생각을 일으키지 않고, 촉계(觸界)·신식계(身識界), …… 나아가 …… 신촉(身觸)·신촉을 인연으로 생겨나는 여러 수에서 집착하거나 집착하지 않는 생각을 일으키지 않는다면 이것이 반야바라밀다를 수행하는 것이니라.

선현이여. 보살마하살은 이와 같이 반야바라밀다를 수행하는 때에, 만약 의계(意界)에서 집착하거나 집착하지 않는 생각을 일으키지 않고, 법계(法界)·의식계(意識界), …… 나아가 …… 의촉(意觸)·의촉을 인연으로 생겨나는 여러 수에서 집착하거나 집착하지 않는 생각을 일으키지 않는다면 이것이 반야바라밀다를 수행하는 것이니라. 선현이여. 보살마하살은 이와 같이 반야바라밀다를 수행하는 때에, 만약 지계(地界)에서 집착하거나 집착하지 않는 생각을 일으키지 않고, 수(水)·화(火)·풍(風)·공(空)·식계(識界)에서 집착하거나 집착하지 않는 생각을 일으키지 않는다면 이것이 반야바라밀다를 수행하는 것이니라.

선현이여. 보살마하살은 이와 같이 반야바라밀다를 수행하는 때에, 만약 무명(無明)에서 집착하거나 집착하지 않는 생각을 일으키지 않고, 행(行)·식(識)·명색(名色)·육처(六處)·촉(觸)·수(受)·애(愛)·취(取)·유(有)·생(生)·노사(老死)의 수탄고우뇌(愁歎苦憂惱)에서 집착하거나 집착하지 않는 생각을 일으키지 않는다면 이것이 반야바라밀다를 수행하는 것이니라. 선현이여. 보살마하살은 이와 같이 반야바라밀다를 수행하는 때에, 만약 보시바라밀다(布施波羅蜜多)에서 집착하거나 집착하지 않는 생각을 일으키지 않고, 정계(淨戒)·안인(安忍)·정진(精進)·정려(靜慮)·반야바라밀다(般若波羅蜜多)에서 집착하거나 집착하지 않는 생각을 일으키지 않는다면 이것이 반야바라밀다를 수행하는 것이니라.

선현이여. 보살마하살은 이와 같이 반야바라밀다를 수행하는 때에, 만약 내공(內空)에서 집착하거나 집착하지 않는 생각을 일으키지 않고, 외공(外空)·내외공(內外空)·공공(空空)·대공(大空)·승의공(勝義空)·유위공(有爲空)·무위공(無爲空)·필경공(畢竟空)·무제공(無際空)·산공(散空)·무변이공(無變異空)·본성공(本性空)·자상공(自相空)·공상공(共相空)·일체법공(一切法空)·불가득공(不可得空)·무성공(無性空)·자성공(自性空)·무성자성공(無性自性空)에서 집착하거나 집착하지 않는 생각을 일으키지 않는다면 이것이 반야바라밀다를 수행하는 것이니라.

선현이여. 보살마하살은 이와 같이 반야바라밀다를 수행하는 때에, 만약 진여(眞如)에서 집착하거나 집착하지 않는 생각을 일으키지 않고, 법계(法界)·법성(法性)·불허망성(不虛妄性)·불변이성(不變異性)·평등성(平等性)·이생성(離生性)·법정(法定)·법주(法住)·실제(實際)·허공계(虛空界)·부사의계(不思議界)에서 집착하거나 집착하지 않는 생각을 일으키지 않는다면 이것이 반야바라밀다를 수행하는 것이니라. 선현이여. 보살마하살은 이와 같이 반야바라밀다를 수행하는 때에, 만약 고성제(苦聖諦)에서 집착하거나 집착하지 않는 생각을 일으키지 않고, 집(集)·멸(滅)·도성제(道聖諦)에서 집착하거나 집착하지 않는 생각을 일으키지 않는다면 이것이 반야바라밀다를 수행하는 것이니라.

선현이여. 보살마하살은 이와 같이 반야바라밀다를 수행하는 때에, 만약 4정려(四靜慮)에서 집착하거나 집착하지 않는 생각을 일으키지 않고, 4무량(四無量)·4무색정(四無色定)에서 집착하거나 집착하지 않는 생각을 일으키지 않는다면 이것이 반야바라밀다를 수행하는 것이니라. 선현이여. 보살마하살은 이와 같이 반야바라밀다를 수행하는 때에, 만약 8해탈(八解脫)에서 집착하거나 집착하지 않는 생각을 일으키지 않고, 8승처(八勝處)·9차제정(九次第定)·10변처(十遍處)에서 집착하거나 집착하지 않는 생각을 일으키지 않는다면 이것이 반야바라밀다를 수행하는 것이니라.

선현이여. 보살마하살은 이와 같이 반야바라밀다를 수행하는 때에, 만약 4념주(四念住)에서 집착하거나 집착하지 않는 생각을 일으키지 않고, 4정단(四正斷)·4신족(四神足)·5근(五根)·5력(五力)·7등각지(七等覺支)·8성도지(八聖道支)에서 집착하거나 집착하지 않는 생각을 일으키지 않는다면 이것이 반야바라밀다를 수행하는 것이니라. 선현이여. 보살마하살은 이와 같이 반야바라밀다를 수행하는 때에, 만약 공해탈문(空解脫門)에서 집착하거나 집착하지 않는 생각을 일으키지 않고, 무상(無相)·무원해탈문(無願解脫門)에서 집착하거나 집착하지 않는 생각을 일으키지 않는다면 이것이 반야바라밀다를 수행하는 것이니라.

선현이여. 보살마하살은 이와 같이 반야바라밀다를 수행하는 때에, 만약 보살(菩薩)의 10지(十地)에서 집착하거나 집착하지 않는 생각을 일으키지 않는다면 이것이 반야바라밀다를 수행하는 것이니라. 선현이여. 보살마하살은 이와 같이 반야바라밀다를 수행하는 때에, 만약 5안(五眼)에서 집착하거나 집착하지 않는 생각을 일으키지 않고, 6신통(六神通)에서 집착하거나 집착하지 않는 생각을 일으키지 않는다면 이것이 반야바라밀다를 수행하는 것이니라.

　선현이여. 보살마하살은 이와 같이 반야바라밀다를 수행하는 때에, 만약 여래(佛)의 10력(十力)에서 집착하거나 집착하지 않는 생각을 일으키지 않고, 4무소외(四無所畏)·4무애해(四無礙解)·대자(大慈)·대비(大悲)·대희(大喜)·대사(大捨)·18불불공법(十八佛不共法)에서 집착하거나 집착하지 않는 생각을 일으키지 않는다면 이것이 반야바라밀다를 수행하는 것이니라. 선현이여. 보살마하살은 이와 같이 반야바라밀다를 수행하는 때에, 만약 무망실법(無忘失法)에서 집착하거나 집착하지 않는 생각을 일으키지 않고, 항주사성(恒住捨性)에서 집착하거나 집착하지 않는 생각을 일으키지 않는다면 이것이 반야바라밀다를 수행하는 것이니라.

　선현이여. 보살마하살은 이와 같이 반야바라밀다를 수행하는 때에, 만약 일체지(一切智)에서 집착하거나 집착하지 않는 생각을 일으키지 않고, 도상지(道相智)·일체상지(一切相智)에서 집착하거나 집착하지 않는 생각을 일으키지 않는다면 이것이 반야바라밀다를 수행하는 것이니라. 선현이여. 보살마하살은 이와 같이 반야바라밀다를 수행하는 때에, 만약 일체(一切)의 다라니문(陀羅尼門)에서 집착하거나 집착하지 않는 생각을 일으키지 않고, 일체의 삼마지문(三摩地門)에서 집착하거나 집착하지 않는 생각을 일으키지 않는다면 이것이 반야바라밀다를 수행하는 것이니라.

　선현이여. 보살마하살은 이와 같이 반야바라밀다를 수행하는 때에, 만약 예류과(預流果)에서 집착하거나 집착하지 않는 생각을 일으키지 않고, 일래(一來)·불환(不還)·아라한과(阿羅漢果)에서 집착하거나 집착하지 않는 생각을 일으키지 않는다면 이것이 반야바라밀다를 수행하는 것이니라. 선현이여. 보살마하살은 이와 같이 반야바라밀다를 수행하는 때에, 만약 독각(獨覺)의 보리(菩提)에서 집착하거나 집착하지 않는 생각을 일으키지 않는다면 이것이 반야바라밀다를 수행하는 것이니라.

　선현이여. 보살마하살은 이와 같이 반야바라밀다를 수행하는 때에, 만약 일체의 보살마하살(菩薩摩訶薩)의 행(行)에서 집착하거나 집착하지 않는 생각을 일으키지 않는다면 이것이 반야바라밀다를 수행하는 것이니

라. 선현이여. 보살마하살은 이와 같이 반야바라밀다를 수행하는 때에, 만약 제불(諸佛)의 무상정등보리(無上正等菩提)에서 집착하거나 집착하지 않는 생각을 일으키지 않는다면 이것이 반야바라밀다를 수행하는 것이니라."

그때 구수 선현이 세존께 아뢰어 말하였다.
"매우 기이합니다. 세존이시여. 이와 같은 반야바라밀다의 매우 깊은 법성(法性)은 만약 설(說)하였거나 만약 설하지 않았더라도, 함께 증장(增長)하지도 않고 감소(減少)하지도 않습니다."
세존께서 말씀하셨다.
"선현이여. 그와 같으니라. 그와 같으니라. 그대가 말한 것과 같으니라. 이와 같은 반야바라밀다의 매우 깊은 법성은 만약 설하였거나, 만약 설하지 않았더라도, 함께 증장하지도 않고 감소하지도 않느니라.
선현이여. 가사(假使), 만약 여래·응공·정등각께서 그 수명을 마치도록 허공(虛空)을 찬탄하거나 헐뜯었더라도 그 허공은 증장이 없고 감소도 없는데, 이와 같이 반야바라밀다의 매우 깊은 법성도 역시 이와 같아서 만약 찬탄하였거나 헐뜯었더라도 증장하지도 않고 감소하지도 않느니라.
선현이여. 비유한다면 마술사를 칭찬하거나 헐뜯는 때에도 찬탄하였거나 헐뜯었더라도 증장하지도 않고 감소하지도 않으며 근심도 없고 기뻐함도 없는데, 이와 같이 반야바라밀다의 매우 깊은 법성도 역시 이와 같아서 만약 설하였거나, 만약 설하지 않았더라도, 본래와 같으며 다르지 않으니라."

그때 구수 선현이 다시 세존께 아뢰어 말하였다.
"세존이시여. 제보살마하살이 반야바라밀다를 수행하더라도 매우 어려운 일(難事)인데 이를테면, 이 반야바라밀다는 만약 수행하였거나 수행하지 않았더라도 증장이 없고 감소도 없으며, 역시 향배(向背)[1]도 없습니

---

1) '좇는 것과 등지는 것'이라는 뜻으로, 어떠한 일이 진행되는 추세나 구체적인 상황에 대한 사람들의 태도를 가리킨다.

다. 이와 같은 반야바라밀다, 나아가 무상정등보리를 정근하여 수학(修學)하였다면 일찍이 퇴전(退轉)이 없었습니다. 왜 그러한가? 세존이시여. 제보살마하살이 반야바라밀다를 수행한다면 허공(虛空)을 수행하는 것과 같아서 모두가 무소유(無所有)입니다.

세존이시여. 허공의 가운데와 같아서 색을 시설(施設)할 수 없고, 수·상·행·식을 시설할 수도 없는 것과 같이, 반야바라밀다를 수행하는 것도 역시 다시 이와 같습니다. 세존이시여. 허공의 가운데와 같아서 안처를 시설할 수 없고, 이·비·설·신·의처를 시설할 수도 없는 것과 같이, 반야바라밀다를 수행하는 것도 역시 다시 이와 같습니다. 세존이시여. 허공의 가운데와 같아서 색처를 시설할 수 없고, 성·향·미·촉·법처를 시설할 수도 없는 것과 같이, 반야바라밀다를 수행하는 것도 역시 다시 이와 같습니다.

세존이시여. 허공의 가운데와 같아서 안계를 시설할 수 없고, 색계·안식계, 나아가 안촉·안촉을 인연으로 생겨난 여러 수를 시설할 수도 없는 것과 같이, 반야바라밀다를 수행하는 것도 역시 다시 이와 같습니다. 세존이시여. 허공의 가운데와 같아서 이계를 시설할 수 없고, 성계·이식계, 나아가 이촉·이촉을 인연으로 생겨난 여러 수를 시설할 수도 없는 것과 같이, 반야바라밀다를 수행하는 것도 역시 다시 이와 같습니다.

세존이시여. 허공의 가운데와 같아서 비계를 시설할 수 없고, 향계·비식계, 나아가 비촉·비촉을 인연으로 생겨난 여러 수를 시설할 수도 없는 것과 같이, 반야바라밀다를 수행하는 것도 역시 다시 이와 같습니다. 세존이시여. 허공의 가운데와 같아서 설계를 시설할 수 없고, 미계·설식계, 나아가 설촉·설촉을 인연으로 생겨난 여러 수를 시설할 수도 없는 것과 같이, 반야바라밀다를 수행하는 것도 역시 다시 이와 같습니다.

세존이시여. 허공의 가운데와 같아서 신계를 시설할 수 없고, 촉계·신식계, 나아가 신촉·신촉을 인연으로 생겨난 여러 수를 시설할 수도 없는 것과 같이, 반야바라밀다를 수행하는 것도 역시 다시 이와 같습니다. 세존이시여. 허공의 가운데와 같아서 의계를 시설할 수 없고, 법계·의식계, 나아가 의촉·의촉을 인연으로 생겨난 여러 수를 시설할 수도 없는 것과 같이, 반야바라밀다를 수행하는 것도 역시 다시 이와 같습니다.

세존이시여. 허공의 가운데와 같아서 지계를 시설할 수 없고, 수·화·풍·공·식계를 시설할 수도 없는 것과 같이, 반야바라밀다를 수행하는 것도 역시 다시 이와 같습니다. 세존이시여. 허공의 가운데와 같아서 무명을 시설할 수 없고, 행·식·명색·육처·촉·수·애·취·유·생·노사의 수탄고우뇌를 시설할 수도 없는 것과 같이, 반야바라밀다를 수행하는 것도 역시 다시 이와 같습니다.

세존이시여. 허공의 가운데와 같아서 보시바라밀다를 시설할 수 없고, 정계·안인·정진·정려·반야바라밀다를 시설할 수도 없는 것과 같이, 반야바라밀다를 수행하는 것도 역시 다시 이와 같습니다. 세존이시여. 허공의 가운데와 같아서 내공을 시설할 수 없고, 외공·내외공·공공·대공·승의공·유위공·무위공·필경공·무제공·산공·무변이공·본성공·자상공·공상공·일체법공·불가득공·무성공·자성공·무성자성공을 시설할 수도 없는 것과 같이, 반야바라밀다를 수행하는 것도 역시 다시 이와 같습니다.

세존이시여. 허공의 가운데와 같아서 진여를 시설할 수 없고, 법계·법성·불허망성·불변이성·평등성·이생성·법정·법주·실제·허공계·부사의계를 시설할 수도 없는 것과 같이, 반야바라밀다를 수행하는 것도 역시 다시 이와 같습니다. 세존이시여. 허공의 가운데와 같아서 고성제를 시설할 수 없고, 집·멸·도성제를 시설할 수도 없는 것과 같이, 반야바라밀다를 수행하는 것도 역시 다시 이와 같습니다.

세존이시여. 허공의 가운데와 같아서 4정려를 시설할 수 없고, 4무량·4무색정을 시설할 수도 없는 것과 같이, 반야바라밀다를 수행하는 것도 역시 다시 이와 같습니다. 세존이시여. 허공의 가운데와 같아서 8해탈을 시설할 수 없고, 8승처·9차제정·10변처를 시설할 수도 없는 것과 같이, 반야바라밀다를 수행하는 것도 역시 다시 이와 같습니다.

세존이시여. 허공의 가운데와 같아서 4념주를 시설할 수 없고, 4정단·4신족·5근·5력·7등각지·8성도지를 시설할 수도 없는 것과 같이, 반야바라밀다를 수행하는 것도 역시 다시 이와 같습니다. 세존이시여. 허공의 가운데와 같아서 공해탈문을 시설할 수 없고, 무상·무원해탈문을 시설할 수도 없는 것과 같이, 반야바라밀다를 수행하는 것도 역시 다시 이와 같습니다.

세존이시여. 허공의 가운데와 같아서 보살의 10지를 시설할 수도 없는 것과 같이, 반야바라밀다를 수행하는 것도 역시 다시 이와 같습니다. 세존이시여. 허공의 가운데와 같아서 5안을 시설할 수도 없고, 6신통을 시설할 수도 없는 것과 같이, 반야바라밀다를 수행하는 것도 역시 다시 이와 같습니다.

세존이시여. 허공의 가운데와 같아서 여래의 10력을 시설할 수 없고, 4무소외·4무애해·대자·대비·대희·대사·18불불공법을 시설할 수도 없는 것과 같이, 반야바라밀다를 수행하는 것도 역시 다시 이와 같습니다. 세존이시여. 허공의 가운데와 같아서 무망실법을 시설할 수 없고, 항주사성을 시설할 수도 없는 것과 같이, 반야바라밀다를 수행하는 것도 역시 다시 이와 같습니다.

세존이시여. 허공의 가운데와 같아서 일체지를 시설할 수 없고, 도상지·일체상지를 시설할 수도 없는 것과 같이, 반야바라밀다를 수행하는 것도 역시 다시 이와 같습니다. 세존이시여. 허공의 가운데와 같아서 일체의 다라니문을 시설할 수 없고, 일체의 삼마지문을 시설할 수도 없는 것과 같이, 반야바라밀다를 수행하는 것도 역시 다시 이와 같습니다.

세존이시여. 허공의 가운데와 같아서 예류과를 시설할 수 없고, 일래·불환·아라한과를 시설할 수도 없는 것과 같이, 반야바라밀다를 수행하는 것도 역시 다시 이와 같습니다. 세존이시여. 허공의 가운데와 같아서 독각의 보리를 시설할 수 없는 것과 같이, 반야바라밀다를 수행하는 것도 역시 다시 이와 같습니다.

세존이시여. 허공의 가운데와 같아서 일체의 보살마하살의 행을 시설할 수 없는 것과 같이, 반야바라밀다를 수행하는 것도 역시 다시 이와 같습니다. 세존이시여. 허공의 가운데와 같아서 제불의 무상정등보리를 시설할 수 없는 것과 같이, 반야바라밀다를 수행하는 것도 역시 다시 이와 같습니다.”

　그때 구수 선현이 다시 세존께 아뢰어 말하였다.
　“세존이시여. 이 보살마하살이 이러한 큰 공덕의 갑옷을 입었다면, 우리들의 유정(有情)은 모두가 상응하여 공경하고 예배해야 합니다. 세존이시여. 만약 보살마하살이 제유정들을 위하여 공덕의 갑옷을 입고서 정근(精勤)하여 정진(精進)하는 자는, 허공을 위하여 공덕의 갑옷을 입고서 정근하면서 정진하는 것과 같습니다. 세존이시여. 만약 보살마하살이 유정을 성숙(成熟)시키고 해탈(解脫)시키기 위하여 공덕의 갑옷을 입고서 정근하여 정진하는 자는, 허공을 성숙시키고 해탈시키기 위하여 공덕의 갑옷을 입고서 정근하면서 정진하는 것과 같습니다.
　세존이시여. 만약 보살마하살이 일체법(一切法)을 위하여 큰 공덕의 갑옷을 입고 부지런히 정진하는 자는, 허공을 위하여 큰 공덕의 갑옷을 입고서 정근하면서 정진하는 것과 같습니다. 세존이시여. 만약 보살마하살이 유정들을 건져내고 생사(生死)에서 벗어나게 시키기 위하여 공덕의 갑옷을 입고서 정근하면서 정진하는 자는, 허공을 들어서 높고 수승한 곳에 놓아두기 위하여 큰 공덕의 갑옷을 입고서 정근하면서 정진하는 것과 같습니다.
　세존이시여. 보살마하살이 큰 정진바라밀다를 얻었다면, 허공과 같은 제유정의 부류들을 위하여 빠르게 생사를 벗어나서 무상정등보리를 일으키고 나아가는 것입니다. 세존이시여. 보살마하살이 부사의(不思議)하고 무등(無等)한 신통을 얻었다면, 허공과 같은 여러 법성(法性)의 바다를 위하여 큰 공덕의 갑옷을 입고서 무상정등보리를 일으켜서 나아가는 것입니다. 세존이시여. 보살마하살이 최고로 지극하게 용맹(勇健)하였다면, 허공과 같은 제불의 무상정등보리를 위하여 공덕의 갑옷을 입고서 정근하면서 정진하는 것입니다.
　세존이시여. 보살마하살이 허공과 같은 제유정의 부류들을 위하여 정근하면서 고행(苦行)을 수행하고 무상정등보리를 증득하려고 하였다면 매우 희유(希有)합니다. 왜 그러한가? 세존이시여. 가사(假使), 삼천대천세계(三千大千世界)의 가운데에 충만하신 여래·응공·정등각들께서 대나무(竹)·삼(麻)·갈대(葦)[2]·사탕수수(甘蔗) 등의 수풀과 같으며, 만약 1겁(一劫)이거나, 혹은 1겁을 넘겨서 제유정들을 위하여 항상 정법을 설하시고, 각자 무량(無量)하고 무변(無邊)한 유정들을 제도하여 열반에 들어가게 하고 구경에 안락하게 하실지라도, 그러나 유정계(有情界)는 증장하지 않고 감소하지도 않습니다. 그 까닭은 무엇인가? 제유정들은 모두 무소유로써 자성은 멀리 벗어난 까닭입니다.

세존이시여. 가사, 시방(十方)의 각각 긍가사(殑伽沙)의 숫자와 같은 세계의 가운데에 충만하신 여래·응공·정등각들께서 대나무·삼·갈대·사탕수수 등의 수풀과 같으며, 만약 1겁이거나, 혹은 1겁을 넘겨서 제유정들을 위하여 항상 정법을 설하시고, 각자 무량하고 무변한 유정들을 제도하여 열반에 들어가게 하고 구경에 안락하게 하실지라도, 그러나 유정계는 증장하지 않고 감소하지도 않습니다. 그 까닭은 무엇인가? 제유정들은 모두 무소유로써 자성은 멀리 벗어난 까닭입니다.

세존이시여. 가사, 시방의 일체세계(一切世界)의 가운데에 충만하신 여래·응공·정등각들께서 대나무·삼·갈대·사탕수수 등의 수풀과 같으며, 만약 1겁이거나, 혹은 1겁을 넘겨서 제유정들을 위하여 항상 정법을 설하시고, 각자 무량하고 무변한 유정들을 제도하여 열반에 들어가게 하고 구경에 안락하게 하실지라도, 그러나 유정계는 증장하지 않고 감소하지도 않습니다. 그 까닭은 무엇인가? 제유정들은 모두 무소유로써 자성은 멀리 벗어난 까닭입니다.

세존이시여. 오히려 이러한 인연으로 '보살마하살이 허공과 같은 제유정의 부류들을 성숙시키고 해탈시키기 위하여 정근하면서 고행을 수행하고, 무상정등보리를 증득하고자 하였다면 매우 희유하다.'라고 나는 이렇게 말을 지었습니다."

---

2) '위(葦)'는 대나무를 가리키므로, 갈대를 나타내는 '위(葦)'의 오역(誤譯)으로 추정된다.

그때 법회의 가운데 있었던 한 비구가 살며시 '나는 매우 깊은 반야바라밀다에 상응하여 공경하고 예배해야겠다. 이 가운데에서 비록 제법의 생멸(生滅)이 없을지라도, 그러나 계온(戒蘊)·정온(定蘊)·혜온(慧蘊)·해탈온(解脫蘊)·해탈지견온(解脫知見蘊)을 시설하여 얻을 수 있고, 예류과·일래과·불환과·아라한과도 시설하여 얻을 수 있으며, 역시 독각의 보리도 시설하여 얻을 수 있고, 역시 무상정등보리도 시설하여 얻을 수 있으며, 역시 불(佛)·법(法)·승보(僧寶)도 시설하여 얻을 수 있고, 역시 미묘한 법륜(法輪)을 굴려서 유정의 부류들을 제도하는 것도 시설하여 얻을 수 있다.'라고 마음속으로 이렇게 생각을 지었다.

세존께서는 그 비구의 생각을 아시고서 알려 말씀하셨다.

"비구여. 그와 같으니라. 그와 같으니라. 매우 깊은 반야바라밀다는 미묘(微妙)하여 측량(測量)하기 어려우니라."

그때 천제석(天帝釋)이 구수 선현에게 물어 말하였다.

"대덕(大德)이여. 만약 보살마하살이 매우 깊은 반야바라밀다를 수학(修學)하고자 한다면, 마땅히 무엇과 같이 수학해야 합니까?"

선현이 대답하여 말하였다.

"교시가(憍尸迦)[3]여. 만약 보살마하살이 매우 깊은 반야바라밀다를 수학하고자 한다면, 마땅히 허공과 같이 수학해야 합니다."

이때 천제석이 다시 세존께 아뢰어 말하였다.

"세존이시여. 만약 선남자와 선여인 등이 이 처소에서 설하신 매우 깊은 반야바라밀다를 수지(受持)하고 독송(讀誦)하며 이치와 같이 사유하고 다른 사람을 위하여 연설(演說)한다면, 저는 마땅히 어떻게 수호(守護)해야 합니까? 오직 원하옵건대, 세존께서는 애민하게 생각하시어 보여주고 가르쳐 주십시오."

그때 구수 선현이 제석천에게 말하였다.

---

3) 산스크리트어 Kauśika의 음사이고, 욕계의 네 번째의 천상인 도리천(삼십삼천)의 왕인 인다라(因陀羅, indra)의 다른 이름이다.

"교시가여. 그대는 수호할 법이 있다고 봅니까?"

제석천이 대답하였다.

"아닙니다. 대덕이여. 나는 수호할 법이 있다고 보지 않습니다."

선현이 말하였다.

"교시가여. 만약 선남자와 선여인 등이 설하신 것과 같은 매우 깊은 반야바라밀다에 안주한다면 곧 수호해야 할지라도, 만약 선남자와 선여인 등이 설하신 것과 같은 매우 깊은 반야바라밀다에 안주하여 항상 멀리 벗어나지 않는다면, 일체의 인비인(人非人) 등이 그 틈새를 엿보면서 구하면서 해치려고 하더라도 결국 능히 할 수 없다고 마땅히 아십시오.

교시가여. 만약 설하신 것과 같은 매우 깊은 반야바라밀다에 안주하는 제보살을 수호하려고 하는 자는, 허공을 수호하려는 것과 다르지 않습니다. 교시가여. 만약 반야바라밀다를 수행하는 제보살을 수호하려고 하는 자는 헛되게 구로(劬勞)[4]를 베푸는 것이니 모두에게 이익이 없습니다. 교시가여. 그대의 뜻은 어떻습니까? 환영(幻)·꿈(夢)·메아리(響)·형상(上)· 아지랑이(光焰)·그림자(光影)와 변화된 일(變化事)·심향성(尋香城)[5]을 능히 수호할 수 있습니까?"

제석천이 말하였다.

"없습니다. 대덕이여."

선현이 말하였다.

"교시가여. 만약 반야바라밀다를 수행하는 제보살을 수호하고자 하더라도, 역시 다시 이와 같아서 헛되게 구로를 베푸는 것이니 모두에게 이익이 없습니다. 교시가여. 그대의 뜻은 어떻습니까? 일체의 여래·응공· 정등각과 세존의 처소에서 변화로 지었던 일을 능히 수호할 수 있습니까?"

---

4) 시경(詩經)에서 찾을 수 있으며, 부모가 자녀를 낳아서 기르는 노고(勞苦)를 말하는 데, 본 문장에서는 '매우 피로한 일'이라고 번역할 수 있겠다.

5) 산스크리트어 gandharva-nagara의 번역이고, 건달바성(犍闥婆城)을 가리키며, 실체는 없이 공중에 나타나는 성곽, 또는 바다 위이거나, 사막 또는 열대지방에 있는 벌판의 상공(上空)에서 공기의 밀도와 광선의 굴절작용으로 일어나는 신기루 (蜃氣樓)를 뜻한다.

천제석이 말하였다.

"없습니다. 대덕이여."

선현이 말하였다.

"교시가여. 만약 반야바라밀다를 수행하는 제보살을 수호하고자 하더라도, 역시 다시 이와 같아서 헛되게 구로를 베푸는 것이니 모두에게 이익이 없습니다. 교시가여. 그대의 뜻은 어떻습니까? 진여·법계·법성·불허망성·불변이성·평등성·이생성·법정·법주·실제·허공계·부사의계를 능히 수호할 수 있습니까?"

천제석이 말하였다.

"없습니다. 대덕이여."

선현이 말하였다.

"교시가여. 만약 반야바라밀다를 수행하는 제보살을 수호하고자 하였더라도, 역시 다시 이와 같아서 헛되게 구로를 베푸는 것이니 모두에게 이익이 없습니다."

그때 천제석이 구수 선현에게 물어 말하였다.

"대덕이여. 어찌 보살마하살은 반야바라밀다를 수행하면서 비록 제법이 환영과 같고 꿈과 같으며 메아리와 같고 형상과 같으며 아지랑이와 같고 그림자와 같으며 변화된 일과 같고 심향성과 같다고 알았더라도, 그러나 이 보살마하살은 이것이 환영이고 꿈이며 메아리이고 형상이며 아지랑이고 그림자이며 변화된 일이고 심향성이라고 집착하지 않고, 역시 오히려 환영이고 오히려 꿈이며 오히려 메아리이고 오히려 형상이며 오히려 아지랑이고 오히려 그림자이며 오히려 변화된 일이고 오히려 심향성이라고 집착하지 않으며, 역시 환영에 속(屬)하고 꿈에 속하며 메아리에 속하고 형상에 속하며 아지랑이에 속하고 그림자에 속하며 변화된 일에 속하고 심향성에 속한다고 집착하지 않고, 역시 환영에 의지하고 꿈에 의지하며 메아리에 의지하고 형상에 의지하며 아지랑이에 의지하고 그림자에 의지하며 변화된 일에 의지하고 심향성에 의지하는 것을 집착하지 않는다고 말합니까?"

선현이 대답하여 말하였다.

"교시가여. 만약 보살마하살이 반야바라밀다를 수행한다면, 이것은 색이거나 이것은 수·상·행·식이라고 집착하지 않으며, 역시 오히려 색이거나 오히려 수·상·행·식이라고 집착하지 않고, 역시 색에 속하거나 수·상·행·식에 속한다고 집착하지 않으며, 역시 색에 의지하거나 수·상·행·식에 의지한다고 집착하지 않는다면, 이 보살마하살은 반야바라밀다를 수행하면서 비록 제법이 환영과 같고, 나아가 심향성과 같다고 알았더라도, 그러나 환영이고, 나아가 심향성이라고 집착하지 않고, 역시 오히려 환영이고 오히려 꿈이며 오히려 메아리이고 오히려 형상이며 오히려 아지랑이고, 나아가 심향성이라고 집착하지 않으며, 역시 환영에 속하고, 나아가 심향성에 속한다고 집착하지 않고, 역시 환영에 의지하고, 나아가 심향성에 의지하고자 집착하지 않습니다.

교시가여. 만약 보살마하살이 반야바라밀다를 수행한다면, 이것은 안처이거나 이것은 이·비·설·신·의처라고 집착하지 않으며, 역시 오히려 안처이거나 오히려 이·비·설·신·의처라고 집착하지 않고, 역시 안처에 속하고 이·비·설·신·의처에 속한다거나 집착하지 않으며, 역시 안처에 의지하거나 이·비·설·신·의처에 의지한다고 집착하지 않는다면, 이 보살마하살은 반야바라밀다를 수행하면서 비록 제법이 환영과 같고, 나아가 심향성과 같다고 알았더라도, 그러나 환영이고, 나아가 심향성이라고 집착하지 않고, 역시 오히려 환영이고 오히려 꿈이며 오히려 메아리이고 오히려 형상이며 오히려 아지랑이고, 나아가 심향성이라고 집착하지 않으며, 역시 환영에 속하고, 나아가 심향성에 속한다고 집착하지 않고, 역시 환영에 의지하고, 나아가 심향성에 의지하고자 집착하지 않습니다.

교시가여. 만약 보살마하살이 반야바라밀다를 수행한다면, 이것은 색처이거나 이것은 성·향·미·촉·법처라고 집착하지 않으며, 역시 오히려 색처이거나 오히려 성·향·미·촉·법처라고 집착하지 않고, 역시 색처에 속하거나 성·향·미·촉·법처에 속한다고 집착하지 않으며, 역시 색처에 의지하거나 성·향·미·촉·법처에 의지한다고 집착하지 않는다면, 이 보살마하살은 반야바라밀다를 수행하면서 비록 제법이 환영과 같고, 나아가 심향성과 같다고 알았더라도, 그러나 환영이고, 나아가 심향성이라고 집착하지 않고, 역시 오히려 환영이고 오히려 꿈이며 오히려 메아리이고 오히려 형상이며 오히려 아지랑이고, 나아가 심향성이라고 집착하지 않으며, 역시 환영에 속하고, 나아가 심향성에 속한다고 집착하지 않고, 역시 환영에 의지하고, 나아가 심향성에 의지하고자 집착하지 않습니다.

교시가여. 만약 보살마하살이 반야바라밀다를 수행한다면, 이것은 안계이거나 이것은 색계·안식계, 나아가 안촉·안촉을 인연으로 생겨난 여러 수라고 집착하지 않으며, 역시 오히려 안계이거나 오히려 색계, 나아가 안촉을 인연으로 생겨난 여러 수라고 집착하지 않고, 역시 안계에 속하거나 색계, 나아가 안촉을 인연으로 생겨난 여러 수에 속한다고 집착하지 않으며, 역시 안계에 의지하거나 색계, 나아가 안촉을 인연으로 생겨난 여러 수에 의지한다고 집착하지 않는다면, 이 보살마하살은 반야바라밀다를 수행하면서 비록 제법이 환영과 같고, 나아가 심향성과 같다고 알았더라도, 그러나 환영이고, 나아가 심향성이라고 집착하지 않고, 역시 오히려 환영이고 오히려 꿈이며 오히려 메아리이고 오히려 형상이며 오히려 아지랑이고, 나아가 심향성이라고 집착하지 않으며, 역시 환영에 속하고, 나아가 심향성에 속한다고 집착하지 않고, 역시 환영에 의지하고, 나아가 심향성에 의지하고자 집착하지 않습니다.

교시가여. 만약 보살마하살이 반야바라밀다를 수행한다면, 이것은 이계이거나 이것은 성계·이식계, 나아가 이촉·이촉을 인연으로 생겨난 여러 수라고 집착하지 않으며, 역시 오히려 이계이거나 오히려 성계, 나아가 이촉을 인연으로 생겨난 여러 수라고 집착하지 않고, 역시 이계에 속하거나 성계, 나아가 이촉을 인연으로 생겨난 여러 수에 속한다고 집착하지 않으며, 역시 이계에 의지하거나 성계, 나아가 이촉을 인연으로 생겨난 여러 수에 의지한다고 집착하지 않는다면, 이 보살마하살은 반야바라밀다를 수행하면서 비록 제법이 환영과 같고, 나아가 심향성과 같다고 알았더라도, 그러나 환영이고, 나아가 심향성이라고 집착하지 않고,

역시 오히려 환영이고 오히려 꿈이며 오히려 메아리이고 오히려 형상이며 오히려 아지랑이고, 나아가 심향성이라고 집착하지 않으며, 역시 환영에 속하고, 나아가 심향성에 속한다고 집착하지 않고, 역시 환영에 의지하고, 나아가 심향성에 의지하고자 집착하지 않습니다.

교시가여. 만약 보살마하살이 반야바라밀다를 수행한다면, 이것은 비계이거나 이것은 향계·비식계, 나아가 비촉·비촉을 인연으로 생겨난 여러 수라고 집착하지 않으며, 역시 오히려 비계이거나 오히려 향계, 나아가 비촉을 인연으로 생겨난 여러 수라고 집착하지 않고, 역시 비계에 속하거나 향계, 나아가 비촉을 인연으로 생겨난 여러 수에 속한다고 집착하지 않으며, 역시 비계에 의지하거나 향계, 나아가 비촉을 인연으로 생겨난 여러 수에 의지한다고 집착하지 않는다면, 이 보살마하살은 반야바라밀다를 수행하면서 비록 제법이 환영과 같고, 나아가 심향성과 같다고 알았더라도, 그러나 환영이고, 나아가 심향성이라고 집착하지 않고, 역시 오히려 환영이고 오히려 꿈이며 오히려 메아리이고 오히려 형상이며 오히려 아지랑이고, 나아가 심향성이라고 집착하지 않으며, 역시 환영에 속하고, 나아가 심향성에 속한다고 집착하지 않고, 역시 환영에 의지하고, 나아가 심향성에 의지하고자 집착하지 않습니다.

교시가여. 만약 보살마하살이 반야바라밀다를 수행한다면, 이것은 설계이거나 이것은 미계·설식계, 나아가 설촉·설촉을 인연으로 생겨난 여러 수라고 집착하지 않으며, 역시 오히려 설계이거나 오히려 미계, 나아가 설촉을 인연으로 생겨난 여러 수라고 집착하지 않고, 역시 설계에 속하거나 미계, 나아가 설촉을 인연으로 생겨난 여러 수에 속한다고 집착하지 않으며, 역시 설계에 의지하거나 미계, 나아가 설촉을 인연으로 생겨난 여러 수에 의지한다고 집착하지 않는다면, 이 보살마하살은 반야바라밀다를 수행하면서 비록 제법이 환영과 같고, 나아가 심향성과 같다고 알았더라도, 그러나 환영이고, 나아가 심향성이라고 집착하지 않고, 역시 오히려 환영이고 오히려 꿈이며 오히려 메아리이고 오히려 형상이며 오히려 아지랑이고, 나아가 심향성이라고 집착하지 않으며, 역시 환영에 속하고, 나아가 심향성에 속한다고 집착하지 않고, 역시 환영에 의지하고, 나아가 심향성에 의지하고자 집착하지 않습니다.

교시가여. 만약 보살마하살이 반야바라밀다를 수행한다면, 이것은 신계이거나 이것은 촉계·신식계, 나아가 신촉·신촉을 인연으로 생겨난 여러 수라고 집착하지 않으며, 역시 오히려 신계이거나 오히려 촉계, 나아가 신촉을 인연으로 생겨난 여러 수라고 집착하지 않고, 역시 신계에 속하거나 촉계, 나아가 신촉을 인연으로 생겨난 여러 수에 속한다고 집착하지 않으며, 역시 신계에 의지하거나 촉계, 나아가 신촉을 인연으로 생겨난 여러 수에 의지한다고 집착하지 않는다면, 이 보살마하살은 반야바라밀다를 수행하면서 비록 제법이 환영과 같고, 나아가 심향성과 같다고 알았더라도, 그러나 환영이고, 나아가 심향성이라고 집착하지 않고, 역시 오히려 환영이고 오히려 꿈이며 오히려 메아리이고 오히려 형상이며 오히려 아지랑이고, 나아가 심향성이라고 집착하지 않으며, 역시 환영에 속하고, 나아가 심향성에 속한다고 집착하지 않고, 역시 환영에 의지하고, 나아가 심향성에 의지하고자 집착하지 않습니다.

교시가여. 만약 보살마하살이 반야바라밀다를 수행한다면, 이것은 의계이거나 이것은 법계·의식계, 나아가 의촉·의촉을 인연으로 생겨난 여러 수라고 집착하지 않으며, 역시 오히려 의계이거나 오히려 법계, 나아가 의촉을 인연으로 생겨난 여러 수라고 집착하지 않고, 역시 의계에 속하거나 법계, 나아가 의촉을 인연으로 생겨난 여러 수에 속한다고 집착하지 않으며, 역시 의계에 의지하거나 법계, 나아가 의촉을 인연으로 생겨난 여러 수에 의지한다고 집착하지 않는다면, 이 보살마하살은 반야바라밀다를 수행하면서 비록 제법이 환영과 같고, 나아가 심향성과 같다고 알았더라도, 그러나 환영이고, 나아가 심향성이라고 집착하지 않고, 역시 오히려 환영이고 오히려 꿈이며 오히려 메아리이고 오히려 형상이며 오히려 아지랑이고, 나아가 심향성이라고 집착하지 않으며, 역시 환영에 속하고, 나아가 심향성에 속한다고 집착하지 않고, 역시 환영에 의지하고, 나아가 심향성에 의지하고자 집착하지 않습니다.

교시가여. 만약 보살마하살이 반야바라밀다를 수행한다면, 이것은 지계이거나 이것은 수·화·풍·공·식계라고 집착하지 않으며, 역시 오히려 지계이거나 오히려 수·화·풍·공·식계라고 집착하지 않고, 역시 지계에 속하거나 수·화·풍·공·식계에 속한다고 집착하지 않으며, 역시 지계에 의지하거나 수·화·풍·공·식계에 의지한다고 집착하지 않는다면, 이 보살 마하살은 반야바라밀다를 수행하면서 비록 제법이 환영과 같고, 나아가 심향성과 같다고 알았더라도, 그러나 환영이고, 나아가 심향성이라고 집착하지 않고, 역시 오히려 환영이고 오히려 꿈이며 오히려 메아리이고 오히려 형상이며 오히려 아지랑이고, 나아가 심향성이라고 집착하지 않으며, 역시 환영에 속하고, 나아가 심향성에 속한다고 집착하지 않고, 역시 환영에 의지하고, 나아가 심향성에 의지하고자 집착하지 않습니다.

교시가여. 만약 보살마하살이 반야바라밀다를 수행한다면, 이것은 무명이거나 이것은 행·식·명색·육처·촉·수·애·취·유·생·노사의 수탄고 우뇌라고 집착하지 않으며, 역시 오히려 무명이거나 오히려 행, 나아가 노사의 수탄고우뇌라고 집착하지 않고, 역시 무명에 속하거나 행, 나아가 노사의 수탄고우뇌에 속한다고 집착하지 않으며, 역시 무명에 의지하거나 행, 나아가 노사의 수탄고우뇌에 의지한다고 집착하지 않는다면, 이 보살 마하살은 반야바라밀다를 수행하면서 비록 제법이 환영과 같고, 나아가 심향성과 같다고 알았더라도, 그러나 환영이고, 나아가 심향성이라고 집착하지 않고, 역시 오히려 환영이고 오히려 꿈이며 오히려 메아리이고 오히려 형상이며 오히려 아지랑이고, 나아가 심향성이라고 집착하지 않으며, 역시 환영에 속하고, 나아가 심향성에 속한다고 집착하지 않고, 역시 환영에 의지하고, 나아가 심향성에 의지하고자 집착하지 않습니다.

교시가여. 만약 보살마하살이 반야바라밀다를 수행한다면, 이것은 보시바라밀다이거나 이것은 정계·안인·정진·정려·반야바라밀다라고 집착하지 않으며, 역시 오히려 보시바라밀다이거나 오히려 정계, 나아가 반야바라밀다라고 집착하지 않고, 역시 보시바라밀다에 속하거나 정계, 나아가 반야바라밀다에 속한다고 집착하지 않으며, 역시 보시바라밀다에 의지하거나 정계, 나아가 반야바라밀다에 의지한다고 집착하지 않는다면, 이 보살마하살은 반야바라밀다를 수행하면서 비록 제법이 환영과 같고, 나아가 심향성과 같다고 알았더라도, 그러나 환영이고, 나아가 심향성이라고 집착하지 않고, 역시 오히려 환영이고 오히려 꿈이며 오히려 메아리이고 오히려 형상이며 오히려 아지랑이고, 나아가 심향성이라고 집착하지 않으며, 역시 환영에 속하고, 나아가 심향성에 속한다고 집착하지 않고, 역시 환영에 의지하고, 나아가 심향성에 의지하고자 집착하지 않습니다.

교시가여. 만약 보살마하살이 반야바라밀다를 수행한다면, 이것은 내공이거나 이것은 외공·내외공·공공·대공·승의공·유위공·무위공·필경공·무제공·산공·무변이공·본성공·자상공·공상공·일체법공·불가득공·무성공·자성공·무성자성공이라고 집착하지 않으며, 역시 오히려 내공이거나 오히려 외공, 나아가 무성자성공이라고 집착하지 않고, 역시 내공에 속하거나 외공, 나아가 무성자성공에 속한다고 집착하지 않으며, 역시 내공에 의지하거나 외공, 나아가 무성자성공에 의지한다고 집착하지 않는다면, 이 보살마하살은 반야바라밀다를 수행하면서 비록 제법이 환영과 같고, 나아가 심향성과 같다고 알았더라도, 그러나 환영이고, 나아가 심향성이라고 집착하지 않고, 역시 오히려 환영이고 오히려 꿈이며 오히려 메아리이고 오히려 형상이며 오히려 아지랑이고, 나아가 심향성이라고 집착하지 않으며, 역시 환영에 속하고, 나아가 심향성에 속한다고 집착하지 않고, 역시 환영에 의지하고, 나아가 심향성에 의지하고자 집착하지 않습니다.

교시가여. 만약 보살마하살이 반야바라밀다를 수행한다면, 이것은 진여이거나 이것은 법계·법성·불허망성·불변이성·평등성·이생성·법정·법주·실제·허공계·부사의계라고 집착하지 않으며, 역시 오히려 진여이거나 오히려 법계, 나아가 부사의계라고 집착하지 않고, 역시 진여에 속하거나 법계, 나아가 부사의계에 속한다고 집착하지 않으며, 역시 진여에 의지하거나 법계, 나아가 부사의계에 의지한다고 집착하지 않는다면, 이 보살마하살은 반야바라밀다를 수행하면서 비록 제법이 환영과 같고,

나아가 심향성과 같다고 알았더라도, 그러나 환영이고, 나아가 심향성이라고 집착하지 않고, 역시 오히려 환영이고 오히려 꿈이며 오히려 메아리이고 오히려 형상이며 오히려 아지랑이고, 나아가 심향성이라고 집착하지 않으며, 역시 환영에 속하고, 나아가 심향성에 속한다고 집착하지 않고, 역시 환영에 의지하고, 나아가 심향성에 의지하고자 집착하지 않습니다.

교시가여. 만약 보살마하살이 반야바라밀다를 수행한다면, 이것은 고성제이거나 이것은 집·멸·도성제라고 집착하지 않으며, 역시 오히려 고성제이거나 오히려 집·멸·도성제라고 집착하지 않고, 역시 고성제에 속하거나 집·멸·도성제에 속한다고 집착하지 않으며, 역시 고성제에 의지하거나 집·멸·도성제에 의지한다고 집착하지 않는다면, 이 보살마하살은 반야바라밀다를 수행하면서 비록 제법이 환영과 같고, 나아가 심향성과 같다고 알았더라도, 그러나 환영이고, 나아가 심향성이라고 집착하지 않고, 역시 오히려 환영이고 오히려 꿈이며 오히려 메아리이고 오히려 형상이며 오히려 아지랑이고, 나아가 심향성이라고 집착하지 않으며, 역시 환영에 속하고, 나아가 심향성에 속한다고 집착하지 않고, 역시 환영에 의지하고, 나아가 심향성에 의지하고자 집착하지 않습니다.

교시가여. 만약 보살마하살이 반야바라밀다를 수행한다면, 이것은 4정려이거나 이것은 4무량·4무색정이라고 집착하지 않으며, 역시 오히려 4정려이거나 오히려 4무량·4무색정이라고 집착하지 않고, 역시 4정려에 속하거나 4무량·4무색정에 속한다고 집착하지 않으며, 역시 4정려에 의지하거나 4무량·4무색정에 의지한다고 집착하지 않는다면, 이 보살마하살은 반야바라밀다를 수행하면서 비록 제법이 환영과 같고, 나아가 심향성과 같다고 알았더라도, 그러나 환영이고, 나아가 심향성이라고 집착하지 않고, 역시 오히려 환영이고 오히려 꿈이며 오히려 메아리이고 오히려 형상이며 오히려 아지랑이고, 나아가 심향성이라고 집착하지 않으며, 역시 환영에 속하고, 나아가 심향성에 속한다고 집착하지 않고, 역시 환영에 의지하고, 나아가 심향성에 의지하고자 집착하지 않습니다."

마하반야바라밀다경 제292권

36. 착불착상품(着不着相品)(6)

"교시가여. 만약 보살마하살이 반야바라밀다를 수행한다면, 이것은 8해탈이거나 이것은 8승처·9차제정·10변처라고 집착하지 않으며, 역시 오히려 8해탈이거나 오히려 8승처·9차제정·10변처라고 집착하지 않고, 역시 8해탈에 속하거나 8승처·9차제정·10변처에 속한다고 집착하지 않으며, 역시 8해탈에 의지하거나 8승처·9차제정·10변처에 의지한다고 집착하지 않는다면, 이 보살마하살은 반야바라밀다를 수행하면서 비록 제법이 환영과 같고, 나아가 심향성과 같다고 알았더라도, 그러나 환영이고, 나아가 심향성이라고 집착하지 않고, 역시 오히려 환영이고 오히려 꿈이며 오히려 메아리이고 오히려 형상이며 오히려 아지랑이고, 나아가 심향성이라고 집착하지 않으며, 역시 환영에 속하고, 나아가 심향성에 속한다고 집착하지 않고, 역시 환영에 의지하고, 나아가 심향성에 의지하고자 집착하지 않습니다.

교시가여. 만약 보살마하살이 반야바라밀다를 수행한다면, 이것은 4념주이거나 이것은 4정단·4신족·5근·5력·7등각지·8성도지라고 집착하지 않으며, 역시 오히려 4념주이거나 오히려 4정단, 나아가 8성도지라고 집착하지 않고, 역시 4념주에 속하거나 4정단, 나아가 8성도지에 속한다고 집착하지 않으며, 역시 4념주에 의지하거나 4정단, 나아가 8성도지에 의지한다고 집착하지 않는다면, 이 보살마하살은 반야바라밀다를 수행하면서 비록 제법이 환영과 같고, 나아가 심향성과 같다고 알았더라도,

그러나 환영이고, 나아가 심향성이라고 집착하지 않고, 역시 오히려 환영이고 오히려 꿈이며 오히려 메아리이고 오히려 형상이며 오히려 아지랑이고, 나아가 심향성이라고 집착하지 않으며, 역시 환영에 속하고, 나아가 심향성에 속한다고 집착하지 않고, 역시 환영에 의지하고, 나아가 심향성에 의지하고자 집착하지 않습니다.

교시가여. 만약 보살마하살이 반야바라밀다를 수행한다면, 이것은 공해탈문이거나 이것은 무상·무원해탈문이라고 집착하지 않으며, 역시 오히려 공해탈문이거나 오히려 무상·무원해탈문이라고 집착하지 않고, 역시 공해탈문에 속하거나 무상·무원해탈문에 속한다고 집착하지 않으며, 역시 공해탈문에 의지하거나 무상·무원해탈문에 의지한다고 집착하지 않는다면, 이 보살마하살은 반야바라밀다를 수행하면서 비록 제법이 환영과 같고, 나아가 심향성과 같다고 알았더라도, 그러나 환영이고, 나아가 심향성이라고 집착하지 않고, 역시 오히려 환영이고 오히려 꿈이며 오히려 메아리이고 오히려 형상이며 오히려 아지랑이고, 나아가 심향성이라고 집착하지 않으며, 역시 환영에 속하고, 나아가 심향성에 속한다고 집착하지 않고, 역시 환영에 의지하고, 나아가 심향성에 의지하고자 집착하지 않습니다.

교시가여. 만약 보살마하살이 반야바라밀다를 수행한다면, 이것은 보살의 10지라고 집착하지 않으며, 역시 오히려 보살의 10지라고 집착하지 않고, 역시 보살의 10지에 속한다고 집착하지 않으며, 역시 보살의 10지에 의지한다고 집착하지 않는다면, 이 보살마하살은 반야바라밀다를 수행하면서 비록 제법이 환영과 같고, 나아가 심향성과 같다고 알았더라도, 그러나 환영이고, 나아가 심향성이라고 집착하지 않고, 역시 오히려 환영이고 오히려 꿈이며 오히려 메아리이고 오히려 형상이며 오히려 아지랑이고, 나아가 심향성이라고 집착하지 않으며, 역시 환영에 속하고, 나아가 심향성에 속한다고 집착하지 않고, 역시 환영에 의지하고, 나아가 심향성에 의지하고자 집착하지 않습니다.

교시가여. 만약 보살마하살이 반야바라밀다를 수행한다면, 이것은 5안이거나 이것은 6신통이라고 집착하지 않으며, 역시 오히려 5안이거나 오히려 6신통이라고 집착하지 않고, 역시 5안에 속하거나 6신통에 속한다고 집착하지 않으며, 역시 5안에 의지하거나 6신통에 의지한다고 집착하지 않는다면, 이 보살마하살은 반야바라밀다를 수행하면서 비록 제법이 환영과 같고, 나아가 심향성과 같다고 알았더라도, 그러나 환영이고, 나아가 심향성이라고 집착하지 않고, 역시 오히려 환영이고 오히려 꿈이며 오히려 메아리이고 오히려 형상이며 오히려 아지랑이고, 나아가 심향성이라고 집착하지 않으며, 역시 환영에 속하고, 나아가 심향성에 속한다고 집착하지 않고, 역시 환영에 의지하고, 나아가 심향성에 의지하고자 집착하지 않습니다.

교시가여. 만약 보살마하살이 반야바라밀다를 수행한다면, 이것은 여래의 10력이거나 이것은 4무소외·4무애해·대자·대비·대희·대사·18불불공법이라고 집착하지 않으며, 역시 오히려 여래의 10력이거나 오히려 4무소외, 나아가 18불불공법이라고 집착하지 않고, 역시 여래의 10력에 속하거나 4무소외, 나아가 18불불공법에 속한다고 집착하지 않으며, 역시 여래의 10력에 의지하거나 4무소외, 나아가 18불불공법에 의지한다고 집착하지 않는다면, 이 보살마하살은 반야바라밀다를 수행하면서 비록 제법이 환영과 같고, 나아가 심향성과 같다고 알았더라도, 그러나 환영이고, 나아가 심향성이라고 집착하지 않고, 역시 오히려 환영이고 오히려 꿈이며 오히려 메아리이고 오히려 형상이며 오히려 아지랑이고, 나아가 심향성이라고 집착하지 않으며, 역시 환영에 속하고, 나아가 심향성에 속한다고 집착하지 않고, 역시 환영에 의지하고, 나아가 심향성에 의지하고자 집착하지 않습니다.

교시가여. 만약 보살마하살이 반야바라밀다를 수행한다면, 이것은 무망실법이거나 이것은 항주사성이라고 집착하지 않으며, 역시 오히려 무망실법이거나 오히려 항주사성이라고 집착하지 않고, 역시 무망실법에 속하거나 항주사성에 속한다고 집착하지 않으며, 역시 무망실법에 의지하거나 항주사성에 의지한다고 집착하지 않는다면, 이 보살마하살은 반야바라밀다를 수행하면서 비록 제법이 환영과 같고, 나아가 심향성과 같다고 알았더라도, 그러나 환영이고, 나아가 심향성이라고 집착하지 않고, 역시 오히려 환영이고 오히려 꿈이며 오히려 메아리이고 오히려 형상이며 오히려 아지랑이고, 나아가 심향성이라고 집착하지 않으며, 역시 환영에 속하고, 나아가 심향성에 속한다고 집착하지 않고, 역시 환영에 의지하고, 나아가 심향성에 의지하고자 집착하지 않습니다.

　교시가여. 만약 보살마하살이 반야바라밀다를 수행한다면, 이것은 일체지거나 이것은 도상지·일체상지라고 집착하지 않으며, 역시 오히려 일체지거나 오히려 도상지·일체상지라고 집착하지 않고, 역시 일체지에 속하거나 도상지·일체상지에 속한다고 집착하지 않으며, 역시 일체지에 의지하거나 도상지·일체상지에 의지한다고 집착하지 않는다면, 이 보살 마하살은 반야바라밀다를 수행하면서 비록 제법이 환영과 같고, 나아가 심향성과 같다고 알았더라도, 그러나 환영이고, 나아가 심향성이라고 집착하지 않고, 역시 오히려 환영이고 오히려 꿈이며 오히려 메아리이고 오히려 형상이며 오히려 아지랑이고, 나아가 심향성이라고 집착하지 않으며, 역시 환영에 속하고, 나아가 심향성에 속한다고 집착하지 않고, 역시 환영에 의지하고, 나아가 심향성에 의지하고자 집착하지 않습니다.

　교시가여. 만약 보살마하살이 반야바라밀다를 수행한다면, 이것은 일체의 다라니문이거나 이것은 일체의 삼마지문이라고 집착하지 않으며, 역시 오히려 일체의 다라니문이거나 오히려 일체의 삼마지문이라고 집착 하지 않고, 역시 일체의 다라니문에 속하거나 일체의 삼마지문에 속한다 고 집착하지 않으며, 역시 일체의 다라니문에 의지하거나 일체의 삼마지 문에 의지한다고 집착하지 않는다면, 이 보살마하살은 반야바라밀다를 수행하면서 비록 제법이 환영과 같고, 나아가 심향성과 같다고 알았더라 도, 그러나 환영이고, 나아가 심향성이라고 집착하지 않고, 역시 오히려 환영이고 오히려 꿈이며 오히려 메아리이고 오히려 형상이며 오히려 아지랑이고, 나아가 심향성이라고 집착하지 않으며, 역시 환영에 속하고, 나아가 심향성에 속한다고 집착하지 않고, 역시 환영에 의지하고, 나아가 심향성에 의지하고자 집착하지 않습니다.

교시가여. 만약 보살마하살이 반야바라밀다를 수행한다면, 이것은 예류과이거나 이것은 일래·불환·아라한과라고 집착하지 않으며, 역시 오히려 예류과이거나 오히려 일래·불환·아라한과라고 집착하지 않고, 역시 예류과에 속하거나 일래·불환·아라한과에 속한다고 집착하지 않으며, 역시 예류과에 의지하거나 일래·불환·아라한과에 의지한다고 집착하지 않는다면, 이 보살마하살은 반야바라밀다를 수행하면서 비록 제법이 환영과 같고, 나아가 심향성과 같다고 알았더라도, 그러나 환영이고, 나아가 심향성이라고 집착하지 않고, 역시 오히려 환영이고 오히려 꿈이며 오히려 메아리이고 오히려 형상이며 오히려 아지랑이고, 나아가 심향성이라고 집착하지 않으며, 역시 환영에 속하고, 나아가 심향성에 속한다고 집착하지 않고, 역시 환영에 의지하고, 나아가 심향성에 의지하고자 집착하지 않습니다.

교시가여. 만약 보살마하살이 반야바라밀다를 수행한다면, 이것은 독각의 보리라고 집착하지 않으며, 역시 오히려 독각의 보리라고 집착하지 않고, 역시 독각의 보리에 속한다고 집착하지 않으며, 역시 독각의 보리에 의지한다고 집착하지 않는다면, 이 보살마하살은 반야바라밀다를 수행하면서 비록 제법이 환영과 같고, 나아가 심향성과 같다고 알았더라도, 그러나 환영이고, 나아가 심향성이라고 집착하지 않고, 역시 오히려 환영이고 오히려 꿈이며 오히려 메아리이고 오히려 형상이며 오히려 아지랑이고, 나아가 심향성이라고 집착하지 않으며, 역시 환영에 속하고, 나아가 심향성에 속한다고 집착하지 않고, 역시 환영에 의지하고, 나아가 심향성에 의지하고자 집착하지 않습니다.

교시가여. 만약 보살마하살이 반야바라밀다를 수행한다면, 이것은 일체의 보살마하살의 행이라고 집착하지 않으며, 역시 오히려 일체의 보살마하살의 행이라고 집착하지 않고, 역시 일체의 보살마하살의 행에 속한다고 집착하지 않으며, 역시 일체의 보살마하살의 행에 의지한다고 집착하지 않는다면, 이 보살마하살은 반야바라밀다를 수행하면서 비록 제법이 환영과 같고, 나아가 심향성과 같다고 알았더라도, 그러나 환영이고, 나아가 심향성이라고 집착하지 않고, 역시 오히려 환영이고 오히려 꿈이며 오히려 메아리이고 오히려 형상이며 오히려 아지랑이고, 나아가 심향성이라고 집착하지 않으며, 역시 환영에 속하고, 나아가 심향성에 속한다고 집착하지 않고, 역시 환영에 의지하고, 나아가 심향성에 의지하고자 집착하지 않습니다.

교시가여. 만약 보살마하살이 반야바라밀다를 수행한다면, 이것은 제불의 무상정등보리라고 집착하지 않으며, 역시 오히려 제불의 무상정등보리라고 집착하지 않고, 역시 제불의 무상정등보리에 속한다고 집착하지 않으며, 역시 제불의 무상정등보리에 의지한다고 집착하지 않는다면, 이 보살마하살은 반야바라밀다를 수행하면서 비록 제법이 환영과 같고, 나아가 심향성과 같다고 알았더라도, 그러나 환영이고, 나아가 심향성이라고 집착하지 않고, 역시 오히려 환영이고 오히려 꿈이며 오히려 메아리이고 오히려 형상이며 오히려 아지랑이고, 나아가 심향성이라고 집착하지 않으며, 역시 환영에 속하고, 나아가 심향성에 속한다고 집착하지 않고, 역시 환영에 의지하고, 나아가 심향성에 의지하고자 집착하지 않습니다.

교시가여. 이와 같은 보살마하살은 반야바라밀다를 수행하면서 비록 제법이 환영과 같고 꿈과 같으며 메아리와 같고 형상과 같으며 아지랑이와 같고 그림자와 같으며 변화된 일과 같고 심향성과 같다고 알았더라도, 그러나 이 보살마하살은 이것이 환영이고 꿈이며 메아리이고 형상이며 아지랑이고 그림자이며 변화된 일이고 심향성이라고 집착하지 않고, 역시 오히려 환영이고 오히려 꿈이며 오히려 메아리이고 오히려 형상이며 오히려 아지랑이고 오히려 그림자이며 오히려 변화된 일이고 오히려 심향성이라고 집착하지 않으며, 역시 환영에 속하고 꿈에 속하며 메아리에 속하고 형상에 속하며 아지랑이에 속하고 그림자에 속하며 변화된 일에 속하고 심향성에 속한다고 집착하지 않고, 역시 환영에 의지하고 꿈에 의지하며 메아리에 의지하고 형상에 의지하며 아지랑이에 의지하고 그림자에 의지하며 변화된 일에 의지하고 심향성에 의지하고자 집착하지 않습니다."

37. 설반야상품(說般若相品)(1)

그때 세존의 신력(神力)을 까닭으로 이 삼천대천세계(三千大千世界)에서 소유(所有)한 4대왕중천(四大王衆天)·삼십삼천(三十三天)·야마천(夜摩天)·도사다천(覩史多天)·낙변화천(樂變化天)·타화자재천(他化自在天)·범중천(梵衆天)·범보천(梵輔天)·범회천(梵會天)·대범천(大梵天)·광천(光天)·소광천(少光天)·무량광천(無量光天)·극광정천(極光淨天)·정천(淨天)·소정천(少淨天)·무량정천(無量淨天)·변정천(遍淨天)·광천(廣天)·소광천(少廣天)·무량광천(無量廣天)·광과천(廣果天)·무번천(無繁天)·무열천(無熱天)·선현천(善現天)·선견천(善見天)·색구경천(色究竟天) 등의 이와 같은 여러 천인(天人)들이 각자 천상의 미묘한 전단향(栴檀香)의 가루를 멀리서 세존의 위에 흩뿌렸고 와서 세존의 처소로 나아갔으며, 두 발에 머리숙여 예경하고 물러나서 한쪽에 머물렀다.

그때 사천왕천의 천주(天主)인 제석천왕(帝釋天王)·삭하계(索訶界)[1]의 천주인 대범천왕(大梵天王)·극광정천·변정천·광과천·정거천 등은 오히려 잘 억념(憶念)하시는 세존의 신력(神力)을 까닭으로, 시방(十方)의 방면(方面)에서 천불(千佛)들께서 널리 설하시는 반야바라밀다의 뜻(義)·품(品)·가명(名)이 모두 이 처소와 같고, 반야바라밀다를 설법을 청(請)하는 비구들의 상수(上首)를 모두 선현(善現)이라고 이름하며, 어려운 반야바라밀다를 묻는 천인들의 상수도 모두 제석이라고 이름한다는 것을 각자 보았다.

그때 세존께서 구수 선현에게 알려 말씀하셨다.

"미륵(彌勒)[2]보살마하살이 마땅히 아뇩다라삼먁삼보리를 증득하는 때

---

1) 산스크리트어 Saha의 음사이고, 사하(沙河)라고도 말한다. 사바세계(娑婆世界)를 가리키는데, 감인토(堪忍土)·인토(忍土)라고 한역한다.

2) 산스크리트어 Maitreya의 음사이고, 자씨(慈氏)·자존(慈尊)으로 의역하며, 아일다(阿逸多)·무승(無勝)·막승(莫勝)이라고 이름한다.

에, 역시 이 처소에서 이와 같은 매우 깊은 반야바라밀다를 널리 설하실 것이고, 이 현겁(賢劫)의 가운데에서 당래(當來)하시는 제불께서도 역시 이 처소에서 이와 같은 매우 깊은 반야바라밀다를 널리 설할 것이니라.”

그때 구수 선현이 세존께 아뢰어 말하였다.

“세존이시여. 미륵보살마하살이 아뇩다라삼먁삼보리를 증득하시는 때에, 마땅히 무슨 법의 제행(諸行)·제상(諸相)·제상(諸狀)으로써 이와 같은 매우 깊은 반야바라밀다를 널리 설하십니까?”

세존께서 말씀하셨다.

“선현이여. 미륵보살마하살이 아뇩다라삼먁삼보리를 증득하시는 때에, 마땅히 색(色)이 항상(常)하지 않고 무상(無常)하지도 않으며, 즐겁지(樂) 않고 괴롭지(苦)도 않으며, 내(我)가 아니고 무아(無我)도 아니며, 청정(淨)하지 않고 부정(不淨)하지도 않으며, 적정(寂靜)하지 않고 적정하지 않지도 않으며, 멀리 벗어나지(遠離) 않고 멀리 벗어나지 않지도 않으며, 계박(縛)이 아니고 해탈(解)도 아니며, 유(有)가 아니고 공(空)도 아니며, 과거(過去)가 아니고 미래(未來)도 아니며 현재(現在)도 아닌 것으로써 이와 같은 매우 깊은 반야바라밀다를 널리 설하시리라.

마땅히 수(受)·상(想)·행(行)·식(識)이 항상하지 않고 무상하지도 않으며, 즐겁지 않고 괴롭지도 않으며, 내가 아니고 무아도 아니며, 청정하지 않고 부정하지도 않으며, 적정하지 않고 적정하지 않지도 않으며, 멀리 벗어나지 않고 멀리 벗어나지 않지도 않으며, 계박도 아니고 해탈도 아니며, 유가 아니고 공도 아니며, 과거가 아니고 미래도 아니며 현재도 아닌 것으로써 이와 같은 매우 깊은 반야바라밀다를 널리 설하시리라.

선현이여. 미륵보살마하살이 아뇩다라삼먁삼보리를 증득하시는 때에, 마땅히 안처(眼處)가 항상하지 않고 무상하지도 않으며, 즐겁지 않고 괴롭지도 않으며, 내가 아니고 무아도 아니며, 청정하지 않고 부정하지도 않으며, 적정하지 않고 적정하지 않지도 않으며, 멀리 벗어나지 않고 멀리 벗어나지 않지도 않으며, 계박도 아니고 해탈도 아니며, 유가 아니고 공)도 아니며, 과거가 아니고 미래도 아니며 현재도 아닌 것으로써 이와 같은 매우 깊은 반야바라밀다를 널리 설하시리라.

마땅히 이(耳)·비(鼻)·설(舌)·신(身)·의처(意處)가 항상하지 않고 무상하지도 않으며, 즐겁지 않고 괴롭지도 않으며, 내가 아니고 무아도 아니며, 청정하지 않고 부정하지도 않으며, 적정하지 않고 적정하지 않지도 않으며, 멀리 벗어나지 않고 멀리 벗어나지 않지도 않으며, 계박도 아니고 해탈도 아니며, 유가 아니고 공도 아니며, 과거가 아니고 미래도 아니며 현재도 아닌 것으로써 이와 같은 매우 깊은 반야바라밀다를 널리 설하시리라.

선현이여. 미륵보살마하살이 아뇩다라삼먁삼보리를 증득하시는 때에, 마땅히 색처(色處)가 항상하지 않고 무상하지도 않으며, 즐겁지 않고 괴롭지도 않으며, 내가 아니고 무아도 아니며, 청정하지 않고 부정하지도 않으며, 적정하지 않고 적정하지 않지도 않으며, 멀리 벗어나지 않고 멀리 벗어나지 않지도 않으며, 계박도 아니고 해탈도 아니며, 유가 아니고 공도 아니며, 과거가 아니고 미래도 아니며 현재도 아닌 것으로써 이와 같은 매우 깊은 반야바라밀다를 널리 설하시리라.

마땅히 성(聲)·향(香)·미(味)·촉(觸)·법처(法處)가 항상하지 않고 무상하지도 않으며, 즐겁지 않고 괴롭지도 않으며, 내가 아니고 무아도 아니며, 청정하지 않고 부정하지도 않으며, 적정하지 않고 적정하지 않지도 않으며, 멀리 벗어나지 않고 멀리 벗어나지 않지도 않으며, 계박도 아니고 해탈도 아니며, 유가 아니고 공도 아니며, 과거가 아니고 미래도 아니며 현재도 아닌 것으로써 이와 같은 매우 깊은 반야바라밀다를 널리 설하시리라.

선현이여. 미륵보살마하살이 아뇩다라삼먁삼보리를 증득하시는 때에, 마땅히 안계(眼界)가 항상하지 않고 무상하지도 않으며, 즐겁지 않고 괴롭지도 않으며, 내가 아니고 무아도 아니며, 청정하지 않고 부정하지도 않으며, 적정하지 않고 적정하지 않지도 않으며, 멀리 벗어나지 않고 멀리 벗어나지 않지도 않으며, 계박도 아니고 해탈도 아니며, 유가 아니고 공도 아니며, 과거가 아니고 미래도 아니며 현재도 아닌 것으로써 이와 같은 매우 깊은 반야바라밀다를 널리 설하시리라.

마땅히 색계(色界)·안식계(眼識界), …… 나아가 …… 안촉(眼觸)·안촉을 인연으로 생겨나는 여러 수(受)가 항상하지 않고 무상하지도 않으며, 즐겁지 않고 괴롭지도 않으며, 내가 아니고 무아도 아니며, 청정하지 않고 부정하지도 않으며, 적정하지 않고 적정하지 않지도 않으며, 멀리 벗어나지 않고 멀리 벗어나지 않지도 않으며, 계박도 아니고 해탈도 아니며, 유가 아니고 공도 아니며, 과거가 아니고 미래도 아니며 현재도 아닌 것으로써 이와 같은 매우 깊은 반야바라밀다를 널리 설하시리라.

선현이여. 미륵보살마하살이 아뇩다라삼먁삼보리를 증득하시는 때에, 마땅히 이계(耳界)가 항상하지 않고 무상하지도 않으며, 즐겁지 않고 괴롭지도 않으며, 내가 아니고 무아도 아니며, 청정하지 않고 부정하지도 않으며, 적정하지 않고 적정하지 않지도 않으며, 멀리 벗어나지 않고 멀리 벗어나지 않지도 않으며, 계박도 아니고 해탈도 아니며, 유가 아니고 공도 아니며, 과거가 아니고 미래도 아니며 현재도 아닌 것으로써 이와 같은 매우 깊은 반야바라밀다를 널리 설하시리라.

마땅히 성계(聲界)·이식계(耳識界), …… 나아가 …… 이촉(耳觸)·이촉을 인연으로 생겨나는 여러 수가 항상하지 않고 무상하지도 않으며, 즐겁지 않고 괴롭지도 않으며, 내가 아니고 무아도 아니며, 청정하지 않고 부정하지도 않으며, 적정하지 않고 적정하지 않지도 않으며, 멀리 벗어나지 않고 멀리 벗어나지 않지도 않으며, 계박도 아니고 해탈도 아니며, 유가 아니고 공도 아니며, 과거가 아니고 미래도 아니며 현재도 아닌 것으로써 이와 같은 매우 깊은 반야바라밀다를 널리 설하시리라.

선현이여. 미륵보살마하살이 아뇩다라삼먁삼보리를 증득하시는 때에, 마땅히 비계(鼻界)가 항상하지 않고 무상하지도 않으며, 즐겁지 않고 괴롭지도 않으며, 내가 아니고 무아도 아니며, 청정하지 않고 부정하지도 않으며, 적정하지 않고 적정하지 않지도 않으며, 멀리 벗어나지 않고 멀리 벗어나지 않지도 않으며, 계박도 아니고 해탈도 아니며, 유가 아니고 공도 아니며, 과거가 아니고 미래도 아니며 현재도 아닌 것으로써 이와 같은 매우 깊은 반야바라밀다를 널리 설하시리라.

마땅히 향계(香界)·비식계(鼻識界), …… 나아가 …… 비촉(鼻觸)·비촉을 인연으로 생겨나는 여러 수가 항상하지 않고 무상하지도 않으며, 즐겁지 않고 괴롭지도 않으며, 내가 아니고 무아도 아니며, 청정하지 않고 부정하지도 않으며, 적정하지 않고 적정하지 않지도 않으며, 멀리 벗어나지 않고 멀리 벗어나지 않지도 않으며, 계박도 아니고 해탈도 아니며, 유가 아니고 공도 아니며, 과거가 아니고 미래도 아니며 현재도 아닌 것으로써 이와 같은 매우 깊은 반야바라밀다를 널리 설하시리라.

선현이여. 미륵보살마하살이 아뇩다라삼먁삼보리를 증득하시는 때에, 마땅히 설계(舌界)가 항상하지 않고 무상하지도 않으며, 즐겁지 않고 괴롭지도 않으며, 내가 아니고 무아도 아니며, 청정하지 않고 부정하지도 않으며, 적정하지 않고 적정하지 않지도 않으며, 멀리 벗어나지 않고 멀리 벗어나지 않지도 않으며, 계박도 아니고 해탈도 아니며, 유가 아니고 공도 아니며, 과거가 아니고 미래도 아니며 현재도 아닌 것으로써 이와 같은 매우 깊은 반야바라밀다를 널리 설하시리라.

마땅히 미계(味界)·설식계(舌識界), …… 나아가 …… 설촉(舌觸)·설촉을 인연으로 생겨나는 여러 수가 항상하지 않고 무상하지도 않으며, 즐겁지 않고 괴롭지도 않으며, 내가 아니고 무아도 아니며, 청정하지 않고 부정하지도 않으며, 적정하지 않고 적정하지 않지도 않으며, 멀리 벗어나지 않고 멀리 벗어나지 않지도 않으며, 계박도 아니고 해탈도 아니며, 유가 아니고 공도 아니며, 과거가 아니고 미래도 아니며 현재도 아닌 것으로써 이와 같은 매우 깊은 반야바라밀다를 널리 설하시리라.

선현이여. 미륵보살마하살이 아뇩다라삼먁삼보리를 증득하시는 때에, 마땅히 신계(身界)가 항상하지 않고 무상하지도 않으며, 즐겁지 않고 괴롭지도 않으며, 내가 아니고 무아도 아니며, 청정하지 않고 부정하지도 않으며, 적정하지 않고 적정하지 않지도 않으며, 멀리 벗어나지 않고 멀리 벗어나지 않지도 않으며, 계박도 아니고 해탈도 아니며, 유가 아니고 공도 아니며, 과거가 아니고 미래도 아니며 현재도 아닌 것으로써 이와 같은 매우 깊은 반야바라밀다를 널리 설하시리라.

마땅히 촉계(觸界)·신식계(身識界), …… 나아가 …… 신촉(身觸)·신촉을 인연으로 생겨나는 여러 수가 항상하지 않고 무상하지도 않으며, 즐겁지 않고 괴롭지도 않으며, 내가 아니고 무아도 아니며, 청정하지 않고 부정하지도 않으며, 적정하지 않고 적정하지 않지도 않으며, 멀리 벗어나지 않고 멀리 벗어나지 않지도 않으며, 계박도 아니고 해탈도 아니며, 유가 아니고 공도 아니며, 과거가 아니고 미래도 아니며 현재도 아닌 것으로써 이와 같은 매우 깊은 반야바라밀다를 널리 설하시리라.

선현이여. 미륵보살마하살이 아눅다라삼먁삼보리를 증득하시는 때에, 마땅히 의계(意界)가 항상하지 않고 무상하지도 않으며, 즐겁지 않고 괴롭지도 않으며, 내가 아니고 무아도 아니며, 청정하지 않고 부정하지도 않으며, 적정하지 않고 적정하지 않지도 않으며, 멀리 벗어나지 않고 멀리 벗어나지 않지도 않으며, 계박도 아니고 해탈도 아니며, 유가 아니고 공도 아니며, 과거가 아니고 미래도 아니며 현재도 아닌 것으로써 이와 같은 매우 깊은 반야바라밀다를 널리 설하시리라.

마땅히 법계(法界)·의식계(意識界), …… 나아가 …… 의촉(意觸)·의촉을 인연으로 생겨나는 여러 수가 항상하지 않고 무상하지도 않으며, 즐겁지 않고 괴롭지도 않으며, 내가 아니고 무아도 아니며, 청정하지 않고 부정하지도 않으며, 적정하지 않고 적정하지 않지도 않으며, 멀리 벗어나지 않고 멀리 벗어나지 않지도 않으며, 계박도 아니고 해탈도 아니며, 유가 아니고 공도 아니며, 과거가 아니고 미래도 아니며 현재도 아닌 것으로써 이와 같은 매우 깊은 반야바라밀다를 널리 설하시리라.

선현이여. 미륵보살마하살이 아눅다라삼먁삼보리를 증득하시는 때에, 마땅히 지계(地界)가 항상하지 않고 무상하지도 않으며, 즐겁지 않고 괴롭지도 않으며, 내가 아니고 무아도 아니며, 청정하지 않고 부정하지도 않으며, 적정하지 않고 적정하지 않지도 않으며, 멀리 벗어나지 않고 멀리 벗어나지 않지도 않으며, 계박도 아니고 해탈도 아니며, 유가 아니고 공도 아니며, 과거가 아니고 미래도 아니며 현재도 아닌 것으로써 이와 같은 매우 깊은 반야바라밀다를 널리 설하시리라.

마땅히 수(水)·화(火)·풍(風)·공(空)·식계(識界)가 항상하지 않고 무상하지도 않으며, 즐겁지 않고 괴롭지도 않으며, 내가 아니고 무아도 아니며, 청정하지 않고 부정하지도 않으며, 적정하지 않고 적정하지 않지도 않으며, 멀리 벗어나지 않고 멀리 벗어나지 않지도 않으며, 계박도 아니고 해탈도 아니며, 유가 아니고 공도 아니며, 과거가 아니고 미래도 아니며 현재도 아닌 것으로써 이와 같은 매우 깊은 반야바라밀다를 널리 설하시리라.

선현이여. 미륵보살마하살이 아뇩다라삼먁삼보리를 증득하시는 때에, 마땅히 무명(無明)이 항상하지 않고 무상하지도 않으며, 즐겁지 않고 괴롭지도 않으며, 내가 아니고 무아도 아니며, 청정하지 않고 부정하지도 않으며, 적정하지 않고 적정하지 않지도 않으며, 멀리 벗어나지 않고 멀리 벗어나지 않지도 않으며, 계박도 아니고 해탈도 아니며, 유가 아니고 공도 아니며, 과거가 아니고 미래도 아니며 현재도 아닌 것으로써 이와 같은 매우 깊은 반야바라밀다를 널리 설하시리라.

마땅히 행(行)·식(識)·명색(名色)·육처(六處)·촉(觸)·수(受)·애(愛)·취(取)·유(有)·생(生)·노사(老死)의 수탄고우뇌(愁歎苦憂惱)가 항상하지 않고 무상하지도 않으며, 즐겁지 않고 괴롭지도 않으며, 내가 아니고 무아도 아니며, 청정하지 않고 부정하지도 않으며, 적정하지 않고 적정하지 않지도 않으며, 멀리 벗어나지 않고 멀리 벗어나지 않지도 않으며, 계박도 아니고 해탈도 아니며, 유가 아니고 공도 아니며, 과거가 아니고 미래도 아니며 현재도 아닌 것으로써 이와 같은 매우 깊은 반야바라밀다를 널리 설하시리라.

선현이여. 미륵보살마하살이 아뇩다라삼먁삼보리를 증득하시는 때에, 마땅히 보시바라밀다(布施波羅蜜多)가 항상하지 않고 무상하지도 않으며, 즐겁지 않고 괴롭지도 않으며, 내가 아니고 무아도 아니며, 청정하지 않고 부정하지도 않으며, 적정하지 않고 적정하지 않지도 않으며, 멀리 벗어나지 않고 멀리 벗어나지 않지도 않으며, 계박도 아니고 해탈도 아니며, 유가 아니고 공도 아니며, 과거가 아니고 미래도 아니며 현재도 아닌 것으로써 이와 같은 매우 깊은 반야바라밀다를 널리 설하시리라.

마땅히 정계(淨戒)·안인(安忍)·정진(精進)·정려(靜慮)·반야바라밀다

(般若波羅蜜多)가 항상하지 않고 무상하지도 않으며, 즐겁지 않고 괴롭지도 않으며, 내가 아니고 무아도 아니며, 청정하지 않고 부정하지도 않으며, 적정하지 않고 적정하지 않지도 않으며, 멀리 벗어나지 않고 멀리 벗어나지 않지도 않으며, 계박도 아니고 해탈도 아니며, 유가 아니고 공도 아니며, 과거가 아니고 미래도 아니며 현재도 아닌 것으로써 이와 같은 매우 깊은 반야바라밀다를 널리 설하시리라.

선현이여. 미륵보살마하살이 아뇩다라삼먁삼보리를 증득하시는 때에, 마땅히 내공(內空)이 항상하지 않고 무상하지도 않으며, 즐겁지 않고 괴롭지도 않으며, 내가 아니고 무아도 아니며, 청정하지 않고 부정하지도 않으며, 적정하지 않고 적정하지 않지도 않으며, 멀리 벗어나지 않고 멀리 벗어나지 않지도 않으며, 계박도 아니고 해탈도 아니며, 유가 아니고 공도 아니며, 과거가 아니고 미래도 아니며 현재도 아닌 것으로써 이와 같은 매우 깊은 반야바라밀다를 널리 설하시리라.

마땅히 외공(外空)·내외공(內外空)·공공(空空)·대공(大空)·승의공(勝義空)·유위공(有爲空)·무위공(無爲空)·필경공(畢竟空)·무제공(無際空)·산공(散空)·무변이공(無變異空)·본성공(本性空)·자상공(自相空)·공상공(共相空)·일체법공(一切法空)·불가득공(不可得空)·무성공(無性空)·자성공(自性空)·무성자성공(無性自性空)이 항상하지 않고 무상하지도 않으며, 즐겁지 않고 괴롭지도 않으며, 내가 아니고 무아도 아니며, 청정하지 않고 부정하지도 않으며, 적정하지 않고 적정하지 않지도 않으며, 멀리 벗어나지 않고 멀리 벗어나지 않지도 않으며, 계박도 아니고 해탈도 아니며, 유가 아니고 공도 아니며, 과거가 아니고 미래도 아니며 현재도 아닌 것으로써 이와 같은 매우 깊은 반야바라밀다를 널리 설하시리라.

선현이여. 미륵보살마하살이 아뇩다라삼먁삼보리를 증득하시는 때에, 마땅히 진여(眞如)가 항상하지 않고 무상하지도 않으며, 즐겁지 않고 괴롭지도 않으며, 내가 아니고 무아도 아니며, 청정하지 않고 부정하지도 않으며, 적정하지 않고 적정하지 않지도 않으며, 멀리 벗어나지 않고 멀리 벗어나지 않지도 않으며, 계박도 아니고 해탈도 아니며, 유가 아니고 공도 아니며, 과거가 아니고 미래도 아니며 현재도 아닌 것으로써 이와 같은 매우 깊은 반야바라밀다를 널리 설하시리라.

마땅히　법계(法界)·법성(法性)·불허망성(不虛妄性)·불변이성(不變異性)·평등성(平等性)·이생성(離生性)·법정(法定)·법주(法住)·실제(實際)·허공계(虛空界)·부사의계(不思議界)가 항상하지 않고 무상하지도 않으며, 즐겁지 않고 괴롭지도 않으며, 내가 아니고 무아도 아니며, 청정하지 않고 부정하지도 않으며, 적정하지 않고 적정하지 않지도 않으며, 멀리 벗어나지 않고 멀리 벗어나지 않지도 않으며, 계박도 아니고 해탈도 아니며, 유가 아니고 공도 아니며, 과거가 아니고 미래도 아니며 현재도 아닌 것으로써 이와 같은 매우 깊은 반야바라밀다를 널리 설하시리라.

선현이여. 미륵보살마하살이 아뇩다라삼먁삼보리를 증득하시는 때에, 마땅히 고성제(苦聖諦)가 항상하지 않고 무상하지도 않으며, 즐겁지 않고 괴롭지도 않으며, 내가 아니고 무아도 아니며, 청정하지 않고 부정하지도 않으며, 적정하지 않고 적정하지 않지도 않으며, 멀리 벗어나지 않고 멀리 벗어나지 않지도 않으며, 계박도 아니고 해탈도 아니며, 유가 아니고 공도 아니며, 과거가 아니고 미래도 아니며 현재도 아닌 것으로써 이와 같은 매우 깊은 반야바라밀다를 널리 설하시리라.

마땅히 집(集)·멸(滅)·도성제(道聖諦)가 항상하지 않고 무상하지도 않으며, 즐겁지 않고 괴롭지도 않으며, 내가 아니고 무아도 아니며, 청정하지 않고 부정하지도 않으며, 적정하지 않고 적정하지 않지도 않으며, 멀리 벗어나지 않고 멀리 벗어나지 않지도 않으며, 계박도 아니고 해탈도 아니며, 유가 아니고 공도 아니며, 과거가 아니고 미래도 아니며 현재도 아닌 것으로써 이와 같은 매우 깊은 반야바라밀다를 널리 설하시리라.

선현이여. 미륵보살마하살이 아뇩다라삼먁삼보리를 증득하시는 때에, 마땅히 4정려(四靜慮)가 항상하지 않고 무상하지도 않으며, 즐겁지 않고 괴롭지도 않으며, 내가 아니고 무아도 아니며, 청정하지 않고 부정하지도 않으며, 적정하지 않고 적정하지 않지도 않으며, 멀리 벗어나지 않고 멀리 벗어나지 않지도 않으며, 계박도 아니고 해탈도 아니며, 유가 아니고 공도 아니며, 과거가 아니고 미래도 아니며 현재도 아닌 것으로써 이와 같은 매우 깊은 반야바라밀다를 널리 설하시리라.

　마땅히 4무량(四無量)·4무색정(四無色定)이 항상하지 않고 무상하지도 않으며, 즐겁지 않고 괴롭지도 않으며, 내가 아니고 무아도 아니며, 청정하지 않고 부정하지도 않으며, 적정하지 않고 적정하지 않지도 않으며, 멀리 벗어나지 않고 멀리 벗어나지 않지도 않으며, 계박도 아니고 해탈도 아니며, 유가 아니고 공도 아니며, 과거가 아니고 미래도 아니며 현재도 아닌 것으로써 이와 같은 매우 깊은 반야바라밀다를 널리 설하시리라.

　선현이여. 미륵보살마하살이 아뇩다라삼먁삼보리를 증득하시는 때에, 마땅히 8해탈(八解脫)이 항상하지 않고 무상하지도 않으며, 즐겁지 않고 괴롭지도 않으며, 내가 아니고 무아도 아니며, 청정하지 않고 부정하지도 않으며, 적정하지 않고 적정하지 않지도 않으며, 멀리 벗어나지 않고 멀리 벗어나지 않지도 않으며, 계박도 아니고 해탈도 아니며, 유가 아니고 공도 아니며, 과거가 아니고 미래도 아니며 현재도 아닌 것으로써 이와 같은 매우 깊은 반야바라밀다를 널리 설하시리라.

　마땅히 8승처(八勝處)·9차제정(九次第定)·10변처(十遍處)가 항상하지 않고 무상하지도 않으며, 즐겁지 않고 괴롭지도 않으며, 내가 아니고 무아도 아니며, 청정하지 않고 부정하지도 않으며, 적정하지 않고 적정하지 않지도 않으며, 멀리 벗어나지 않고 멀리 벗어나지 않지도 않으며, 계박도 아니고 해탈도 아니며, 유가 아니고 공도 아니며, 과거가 아니고 미래도 아니며 현재도 아닌 것으로써 이와 같은 매우 깊은 반야바라밀다를 널리 설하시리라.

　선현이여. 미륵보살마하살이 아뇩다라삼먁삼보리를 증득하시는 때에, 마땅히 4념주(四念住)가 항상하지 않고 무상하지도 않으며, 즐겁지 않고 괴롭지도 않으며, 내가 아니고 무아도 아니며, 청정하지 않고 부정하지도 않으며, 적정하지 않고 적정하지 않지도 않으며, 멀리 벗어나지 않고 멀리 벗어나지 않지도 않으며, 계박도 아니고 해탈도 아니며, 유가 아니고 공도 아니며, 과거가 아니고 미래도 아니며 현재도 아닌 것으로써 이와 같은 매우 깊은 반야바라밀다를 널리 설하시리라.

마땅히 4정단(四正斷)·4신족(四神足)·5근(五根)·5력(五力)·7등각지(七等覺支)·8성도지(八聖道支)가 항상하지 않고 무상하지도 않으며, 즐겁지 않고 괴롭지도 않으며, 내가 아니고 무아도 아니며, 청정하지 않고 부정하지도 않으며, 적정하지 않고 적정하지 않지도 않으며, 멀리 벗어나지 않고 멀리 벗어나지 않지도 않으며, 계박도 아니고 해탈도 아니며, 유가 아니고 공도 아니며, 과거가 아니고 미래도 아니며 현재도 아닌 것으로써 이와 같은 매우 깊은 반야바라밀다를 널리 설하시리라.

선현이여. 미륵보살마하살이 아뇩다라삼먁삼보리를 증득하시는 때에, 마땅히 공해탈문(空解脫門)이 항상하지 않고 무상하지도 않으며, 즐겁지 않고 괴롭지도 않으며, 내가 아니고 무아도 아니며, 청정하지 않고 부정하지도 않으며, 적정하지 않고 적정하지 않지도 않으며, 멀리 벗어나지 않고 멀리 벗어나지 않지도 않으며, 계박도 아니고 해탈도 아니며, 유가 아니고 공도 아니며, 과거가 아니고 미래도 아니며 현재도 아닌 것으로써 이와 같은 매우 깊은 반야바라밀다를 널리 설하시리라.

마땅히 무상(無相)·무원해탈문(無願解脫門)이 항상하지 않고 무상하지도 않으며, 즐겁지 않고 괴롭지도 않으며, 내가 아니고 무아도 아니며, 청정하지 않고 부정하지도 않으며, 적정하지 않고 적정하지 않지도 않으며, 멀리 벗어나지 않고 멀리 벗어나지 않지도 않으며, 계박도 아니고 해탈도 아니며, 유가 아니고 공도 아니며, 과거가 아니고 미래도 아니며 현재도 아닌 것으로써 이와 같은 매우 깊은 반야바라밀다를 널리 설하시리라.

선현이여. 미륵보살마하살이 아뇩다라삼먁삼보리를 증득하시는 때에, 마땅히 보살(菩薩)의 10지(十地)가 항상하지 않고 무상하지도 않으며, 즐겁지 않고 괴롭지도 않으며, 내가 아니고 무아도 아니며, 청정하지 않고 부정하지도 않으며, 적정하지 않고 적정하지 않지도 않으며, 멀리 벗어나지 않고 멀리 벗어나지 않지도 않으며, 계박도 아니고 해탈도 아니며, 유가 아니고 공도 아니며, 과거가 아니고 미래도 아니며 현재도 아닌 것으로써 이와 같은 매우 깊은 반야바라밀다를 널리 설하시리라.

선현이여. 미륵보살마하살이 아뇩다라삼먁삼보리를 증득하시는 때에, 마땅히 5안(五眼)이 항상하지 않고 무상하지도 않으며, 즐겁지 않고 괴롭지도 않으며, 내가 아니고 무아도 아니며, 청정하지 않고 부정하지도 않으며, 적정하지 않고 적정하지 않지도 않으며, 멀리 벗어나지 않고 멀리 벗어나지 않지도 않으며, 계박도 아니고 해탈도 아니며, 유가 아니고 공도 아니며, 과거가 아니고 미래도 아니며 현재도 아닌 것으로써 이와 같은 매우 깊은 반야바라밀다를 널리 설하시리라.

마땅히 6신통(六神通)이 항상하지 않고 무상하지도 않으며, 즐겁지 않고 괴롭지도 않으며, 내가 아니고 무아도 아니며, 청정하지 않고 부정하지도 않으며, 적정하지 않고 적정하지 않지도 않으며, 멀리 벗어나지 않고 멀리 벗어나지 않지도 않으며, 계박도 아니고 해탈도 아니며, 유가 아니고 공도 아니며, 과거가 아니고 미래도 아니며 현재도 아닌 것으로써 이와 같은 매우 깊은 반야바라밀다를 널리 설하시리라.

선현이여. 미륵보살마하살이 아뇩다라삼먁삼보리를 증득하시는 때에, 마땅히 여래(佛)의 10력(十力)이 항상하지 않고 무상하지도 않으며, 즐겁지 않고 괴롭지도 않으며, 내가 아니고 무아도 아니며, 청정하지 않고 부정하지도 않으며, 적정하지 않고 적정하지 않지도 않으며, 멀리 벗어나지 않고 멀리 벗어나지 않지도 않으며, 계박도 아니고 해탈도 아니며, 유가 아니고 공도 아니며, 과거가 아니고 미래도 아니며 현재도 아닌 것으로써 이와 같은 매우 깊은 반야바라밀다를 널리 설하시리라.

마땅히 4무소외(四無所畏)·4무애해(四無礙解)·대자(大慈)·대비(大悲)·대희(大喜)·대사(大捨)·18불불공법(十八佛不共法)이 항상하지 않고 무상하지도 않으며, 즐겁지 않고 괴롭지도 않으며, 내가 아니고 무아도 아니며, 청정하지 않고 부정하지도 않으며, 적정하지 않고 적정하지 않지도 않으며, 멀리 벗어나지 않고 멀리 벗어나지 않지도 않으며, 계박도 아니고 해탈도 아니며, 유가 아니고 공도 아니며, 과거가 아니고 미래도 아니며 현재도 아닌 것으로써 이와 같은 매우 깊은 반야바라밀다를 널리 설하시리라.

선현이여. 미륵보살마하살이 아뇩다라삼먁삼보리를 증득하시는 때에,

마땅히 무망실법(無忘失法)이 항상하지 않고 무상하지도 않으며, 즐겁지 않고 괴롭지도 않으며, 내가 아니고 무아도 아니며, 청정하지 않고 부정하지도 않으며, 적정하지 않고 적정하지 않지도 않으며, 멀리 벗어나지 않고 멀리 벗어나지 않지도 않으며, 계박도 아니고 해탈도 아니며, 유가 아니고 공도 아니며, 과거가 아니고 미래도 아니며 현재도 아닌 것으로써 이와 같은 매우 깊은 반야바라밀다를 널리 설하시리라.

마땅히 항주사성(恒住捨性)이 항상하지 않고 무상하지도 않으며, 즐겁지 않고 괴롭지도 않으며, 내가 아니고 무아도 아니며, 청정하지 않고 부정하지도 않으며, 적정하지 않고 적정하지 않지도 않으며, 멀리 벗어나지 않고 멀리 벗어나지 않지도 않으며, 계박도 아니고 해탈도 아니며, 유가 아니고 공도 아니며, 과거가 아니고 미래도 아니며 현재도 아닌 것으로써 이와 같은 매우 깊은 반야바라밀다를 널리 설하시리라.

선현이여. 미륵보살마하살이 아뇩다라삼먁삼보리를 증득하시는 때에, 마땅히 일체지(一切智)가 항상하지 않고 무상하지도 않으며, 즐겁지 않고 괴롭지도 않으며, 내가 아니고 무아도 아니며, 청정하지 않고 부정하지도 않으며, 적정하지 않고 적정하지 않지도 않으며, 멀리 벗어나지 않고 멀리 벗어나지 않지도 않으며, 계박도 아니고 해탈도 아니며, 유가 아니고 공도 아니며, 과거가 아니고 미래도 아니며 현재도 아닌 것으로써 이와 같은 매우 깊은 반야바라밀다를 널리 설하시리라.

마땅히 도상지(道相智)·일체상지(一切相智)가 항상하지 않고 무상하지도 않으며, 즐겁지 않고 괴롭지도 않으며, 내가 아니고 무아도 아니며, 청정하지 않고 부정하지도 않으며, 적정하지 않고 적정하지 않지도 않으며, 멀리 벗어나지 않고 멀리 벗어나지 않지도 않으며, 계박도 아니고 해탈도 아니며, 유가 아니고 공도 아니며, 과거가 아니고 미래도 아니며 현재도 아닌 것으로써 이와 같은 매우 깊은 반야바라밀다를 널리 설하시리라.

선현이여. 미륵보살마하살이 아뇩다라삼먁삼보리를 증득하시는 때에, 마땅히 일체(一切)의 다라니문(陀羅尼門)이 항상하지 않고 무상하지도 않으며, 즐겁지 않고 괴롭지도 않으며, 내가 아니고 무아도 아니며, 청정하지 않고 부정하지도 않으며, 적정하지 않고 적정하지 않지도 않으며, 멀리 벗어나지 않고 멀리 벗어나지 않지도 않으며, 계박도 아니고 해탈도 아니며, 유가 아니고 공도 아니며, 과거가 아니고 미래도 아니며 현재도 아닌 것으로써 이와 같은 매우 깊은 반야바라밀다를 널리 설하시리라.

마땅히 일체의 삼마지문(三摩地門)이 항상하지 않고 무상하지도 않으며, 즐겁지 않고 괴롭지도 않으며, 내가 아니고 무아도 아니며, 청정하지 않고 부정하지도 않으며, 적정하지 않고 적정하지 않지도 않으며, 멀리 벗어나지 않고 멀리 벗어나지 않지도 않으며, 계박도 아니고 해탈도 아니며, 유가 아니고 공도 아니며, 과거가 아니고 미래도 아니며 현재도 아닌 것으로써 이와 같은 매우 깊은 반야바라밀다를 널리 설하시리라.

선현이여. 미륵보살마하살이 아뇩다라삼먁삼보리를 증득하시는 때에, 마땅히 예류과(預流果)가 항상하지 않고 무상하지도 않으며, 즐겁지 않고 괴롭지도 않으며, 내가 아니고 무아도 아니며, 청정하지 않고 부정하지도 않으며, 적정하지 않고 적정하지 않지도 않으며, 멀리 벗어나지 않고 멀리 벗어나지 않지도 않으며, 계박도 아니고 해탈도 아니며, 유가 아니고 공도 아니며, 과거가 아니고 미래도 아니며 현재도 아닌 것으로써 이와 같은 매우 깊은 반야바라밀다를 널리 설하시리라.

마땅히 일래(一來)·불환(不還)·아라한과(阿羅漢果)가 항상하지 않고 무상하지도 않으며, 즐겁지 않고 괴롭지도 않으며, 내가 아니고 무아도 아니며, 청정하지 않고 부정하지도 않으며, 적정하지 않고 적정하지 않지도 않으며, 멀리 벗어나지 않고 멀리 벗어나지 않지도 않으며, 계박도 아니고 해탈도 아니며, 유가 아니고 공도 아니며, 과거가 아니고 미래도 아니며 현재도 아닌 것으로써 이와 같은 매우 깊은 반야바라밀다를 널리 설하시리라.

선현이여. 미륵보살마하살이 아뇩다라삼먁삼보리를 증득하시는 때에, 마땅히 독각(獨覺)의 보리(菩提)가 항상하지 않고 무상하지도 않으며, 즐겁지 않고 괴롭지도 않으며, 내가 아니고 무아도 아니며, 청정하지 않고 부정하지도 않으며, 적정하지 않고 적정하지 않지도 않으며, 멀리 벗어나지 않고 멀리 벗어나지 않지도 않으며, 계박도 아니고 해탈도 아니며, 유가 아니고 공도 아니며, 과거가 아니고 미래도 아니며 현재도 아닌 것으로써 이와 같은 매우 깊은 반야바라밀다를 널리 설하시리라.

선현이여. 미륵보살마하살이 아뇩다라삼먁삼보리를 증득하시는 때에, 마땅히 일체의 보살마하살(菩薩摩訶薩)의 행(行)이 항상하지 않고 무상하지도 않으며, 즐겁지 않고 괴롭지도 않으며, 내가 아니고 무아도 아니며, 청정하지 않고 부정하지도 않으며, 적정하지 않고 적정하지 않지도 않으며, 멀리 벗어나지 않고 멀리 벗어나지 않지도 않으며, 계박도 아니고 해탈도 아니며, 유가 아니고 공도 아니며, 과거가 아니고 미래도 아니며 현재도 아닌 것으로써 이와 같은 매우 깊은 반야바라밀다를 널리 설하시리라.

선현이여. 미륵보살마하살이 아뇩다라삼먁삼보리를 증득하시는 때에, 마땅히 제불(諸佛)의 무상정등보리(無上正等菩提)가 항상하지 않고 무상하지도 않으며, 즐겁지 않고 괴롭지도 않으며, 내가 아니고 무아도 아니며, 청정하지 않고 부정하지도 않으며, 적정하지 않고 적정하지 않지도 않으며, 멀리 벗어나지 않고 멀리 벗어나지 않지도 않으며, 계박도 아니고 해탈도 아니며, 유가 아니고 공도 아니며, 과거가 아니고 미래도 아니며 현재도 아닌 것으로써 이와 같은 매우 깊은 반야바라밀다를 널리 설하시리라.”

그때 구수 선현이 다시 세존께 아뢰어 말하였다.

“세존이시여. 미륵보살마하살이 아뇩다라삼먁삼보리를 증득하시는 때에, 무슨 법 등을 증득하시는 것이고, 다시 무슨 법을 설(說)하십니까?”

세존께서 말씀하셨다.

“선현이여. 미륵보살마하살이 아뇩다라삼먁삼보리를 증득하시는 때에, 색이 반드시 결국에는 청정한 법이라고 증득하시고 색이 반드시 결국에는 청정한 법이라고 설하시며, 수·상·행·식이 반드시 결국에는 청정한 법이라고 증득하시고 수·상·행·식이 반드시 결국에는 청정한 법이라고 설하시느니라. 안처가 반드시 결국에는 청정한 법이라고 증득하시고 안처가 반드시 결국에는 청정한 법이라고 설하시며, 이·비·설·신·

의처가 반드시 결국에는 청정한 법이라고 증득하시고 이·비·설·신·의처가 반드시 결국에는 청정한 법이라고 설하시느니라.

색처가 반드시 결국에는 청정한 법이라고 증득하시고 색처가 반드시 결국에는 청정한 법이라고 설하시며, 성·향·미·촉·법처가 반드시 결국에는 청정한 법이라고 증득하시고 성·향·미·촉·법처가 반드시 결국에는 청정한 법이라고 설하시느니라. 안계가 반드시 결국에는 청정한 법이라고 증득하시고 안계가 반드시 결국에는 청정한 법이라고 설하시며, 색계·안식계, 나아가 안촉·안촉을 인연으로 생겨난 여러 수가 반드시 결국에는 청정한 법이라고 증득하시고 색계·안식계, 나아가 안촉·안촉을 인연으로 생겨난 여러 수가 반드시 결국에는 청정한 법이라고 설하시느니라.

이계가 반드시 결국에는 청정한 법이라고 증득하시고 이계가 반드시 결국에는 청정한 법이라고 설하시며, 성계·이식계, 나아가 이촉·이촉을 인연으로 생겨난 여러 수가 반드시 결국에는 청정한 법이라고 증득하시고 성계·이식계, 나아가 이촉·이촉을 인연으로 생겨난 여러 수가 반드시 결국에는 청정한 법이라고 설하시느니라. 비계가 반드시 결국에는 청정한 법이라고 증득하시고 비계가 반드시 결국에는 청정한 법이라고 설하시며, 향계·비식계, 나아가 비촉·비촉을 인연으로 생겨난 여러 수가 반드시 결국에는 청정한 법이라고 증득하시고 향계·비식계, 나아가 비촉·비촉을 인연으로 생겨난 여러 수가 반드시 결국에는 청정한 법이라고 설하시느니라.

설계가 반드시 결국에는 청정한 법이라고 증득하시고 설계가 반드시 결국에는 청정한 법이라고 설하시며, 미계·설식계, 나아가 설촉·설촉을 인연으로 생겨난 여러 수가 반드시 결국에는 청정한 법이라고 증득하시고 미계·설식계, 나아가 설촉·설촉을 인연으로 생겨난 여러 수가 반드시 결국에는 청정한 법이라고 설하시느니라. 신계가 반드시 결국에는 청정한 법이라고 증득하시고 신계가 반드시 결국에는 청정한 법이라고 설하시며, 촉계·신식계, 나아가 신촉·신촉을 인연으로 생겨난 여러 수가 반드시 결국에는 청정한 법이라고 증득하시고 촉계·신식계, 나아가 신촉·신촉을 인연으로 생겨난 여러 수가 반드시 결국에는 청정한 법이라고 설하시느니라.

　의계가 반드시 결국에는 청정한 법이라고 증득하시고 의계가 반드시 결국에는 청정한 법이라고 설하시며, 법계·의식계, 나아가 의촉·의촉을 인연으로 생겨난 여러 수가 반드시 결국에는 청정한 법이라고 증득하시고 법계·의식계, 나아가 의촉·의촉을 인연으로 생겨난 여러 수가 반드시 결국에는 청정한 법이라고 설하시느니라. 지계가 반드시 결국에는 청정한 법이라고 증득하시고 지계가 반드시 결국에는 청정한 법이라고 설하시며, 수·화·풍·공·식계가 반드시 결국에는 청정한 법이라고 증득하시고 수·화·풍·공·식계가 반드시 결국에는 청정한 법이라고 설하시느니라.

　무명이 반드시 결국에는 청정한 법이라고 증득하시고 무명이 반드시 결국에는 청정한 법이라고 설하시며, 행·식·명색·육처·촉·수·애·취·유·생·노사의 수탄고우뇌가 반드시 결국에는 청정한 법이라고 증득하시고 행·식·명색·육처·촉·수·애·취·유·생·노사의 수탄고우뇌가 반드시 결국에는 청정한 법이라고 설하시느니라.”

마하반야바라밀다경 제293권

37. 설반야상품(說般若相品)(2)

"보시바라밀다가 반드시 결국에는 청정한 법이라고 증득하시고 보시바라밀다가 반드시 결국에는 청정한 법이라고 설하시며, 정계·안인·정진·정려·반야바라밀다가 반드시 결국에는 청정한 법이라고 증득하시고 정계·안인·정진·정려·반야바라밀다가 반드시 결국에는 청정한 법이라고 설하시느니라.

내공이 반드시 결국에는 청정한 법이라고 증득하시고 내공이 반드시 결국에는 청정한 법이라고 설하시며, 외공·내외공·공공·대공·승의공·유위공·무위공·필경공·무제공·산공·무변이공·본성공·자상공·공상공·일체법공·불가득공·무성공·자성공·무성자성공이 반드시 결국에는 청정한 법이라고 증득하시고 외공·내외공·공공·대공·승의공·유위공·무위공·필경공·무제공·산공·무변이공·본성공·자상공·공상공·일체법공·불가득공·무성공·자성공·무성자성공이 반드시 결국에는 청정한 법이라고 설하시느니라.

진여가 반드시 결국에는 청정한 법이라고 증득하시고 진여가 반드시 결국에는 청정한 법이라고 설하시며, 법계·법성·불허망성·불변이성·평등성·이생성·법정·법주·실제·허공계·부사의계가 반드시 결국에는 청정한 법이라고 증득하시고 법계·법성·불허망성·불변이성·평등성·이생성·법정·법주·실제·허공계·부사의계가 반드시 결국에는 청정한 법이라고 설하시느니라. 고성제가 반드시 결국에는 청정한 법이라고 증득하시고

고성제가 반드시 결국에는 청정한 법이라고 설하시며, 집·멸·도성제가
반드시 결국에는 청정한 법이라고 증득하시고 집·멸·도성제가 반드시
결국에는 청정한 법이라고 설하시느니라.

4정려가 반드시 결국에는 청정한 법이라고 증득하시고 4정려가 반드시
결국에는 청정한 법이라고 설하시며, 4무량·4무색정이 반드시 결국에는
청정한 법이라고 증득하시고 4무량·4무색정이 반드시 결국에는 청정한
법이라고 설하시느니라. 8해탈이 반드시 결국에는 청정한 법이라고 증득
하시고 8해탈이 반드시 결국에는 청정한 법이라고 설하시며, 8승처·9차제
정·10변처가 반드시 결국에는 청정한 법이라고 증득하시고 8승처·9차제
정·10변처가 반드시 결국에는 청정한 법이라고 설하시느니라.

4념주가 반드시 결국에는 청정한 법이라고 증득하시고 4념주가 반드시
결국에는 청정한 법이라고 설하시며, 4정단·4신족·5근·5력·7등각지·8성
도지가 반드시 결국에는 청정한 법이라고 증득하시고 4정단·4신족·5근·5
력·7등각지·8성도지가 반드시 결국에는 청정한 법이라고 설하시느니라.
공해탈문이 반드시 결국에는 청정한 법이라고 증득하시고 공해탈문이
반드시 결국에는 청정한 법이라고 설하시며, 무상·무원해탈문이 반드시
결국에는 청정한 법이라고 증득하시고 무상·무원해탈문이 반드시 결국
에는 청정한 법이라고 설하시느니라.

보살의 10지가 반드시 결국에는 청정한 법이라고 증득하시고 보살의
10지가 반드시 결국에는 청정한 법이라고 설하시느니라. 5안이 반드시
결국에는 청정한 법이라고 증득하시고 5안이 반드시 결국에는 청정한
법이라고 설하시며, 6신통이 반드시 결국에는 청정한 법이라고 증득하시
고 6신통이 반드시 결국에는 청정한 법이라고 설하시느니라.

여래의 10력이 반드시 결국에는 청정한 법이라고 증득하시고 여래의
10력이 반드시 결국에는 청정한 법이라고 설하시며, 4무소외·4무애해·대
자·대비·대희·대사·18불불공법이 반드시 결국에는 청정한 법이라고 증
득하시고 4무소외·4무애해·대자·대비·대희·대사·18불불공법이 반드시
결국에는 청정한 법이라고 설하시느니라. 무망실법이 반드시 결국에는

청정한 법이라고 증득하시고 무망실법이 반드시 결국에는 청정한 법이라고 설하시며, 항주사성이 반드시 결국에는 청정한 법이라고 증득하시고 항주사성이 반드시 결국에는 청정한 법이라고 설하시느니라.

일체지가 반드시 결국에는 청정한 법이라고 증득하시고 일체지가 반드시 결국에는 청정한 법이라고 설하시며, 도상지·일체상지가 반드시 결국에는 청정한 법이라고 증득하시고 도상지·일체상지가 반드시 결국에는 청정한 법이라고 설하시느니라. 일체의 다라니문이 반드시 결국에는 청정한 법이라고 증득하시고 일체의 다라니문이 반드시 결국에는 청정한 법이라고 설하시며, 일체의 삼마지문이 반드시 결국에는 청정한 법이라고 증득하시고 일체의 삼마지문이 반드시 결국에는 청정한 법이라고 설하시느니라.

예류과가 반드시 결국에는 청정한 법이라고 증득하시고 예류과가 반드시 결국에는 청정한 법이라고 설하시며, 일래·불환·아라한과가 반드시 결국에는 청정한 법이라고 증득하시고 일래·불환·아라한과가 반드시 결국에는 청정한 법이라고 설하시느니라. 독각의 보리가 반드시 결국에는 청정한 법이라고 증득하시고 독각의 보리가 반드시 결국에는 청정한 법이라고 설하시느니라.

일체의 보살마하살의 행아 반드시 결국에는 청정한 법이라고 증득하시고 일체의 보살마하살의 행이 반드시 결국에는 청정한 법이라고 설하시느니라. 제불의 무상정등보리가 반드시 결국에는 청정한 법이라고 증득하시고 제불의 무상정등보리가 반드시 결국에는 청정한 법이라고 설하시느니라.”

그때 구수 선현이 다시 세존께 아뢰어 말하였다.

“세존이시여. 이와 같은 반야바라밀다는 어찌 청정(淸淨)하다고 말합니까?”

세존께서 말씀하셨다.

“선현이여. 색이 청정한 까닭으로 반야바라밀다가 청정하고, 수·상·행·

식이 청정한 까닭으로 반야바라밀다가 청정하니라."

"세존이시여. 어찌 색이 청정한 까닭으로 반야바라밀다가 청정하고, 수·상·행·식이 청정한 까닭으로 반야바라밀다가 청정하다고 말합니까?"

세존께서 말씀하셨다.

"선현이여. 색이 청정한 까닭으로 반야바라밀다가 청정하고, 수·상·행·식이 청정한 까닭으로 반야바라밀다가 청정하니라. 선현이여. 색이 생겨남(生)도 없고 소멸(滅)도 없으며 염오(染)도 없고 청정(淨)함도 없는 까닭으로 청정하고 색이 청정한 까닭으로 반야바라밀다도 청정하며, 수·상·행·식은 생겨남도 없고 소멸도 없으며 염오도 없고 청정함도 없는 까닭으로 청정하고 수·상·행·식이 청정한 까닭으로 반야바라밀다도 청정하니라."

세존께서 말씀하셨다.

"선현이여. 안처가 청정한 까닭으로 반야바라밀다가 청정하고, 이·비·설·신·의처가 청정한 까닭으로 반야바라밀다가 청정하니라."

"세존이시여. 어찌 안처가 청정한 까닭으로 반야바라밀다가 청정하고, 이·비·설·신·의처가 청정한 까닭으로 반야바라밀다가 청정하다고 말합니까?"

"선현이여. 안처가 청정한 까닭으로 반야바라밀다가 청정하고, 이·비·설·신·의처가 청정한 까닭으로 반야바라밀다가 청정하니라. 선현이여. 안처가 생겨남도 없고 소멸도 없으며 염오도 없고 청정함도 없는 까닭으로 청정하고 안처가 청정한 까닭으로 반야바라밀다도 청정하며, 이·비·설·신·의처가 생겨남도 없고 소멸도 없으며 염오도 없고 청정함도 없는 까닭으로 청정하고 이·비·설·신·의처가 청정한 까닭으로 반야바라밀다도 청정하니라."

세존께서 말씀하셨다.

"선현이여. 색처가 청정한 까닭으로 반야바라밀다가 청정하고, 성·향·미·촉·법처가 청정한 까닭으로 반야바라밀다가 청정하니라."

"세존이시여. 어찌 색처가 청정한 까닭으로 반야바라밀다가 청정하고, 성·향·미·촉·법처가 청정한 까닭으로 반야바라밀다가 청정하다고 말합니까?"

"선현이여. 색처가 청정한 까닭으로 반야바라밀다가 청정하고, 성·향·미·촉·법처가 청정한 까닭으로 반야바라밀다가 청정하니라. 선현이여. 색처가 생겨남도 없고 소멸도 없으며 염오도 없고 청정함도 없는 까닭으로 청정하고 색처가 청정한 까닭으로 반야바라밀다도 청정하며, 성·향·미·촉·법처가 생겨남도 없고 소멸도 없으며 염오도 없고 청정함도 없는 까닭으로 청정하고 성·향·미·촉·법처가 청정한 까닭으로 반야바라밀다도 청정하니라."

세존께서 말씀하셨다.

"선현이여. 안계가 청정한 까닭으로 반야바라밀다가 청정하고, 색계·안식계, 나아가 안촉·안촉을 인연으로 생겨난 여러 수가 청정한 까닭으로 반야바라밀다가 청정하니라."

"세존이시여. 어찌 안계가 청정한 까닭으로 반야바라밀다가 청정하고, 색계, 나아가 안촉을 인연으로 생겨난 여러 수가 청정한 까닭으로 반야바라밀다가 청정하다고 말합니까?"

"선현이여. 안계가 청정한 까닭으로 반야바라밀다가 청정하고, 색계, 나아가 안촉을 인연으로 생겨난 여러 수가 청정한 까닭으로 반야바라밀다가 청정하니라. 선현이여. 안계가 생겨남도 없고 소멸도 없으며 염오도 없고 청정함도 없는 까닭으로 청정하고 안계가 청정한 까닭으로 반야바라밀다도 청정하며, 색계, 나아가 안촉을 인연으로 생겨난 여러 수가 생겨남도 없고 소멸도 없으며 염오도 없고 청정함도 없는 까닭으로 청정하고 색계, 나아가 안촉을 인연으로 생겨난 여러 수가 청정한 까닭으로 반야바라밀다도 청정하니라."

세존께서 말씀하셨다.

"선현이여. 이계가 청정한 까닭으로 반야바라밀다가 청정하고, 성계·이식계, 나아가 이촉·이촉을 인연으로 생겨난 여러 수가 청정한 까닭으로 반야바라밀다가 청정하니라."

"세존이시여. 어찌 이계가 청정한 까닭으로 반야바라밀다가 청정하고,

성계, 나아가 이촉을 인연으로 생겨난 여러 수가 청정한 까닭으로 반야바라밀다가 청정하다고 말합니까?”

“선현이여. 이계가 청정한 까닭으로 반야바라밀다가 청정하고, 성계, 나아가 이촉을 인연으로 생겨난 여러 수가 청정한 까닭으로 반야바라밀다가 청정하니라. 선현이여. 이계가 생겨남도 없고 소멸도 없으며 염오도 없고 청정함도 없는 까닭으로 청정하고 이계가 청정한 까닭으로 반야바라밀다도 청정하며, 성계, 나아가 이촉을 인연으로 생겨난 여러 수가 생겨남도 없고 소멸도 없으며 염오도 없고 청정함도 없는 까닭으로 청정하고 성계, 나아가 이촉을 인연으로 생겨난 여러 수가 청정한 까닭으로 반야바라밀다도 청정하니라.”

세존께서 말씀하셨다.

“선현이여. 비계가 청정한 까닭으로 반야바라밀다가 청정하고, 향계·비식계, 나아가 비촉·비촉을 인연으로 생겨난 여러 수가 청정한 까닭으로 반야바라밀다가 청정하니라.”

“세존이시여. 어찌 비계가 청정한 까닭으로 반야바라밀다가 청정하고, 향계, 나아가 비촉을 인연으로 생겨난 여러 수가 청정한 까닭으로 반야바라밀다가 청정하다고 말합니까?”

“선현이여. 비계가 청정한 까닭으로 반야바라밀다가 청정하고, 향계, 나아가 비촉을 인연으로 생겨난 여러 수가 청정한 까닭으로 반야바라밀다가 청정하니라. 선현이여. 비계가 생겨남도 없고 소멸도 없으며 염오도 없고 청정함도 없는 까닭으로 청정하고 비계가 청정한 까닭으로 반야바라밀다도 청정하며, 향계, 나아가 비촉을 인연으로 생겨난 여러 수가 생겨남도 없고 소멸도 없으며 염오도 없고 청정함도 없는 까닭으로 청정하고 향계, 나아가 비촉을 인연으로 생겨난 여러 수가 청정한 까닭으로 반야바라밀다도 청정하니라.”

세존께서 말씀하셨다.

“선현이여. 설계가 청정한 까닭으로 반야바라밀다가 청정하고, 미계·설식계, 나아가 설촉·설촉을 인연으로 생겨난 여러 수가 청정한 까닭으로 반야바라밀다가 청정하니라."

"세존이시여. 어찌 설계가 청정한 까닭으로 반야바라밀다가 청정하고, 미계, 나아가 설촉을 인연으로 생겨난 여러 수가 청정한 까닭으로 반야바라밀다가 청정하다고 말합니까?"

"선현이여. 설계가 청정한 까닭으로 반야바라밀다가 청정하고, 미계, 나아가 설촉을 인연으로 생겨난 여러 수가 청정한 까닭으로 반야바라밀다가 청정하니라. 선현이여. 설계가 생겨남도 없고 소멸도 없으며 염오도 없고 청정함도 없는 까닭으로 청정하고 설계가 청정한 까닭으로 반야바라밀다도 청정하며, 미계, 나아가 설촉을 인연으로 생겨난 여러 수가 생겨남도 없고 소멸도 없으며 염오도 없고 청정함도 없는 까닭으로 청정하고 미계, 나아가 설촉을 인연으로 생겨난 여러 수가 청정한 까닭으로 반야바라밀다도 청정하니라."

세존께서 말씀하셨다.

"선현이여. 신계가 청정한 까닭으로 반야바라밀다가 청정하고, 촉계·신식계, 나아가 신촉·신촉을 인연으로 생겨난 여러 수가 청정한 까닭으로 반야바라밀다가 청정하니라."

"세존이시여. 어찌 신계가 청정한 까닭으로 반야바라밀다가 청정하고, 촉계, 나아가 신촉을 인연으로 생겨난 여러 수가 청정한 까닭으로 반야바라밀다가 청정하다고 말합니까?"

"선현이여. 신계가 청정한 까닭으로 반야바라밀다가 청정하고, 촉계, 나아가 신촉을 인연으로 생겨난 여러 수가 청정한 까닭으로 반야바라밀다가 청정하니라. 선현이여. 신계가 생겨남도 없고 소멸도 없으며 염오도 없고 청정함도 없는 까닭으로 청정하고 신계가 청정한 까닭으로 반야바라밀다도 청정하며, 촉계, 나아가 신촉을 인연으로 생겨난 여러 수가 생겨남도 없고 소멸도 없으며 염오도 없고 청정함도 없는 까닭으로 청정하고 촉계, 나아가 신촉을 인연으로 생겨난 여러 수가 청정한 까닭으로 반야바라밀다도 청정하니라."

세존께서 말씀하셨다.

"선현이여. 의계가 청정한 까닭으로 반야바라밀다가 청정하고, 법계·의식계, 나아가 의촉·의촉을 인연으로 생겨난 여러 수가 청정한 까닭으로 반야바라밀다가 청정하니라."

"세존이시여. 어찌 의계가 청정한 까닭으로 반야바라밀다가 청정하고, 법계, 나아가 의촉을 인연으로 생겨난 여러 수가 청정한 까닭으로 반야바라밀다가 청정하다고 말합니까?"

"선현이여. 의계가 청정한 까닭으로 반야바라밀다가 청정하고, 법계, 나아가 의촉을 인연으로 생겨난 여러 수가 청정한 까닭으로 반야바라밀다가 청정하니라. 선현이여. 의계가 생겨남도 없고 소멸도 없으며 염오도 없고 청정함도 없는 까닭으로 청정하고 의계가 청정한 까닭으로 반야바라밀다도 청정하며, 법계, 나아가 의촉을 인연으로 생겨난 여러 수가 생겨남도 없고 소멸도 없으며 염오도 없고 청정함도 없는 까닭으로 청정하고 법계, 나아가 의촉을 인연으로 생겨난 여러 수가 청정한 까닭으로 반야바라밀다도 청정하니라."

세존께서 말씀하셨다.

"선현이여. 지계가 청정한 까닭으로 반야바라밀다가 청정하고, 수·화·풍·공·식계가 청정한 까닭으로 반야바라밀다가 청정하니라."

"세존이시여. 어찌 지계가 청정한 까닭으로 반야바라밀다가 청정하고, 수·화·풍·공·식계가 청정한 까닭으로 반야바라밀다가 청정하다고 말합니까?"

"선현이여. 지계가 청정한 까닭으로 반야바라밀다가 청정하고, 수·화·풍·공·식계가 청정한 까닭으로 반야바라밀다가 청정하니라. 선현이여. 지계가 생겨남도 없고 소멸도 없으며 염오도 없고 청정함도 없는 까닭으로 청정하고 지계가 청정한 까닭으로 반야바라밀다도 청정하며, 수·화·풍·공·식계가 생겨남도 없고 소멸도 없으며 염오도 없고 청정함도 없는 까닭으로 청정하고 수·화·풍·공·식계가 청정한 까닭으로 반야바라밀다도 청정하니라."

세존께서 말씀하셨다.

　"선현이여. 무명이 청정한 까닭으로 반야바라밀다가 청정하고, 행·식·명색·육처·촉·수·애·취·유·생·노사의 수탄고우뇌가 청정한 까닭으로 반야바라밀다가 청정하니라."

　"세존이시여. 어찌 무명이 청정한 까닭으로 반야바라밀다가 청정하고, 행, 나아가 노사의 수탄고우뇌가 청정한 까닭으로 반야바라밀다가 청정하다고 말합니까?"

　"선현이여. 무명이 청정한 까닭으로 반야바라밀다가 청정하고, 행, 나아가 노사의 수탄고우뇌가 청정한 까닭으로 반야바라밀다가 청정하니라. 선현이여. 무명이 생겨남도 없고 소멸도 없으며 염오도 없고 청정함도 없는 까닭으로 청정하고 무명이 청정한 까닭으로 반야바라밀다도 청정하며, 행, 나아가 노사의 수탄고우뇌가 생겨남도 없고 소멸도 없으며 염오도 없고 청정함도 없는 까닭으로 청정하고 행, 나아가 노사의 수탄고우뇌가 청정한 까닭으로 반야바라밀다도 청정하니라."

　세존께서 말씀하셨다.

　"선현이여. 보시바라밀다가 청정한 까닭으로 반야바라밀다가 청정하고, 정계·안인·정진·정려·반야바라밀다가 청정한 까닭으로 반야바라밀다가 청정하니라."

　"세존이시여. 어찌 보시바라밀다가 청정한 까닭으로 반야바라밀다가 청정하고, 정계·안인·정진·정려·반야바라밀다가 청정한 까닭으로 반야바라밀다가 청정하다고 말합니까?"

　"선현이여. 보시바라밀다가 청정한 까닭으로 반야바라밀다가 청정하고, 정계·안인·정진·정려·반야바라밀다가 청정한 까닭으로 반야바라밀다가 청정하니라. 선현이여. 보시바라밀다가 생겨남도 없고 소멸도 없으며 염오도 없고 청정함도 없는 까닭으로 청정하고 보시바라밀다가 청정한 까닭으로 반야바라밀다도 청정하며, 정계·안인·정진·정려·반야바라밀다가 생겨남도 없고 소멸도 없으며 염오도 없고 청정함도 없는 까닭으로 청정하고 정계·안인·정진·정려·반야바라밀다가 청정한 까닭으로 반야바라밀다도 청정하니라."

세존께서 말씀하셨다.

"선현이여. 내공이 청정한 까닭으로 반야바라밀다가 청정하고, 외공·내외공·공공·대공·승의공·유위공·무위공·필경공·무제공·산공·무변이공·본성공·자상공·공상공·일체법공·불가득공·무성공·자성공·무성자성공이 청정한 까닭으로 반야바라밀다가 청정하니라."

"세존이시여. 어찌 내공이 청정한 까닭으로 반야바라밀다가 청정하고, 외공, 나아가 무성자성공이 청정한 까닭으로 반야바라밀다가 청정하다고 말합니까?"

"선현이여. 내공이 청정한 까닭으로 반야바라밀다가 청정하고, 외공, 나아가 무성자성공이 청정한 까닭으로 반야바라밀다가 청정하니라. 선현이여. 내공이 생겨남도 없고 소멸도 없으며 염오도 없고 청정함도 없는 까닭으로 청정하고 내공이 청정한 까닭으로 반야바라밀다도 청정하며, 외공, 나아가 무성자성공이 생겨남도 없고 소멸도 없으며 염오도 없고 청정함도 없는 까닭으로 청정하고 외공, 나아가 무성자성공이 청정한 까닭으로 반야바라밀다도 청정하니라."

세존께서 말씀하셨다.

"선현이여. 진여가 청정한 까닭으로 반야바라밀다가 청정하고, 법계·법성·불허망성·불변이성·평등성·이생성·법정·법주·실제·허공계·부사의계가 청정한 까닭으로 반야바라밀다가 청정하니라."

"세존이시여. 어찌 진여가 청정한 까닭으로 반야바라밀다가 청정하고, 법계, 나아가 부사의계가 청정한 까닭으로 반야바라밀다가 청정하다고 말합니까?"

"선현이여. 진여가 청정한 까닭으로 반야바라밀다가 청정하고, 법계, 나아가 부사의계가 청정한 까닭으로 반야바라밀다가 청정하니라. 선현이여. 진여가 생겨남도 없고 소멸도 없으며 염오도 없고 청정함도 없는 까닭으로 청정하고 진여가 청정한 까닭으로 반야바라밀다도 청정하며, 법계, 나아가 부사의계가 생겨남도 없고 소멸도 없으며 염오도 없고 청정함도 없는 까닭으로 청정하고 법계, 나아가 부사의계가 청정한 까닭으로 반야바라밀다도 청정하니라."

세존께서 말씀하셨다.

"선현이여. 고성제가 청정한 까닭으로 반야바라밀다가 청정하고, 집·멸·도성제가 청정한 까닭으로 반야바라밀다가 청정하니라."

"세존이시여. 어찌 고성제가 청정한 까닭으로 반야바라밀다가 청정하고, 집·멸·도성제가 청정한 까닭으로 반야바라밀다가 청정하다고 말합니까?"

"선현이여. 고성제가 청정한 까닭으로 반야바라밀다가 청정하고, 집·멸·도성제가 청정한 까닭으로 반야바라밀다가 청정하니라. 선현이여. 고성제가 생겨남도 없고 소멸도 없으며 염오도 없고 청정함도 없는 까닭으로 청정하고 고성제가 청정한 까닭으로 반야바라밀다도 청정하며, 집·멸·도성제가 생겨남도 없고 소멸도 없으며 염오도 없고 청정함도 없는 까닭으로 청정하고 집·멸·도성제가 청정한 까닭으로 반야바라밀다도 청정하니라."

세존께서 말씀하셨다.

"선현이여. 4정려가 청정한 까닭으로 반야바라밀다가 청정하고, 4무량·4무색정이 청정한 까닭으로 반야바라밀다가 청정하니라."

"세존이시여. 어찌 4정려가 청정한 까닭으로 반야바라밀다가 청정하고, 4무량·4무색정이 청정한 까닭으로 반야바라밀다가 청정하다고 말합니까?"

"선현이여. 4정려가 청정한 까닭으로 반야바라밀다가 청정하고, 4무량·4무색정이 청정한 까닭으로 반야바라밀다가 청정하니라. 선현이여. 4정려가 생겨남도 없고 소멸도 없으며 염오도 없고 청정함도 없는 까닭으로 청정하고 4정려가 청정한 까닭으로 반야바라밀다도 청정하며, 4무량·4무색정이 생겨남도 없고 소멸도 없으며 염오도 없고 청정함도 없는 까닭으로 청정하고 4무량·4무색정이 청정한 까닭으로 반야바라밀다도 청정하니라."

세존께서 말씀하셨다.

"선현이여. 8해탈이 청정한 까닭으로 반야바라밀다가 청정하고, 8승처

·9차제정·10변처가 청정한 까닭으로 반야바라밀다가 청정하니라.”

“세존이시여. 어찌 8해탈이 청정한 까닭으로 반야바라밀다가 청정하고, 8승처·9차제정·10변처가 청정한 까닭으로 반야바라밀다가 청정하다고 말합니까?”

“선현이여. 8해탈이 청정한 까닭으로 반야바라밀다가 청정하고, 8승처·9차제정·10변처가 청정한 까닭으로 반야바라밀다가 청정하니라. 선현이여. 8해탈이 생겨남도 없고 소멸도 없으며 염오도 없고 청정함도 없는 까닭으로 청정하고 8해탈이 청정한 까닭으로 반야바라밀다도 청정하며, 8승처·9차제정·10변처가 생겨남도 없고 소멸도 없으며 염오도 없고 청정함도 없는 까닭으로 청정하고 8승처·9차제정·10변처가 청정한 까닭으로 반야바라밀다도 청정하니라.”

세존께서 말씀하셨다.

“선현이여. 4념주가 청정한 까닭으로 반야바라밀다가 청정하고, 4정단·4신족·5근·5력·7등각지·8성도지가 청정한 까닭으로 반야바라밀다가 청정하니라.”

“세존이시여. 어찌 4념주가 청정한 까닭으로 반야바라밀다가 청정하고, 4정단·4신족·5근·5력·7등각지·8성도지가 청정한 까닭으로 반야바라밀다가 청정하다고 말합니까?”

“선현이여. 4념주가 청정한 까닭으로 반야바라밀다가 청정하고, 4정단, 나아가 8성도지가 청정한 까닭으로 반야바라밀다가 청정하니라. 선현이여. 4념주가 생겨남도 없고 소멸도 없으며 염오도 없고 청정함도 없는 까닭으로 청정하고 4념주가 청정한 까닭으로 반야바라밀다도 청정하며, 4정단, 나아가 8성도지가 생겨남도 없고 소멸도 없으며 염오도 없고 청정함도 없는 까닭으로 청정하고 4정단, 나아가 8성도지가 청정한 까닭으로 반야바라밀다도 청정하니라.”

세존께서 말씀하셨다.

“선현이여. 공해탈문이 청정한 까닭으로 반야바라밀다가 청정하고, 무상·무원해탈문이 청정한 까닭으로 반야바라밀다가 청정하니라.”

"세존이시여. 어찌 공해탈문이 청정한 까닭으로 반야바라밀다가 청정하고, 무상·무원해탈문이 청정한 까닭으로 반야바라밀다가 청정하다고 말합니까?"

"선현이여. 공해탈문이 청정한 까닭으로 반야바라밀다가 청정하고, 무상·무원해탈문이 청정한 까닭으로 반야바라밀다가 청정하니라. 선현이여. 공해탈문이 생겨남도 없고 소멸도 없으며 염오도 없고 청정함도 없는 까닭으로 청정하고 공해탈문이 청정한 까닭으로 반야바라밀다도 청정하며, 무상·무원해탈문이 생겨남도 없고 소멸도 없으며 염오도 없고 청정함도 없는 까닭으로 청정하고 무상·무원해탈문이 청정한 까닭으로 반야바라밀다도 청정하니라."

세존께서 말씀하셨다.

"선현이여. 보살의 10지가 청정한 까닭으로 반야바라밀다가 청정하니라."

"세존이시여. 어찌 보살의 10지가 청정한 까닭으로 반야바라밀다가 청정하다고 말합니까?"

"선현이여. 보살의 10지가 청정한 까닭으로 반야바라밀다가 청정하니라. 선현이여. 보살의 10지가 생겨남도 없고 소멸도 없으며 염오도 없고 청정함도 없는 까닭으로 청정하고, 보살의 10지가 청정한 까닭으로 반야바라밀다도 청정하니라."

세존께서 말씀하셨다.

"선현이여. 5안이 청정한 까닭으로 반야바라밀다가 청정하고, 6신통이 청정한 까닭으로 반야바라밀다가 청정하니라."

"세존이시여. 어찌 5안이 청정한 까닭으로 반야바라밀다가 청정하고, 6신통이 청정한 까닭으로 반야바라밀다가 청정하다고 말합니까?"

"선현이여. 5안이 청정한 까닭으로 반야바라밀다가 청정하고, 6신통이 청정한 까닭으로 반야바라밀다가 청정하니라. 선현이여. 5안이 생겨남도 없고 소멸도 없으며 염오도 없고 청정함도 없는 까닭으로 청정하고 5안이 청정한 까닭으로 반야바라밀다도 청정하며, 6신통이 생겨남도 없고 소멸도 없으며 염오도 없고 청정함도 없는 까닭으로 청정하고 6신통이 청정한 까닭으로 반야바라밀다도 청정하니라.”

세존께서 말씀하셨다.

“선현이여. 여래의 10력이 청정한 까닭으로 반야바라밀다가 청정하고, 4무소외·4무애해·대자·대비·대희·대사·18불불공법이 청정한 까닭으로 반야바라밀다가 청정하니라.”

“세존이시여. 어찌 여래의 10력이 청정한 까닭으로 반야바라밀다가 청정하고, 4무소외, 나아가 18불불공법이 청정한 까닭으로 반야바라밀다가 청정하다고 말합니까?”

“선현이여. 여래의 10력이 청정한 까닭으로 반야바라밀다가 청정하고, 4무소외, 나아가 18불불공법이 청정한 까닭으로 반야바라밀다가 청정하니라. 선현이여. 여래의 10력이 생겨남도 없고 소멸도 없으며 염오도 없고 청정함도 없는 까닭으로 청정하고 여래의 10력이 청정한 까닭으로 반야바라밀다도 청정하며, 4무소외, 나아가 18불불공법이 생겨남도 없고 소멸도 없으며 염오도 없고 청정함도 없는 까닭으로 청정하고 4무소외, 나아가 18불불공법이 청정한 까닭으로 반야바라밀다도 청정하니라.”

세존께서 말씀하셨다.

“선현이여. 무망실법이 청정한 까닭으로 반야바라밀다가 청정하고, 항주사성이 청정한 까닭으로 반야바라밀다가 청정하니라.”

“세존이시여. 어찌 무망실법이 청정한 까닭으로 반야바라밀다가 청정하고, 항주사성이 청정한 까닭으로 반야바라밀다가 청정하다고 말합니까?”

“선현이여. 무망실법이 청정한 까닭으로 반야바라밀다가 청정하고, 항주사성이 청정한 까닭으로 반야바라밀다가 청정하니라. 선현이여. 무망실법이 생겨남도 없고 소멸도 없으며 염오도 없고 청정함도 없는 까닭으로 청정하고 무망실법이 청정한 까닭으로 반야바라밀다도 청정하며, 항주사성이 생겨남도 없고 소멸도 없으며 염오도 없고 청정함도 없는 까닭으로 청정하고 항주사성이 청정한 까닭으로 반야바라밀다도 청정하니라.”

세존께서 말씀하셨다.

"선현이여. 일체지가 청정한 까닭으로 반야바라밀다가 청정하고, 도상지·일체상지가 청정한 까닭으로 반야바라밀다가 청정하니라."

"세존이시여. 어찌 일체지가 청정한 까닭으로 반야바라밀다가 청정하고, 도상지·일체상지가 청정한 까닭으로 반야바라밀다가 청정하다고 말합니까?"

"선현이여. 일체지가 청정한 까닭으로 반야바라밀다가 청정하고, 도상지·일체상지가 청정한 까닭으로 반야바라밀다가 청정하니라. 선현이여. 일체지가 생겨남도 없고 소멸도 없으며 염오도 없고 청정함도 없는 까닭으로 청정하고 일체지가 청정한 까닭으로 반야바라밀다도 청정하며, 도상지·일체상지가 생겨남도 없고 소멸도 없으며 염오도 없고 청정함도 없는 까닭으로 청정하고 도상지·일체상지가 청정한 까닭으로 반야바라밀다도 청정하니라."

세존께서 말씀하셨다.

"선현이여. 예류과가 청정한 까닭으로 반야바라밀다가 청정하고, 일래·불환·아라한과가 청정한 까닭으로 반야바라밀다가 청정하니라."

"세존이시여. 어찌 예류과가 청정한 까닭으로 반야바라밀다가 청정하고, 일래·불환·아라한과가 청정한 까닭으로 반야바라밀다가 청정하다고 말합니까?"

"선현이여. 예류과가 청정한 까닭으로 반야바라밀다가 청정하고, 일래·불환·아라한과가 청정한 까닭으로 반야바라밀다가 청정하니라. 선현이여. 예류과가 생겨남도 없고 소멸도 없으며 염오도 없고 청정함도 없는 까닭으로 청정하고 예류과가 청정한 까닭으로 반야바라밀다도 청정하며, 일래·불환·아라한과가 생겨남도 없고 소멸도 없으며 염오도 없고 청정함도 없는 까닭으로 청정하고 일래·불환·아라한과가 청정한 까닭으로 반야바라밀다도 청정하니라."

세존께서 말씀하셨다.

"선현이여. 독각의 보리가 청정한 까닭으로 반야바라밀다가 청정하니라."

"세존이시여. 어찌 독각의 보리가 청정한 까닭으로 반야바라밀다가 청정하다고 말합니까?"

"선현이여. 독각의 보리가 청정한 까닭으로 반야바라밀다가 청정하니라. 선현이여. 독각의 보리가 생겨남도 없고 소멸도 없으며 염오도 없고 청정함도 없는 까닭으로 청정하고, 독각의 보리가 청정한 까닭으로 반야바라밀다도 청정하니라."

세존께서 말씀하셨다.

"선현이여. 일체의 보살마하살의 행이 청정한 까닭으로 반야바라밀다가 청정하니라."

"세존이시여. 어찌 일체의 보살마하살의 행이 청정한 까닭으로 반야바라밀다가 청정하다고 말합니까?"

"선현이여. 일체의 보살마하살의 행이 청정한 까닭으로 반야바라밀다가 청정하니라. 선현이여. 일체의 보살마하살의 행이 생겨남도 없고 소멸도 없으며 염오도 없고 청정함도 없는 까닭으로 청정하고, 일체의 보살마하살의 행이 청정한 까닭으로 반야바라밀다도 청정하니라."

세존께서 말씀하셨다.

"선현이여. 제불의 무상정등보리가 청정한 까닭으로 반야바라밀다가 청정하니라."

"세존이시여. 어찌 제불의 무상정등보리가 청정한 까닭으로 반야바라밀다가 청정하다고 말합니까?"

"선현이여. 제불의 무상정등보리가 청정한 까닭으로 반야바라밀다가 청정하니라. 선현이여. 제불의 무상정등보리가 생겨남도 없고 소멸도 없으며 염오도 없고 청정함도 없는 까닭으로 청정하고, 제불의 무상정등보리가 청정한 까닭으로 반야바라밀다도 청정하니라."

"다시 다음으로 선현이여. 허공(虛空)이 청정한 까닭으로 반야바라밀다가 청정하니라."

"세존이시여. 어찌 허공이 청정한 까닭으로 반야바라밀다가 청정하다고 말합니까?"

"선현이여. 허공이 생겨남도 없고 소멸도 없으며 염오도 없고 청정함도

없는 까닭으로 청정하고, 허공이 청정한 까닭으로 반야바라밀다도 청정하
니라.”

“다시 다음으로 선현이여. 색이 염오(染汚)가 없는 까닭으로 반야바라밀
다가 청정하고, 수·상·행·식이 염오가 없는 까닭으로 반야바라밀다가
청정하니라.”

“세존이시여. 어찌하여 색이 염오가 없는 까닭으로 반야바라밀다가
청정하고, 수·상·행·식이 염오가 없는 까닭으로 반야바라밀다가 청정하
다고 말합니까?”

“선현이여. 색이 취(取)할 수 없는 까닭으로 염오가 없고, 색이 염오가
없는 까닭으로 반야바라밀다도 청정하며, 수·상·행·식이 취할 수 없는
까닭으로 염오가 없고, 수·상·행·식이 염오가 없는 까닭으로 반야바라밀
다도 청정하니라.”

세존께서 말씀하셨다.

“선현이여. 안처가 염오가 없는 까닭으로 반야바라밀다가 청정하고,
이·비·설·신·의처가 염오가 없는 까닭으로 반야바라밀다가 청정하니라.”

“세존이시여. 어찌 안처가 염오가 없는 까닭으로 반야바라밀다가 청정
하고, 이·비·설·신·의처가 염오가 없는 까닭으로 반야바라밀다가 청정하
다고 말합니까?”

“선현이여. 안처가 취할 수 없는 까닭으로 염오가 없고, 안처가 염오가
없는 까닭으로 반야바라밀다도 청정하며, 이·비·설·신·의처가 취할 수
없는 까닭으로 염오가 없고, 이·비·설·신·의처가 염오가 없는 까닭으로
반야바라밀다도 청정하니라.”

세존께서 말씀하셨다.

“선현이여. 색처가 염오가 없는 까닭으로 반야바라밀다가 청정하고,
성·향·미·촉·법처가 염오가 없는 까닭으로 반야바라밀다가 청정하니라.”

“세존이시여. 어찌 색처가 염오가 없는 까닭으로 반야바라밀다가 청정
하고, 성·향·미·촉·법처가 염오가 없는 까닭으로 반야바라밀다가 청정하

다고 말합니까?"

"선현이여. 색처가 취할 수 없는 까닭으로 염오가 없고, 색처가 염오가 없는 까닭으로 반야바라밀다도 청정하며, 성·향·미·촉·법처가 취할 수 없는 까닭으로 염오가 없고, 성·향·미·촉·법처가 염오가 없는 까닭으로 반야바라밀다도 청정하니라."

세존께서 말씀하셨다.

"선현이여. 안계가 염오가 없는 까닭으로 반야바라밀다가 청정하고, 색계·안식계, 나아가 안촉·안촉을 인연으로 생겨난 여러 수가 염오가 없는 까닭으로 반야바라밀다가 청정하니라."

"세존이시여. 어찌 안계가 염오가 없는 까닭으로 반야바라밀다가 청정하고, 색계, 나아가 안촉을 인연으로 생겨난 여러 수가 염오가 없는 까닭으로 반야바라밀다가 청정하다고 말합니까?"

"선현이여. 안계가 취할 수 없는 까닭으로 염오가 없고, 안계가 염오가 없는 까닭으로 반야바라밀다도 청정하며, 색계, 나아가 안촉을 인연으로 생겨난 여러 수가 취할 수 없는 까닭으로 염오가 없고, 색계, 나아가 안촉을 인연으로 생겨난 여러 수가 염오가 없는 까닭으로 반야바라밀다도 청정하니라."

세존께서 말씀하셨다.

"선현이여. 이계가 염오가 없는 까닭으로 반야바라밀다가 청정하고, 성계·이식계, 나아가 이촉·이촉을 인연으로 생겨난 여러 수가 염오가 없는 까닭으로 반야바라밀다가 청정하니라."

"세존이시여. 어찌 이계가 염오가 없는 까닭으로 반야바라밀다가 청정하고, 성계, 나아가 이촉을 인연으로 생겨난 여러 수가 염오가 없는 까닭으로 반야바라밀다가 청정하다고 말합니까?"

"선현이여. 이계가 취할 수 없는 까닭으로 염오가 없고, 이계가 염오가 없는 까닭으로 반야바라밀다도 청정하며, 성계, 나아가 이촉을 인연으로 생겨난 여러 수가 취할 수 없는 까닭으로 염오가 없고, 성계, 나아가 이촉을 인연으로 생겨난 여러 수가 염오가 없는 까닭으로 반야바라밀다도

청정하니라."

세존께서 말씀하셨다.

"선현이여. 비계가 염오가 없는 까닭으로 반야바라밀다가 청정하고, 향계·비식계, 나아가 비촉·비촉을 인연으로 생겨난 여러 수가 염오가 없는 까닭으로 반야바라밀다가 청정하니라."

"세존이시여. 어찌 비계가 염오가 없는 까닭으로 반야바라밀다가 청정하고, 향계, 나아가 비촉을 인연으로 생겨난 여러 수가 염오가 없는 까닭으로 반야바라밀다가 청정하다고 말합니까?"

"선현이여. 비계가 취할 수 없는 까닭으로 염오가 없고, 비계가 염오가 없는 까닭으로 반야바라밀다도 청정하며, 향계, 나아가 비촉을 인연으로 생겨난 여러 수가 취할 수 없는 까닭으로 염오가 없고, 향계, 나아가 비촉을 인연으로 생겨난 여러 수가 염오가 없는 까닭으로 반야바라밀다도 청정하니라."

세존께서 말씀하셨다.

"선현이여. 설계가 염오가 없는 까닭으로 반야바라밀다가 청정하고, 미계·설식계, 나아가 설촉·설촉을 인연으로 생겨난 여러 수가 염오가 없는 까닭으로 반야바라밀다가 청정하니라."

"세존이시여. 어찌 설계가 염오가 없는 까닭으로 반야바라밀다가 청정하고, 미계, 나아가 설촉을 인연으로 생겨난 여러 수가 염오가 없는 까닭으로 반야바라밀다가 청정하다고 말합니까?"

"선현이여. 설계가 취할 수 없는 까닭으로 염오가 없고, 설계가 염오가 없는 까닭으로 반야바라밀다도 청정하며, 미계, 나아가 설촉을 인연으로 생겨난 여러 수가 취할 수 없는 까닭으로 염오가 없고, 미계, 나아가 설촉을 인연으로 생겨난 여러 수가 염오가 없는 까닭으로 반야바라밀다도 청정하니라."

세존께서 말씀하셨다.

"선현이여. 신계가 염오가 없는 까닭으로 반야바라밀다가 청정하고, 촉계·신식계, 나아가 신촉·신촉을 인연으로 생겨난 여러 수가 염오가 없는 까닭으로 반야바라밀다가 청정하니라."

"세존이시여. 어찌 신계가 염오가 없는 까닭으로 반야바라밀다가 청정하고, 촉계, 나아가 신촉을 인연으로 생겨난 여러 수가 염오가 없는 까닭으로 반야바라밀다가 청정하다고 말합니까?"

"선현이여. 신계가 취할 수 없는 까닭으로 염오가 없고, 신계가 염오가 없는 까닭으로 반야바라밀다도 청정하며, 촉계, 나아가 신촉을 인연으로 생겨난 여러 수가 취할 수 없는 까닭으로 염오가 없고, 촉계, 나아가 신촉을 인연으로 생겨난 여러 수가 염오가 없는 까닭으로 반야바라밀다도 청정하니라."

세존께서 말씀하셨다.

"선현이여. 의계가 염오가 없는 까닭으로 반야바라밀다가 청정하고, 법계·의식계, 나아가 의촉·의촉을 인연으로 생겨난 여러 수가 염오가 없는 까닭으로 반야바라밀다가 청정하니라."

"세존이시여. 어찌 의계가 염오가 없는 까닭으로 반야바라밀다가 청정하고, 법계, 나아가 의촉을 인연으로 생겨난 여러 수가 염오가 없는 까닭으로 반야바라밀다가 청정하다고 말합니까?"

"선현이여. 의계가 취할 수 없는 까닭으로 염오가 없고, 의계가 염오가 없는 까닭으로 반야바라밀다도 청정하며, 법계, 나아가 의촉을 인연으로 생겨난 여러 수가 취할 수 없는 까닭으로 염오가 없고, 법계, 나아가 의촉을 인연으로 생겨난 여러 수가 염오가 없는 까닭으로 반야바라밀다도 청정하니라."

세존께서 말씀하셨다.

"선현이여. 지계가 염오가 없는 까닭으로 반야바라밀다가 청정하고, 수·화·풍·공·식계가 염오가 없는 까닭으로 반야바라밀다가 청정하니라."

"세존이시여. 어찌 지계가 염오가 없는 까닭으로 반야바라밀다가 청정하고, 수·화·풍·공·식계가 염오가 없는 까닭으로 반야바라밀다가 청정하다고 말합니까?"

"선현이여. 지계가 취할 수 없는 까닭으로 염오가 없고, 지계가 염오가 없는 까닭으로 반야바라밀다도 청정하며, 수·화·풍·공·식계가 취할 수 없는 까닭으로 염오가 없고, 수·화·풍·공·식계가 염오가 없는 까닭으로 반야바라밀다도 청정하니라.”

세존께서 말씀하셨다.

“선현이여. 무명이 염오가 없는 까닭으로 반야바라밀다가 청정하고, 행·식·명색·육처·촉·수·애·취·유·생·노사의 수탄고우뇌가 염오가 없는 까닭으로 반야바라밀다가 청정하니라.”

“세존이시여. 어찌 무명이 염오가 없는 까닭으로 반야바라밀다가 청정하고, 행, 나아가 노사의 수탄고우뇌가 염오가 없는 까닭으로 반야바라밀다가 청정하다고 말합니까?”

“선현이여. 무명이 취할 수 없는 까닭으로 염오가 없고, 무명이 염오가 없는 까닭으로 반야바라밀다도 청정하며, 행, 나아가 노사의 수탄고우뇌가 취할 수 없는 까닭으로 염오가 없고, 행, 나아가 노사의 수탄고우뇌가 염오가 없는 까닭으로 반야바라밀다도 청정하니라.”

세존께서 말씀하셨다.

“선현이여. 보시바라밀다가 염오가 없는 까닭으로 반야바라밀다가 청정하고, 정계·안인·정진·정려·반야바라밀다가 염오가 없는 까닭으로 반야바라밀다가 청정하니라.”

“세존이시여. 어찌 보시바라밀다가 염오가 없는 까닭으로 반야바라밀다가 청정하고, 정계, 나아가 반야바라밀다가 염오가 없는 까닭으로 반야바라밀다가 청정하다고 말합니까?”

“선현이여. 보시바라밀다가 취할 수 없는 까닭으로 염오가 없고, 보시바라밀다가 염오가 없는 까닭으로 반야바라밀다도 청정하며, 정계, 나아가 반야바라밀다가 취할 수 없는 까닭으로 염오가 없고, 정계, 나아가 반야바라밀다가 염오가 없는 까닭으로 반야바라밀다도 청정하니라.”

세존께서 말씀하셨다.

“선현이여. 내공이 염오가 없는 까닭으로 반야바라밀다가 청정하고, 외공·내외공·공공·대공·승의공·유위공·무위공·필경공·무제공·산공·

무변이공·본성공·자상공·공상공·일체법공·불가득공·무성공·자성공·무성자성공이 염오가 없는 까닭으로 반야바라밀다가 청정하니라."

"세존이시여. 어찌 내공이 염오가 없는 까닭으로 반야바라밀다가 청정하고, 외공, 나아가 무성자성공이 염오가 없는 까닭으로 반야바라밀다가 청정하다고 말합니까?"

"선현이여. 내공이 취할 수 없는 까닭으로 염오가 없고, 내공이 염오가 없는 까닭으로 반야바라밀다도 청정하며, 외공, 나아가 무성자성공이 취할 수 없는 까닭으로 염오가 없고, 외공, 나아가 무성자성공이 염오가 없는 까닭으로 반야바라밀다도 청정하니라."

세존께서 말씀하셨다.

"선현이여. 진여가 염오가 없는 까닭으로 반야바라밀다가 청정하고, 법계·법성·불허망성·불변이성·평등성·이생성·법정·법주·실제·허공계·부사의계가 염오가 없는 까닭으로 반야바라밀다가 청정하니라."

"세존이시여. 어찌 진여가 염오가 없는 까닭으로 반야바라밀다가 청정하고, 법계, 나아가 부사의계가 염오가 없는 까닭으로 반야바라밀다가 청정하다고 말합니까?"

"선현이여. 진여가 취할 수 없는 까닭으로 염오가 없고, 진여가 염오가 없는 까닭으로 반야바라밀다도 청정하며, 법계, 나아가 부사의계가 취할 수 없는 까닭으로 염오가 없고, 법계, 나아가 부사의계가 염오가 없는 까닭으로 반야바라밀다도 청정하니라."

세존께서 말씀하셨다.

"선현이여. 고성제가 염오가 없는 까닭으로 반야바라밀다가 청정하고, 집·멸·도성제가 염오가 없는 까닭으로 반야바라밀다가 청정하니라."

"세존이시여. 어찌 고성제가 염오가 없는 까닭으로 반야바라밀다가 청정하고, 집·멸·도성제가 염오가 없는 까닭으로 반야바라밀다가 청정하다고 말합니까?"

"선현이여. 고성제가 취할 수 없는 까닭으로 염오가 없고, 고성제가 염오가 없는 까닭으로 반야바라밀다도 청정하며, 집·멸·도성제가 취할 수 없는 까닭으로 염오가 없고, 집·멸·도성제가 염오가 없는 까닭으로 반야바라밀다도 청정하니라."

세존께서 말씀하셨다.

"선현이여. 4정려가 염오가 없는 까닭으로 반야바라밀다가 청정하고, 4무량·4무색정이 염오가 없는 까닭으로 반야바라밀다가 청정하니라."

"세존이시여. 어찌 4정려가 염오가 없는 까닭으로 반야바라밀다가 청정하고, 4무량·4무색정이 염오가 없는 까닭으로 반야바라밀다가 청정하다고 말합니까?"

"선현이여. 4정려가 취할 수 없는 까닭으로 염오가 없고, 4정려가 염오가 없는 까닭으로 반야바라밀다도 청정하며, 4무량·4무색정이 취할 수 없는 까닭으로 염오가 없고, 4무량·4무색정이 염오가 없는 까닭으로 반야바라밀다도 청정하니라."

마하반야바라밀다경 제294권

37. 설반야상품(說般若相品)(3)

세존께서 말씀하셨다.

"선현이여. 8해탈이 염오가 없는 까닭으로 반야바라밀다가 청정하고, 8승처·9차제정·10변처가 염오가 없는 까닭으로 반야바라밀다가 청정하니라."

"세존이시여. 어찌 8해탈이 염오가 없는 까닭으로 반야바라밀다가 청정하고, 8승처·9차제정·10변처가 염오가 없는 까닭으로 반야바라밀다가 청정하다고 말합니까?"

"선현이여. 8해탈이 취할 수 없는 까닭으로 염오가 없고, 8해탈이 염오가 없는 까닭으로 반야바라밀다도 청정하며, 8승처·9차제정·10변처가 취할 수 없는 까닭으로 염오가 없고, 8승처·9차제정·10변처가 염오가 없는 까닭으로 반야바라밀다도 청정하니라."

세존께서 말씀하셨다.

"선현이여. 4념주가 염오가 없는 까닭으로 반야바라밀다가 청정하고, 4정단·4신족·5근·5력·7등각지·8성도지가 염오가 없는 까닭으로 반야바라밀다가 청정하니라."

"세존이시여. 어찌 4념주가 염오가 없는 까닭으로 반야바라밀다가 청정하고, 4정단, 나아가 8성도지가 염오가 없는 까닭으로 반야바라밀다가 청정하다고 말합니까?"

"선현이여. 4념주가 취할 수 없는 까닭으로 염오가 없고, 4념주가 염오가 없는 까닭으로 반야바라밀다도 청정하며, 4정단, 나아가 8성도지가 취할 수 없는 까닭으로 염오가 없고, 4정단, 나아가 8성도지가 염오가 없는 까닭으로 반야바라밀다도 청정하니라."

세존께서 말씀하셨다.

"선현이여. 공해탈문이 염오가 없는 까닭으로 반야바라밀다가 청정하고, 무상·무원해탈문이 염오가 없는 까닭으로 반야바라밀다가 청정하니라."

"세존이시여. 어찌 공해탈문이 염오가 없는 까닭으로 반야바라밀다가 청정하고, 무상·무원해탈문이 염오가 없는 까닭으로 반야바라밀다가 청정하다고 말합니까?"

"선현이여. 공해탈문이 취할 수 없는 까닭으로 염오가 없고, 공해탈문이 염오가 없는 까닭으로 반야바라밀다도 청정하며, 무상·무원해탈문이 취할 수 없는 까닭으로 염오가 없고, 무상·무원해탈문이 염오가 없는 까닭으로 반야바라밀다도 청정하니라."

세존께서 말씀하셨다.

"선현이여. 보살의 10지가 염오가 없는 까닭으로 반야바라밀다가 청정하니라."

"세존이시여. 어찌 보살의 10지가 염오가 없는 까닭으로 반야바라밀다가 청정하다고 말합니까?"

"선현이여. 보살의 10지가 취할 수 없는 까닭으로 염오가 없고, 보살의 10지가 염오가 없는 까닭으로 반야바라밀다도 청정하니라."

세존께서 말씀하셨다.

"선현이여. 5안이 염오가 없는 까닭으로 반야바라밀다가 청정하고, 6신통이 염오가 없는 까닭으로 반야바라밀다가 청정하니라."

"세존이시여. 어찌 5안이 염오가 없는 까닭으로 반야바라밀다가 청정하고, 6신통이 염오가 없는 까닭으로 반야바라밀다가 청정하다고 말합니까?"

"선현이여. 5안이 취할 수 없는 까닭으로 염오가 없고, 5안이 염오가 없는 까닭으로 반야바라밀다도 청정하며, 6신통이 취할 수 없는 까닭으로 염오가 없고, 6신통이 염오가 없는 까닭으로 반야바라밀다도 청정하니라."

　세존께서 말씀하셨다.

　"선현이여. 여래의 10력이 염오가 없는 까닭으로 반야바라밀다가 청정하고, 4무소외·4무애해·대자·대비·대희·대사·18불불공법이 염오가 없는 까닭으로 반야바라밀다가 청정하니라."

　"세존이시여. 어찌 여래의 10력이 염오가 없는 까닭으로 반야바라밀다가 청정하고, 4무소외, 나아가 18불불공법이 염오가 없는 까닭으로 반야바라밀다가 청정하다고 말합니까?"

　"선현이여. 여래의 10력이 취할 수 없는 까닭으로 염오가 없고, 여래의 10력이 염오가 없는 까닭으로 반야바라밀다도 청정하며, 4무소외, 나아가 18불불공법이 취할 수 없는 까닭으로 염오가 없고, 4무소외, 나아가 18불불공법이 염오가 없는 까닭으로 반야바라밀다도 청정하니라."

　세존께서 말씀하셨다.

　"선현이여. 무망실법이 염오가 없는 까닭으로 반야바라밀다가 청정하고, 항주사성이 염오가 없는 까닭으로 반야바라밀다가 청정하니라."

　"세존이시여. 어찌 무망실법이 염오가 없는 까닭으로 반야바라밀다가 청정하고, 항주사성이 염오가 없는 까닭으로 반야바라밀다가 청정하다고 말합니까?"

　"선현이여. 무망실법이 취할 수 없는 까닭으로 염오가 없고, 무망실법이 염오가 없는 까닭으로 반야바라밀다도 청정하며, 항주사성이 취할 수 없는 까닭으로 염오가 없고, 항주사성이 염오가 없는 까닭으로 반야바라밀다도 청정하니라."

　세존께서 말씀하셨다.

　"선현이여. 일체지가 염오가 없는 까닭으로 반야바라밀다가 청정하고, 도상지·일체상지가 염오가 없는 까닭으로 반야바라밀다가 청정하니라."

　"세존이시여. 어찌 일체지가 염오가 없는 까닭으로 반야바라밀다가 청정하고, 도상지·일체상지가 염오가 없는 까닭으로 반야바라밀다가 청정하다고 말합니까?"

　"선현이여. 일체지가 취할 수 없는 까닭으로 염오가 없고, 일체지가

염오가 없는 까닭으로 반야바라밀다도 청정하며, 도상지·일체상지가
취할 수 없는 까닭으로 염오가 없고, 도상지·일체상지가 염오가 없는
까닭으로 반야바라밀다도 청정하니라."

세존께서 말씀하셨다.

"선현이여. 일체의 다라니문이 염오가 없는 까닭으로 반야바라밀다가
청정하고, 일체의 삼마지문이 염오가 없는 까닭으로 반야바라밀다가
청정하니라."

"세존이시여. 어찌 일체의 다라니문이 염오가 없는 까닭으로 반야바라
밀다가 청정하고, 일체의 삼마지문이 염오가 없는 까닭으로 반야바라밀다
가 청정하다고 말합니까?"

"선현이여. 일체의 다라니문이 취할 수 없는 까닭으로 염오가 없고,
일체의 다라니문이 염오가 없는 까닭으로 반야바라밀다도 청정하며,
일체의 삼마지문이 취할 수 없는 까닭으로 염오가 없고, 일체의 삼마지문
이 염오가 없는 까닭으로 반야바라밀다도 청정하니라."

세존께서 말씀하셨다.

"선현이여. 예류과가 염오가 없는 까닭으로 반야바라밀다가 청정하고,
일래·불환·아라한과가 염오가 없는 까닭으로 반야바라밀다가 청정하니라."

"세존이시여. 어찌 예류과가 염오가 없는 까닭으로 반야바라밀다가
청정하고, 일래·불환·아라한과가 염오가 없는 까닭으로 반야바라밀다가
청정하다고 말합니까?"

"선현이여. 예류과가 취할 수 없는 까닭으로 염오가 없고, 예류과가
염오가 없는 까닭으로 반야바라밀다도 청정하며, 일래·불환·아라한과가
취할 수 없는 까닭으로 염오가 없고, 일래·불환·아라한과가 염오가 없는
까닭으로 반야바라밀다도 청정하니라."

세존께서 말씀하셨다.

"선현이여. 독각의 보리가 염오가 없는 까닭으로 반야바라밀다가 청정
하니라."

"세존이시여. 어찌 독각의 보리가 염오가 없는 까닭으로 반야바라밀다

가 청정하다고 말합니까?"

"선현이여. 독각의 보리가 취할 수 없는 까닭으로 염오가 없고, 독각의 보리가 염오가 없는 까닭으로 반야바라밀다도 청정하니라."

세존께서 말씀하셨다.

"선현이여. 일체의 보살마하살의 행이 염오가 없는 까닭으로 반야바라밀다가 청정하니라."

"세존이시여. 어찌 일체의 보살마하살의 행이 염오가 없는 까닭으로 반야바라밀다가 청정하다고 말합니까?"

"선현이여. 일체의 보살마하살의 행이 취할 수 없는 까닭으로 염오가 없고, 일체의 보살마하살의 행이 염오가 없는 까닭으로 반야바라밀다도 청정하니라."

세존께서 말씀하셨다.

"선현이여. 제불의 무상정등보리가 염오가 없는 까닭으로 반야바라밀다가 청정하니라."

"세존이시여. 어찌 제불의 무상정등보리가 염오가 없는 까닭으로 반야바라밀다가 청정하다고 말합니까?"

"선현이여. 제불의 무상정등보리가 취할 수 없는 까닭으로 염오가 없고, 제불의 무상정등보리가 염오가 없는 까닭으로 반야바라밀다도 청정하니라."

"다시 다음으로 선현이여. 허공(虛空)이 염오(染汚)가 없는 까닭으로 반야바라밀다가 청정하니라."

"세존이시여. 어찌 허공이 염오가 없는 까닭으로 반야바라밀다가 청정합니까?"

"선현이여. 허공이 취(取)할 수 없는 까닭으로 염오도 없고, 허공이 염오가 없는 까닭으로 반야바라밀다도 청정하니라."

"다시 다음으로 선현이여. 색이 오직 가설(假說)인 까닭으로 반야바라밀다가 청정하고, 수·상·행·식이 오직 가설인 까닭으로 반야바라밀다가

청정하니라."

"세존이시여. 어찌하여 색이 오직 가설인 까닭으로 반야바라밀다가 청정하고, 수·상·행·식이 오직 가설인 까닭으로 반야바라밀다가 청정하다고 말합니까?"

"선현이여. 허공이 두 가지의 일(二事)에 의지하여 소리(響)를 나타내는 것과 같이, 색(色), 나아가 식(識)도 역시 다시 이와 같이 오직 가설이고, 색, 나아가 식이 가설인 까닭으로 반야바라밀다도 청정하니라."

세존께서 말씀하셨다.

"선현이여. 안처가 오직 가설인 까닭으로 반야바라밀다가 청정하고, 이·비·설·신·의처가 오직 가설인 까닭으로 반야바라밀다가 청정하니라."

"세존이시여. 어찌 안처가 오직 가설인 까닭으로 반야바라밀다가 청정하고, 이·비·설·신·의처가 오직 가설인 까닭으로 반야바라밀다가 청정하다고 말합니까?"

"선현이여. 허공이 두 가지의 일에 의지하여 소리를 나타내는 것과 같이, 안처, 나아가 의처가 역시 다시 이와 같이 오직 가설이고, 안처, 나아가 의처도 가설인 까닭으로 반야바라밀다도 청정하니라."

세존께서 말씀하셨다.

"선현이여. 색처가 오직 가설인 까닭으로 반야바라밀다가 청정하고, 성·향·미·촉·법처가 오직 가설인 까닭으로 반야바라밀다가 청정하니라."

"세존이시여. 어찌 색처가 오직 가설인 까닭으로 반야바라밀다가 청정하고, 성·향·미·촉·법처가 오직 가설인 까닭으로 반야바라밀다가 청정하다고 말합니까?"

"선현이여. 허공이 두 가지의 일에 의지하여 소리를 나타내는 것과 같이, 색처, 나아가 법처가 역시 다시 이와 같이 오직 가설이고, 색처, 나아가 법처도 가설인 까닭으로 반야바라밀다도 청정하니라."

세존께서 말씀하셨다.

"선현이여. 안계가 오직 가설인 까닭으로 반야바라밀다가 청정하고, 색계·안식계, 나아가 안촉·안촉을 인연으로 생겨난 여러 수가 오직 가설인 까닭으로 반야바라밀다가 청정하니라."

"세존이시여. 어찌 안계가 오직 가설인 까닭으로 반야바라밀다가 청정하고, 색계, 나아가 안촉을 인연으로 생겨난 여러 수가 오직 가설인 까닭으로 반야바라밀다가 청정하다고 말합니까?"

"선현이여. 허공이 두 가지의 일에 의지하여 소리를 나타내는 것과 같이, 안계, 나아가 안촉을 인연으로 생겨난 여러 수가 역시 다시 이와 같이 오직 가설이고, 안계, 나아가 안촉을 인연으로 생겨난 여러 수도 가설인 까닭으로 반야바라밀다도 청정하니라."

세존께서 말씀하셨다.

"선현이여. 이계가 오직 가설인 까닭으로 반야바라밀다가 청정하고, 성계·이식계, 나아가 이촉·이촉을 인연으로 생겨난 여러 수가 오직 가설인 까닭으로 반야바라밀다가 청정하니라."

"세존이시여. 어찌 이계가 오직 가설인 까닭으로 반야바라밀다가 청정하고, 성계, 나아가 이촉을 인연으로 생겨난 여러 수가 오직 가설인 까닭으로 반야바라밀다가 청정하다고 말합니까?"

"선현이여. 허공이 두 가지의 일에 의지하여 소리를 나타내는 것과 같이, 이계, 나아가 이촉을 인연으로 생겨난 여러 수가 역시 다시 이와 같이 오직 가설이고, 이계, 나아가 이촉을 인연으로 생겨난 여러 수도 가설인 까닭으로 반야바라밀다도 청정하니라."

세존께서 말씀하셨다.

"선현이여. 비계가 오직 가설인 까닭으로 반야바라밀다가 청정하고, 향계·비식계, 나아가 비촉·비촉을 인연으로 생겨난 여러 수가 오직 가설인 까닭으로 반야바라밀다가 청정하니라."

"세존이시여. 어찌 비계가 오직 가설인 까닭으로 반야바라밀다가 청정하고, 향계, 나아가 비촉을 인연으로 생겨난 여러 수가 오직 가설인 까닭으로 반야바라밀다가 청정하다고 말합니까?"

"선현이여. 허공이 두 가지의 일에 의지하여 소리를 나타내는 것과 같이, 비계, 나아가 비촉을 인연으로 생겨난 여러 수가 역시 다시 이와 같이 오직 가설이고, 비계, 나아가 비촉을 인연으로 생겨난 여러 수도 가설인 까닭으로 반야바라밀다도 청정하니라."

세존께서 말씀하셨다.

"선현이여. 설계가 오직 가설인 까닭으로 반야바라밀다가 청정하고, 미계·설식계, 나아가 설촉·설촉을 인연으로 생겨난 여러 수가 오직 가설인 까닭으로 반야바라밀다가 청정하니라."

"세존이시여. 어찌 설계가 오직 가설인 까닭으로 반야바라밀다가 청정하고, 미계, 나아가 설촉을 인연으로 생겨난 여러 수가 오직 가설인 까닭으로 반야바라밀다가 청정하다고 말합니까?"

"선현이여. 허공이 두 가지의 일에 의지하여 소리를 나타내는 것과 같이, 설계, 나아가 설촉을 인연으로 생겨난 여러 수가 역시 다시 이와 같이 오직 가설이고, 설계, 나아가 설촉을 인연으로 생겨난 여러 수도 가설인 까닭으로 반야바라밀다도 청정하니라."

세존께서 말씀하셨다.

"선현이여. 신계가 오직 가설인 까닭으로 반야바라밀다가 청정하고, 촉계·신식계, 나아가 신촉·신촉을 인연으로 생겨난 여러 수가 오직 가설인 까닭으로 반야바라밀다가 청정하니라."

"세존이시여. 어찌 신계가 오직 가설인 까닭으로 반야바라밀다가 청정하고, 촉계, 나아가 신촉을 인연으로 생겨난 여러 수가 오직 가설인 까닭으로 반야바라밀다가 청정하다고 말합니까?"

"선현이여. 허공이 두 가지의 일에 의지하여 소리를 나타내는 것과 같이, 신계, 나아가 신촉을 인연으로 생겨난 여러 수가 역시 다시 이와 같이 오직 가설이고, 신계, 나아가 신촉을 인연으로 생겨난 여러 수도 가설인 까닭으로 반야바라밀다도 청정하니라."

세존께서 말씀하셨다.

"선현이여. 의계가 오직 가설인 까닭으로 반야바라밀다가 청정하고, 법계·의식계, 나아가 의촉·의촉을 인연으로 생겨난 여러 수가 오직 가설인 까닭으로 반야바라밀다가 청정하니라."

"세존이시여. 어찌 의계가 오직 가설인 까닭으로 반야바라밀다가 청정하고, 법계, 나아가 의촉을 인연으로 생겨난 여러 수가 오직 가설인 까닭으로 반야바라밀다가 청정하다고 말합니까?"

"선현이여. 허공이 두 가지의 일에 의지하여 소리를 나타내는 것과 같이, 의계, 나아가 의촉을 인연으로 생겨난 여러 수가 역시 다시 이와 같이 오직 가설이고, 의계, 나아가 의촉을 인연으로 생겨난 여러 수도 가설인 까닭으로 반야바라밀다도 청정하니라."

세존께서 말씀하셨다.

"선현이여. 지계가 오직 가설인 까닭으로 반야바라밀다가 청정하고, 수·화·풍·공·식계가 오직 가설인 까닭으로 반야바라밀다가 청정하니라."

"세존이시여. 어찌 지계가 오직 가설인 까닭으로 반야바라밀다가 청정하고, 수·화·풍·공·식계가 오직 가설인 까닭으로 반야바라밀다가 청정하다고 말합니까?"

"선현이여. 허공이 두 가지의 일에 의지하여 소리를 나타내는 것과 같이, 지계, 나아가 식계가 역시 다시 이와 같이 오직 가설이고, 지계, 나아가 식계도 가설인 까닭으로 반야바라밀다도 청정하니라."

세존께서 말씀하셨다.

"선현이여. 무명이 오직 가설인 까닭으로 반야바라밀다가 청정하고, 행·식·명색·육처·촉·수·애·취·유·생·노사의 수탄고우뇌가 오직 가설인 까닭으로 반야바라밀다가 청정하니라."

"세존이시여. 어찌 무명이 오직 가설인 까닭으로 반야바라밀다가 청정하고, 행, 나아가 노사의 수탄고우뇌가 오직 가설인 까닭으로 반야바라밀다가 청정하다고 말합니까?"

"선현이여. 허공이 두 가지의 일에 의지하여 소리를 나타내는 것과 같이, 무명, 나아가 노사의 수탄고우뇌가 역시 다시 이와 같이 오직 가설이고, 무명, 나아가 노사의 수탄고우뇌도 가설인 까닭으로 반야바라밀다도 청정하니라."

세존께서 말씀하셨다.

"선현이여. 보시바라밀다가 오직 가설인 까닭으로 반야바라밀다가 청정하고, 정계·안인·정진·정려·반야바라밀다가 오직 가설인 까닭으로 반야바라밀다가 청정하니라."

"세존이시여. 어찌 보시바라밀다가 오직 가설인 까닭으로 반야바라밀다가 청정하고, 정계, 나아가 반야바라밀다가 오직 가설인 까닭으로 반야바라밀다가 청정하다고 말합니까?"

"선현이여. 허공이 두 가지의 일에 의지하여 소리를 나타내는 것과 같이, 보시바라밀다, 나아가 반야바라밀다가 역시 다시 이와 같이 오직 가설이고, 보시바라밀다, 나아가 반야바라밀다도 가설인 까닭으로 반야바라밀다도 청정하니라."

세존께서 말씀하셨다.

"선현이여. 내공이 오직 가설인 까닭으로 반야바라밀다가 청정하고, 외공·내외공·공공·대공·승의공·유위공·무위공·필경공·무제공·산공·무변이공·본성공·자상공·공상공·일체법공·불가득공·무성공·자성공·무성자성공이 오직 가설인 까닭으로 반야바라밀다가 청정하니라."

"세존이시여. 어찌 내공이 오직 가설인 까닭으로 반야바라밀다가 청정하고, 외공, 나아가 무성자성공이 오직 가설인 까닭으로 반야바라밀다가 청정하다고 말합니까?"

"선현이여. 허공이 두 가지의 일에 의지하여 소리를 나타내는 것과 같이, 내공, 나아가 무성자성공이 역시 다시 이와 같이 오직 가설이고, 내공, 나아가 무성자성공도 가설인 까닭으로 반야바라밀다도 청정하니라."

세존께서 말씀하셨다.

"선현이여. 진여가 오직 가설인 까닭으로 반야바라밀다가 청정하고, 법계·법성·불허망성·불변이성·평등성·이생성·법정·법주·실제·허공계·부사의계가 오직 가설인 까닭으로 반야바라밀다가 청정하니라."

"세존이시여. 어찌 진여가 오직 가설인 까닭으로 반야바라밀다가 청정하고, 법계, 나아가 부사의계가 오직 가설인 까닭으로 반야바라밀다가 청정하다고 말합니까?"

"선현이여. 허공이 두 가지의 일에 의지하여 소리를 나타내는 것과 같이, 진여, 나아가 부사의계가 역시 다시 이와 같이 오직 가설이고, 진여, 나아가 부사의계도 가설인 까닭으로 반야바라밀다도 청정하니라."

세존께서 말씀하셨다.

"선현이여. 고성제가 오직 가설인 까닭으로 반야바라밀다가 청정하고, 집·멸·도성제가 오직 가설인 까닭으로 반야바라밀다가 청정하니라."

"세존이시여. 어찌 고성제가 오직 가설인 까닭으로 반야바라밀다가 청정하고, 집·멸·도성제가 오직 가설인 까닭으로 반야바라밀다가 청정하다고 말합니까?"

"선현이여. 허공이 두 가지의 일에 의지하여 소리를 나타내는 것과 같이, 고·집·멸·도성제가 역시 다시 이와 같이 오직 가설이고, 고·집·멸·도성제도 가설인 까닭으로 반야바라밀다도 청정하니라."

세존께서 말씀하셨다.

"선현이여. 4정려가 오직 가설인 까닭으로 반야바라밀다가 청정하고, 4무량·4무색정이 오직 가설인 까닭으로 반야바라밀다가 청정하니라."

"세존이시여. 어찌 4정려가 오직 가설인 까닭으로 반야바라밀다가 청정하고, 4무량·4무색정이 오직 가설인 까닭으로 반야바라밀다가 청정하다고 말합니까?"

"선현이여. 허공이 두 가지의 일에 의지하여 소리를 나타내는 것과 같이, 4정려·4무량·4무색정이 역시 다시 이와 같이 오직 가설이고, 4정려·4무량·4무색정도 가설인 까닭으로 반야바라밀다도 청정하니라."

세존께서 말씀하셨다.

"선현이여. 8해탈이 오직 가설인 까닭으로 반야바라밀다가 청정하고, 8승처·9차제정·10변처가 오직 가설인 까닭으로 반야바라밀다가 청정하니라."

"세존이시여. 어찌 8해탈이 오직 가설인 까닭으로 반야바라밀다가 청정하고, 8승처·9차제정·10변처가 오직 가설인 까닭으로 반야바라밀다가 청정하다고 말합니까?"

"선현이여. 허공이 두 가지의 일에 의지하여 소리를 나타내는 것과 같이, 8해탈·8승처·9차제정·10변처가 역시 다시 이와 같이 오직 가설이고, 8해탈·8승처·9차제정·10변처도 가설인 까닭으로 반야바라밀다도 청정하니라."

세존께서 말씀하셨다.

"선현이여. 4념주가 오직 가설인 까닭으로 반야바라밀다가 청정하고, 4정단·4신족·5근·5력·7등각지·8성도지가 오직 가설인 까닭으로 반야바라밀다가 청정하니라."

"세존이시여. 어찌 4념주가 오직 가설인 까닭으로 반야바라밀다가 청정하고, 4정단, 나아가 8성도지가 오직 가설인 까닭으로 반야바라밀다가 청정하다고 말합니까?"

"선현이여. 허공이 두 가지의 일에 의지하여 소리를 나타내는 것과 같이, 4념주, 나아가 8성도지가 역시 다시 이와 같이 오직 가설이고, 4념주, 나아가 8성도지도 가설인 까닭으로 반야바라밀다도 청정하니라."

세존께서 말씀하셨다.

"선현이여. 공해탈문이 오직 가설인 까닭으로 반야바라밀다가 청정하고, 무상·무원해탈문이 오직 가설인 까닭으로 반야바라밀다가 청정하니라."

"세존이시여. 어찌 공해탈문이 오직 가설인 까닭으로 반야바라밀다가 청정하고, 무상·무원해탈문이 오직 가설인 까닭으로 반야바라밀다가 청정하다고 말합니까?"

"선현이여. 허공이 두 가지의 일에 의지하여 소리를 나타내는 것과 같이, 공·무상·무원해탈문이 역시 다시 이와 같이 오직 가설이고, 공·무상·무원해탈문도 가설인 까닭으로 반야바라밀다도 청정하니라."

세존께서 말씀하셨다.

"선현이여. 보살의 10지가 오직 가설인 까닭으로 반야바라밀다가 청정하니라."

"세존이시여. 어찌 보살의 10지가 오직 가설인 까닭으로 반야바라밀다가 청정하다고 말합니까?"

"선현이여. 허공이 두 가지의 일에 의지하여 소리를 나타내는 것과 같이, 보살의 10지가 역시 다시 이와 같이 오직 가설이고, 보살의 10지도 가설인 까닭으로 반야바라밀다도 청정하니라."

세존께서 말씀하셨다.

"선현이여. 5안이 오직 가설인 까닭으로 반야바라밀다가 청정하고, 6신통이 오직 가설인 까닭으로 반야바라밀다가 청정하니라."

"세존이시여. 어찌 5안이 오직 가설인 까닭으로 반야바라밀다가 청정하고, 6신통이 오직 가설인 까닭으로 반야바라밀다가 청정하다고 말합니까?"

"선현이여. 허공이 두 가지의 일에 의지하여 소리를 나타내는 것과 같이, 5안·6신통이 역시 다시 이와 같이 오직 가설이고, 5안·6신통도 가설인 까닭으로 반야바라밀다도 청정하니라."

세존께서 말씀하셨다.

"선현이여. 여래의 10력이 오직 가설인 까닭으로 반야바라밀다가 청정하고, 4무소외·4무애해·대자·대비·대희·대사·18불불공법이 오직 가설인 까닭으로 반야바라밀다가 청정하니라."

"세존이시여. 어찌 여래의 10력이 오직 가설인 까닭으로 반야바라밀다가 청정하고, 4무소외, 나아가 18불불공법이 오직 가설인 까닭으로 반야바라밀다가 청정하다고 말합니까?"

"선현이여. 허공이 두 가지의 일에 의지하여 소리를 나타내는 것과 같이, 여래의 10력, 나아가 18불불공법이 역시 다시 이와 같이 오직 가설이고, 여래의 10력, 나아가 18불불공법도 가설인 까닭으로 반야바라밀다도 청정하니라."

세존께서 말씀하셨다.

"선현이여. 무망실법이 오직 가설인 까닭으로 반야바라밀다가 청정하고, 항주사성이 오직 가설인 까닭으로 반야바라밀다가 청정하니라."

"세존이시여. 어찌 무망실법이 오직 가설인 까닭으로 반야바라밀다가 청정하고, 항주사성이 오직 가설인 까닭으로 반야바라밀다가 청정하다고 말합니까?"

"선현이여. 허공이 두 가지의 일에 의지하여 소리를 나타내는 것과 같이, 무망실법·항주사성이 역시 다시 이와 같이 오직 가설이고, 무망실법·항주사성도 가설인 까닭으로 반야바라밀다도 청정하니라."

세존께서 말씀하셨다.

"선현이여. 일체지가 오직 가설인 까닭으로 반야바라밀다가 청정하고, 도상지·일체상지가 오직 가설인 까닭으로 반야바라밀다가 청정하니라."

"세존이시여. 어찌 일체지가 오직 가설인 까닭으로 반야바라밀다가 청정하고, 도상지·일체상지가 오직 가설인 까닭으로 반야바라밀다가 청정하다고 말합니까?"

"선현이여. 허공이 두 가지의 일에 의지하여 소리를 나타내는 것과 같이, 일체지·도상지·일체상지가 역시 다시 이와 같이 오직 가설이고, 일체지·도상지·일체상지도 가설인 까닭으로 반야바라밀다도 청정하니라."

세존께서 말씀하셨다.

"선현이여. 일체의 다라니문이 오직 가설인 까닭으로 반야바라밀다가 청정하고, 일체의 삼마지문이 오직 가설인 까닭으로 반야바라밀다가 청정하니라."

"세존이시여. 어찌 일체의 다라니문이 오직 가설인 까닭으로 반야바라밀다가 청정하고, 일체의 삼마지문이 오직 가설인 까닭으로 반야바라밀다가 청정하다고 말합니까?"

"선현이여. 허공이 두 가지의 일에 의지하여 소리를 나타내는 것과 같이, 일체의 다라니문·일체의 삼마지문이 역시 다시 이와 같이 오직 가설이고, 일체의 다라니문·일체의 삼마지문도 가설인 까닭으로 반야바라밀다도 청정하니라."

세존께서 말씀하셨다.

"선현이여. 예류과가 오직 가설인 까닭으로 반야바라밀다가 청정하고, 일래·불환·아라한과가 오직 가설인 까닭으로 반야바라밀다가 청정하니라."

"세존이시여. 어찌 예류과가 오직 가설인 까닭으로 반야바라밀다가 청정하고, 일래·불환·아라한과가 오직 가설인 까닭으로 반야바라밀다가 청정하다고 말합니까?”

“선현이여. 허공이 두 가지의 일에 의지하여 소리를 나타내는 것과 같이, 예류, 나아가 아라한과가 역시 다시 이와 같이 오직 가설이고, 예류, 나아가 아라한과도 가설인 까닭으로 반야바라밀다도 청정하니라.”

세존께서 말씀하셨다.

“선현이여. 독각의 보리가 오직 가설인 까닭으로 반야바라밀다가 청정하니라.”

“세존이시여. 어찌 독각의 보리가 오직 가설인 까닭으로 반야바라밀다가 청정하다고 말합니까?”

“선현이여. 허공이 두 가지의 일에 의지하여 소리를 나타내는 것과 같이, 독각의 보리가 역시 다시 이와 같이 오직 가설이고, 독각의 보리도 가설인 까닭으로 반야바라밀다도 청정하니라.”

세존께서 말씀하셨다.

“선현이여. 일체의 보살마하살의 행이 오직 가설인 까닭으로 반야바라밀다가 청정하니라.”

“세존이시여. 어찌 일체의 보살마하살의 행이 오직 가설인 까닭으로 반야바라밀다가 청정하다고 말합니까?”

“선현이여. 허공이 두 가지의 일에 의지하여 소리를 나타내는 것과 같이, 일체의 보살마하살의 행이 역시 다시 이와 같이 오직 가설이고, 일체의 보살마하살의 행도 가설인 까닭으로 반야바라밀다도 청정하니라.”

세존께서 말씀하셨다.

“선현이여. 제불의 무상정등보리가 오직 가설인 까닭으로 반야바라밀다가 청정하니라.”

“세존이시여. 어찌 제불의 무상정등보리가 오직 가설인 까닭으로 반야바라밀다가 청정하다고 말합니까?”

“선현이여. 허공이 두 가지의 일에 의지하여 소리를 나타내는 것과 같이, 제불의 무상정등보리가 역시 다시 이와 같이 오직 가설이고, 제불의 무상정등보리도 가설인 까닭으로 반야바라밀다도 청정하니라.”

"다시 다음으로 선현이여. 허공이 오직 가설인 까닭으로 반야바라밀다가 청정하니라."

"세존이시여. 어찌 허공이 오직 가설인 까닭으로 반야바라밀다가 청정하다고 말합니까?"

"선현이여. 허공이 두 가지의 일에 의지하여 소리를 나타내는 것과 같이, 오직 가설인 까닭으로 반야바라밀다도 청정하니라."

"다시 다음으로 선현이여. 색이 불가설(不可說)1)인 까닭으로 반야바라밀다가 청정하고, 수·상·행·식이 불가설인 까닭으로 반야바라밀다가 청정하니라."

"세존이시여. 어찌하여 색이 불가설인 까닭으로 반야바라밀다가 청정하고, 수·상·행·식이 불가설인 까닭으로 반야바라밀다가 청정하다고 말합니까?"

"선현이여. 색이 설할 수 없는 일(無可說事)인 까닭으로 불가설이고, 수·상·행·식이 설할 수 없는 일인 까닭으로 불가설이며, 오히려 이것으로 반야바라밀다가 청정하니라."

세존께서 말씀하셨다.

"선현이여. 안처가 불가설인 까닭으로 반야바라밀다가 청정하고, 이·비·설·신·의처가 불가설인 까닭으로 반야바라밀다가 청정하니라."

"세존이시여. 어찌 안처가 불가설인 까닭으로 반야바라밀다가 청정하고, 이·비·설·신·의처가 불가설인 까닭으로 반야바라밀다가 청정하다고 말합니까?"

"선현이여. 안처가 설할 수 없는 일인 까닭으로 불가설이고, 이·비·설·신·의처가 설할 수 없는 일인 까닭으로 불가설이며, 오히려 이것으로 반야바라밀다가 청정하니라."

세존께서 말씀하셨다.

---

1) 진리는 체득(體得)하는 것이고, 말로써 설명할 수 없다는 뜻이다.

"선현이여. 색처가 불가설인 까닭으로 반야바라밀다가 청정하고, 성·향·미·촉·법처가 불가설인 까닭으로 반야바라밀다가 청정하니라."

"세존이시여. 어찌 색처가 불가설인 까닭으로 반야바라밀다가 청정하고, 성·향·미·촉·법처가 불가설인 까닭으로 반야바라밀다가 청정하다고 말합니까?"

"선현이여. 색처가 설할 수 없는 일인 까닭으로 불가설이고, 성·향·미·촉·법처가 설할 수 없는 일인 까닭으로 불가설이며, 오히려 이것으로 반야바라밀다가 청정하니라."

세존께서 말씀하셨다.

"선현이여. 안계가 불가설인 까닭으로 반야바라밀다가 청정하고, 색계·안식계, 나아가 안촉·안촉을 인연으로 생겨난 여러 수가 불가설인 까닭으로 반야바라밀다가 청정하니라."

"세존이시여. 어찌 안계가 불가설인 까닭으로 반야바라밀다가 청정하고, 색계, 나아가 안촉을 인연으로 생겨난 여러 수가 불가설인 까닭으로 반야바라밀다가 청정하다고 말합니까?"

"선현이여. 안계가 설할 수 없는 일인 까닭으로 불가설이고, 색계, 나아가 안촉을 인연으로 생겨난 여러 수가 설할 수 없는 일인 까닭으로 불가설이며, 오히려 이것으로 반야바라밀다가 청정하니라."

세존께서 말씀하셨다.

"선현이여. 이계가 불가설인 까닭으로 반야바라밀다가 청정하고, 성계·이식계, 나아가 이촉·이촉을 인연으로 생겨난 여러 수가 불가설인 까닭으로 반야바라밀다가 청정하니라."

"세존이시여. 어찌 이계가 불가설인 까닭으로 반야바라밀다가 청정하고, 성계, 나아가 이촉을 인연으로 생겨난 여러 수가 불가설인 까닭으로 반야바라밀다가 청정하다고 말합니까?"

"선현이여. 이계가 설할 수 없는 일인 까닭으로 불가설이고, 성계, 나아가 이촉을 인연으로 생겨난 여러 수가 설할 수 없는 일인 까닭으로 불가설이며, 오히려 이것으로 반야바라밀다가 청정하니라."

세존께서 말씀하셨다.

"선현이여. 비계가 불가설인 까닭으로 반야바라밀다가 청정하고, 향계·비식계, 나아가 비촉·비촉을 인연으로 생겨난 여러 수가 불가설인 까닭으로 반야바라밀다가 청정하니라."

"세존이시여. 어찌 비계가 불가설인 까닭으로 반야바라밀다가 청정하고, 향계, 나아가 비촉을 인연으로 생겨난 여러 수가 불가설인 까닭으로 반야바라밀다가 청정하다고 말합니까?"

"선현이여. 비계가 설할 수 없는 일인 까닭으로 불가설이고, 향계, 나아가 비촉을 인연으로 생겨난 여러 수가 설할 수 없는 일인 까닭으로 불가설이며, 오히려 이것으로 반야바라밀다가 청정하니라."

세존께서 말씀하셨다.

"선현이여. 설계가 불가설인 까닭으로 반야바라밀다가 청정하고, 미계·설식계, 나아가 설촉·설촉을 인연으로 생겨난 여러 수가 불가설인 까닭으로 반야바라밀다가 청정하니라."

"세존이시여. 어찌 설계가 불가설인 까닭으로 반야바라밀다가 청정하고, 미계, 나아가 설촉을 인연으로 생겨난 여러 수가 불가설인 까닭으로 반야바라밀다가 청정하다고 말합니까?"

"선현이여. 설계가 설할 수 없는 일인 까닭으로 불가설이고, 촉계·신식계, 나아가 신촉·신촉을 인연으로 생겨난 여러 수가 설할 수 없는 일인 까닭으로 불가설이며, 오히려 이것으로 반야바라밀다가 청정하니라."

세존께서 말씀하셨다.

"선현이여. 신계가 불가설인 까닭으로 반야바라밀다가 청정하고, 촉계·신식계, 나아가 신촉·신촉을 인연으로 생겨난 여러 수가 불가설인 까닭으로 반야바라밀다가 청정하니라."

"세존이시여. 어찌 신계가 불가설인 까닭으로 반야바라밀다가 청정하고, 촉계, 나아가 신촉을 인연으로 생겨난 여러 수가 불가설인 까닭으로 반야바라밀다가 청정하다고 말합니까?"

"선현이여. 신계가 설할 수 없는 일인 까닭으로 불가설이고, 촉계,

나아가 신촉을 인연으로 생겨난 여러 수가 설할 수 없는 일인 까닭으로 불가설이며, 오히려 이것으로 반야바라밀다가 청정하니라."

세존께서 말씀하셨다.

"선현이여. 의계가 불가설인 까닭으로 반야바라밀다가 청정하고, 법계·의식계, 나아가 의촉·의촉을 인연으로 생겨난 여러 수가 불가설인 까닭으로 반야바라밀다가 청정하니라."

"세존이시여. 어찌 의계가 불가설인 까닭으로 반야바라밀다가 청정하고, 법계, 나아가 의촉을 인연으로 생겨난 여러 수가 불가설인 까닭으로 반야바라밀다가 청정하다고 말합니까?"

"선현이여. 의계가 설할 수 없는 일인 까닭으로 불가설이고, 법계, 나아가 의촉을 인연으로 생겨난 여러 수가 설할 수 없는 일인 까닭으로 불가설이며, 오히려 이것으로 반야바라밀다가 청정하니라."

세존께서 말씀하셨다.

"선현이여. 지계가 불가설인 까닭으로 반야바라밀다가 청정하고, 수·화·풍·공·식계가 불가설인 까닭으로 반야바라밀다가 청정하니라."

"세존이시여. 어찌 지계가 불가설인 까닭으로 반야바라밀다가 청정하고, 수·화·풍·공·식계가 불가설인 까닭으로 반야바라밀다가 청정하다고 말합니까?"

"선현이여. 지계가 설할 수 없는 일인 까닭으로 불가설이고, 수·화·풍·공·식계가 설할 수 없는 일인 까닭으로 불가설이며, 오히려 이것으로 반야바라밀다가 청정하니라."

세존께서 말씀하셨다.

"선현이여. 무명이 불가설인 까닭으로 반야바라밀다가 청정하고, 행·식·명색·육처·촉·수·애·취·유·생·노사의 수탄고우뇌가 불가설인 까닭으로 반야바라밀다가 청정하니라."

"세존이시여. 어찌 무명이 불가설인 까닭으로 반야바라밀다가 청정하고, 행, 나아가 노사의 수탄고우뇌가 불가설인 까닭으로 반야바라밀다가 청정하다고 말합니까?"

"선현이여. 무명이 설할 수 없는 일인 까닭으로 불가설이고, 행, 나아가 노사의 수탄고우뇌가 설할 수 없는 일인 까닭으로 불가설이며, 오히려 이것으로 반야바라밀다가 청정하니라."

세존께서 말씀하셨다.

"선현이여. 보시바라밀다가 불가설인 까닭으로 반야바라밀다가 청정하고, 정계·안인·정진·정려·반야바라밀다가 불가설인 까닭으로 반야바라밀다가 청정하니라."

"세존이시여. 어찌 보시바라밀다가 불가설인 까닭으로 반야바라밀다가 청정하고, 정계, 나아가 반야바라밀다가 불가설인 까닭으로 반야바라밀다가 청정하다고 말합니까?"

"선현이여. 보시바라밀다가 설할 수 없는 일인 까닭으로 불가설이고, 정계, 나아가 반야바라밀다가 설할 수 없는 일인 까닭으로 불가설이며, 오히려 이것으로 반야바라밀다가 청정하니라."

세존께서 말씀하셨다.

"선현이여. 내공이 불가설인 까닭으로 반야바라밀다가 청정하고, 외공·내외공·공공·대공·승의공·유위공·무위공·필경공·무제공·산공·무변이공·본성공·자상공·공상공·일체법공·불가득공·무성공·자성공·무성자성공이 불가설인 까닭으로 반야바라밀다가 청정하니라."

"세존이시여. 어찌 내공이 불가설인 까닭으로 반야바라밀다가 청정하고, 외공, 나아가 무성자성공이 불가설인 까닭으로 반야바라밀다가 청정하다고 말합니까?"

"선현이여. 내공이 설할 수 없는 일인 까닭으로 불가설이고, 외공, 나아가 무성자성공이 설할 수 없는 일인 까닭으로 불가설이며, 오히려 이것으로 반야바라밀다가 청정하니라."

세존께서 말씀하셨다.

"선현이여. 진여가 불가설인 까닭으로 반야바라밀다가 청정하고, 법계·법성·불허망성·불변이성·평등성·이생성·법정·법주·실제·허공계·부사의계가 불가설인 까닭으로 반야바라밀다가 청정하니라."

"세존이시여. 어찌 진여가 불가설인 까닭으로 반야바라밀다가 청정하고, 법계, 나아가 부사의계가 불가설인 까닭으로 반야바라밀다가 청정하다고 말합니까?"

"선현이여. 진여가 설할 수 없는 일인 까닭으로 불가설이고, 법계, 나아가 부사의계가 설할 수 없는 일인 까닭으로 불가설이며, 오히려 이것으로 반야바라밀다가 청정하니라."

세존께서 말씀하셨다.

"선현이여. 고성제가 불가설인 까닭으로 반야바라밀다가 청정하고, 집·멸·도성제가 불가설인 까닭으로 반야바라밀다가 청정하니라."

"세존이시여. 어찌 고성제가 불가설인 까닭으로 반야바라밀다가 청정하고, 집·멸·도성제가 불가설인 까닭으로 반야바라밀다가 청정하다고 말합니까?"

"선현이여. 고성제가 설할 수 없는 일인 까닭으로 불가설이고, 집·멸·도성제가 설할 수 없는 일인 까닭으로 불가설이며, 오히려 이것으로 반야바라밀다가 청정하니라."

세존께서 말씀하셨다.

"선현이여. 4정려가 불가설인 까닭으로 반야바라밀다가 청정하고, 4무량·4무색정이 불가설인 까닭으로 반야바라밀다가 청정하니라."

"세존이시여. 어찌 4정려가 불가설인 까닭으로 반야바라밀다가 청정하고, 4무량·4무색정이 불가설인 까닭으로 반야바라밀다가 청정하다고 말합니까?"

"선현이여. 4정려가 설할 수 없는 일인 까닭으로 불가설이고, 4무량·4무색정이 설할 수 없는 일인 까닭으로 불가설이며, 오히려 이것으로 반야바라밀다가 청정하니라."

세존께서 말씀하셨다.

"선현이여. 8해탈이 불가설인 까닭으로 반야바라밀다가 청정하고, 8승처·9차제정·10변처가 불가설인 까닭으로 반야바라밀다가 청정하니라."

"세존이시여. 어찌 8해탈이 불가설인 까닭으로 반야바라밀다가 청정하고, 8승처·9차제정·10변처가 불가설인 까닭으로 반야바라밀다가 청정하다고 말합니까?”

“선현이여. 8해탈이 설할 수 없는 일인 까닭으로 불가설이고, 8승처·9차제정·10변처가 설할 수 없는 일인 까닭으로 불가설이며, 오히려 이것으로 반야바라밀다가 청정하니라.”

세존께서 말씀하셨다.

“선현이여. 4념주가 불가설인 까닭으로 반야바라밀다가 청정하고, 4정단·4신족·5근·5력·7등각지·8성도지가 불가설인 까닭으로 반야바라밀다가 청정하니라.”

“세존이시여. 어찌 4념주가 불가설인 까닭으로 반야바라밀다가 청정하고, 4정단, 나아가 8성도지가 불가설인 까닭으로 반야바라밀다가 청정하다고 말합니까?”

“선현이여. 4념주가 설할 수 없는 일인 까닭으로 불가설이고, 4정단, 나아가 8성도지가 설할 수 없는 일인 까닭으로 불가설이며, 오히려 이것으로 반야바라밀다가 청정하니라.”

세존께서 말씀하셨다.

“선현이여. 공해탈문이 불가설인 까닭으로 반야바라밀다가 청정하고, 무상·무원해탈문이 불가설인 까닭으로 반야바라밀다가 청정하니라.”

“세존이시여. 어찌 공해탈문이 불가설인 까닭으로 반야바라밀다가 청정하고, 무상·무원해탈문이 불가설인 까닭으로 반야바라밀다가 청정하다고 말합니까?”

“선현이여. 공해탈문이 설할 수 없는 일인 까닭으로 불가설이고, 무상·무원해탈문이 설할 수 없는 일인 까닭으로 불가설이며, 오히려 이것으로 반야바라밀다가 청정하니라.”

세존께서 말씀하셨다.

“선현이여. 보살의 10지가 불가설인 까닭으로 반야바라밀다가 청정하니라.”

“세존이시여. 어찌 보살의 10지가 불가설인 까닭으로 반야바라밀다가 청정합니까?"

　"선현이여. 보살의 10지가 설할 수 없는 일인 까닭으로 불가설이고, 오히려 이것으로 반야바라밀다가 청정하니라."

마하반야바라밀다경 제295권

37. 설반야상품(說般若相品)(4)

세존께서 말씀하셨다.

"선현이여. 5안이 불가설인 까닭으로 반야바라밀다가 청정하고, 6신통이 불가설인 까닭으로 반야바라밀다가 청정하니라."

"세존이시여. 어찌 5안이 불가설인 까닭으로 반야바라밀다가 청정하고, 6신통이 불가설인 까닭으로 반야바라밀다가 청정하다고 말합니까?"

"선현이여. 5안이 설할 수 없는 일인 까닭으로 불가설이고, 6신통이 설할 수 없는 일인 까닭으로 불가설이며, 오히려 이것으로 반야바라밀다가 청정하니라."

세존께서 말씀하셨다.

"선현이여. 여래의 10력이 불가설인 까닭으로 반야바라밀다가 청정하고, 4무소외·4무애해·대자·대비·대희·대사·18불불공법이 불가설인 까닭으로 반야바라밀다가 청정하니라."

"세존이시여. 어찌 여래의 10력이 불가설인 까닭으로 반야바라밀다가 청정하고, 4무소외, 나아가 18불불공법이 불가설인 까닭으로 반야바라밀다가 청정하다고 말합니까?"

"선현이여. 여래의 10력이 설할 수 없는 일인 까닭으로 불가설이고, 4무소외, 나아가 18불불공법이 설할 수 없는 일인 까닭으로 불가설이며, 오히려 이것으로 반야바라밀다가 청정하니라."

세존께서 말씀하셨다.

"선현이여. 무망실법이 불가설인 까닭으로 반야바라밀다가 청정하고, 항주사성이 불가설인 까닭으로 반야바라밀다가 청정하니라."

"세존이시여. 어찌 무망실법이 불가설인 까닭으로 반야바라밀다가 청정하고, 항주사성이 불가설인 까닭으로 반야바라밀다가 청정하다고 말합니까?"

"선현이여. 무망실법이 설할 수 없는 일인 까닭으로 불가설이고, 항주사성이 설할 수 없는 일인 까닭으로 불가설이며, 오히려 이것으로 반야바라밀다가 청정하니라."

세존께서 말씀하셨다.

"선현이여. 일체지가 불가설인 까닭으로 반야바라밀다가 청정하고, 도상지·일체상지가 불가설인 까닭으로 반야바라밀다가 청정하니라."

"세존이시여. 어찌 일체지가 불가설인 까닭으로 반야바라밀다가 청정하고, 도상지·일체상지가 불가설인 까닭으로 반야바라밀다가 청정하다고 말합니까?"

"선현이여. 일체지가 설할 수 없는 일인 까닭으로 불가설이고, 도상지·일체상지가 설할 수 없는 일인 까닭으로 불가설이며, 오히려 이것으로 반야바라밀다가 청정하니라."

세존께서 말씀하셨다.

"선현이여. 일체의 다라니문이 불가설인 까닭으로 반야바라밀다가 청정하고, 일체의 삼마지문이 불가설인 까닭으로 반야바라밀다가 청정하니라."

"세존이시여. 어찌 일체의 다라니문이 불가설인 까닭으로 반야바라밀다가 청정하고, 일체의 삼마지문이 불가설인 까닭으로 반야바라밀다가 청정하다고 말합니까?"

"선현이여. 일체의 다라니문이 설할 수 없는 일인 까닭으로 불가설이고, 일체의 삼마지문이 설할 수 없는 일인 까닭으로 불가설이며, 오히려 이것으로 반야바라밀다가 청정하니라."

세존께서 말씀하셨다.

"선현이여. 예류과가 불가설인 까닭으로 반야바라밀다가 청정하고, 일래·불환·아라한과가 불가설인 까닭으로 반야바라밀다가 청정하니라."

"세존이시여. 어찌 예류과가 불가설인 까닭으로 반야바라밀다가 청정하고, 일래·불환·아라한과가 불가설인 까닭으로 반야바라밀다가 청정하다고 말합니까?"

"선현이여. 예류과가 설할 수 없는 일인 까닭으로 불가설이고, 일래·불환·아라한과가 설할 수 없는 일인 까닭으로 불가설이며, 오히려 이것으로 반야바라밀다가 청정하니라."

세존께서 말씀하셨다.

"선현이여. 독각의 보리가 불가설인 까닭으로 반야바라밀다가 청정하니라."

"세존이시여. 어찌 독각의 보리가 불가설인 까닭으로 반야바라밀다가 청정하다고 말합니까?"

"선현이여. 독각의 보리가 설할 수 없는 일인 까닭으로 불가설이고, 오히려 이것으로 반야바라밀다가 청정하니라."

세존께서 말씀하셨다.

"선현이여. 일체의 보살마하살의 행이 불가설인 까닭으로 반야바라밀다가 청정하니라."

"세존이시여. 어찌 일체의 보살마하살의 행이 불가설인 까닭으로 반야바라밀다가 청정하다고 말합니까?"

"선현이여. 일체의 보살마하살의 행이 설할 수 없는 일인 까닭으로 불가설이고, 오히려 이것으로 반야바라밀다가 청정하니라."

세존께서 말씀하셨다.

"선현이여. 제불의 무상정등보리가 불가설인 까닭으로 반야바라밀다가 청정하니라."

"세존이시여. 어찌 제불의 무상정등보리가 불가설인 까닭으로 반야바라밀다가 청정하다고 말합니까?"

"선현이여. 제불의 무상정등보리가 설할 수 없는 일인 까닭으로 불가설이고, 오히려 이것으로 반야바라밀다가 청정하니라.”

“다시 다음으로 선현이여. 허공이 불가설(不可說)인 까닭으로 반야바라밀다가 청정하니라.”

“세존이시여. 어찌 허공이 불가설인 까닭으로 반야바라밀다가 청정합니까?”

“선현이여. 허공이 설할 수 없는 일(無可說事)인 까닭으로 불가설이고, 오히려 이것으로 반야바라밀다도 청정하니라.”

“다시 다음으로 선현이여. 색이 얻을 수 없는(不可得) 까닭으로 반야바라밀다가 청정하고, 수·상·행·식이 얻을 수 없는 까닭으로 반야바라밀다가 청정하니라.”

“세존이시여. 어찌하여 색이 얻을 수 없는 까닭으로 반야바라밀다가 청정하고, 수·상·행·식이 얻을 수 없는 까닭으로 반야바라밀다가 청정하다고 말합니까?”

“선현이여. 색이 얻을 수 없는 일(無可得事)인 까닭으로 얻을 수 없고, 수·상·행·식이 얻을 수 없는 일인 까닭으로 얻을 수 없으며, 오히려 이것으로 반야바라밀다가 청정하니라.”

세존께서 말씀하셨다.

“선현이여. 안처가 얻을 수 없는 까닭으로 반야바라밀다가 청정하고, 이·비·설·신·의처가 얻을 수 없는 까닭으로 반야바라밀다가 청정하니라.”

“세존이시여. 어찌 안처가 얻을 수 없는 까닭으로 반야바라밀다가 청정하고, 이·비·설·신·의처가 얻을 수 없는 까닭으로 반야바라밀다가 청정하다고 말합니까?”

“선현이여. 안처가 얻을 수 없는 일인 까닭으로 얻을 수 없고, 이·비·설·신·의처가 얻을 수 없는 일인 까닭으로 얻을 수 없으며, 오히려 이것으로 반야바라밀다가 청정하니라.”

세존께서 말씀하셨다.

“선현이여. 색처가 얻을 수 없는 까닭으로 반야바라밀다가 청정하고,

성·향·미·촉·법처가 얻을 수 없는 까닭으로 반야바라밀다가 청정하니라.”

“세존이시여. 어찌 색처가 얻을 수 없는 까닭으로 반야바라밀다가 청정하고, 성·향·미·촉·법처가 얻을 수 없는 까닭으로 반야바라밀다가 청정하다고 말합니까?”

“선현이여. 색처가 얻을 수 없는 일인 까닭으로 얻을 수 없고, 성·향·미·촉·법처가 얻을 수 없는 일인 까닭으로 얻을 수 없으며, 오히려 이것으로 반야바라밀다가 청정하니라.”

세존께서 말씀하셨다.

“선현이여. 안계가 얻을 수 없는 까닭으로 반야바라밀다가 청정하고, 색계·안식계, 나아가 안촉·안촉을 인연으로 생겨난 여러 수가 얻을 수 없는 까닭으로 반야바라밀다가 청정하니라.”

“세존이시여. 어찌 안계가 얻을 수 없는 까닭으로 반야바라밀다가 청정하고, 색계, 나아가 안촉을 인연으로 생겨난 여러 수가 얻을 수 없는 까닭으로 반야바라밀다가 청정하다고 말합니까?”

“선현이여. 안계가 얻을 수 없는 일인 까닭으로 얻을 수 없고, 색계, 나아가 안촉을 인연으로 생겨난 여러 수가 얻을 수 없는 일인 까닭으로 얻을 수 없으며, 오히려 이것으로 반야바라밀다가 청정하니라.”

세존께서 말씀하셨다.

“선현이여. 이계가 얻을 수 없는 까닭으로 반야바라밀다가 청정하고, 성계·이식계, 나아가 이촉·이촉을 인연으로 생겨난 여러 수가 얻을 수 없는 까닭으로 반야바라밀다가 청정하니라.”

“세존이시여. 어찌 이계가 얻을 수 없는 까닭으로 반야바라밀다가 청정하고, 성계, 나아가 이촉을 인연으로 생겨난 여러 수가 얻을 수 없는 까닭으로 반야바라밀다가 청정하다고 말합니까?”

“선현이여. 이계가 얻을 수 없는 일인 까닭으로 얻을 수 없고, 성계, 나아가 이촉을 인연으로 생겨난 여러 수가 얻을 수 없는 일인 까닭으로 얻을 수 없으며, 오히려 이것으로 반야바라밀다가 청정하니라.”

세존께서 말씀하셨다.

"선현이여. 비계가 얻을 수 없는 까닭으로 반야바라밀다가 청정하고, 향계·비식계, 나아가 비촉·비촉을 인연으로 생겨난 여러 수가 얻을 수 없는 까닭으로 반야바라밀다가 청정하니라."

"세존이시여. 어찌 비계가 얻을 수 없는 까닭으로 반야바라밀다가 청정하고, 향계, 나아가 비촉을 인연으로 생겨난 여러 수가 얻을 수 없는 까닭으로 반야바라밀다가 청정하다고 말합니까?"

"선현이여. 비계가 얻을 수 없는 일인 까닭으로 얻을 수 없고, 향계, 나아가 비촉을 인연으로 생겨난 여러 수가 얻을 수 없는 일인 까닭으로 얻을 수 없으며, 오히려 이것으로 반야바라밀다가 청정하니라."

세존께서 말씀하셨다.

"선현이여. 설계가 얻을 수 없는 까닭으로 반야바라밀다가 청정하고, 미계·설식계, 나아가 설촉·설촉을 인연으로 생겨난 여러 수가 얻을 수 없는 까닭으로 반야바라밀다가 청정하니라."

"세존이시여. 어찌 설계가 얻을 수 없는 까닭으로 반야바라밀다가 청정하고, 미계, 나아가 설촉을 인연으로 생겨난 여러 수가 얻을 수 없는 까닭으로 반야바라밀다가 청정하다고 말합니까?"

"선현이여. 설계가 얻을 수 없는 일인 까닭으로 얻을 수 없고, 미계, 나아가 설촉을 인연으로 생겨난 여러 수가 얻을 수 없는 일인 까닭으로 얻을 수 없으며, 오히려 이것으로 반야바라밀다가 청정하니라."

세존께서 말씀하셨다.

"선현이여. 신계가 얻을 수 없는 까닭으로 반야바라밀다가 청정하고, 촉계·신식계, 나아가 신촉·신촉을 인연으로 생겨난 여러 수가 얻을 수 없는 까닭으로 반야바라밀다가 청정하니라."

"세존이시여. 어찌 신계가 얻을 수 없는 까닭으로 반야바라밀다가 청정하고, 촉계, 나아가 신촉을 인연으로 생겨난 여러 수가 얻을 수 없는 까닭으로 반야바라밀다가 청정하다고 말합니까?"

"선현이여. 신계가 얻을 수 없는 일인 까닭으로 얻을 수 없고, 촉계, 나아가 신촉을 인연으로 생겨난 여러 수가 얻을 수 없는 일인 까닭으로 얻을 수 없으며, 오히려 이것으로 반야바라밀다가 청정하니라."

세존께서 말씀하셨다.

"선현이여. 의계가 얻을 수 없는 까닭으로 반야바라밀다가 청정하고, 법계·의식계, 나아가 의촉·의촉을 인연으로 생겨난 여러 수가 얻을 수 없는 까닭으로 반야바라밀다가 청정하니라."

"세존이시여. 어찌 의계가 얻을 수 없는 까닭으로 반야바라밀다가 청정하고, 법계, 나아가 의촉을 인연으로 생겨난 여러 수가 얻을 수 없는 까닭으로 반야바라밀다가 청정하다고 말합니까?"

"선현이여. 의계가 얻을 수 없는 일인 까닭으로 얻을 수 없고, 법계, 나아가 의촉을 인연으로 생겨난 여러 수가 얻을 수 없는 일인 까닭으로 얻을 수 없으며, 오히려 이것으로 반야바라밀다가 청정하니라."

세존께서 말씀하셨다.

"선현이여. 지계가 얻을 수 없는 까닭으로 반야바라밀다가 청정하고, 수·화·풍·공·식계가 얻을 수 없는 까닭으로 반야바라밀다가 청정하니라."

"세존이시여. 어찌 지계가 얻을 수 없는 까닭으로 반야바라밀다가 청정하고, 수·화·풍·공·식계가 얻을 수 없는 까닭으로 반야바라밀다가 청정하다고 말합니까?"

"선현이여. 지계가 얻을 수 없는 일인 까닭으로 얻을 수 없고, 수·화·풍·공·식계가 얻을 수 없는 일인 까닭으로 얻을 수 없으며, 오히려 이것으로 반야바라밀다가 청정하니라."

세존께서 말씀하셨다.

"선현이여. 무명이 얻을 수 없는 까닭으로 반야바라밀다가 청정하고, 행·식·명색·육처·촉·수·애·취·유·생·노사의 수탄고우뇌가 얻을 수 없는 까닭으로 반야바라밀다가 청정하니라."

"세존이시여. 어찌 무명이 얻을 수 없는 까닭으로 반야바라밀다가 청정하고, 행, 나아가 노사의 수탄고우뇌가 얻을 수 없는 까닭으로 반야바라밀다가 청정하다고 말합니까?"

"선현이여. 무명이 얻을 수 없는 일인 까닭으로 얻을 수 없고, 행,

나아가 노사의 수탄고우뇌가 얻을 수 없는 일인 까닭으로 얻을 수 없으며, 오히려 이것으로 반야바라밀다가 청정하니라."

세존께서 말씀하셨다.

"선현이여. 보시바라밀다가 얻을 수 없는 까닭으로 반야바라밀다가 청정하고, 정계·안인·정진·정려·반야바라밀다가 얻을 수 없는 까닭으로 반야바라밀다가 청정하니라."

"세존이시여. 어찌 보시바라밀다가 얻을 수 없는 까닭으로 반야바라밀다가 청정하고, 정계, 나아가 반야바라밀다가 얻을 수 없는 까닭으로 반야바라밀다가 청정하다고 말합니까?"

"선현이여. 보시바라밀다가 얻을 수 없는 일인 까닭으로 얻을 수 없고, 정계, 나아가 반야바라밀다가 얻을 수 없는 일인 까닭으로 얻을 수 없으며, 오히려 이것으로 반야바라밀다가 청정하니라."

세존께서 말씀하셨다.

"선현이여. 내공이 얻을 수 없는 까닭으로 반야바라밀다가 청정하고, 외공·내외공·공공·대공·승의공·유위공·무위공·필경공·무제공·산공·무변이공·본성공·자상공·공상공·일체법공·불가득공·무성공·자성공·무성자성공이 얻을 수 없는 까닭으로 반야바라밀다가 청정하니라."

"세존이시여. 어찌 내공이 얻을 수 없는 까닭으로 반야바라밀다가 청정하고, 외공, 나아가 무성자성공이 얻을 수 없는 까닭으로 반야바라밀다가 청정하다고 말합니까?"

"선현이여. 내공이 얻을 수 없는 일인 까닭으로 얻을 수 없고, 외공, 나아가 무성자성공이 얻을 수 없는 일인 까닭으로 얻을 수 없으며, 오히려 이것으로 반야바라밀다가 청정하니라."

세존께서 말씀하셨다.

"선현이여. 진여가 얻을 수 없는 까닭으로 반야바라밀다가 청정하고, 법계·법성·불허망성·불변이성·평등성·이생성·법정·법주·실제·허공계·부사의계가 얻을 수 없는 까닭으로 반야바라밀다가 청정하니라."

"세존이시여. 어찌 진여가 얻을 수 없는 까닭으로 반야바라밀다가

청정하고, 법계, 나아가 부사의계가 얻을 수 없는 까닭으로 반야바라밀다
가 청정하다고 말합니까?"

"선현이여. 진여가 얻을 수 없는 일인 까닭으로 얻을 수 없고, 법계,
나아가 부사의계가 얻을 수 없는 일인 까닭으로 얻을 수 없으며, 오히려
이것으로 반야바라밀다가 청정하니라."

세존께서 말씀하셨다.

"선현이여. 고성제가 얻을 수 없는 까닭으로 반야바라밀다가 청정하고,
집·멸·도성제가 얻을 수 없는 까닭으로 반야바라밀다가 청정하니라."

"세존이시여. 어찌 고성제가 얻을 수 없는 까닭으로 반야바라밀다가
청정하고, 집·멸·도성제가 얻을 수 없는 까닭으로 반야바라밀다가 청정하
다고 말합니까?"

"선현이여. 고성제가 얻을 수 없는 일인 까닭으로 얻을 수 없고, 집·멸·도
성제가 얻을 수 없는 일인 까닭으로 얻을 수 없으며, 오히려 이것으로
반야바라밀다가 청정하니라."

세존께서 말씀하셨다.

"선현이여. 4정려가 얻을 수 없는 까닭으로 반야바라밀다가 청정하고,
4무량·4무색정이 얻을 수 없는 까닭으로 반야바라밀다가 청정하니라."

"세존이시여. 어찌 4정려가 얻을 수 없는 까닭으로 반야바라밀다가
청정하고, 4무량·4무색정이 얻을 수 없는 까닭으로 반야바라밀다가 청정
하다고 말합니까?"

"선현이여. 4정려가 얻을 수 없는 일인 까닭으로 얻을 수 없고, 4무량·4
무색정이 얻을 수 없는 일인 까닭으로 얻을 수 없으며, 오히려 이것으로
반야바라밀다가 청정하니라."

세존께서 말씀하셨다.

"선현이여. 8해탈이 얻을 수 없는 까닭으로 반야바라밀다가 청정하고,
8승처·9차제정·10변처가 얻을 수 없는 까닭으로 반야바라밀다가 청정하
니라."

"세존이시여. 어찌 8해탈이 얻을 수 없는 까닭으로 반야바라밀다가

청정하고, 8승처·9차제정·10변처가 얻을 수 없는 까닭으로 반야바라밀다
가 청정하다고 말합니까?"

"선현이여. 8해탈이 얻을 수 없는 일인 까닭으로 얻을 수 없고, 8승처·9
차제정·10변처가 얻을 수 없는 일인 까닭으로 얻을 수 없으며, 오히려
이것으로 반야바라밀다가 청정하니라."

세존께서 말씀하셨다.

"선현이여. 4념주가 얻을 수 없는 까닭으로 반야바라밀다가 청정하고,
4정단·4신족·5근·5력·7등각지·8성도지가 얻을 수 없는 까닭으로 반야바
라밀다가 청정하니라."

"세존이시여. 어찌 4념주가 얻을 수 없는 까닭으로 반야바라밀다가
청정하고, 4정단, 나아가 8성도지가 얻을 수 없는 까닭으로 반야바라밀다
가 청정하다고 말합니까?"

"선현이여. 4념주가 얻을 수 없는 일인 까닭으로 얻을 수 없고, 4정단,
나아가 8성도지가 얻을 수 없는 일인 까닭으로 얻을 수 없으며, 오히려
이것으로 반야바라밀다가 청정하니라."

세존께서 말씀하셨다.

"선현이여. 공해탈문이 얻을 수 없는 까닭으로 반야바라밀다가 청정하고,
무상·무원해탈문이 얻을 수 없는 까닭으로 반야바라밀다가 청정하니라."

"세존이시여. 어찌 공해탈문이 얻을 수 없는 까닭으로 반야바라밀다가
청정하고, 무상·무원해탈문이 얻을 수 없는 까닭으로 반야바라밀다가
청정하다고 말합니까?"

"선현이여. 공해탈문이 얻을 수 없는 일인 까닭으로 얻을 수 없고,
무상·무원해탈문이 얻을 수 없는 일인 까닭으로 얻을 수 없으며, 오히려
이것으로 반야바라밀다가 청정하니라."

세존께서 말씀하셨다.

"선현이여. 보살의 10지가 얻을 수 없는 까닭으로 반야바라밀다가
청정하니라."

"세존이시여. 어찌 보살의 10지가 얻을 수 없는 까닭으로 반야바라밀다

가 청정하다고 말합니까?"

"선현이여. 보살의 10지가 얻을 수 없는 일인 까닭으로 얻을 수 없고, 오히려 이것으로 반야바라밀다가 청정하니라."

세존께서 말씀하셨다.

"선현이여. 5안이 얻을 수 없는 까닭으로 반야바라밀다가 청정하고, 6신통이 얻을 수 없는 까닭으로 반야바라밀다가 청정하니라."

"세존이시여. 어찌 5안이 얻을 수 없는 까닭으로 반야바라밀다가 청정하고, 6신통이 얻을 수 없는 까닭으로 반야바라밀다가 청정하다고 말합니까?"

"선현이여. 5안이 얻을 수 없는 일인 까닭으로 얻을 수 없고, 6신통이 얻을 수 없는 일인 까닭으로 얻을 수 없으며, 오히려 이것으로 반야바라밀 다가 청정하니라."

세존께서 말씀하셨다.

"선현이여. 여래의 10력이 얻을 수 없는 까닭으로 반야바라밀다가 청정하고, 4무소외·4무애해·대자·대비·대희·대사·18불불공법이 얻을 수 없는 까닭으로 반야바라밀다가 청정하니라."

"세존이시여. 어찌 여래의 10력이 얻을 수 없는 까닭으로 반야바라밀다가 청정하고, 4무소외, 나아가 18불불공법이 얻을 수 없는 까닭으로 반야바라밀다가 청정하다고 말합니까?"

"선현이여. 여래의 10력이 얻을 수 없는 일인 까닭으로 얻을 수 없고, 4무소외, 나아가 18불불공법이 얻을 수 없는 일인 까닭으로 얻을 수 없으며, 오히려 이것으로 반야바라밀다가 청정하니라."

세존께서 말씀하셨다.

"선현이여. 무망실법이 얻을 수 없는 까닭으로 반야바라밀다가 청정하고, 항주사성이 얻을 수 없는 까닭으로 반야바라밀다가 청정하니라."

"세존이시여. 어찌 무망실법이 얻을 수 없는 까닭으로 반야바라밀다가 청정하고, 항주사성이 얻을 수 없는 까닭으로 반야바라밀다가 청정하다고 말합니까?"

"선현이여. 무망실법이 얻을 수 없는 일인 까닭으로 얻을 수 없고,

항주사성이 얻을 수 없는 일인 까닭으로 얻을 수 없으며, 오히려 이것으로
반야바라밀다가 청정하니라.”

세존께서 말씀하셨다.

“선현이여. 일체지가 얻을 수 없는 까닭으로 반야바라밀다가 청정하고,
도상지·일체상지가 얻을 수 없는 까닭으로 반야바라밀다가 청정하니라.”

“세존이시여. 어찌 일체지가 얻을 수 없는 까닭으로 반야바라밀다가
청정하고, 도상지·일체상지가 얻을 수 없는 까닭으로 반야바라밀다가
청정하다고 말합니까?”

“선현이여. 일체지가 얻을 수 없는 일인 까닭으로 얻을 수 없고, 도상지·
일체상지가 얻을 수 없는 일인 까닭으로 얻을 수 없으며, 오히려 이것으로
반야바라밀다가 청정하니라.”

세존께서 말씀하셨다.

“선현이여. 일체의 다라니문이 얻을 수 없는 까닭으로 반야바라밀다가
청정하고, 일체의 삼마지문이 얻을 수 없는 까닭으로 반야바라밀다가
청정하니라.”

“세존이시여. 어찌 일체의 다라니문이 얻을 수 없는 까닭으로 반야바라
밀다가 청정하고, 일체의 삼마지문이 얻을 수 없는 까닭으로 반야바라밀
다가 청정하다고 말합니까?”

“선현이여. 일체의 다라니문이 얻을 수 없는 일인 까닭으로 얻을 수
없고, 일체의 삼마지문이 얻을 수 없는 일인 까닭으로 얻을 수 없으며,
오히려 이것으로 반야바라밀다가 청정하니라.”

세존께서 말씀하셨다.

“선현이여. 예류과가 얻을 수 없는 까닭으로 반야바라밀다가 청정하고,
일래·불환·아라한과가 얻을 수 없는 까닭으로 반야바라밀다가 청정하니라.”

“세존이시여. 어찌 예류과가 얻을 수 없는 까닭으로 반야바라밀다가
청정하고, 일래·불환·아라한과가 얻을 수 없는 까닭으로 반야바라밀다가
청정하다고 말합니까?”

“선현이여. 예류과가 얻을 수 없는 일인 까닭으로 얻을 수 없고, 일래·불

환·아라한과가 얻을 수 없는 일인 까닭으로 얻을 수 없으며, 오히려 이것으로 반야바라밀다가 청정하니라."

세존께서 말씀하셨다.

"선현이여. 독각의 보리가 얻을 수 없는 까닭으로 반야바라밀다가 청정하니라."

"세존이시여. 어찌 독각의 보리가 얻을 수 없는 까닭으로 반야바라밀다가 청정하다고 말합니까?"

"선현이여. 독각의 보리가 얻을 수 없는 일인 까닭으로 얻을 수 없고, 오히려 이것으로 반야바라밀다가 청정하니라."

세존께서 말씀하셨다.

"선현이여. 일체의 보살마하살의 행이 얻을 수 없는 까닭으로 반야바라밀다가 청정하니라."

"세존이시여. 어찌 일체의 보살마하살의 행이 얻을 수 없는 까닭으로 반야바라밀다가 청정하다고 말합니까?"

"선현이여. 일체의 보살마하살의 행이 얻을 수 없는 일인 까닭으로 얻을 수 없고, 오히려 이것으로 반야바라밀다가 청정하니라."

세존께서 말씀하셨다.

"선현이여. 제불의 무상정등보리가 얻을 수 없는 까닭으로 반야바라밀다가 청정하니라."

"세존이시여. 어찌 제불의 무상정등보리가 얻을 수 없는 까닭으로 반야바라밀다가 청정하다고 말합니까?"

"선현이여. 제불의 무상정등보리가 얻을 수 없는 일인 까닭으로 얻을 수 없고, 오히려 이것으로 반야바라밀다가 청정하니라."

"다시 다음으로 선현이여. 허공이 얻을 수 없는 까닭으로 반야바라밀다가 청정하니라."

"세존이시여. 어찌 허공이 얻을 수 없는 까닭으로 반야바라밀다가 청정하다고 말합니까?"

"선현이여. 허공이 얻을 수 없는 일인 까닭으로 얻을 수 없고, 오히려 이것으로 반야바라밀다도 청정하니라."

"다시 다음으로 선현이여. 색이 생겨나지도 않고(不生) 소멸하지도 않으며(不滅) 염오가 아니고(不染) 청정함이 아닌(不淨) 까닭으로 반야바라밀다가 청정하고, 수·상·행·식이 생겨나지도 않고 소멸하지도 않으며 염오가 아니고 청정함이 아닌 까닭으로 반야바라밀다가 청정하니라."

"세존이시여. 어찌하여 색이 생겨나지도 않고 소멸하지도 않으며 염오가 아니고 청정함이 아닌 까닭으로 반야바라밀다가 청정하고, 수·상·행·식이 생겨나지도 않고 소멸하지도 않으며 염오가 아니고 청정함이 아닌 까닭으로 반야바라밀다가 청정하다고 말합니까?"

"선현이여. 색이 필경공(畢竟空)인 까닭으로 생겨나지도 않고 소멸하지도 않으며 염오가 아니고 청정함이 아니며, 수·상·행·식이 필경공인 까닭으로 생겨나지도 않고 소멸하지도 않으며 염오가 아니고 청정함이 아니며, 오히려 이것으로 반야바라밀다도 청정하니라."

세존께서 말씀하셨다.

"선현이여. 안처가 생겨나지도 않고 소멸하지도 않으며 염오가 아니고 청정함이 아닌 까닭으로 반야바라밀다가 청정하고, 이·비·설·신·의처가 생겨나지도 않고 소멸하지도 않으며 염오가 아니고 청정함이 아닌 까닭으로 반야바라밀다가 청정하니라."

"세존이시여. 어찌하여 안처가 생겨나지도 않고 소멸하지도 않으며 염오가 아니고 청정함이 아닌 까닭으로 반야바라밀다가 청정하고, 이·비·설·신·의처가 생겨나지도 않고 소멸하지도 않으며 염오가 아니고 청정함이 아닌 까닭으로 반야바라밀다가 청정하다고 말합니까?"

"선현이여. 안처가 필경공인 까닭으로 생겨나지도 않고 소멸하지도 않으며 염오가 아니고 청정함이 아니며, 이·비·설·신·의처가 필경공인 까닭으로 생겨나지도 않고 소멸하지도 않으며 염오가 아니고 청정함이 아니며, 오히려 이것으로 반야바라밀다도 청정하니라."

세존께서 말씀하셨다.

"선현이여. 색처가 생겨나지도 않고 소멸하지도 않으며 염오가 아니고 청정함이 아닌 까닭으로 반야바라밀다가 청정하고, 성·향·미·촉·법처가 생겨나지도 않고 소멸하지도 않으며 염오가 아니고 청정함이 아닌 까닭으로 반야바라밀다가 청정하니라."

"세존이시여. 어찌하여 색처가 생겨나지도 않고 소멸하지도 않으며 염오가 아니고 청정함이 아닌 까닭으로 반야바라밀다가 청정하고, 성·향·미·촉·법처가 생겨나지도 않고 소멸하지도 않으며 염오가 아니고 청정함이 아닌 까닭으로 반야바라밀다가 청정합니까?"

"선현이여. 색처가 필경공인 까닭으로 생겨나지도 않고 소멸하지도 않으며 염오가 아니고 청정함이 아니며, 성·향·미·촉·법처가 필경공인 까닭으로 생겨나지도 않고 소멸하지도 않으며 염오가 아니고 청정함이 아니며, 오히려 이것으로 반야바라밀다도 청정하니라."

세존께서 말씀하셨다.

"선현이여. 안계가 생겨나지도 않고 소멸하지도 않으며 염오가 아니고 청정함이 아닌 까닭으로 반야바라밀다가 청정하고, 색계·안식계, 나아가 안촉·안촉을 인연으로 생겨난 여러 수가 생겨나지도 않고 소멸하지도 않으며 염오가 아니고 청정함이 아닌 까닭으로 반야바라밀다가 청정하니라."

"세존이시여. 어찌하여 안계가 생겨나지도 않고 소멸하지도 않으며 염오가 아니고 청정함이 아닌 까닭으로 반야바라밀다가 청정하고, 색계, 나아가 안촉을 인연으로 생겨난 여러 수가 생겨나지도 않고 소멸하지도 않으며 염오가 아니고 청정함이 아닌 까닭으로 반야바라밀다가 청정하다고 말합니까?"

"선현이여. 안계가 필경공인 까닭으로 생겨나지도 않고 소멸하지도 않으며 염오가 아니고 청정함이 아니며, 색계, 나아가 안촉을 인연으로 생겨난 여러 수가 필경공인 까닭으로 생겨나지도 않고 소멸하지도 않으며 염오가 아니고 청정함이 아니며, 오히려 이것으로 반야바라밀다도 청정하니라."

세존께서 말씀하셨다.

"선현이여. 이계가 생겨나지도 않고 소멸하지도 않으며 염오가 아니고 청정함이 아닌 까닭으로 반야바라밀다가 청정하고, 성계·이식계, 나아가 이촉·이촉을 인연으로 생겨난 여러 수가 생겨나지도 않고 소멸하지도 않으며 염오가 아니고 청정함이 아닌 까닭으로 반야바라밀다가 청정하니라."

"세존이시여. 어찌하여 이계가 생겨나지도 않고 소멸하지도 않으며 염오가 아니고 청정함이 아닌 까닭으로 반야바라밀다가 청정하고, 성계, 나아가 이촉을 인연으로 생겨난 여러 수가 생겨나지도 않고 소멸하지도 않으며 염오가 아니고 청정함이 아닌 까닭으로 반야바라밀다가 청정하다고 말합니까?"

"선현이여. 이계가 필경공인 까닭으로 생겨나지도 않고 소멸하지도 않으며 염오가 아니고 청정함이 아니며, 성계, 나아가 이촉을 인연으로 생겨난 여러 수가 필경공인 까닭으로 생겨나지도 않고 소멸하지도 않으며 염오가 아니고 청정함이 아니며, 오히려 이것으로 반야바라밀다도 청정하니라."

세존께서 말씀하셨다.

"선현이여. 비계가 생겨나지도 않고 소멸하지도 않으며 염오가 아니고 청정함이 아닌 까닭으로 반야바라밀다가 청정하고, 향계·비식계, 나아가 비촉·비촉을 인연으로 생겨난 여러 수가 생겨나지도 않고 소멸하지도 않으며 염오가 아니고 청정함이 아닌 까닭으로 반야바라밀다가 청정하니라."

"세존이시여. 어찌하여 비계가 생겨나지도 않고 소멸하지도 않으며 염오가 아니고 청정함이 아닌 까닭으로 반야바라밀다가 청정하고, 향계, 나아가 비촉을 인연으로 생겨난 여러 수가 생겨나지도 않고 소멸하지도 않으며 염오가 아니고 청정함이 아닌 까닭으로 반야바라밀다가 청정하다고 말합니까?"

"선현이여. 비계가 필경공인 까닭으로 생겨나지도 않고 소멸하지도 않으며 염오가 아니고 청정함이 아니며, 향계, 나아가 비촉을 인연으로 생겨난 여러 수가 필경공인 까닭으로 생겨나지도 않고 소멸하지도 않으며 염오가 아니고 청정함이 아니며, 오히려 이것으로 반야바라밀다도 청정하니라."

세존께서 말씀하셨다.

"선현이여. 설계가 생겨나지도 않고 소멸하지도 않으며 염오가 아니고 청정함이 아닌 까닭으로 반야바라밀다가 청정하고, 미계·설식계, 나아가 설촉·설촉을 인연으로 생겨난 여러 수가 생겨나지도 않고 소멸하지도 않으며 염오가 아니고 청정함이 아닌 까닭으로 반야바라밀다가 청정하니라."

"세존이시여. 어찌하여 설계가 생겨나지도 않고 소멸하지도 않으며 염오가 아니고 청정함이 아닌 까닭으로 반야바라밀다가 청정하고, 미계, 나아가 설촉을 인연으로 생겨난 여러 수가 생겨나지도 않고 소멸하지도 않으며 염오가 아니고 청정함이 아닌 까닭으로 반야바라밀다가 청정하다 고 말합니까?"

"선현이여. 설계가 필경공인 까닭으로 생겨나지도 않고 소멸하지도 않으며 염오가 아니고 청정함이 아니며, 미계, 나아가 설촉을 인연으로 생겨난 여러 수가 필경공인 까닭으로 생겨나지도 않고 소멸하지도 않으며 염오가 아니고 청정함이 아니며, 오히려 이것으로 반야바라밀다도 청정하 니라."

세존께서 말씀하셨다.

"선현이여. 신계가 생겨나지도 않고 소멸하지도 않으며 염오가 아니고 청정함이 아닌 까닭으로 반야바라밀다가 청정하고, 촉계·신식계, 나아가 신촉·신촉을 인연으로 생겨난 여러 수가 생겨나지도 않고 소멸하지도 않으며 염오가 아니고 청정함이 아닌 까닭으로 반야바라밀다가 청정하니라."

"세존이시여. 어찌하여 신계가 생겨나지도 않고 소멸하지도 않으며 염오가 아니고 청정함이 아닌 까닭으로 반야바라밀다가 청정하고, 촉계, 나아가 신촉을 인연으로 생겨난 여러 수가 생겨나지도 않고 소멸하지도 않으며 염오가 아니고 청정함이 아닌 까닭으로 반야바라밀다가 청정하다 고 말합니까?"

"선현이여. 신계가 필경공인 까닭으로 생겨나지도 않고 소멸하지도 않으며 염오가 아니고 청정함이 아니며, 촉계, 나아가 신촉을 인연으로 생겨난 여러 수가 필경공인 까닭으로 생겨나지도 않고 소멸하지도 않으며

염오가 아니고 청정함이 아니며, 오히려 이것으로 반야바라밀다도 청정하
니라."

세존께서 말씀하셨다.

"선현이여. 의계가 생겨나지도 않고 소멸하지도 않으며 염오가 아니고
청정함이 아닌 까닭으로 반야바라밀다가 청정하고, 법계·의식계, 나아가
의촉·의촉을 인연으로 생겨난 여러 수가 생겨나지도 않고 소멸하지도
않으며 염오가 아니고 청정함이 아닌 까닭으로 반야바라밀다가 청정하니라."

"세존이시여. 어찌하여 의계가 생겨나지도 않고 소멸하지도 않으며
염오가 아니고 청정함이 아닌 까닭으로 반야바라밀다가 청정하고, 법계,
나아가 의촉을 인연으로 생겨난 여러 수가 생겨나지도 않고 소멸하지도
않으며 염오가 아니고 청정함이 아닌 까닭으로 반야바라밀다가 청정하다
고 말합니까?"

"선현이여. 의계가 필경공인 까닭으로 생겨나지도 않고 소멸하지도
않으며 염오가 아니고 청정함이 아니며, 법계, 나아가 의촉을 인연으로
생겨난 여러 수가 필경공인 까닭으로 생겨나지도 않고 소멸하지도 않으며
염오가 아니고 청정함이 아니며, 오히려 이것으로 반야바라밀다도 청정하
니라."

세존께서 말씀하셨다.

"선현이여. 지계가 생겨나지도 않고 소멸하지도 않으며 염오가 아니고
청정함이 아닌 까닭으로 반야바라밀다가 청정하고, 수·화·풍·공·식계가
생겨나지도 않고 소멸하지도 않으며 염오가 아니고 청정함이 아닌 까닭으
로 반야바라밀다가 청정하니라."

"세존이시여. 어찌하여 지계가 생겨나지도 않고 소멸하지도 않으며
염오가 아니고 청정함이 아닌 까닭으로 반야바라밀다가 청정하고, 수·화·
풍·공·식계가 생겨나지도 않고 소멸하지도 않으며 염오가 아니고 청정함
이 아닌 까닭으로 반야바라밀다가 청정하다고 말합니까?"

"선현이여. 지계가 필경공인 까닭으로 생겨나지도 않고 소멸하지도
않으며 염오가 아니고 청정함이 아니며, 수·화·풍·공·식계가 필경공인

까닭으로 생겨나지도 않고 소멸하지도 않으며 염오가 아니고 청정함이
아니며, 오히려 이것으로 반야바라밀다도 청정하니라."

세존께서 말씀하셨다.

"선현이여. 무명이 생겨나지도 않고 소멸하지도 않으며 염오가 아니고
청정함이 아닌 까닭으로 반야바라밀다가 청정하고, 행·식·명색·육처·촉·
수·애·취·유·생·노사의 수탄고우뇌가 생겨나지도 않고 소멸하지도 않으
며 염오가 아니고 청정함이 아닌 까닭으로 반야바라밀다가 청정하니라."

"세존이시여. 어찌하여 무명이 생겨나지도 않고 소멸하지도 않으며
염오가 아니고 청정함이 아닌 까닭으로 반야바라밀다가 청정하고, 행,
나아가 노사의 수탄고우뇌가 생겨나지도 않고 소멸하지도 않으며 염오가
아니고 청정함이 아닌 까닭으로 반야바라밀다가 청정하다고 말합니까?"

"선현이여. 무명이 필경공인 까닭으로 생겨나지도 않고 소멸하지도
않으며 염오가 아니고 청정함이 아니며, 행, 나아가 노사의 수탄고우뇌가
필경공인 까닭으로 생겨나지도 않고 소멸하지도 않으며 염오가 아니고
청정함이 아니며, 오히려 이것으로 반야바라밀다도 청정하니라."

세존께서 말씀하셨다.

"선현이여. 보시바라밀다가 생겨나지도 않고 소멸하지도 않으며 염오
가 아니고 청정함이 아닌 까닭으로 반야바라밀다가 청정하고, 정계·안인·
정진·정려·반야바라밀다가 생겨나지도 않고 소멸하지도 않으며 염오가
아니고 청정함이 아닌 까닭으로 반야바라밀다가 청정하니라."

"세존이시여. 어찌하여 보시바라밀다가 생겨나지도 않고 소멸하지도
않으며 염오가 아니고 청정함이 아닌 까닭으로 반야바라밀다가 청정하고,
정계, 나아가 반야바라밀다가 생겨나지도 않고 소멸하지도 않으며 염오가
아니고 청정함이 아닌 까닭으로 반야바라밀다가 청정하다고 말합니까?"

"선현이여. 보시바라밀다가 필경공인 까닭으로 생겨나지도 않고 소멸
하지도 않으며 염오가 아니고 청정함이 아니며, 정계, 나아가 반야바라밀
다가 필경공인 까닭으로 생겨나지도 않고 소멸하지도 않으며 염오가
아니고 청정함이 아니며, 오히려 이것으로 반야바라밀다도 청정하니라."

세존께서 말씀하셨다.

"선현이여. 내공이 생겨나지도 않고 소멸하지도 않으며 염오가 아니고 청정함이 아닌 까닭으로 반야바라밀다가 청정하고, 외공·내외공·공공· 대공·승의공·유위공·무위공·필경공·무제공·산공·무변이공·본성공· 자상공·공상공·일체법공·불가득공·무성공·자성공·무성자성공이 생겨나지도 않고 소멸하지도 않으며 염오가 아니고 청정함이 아닌 까닭으로 반야바라밀다가 청정하니라."

"세존이시여. 어찌하여 내공이 생겨나지도 않고 소멸하지도 않으며 염오가 아니고 청정함이 아닌 까닭으로 반야바라밀다가 청정하고, 외공, 나아가 무성자성공이 생겨나지도 않고 소멸하지도 않으며 염오가 아니고 청정함이 아닌 까닭으로 반야바라밀다가 청정하다고 말합니까?"

"선현이여. 내공이 필경공인 까닭으로 생겨나지도 않고 소멸하지도 않으며 염오가 아니고 청정함이 아니며, 외공, 나아가 무성자성공이 필경공인 까닭으로 생겨나지도 않고 소멸하지도 않으며 염오가 아니고 청정함이 아니며, 오히려 이것으로 반야바라밀다도 청정하니라."

세존께서 말씀하셨다.

"선현이여. 진여가 생겨나지도 않고 소멸하지도 않으며 염오가 아니고 청정함이 아닌 까닭으로 반야바라밀다가 청정하고, 법계·법성·불허망성 ·불변이성·평등성·이생성·법정·법주·실제·허공계·부사의계가 생겨나지도 않고 소멸하지도 않으며 염오가 아니고 청정함이 아닌 까닭으로 반야바라밀다가 청정하니라."

"세존이시여. 어찌하여 진여가 생겨나지도 않고 소멸하지도 않으며 염오가 아니고 청정함이 아닌 까닭으로 반야바라밀다가 청정하고, 법계, 나아가 부사의계가 생겨나지도 않고 소멸하지도 않으며 염오가 아니고 청정함이 아닌 까닭으로 반야바라밀다가 청정하다고 말합니까?"

"선현이여. 진여가 필경공인 까닭으로 생겨나지도 않고 소멸하지도 않으며 염오가 아니고 청정함이 아니며, 법계, 나아가 부사의계가 필경공인 까닭으로 생겨나지도 않고 소멸하지도 않으며 염오가 아니고 청정함이 아니며, 오히려 이것으로 반야바라밀다도 청정하니라."

세존께서 말씀하셨다.

"선현이여. 고성제가 생겨나지도 않고 소멸하지도 않으며 염오가 아니고 청정함이 아닌 까닭으로 반야바라밀다가 청정하고, 집·멸·도성제가 생겨나지도 않고 소멸하지도 않으며 염오가 아니고 청정함이 아닌 까닭으로 반야바라밀다가 청정하니라."

"세존이시여. 어찌하여 고성제가 생겨나지도 않고 소멸하지도 않으며 염오가 아니고 청정함이 아닌 까닭으로 반야바라밀다가 청정하고, 집·멸·도성제가 생겨나지도 않고 소멸하지도 않으며 염오가 아니고 청정함이 아닌 까닭으로 반야바라밀다가 청정하다고 말합니까?"

"선현이여. 고성제가 필경공인 까닭으로 생겨나지도 않고 소멸하지도 않으며 염오가 아니고 청정함이 아니며, 집·멸·도성제가 필경공인 까닭으로 생겨나지도 않고 소멸하지도 않으며 염오가 아니고 청정함이 아니며, 오히려 이것으로 반야바라밀다도 청정하니라."

세존께서 말씀하셨다.

"선현이여. 4정려가 생겨나지도 않고 소멸하지도 않으며 염오가 아니고 청정함이 아닌 까닭으로 반야바라밀다가 청정하고, 4무량·4무색정이 생겨나지도 않고 소멸하지도 않으며 염오가 아니고 청정함이 아닌 까닭으로 반야바라밀다가 청정하니라."

"세존이시여. 어찌하여 4정려가 생겨나지도 않고 소멸하지도 않으며 염오가 아니고 청정함이 아닌 까닭으로 반야바라밀다가 청정하고, 4무량·4무색정이 생겨나지도 않고 소멸하지도 않으며 염오가 아니고 청정함이 아닌 까닭으로 반야바라밀다가 청정하다고 말합니까?"

"선현이여. 4정려가 필경공인 까닭으로 생겨나지도 않고 소멸하지도 않으며 염오가 아니고 청정함이 아니며, 4무량·4무색정이 필경공인 까닭으로 생겨나지도 않고 소멸하지도 않으며 염오가 아니고 청정함이 아니며, 오히려 이것으로 반야바라밀다도 청정하니라."

세존께서 말씀하셨다.

"선현이여. 8해탈이 생겨나지도 않고 소멸하지도 않으며 염오가 아니고 청정함이 아닌 까닭으로 반야바라밀다가 청정하고, 8승처·9차제정·10변처가 생겨나지도 않고 소멸하지도 않으며 염오가 아니고 청정함이 아닌 까닭으로 반야바라밀다가 청정하니라."

"세존이시여. 어찌하여 8해탈이 생겨나지도 않고 소멸하지도 않으며 염오가 아니고 청정함이 아닌 까닭으로 반야바라밀다가 청정하고, 8승처·9차제정·10변처가 생겨나지도 않고 소멸하지도 않으며 염오가 아니고 청정함이 아닌 까닭으로 반야바라밀다가 청정하다고 말합니까?"

"선현이여. 8해탈이 필경공인 까닭으로 생겨나지도 않고 소멸하지도 않으며 염오가 아니고 청정함이 아니며, 8승처·9차제정·10변처가 필경공인 까닭으로 생겨나지도 않고 소멸하지도 않으며 염오가 아니고 청정함이 아니며, 오히려 이것으로 반야바라밀다도 청정하니라."

세존께서 말씀하셨다.

"선현이여. 4념주가 생겨나지도 않고 소멸하지도 않으며 염오가 아니고 청정함이 아닌 까닭으로 반야바라밀다가 청정하고, 4정단·4신족·5근·5력·7등각지·8성도지가 생겨나지도 않고 소멸하지도 않으며 염오가 아니고 청정함이 아닌 까닭으로 반야바라밀다가 청정하니라."

"세존이시여. 어찌하여 4념주가 생겨나지도 않고 소멸하지도 않으며 염오가 아니고 청정함이 아닌 까닭으로 반야바라밀다가 청정하고, 4정단, 나아가 8성도지가 생겨나지도 않고 소멸하지도 않으며 염오가 아니고 청정함이 아닌 까닭으로 반야바라밀다가 청정하다고 말합니까?"

"선현이여. 4념주가 필경공인 까닭으로 생겨나지도 않고 소멸하지도 않으며 염오가 아니고 청정함이 아니며, 4정단, 나아가 8성도지가 필경공인 까닭으로 생겨나지도 않고 소멸하지도 않으며 염오가 아니고 청정함이 아니며, 오히려 이것으로 반야바라밀다도 청정하니라."

세존께서 말씀하셨다.

"선현이여. 공해탈문이 생겨나지도 않고 소멸하지도 않으며 염오가 아니고 청정함이 아닌 까닭으로 반야바라밀다가 청정하고, 무상·무원해

탈문이 생겨나지도 않고 소멸하지도 않으며 염오가 아니고 청정함이
아닌 까닭으로 반야바라밀다가 청정하니라."

"세존이시여. 어찌하여 공해탈문이 생겨나지도 않고 소멸하지도 않으
며 염오가 아니고 청정함이 아닌 까닭으로 반야바라밀다가 청정하고,
무상·무원해탈문이 생겨나지도 않고 소멸하지도 않으며 염오가 아니고
청정함이 아닌 까닭으로 반야바라밀다가 청정하다고 말합니까?"

"선현이여. 공해탈문이 필경공인 까닭으로 생겨나지도 않고 소멸하지
도 않으며 염오가 아니고 청정함이 아니며, 무상·무원해탈문이 필경공인
까닭으로 생겨나지도 않고 소멸하지도 않으며 염오가 아니고 청정함이
아니며, 오히려 이것으로 반야바라밀다도 청정하니라."

세존께서 말씀하셨다.

"선현이여. 보살의 10지가 생겨나지도 않고 소멸하지도 않으며 염오가
아니고 청정함이 아닌 까닭으로 반야바라밀다가 청정하니라."

"세존이시여. 어찌하여 보살의 10지가 생겨나지도 않고 소멸하지도
않으며 염오가 아니고 청정함이 아닌 까닭으로 반야바라밀다가 청정하다
고 말합니까?"

"선현이여. 보살의 10지가 필경공인 까닭으로 생겨나지도 않고 소멸하
지도 않으며 염오가 아니고 청정함이 아니며, 오히려 이것으로 반야바라
밀다도 청정하니라."

마하반야바라밀다경 제296권

37. 설반야상품(說般若相品)(5)

세존께서 말씀하셨다.

"선현이여. 5안이 생겨나지도 않고 소멸하지도 않으며 염오가 아니고 청정함이 아닌 까닭으로 반야바라밀다가 청정하고, 6신통이 생겨나지도 않고 소멸하지도 않으며 염오가 아니고 청정함이 아닌 까닭으로 반야바라밀다가 청정하니라."

"세존이시여. 어찌하여 5안이 생겨나지도 않고 소멸하지도 않으며 염오가 아니고 청정함이 아닌 까닭으로 반야바라밀다가 청정하고, 6신통이 생겨나지도 않고 소멸하지도 않으며 염오가 아니고 청정함이 아닌 까닭으로 반야바라밀다가 청정하다고 말합니까?"

"선현이여. 5안이 필경공인 까닭으로 생겨나지도 않고 소멸하지도 않으며 염오가 아니고 청정함이 아니며, 6신통이 필경공인 까닭으로 생겨나지도 않고 소멸하지도 않으며 염오가 아니고 청정함이 아니며, 오히려 이것으로 반야바라밀다도 청정하니라."

세존께서 말씀하셨다.

"선현이여. 여래의 10력이 생겨나지도 않고 소멸하지도 않으며 염오가 아니고 청정함이 아닌 까닭으로 반야바라밀다가 청정하고, 4무소외·4무애해·대자·대비·대희·대사·18불불공법이 생겨나지도 않고 소멸하지도 않으며 염오가 아니고 청정함이 아닌 까닭으로 반야바라밀다가 청정하니라."

"세존이시여. 어찌하여 여래의 10력이 생겨나지도 않고 소멸하지도 않으

며 염오가 아니고 청정함이 아닌 까닭으로 반야바라밀다가 청정하고,
4무소외, 나아가 18불불공법이 생겨나지도 않고 소멸하지도 않으며 염오
가 아니고 청정함이 아닌 까닭으로 반야바라밀다가 청정하다고 말합니까?"

"선현이여. 여래의 10력이 필경공인 까닭으로 생겨나지도 않고 소멸하
지도 않으며 염오가 아니고 청정함이 아니며, 항주사성이 필경공인 까닭
으로 생겨나지도 않고 소멸하지도 않으며 염오가 아니고 청정함이 아니며,
오히려 이것으로 반야바라밀다도 청정하니라."

세존께서 말씀하셨다.

"선현이여. 무망실법이 생겨나지도 않고 소멸하지도 않으며 염오가
아니고 청정함이 아닌 까닭으로 반야바라밀다가 청정하고, 항주사성이
생겨나지도 않고 소멸하지도 않으며 염오가 아니고 청정함이 아닌 까닭으
로 반야바라밀다가 청정하니라."

"세존이시여. 어찌하여 무망실법이 생겨나지도 않고 소멸하지도 않으
며 염오가 아니고 청정함이 아닌 까닭으로 반야바라밀다가 청정하고,
항주사성이 생겨나지도 않고 소멸하지도 않으며 염오가 아니고 청정함이
아닌 까닭으로 반야바라밀다가 청정하다고 말합니까?"

"선현이여. 무망실법이 필경공인 까닭으로 생겨나지도 않고 소멸하지
도 않으며 염오가 아니고 청정함이 아니며, 항주사성이 필경공인 까닭으
로 생겨나지도 않고 소멸하지도 않으며 염오가 아니고 청정함이 아니며,
오히려 이것으로 반야바라밀다도 청정하니라."

세존께서 말씀하셨다.

"선현이여. 일체지가 생겨나지도 않고 소멸하지도 않으며 염오가 아니
고 청정함이 아닌 까닭으로 반야바라밀다가 청정하고, 도상지·일체상지
가 생겨나지도 않고 소멸하지도 않으며 염오가 아니고 청정함이 아닌
까닭으로 반야바라밀다가 청정하니라."

"세존이시여. 어찌하여 일체지가 생겨나지도 않고 소멸하지도 않으며
염오가 아니고 청정함이 아닌 까닭으로 반야바라밀다가 청정하고, 도상지
·일체상지가 생겨나지도 않고 소멸하지도 않으며 염오가 아니고 청정함

이 아닌 까닭으로 반야바라밀다가 청정하다고 말합니까?”

“선현이여. 일체지가 필경공인 까닭으로 생겨나지도 않고 소멸하지도 않으며 염오가 아니고 청정함이 아니며, 도상지·일체상지가 필경공인 까닭으로 생겨나지도 않고 소멸하지도 않으며 염오가 아니고 청정함이 아니며, 오히려 이것으로 반야바라밀다도 청정하니라.”

세존께서 말씀하셨다.

“선현이여. 일체의 다라니문이 생겨나지도 않고 소멸하지도 않으며 염오가 아니고 청정함이 아닌 까닭으로 반야바라밀다가 청정하고, 일체의 삼마지문이 생겨나지도 않고 소멸하지도 않으며 염오가 아니고 청정함이 아닌 까닭으로 반야바라밀다가 청정하니라.”

“세존이시여. 어찌하여 일체의 다라니문이 생겨나지도 않고 소멸하지도 않으며 염오가 아니고 청정함이 아닌 까닭으로 반야바라밀다가 청정하고, 일체의 삼마지문이 생겨나지도 않고 소멸하지도 않으며 염오가 아니고 청정함이 아닌 까닭으로 반야바라밀다가 청정하다고 말합니까?”

“선현이여. 일체의 다라니문이 필경공인 까닭으로 생겨나지도 않고 소멸하지도 않으며 염오가 아니고 청정함이 아니며, 일체의 삼마지문이 필경공인 까닭으로 생겨나지도 않고 소멸하지도 않으며 염오가 아니고 청정함이 아니며, 오히려 이것으로 반야바라밀다도 청정하니라.”

세존께서 말씀하셨다.

“선현이여. 예류과가 생겨나지도 않고 소멸하지도 않으며 염오가 아니고 청정함이 아닌 까닭으로 반야바라밀다가 청정하고, 일래·불환·아라한과가 생겨나지도 않고 소멸하지도 않으며 염오가 아니고 청정함이 아닌 까닭으로 반야바라밀다가 청정하니라.”

“세존이시여. 어찌하여 예류과가 생겨나지도 않고 소멸하지도 않으며 염오가 아니고 청정함이 아닌 까닭으로 반야바라밀다가 청정하고, 일래·불환·아라한과가 생겨나지도 않고 소멸하지도 않으며 염오가 아니고 청정함이 아닌 까닭으로 반야바라밀다가 청정하다고 말합니까?”

“선현이여. 예류과가 필경공인 까닭으로 생겨나지도 않고 소멸하지도 않으며 염오가 아니고 청정함이 아니며, 일래·불환·아라한과가 필경공인 까닭으로 생겨나지도 않고 소멸하지도 않으며 염오가 아니고 청정함이 아니며, 오히려 이것으로 반야바라밀다도 청정하니라.”

　세존께서 말씀하셨다.

　“선현이여. 독각의 보리가 생겨나지도 않고 소멸하지도 않으며 염오가 아니고 청정함이 아닌 까닭으로 반야바라밀다가 청정하니라.”

　“세존이시여. 어찌하여 독각의 보리가 생겨나지도 않고 소멸하지도 않으며 염오가 아니고 청정함이 아닌 까닭으로 반야바라밀다가 청정하다고 말합니까?”

　“선현이여. 독각의 보리가 필경공인 까닭으로 생겨나지도 않고 소멸하지도 않으며 염오가 아니고 청정함이 아니며, 오히려 이것으로 반야바라밀다도 청정하니라.”

　세존께서 말씀하셨다.

　“선현이여. 일체의 보살마하살의 행이 생겨나지도 않고 소멸하지도 않으며 염오가 아니고 청정함이 아닌 까닭으로 반야바라밀다가 청정하니라.”

　“세존이시여. 어찌하여 일체의 보살마하살의 행이 생겨나지도 않고 소멸하지도 않으며 염오가 아니고 청정함이 아닌 까닭으로 반야바라밀다가 청정하다고 말합니까?”

　“선현이여. 일체의 보살마하살의 행이 필경공인 까닭으로 생겨나지도 않고 소멸하지도 않으며 염오가 아니고 청정함이 아니며, 오히려 이것으로 반야바라밀다도 청정하니라.”

　세존께서 말씀하셨다.

　“선현이여. 제불의 무상정등보리가 생겨나지도 않고 소멸하지도 않으며 염오가 아니고 청정함이 아닌 까닭으로 반야바라밀다가 청정하니라.”

　“세존이시여. 어찌하여 제불의 무상정등보리가 생겨나지도 않고 소멸하지도 않으며 염오가 아니고 청정함이 아닌 까닭으로 반야바라밀다가 청정하다고 말합니까?”

　“선현이여. 제불의 무상정등보리가 필경공인 까닭으로 생겨나지도 않고 소멸하지도 않으며 염오가 아니고 청정함이 아니며, 오히려 이것으로 반야바라밀다도 청정하니라.”

세존께서 말씀하셨다.

“선현이여. 허공이 생겨나지도 않고 소멸하지도 않으며 염오가 아니고 청정함이 아닌 까닭으로 반야바라밀다가 청정하니라.”

“세존이시여. 어찌하여 허공이 생겨나지도 않고 소멸하지도 않으며 염오가 아니고 청정함이 아닌 까닭으로 반야바라밀다가 청정하다고 말합니까?”

“선현이여. 허공이 필경공인 까닭으로 생겨나지도 않고 소멸하지도 않으며 염오가 아니고 청정함이 아니며, 오히려 이것으로 반야바라밀다도 청정하니라.”

그때 구수 선현이 세존께 아뢰어 말하였다.

“세존이시여. 만약 선남자와 선여인 등이 이 반야바라밀다를 수지(受持)하고 독송(讀誦)하며 이치와 같이 사유하고 다른 사람을 위하여 연설(演說)한다면, 이 선남자와 선여인 등은 육근(六根)[1]에 우환(憂患)이 없고 지체(支體)[2]를 구족하며 몸은 노쇠하지 않고, 역시 요절(夭壽)[3]이 없으며 항상 무량한 백천의 천신(天神)들이 공경스럽게 둘러싸고 따르면서 호념(護念)합니다.

이 선남자와 선여인 등이 백월(白月)과 흑월(黑月)[4]에서 각각 8일·14일·15일에 이와 같은 반야바라밀다를 독송하고 연설한다면, 이때에 4대왕중천(四大王衆天)·삼십삼천(三十三天)·야마천(夜摩天)·도사다천(覩史多天)·낙변화천(樂變化天)·타화자재천(他化自在天)·범중천(梵衆天)·범보천(梵輔天)·범회천(梵會天)·대범천(大梵天)·광천(光天)·소광천(少光天)·무량

---

1) 육식(六識)을 일으키는 눈·귀·코·혀·몸·뜻의 여섯 가지 기관을 가리킨다.
2) 손발과 몸을 가리킨다.
3) 젊은 나이에 죽는 것이다.
4) 인도력(印度曆)에서는 음력 16일부터 다음 달의 15일까지를 월(月)의 단위로 정하였는데, 달이 줄어드는 16일부터 30일까지를 흑월이라고 말하고, 달이 채워지는 1일부터 15일까지를 백월이라고 말한다.

광천(無量光天)·극광정천(極光淨天)·정천(淨天)·소정천(少淨天)·무량정
천(無量淨天)·변정천(遍淨天)·광천(廣天)·소광천(少廣天)·무량광천(無量
廣天)·광과천(廣果天)·무번천(無繁天)·무열천(無熱天)·선현천(善現天)·
선견천(善見天)·색구경천(色究竟天) 등의 이 여러 천인의 대중들이 함께
와서 법사(法師)의 처소에서 집회(集會)하고 반야바라밀다를 듣고서 수지
할 것입니다.

이 선남자와 선여인 등이 오히려 무량한 큰 집회의 가운데에서 매우
깊은 반야바라밀다를 독송하고 널리 설한다면, 무량(無量)하고 무수(無數)
이며 무변(無邊)하고 불가사의(不可思議)하고 헤아릴 수 없는 수승한 공덕
을 얻습니다."

세존께서 말씀하셨다.

"선현이여. 그와 같으니라(如是). 그와 같으니라. 그대가 말한 것과
같으니라. 만약 선남자와 선여인 등이 이 반야바라밀다를 수지하고 독송
하며 이치와 같이 사유하고 다른 사람을 위하여 연설한다면, 이 선남자와
선여인 등은 육근에 우환이 없고 지체를 구족하며 몸은 노쇠하지 않고,
역시 요절이 없으며 항상 무량한 백천의 천신들이 공경스럽게 둘러싸고
따르면서 호념하느니라. 이 선남자와 선여인 등이 백월과 흑월에서 각각
8일·14일·15일에 이와 같은 반야바라밀다를 독송하고 연설한다면, 이때
에 4대왕중천, 나아가 색구경천 등의 천인의 대중들이 함께 와서 법사의
처소에서 집회하고 반야바라밀다를 듣고서 수지할 것이며, 이 선남자와
선여인 등이 오히려 무량한 큰 집회의 가운데에서 매우 깊은 반야바라밀다
를 독송하고 널리 설한다면, 무량하고 무수이며 무변하고 불가사의하고
헤아릴 수 없는 수승한 공덕을 얻느니라.

왜 그러한가? 선현이여. 이와 같은 반야바라밀다는 큰 보배의 창고(大寶
藏)이고, 오히려 이 반야바라밀다의 큰 보배의 창고를 까닭으로 무량하고
무변한 유정(有情)들을 지옥(地獄)·방생(傍生)·귀계(鬼界)에서 능히 벗어
나게 하고, 인간과 천인 등이 빈궁(貧窮)과 큰 고통으로 나아가는 것을
능히 벗어나게 하며, 무량하고 무변한 유정들에게 찰제리(利帝利)의 대종

족(大族)·바라문(婆羅門)의 대종족·장자(長者)의 대종족·거사(居士)의 대종족들의 부귀(富貴)와 쾌락(快樂)을 능히 주느니라.

무량하고 무변한 유정들에게 4대왕중천·삼십삼천·야마천·도사다천·낙변화천·타화자재천·범중천·범보천·범회천·대범천·광천·소광천·무량광천·극광정천·정천·소정천·무량정천·변정천·광천·소광천·무량광천·광과천·무번천·무열천·선현천·선견천·색구경천 등의 부귀와 쾌락을 능히 주느니라.

무량하고 무변한 유정들에게 공무변처천(空無邊處天)·식무변처천(識無邊處天)·무소유처천(無所有處天)·비상비비상천(非想非非想天) 등의 부귀와 쾌락을 능히 주고, 무량하고 무변한 유정들에게 예류과(預流果)·일래과(一來果)·불환과(不還果)·아라한과(阿羅漢果)·독각(獨覺)의 보리(菩提)의 부귀와 쾌락을 능히 주며, 무량하고 무변한 유정들에게 무상정등보리(無上正等菩提)의 부귀와 쾌락을 능히 주느니라.

그 까닭이 무엇인가? 이와 같은 반야바라밀다의 큰 보배창고의 가운데에서는 10선업도(十善業道)·4정려(四靜慮)·4무량(四無量)·4무색정(無色定)을 널리 설하면서 열어서 보여주고, 4념주(四念住)·4정단(四正斷)·4신족(四神足)·5근(五根)·5력(五力)·7등각지(七等覺支)·8성도지(八聖道支), 3해탈문(三解脫門), 8해탈(八解脫)·8승처(八勝處)·9차제정(九次第定)·10변처(十遍處), 4성제(四聖諦), 불(佛)·법(法)·승보(僧寶) 등을 널리 설하면서 열어서 보여주느니라.

보시(布施)·정계(淨戒)·안인(安忍)·정진(精進)·정려(靜慮)·반야(般若)·교(巧)·원(願)·역(力)·지바라밀다(智波羅密多), 보살의 10지(十地)·일체의 보살마하살(菩薩摩訶薩)의 행(行), 내공(內空)·외공(外空)·내외공(內外空)·공공(空空)·대공(大空)·승의공(勝義空)·유위공(有爲空)·무위공(無爲空)·필경공(畢竟空)·무제공(無際空)·산공(散空)·무변이공(無變異空)·본성공(本性空)·자상공(自相空)·공상공(共相空)·일체법공(一切法空)·불가득공(不可得空)·무성공(無性空)·자성공(自性空)·무성자성공(無性自性空), 진여(眞如)·법계(法界)·법성(法性)·불허망성(不虛妄性)·불변이성(不變異性)·

평등성(平等性)·이생성(離生性)·법정(法定)·법주(法住)·실제(實際)·허공계(虛空界)·부사의계(不思議界) 등을 널리 설하면서 열어서 보여주느니라.

5안(眼)·6신통(神通), 여래(佛)의 10력(十力)·4무소외(四無所畏)·4무애해(四無礙解)·대자(大慈)·대비(大悲)·대희(大喜)·대사(大捨)·18불불공법(十八佛不共法), 무망실법(無忘失法)·항주사성(恒住捨性), 일체지(一切智)·도상지(道相智)·일체상지(一切相智), 일체(一切)의 다라니문(陀羅尼門)·일체의 삼마지문(三摩地門) 등의 이와 같은 한량없이 큰 법의 값진 보배를 널리 설하면서 열어서 보여주느니라.

무수(無數)인 유정들이 이 가운데에서 수학(修學)하여 찰제리의 대종족·바라문의 대종족·장자의 대종족·거사의 대종족에 태어나고, 무수인 유정들이 이 가운데에서 수학하여 4대왕중천, 나아가 타화자재천에 태어나며, 무수인 유정들이 이 가운데에서 수학하여 범중천, 나아가 색구경천에 태어나고, 무수인 유정들이 이 가운데에서 수학하여 공무변처천, 나아가 비상비비상처천에 태어나느니라.

무수인 유정들이 이 가운데에서 수학하여 예류과 일래·불환·아라한과를 증득하고, 무수인 유정들이 이 가운데에서 수학하여 독각의 보리를 증득하며, 무수인 유정들이 이 가운데에서 수학하여 보살의 정성이생(正性離生)에 들어가고, 무수인 유정들이 이 가운데에서 수학하여 무상정등보리를 증득하느니라. 선현이여. 오히려 이것을 인연으로 이와 같은 반야바라밀다를 큰 보배창고(寶藏)라고 이름하느니라.

선현이여. 이와 같은 반야바라밀다의 큰 보배창고의 가운데에서는 '태어남이 있고 소멸이 있으며 염오가 있고 청정함이 있으며 취(取)함이 있고 버림(捨)이 있다.'라고 적은 법이라도 설하지 않느니라. 왜 그러한가? 태어나거나, 소멸하거나, 염오이거나, 청정하거나, 취하거나, 버릴 수 있는 적은 법도 없는 까닭이니라.

선현이여. 이와 같은 반야바라밀다의 큰 보배창고의 가운데에서는 '이것은 선(善)하다. 이것은 선하지 않다. 이것은 세간이다. 이것은 출세간(出世間)이다. 이것은 유루(有漏)이다. 이것은 무루(無漏)이다. 이것은 유

죄(有罪)이다. 이것은 무죄이다. 이것은 염오이다. 이것은 청정하다. 이것
은 유위(有爲)이다. 이것은 무위(無爲)이다.'라고 적은 법이라도 설하지
않느니라. 선현이여. 오히려 이러한 인연으로 이와 같은 반야바라밀다는
얻을 수 없는 대법(大法)의 보배창고라고 이름하느니라.

선현이여. 이와 같은 반야바라밀다의 큰 보배창고의 가운데에서는
'이것은 능히 염오(染汚)이다.'라고 적은 법이라도 설하지 않느니라. 왜
그러한가? 염오된 적은 법도 없는 까닭이니라. 선현이여. 오히려 이러한
인연으로 이와 같은 반야바라밀다는 염오가 없는 대법의 보배창고라고
이름하느니라.

선현이여. 만약 보살마하살이 반야바라밀다를 수행하는 때에, '나는
반야바라밀다를 수행한다. 나는 반야바라밀다를 수습한다.'라는 이와
같은 생각이 없고 이와 같은 분별(分別)이 없으며 이와 같은 얻음이
없고 이와 같은 희론(戱論)이 없다면, 이 보살마하살은 여실(如實)하게
반야바라밀다를 수행하는 것이고, 역시 능히 제불(諸佛)을 친근하게 예경
하고 섬길 수 있으며, 한 불국토로부터 한 불국토에 이르기까지 제불·세존
을 공양하고 공경하며 존중하고 찬탄할 수 있고, 제불의 국토를 유행(遊行)
하면서 유정들을 성숙(成熟)시키고 불국토를 청정하게 장엄하며 제보살
마하살의 행을 수습하여 빠르게 무상정등보리를 증득하느니라.

선현이여. 이와 같이 반야바라밀다는 일체법을 향(向)하지 않고 등지지
(背) 않으며 이끌지(引) 않고 물리치지(賓) 않으며 취하지(取) 않고 버리지
(捨) 않으며 생겨나지(生) 않고 소멸하지(滅) 않으며 염오되지(染) 않고
청정하지(淨) 않으며 항상하지(常) 않고 끊어지지(斷) 않으며 하나가(一)
아니고 다르지(異) 않으며 오지(來) 않고 떠나가지(去) 않으며 들어가지
(入) 않고 나오지(出) 않으며 증장하지(增) 않고 감소하지(減) 않느니라.
선현이여. 이와 같은 반야바라밀다는 과거도 아니고 미래도 아니며 현재
도 아니니라.

선현이여. 이와 같은 반야바라밀다는 욕계(欲界)를 초월하지 않고 욕계
에 머무르지도 않으며, 색계(色界)를 초월하지 않고 색계에 머무르지도

않으며, 무색계(無色界)를 초월하지 않고 무색계에 머무르지도 않느니라. 선현이여. 이와 같은 반야바라밀다는 보시바라밀다를 베풀어주지(與) 않고 버리지도(捨) 않으며, 정계·안인·정진·정려·교(巧)·원(願)·역(力)· 지바라밀다(智波羅密多)를 베풀어주지 않고 버리지도 않느니라.

선현이여. 이와 같은 반야바라밀다는 내공을 베풀어주지 않고 버리지도 않으며, 외공·내외공·공공·대공·승의공·유위공·무위공·필경공·무제공·산공·무변이공·본성공·자상공·공상공·일체법공·불가득공·무성공·자성공·무성자성공을 베풀어주지 않고 버리지도 않느니라. 선현이여. 이와 같은 반야바라밀다는 진여를 베풀어주지 않고 버리지도 않으며, 법계·법성·불허망성·불변이성·평등성·이생성·법정·법주·실제·허공계·부사의계를 베풀어주지 않고 버리지도 않느니라.

선현이여. 이와 같은 반야바라밀다는 고성제를 베풀어주지 않고 버리지도 않으며, 집·멸·도성제를 베풀어주지 않고 버리지도 않느니라. 선현이여. 이와 같은 반야바라밀다는 4정려를 베풀어주지 않고 버리지도 않으며, 4무량·4무색정을 베풀어주지 않고 버리지도 않느니라. 선현이여. 이와 같은 반야바라밀다는 8해탈을 베풀어주지 않고 버리지도 않으며, 8승처·9차제정·10변처를 베풀어주지 않고 버리지도 않느니라.

선현이여. 이와 같은 반야바라밀다는 4념주를 베풀어주지 않고 버리지도 않으며, 4정단·4신족·5근·5력·7등각지·8성도지를 베풀어주지 않고 버리지도 않느니라. 선현이여. 이와 같은 반야바라밀다는 공해탈문을 베풀어주지 않고 버리지도 않으며, 무상·무원해탈문을 베풀어주지 않고 버리지도 않느니라. 선현이여. 이와 같은 반야바라밀다는 보살의 10지를 베풀어주지 않고 버리지도 않느니라.

선현이여. 이와 같은 반야바라밀다는 5안을 베풀어주지 않고 버리지도 않으며, 6신통을 베풀어주지 않고 버리지도 않느니라. 선현이여. 이와 같은 반야바라밀다는 여래의 10력을 베풀어주지 않고 버리지도 않으며, 4무소외·4무애해·대자·대비·대희·대사·18불불공법을 베풀어주지 않고 버리지도 않느니라. 이와 같은 반야바라밀다는 무망실법을 베풀어주지 않고 버리지도 않으며, 항주사성을 베풀어주지 않고 버리지도 않느니라.

선현이여. 이와 같은 반야바라밀다는 일체지를 베풀어주지 않고 버리지도 않으며, 도상지·일체상지를 베풀어주지 않고 버리지도 않느니라. 선현이여. 이와 같은 반야바라밀다는 일체의 다라니문을 베풀어주지 않고 버리지도 않으며, 일체의 삼마지문을 베풀어주지 않고 버리지도 않느니라. 이와 같은 반야바라밀다는 예류과를 베풀어주지 않고 버리지도 않으며, 일래·불환·아라한과를 베풀어주지 않고 버리지도 않느니라.

선현이여. 이와 같은 반야바라밀다는 독각의 보리를 베풀어주지 않고 버리지도 않느니라. 선현이여. 이와 같은 반야바라밀다는 일체의 보살마하살의 행을 베풀어주지 않고 버리지도 않느니라. 선현이여. 이와 같은 반야바라밀다는 제불의 무상정등보리를 베풀어주지 않고 버리지도 않느니라.

선현이여. 이와 같은 반야바라밀다는 성문의 법(法)을 베풀어주지도 않고 이생(異生)의 법을 버리지도 않으며, 독각의 법을 베풀어주지도 않고 성문의 법을 버리지도 않으며, 제불의 법을 베풀어주지도 않고 독각의 법을 버리지도 않으며, 무위법(無爲法)을 베풀어주지도 않고 유위법(有爲法)을 버리지도 않느니라.

왜 그러한가? 선현이여. 만약 세존(佛)께서 세간에 출현하시거나 만약 출현하시지 않더라도, 이와 같은 제법은 항상하고 변이(變異)가 없으므로 법성(法性)이고 법계(法界)이며 법정(法定)이고 법주(法住)이며, 일체 여래의 등각(等覺)5)과 현관(現觀)6)은 이미 스스로가 등각이시고 스스로가 현관이시므로, 제유정들을 위하여 널리 설하시고 열어서 보여주시며 분별하고 명료하게 드러내어 같이 깨달아 들어가서 여러 망상(妄想)·분별(分別)·전도(顚倒)7)를 벗어나게 시키느니라."

___

5) 세존의 정각과 거의 비슷한 깨달음이라는 뜻이다.
6) 산스크리트어 abhisamaya의 번역이고, 지혜로써 대상을 있는 그대로 명료하게 아는 것이다.
7) 산스크리트어 viparīta의 번역이고, 번뇌를 원인으로 잘못된 생각을 갖거나, 실제의

그때 무량한 백천의 천자(天子)들이 허공의 가운데에 머무르면서 환희(歡喜)하고 용약(踊躍)하면서 천상에서 소유한 올발라화(嗢鉢羅華)[8]·발특마화(鉢特摩華)[9]·구모다화(拘母陀華)[10]·분다리화(奔茶利華)[11]·미묘한 향기의 꽃, 여러 가루향으로써 세존의 위에 흩뿌렸고 서로가 기뻐하고 위로하면서 '우리들은 지금 섬부주(贍部州)에서 세존께서 두 번째의 미묘한 법륜(法輪)을 굴리시는 것을 보았다.'라고 같은 소리로 창언(唱言)[12]하였고, 이 가운데에서 무량한 백천의 천자들은 반야바라밀다를 설하는 것을 듣고서 한꺼번에 무생법인(無生法忍)[13]을 증득하였다.

그때 세존께서 구수 선현에게 알려 말씀하셨다.

"이와 같은 법륜은 첫 번째로 굴린 것이 아니고, 두 번째로 굴린 것도 아니니라. 그 까닭이 무엇인가? 선현이여. 이와 같은 반야바라밀다는 일체법에서 굴리지(轉) 않는 까닭이거나, 돌아오지(還) 않는 까닭이더라도, 세간에 출현하느니라. 왜 그러한가? 무성자성공(無性自性空)인 까닭이니라."

구수 선현이 세존께 아뢰어 말하였다.

"세존이시여. 무슨 법 등이 무성자성공인 까닭으로써, 이와 같은 반야바라밀다는 일체법에서 굴려지지 않는 까닭이거나, 돌아오지 않는 까닭이더라도, 세간에 출현합니까?"

세존께서 말씀하셨다.

사(事)와 이(理)에 대해 다르게 이해하는 것이다.

8) 산스크리트어 utpala의 음사이고, '청련화(靑蓮華)'라고 번역한다.
9) 산스크리트어 padma의 음사이고, '적련화(赤蓮華)', '홍련화(紅蓮華)'라고 번역한다.
10) 산스크리트어 kumuda의 음사이고, 수련(睡蓮)으로써 '백련화(白蓮華)', '지희화(地喜華)'라고 번역한다.
11) 산스크리트어 pundarika의 음사이고, '백련화(白蓮華)'라고 번역한다.
12) 큰 소리로 외쳐서 말하는 것이다.
13) 산스크리트어 anutpattika-dharma-kṣānti의 번역이고, 제법의 실상(實相)이 공(空)하므로 본래 생겨나거나 소멸함이 없는 적멸(寂滅)한 상태라고 깨달아서 아는 지혜를 가리킨다.

"선현이여. 반야바라밀다는 반야바라밀다의 자성(自性)이 공한 까닭이고, 정려·정진·안인·정계·보시바라밀다는 정려, 나아가 보시바라밀다의 자성이 공한 까닭이니라. 선현이여. 내공은 내공의 자성이 공한 까닭이고, 외공·내외공·공공·대공·승의공·유위공·무위공·필경공·무제공·산공·무변이공·본성공·자상공·공상공·일체법공·불가득공·무성공·자성공·무성자성공은 외공, 나아가 무성자성공의 자성이 공한 까닭이니라.

선현이여. 진여는 진여의 자성이 공한 까닭이고, 법계·법성·불허망성·불변이성·평등성·이생성·법정·법주·실제·허공계·부사의계는 법계, 나아가 부사의계의 자성이 공한 까닭이니라. 선현이여. 고성제는 고성제의 자성이 공한 까닭이고, 집·멸·도성제는 집·멸·도성제의 자성이 공한 까닭이니라. 선현이여. 4정려는 4정려의 자성이 공한 까닭이고, 4무량·4무색정은 4무량·4무색정의 자성이 공한 까닭이니라.

선현이여. 8해탈은 8해탈의 성품이 자성이 공한 까닭이고, 8승처·9차제정·10변처는 8승처·9차제정·10변처의 자성이 공한 까닭이니라. 선현이여. 4념주는 4념주의 자성이 공한 까닭이고, 4정단·4신족·5근·5력·7등각지·8성도지는 4정단, 나아가 8성도지의 자성이 공한 까닭이니라. 선현이여. 공해탈문은 공해탈문의 자성이 공한 까닭이고, 무상·무원해탈문은 무상·무원해탈문의 자성이 공한 까닭이니라. 선현이여. 보살의 10지는 보살의 10지의 자성이 공한 까닭이니라.

선현이여. 여래의 10력은 여래의 10력의 자성이 공한 까닭이고, 4무소외·4무애해·대자·대비·대희·대사·18불불공법은 4무소외, 나아가 18불불공법의 자성이 공한 까닭이니라. 선현이여. 무망실법은 무망실법의 자성이 공한 까닭이고, 항주사성은 항주사성의 자성이 공한 까닭이니라. 선현이여. 일체지는 일체지의 자성이 공한 까닭이고, 도상지·일체상지는 도상지·일체상지의 자성이 공한 까닭이니라. 선현이여. 일체의 다라니문은 일체의 다라니문의 자성이 공한 까닭이고, 일체의 삼마지문은 일체의 삼마지문의 자성이 공한 까닭이니라.

선현이여. 예류과는 예류과의 자성이 공한 까닭이고, 일래·불환·아라

한과는 일래·불환·아라한과의 자성이 공한 까닭이니라. 선현이여. 독각
의 보리는 독각의 보리의 자성이 공한 까닭이니라. 선현이여. 일체의
보살마하살의 행은 일체의 보살마하살의 행의 자성이 공한 까닭이니라.
선현이여. 제불의 무상정등보리는 제불의 무상정등보리의 자성이 공한
까닭이니라. 선현이여. 이와 같이 법 등이 무성자성공인 까닭으로써,
이와 같은 반야바라밀다는 일체법을 굴리지 않는 까닭이거나, 돌아오지
않는 까닭이더라도, 세간에 출현하느니라."

　구수 선현이 세존께 아뢰어 말하였다.
　"세존이시여. 보살마하살의 반야바라밀다는 이것이 큰 바라밀다이고,
일체법의 자성이 공(空)하다고 통달한 까닭입니다. 비록 일체법의 자성이
공하다고 통달하였더라도, 그러나 제보살마하살은 이 반야바라밀다를
인연으로 무상정등보리를 증득하고서 미묘한 법륜을 굴리면서 무량한
중생을 제도합니다. 비록 보리를 증득하였더라도 증득한 것이 없나니,
증득하였거나 증득하지 않았던 법은 얻을 수 없는 까닭입니다. 비록
법륜을 굴리더라도 굴리는 것이 없나니, 법을 굴리거나 돌아오는 법을
얻을 수 없는 까닭입니다. 비록 유정을 제도하였더라도 그러나 제도하는
자가 없나니, 보거나 보지 않은 법을 얻을 수 없는 까닭입니다.
　세존이시여. 이와 같은 큰 반야바라밀다의 가운데에서 법륜(法輪)을
굴리는 일을 반드시 결국에는 얻을 수 없나니, 일체법으로써 모두가
영원히 생겨나지 않는 까닭입니다. 그 까닭은 무엇인가? 공(空)하거나
무상(無相)이거나 무원(無願)의 법 가운데서는 능히 굴릴 수 있고 능히
돌아오게 할 수 있는 일이 있지 않은 까닭입니다.
　세존이시여. 이 반야바라밀다에서 만약 이와 같이 널리 설하고 열어서
보여주며 분별하고 명료하게 드러내어 쉽게 깨우쳐 들어가게 시켰다면,
이것을 선하고 청정하게 널리 반야바라밀다를 설한다고 이름합니다.
이 가운데에서는 모두 설하는 자이거나 수지하는 자가 없고, 이미 설하는
자이거나 수지하는 자가 없는 까닭으로 여러 능히 증득하는 자들도 역시

얻을 수 없으며, 증득하는 자가 없는 까닭으로 역시 능히 열반을 얻는 자도 없습니다. 이 반야바라밀다의 선한 설법의 가운데에서는 역시 복전(福田)도 없나니, 보시하는 자·보시받는 자·보시하는 물건도 모두 자성이 공한 까닭입니다."

38. 바라밀다품(波羅蜜多品)(1)

그때 구수 선현이 세존께 아뢰어 말하였다.
"세존이시여. 반야바라밀다가 이와 같다면, 이것은 무변(無邊)한 바라밀다입니다."
세존께서 말씀하셨다.
"그와 같으니라. 오히려 허공과 같아서 변제(邊際)[14]가 없는 까닭이니라."
"세존이시여. 반야바라밀다가 이와 같다면, 이것은 평등(平等)한 바라밀다입니다."
세존께서 말씀하셨다.
"그와 같으니라. 일체의 법성(法性)으로써 평등한 까닭이니라."
"세존이시여. 반야바라밀다가 이와 같다면, 이것은 평등한 바라밀다입니다."
세존께서 말씀하셨다.
"그와 같으니라. 일체법으로써 자성이 평등한 까닭이니라."
"세존이시여. 반야바라밀다가 이와 같다면, 이것은 멀리 벗어난 바라밀다입니다."
세존께서 말씀하셨다.

14) 시간, 공간, 정도 등에서 그 이상이 없는 한계를 가리킨다.

"그와 같으니라. 반드시 결국에는 공(空)한 까닭이니라."

"세존이시여. 반야바라밀다가 이와 같다면, 이것은 굴복(屈伏)시키기 어려운 바라밀다입니다."

세존께서 말씀하셨다.

"그와 같으니라. 일체법의 자성을 얻을 수 없는 까닭이니라."

"세존이시여. 반야바라밀다가 이와 같다면, 이것은 발자취(足跡)가 없는 바라밀다입니다."

세존께서 말씀하셨다.

"그와 같으니라. 명자(名字)와 체(體)가 없는 까닭이니라."

"세존이시여. 반야바라밀다가 이와 같다면, 이것은 허공의 바라밀다입니다."

세존께서 말씀하셨다.

"그와 같으니라. 들숨(入息)과 날숨(出息)을 얻을 수 없는 까닭이니라."

"세존이시여. 반야바라밀다가 이와 같다면, 이것은 바라밀다를 설할 수 없습니다."

세존께서 말씀하셨다.

"그와 같으니라. 이 가운데에서 심사(尋伺)15)를 얻을 수 없는 까닭이니라."

"세존이시여. 반야바라밀다가 이와 같다면, 이것은 무명(無名)의 바라밀다입니다."

세존께서 말씀하셨다.

"그와 같으니라. 수(受)·상(想)·행(行)·식(識)을 얻을 수 없는 까닭이니라."

"세존이시여. 반야바라밀다가 이와 같다면, 이것은 행(行)이 없는 바라밀다입니다."

세존께서 말씀하셨다.

"그와 같으니라. 일체법으로써 떠나가고(去) 돌아옴(來)이 없는 까닭이

---

15) 산스크리트어 vitarka-vicāra의 번역이고, 대상의 뜻과 이치를 찾기 위하여 세밀(細密)하게 관찰하는 정신작용을 가리키는데, 심(尋)은 개괄적으로 사유하는 마음작용이고, 사(伺)는 세밀하게 관찰하는 마음작용이다.

니라."

"세존이시여. 반야바라밀다가 이와 같다면, 이것은 **빼앗**을 수 없는 바라밀다입니다."

세존께서 말씀하셨다.

"그와 같으니라. 일체법으로써 취(取)할 수 없는 까닭이니라."

"세존이시여. 반야바라밀다가 이와 같다면, 이것은 끝마치는(盡) 바라밀다입니다."

세존께서 말씀하셨다.

"그와 같으니라. 일체법으로써 반드시 결국에는 끝마치는 까닭이니라."

"세존이시여. 반야바라밀다가 이와 같다면, 이것은 생겨나지 않고 소멸하지 않는 바라밀다입니다."

세존께서 말씀하셨다.

"그와 같으니라. 일체법으로써 생겨남과 소멸함이 없는 까닭이니라."

"세존이시여. 반야바라밀다가 이와 같다면, 이것은 무작(無作)의 바라밀다입니다."

세존께서 말씀하셨다.

"그와 같으니라. 여러 작자(作者)로써 얻을 수 없는 까닭이니라."

"세존이시여. 반야바라밀다가 이와 같다면, 이것은 무지(無知)의 바라밀다입니다."

세존께서 말씀하셨다.

"그와 같으니라. 여러 지자(知者)로써 얻을 수 없는 까닭이니라."

"세존이시여. 반야바라밀다가 이와 같다면, 이것은 이전(移轉)이 없는 바라밀다입니다."

세존께서 말씀하셨다.

"그와 같으니라. 사자(死者)와 생자(生者)로써 얻을 수 없는 까닭이니라."

"세존이시여. 반야바라밀다가 이와 같다면, 이것은 실괴(失壞)[16]가

---

16) 잃어버리고 무너진다는 뜻이다.

없는 바라밀다입니다.”

　세존께서 말씀하셨다.

　“그와 같으니라. 일체법으로써 실괴가 없는 까닭이니라.”

　“세존이시여. 반야바라밀다가 이와 같다면, 이것은 꿈과 같은 바라밀다
입니다.”

　세존께서 말씀하셨다.

　“그와 같으니라. 일체법으로써 꿈과 같은 견해인 것을 얻을 수 없는
까닭이니라.”

　“세존이시여. 반야바라밀다가 이와 같다면, 이것은 메아리(響)와 같은
바라밀다입니다.”

　세존께서 말씀하셨다.

　“그와 같으니라. 능히 듣는 것과 설하는 것으로 얻을 수 없는 까닭이니라.”

　“세존이시여. 반야바라밀다가 이와 같다면, 이것은 그림자(影像)와 같
은 바라밀다입니다.”

　세존께서 말씀하셨다.

　“그와 같으니라. 제법은 모두 거울에 나타나는 빛과 같아서 얻을 수
없는 까닭이니라.”

　“세존이시여. 반야바라밀다가 이와 같다면, 이것은 불꽃이거나 환영과
같은 바라밀다입니다.”

　세존께서 말씀하셨다.

　“그와 같으니라. 일체법으로써 흐르면서 변화하는 상(相)과 같아서
얻을 수 없는 까닭이니라.”

　“세존이시여. 반야바라밀다가 이와 같다면, 이것은 변화하는 일(變化事)
과 같은 바라밀다입니다.”

　세존께서 말씀하셨다.

　“그와 같으니라. 제법은 모두 변화하는 것과 같은 까닭이니라.”

　“세존이시여. 반야바라밀다가 이와 같다면, 이것은 심향성(尋香城)과
같은 바라밀다입니다.”

세존께서 말씀하셨다.

"그와 같으니라. 제법은 모두 심향성과 같은 까닭이니라."

"세존이시여. 반야바라밀다가 이와 같다면, 이것은 염오가 없고 청정함이 없는 바라밀다입니다."

세존께서 말씀하셨다.

"그와 같으니라. 여러 염오와 청정함의 인연을 얻을 수 없는 까닭이니라."

"세존이시여. 반야바라밀다가 이와 같다면, 이것은 얻을 수 없는 바라밀다입니다."

세존께서 말씀하셨다.

"그와 같으니라. 제법이 의지하는 것을 얻을 수 없는 까닭이니라."

"세존이시여. 반야바라밀다가 이와 같다면, 이것은 희론(戲論)이 없는 바라밀다입니다."

세존께서 말씀하셨다.

"그와 같으니라. 일체의 희론하는 일을 파괴(破壞)하는 까닭이니라."

"세존이시여. 반야바라밀다가 이와 같다면, 이것은 교만(慢)과 집착(執)이 없는 바라밀다입니다."

세존께서 말씀하셨다.

"그와 같으니라. 일체의 교만과 집착하는 일을 파괴하는 까닭이니라."

"세존이시여. 반야바라밀다가 이와 같다면, 이것은 동전(動轉)[17]이 없는 바라밀다입니다."

세존께서 말씀하셨다.

"그와 같으니라. 법계(法界)에 안주하는 까닭이니라."

"세존이시여. 반야바라밀다가 이와 같다면, 이것은 염착(染著)이 없는 바라밀다입니다."

세존께서 말씀하셨다.

"그와 같으니라. 일체법을 깨달아서 허망(虛妄)하지 않은 까닭이니라."

---

17) 변(變)하여 달라지는 것이다.

"세존이시여. 반야바라밀다가 이와 같다면, 이것은 등기(等起)[18]가 없는 바라밀다입니다."

세존께서 말씀하셨다.

"그와 같으니라. 일체법에서 분별(分別)이 없는 까닭이니라."

"세존이시여. 반야바라밀다가 이와 같다면, 이것은 매우 적정(寂靜)한 바라밀다입니다."

세존께서 말씀하셨다.

"그와 같으니라. 제법에서 상(相)을 얻을 수 없는 까닭이니라."

"세존이시여. 반야바라밀다가 이와 같다면, 이것은 탐욕(貪欲)이 없는 바라밀다입니다."

세존께서 말씀하셨다.

"그와 같으니라. 여러 탐욕의 일에서 얻을 수 없는 까닭이니라."

"세존이시여. 반야바라밀다가 이와 같다면, 이것은 진에(瞋恚)가 없는 바라밀다입니다."

세존께서 말씀하셨다.

"그와 같으니라. 일체의 진에의 일을 파괴하는 까닭이니라."

"세존이시여. 반야바라밀다가 이와 같다면, 이것은 우치(愚癡)가 없는 바라밀다입니다."

세존께서 말씀하셨다.

"그와 같으니라. 여러 무지(無知)와 암흑(黑闇) 일을 소멸시키는 까닭이니라."

"세존이시여. 반야바라밀다가 이와 같다면, 이것은 번뇌(煩惱)가 없는 바라밀다입니다."

세존께서 말씀하셨다.

"그와 같으니라. 분별을 벗어난 까닭이니라."

"세존이시여. 반야바라밀다가 이와 같다면, 이것은 유정(有情)을 벗어

---

18) 산스크리트어 samutthānaj의 번역이고, 그것은 몸과 말을 이끌어서 두 가지의 업을 일으키는 것이다. 인등기(因等起)와 나찰등기(刹那等起)가 있다.

난 바라밀다입니다."

세존께서 말씀하셨다.

"그와 같으니라. 제유정(諸有情)을 통달하여 무소유(無所有)인 까닭이
니라."

"세존이시여. 반야바라밀다가 이와 같다면, 이것은 단절과 파괴가 없는
바라밀다입니다."

세존께서 말씀하셨다.

"그와 같으니라. 일체법으로써 등기(等起)가 없는 까닭이니라."

"세존이시여. 반야바라밀다가 이와 같다면, 이것은 이변(二邊)19)이
없는 바라밀다입니다."

세존께서 말씀하셨다.

"그와 같으니라. 이변을 벗어난 까닭이니라."

"세존이시여. 반야바라밀다가 이와 같다면, 이것은 뒤섞이고 무너짐(雜
壞)이 없는 바라밀다입니다."

세존께서 말씀하셨다.

"그와 같으니라. 일체법을 알아서 뒤섞이거나 무너짐이 없는 까닭이니라."

"세존이시여. 반야바라밀다가 이와 같다면, 이것은 취(取)하거나 집착
(著)이 없는 바라밀다입니다."

세존께서 말씀하셨다.

"그와 같으니라. 성문지(聲聞地)와 독각지(獨覺地)를 초월(超過)한 까닭
이니라."

"세존이시여. 반야바라밀다가 이와 같다면, 이것은 분별(分別)이 없는
바라밀다입니다."

세존께서 말씀하셨다.

"그와 같으니라. 일체의 분별을 얻을 수 없는 까닭이니라."

---

19) 양극단의 사유라는 뜻으로, 어떠한 현상을 이어졌다거나 끊어졌다고 보는 견해인
   상견(常見)과 단견(斷見)과 같다거나 다르다고 보는 일견(一見)과 이견(異見) 등을
   가리킨다.

"세존이시여. 반야바라밀다가 이와 같다면, 이것은 분량(分量)이 없는 바라밀다입니다."

세존께서 말씀하셨다.

"그와 같으니라. 제법의 분한(分限)을 얻을 수 없는 까닭이니라."

"세존이시여. 반야바라밀다가 이와 같다면, 이것은 허공(虛空)과 같은 바라밀다입니다."

세존께서 말씀하셨다.

"그와 같으니라. 일체법을 통달하여 막힘(滯)과 장애(㝵)가 없는 까닭이니라."

"세존이시여. 반야바라밀다가 이와 같다면, 이것은 무상(無常)의 바라밀다입니다."

세존께서 말씀하셨다.

"그와 같으니라. 능히 영원히 일체법을 괴멸(壞滅)하는 까닭이니라."

"세존이시여. 반야바라밀다가 이와 같다면, 이것은 괴로운(苦) 바라밀다입니다."

세존께서 말씀하셨다.

"그와 같으니라. 능히 영원히 일체법을 빠르게 쫓아내는(驅遣) 까닭이니라."

"세존이시여. 반야바라밀다가 이와 같다면, 이것은 무아(無我)의 바라밀다입니다."

세존께서 말씀하셨다.

"그와 같으니라. 일체법에서 집착(執著)이 없는 까닭이니라."

"세존이시여. 반야바라밀다가 이와 같다면, 이것은 공(空)의 바라밀다입니다."

세존께서 말씀하셨다.

"그와 같으니라. 일체법을 명료하게 통달하여 얻을 수 없는 까닭이니라."

"세존이시여. 반야바라밀다가 이와 같다면, 이것은 무상(無相)의 바라밀다입니다."

세존께서 말씀하셨다.

"그와 같으니라. 일체법을 증득하여 생겨나는 상(相)이 없는 까닭이니라."

"세존이시여. 반야바라밀다가 이와 같다면, 이것은 내공(內空)의 바라밀다입니다."

세존께서 말씀하셨다.

"그와 같으니라. 내법(內法)[20]을 명료하게 통달하여 얻을 수 없는 까닭이니라."

"세존이시여. 반야바라밀다가 이와 같다면, 이것은 외공(外空)의 바라밀다입니다."

세존께서 말씀하셨다.

"그와 같으니라. 외법(外法)[21]을 명료하게 통달하여 얻을 수 없는 까닭이니라."

"세존이시여. 반야바라밀다가 이와 같다면, 이것은 내외공(內外空)의 바라밀다입니다."

세존께서 말씀하셨다.

"그와 같으니라. 내외법(內外法)은 얻을 수 없다고 아는 까닭이니라."

"세존이시여. 반야바라밀다가 이와 같다면, 이것은 공공(空空)의 바라밀다입니다."

세존께서 말씀하셨다.

"그와 같으니라. 공공의 법을 얻을 수 없다고 명료하게 통달한 까닭이니라."

"세존이시여. 반야바라밀다가 이와 같다면, 이것은 대공(大空)의 바라밀다입니다."

세존께서 말씀하셨다.

"그와 같으니라. 대공의 법을 얻을 수 없다고 명료하게 통달한 까닭이니라."

"세존이시여. 반야바라밀다가 이와 같다면, 이것은 승의공(勝義空)의 바라밀다입니다."

---

20) 육근(六根)인 안(眼)·이(耳)·비(鼻)·설(舌)·신(身)·의(意)를 가리킨다.
21) 육경(六境)인 색(色)·성(聲)·향(香)·미(味)·촉(觸)·법(法)을 가리킨다.

세존께서 말씀하셨다.

"그와 같으니라. 승의공의 법을 얻을 수 없는 까닭이니라."

"세존이시여. 반야바라밀다가 이와 같다면, 이것은 유위공(有爲空)의 바라밀다입니다."

세존께서 말씀하셨다.

"그와 같으니라. 여러 유위법(有爲法)을 얻을 수 없는 까닭이니라."

"세존이시여. 반야바라밀다가 이와 같다면, 이것은 무위공(無爲空)의 바라밀다입니다."

세존께서 말씀하셨다.

"그와 같으니라. 여러 무위법(無爲法)을 얻을 수 없는 까닭이니라."

"세존이시여. 반야바라밀다가 이와 같다면, 이것은 필경공(畢竟空)의 바라밀다입니다."

세존께서 말씀하셨다.

"그와 같으니라. 필경공의 법을 얻을 수 없는 까닭이니라."

"세존이시여. 반야바라밀다가 이와 같다면, 이것은 무제공(無際空)의 바라밀다입니다."

세존께서 말씀하셨다.

"그와 같으니라. 무제공의 법을 얻을 수 없는 까닭이니라."

"세존이시여. 반야바라밀다가 이와 같다면, 이것은 산공(散空)의 바라밀다입니다."

세존께서 말씀하셨다.

"그와 같으니라. 여러 산공의 법을 얻을 수 없는 까닭이니라."

"세존이시여. 반야바라밀다가 이와 같다면, 이것은 무변이공(無變異空)의 바라밀다입니다."

세존께서 말씀하셨다.

"그와 같으니라. 무변이공의 법을 얻을 수 없는 까닭이니라."

"세존이시여. 반야바라밀다가 이와 같다면, 이것은 본성공(本性空)의 바라밀다입니다."

세존께서 말씀하셨다.

"그와 같으니라. 유위법과 무위법을 얻을 수 없는 까닭이니라."

"세존이시여. 반야바라밀다가 이와 같다면, 이것은 자상공(自相空)의 바라밀다입니다."

세존께서 말씀하셨다.

"그와 같으니라. 일체법을 명료하게 통달하여 자상(自相)을 벗어난 까닭이니라."

"세존이시여. 반야바라밀다가 이와 같다면, 이것은 공상공(共相空)의 바라밀다입니다."

세존께서 말씀하셨다.

"그와 같으니라. 일체법을 명료하게 통달하여 공상을 벗어난 까닭이니라."

"세존이시여. 반야바라밀다가 이와 같다면, 이것은 일체법공(一切法空)의 바라밀다입니다."

세존께서 말씀하셨다.

"그와 같으니라. 내법과 외법을 알더라도 얻을 수 없는 까닭이니라."

"세존이시여. 반야바라밀다가 이와 같다면, 이것은 불가득공(不可得空)의 바라밀다입니다."

세존께서 말씀하셨다.

"그와 같으니라. 일체법의 자성을 얻을 수 없는 까닭이니라."

"세존이시여. 반야바라밀다가 이와 같다면, 이것은 무성공(無性空)의 바라밀다입니다."

세존께서 말씀하셨다.

"그와 같으니라. 무성공의 법을 얻을 수 없는 까닭이니라."

"세존이시여. 반야바라밀다가 이와 같다면, 이것은 자성공(自性空)의 바라밀다입니다."

세존께서 말씀하셨다.

"그와 같으니라. 자성공의 법을 얻을 수 없는 까닭이니라."

"세존이시여. 반야바라밀다가 이와 같다면, 이것은 무성자성공(無性自

性空)의 바라밀다입니다."

세존께서 말씀하셨다.

"그와 같으니라. 무성자성공의 법을 얻을 수 없는 까닭이니라."

"세존이시여. 반야바라밀다가 이와 같다면, 이것은 진여(眞如)의 바라밀다입니다."

세존께서 말씀하셨다.

"그와 같으니라. 진여의 자성을 알더라도 얻을 수 없는 까닭이니라."

"세존이시여. 반야바라밀다가 이와 같다면, 이것은 법계(法界)의 바라밀다입니다."

세존께서 말씀하셨다.

"그와 같으니라. 여러 법계를 명료하게 통달하더라도 얻을 수 없는 까닭이니라."

"세존이시여. 반야바라밀다가 이와 같다면, 이것은 법성(法性)의 바라밀다입니다."

세존께서 말씀하셨다.

"그와 같으니라. 여러 법성을 명료하게 통달하더라도 얻을 수 없는 까닭이니라."

"세존이시여. 반야바라밀다가 이와 같다면, 이것은 불허망성(不虛妄性)의 바라밀다입니다."

세존께서 말씀하셨다.

"그와 같으니라. 불허망의 자성을 얻을 수 없는 까닭이니라."

"세존이시여. 반야바라밀다가 이와 같다면, 이것은 불변이성(不變異性)의 바라밀다입니다."

세존께서 말씀하셨다.

"그와 같으니라. 불변이의 자성을 얻을 수 없는 까닭이니라."

"세존이시여. 반야바라밀다가 이와 같다면, 이것은 평등성(平等性)의 바라밀다입니다."

세존께서 말씀하셨다.

"그와 같으니라. 평등의 자성을 명료하게 통달하더라도 얻을 수 없는 까닭이니라."

"세존이시여. 반야바라밀다가 이와 같다면, 이것은 이생성(離生性)의 바라밀다입니다."

세존께서 말씀하셨다.

"그와 같으니라. 이생의 자성을 알더라도 얻을 수 없는 까닭이니라."

"세존이시여. 반야바라밀다가 이와 같다면, 이것은 법정(法定)의 바라밀다입니다."

세존께서 말씀하셨다.

"그와 같으니라. 법정을 명료하게 통달하더라도 얻을 수 없는 까닭이니라."

"세존이시여. 반야바라밀다가 이와 같다면, 이것은 법주(法住)의 바라밀다입니다."

세존께서 말씀하셨다.

"그와 같으니라. 법주를 명료하게 통달하더라도 얻을 수 없는 까닭이니라."

"세존이시여. 반야바라밀다가 이와 같다면, 이것은 실제(實際)의 바라밀다입니다."

세존께서 말씀하셨다.

"그와 같으니라. 실제의 자성을 명료하게 통달하더라도 얻을 수 없는 까닭이니라."

"세존이시여. 반야바라밀다가 이와 같다면, 이것은 허공계(虛空界)의 바라밀다입니다."

세존께서 말씀하셨다.

"그와 같으니라. 허공의 경계를 명료하게 통달하더라도 얻을 수 없는 까닭이니라."

"세존이시여. 반야바라밀다가 이와 같다면, 이것은 부사의계(不思議界)의 바라밀다입니다."

세존께서 말씀하셨다.

"그와 같으니라. 부사의의 경계를 얻을 수 없는 까닭이니라."

"세존이시여. 반야바라밀다가 이와 같다면, 이것은 4성제(四聖諦)의 바라밀다입니다."

세존께서 말씀하셨다.

"그와 같으니라. 4성제의 경계를 명료하게 통달하더라도 얻을 수 없는 까닭이니라."

"세존이시여. 반야바라밀다가 이와 같다면, 이것은 4념주(四念住)의 바라밀다입니다."

세존께서 말씀하셨다.

"그와 같으니라. 신(身)·수(受)·심(心)·법(法)을 얻을 수 없는 까닭이니라."

"세존이시여. 반야바라밀다가 이와 같다면, 이것은 4정단(四正斷)의 바라밀다입니다."

세존께서 말씀하셨다.

"그와 같으니라. 선법(善法)과 불선법(不善法)을 얻을 수 없는 까닭이니라."

"세존이시여. 반야바라밀다가 이와 같다면, 이것은 4신족(四神足)의 바라밀다입니다."

세존께서 말씀하셨다.

"그와 같으니라. 4신족의 자성을 얻을 수 없는 까닭이니라."

"세존이시여. 반야바라밀다가 이와 같다면, 이것은 5근(五根)의 바라밀다입니다."

세존께서 말씀하셨다.

"그와 같으니라. 5근의 자성을 얻을 수 없는 까닭이니라."

"세존이시여. 반야바라밀다가 이와 같다면, 이것은 5력(五力)의 바라밀다입니다."

세존께서 말씀하셨다.

"그와 같으니라. 5력의 자성을 얻을 수 없는 까닭이니라."

"세존이시여. 반야바라밀다가 이와 같다면, 이것은 7등각지(七等覺支)의 바라밀다입니다."

세존께서 말씀하셨다.

"그와 같으니라. 7등각지의 자성을 얻을 수 없는 까닭이니라."

"세존이시여. 반야바라밀다가 이와 같다면, 이것은 8성도지(八聖道支)의 바라밀다입니다."

세존께서 말씀하셨다.

"그와 같으니라. 8성도지의 자성을 얻을 수 없는 까닭이니라."

"세존이시여. 반야바라밀다가 이와 같다면, 이것은 공해탈문(空解脫門)의 바라밀다입니다."

세존께서 말씀하셨다.

"그와 같으니라. 공(空)하여 벗어난 행상(行相)을 얻을 수 없는 까닭이니라."

"세존이시여. 반야바라밀다가 이와 같다면, 이것은 무상해탈문(無相解脫門)의 바라밀다입니다."

세존께서 말씀하셨다.

"그와 같으니라. 적정(寂靜)한 행상을 얻을 수 없는 까닭이니라."

"세존이시여. 반야바라밀다가 이와 같다면, 이것은 무원해탈문(無願解脫門)의 바라밀다입니다."

세존께서 말씀하셨다.

"그와 같으니라. 무원(無願)의 행상을 얻을 수 없는 까닭이니라."

"세존이시여. 반야바라밀다가 이와 같다면, 이것은 8해탈(八解脫)의 바라밀다입니다."

세존께서 말씀하셨다.

"그와 같으니라. 8해탈의 자성을 얻을 수 없는 까닭이니라."

"세존이시여. 반야바라밀다가 이와 같다면, 이것은 8승처(八勝處)의 바라밀다입니다."

세존께서 말씀하셨다.

"그와 같으니라. 8승처의 자성을 얻을 수 없는 까닭이니라."

"세존이시여. 반야바라밀다가 이와 같다면, 이것은 9차제정(九次第定)의 바라밀다입니다."

세존께서 말씀하셨다.

"그와 같으니라. 9차제정의 자성을 얻을 수 없는 까닭이니라."

"세존이시여. 반야바라밀다가 이와 같다면, 이것은 10변처(十遍處)의 바라밀다입니다."

세존께서 말씀하셨다.

"그와 같으니라. 10변처의 자성을 얻을 수 없는 까닭이니라."

"세존이시여. 반야바라밀다가 이와 같다면, 이것은 보시(布施)의 바라밀다입니다."

세존께서 말씀하셨다.

"그와 같으니라. 보시(布施)와 간탐(慳貪)을 얻을 수 없는 까닭이니라."

"세존이시여. 반야바라밀다가 이와 같다면, 이것은 정계(淨戒)의 바라밀다입니다."

세존께서 말씀하셨다.

"그와 같으니라. 지계(持戒)와 범계(犯戒)를 얻을 수 없는 까닭이니라."

"세존이시여. 반야바라밀다가 이와 같다면, 이것은 안인(安忍)의 바라밀다입니다."

세존께서 말씀하셨다.

"그와 같으니라. 인욕(忍辱)과 진에(瞋恚)를 얻을 수 없는 까닭이니라."

"세존이시여. 반야바라밀다가 이와 같다면, 이것은 정진(精進)의 바라밀다입니다."

세존께서 말씀하셨다.

"그와 같으니라. 정진(精進)과 해태(懈怠)를 얻을 수 없는 까닭이니라."

"세존이시여. 반야바라밀다가 이와 같다면, 이것은 정려(靜慮)의 바라밀다입니다."

세존께서 말씀하셨다.

"그와 같으니라. 정려(靜慮)와 산란(散亂)을 얻을 수 없는 까닭이니라."

"세존이시여. 반야바라밀다가 이와 같다면, 이것은 반야(般若)의 바라밀다입니다."

세존께서 말씀하셨다.

"그와 같으니라. 선혜(善慧)와 악혜(惡慧)를 얻을 수 없는 까닭이니라."

"세존이시여. 반야바라밀다가 이와 같다면, 이것은 방편선교(方便善巧)의 바라밀다입니다."

세존께서 말씀하셨다.

"그와 같으니라. 방편선교와 방편선교가 없는 것을 얻을 수 없는 까닭이니라."

"세존이시여. 반야바라밀다가 이와 같다면, 이것은 원(願)의 바라밀다입니다."

세존께서 말씀하셨다.

"그와 같으니라. 원과 불원(不願)의 일을 얻을 수 없는 까닭이니라."

"세존이시여. 반야바라밀다가 이와 같다면, 이것은 력(力)의 바라밀다입니다."

세존께서 말씀하셨다.

"그와 같으니라. 력과 불력(不力)의 일을 얻을 수 없는 까닭이니라."

"세존이시여. 반야바라밀다가 이와 같다면, 이것은 지(智)의 바라밀다입니다."

세존께서 말씀하셨다.

"그와 같으니라. 지와 무지(無智)의 일을 얻을 수 없는 까닭이니라."

"세존이시여. 반야바라밀다가 이와 같다면, 이것은 10지(十地)의 바라밀다입니다."

세존께서 말씀하셨다.

"그와 같으니라. 10지와 10장(十障)22)의 일을 얻을 수 없는 까닭이니라."

---

22) 십중장(十重障)이라고 말하고, 보살이 수행하는 계위인 10지에서 각각의 지(地)에서 하나의 장애를 끊어내는 열 가지 번뇌를 가리킨다. 첫째는 이생성장(異生性障)으로 범부의 성질인 번뇌장(煩惱障)과 소지장(所知障)의 종자를 말하고, 둘째는 사행장(邪行障)으로 3업(三業)의 죄를 범하게 하는 번뇌이며, 셋째는 암둔장(闇鈍障)으로 듣고 생각하는 경계를 잊게 하는 번뇌이고, 넷째는 미세번뇌현행장(微細煩惱現行障)으로 온갖 법이 실유(實有)하다고 고집하는 번뇌이며, 다섯째는 어하승반

"세존이시여. 반야바라밀다가 이와 같다면, 이것은 4정려(四靜慮)의 바라밀다입니다."

세존께서 말씀하셨다.

"그와 같으니라. 4정려의 일을 얻을 수 없는 까닭이니라."

"세존이시여. 반야바라밀다가 이와 같다면, 이것은 4무량(四無量)의 바라밀다입니다."

세존께서 말씀하셨다.

"그와 같으니라. 4무량의 일을 얻을 수 없는 까닭이니라."

"세존이시여. 반야바라밀다가 이와 같다면, 이것은 4무색정(四無色定)의 바라밀다입니다."

세존께서 말씀하셨다.

"그와 같으니라. 4무색정의 일을 얻을 수 없는 까닭이니라."

"세존이시여. 반야바라밀다가 이와 같다면, 이것은 5안(五眼)의 바라밀다입니다."

세존께서 말씀하셨다.

"그와 같으니라. 5안의 경계의 일을 얻을 수 없는 까닭이니라."

"세존이시여. 반야바라밀다가 이와 같다면, 이것은 6신통(六神通)의 바라밀다입니다."

세존께서 말씀하셨다.

"그와 같으니라. 6신통의 일을 얻을 수 없는 까닭이니라."

열반장(於下乘般涅槃障)으로 보살이 생사를 싫어하고 열반을 좋아하는 것이 이승(二乘)과 같게 하는 번뇌이고, 여섯째는 추상현행장(麤相現行障)으로 4성제(四聖諦) 중의 고(苦)·집(集)을 염(染)이라 하고, 멸(滅)·도(道)를 정(淨)이라고 서로 차별하고 집착하여 일어나는 번뇌이며, 일곱째는 세상현행장(細相現行障)으로 고·집의 유전(流轉)과 멸·도의 환멸(還滅)을 믿어 생멸하는 세상(細相)이 있다고 집착하여 일어나는 번뇌이고, 여덟째는 무상중작가행장(無相中作加行障)으로 무상관(無相觀)을 자재하게 일어나지 못하게 하는 번뇌이며, 아홉째는 이타중불욕행장(利他中不欲行障)으로 이타(利他)보다도 자기의 이익을 위하여 수행하려는 번뇌이고, 열째는 어제법중미득자재장(於諸法中未得自在障)으로 일체법을 두루 반연하는 것에 자재하지 못하게 장애하는 번뇌를 말한다.

마하반야바라밀다경 제297권

38. 바라밀다품(波羅蜜多品)(2)

"세존이시여. 반야바라밀다가 이와 같다면, 이것은 여래(佛)의 10력(十力)의 바라밀다입니다."

세존께서 말씀하셨다.

"그와 같으니라. 일체법을 통달하여 굴복시키기 어려운 까닭이니라."

"세존이시여. 반야바라밀다가 이와 같다면, 이것은 4무소외(四無所畏)의 바라밀다입니다."

세존께서 말씀하셨다.

"그와 같으니라. 도상지(道相智)를 얻어서 퇴전(退沒)이 없는 까닭이니라."

"세존이시여. 반야바라밀다가 이와 같다면, 이것은 4무애해(四無礙解)의 바라밀다입니다."

세존께서 말씀하셨다.

"그와 같으니라. 일체상지(一切相智)를 얻어서 막힘과 장애가 없는 까닭이니라."

"세존이시여. 반야바라밀다가 이와 같다면, 이것은 대자(大慈)의 바라밀다입니다."

세존께서 말씀하셨다.

"그와 같으니라. 일체의 유정을 안락(安樂)하게 하는 까닭이니라."

"세존이시여. 반야바라밀다가 이와 같다면, 이것은 대비(大悲)의 바라밀다입니다."

세존께서 말씀하셨다.

"그와 같으니라. 일체의 유정을 이익(利益)되게 하는 까닭이니라."

"세존이시여. 반야바라밀다가 이와 같다면, 이것은 대희(大喜)의 바라밀다입니다."

세존께서 말씀하셨다.

"그와 같으니라. 일체의 유정을 버리지 않는 까닭이니라."

"세존이시여. 반야바라밀다가 이와 같다면, 이것은 대사(大捨)의 바라밀다입니다."

세존께서 말씀하셨다.

"그와 같으니라. 제유정들에게 마음이 평등(平等)한 까닭이니라."

"세존이시여. 반야바라밀다가 이와 같다면, 이것은 18불불공법(十八佛不共法)의 바라밀다입니다."

세존께서 말씀하셨다.

"그와 같으니라. 일체의 성문법과 연각법을 초월하는 까닭이니라."

"세존이시여. 반야바라밀다가 이와 같다면, 이것은 무망실법(無忘失法)의 바라밀다입니다."

세존께서 말씀하셨다.

"그와 같으니라. 무망실법의 일을 얻을 수 없는 까닭이니라."

"세존이시여. 반야바라밀다가 이와 같다면, 이것은 항주사성(恒住捨性)의 바라밀다입니다."

세존께서 말씀하셨다.

"그와 같으니라. 항주사성의 일을 얻을 수 없는 까닭이니라."

"세존이시여. 반야바라밀다가 이와 같다면, 이것은 일체의 다라니문(陀羅尼門)의 바라밀다입니다."

세존께서 말씀하셨다.

"그와 같으니라. 여러 총지(總持)[1]의 일을 얻을 수 없는 까닭이니라."

---

1) 산스크리트어 dharani의 번역이고, '진언(眞言)'이라고 번역하며, '능지(能持)', '능차(能遮)' 등으로 의역한다.

"세존이시여. 반야바라밀다가 이와 같다면, 이것은 일체의 삼마지문(三摩地門)의 바라밀다입니다."

세존께서 말씀하셨다.

"그와 같으니라. 여러 등지(等持)²⁾의 일을 얻을 수 없는 까닭이니라."

"세존이시여. 반야바라밀다가 이와 같다면, 이것은 일체지(一切智)의 바라밀다입니다."

세존께서 말씀하셨다.

"그와 같으니라. 일체지의 일을 얻을 수 없는 까닭이니라."

"세존이시여. 반야바라밀다가 이와 같다면, 이것은 도상지(道相智)의 바라밀다입니다."

세존께서 말씀하셨다.

"그와 같으니라. 도상지의 일을 얻을 수 없는 까닭이니라."

"세존이시여. 반야바라밀다가 이와 같다면, 이것은 일체상지(一切相智)의 바라밀다입니다."

세존께서 말씀하셨다.

"그와 같으니라. 일체상지의 일을 얻을 수 없는 까닭이니라."

"세존이시여. 반야바라밀다가 이와 같다면, 이것은 일체 보살마하살(菩薩摩訶薩)의 행(行)의 바라밀다입니다."

세존께서 말씀하셨다.

"그와 같으니라. 일체 보살마하살의 행의 일을 얻을 수 없는 까닭이니라."

"세존이시여. 반야바라밀다가 이와 같다면, 이것은 제불(諸佛)의 무상정등보리(無上正等菩提)의 바라밀다입니다."

세존께서 말씀하셨다.

"그와 같으니라. 제불의 무상정등보리의 일을 얻을 수 없는 까닭이니라."

"세존이시여. 반야바라밀다가 이와 같다면, 이것은 여래(如來)의 바라

2) 산스크리트어 samadhi의 번역이고, '삼마지(三摩地)', '삼마제(三摩提)' 등으로 음사하며, '등지(等持)', '정(定)' 또는 '정심행처(正心行處)'라고 의역한다.

밀다입니다.”

세존께서 말씀하셨다.

“그와 같으니라. 능히 여실(如實)하게 일체법을 설(說)하는 까닭이니라.”

“세존이시여. 반야바라밀다가 이와 같다면, 이것은 자연(自然)의 바라밀다입니다.”

세존께서 말씀하셨다.

“그와 같으니라. 일체법에서 자재(自在)함을 얻은 까닭이니라.”

“세존이시여. 반야바라밀다가 이와 같다면, 이것은 정등각(正等覺)의 바라밀다입니다.”

세존께서 말씀하셨다.

“그와 같으니라. 일체법에서 능히 정등각(正等覺)이 일체의 상(相)인 까닭이니라.”

39. 난문공덕품(難聞功德品)(1)

그때 천제석은 이렇게 생각을 지으면서 말하였다.

“만약 선남자와 선여인 등이 일찍이 과거의 무량한 여래·응공·정등각들께 친근(親近)하였고 공양하였으며 큰 서원을 일으켰고 여러 선근(善根)을 심었으며 많은 선지식(善知識)들이 섭수(攝受)하였다면, 지금 비로소 이와 같은 반야바라밀다의 공덕이나 명자(名字)를 들을 것이다. 하물며 능히 서사(書寫)하고 독송(讀誦)하며 수지(受持)하고 이치와 같이 사유하며 다른 사람을 위하여 연설(演說)하거나, 혹은 능히 신력을 따라서 설하신 것과 같이 수행함이겠는가! 이러한 사람은 이미 과거의 무량한 여래(佛)의 처소에서 친근(親近)하고 공양하였으며 존중하였고 찬탄하였으며 많은 덕(德)의 근본을 심었고, 일찍이 반야바라밀다를 들었고 듣고서 수지하였

으며 사유하였고 독송하였으며 다른 사람을 위하여 연설하였고 가르침과
같이 수행하였거나, 혹은 이러한 경전에서 능히 묻고 능히 대답하였으므
로, 오히려 이러한 복력(福力)으로 지금에 이러한 일을 주관한다고 마땅히
알아야 한다.

  만약 선남자와 선여인 등이 이미 일찍이 무량한 여래·응공·정등각께
공양하였고 공덕이 순수하고 청정하였으므로 이 반야바라밀다를 들었더
라도 그의 마음이 놀라지도 않고 두려워하지도 않으며 겁내지도 않으며
듣고서 믿음으로 즐거워하면서 설하신 것과 같이 수행하나니, 이 사람은
많은 구지(俱胝) 겁(劫)에 이미 보시·정계·안인·정진·정려·반야바라밀다
를 수습(修習)하였으므로, 금생(今生)에 이러한 일을 능히 성취한다고
마땅히 알아야 한다."

  그때 구수 사리자(舍利子)가 세존께 아뢰어 말하였다.

  "세존이시여. 만약 선남자와 선여인 등이 이 반야바라밀다의 매우
깊은 의취(義趣)[3]를 듣고서도 그의 마음이 놀라지도 않고 두려워하지도
않으며 겁내지도 않고 듣고서 서사하고 독송하며 수지하고 이치와 같이
사유하며 다른 사람을 위하여 연설하거나, 혹은 능히 신력을 따라서
설하신 것과 같이 수행한다면, 이 사람은 불퇴위(不退位)의 제 보살마하살
과 같다고 마땅히 알아야 합니다.

  왜 그러한가? 세존이시여. 이와 같은 바라밀다의 의취는 매우 깊어서
신해(信解)[4]하기가 지극히 어렵습니다. 만약 이전의 세상에서 보시·정계
·안인·정진·정려·반야바라밀다를 오랫동안 수습하지 않았다면, 어찌
잠시 얻어서 듣고 곧 능히 믿고서 이해하겠습니까? 세존이시여. 만약
선남자와 선여인 등이 반야바라밀다의 설하는 것을 듣고서 훼자(毀訾)[5]하
거나 비방(誹謗)한다면, 이 사람은 이전의 세상에서도 이 매우 깊은 반야바

---

  3) 팔리어 attha의 번역이고, '성취', '이익', '의미', '실재', '목적', '목표', '계위' 등을
     뜻하므로, 본 문장에서는 '의미'라고 해석할 수 있겠다.
  4) 법(法)을 믿고서 이해하는 것이다.
  5) 훼방(毀謗)하면서 다른 사람을 헐뜯는 것이다.

라밀다를 듣고서 역시 일찍이 훼자하였고 비방하였다고 마땅히 알아야 합니다.

왜 그러한가? 세존이시여. 이 선남자와 선여인 등이 이와 같은 매우 깊은 반야바라밀다를 설하는 것을 듣는다면, 오히려 익혔던 세력으로 믿지도 않고 즐거워하지도 않으며 마음이 청정하지도 않습니다.

세존이시여. 이 선남자와 선여인 등은 일찍이 제불과 제보살 및 제자들의 대중들과 친근하지도 않았고, 일찍이 '무엇을 상응하여 보시바라밀다를 수행한다고 말하고, 무엇을 상응하여 정계·안인·정진·정려·반야바라밀다를 수행한다고 말합니까? 무엇을 상응하여 내공에 안주한다고 말하고, 무엇을 상응하여 외공·내외공·공공·대공·승의공·유위공·무위공·필경공·무제공·산공·무변이공·본성공·자상공·공상공·일체법공·불가득공·무성공·자성공·무성자성공에 안주한다고 말합니까? 무엇을 상응하여 진여에 안주한다고 말하고, 무엇을 상응하여 법계·법성·불허망성·불변이성·평등성·이생성·법정·법주·실제·허공계·부사의계에 안주한다고 말합니까? 무엇을 상응하여 고성제에 안주한다고 말하고, 무엇을 상응하여 집·멸·도성제에 안주한다고 말합니까? 무엇을 상응하여 4정려를 수행한다고 말하고, 무엇을 상응하여 4무량·4무색정을 수행한다고 말합니까? 무엇을 상응하여 8해탈을 수행한다고 말하고, 무엇을 상응하여 8승처·9차제정·10변처를 수행한다고 말합니까? 무엇을 상응하여 4념주를 수행한다고 말하고, 무엇을 상응하여 4정단·4신족·5근·5력·7등각지·8성도지를 수행한다고 말합니까? 무엇을 상응하여 공해탈문을 수행한다고 말하고, 무엇을 상응하여 무상·무원해탈문을 수행한다고 말합니까? 무엇을 상응하여 5안을 수행한다고 말하고, 무엇을 상응하여 6신통을 수행한다고 말합니까? 무엇을 상응하여 여래의 10력을 수행한다고 말하고, 무엇을 상응하여 4무소외·4무애해·대자·대비·대희·대사·18불불공법을 수행한다고 말합니까? 무엇을 상응하여 무망실법을 수행한다고 말하고, 무엇을 상응하여 항주사성을 수행한다고 말합니까? 무엇을 상응하여 일체의 다라니문을 수행한다고 말하고, 무엇을 상응하여 일체의 삼마지문을 수행한다고 말합니까? 무엇을 상응하여 일체의 보살마하살의 행을 수행한다고 말합니까? 무엇을 상응하여 제불의 무상정등보리를 수행한다고 말합니까?'라고 청하여 묻지 않았습니다. 그러므로 지금 매우 깊은 반야바라밀다를 설하는 것을 듣는다면, 훼자하고 비방하면서 믿지도 않고 즐거워하지도 않으며 마음이 청정하지도 않습니다."

그때 제석천왕이 사리자에게 말하였다.

"대덕이여. 이와 같은 반야바라밀다는 의취가 매우 깊어서 신해하는 것은 지극히 어렵습니다. 만약 선남자와 선여인 등이 보시·정계·안인·정진·정려·반야바라밀다를 오랫동안 믿지 않았고 이해하지도 못하였으며 오랫동안 수행하지도 않았다면, 반야바라밀다를 설하는 것을 듣고서 능히 믿지 못하고 이해하지 못하거나, 혹은 훼자와 비방이 생겨나더라도 희유(希有)하지 않습니다.

만약 선남자와 선여인 등이 내공·외공·내외공·공공·대공·승의공·유위공·무위공·필경공·무제공·산공·무변이공·본성공·자상공·공상공·일체법공·불가득공·무성공·자성공·무성자성공을 오랫동안 믿지 않았고 이해하지도 못하였으며 오랫동안 수행하지도 않았다면, 반야바라밀다를 설하는 것을 듣고서 능히 믿지 못하고 이해하지 못하거나, 혹은 훼자와 비방이 생겨나더라도 희유(希有)하지 않습니다.

만약 선남자와 선여인 등이 진여·법계·법성·불허망성·불변이성·평등성·이생성·법정·법주·실제·허공계·부사의계를 오랫동안 믿지 않았고 이해하지도 못하였으며 오랫동안 수행하지도 않았다면, 반야바라밀다를 설하는 것을 듣고서 능히 믿지 못하고 이해하지 못하거나, 혹은 훼자와 비방이 생겨나더라도 희유하지 않습니다. 만약 선남자와 선여인 등이 4성제를 오랫동안 믿지 않았고 이해하지도 못하였으며 오랫동안 수행하지도 않았다면, 반야바라밀다를 설하는 것을 듣고서 능히 믿지 못하고 이해하지 못하거나, 혹은 훼자와 비방이 생겨나더라도 희유하지 않습니다.

만약 선남자와 선여인 등이 4정려·4무량·4무색정이거나, 혹은 8해탈·8

승처·9차제정·10변처이거나, 혹은 4념주·4정단·4신족·5근·5력·7등각
지·8성도지이거나, 혹은 공·무상·무원해탈문이거나, 혹은 보살의 10지를
오랫동안 믿지 않았고 이해하지도 못하였으며 오랫동안 수행하지도 않았
다면, 반야바라밀다를 설하는 것을 듣고서 능히 믿지 못하고 이해하지
못하거나, 혹은 훼자와 비방이 생겨나더라도 희유하지 않습니다.

만약 선남자와 선여인 등이 5안·6신통이거나, 혹은 여래의 10력·4무소
외·4무애해·대자·대비·대희·대사·18불불공법이거나, 혹은 무망실법·
항주사성이거나, 혹은 일체지·도상지·일체상지이거나, 혹은 일체의 다라
니문·일체의 삼마지문을 오랫동안 믿지 않았고 이해하지도 못하였으며
오랫동안 수행하지도 않았다면, 반야바라밀다를 설하는 것을 듣고서
능히 믿지 못하고 이해하지 못하거나, 혹은 훼자와 비방이 생겨나더라도
희유하지 않습니다.

만약 선남자와 선여인 등이 일체의 보살마하살의 행이거나, 혹은 제불
의 무상정등보리를 오랫동안 믿지 않았고 이해하지도 못하였으며 오랫동
안 수행하지도 않았다면, 반야바라밀다를 설하는 것을 듣고서 능히 믿지
못하고 이해하지 못하거나, 혹은 훼자와 비방이 생겨나더라도 희유하지
않습니다.

대덕이여, 나는 지금 매우 깊은 반야바라밀다에 공경스럽게 예경하겠
사오니, 반야바라밀다에 공경스럽게 예경하는 것이 곧 일체지지(一切智
智)에 공경스럽게 예경하는 것이 됩니다."

그때 세존께서 천제석에게 알려 말씀하셨다.
"교시가여. 그와 같으니라. 그와 같으니라. 그대가 말한 것과 같으니라.
반야바라밀다에 공경스럽게 예경하는 것이 곧 일체지지에 공경스럽게
예경하는 것이 되느니라. 왜 그러한가? 교시가여. 제불·세존의 일체지지
는 반야바라밀다를 쫓아서 생겨나는 까닭이니라.

교시가여. 만약 선남자와 선여인 등이 제불의 일체지지에 안주하고자
하였다면 마땅히 반야바라밀다에 안주해야 하고, 일체지·도상지·일체상

지를 일으키고자 하였다면 마땅히 반야바라밀다를 수학해야 하며, 일체의 번뇌(煩惱)와 습기(習氣)를 끊고자 하였다면 마땅히 반야바라밀다를 수학해야 하고, 무상정등보리를 증득하여 미묘한 법륜을 굴리면서 무량한 유정들을 제도하고자 하였다면 마땅히 반야바라밀다를 수학해야 하느니라.

만약 선남자와 선여인 등이 방편선교로 유정들을 예류과이거나, 혹은 일래과이거나, 혹은 불환과이거나, 혹은 아라한과이거나, 혹은 독각의 보리에 안립(安立)시키거나, 혹은 스스로가 수학하고자 하였다면 마땅히 반야바라밀다를 수학해야 하느니라. 만약 선남자와 선여인 등이 방편선교로 유정들을 제불의 무상정등보리에 안립시키고자 하였다면 마땅히 반야바라밀다를 수학해야 하느니라.

만약 선남자와 선여인 등이 방편선교로 유정들을 일체의 보살마하살의 행에서 안립시켜서 불퇴전(不退轉)으로 시키거나, 혹은 스스로가 하였다면 마땅히 반야바라밀다를 수학해야 하느니라. 만약 보살마하살이 여러 악마들을 항복시키고 여러 외도들을 절복시키고자 하였다면 마땅히 반야바라밀다를 수학해야 하고, 만약 보살마하살이 여러 비구승가(苾芻僧伽)를 잘 섭수(攝受)하고자 하였다면 마땅히 반야바라밀다를 수학해야 하느니라."

그때 제석천왕이 세존께 아뢰어 말하였다.

"세존이시여. 제보살마하살이 반야바라밀다를 수행하는 때에, 어떻게 색에 안주하고, 어떻게 수·상·행·식에 안주하며, 어떻게 색을 수습하고, 어떻게 수·상·행·식을 수습한다고 말합니까? 어떻게 안처에 안주하고, 어떻게 이·비·설·신·의처에 안주하며, 어떻게 안처를 수습하고, 어떻게 이·비·설·신·의처를 수습한다고 말합니까? 어떻게 색처에 안주하고, 어떻게 성·향·미·촉·법처에 안주하며, 어떻게 색처를 수습하고, 어떻게 성·향·미·촉·법처를 수습한다고 말합니까?

어떻게 안계에 안주하고, 어떻게 색계·안식계, 나아가 안촉·안촉을 인연으로 생겨난 여러 수에 안주하며, 어떻게 안계를 수습하고, 어떻게 색계, 나아가 안촉을 인연으로 생겨난 여러 수를 수습한다고 말합니까?

어떻게 이계에 안주하고, 어떻게 성계·이식계, 나아가 이촉·이촉을 인연
으로 생겨난 여러 수에 안주하며, 어떻게 이계를 수습하고, 어떻게 성계,
나아가 이촉을 인연으로 생겨난 여러 수를 수습한다고 말합니까? 어떻게
비계에 안주하고, 어떻게 향계·비식계, 나아가 비촉·비촉을 인연으로
생겨난 여러 수에 안주하며, 어떻게 비계를 수습하고, 어떻게 향계, 나아가
비촉을 인연으로 생겨난 여러 수를 수습한다고 말합니까?

어떻게 설계에 안주하고, 어떻게 미계·설식계, 나아가 설촉·설촉을
인연으로 생겨난 여러 수에 안주하며, 어떻게 설계를 수습하고, 어떻게
미계, 나아가 설촉을 인연으로 생겨난 여러 수를 수습한다고 말합니까?
어떻게 신계에 안주하고, 어떻게 촉계·신식계, 나아가 신촉·신촉을 인연
으로 생겨난 여러 수에 안주하며, 어떻게 신계를 수습하고, 어떻게 촉계,
나아가 신촉을 인연으로 생겨난 여러 수를 수습한다고 말합니까? 어떻게
의계에 안주하고, 어떻게 법계·의식계, 나아가 의촉·의촉을 인연으로
생겨난 여러 수에 안주하며, 어떻게 의계를 수습하고, 어떻게 법계, 나아가
의촉을 인연으로 생겨난 여러 수를 수습한다고 말합니까?

어떻게 지계에 안주하고, 어떻게 수·화·풍·공·식계에 안주하며, 어떻
게 지계를 수습하고, 어떻게 수·화·풍·공·식계를 수습한다고 말합니까?
어떻게 무명에 안주하고, 어떻게 행·식·명색·육처·촉·수·애·취·유·생·
노사의 수탄고우뇌에 안주하며, 어떻게 무명을 수습하고, 어떻게 행,
나아가 노사의 수탄고우뇌를 수습한다고 말합니까? 어떻게 보시바라밀
다에 안주하고, 어떻게 정계·안인·정진·정려·반야바라밀다에 안주하며,
어떻게 보시바라밀다를 수습하고, 어떻게 정계, 나아가 반야바라밀다를
수습한다고 말합니까?

어떻게 내공에 안주하고, 어떻게 외공·내외공·공공·대공·승의공·유위
공·무위공·필경공·무제공·산공·무변이공·본성공·자상공·공상공·일
체법공·불가득공·무성공·자성공·무성자성공에 안주하며, 어떻게 내공
을 수습하고, 어떻게 외공, 나아가 무성자성공을 수습한다고 말합니까?
어떻게 진여에 안주하고, 어떻게 법계·법성·불허망성·불변이성·평등성·

이생성·법정·법주·실제·허공계·부사의계에 안주하며, 어떻게 진여를 수습하고, 어떻게 법계, 나아가 부사의계를 수습한다고 말합니까? 어떻게 고성제에 안주하고, 어떻게 집·멸·도성제에 안주하며, 어떻게 고성제를 수습하고, 어떻게 집·멸·도성제를 수습한다고 말합니까?

어떻게 4정려에 안주하고, 어떻게 4무량·4무색정에 안주하며, 어떻게 4정려를 수습하고, 어떻게 4무량·4무색정을 수습한다고 말합니까? 어떻게 8해탈에 안주하고, 어떻게 8승처·9차제정·10변처에 안주하며, 어떻게 8해탈을 수습하고, 어떻게 8승처·9차제정·10변처를 수습한다고 말합니까? 어떻게 4념주에 안주하고, 어떻게 4정단·4신족·5근·5력·7등각지·8성도지에 안주하며, 어떻게 4념주를 수습하고, 어떻게 4정단, 나아가 8성도지를 수습한다고 말합니까?

어떻게 공해탈문에 안주하고, 어떻게 무상·무원해탈문에 안주하며, 어떻게 공해탈문을 수습하고, 어떻게 무상·무원해탈문을 수습한다고 말합니까? 어떻게 보살의 10지에 안주하고, 어떻게 보살의 10지를 수습한다고 말합니까? 어떻게 5안에 안주하고, 어떻게 6신통에 안주하며, 어떻게 5안을 수습하고, 어떻게 6신통을 수습한다고 말합니까? 어떻게 여래의 10력에 안주하고, 어떻게 4무소외·4무애해·대자·대비·대희·대사·18불불공법에 안주하며, 어떻게 여래의 10력을 수습하고, 어떻게 4무소외, 나아가 18불불공법을 수습한다고 말합니까?

어떻게 무망실법에 안주하고, 어떻게 항주사성에 안주하며, 어떻게 무망실법을 수습하고, 어떻게 항주사성을 수습한다고 말합니까? 어떻게 일체지에 안주하고, 어떻게 도상지·일체상지에 안주하며, 어떻게 일체지를 수습하고, 어떻게 도상지·일체상지를 수습한다고 말합니까? 어떻게 일체의 다라니문에 안주하고, 어떻게 일체의 삼마지문에 안주하며, 어떻게 일체의 다라니문을 수습하고, 어떻게 일체의 삼마지문을 수습한다고 말합니까?

어떻게 예류과에 안주하고, 어떻게 일래과·불환과·아라한과에 안주하며, 어떻게 예류과를 수습하고, 어떻게 일래과·불환과·아라한과를 수습

한다고 말합니까? 어떻게 독각의 보리에 안주하고, 어떻게 독각의 보리를
수습한다고 말합니까? 어떻게 일체의 보살마하살의 행에 안주하고,
어떻게 일체의 보살마하살의 행을 수습한다고 말합니까? 어떻게 제불의
무상정등보리에 안주하고, 어떻게 제불의 무상정등보리를 수습한다고
말합니까?"

그때 세존께서 천제석에게 알려 말씀하셨다.

"교시가여. 옳도다(善哉). 옳도다. 그대는 지금에서 여래의 신력(神力)
을 이어받았고, 능히 여래에게 이와 같이 깊은 의취를 물었도다! 자세하게
들을지니라(諦聽). 자세하게 들을지니라. 그것을 잘 사념(思念)할지어다.
그대를 위하여 설하리라.

교시가여. 보살마하살이 반야바라밀다를 수행하는 때에, 만약 색(色)에
안주하지 않고 수습하지도 않는다면, 이것이 색에 안주하고 수습하는
것이고, 수(受)·상(想)·행(行)·식(識)에 안주하지 않고 수습하지도 않는다
면, 이것이 수·상·행·식에 안주하고 수습하는 것이니라. 왜 그러한가?
교시가여. 색, 나아가 의식에 안주하거나 수습하는 것으로써 얻을 수
없는 까닭이니라.

교시가여. 보살마하살이 반야바라밀다를 수행하는 때에, 만약 안처(眼
處)에 안주하지 않고 수습하지도 않는다면, 이것이 안처에 안주하고 수습
하는 것이고, 이(耳)·비(鼻)·설(舌)·신(身)·의처(意處)에 안주하지 않고
수습하지도 않는다면, 이것이 이·비·설·신·의처에 안주하고 수습하는
것이니라. 왜 그러한가? 교시가여. 안처, 나아가 의처에 안주하거나 수습
하는 것으로써 얻을 수 없는 까닭이니라.

교시가여. 보살마하살이 반야바라밀다를 수행하는 때에, 만약 색처(色
處)에 안주하지 않고 수습하지도 않는다면, 이것이 색처에 안주하고 수습
하는 것이고, 성(聲)·향(香)·미(味)·촉(觸)·법처(法處)에 안주하지 않고
수습하지도 않는다면, 이것이 성·향·미·촉·법처에 안주하고 수습하는
것이니라. 왜 그러한가? 교시가여. 색처, 나아가 법처에 안주하거나 수습
하는 것으로써 얻을 수 없는 까닭이니라.

교시가여. 보살마하살이 반야바라밀다를 수행하는 때에, 만약 안계(眼界)에 안주하지 않고 수습하지도 않는다면, 이것이 안계에 안주하고 수습하는 것이고, 색계(色界)·안식계(眼識界), …… 나아가 …… 안촉(眼觸)·안촉을 인연으로 생겨나는 여러 수(受)에 안주하지 않고 수습하지도 않는다면, 이것이 색계, 나아가 안촉을 인연으로 생겨난 여러 수에 안주하고 수습하는 것이니라. 왜 그러한가? 교시가여. 안계, 나아가 안촉을 인연으로 생겨난 여러 수에 안주하거나 수습하는 것으로써 얻을 수 없는 까닭이니라.

교시가여. 보살마하살이 반야바라밀다를 수행하는 때에, 만약 이계(耳界)에 안주하지 않고 수습하지도 않는다면, 이것이 이계에 안주하고 수습하는 것이고, 성계(聲界)·이식계(耳識界), …… 나아가 …… 이촉(耳觸)·이촉을 인연으로 생겨나는 여러 수에 안주하지 않고 수습하지도 않는다면, 이것이 성계, 나아가 이촉을 인연으로 생겨난 여러 수에 안주하고 수습하는 것이니라. 왜 그러한가? 교시가여. 이계, 나아가 이촉을 인연으로 생겨난 여러 수에 안주하거나 수습하는 것으로써 얻을 수 없는 까닭이니라.

교시가여. 보살마하살이 반야바라밀다를 수행하는 때에, 만약 비계(鼻界)에 안주하지 않고 수습하지도 않는다면, 이것이 비계에 안주하고 수습하는 것이고, 향계(香界)·비식계(鼻識界), …… 나아가 …… 비촉(鼻觸)·비촉을 인연으로 생겨나는 여러 수에 안주하지 않고 수습하지도 않는다면, 이것이 향계, 나아가 비촉을 인연으로 생겨난 여러 수에 안주하고 수습하는 것이니라. 왜 그러한가? 교시가여. 비계, 나아가 비촉을 인연으로 생겨난 여러 수에 안주하거나 수습하는 것으로써 얻을 수 없는 까닭이니라.

교시가여. 보살마하살이 반야바라밀다를 수행하는 때에, 만약 설계(舌界)에 안주하지 않고 수습하지도 않는다면, 이것이 설계에 안주하고 수습하는 것이고, 미계(味界)·설식계(舌識界), …… 나아가 …… 설촉(舌觸)·설촉을 인연으로 생겨나는 여러 수에 안주하지 않고 수습하지도 않는다면, 이것이 미계, 나아가 설촉을 인연으로 생겨난 여러 수에 안주하고 수습하는 것이니라. 왜 그러한가? 교시가여. 설계, 나아가 설촉을 인연으로 생겨난 여러 수에 안주하거나 수습하는 것으로써 얻을 수 없는 까닭이니라.

　교시가여. 보살마하살이 반야바라밀다를 수행하는 때에, 만약 신계(身界)에 안주하지도 않고 수습하지도 않는다면, 이것이 신계에 안주하고 수습하는 것이고, 촉계(觸界)·신식계(身識界), …… 나아가 …… 신촉(身觸)·신촉을 인연으로 생겨나는 여러 수에 안주하지 않고 수습하지도 않는다면, 이것이 촉계, 나아가 신촉을 인연으로 생겨난 여러 수에 안주하고 수습하는 것이니라. 왜 그러한가? 교시가여. 신계, 나아가 신촉을 인연으로 생겨난 여러 수에 안주하거나 수습하는 것으로써 얻을 수 없는 까닭이니라.

　교시가여. 보살마하살이 반야바라밀다를 수행하는 때에, 만약 의계(意界)에 안주하지 않고 수습하지도 않는다면, 이것이 의계에 안주하고 수습하는 것이고, 법계(法界)·의식계(意識界), …… 나아가 …… 의촉(意觸)·의촉을 인연으로 생겨나는 여러 수에 안주하지 않고 수습하지도 않는다면, 이것이 법계, 나아가 의촉을 인연으로 생겨난 여러 수에 안주하고 수습하는 것이니라. 왜 그러한가? 교시가여. 의계, 나아가 의촉을 인연으로 생겨난 여러 수에 안주하거나 수습하는 것으로써 얻을 수 없는 까닭이니라.

　교시가여. 보살마하살이 반야바라밀다를 수행하는 때에, 만약 지계(地界)에 안주하지 않고 수습하지도 않는다면, 이것이 지계에 안주하고 수습하는 것이고, 수(水)·화(火)·풍(風)·공(空)·식계(識界)에 안주하지 않고 수습하지도 않는다면, 이것이 수·화·풍·공·식계에 안주하고 수습하는 것이니라. 왜 그러한가? 교시가여. 지계, 나아가 식계에 안주하거나 수습하는 것으로써 얻을 수 없는 까닭이니라.

　교시가여. 보살마하살이 반야바라밀다를 수행하는 때에, 만약 무명(無明)에 안주하지 않고 수습하지도 않는다면, 이것이 무명에 안주하고 수습하는 것이고, 행(行)·식(識)·명색(名色)·육처(六處)·촉(觸)·수(受)·애(愛)·취(取)·유(有)·생(生)·노사(老死)의 수탄고우뇌(愁歎苦憂惱)에 안주하지 않고 수습하지도 않는다면, 이것이 행, 나아가 노사의 수탄고우뇌에 안주하고 수습하는 것이니라. 왜 그러한가? 교시가여. 무명, 나아가 노사의 수탄고우뇌에 안주하거나 수습하는 것으로써 얻을 수 없는 까닭이니라.

　교시가여. 보살마하살이 반야바라밀다를 수행하는 때에, 만약 보시바라밀다(布施波羅蜜多)에 안주하지 않고 수습하지도 않는다면, 이것이 보시바라밀다에 안주하고 수습하는 것이고, 정계(淨戒)·안인(安忍)·정진(精進)·정려(靜慮)·반야바라밀다(般若波羅蜜多)에 안주하지 않고 수습하지도 않는다면, 이것이 정계, 나아가 반야바라밀다에 안주하고 수습하는 것이니라. 왜 그러한가? 교시가여. 보시바라밀다, 나아가 반야바라밀다에 안주하거나 수습하는 것으로써 얻을 수 없는 까닭이니라.

교시가여. 보살마하살이 반야바라밀다를 수행하는 때에, 만약 내공(內空)에 안주하지 않고 수습하지도 않는다면, 이것이 내공에 안주하고 수습하는 것이고, 외공(外空)·내외공(內外空)·공공(空空)·대공(大空)·승의공(勝義空)·유위공(有爲空)·무위공(無爲空)·필경공(畢竟空)·무제공(無際空)·산공(散空)·무변이공(無變異空)·본성공(本性空)·자상공(自相空)·공상공(共相空)·일체법공(一切法空)·불가득공(不可得空)·무성공(無性空)·자성공(自性空)·무성자성공(無性自性空)에 안주하지 않고 수습하지도 않는다면, 이것이 외공, 나아가 무성자성공에 안주하고 수습하는 것이니라. 왜 그러한가? 교시가여. 내공, 나아가 무성자성공에 안주하거나 수습하는 것으로써 얻을 수 없는 까닭이니라.

교시가여. 보살마하살이 반야바라밀다를 수행하는 때에, 만약 진여(眞如)에 안주하지 않고 수습하지도 않는다면, 이것이 진여에 안주하고 수습하는 것이고, 법계(法界)·법성(法性)·불허망성(不虛妄性)·불변이성(不變異性)·평등성(平等性)·이생성(離生性)·법정(法定)·법주(法住)·실제(實際)·허공계(虛空界)·부사의계(不思議界)에 안주하지 않고 수습하지도 않는다면, 이것이 법계, 나아가 부사의계에 안주하고 수습하는 것이니라. 왜 그러한가? 교시가여. 진여, 나아가 부사의계에 안주하거나 수습하는 것으로써 얻을 수 없는 까닭이니라.

교시가여. 보살마하살이 반야바라밀다를 수행하는 때에, 만약 고성제(苦聖諦)에 안주하지 않고 수습하지도 않는다면, 이것이 고성제에 안주하고 수습하는 것이고, 집(集)·멸(滅)·도성제(道聖諦)에 안주하지 않고 수습하지도 않는다면, 이것이 집·멸·도성제에 안주하고 수습하는 것이니라.

왜 그러한가? 교시가여. 고성제, 나아가 도성제에 안주하거나 수습하는
것으로써 얻을 수 없는 까닭이니라.

교시가여. 보살마하살이 반야바라밀다를 수행하는 때에, 만약 4정려(四
靜慮)에 안주하지 않고 수습하지도 않는다면, 이것이 4정려에 안주하고
수습하는 것이고, 4무량(四無量)·4무색정(四無色定)에 안주하지 않고 수
습하지도 않는다면, 이것이 4무량·4무색정에 안주하고 수습하는 것이니
라. 왜 그러한가? 교시가여. 4정려, 나아가 4무색정에 안주하거나 수습하
는 것으로써 얻을 수 없는 까닭이니라.

교시가여. 보살마하살이 반야바라밀다를 수행하는 때에, 만약 8해탈(八
解脫)에 안주하지 않고 수습하지도 않는다면, 이것이 8해탈에 안주하고
수습하는 것이고, 8승처(八勝處)·9차제정(九次第定)·10변처(十遍處)에 안
주하지도 않고 수습하지도 않는다면, 이것이 8승처·9차제정·10변처에
안주하고 수습하는 것이니라. 왜 그러한가? 교시가여. 8해탈, 나아가
10변처에 안주하거나 수습하는 것으로써 얻을 수 없는 까닭이니라.

교시가여. 보살마하살이 반야바라밀다를 수행하는 때에, 만약 4념주(四
念住)에 안주하지 않고 수습하지도 않는다면, 이것이 4념주에 안주하고
수습하는 것이고, 4정단(四正斷)·4신족(四神足)·5근(五根)·5력(五力)·7등
각지(七等覺支)·8성도지(八聖道支)에 안주하지 않고 수습하지도 않는다
면, 이것이 4정단, 나아가 8성도지에 안주하고 수습하는 것이니라. 왜
그러한가? 교시가여. 4념주, 나아가 8성도지에 안주하거나 수습하는
것으로써 얻을 수 없는 까닭이니라.

교시가여. 보살마하살이 반야바라밀다를 수행하는 때에, 만약 공해탈
문(空解脫門)에 안주하지 않고 수습하지도 않는다면, 이것이 공해탈문에
안주하고 수습하는 것이고, 무상(無相)·무원해탈문(無願解脫門)에 안주하
지 않고 수습하지도 않는다면, 이것이 무상·무원해탈문에 안주하고 수습
하는 것이니라. 왜 그러한가? 교시가여. 공해탈문·무상·무원해탈문에
안주하거나 수습하는 것으로써 얻을 수 없는 까닭이니라.

교시가여. 보살마하살이 반야바라밀다를 수행하는 때에, 만약 보살(菩

薩)의 10지(十地)에 안주하지 않고 수습하지도 않는다면, 이것이 보살의 10지에 안주하고 수습하는 것이니라. 왜 그러한가? 교시가여. 보살의 10지에 안주하거나 수습하는 것으로써 얻을 수 없는 까닭이니라.

교시가여. 보살마하살이 반야바라밀다를 수행하는 때에, 만약 5안(五眼)에 안주하지 않고 수습하지도 않는다면, 이것이 5안에 안주하고 수습하는 것이고, 6신통(六神通)에 안주하지 않고 수습하지도 않는다면, 이것이 6신통에 안주하고 수습하는 것이니라. 왜 그러한가? 교시가여. 5안과 6신통에 안주하거나 수습하는 것으로써 얻을 수 없는 까닭이니라.

교시가여. 보살마하살이 반야바라밀다를 수행하는 때에, 만약 여래(佛)의 10력(十力)에 안주하지 않고 수습하지도 않는다면, 이것이 여래의 10력에 안주하고 수습하는 것이고, 4무소외(四無所畏)·4무애해(四無礙解)·대자(大慈)·대비(大悲)·대희(大喜)·대사(大捨)·18불불공법(十八佛不共法)에 안주하지 않고 수습하지도 않는다면, 이것이 4무소외, 나아가 18불불공법에 안주하고 수습하는 것이니라. 왜 그러한가? 교시가여. 여래의 10력, 나아가 18불불공법에 안주하거나 수습하는 것으로써 얻을 수 없는 까닭이니라.

교시가여. 보살마하살이 반야바라밀다를 수행하는 때에, 만약 무망실법(無忘失法)에 안주하지 않고 수습하지도 않는다면, 이것이 무망실법에 안주하고 수습하는 것이고, 항주사성(恒住捨性)에 안주하지 않고 수습하지도 않는다면, 이것이 항주사성에 안주하고 수습하는 것이니라. 왜 그러한가? 교시가여. 무망실법과 항주사성에 안주하거나 수습하는 것으로써 얻을 수 없는 까닭이니라.

교시가여. 보살마하살이 반야바라밀다를 수행하는 때에, 만약 일체지(一切智)에 안주하지 않고 수습하지도 않는다면, 이것이 일체지에 안주하고 수습하는 것이고, 도상지(道相智)·일체상지(一切相智)에 안주하지 않고 수습하지도 않는다면, 이것이 도상지·일체상지에 안주하고 수습하는 것이니라. 왜 그러한가? 교시가여. 일체지·도상지·일체상지에 안주하거나 수습하는 것으로써 얻을 수 없는 까닭이니라.

교시가여. 보살마하살이 반야바라밀다를 수행하는 때에, 만약 일체(一

切)의 다라니문(陀羅尼門)에 안주하지 않고 수습하지도 않는다면, 이것이 일체의 다라니문에 안주하고 수습하는 것이고, 일체의 삼마지문(三摩地門)에 안주하지 않고 수습하지도 않는다면, 이것이 일체의 삼마지문에 안주하고 수습하는 것이니라. 왜 그러한가? 교시가여. 일체의 다라니문과 일체의 삼마지문에 안주하거나 수습하는 것으로써 얻을 수 없는 까닭이니라.

교시가여. 보살마하살이 반야바라밀다를 수행하는 때에, 만약 예류과(預流果)에 안주하지 않고 수습하지도 않는다면, 이것이 예류과에 안주하고 수습하는 것이고, 일래(一來)·불환(不還)·아라한과(阿羅漢果)에 안주하지 않고 수습하지도 않는다면, 이것이 일래·불환·아라한과에 안주하고 수습하는 것이니라. 왜 그러한가? 교시가여. 예류·일래·불환·아라한과에 안주하거나 수습하는 것으로써 얻을 수 없는 까닭이니라.

교시가여. 보살마하살이 반야바라밀다를 수행하는 때에, 만약 독각(獨覺)의 보리(菩提)에 안주하지 않고 수습하지도 않는다면, 이것이 독각의 보리에 안주하고 수습하는 것이니라. 왜 그러한가? 교시가여. 독각의 보리에 안주하거나 수습하는 것으로써 얻을 수 없는 까닭이니라.

교시가여. 보살마하살이 반야바라밀다를 수행하는 때에, 만약 일체의 보살마하살(菩薩摩訶薩)의 행(行)에 안주하지 않고 수습하지도 않는다면, 이것이 일체의 보살마하살의 행에 안주하고 수습하는 것이니라. 왜 그러한가? 교시가여. 일체의 보살마하살의 행에 안주하거나 수습하는 것으로써 얻을 수 없는 까닭이니라.

교시가여. 보살마하살이 반야바라밀다를 수행하는 때에, 만약 제불(諸佛)의 무상정등보리(無上正等菩提)에 안주하지 않고 수습하지도 않는다면, 이것이 제불의 무상정등보리에 안주하고 수습하는 것이니라. 왜 그러한가? 교시가여. 제불의 무상정등보리에 안주하거나 수습하는 것으로써 얻을 수 없는 까닭이니라."

"다시 다음으로 교시가여. 보살마하살이 반야바라밀다를 수행하는 때에, 만약 색에서 안주(安住)하는 것이 아니고 안주하지 않는 것도 아니며,

수습하는 것이 아니고 수습하지 않는 것도 아니라면, 이것은 색에 안주하고 수습하는 것이고, 만약 수·상·행·식에 안주하는 것이 아니고 안주하지 않는 것도 아니며, 수습(修習)하는 것이 아니고 수습하지 않는 것도 아니라면, 이것은 수·상·행·식에 안주하고 수습하는 것이니라. 왜 그러한가? 교시가여. 이것은 보살마하살이 색, 나아가 식의 전제(前際)·후제(後際)·중제(中際)를 얻을 수 없다고 관찰(觀察)하는 까닭이니라.

교시가여. 보살마하살이 반야바라밀다를 수행하는 때에, 만약 안처에서 안주하는 것이 아니고 안주하지 않는 것도 아니며, 수습하는 것이 아니고 수습하지 않는 것도 아니라면, 이것은 안처에 안주하고 수습하는 것이고, 만약 이·비·설·신·의처에서 안주하는 것이 아니고 안주하지 않는 것도 아니며, 수습하는 것이 아니고 수습하지 않는 것도 아니라면, 이것은 이·비·설·신·의처에 안주하고 수습하는 것이니라. 왜 그러한가? 교시가여. 이것은 보살마하살이 안처, 나아가 의처의 전제·후제·중제를 얻을 수 없다고 관찰하는 까닭이니라.

교시가여. 보살마하살이 반야바라밀다를 수행하는 때에, 만약 색처에서 안주하는 것이 아니고 안주하지 않는 것도 아니며, 수습하는 것이 아니고 수습하지 않는 것도 아니라면, 이것은 색처에 안주하고 수습하는 것이고, 만약 성·향·미·촉·법처에서 안주하는 것이 아니고 안주하지 않는 것도 아니며, 수습하는 것이 아니고 수습하지 않는 것도 아니라면, 이것은 성·향·미·촉·법처에 안주하고 수습하는 것이니라. 왜 그러한가? 교시가여. 이것은 보살마하살이 색처, 나아가 법처의 전제·후제·중제를 얻을 수 없다고 관찰하는 까닭이니라.

교시가여. 보살마하살이 반야바라밀다를 수행하는 때에, 만약 안계에서 안주하는 것이 아니고 안주하지 않는 것도 아니며, 수습하는 것이 아니고 수습하지 않는 것도 아니라면, 이것은 안계에 안주하고 수습하는 것이고, 만약 색계·안식계, 나아가 안촉·안촉을 인연으로 생겨난 여러 수에서 안주하는 것이 아니고 안주하지 않는 것도 아니며, 수습하는 것이 아니고 수습하지 않는 것도 아니라면, 이것은 색계, 나아가 안촉을 인연으로 생겨난 여러 수에 안주하고 수습하는 것이니라. 왜 그러한가? 교시가여. 이것은 보살마하살이 안계, 나아가 안촉을 인연으로 생겨난 여러 수의 전제·후제·중제를 얻을 수 없다고 관찰하는 까닭이니라.

　교시가여. 보살마하살이 반야바라밀다를 수행하는 때에, 만약 이계에서 안주하는 것이 아니고 안주하지 않는 것도 아니며, 수습하는 것이 아니고 수습하지 않는 것도 아니라면, 이것은 이계에 안주하고 수습하는 것이고, 만약 성계·이식계, 나아가 이촉·이촉을 인연으로 생겨난 여러 수에서 안주하는 것이 아니고 안주하지 않는 것도 아니며, 수습하는 것이 아니고 수습하지 않는 것도 아니라면, 이것은 성계, 나아가 이촉을 인연으로 생겨난 여러 수에 안주하고 수습하는 것이니라. 왜 그러한가? 교시가여. 이것은 보살마하살이 이계, 나아가 이촉을 인연으로 생겨난 여러 수의 전제·후제·중제를 얻을 수 없다고 관찰하는 까닭이니라.

　교시가여. 보살마하살이 반야바라밀다를 수행하는 때에, 만약 비계에서 안주하는 것이 아니고 안주하지 않는 것도 아니며, 수습하는 것이 아니고 수습하지 않는 것도 아니라면, 이것은 비계에 안주하고 수습하는 것이고, 만약 향계·비식계, 나아가 비촉·비촉을 인연으로 생겨난 여러 수에서 안주하는 것이 아니고 안주하지 않는 것도 아니며, 수습하는 것이 아니고 수습하지 않는 것도 아니라면, 이것은 향계, 나아가 비촉을 인연으로 생겨난 여러 수에 안주하고 수습하는 것이니라. 왜 그러한가? 교시가여. 이것은 보살마하살이 비계, 나아가 비촉을 인연으로 생겨난 여러 수의 전제·후제·중제를 얻을 수 없다고 관찰하는 까닭이니라.

　교시가여. 보살마하살이 반야바라밀다를 수행하는 때에, 만약 설계에서 안주하는 것이 아니고 안주하지 않는 것도 아니며, 수습하는 것이 아니고 수습하지 않는 것도 아니라면, 이것은 설계에 안주하고 수습하는 것이고, 만약 미계·설식계, 나아가 설촉·설촉을 인연으로 생겨난 여러 수에서 안주하는 것이 아니고 안주하지 않는 것도 아니며, 수습하는 것이 아니고 수습하지 않는 것도 아니라면, 이것은 미계, 나아가 설촉을 인연으로 생겨난 여러 수에 안주하고 수습하는 것이니라. 왜 그러한가?

교시가여. 이것은 보살마하살이 설계, 나아가 설촉을 인연으로 생겨난 여러 수의 전제·후제·중제를 얻을 수 없다고 관찰하는 까닭이니라.

교시가여. 보살마하살이 반야바라밀다를 수행하는 때에, 만약 신계에서 안주하는 것이 아니고 안주하지 않는 것도 아니며, 수습하는 것이 아니고 수습하지 않는 것도 아니라면, 이것은 신계에 안주하고 수습하는 것이고, 만약 촉계·신식계, 나아가 신촉·신촉을 인연으로 생겨난 여러 수에서 안주하는 것이 아니고 안주하지 않는 것도 아니며, 수습하는 것이 아니고 수습하지 않는 것도 아니라면, 이것은 촉계, 나아가 신촉을 인연으로 생겨난 여러 수에 안주하고 수습하는 것이니라. 왜 그러한가? 교시가여. 이것은 보살마하살이 신계, 나아가 신촉을 인연으로 생겨난 여러 수의 전제·후제·중제를 얻을 수 없다고 관찰하는 까닭이니라.

교시가여. 보살마하살이 반야바라밀다를 수행하는 때에, 만약 의계에서 안주하는 것이 아니고 안주하지 않는 것도 아니며, 수습하는 것이 아니고 수습하지 않는 것도 아니라면, 이것은 의계에 안주하고 수습하는 것이고, 만약 법계·의식계, 나아가 의촉·의촉을 인연으로 생겨난 여러 수에서 안주하는 것이 아니고 안주하지 않는 것도 아니며, 수습하는 것이 아니고 수습하지 않는 것도 아니라면, 이것은 법계, 나아가 의촉을 인연으로 생겨난 여러 수에 안주하고 수습하는 것이니라. 왜 그러한가? 교시가여. 이것은 보살마하살이 의계, 나아가 의촉을 인연으로 생겨난 여러 수의 전제·후제·중제를 얻을 수 없다고 관찰하는 까닭이니라.

교시가여. 보살마하살이 반야바라밀다를 수행하는 때에, 만약 지계에서 안주하는 것이 아니고 안주하지 않는 것도 아니며, 수습하는 것이 아니고 수습하지 않는 것도 아니라면, 이것은 지계에 안주하고 수습하는 것이고, 만약 수·화·풍·공·식계에서 안주하는 것이 아니고 안주하지 않는 것도 아니며, 수습하는 것이 아니고 수습하지 않는 것도 아니라면, 이것은 수·화·풍·공·식계에 안주하고 수습하는 것이니라. 왜 그러한가? 교시가여. 이것은 보살마하살이 지계, 나아가 식계의 전제·후제·중제를 얻을 수 없다고 관찰하는 까닭이니라.

　　교시가여. 보살마하살이 반야바라밀다를 수행하는 때에, 만약 무명에서 안주하는 것이 아니고 안주하지 않는 것도 아니며, 수습하는 것이 아니고 수습하지 않는 것도 아니라면, 이것은 무명에 안주하고 수습하는 것이고, 만약 행·식·명색·육처·촉·수·애·취·유·생·노사의 수탄고우뇌에서 안주하는 것이 아니고 안주하지 않는 것도 아니며, 수습하는 것이 아니고 수습하지 않는 것도 아니라면, 이것은 행, 나아가 노사의 수탄고우뇌에 안주하고 수습하는 것이니라. 왜 그러한가? 교시가여. 이것은 보살마하살이 무명, 나아가 노사의 수탄고우뇌의 전제·후제·중제를 얻을 수 없다고 관찰하는 까닭이니라.

　　교시가여. 보살마하살이 반야바라밀다를 수행하는 때에, 만약 보시바라밀다에서 안주하는 것이 아니고 안주하지 않는 것도 아니며, 수습하는 것이 아니고 수습하지 않는 것도 아니라면, 이것은 보시바라밀다에 안주하고 수습하는 것이고, 만약 정계·안인·정진·정려·반야바라밀다에서 안주하는 것이 아니고 안주하지 않는 것도 아니며, 수습하는 것이 아니고 수습하지 않는 것도 아니라면, 이것은 정계, 나아가 반야바라밀다에 안주하고 수습하는 것이니라. 왜 그러한가? 교시가여. 이것은 보살마하살이 보시바라밀다, 나아가 반야바라밀다의 전제·후제·중제를 얻을 수 없다고 관찰하는 까닭이니라.

　　교시가여. 보살마하살이 반야바라밀다를 수행하는 때에, 만약 내공에서 안주하는 것이 아니고 안주하지 않는 것도 아니며, 수습하는 것이 아니고 수습하지 않는 것도 아니라면, 이것은 내공에 안주하고 수습하는 것이고, 만약 외공·내외공·공공·대공·승의공·유위공·무위공·필경공·무제공·산공·무변이공·본성공·자상공·공상공·일체법공·불가득공·무성공·자성공·무성자성공에서 안주하는 것이 아니고 안주하지 않는 것도 아니며, 수습하는 것이 아니고 수습하지 않는 것도 아니라면, 이것은 외공, 나아가 무성자성공에 안주하고 수습하는 것이니라. 왜 그러한가? 교시가여. 이것은 보살마하살이 내공, 나아가 무성자성공의 전제·후제·중제를 얻을 수 없다고 관찰하는 까닭이니라."

마하반야바라밀다경 제298권

39. 난문공덕품(難聞功德品)(2)

"교시가여. 보살마하살이 반야바라밀다를 수행하는 때에, 만약 진여에서 안주하는 것이 아니고 안주하지 않는 것도 아니며, 수습하는 것이 아니고 수습하지 않는 것도 아니라면, 이것은 진여에 안주하고 수습하는 것이고, 만약 법계·법성·불허망성·불변이성·평등성·이생성·법정·법주·실제·허공계·부사의계에서 안주하는 것이 아니고 안주하지 않는 것도 아니며, 수습하는 것이 아니고 수습하지 않는 것도 아니라면, 이것은 법계, 나아가 부사의계에 안주하고 수습하는 것이니라. 왜 그러한가? 교시가여. 이것은 보살마하살이 진여, 나아가 부사의계의 전제·후제·중제를 얻을 수 없다고 관찰하는 까닭이니라.

교시가여. 보살마하살이 반야바라밀다를 수행하는 때에, 만약 고성제에서 안주하는 것이 아니고 안주하지 않는 것도 아니며, 수습하는 것이 아니고 수습하지 않는 것도 아니라면, 이것은 고성제에 안주하고 수습하는 것이고, 만약 집·멸·도성제에서 안주하는 것이 아니고 안주하지 않는 것도 아니며, 수습하는 것이 아니고 수습하지 않는 것도 아니라면, 이것은 집·멸·도성제에 안주하고 수습하는 것이니라. 왜 그러한가? 교시가여. 이것은 보살마하살이 고성제와 집·멸·도성제의 전제·후제·중제를 얻을 수 없다고 관찰하는 까닭이니라.

교시가여. 보살마하살이 반야바라밀다를 수행하는 때에, 만약 4정려에서 안주하는 것이 아니고 안주하지 않는 것도 아니며, 수습하는 것이 아니고 수습하지 않는 것도 아니라면, 이것은 4정려에 안주하고 수습하는 것이고, 만약 4무량·4무색정에서 안주하는 것이 아니고 안주하지 않는 것도 아니며, 수습하는 것이 아니고 수습하지 않는 것도 아니라면, 이것은 4무량·4무색정에 안주하고 수습하는 것이니라. 왜 그러한가? 교시가여. 이것은 보살마하살이 4정려·4무량·4무색정의 전제·후제·중제를 얻을 수 없다고 관찰하는 까닭이니라.

교시가여. 보살마하살이 반야바라밀다를 수행하는 때에, 만약 8해탈에서 안주하는 것이 아니고 안주하지 않는 것도 아니며, 수습하는 것이 아니고 수습하지 않는 것도 아니라면, 이것은 8해탈에 안주하고 수습하는 것이고, 만약 8승처·9차제정·10변처에서 안주하는 것이 아니고 안주하지 않는 것도 아니며, 수습하는 것이 아니고 수습하지 않는 것도 아니라면, 이것은 8승처·9차제정·10변처에 안주하고 수습하는 것이니라. 왜 그러한가? 교시가여. 이것은 보살마하살이 8해탈, 나아가 10변처의 전제·후제·중제를 얻을 수 없다고 관찰하는 까닭이니라.

교시가여. 보살마하살이 반야바라밀다를 수행하는 때에, 만약 4념주에서 안주하는 것이 아니고 안주하지 않는 것도 아니며, 수습하는 것이 아니고 수습하지 않는 것도 아니라면, 이것은 4념주에 안주하고 수습하는 것이고, 만약 4정단·4신족·5근·5력·7등각지·8성도지에서 안주하는 것이 아니고 안주하지 않는 것도 아니며, 수습하는 것이 아니고 수습하지 않는 것도 아니라면, 이것은 4정단, 나아가 8성도지에 안주하고 수습하는 것이니라. 왜 그러한가? 교시가여. 이것은 보살마하살이 8성도지, 나아가 8성도지의 전제·후제·중제를 얻을 수 없다고 관찰하는 까닭이니라.

교시가여. 보살마하살이 반야바라밀다를 수행하는 때에, 만약 공해탈문에서 안주하는 것이 아니고 안주하지 않는 것도 아니며, 수습하는 것이 아니고 수습하지 않는 것도 아니라면, 이것은 공해탈문에 안주하고 수습하는 것이고, 만약 무상·무원해탈문에서 안주하는 것이 아니고 안주하지 않는 것도 아니며, 수습하는 것이 아니고 수습하지 않는 것도 아니라면, 이것은 무상·무원해탈문에 안주하고 수습하는 것이니라. 왜 그러한가? 교시가여. 이것은 보살마하살이 공해탈문과 무상·무원해탈문의 전제·후제·중제를 얻을 수 없다고 관찰하는 까닭이니라.

교시가여. 보살마하살이 반야바라밀다를 수행하는 때에, 만약 보살의 10지에서 안주하는 것이 아니고 안주하지 않는 것도 아니며, 수습하는 것이 아니고 수습하지 않는 것도 아니라면, 이것은 보살의 10지에 안주하고 수습하는 것이니라. 왜 그러한가? 교시가여. 이것은 보살의 10지의 전제·후제·중제를 얻을 수 없다고 관찰하는 까닭이니라.

교시가여. 보살마하살이 반야바라밀다를 수행하는 때에, 만약 5안에서 안주하는 것이 아니고 안주하지 않는 것도 아니며, 수습하는 것이 아니고 수습하지 않는 것도 아니라면, 이것은 5안에 안주하고 수습하는 것이고, 만약 6신통에서 안주하는 것이 아니고 안주하지 않는 것도 아니며, 수습하는 것이 아니고 수습하지 않는 것도 아니라면, 이것은 6신통에 안주하고 수습하는 것이니라. 왜 그러한가? 교시가여. 이것은 보살마하살이 5안과 6신통의 전제·후제·중제를 얻을 수 없다고 관찰하는 까닭이니라.

교시가여. 보살마하살이 반야바라밀다를 수행하는 때에, 만약 여래의 10력에서 안주하는 것이 아니고 안주하지 않는 것도 아니며, 수습하는 것이 아니고 수습하지 않는 것도 아니라면, 이것은 여래의 10력에 안주하고 수습하는 것이고, 만약 4무소외·4무애해·대자·대비·대희·대사·18불불공법에서 안주하는 것이 아니고 안주하지 않는 것도 아니며, 수습하는 것이 아니고 수습하지 않는 것도 아니라면, 이것은 4무소외, 나아가 18불불공법에 안주하고 수습하는 것이니라. 왜 그러한가? 교시가여. 이것은 보살마하살이 여래의 10력, 나아가 18불불공법의 전제·후제·중제를 얻을 수 없다고 관찰하는 까닭이니라.

교시가여. 보살마하살이 반야바라밀다를 수행하는 때에, 만약 무망실법에서 안주하는 것이 아니고 안주하지 않는 것도 아니며, 수습하는 것이 아니고 수습하지 않는 것도 아니라면, 이것은 무망실법에 안주하고 수습하는 것이고, 만약 항주사성에서 안주하는 것이 아니고 안주하지 않는 것도 아니며, 수습하는 것이 아니고 수습하지 않는 것도 아니라면,

이것은 항주사성에 안주하고 수습하는 것이니라. 왜 그러한가? 교시가여. 이것은 보살마하살이 무망실법과 항주사성의 전제·후제·중제를 얻을 수 없다고 관찰하는 까닭이니라.

　교시가여. 보살마하살이 반야바라밀다를 수행하는 때에, 만약 일체지에서 안주하는 것이 아니고 안주하지 않는 것도 아니며, 수습하는 것이 아니고 수습하지 않는 것도 아니라면, 이것은 일체지에 안주하고 수습하는 것이고, 만약 도상지·일체상지에서 안주하는 것이 아니고 안주하지 않는 것도 아니며, 수습하는 것이 아니고 수습하지 않는 것도 아니라면, 이것은 도상지·일체상지에 안주하고 수습하는 것이니라. 왜 그러한가? 교시가여. 이것은 보살마하살이 일체지·도상지·일체상지의 전제·후제·중제를 얻을 수 없다고 관찰하는 까닭이니라.

　교시가여. 보살마하살이 반야바라밀다를 수행하는 때에, 만약 일체의 다라니문에서 안주하는 것이 아니고 안주하지 않는 것도 아니며, 수습하는 것이 아니고 수습하지 않는 것도 아니라면, 이것은 일체의 다라니문에 안주하고 수습하는 것이고, 만약 일체의 삼마지문에서 안주하는 것이 아니고 안주하지 않는 것도 아니며, 수습하는 것이 아니고 수습하지 않는 것도 아니라면, 이것은 일체의 삼마지문에 안주하고 수습하는 것이니라. 왜 그러한가? 교시가여. 이것은 보살마하살이 일체의 다라니문과 일체의 삼마지문의 전제·후제·중제를 얻을 수 없다고 관찰하는 까닭이니라.

　교시가여. 보살마하살이 반야바라밀다를 수행하는 때에, 만약 예류과에서 안주하는 것이 아니고 안주하지 않는 것도 아니며, 수습하는 것이 아니고 수습하지 않는 것도 아니라면, 이것은 예류과에 안주하고 수습하는 것이고, 만약 일래·불환·아라한과에서 안주하는 것이 아니고 안주하지 않는 것도 아니며, 수습하는 것이 아니고 수습하지 않는 것도 아니라면, 이것은 일래·불환·아라한과에 안주하고 수습하는 것이니라. 왜 그러한가? 교시가여. 이것은 보살마하살이 예류과와 일래·불환·아라한과의 전제·후제·중제를 얻을 수 없다고 관찰하는 까닭이니라.

　교시가여. 보살마하살이 반야바라밀다를 수행하는 때에, 만약 독각의 보리에서 안주하는 것이 아니고 안주하지 않는 것도 아니며, 수습하는 것이 아니고 수습하지 않는 것도 아니라면, 이것은 독각의 보리에 안주하고 수습하는 것이니라. 왜 그러한가? 교시가여. 이것은 독각의 보리의 전제·후제·중제를 얻을 수 없다고 관찰하는 까닭이니라.

교시가여. 보살마하살이 반야바라밀다를 수행하는 때에, 만약 일체의 보살마하살의 행에서 안주하는 것이 아니고 안주하지 않는 것도 아니며, 수습하는 것이 아니고 수습하지 않는 것도 아니라면, 이것은 일체의 보살마하살의 행에 안주하고 수습하는 것이니라. 왜 그러한가? 교시가여. 이것은 일체의 보살마하살의 행의 전제·후제·중제를 얻을 수 없다고 관찰하는 까닭이니라.

교시가여. 보살마하살이 반야바라밀다를 수행하는 때에, 만약 제불의 무상정등보리에서 안주하는 것이 아니고 안주하지 않는 것도 아니며, 수습하는 것이 아니고 수습하지 않는 것도 아니라면, 이것은 제불의 무상정등보리에 안주하고 수습하는 것이니라. 왜 그러한가? 교시가여. 이것은 제불의 무상정등보리의 전제·후제·중제를 얻을 수 없다고 관찰하는 까닭이니라."

그때 사리자가 세존께 아뢰어 말하였다.
"세존이시여, 이와 같은 반야바라밀다는 최고로 매우 깊게 됩니다."
세존께서 말씀하셨다.
"그와 같으니라. 사리자여. 색의 진여(眞如)가 매우 깊은 까닭으로 반야바라밀다도 매우 깊으며, 수·상·행·식의 진여가 매우 깊은 까닭으로 반야바라밀다도 매우 깊으니라. 사리자여. 안처의 진여가 매우 깊은 까닭으로 반야바라밀다도 매우 깊으며, 이·비·설·신·의처의 진여가 매우 깊은 까닭으로 반야바라밀다도 매우 깊으니라. 사리자여. 색처의 진여가 매우 깊은 까닭으로 반야바라밀다도 매우 깊으며, 성·향·미·촉·법처의 진여가 매우 깊은 까닭으로 반야바라밀다도 매우 깊으니라.

사리자여. 안계의 진여가 매우 깊은 까닭으로 반야바라밀다도 매우 깊으며, 색계·안식계, 나아가 안촉·안촉을 인연으로 생겨난 여러 수의 진여가 매우 깊은 까닭으로 반야바라밀다도 매우 깊으니라. 사리자여. 이계의 진여가 매우 깊은 까닭으로 반야바라밀다도 매우 깊으며, 성계·이식계, 나아가 이촉·이촉을 인연으로 생겨난 여러 수의 진여가 매우 깊은 까닭으로 반야바라밀다도 매우 깊으니라. 사리자여. 비계의 진여가 매우 깊은 까닭으로 반야바라밀다도 매우 깊으며, 향계·비식계, 나아가 비촉·비촉을 인연으로 생겨난 여러 수의 진여가 매우 깊은 까닭으로 반야바라밀다도 매우 깊으니라.

사리자여. 설계의 진여가 매우 깊은 까닭으로 반야바라밀다도 매우 깊으며, 미계·설식계, 나아가 설촉·설촉을 인연으로 생겨난 여러 수의 진여가 매우 깊은 까닭으로 반야바라밀다도 매우 깊으니라. 사리자여. 신계의 진여가 매우 깊은 까닭으로 반야바라밀다도 매우 깊으며, 촉계·신식계, 나아가 신촉·신촉을 인연으로 생겨난 여러 수의 진여가 매우 깊은 까닭으로 반야바라밀다도 매우 깊으니라. 사리자여. 의계의 진여가 매우 깊은 까닭으로 반야바라밀다도 매우 깊으며, 법계·의식계, 나아가 의촉·의촉을 인연으로 생겨난 여러 수의 진여가 매우 깊은 까닭으로 반야바라밀다도 매우 깊으니라.

사리자여. 지계의 진여가 매우 깊은 까닭으로 반야바라밀다도 매우 깊으며, 수·화·풍·공·식계의 진여가 매우 깊은 까닭으로 반야바라밀다도 매우 깊으니라. 사리자여. 무명의 진여가 매우 깊은 까닭으로 반야바라밀다도 매우 깊으며, 행·식·명색·육처·촉·수·애·취·유·생·노사의 수탄고우뇌의 진여가 매우 깊은 까닭으로 반야바라밀다도 매우 깊으니라. 사리자여. 보시바라밀다의 진여가 매우 깊은 까닭으로 반야바라밀다도 매우 깊으며, 정계·안인·정진·정려·반야바라밀다의 진여가 매우 깊은 까닭으로 반야바라밀다도 매우 깊으니라.

사리자여. 내공의 진여가 매우 깊은 까닭으로 반야바라밀다도 매우 깊으며, 외공·내외공·공공·대공·승의공·유위공·무위공·필경공·무제공·산공·무변이공·본성공·자상공·공상공·일체법공·불가득공·무성공·

자성공·무성자성공의 진여가 매우 깊은 까닭으로 반야바라밀다도 매우 깊으니라. 사리자여. 진여의 진여가 매우 깊은 까닭으로 반야바라밀다도 매우 깊으며, 법계·법성·불허망성·불변이성·평등성·이생성·법정·법주·실제·허공계·부사의계의 진여가 매우 깊은 까닭으로 반야바라밀다도 매우 깊으니라.

사리자여. 고성제의 진여가 매우 깊은 까닭으로 반야바라밀다도 매우 깊으며, 집·멸·도성제의 진여가 매우 깊은 까닭으로 반야바라밀다도 매우 깊으니라. 사리자여. 4정려의 진여가 매우 깊은 까닭으로 반야바라밀다도 매우 깊으며, 4무량·4무색정의 진여가 매우 깊은 까닭으로 반야바라밀다도 매우 깊으니라. 사리자여. 8해탈의 진여가 매우 깊은 까닭으로 반야바라밀다도 매우 깊으며, 8승처·9차제정·10변처의 진여가 매우 깊은 까닭으로 반야바라밀다도 매우 깊으니라.

사리자여. 4념주의 진여가 매우 깊은 까닭으로 반야바라밀다도 매우 깊으며, 4정단·4신족·5근·5력·7등각지·8성도지의 진여가 매우 깊은 까닭으로 반야바라밀다도 매우 깊으니라. 사리자여. 공해탈문의 진여가 매우 깊은 까닭으로 반야바라밀다도 매우 깊으며, 무상·무원해탈문의 진여가 매우 깊은 까닭으로 반야바라밀다도 매우 깊으니라. 사리자여. 보살의 10지의 진여가 매우 깊은 까닭으로 반야바라밀다도 매우 깊으니라. 사리자여. 5안의 진여가 매우 깊은 까닭으로 반야바라밀다도 매우 깊으며, 6신통의 진여가 매우 깊은 까닭으로 반야바라밀다도 매우 깊으니라.

사리자여. 여래의 10력의 진여가 매우 깊은 까닭으로 반야바라밀다도 매우 깊으며, 4무소외·4무애해·대자·대비·대희·대사·18불불공법의 진여가 매우 깊은 까닭으로 반야바라밀다도 매우 깊으니라. 사리자여. 무망실법의 진여가 매우 깊은 까닭으로 반야바라밀다도 매우 깊으며, 항주사성의 진여가 매우 깊은 까닭으로 반야바라밀다도 매우 깊으니라. 사리자여. 일체지의 진여가 매우 깊은 까닭으로 반야바라밀다도 매우 깊으며, 도상지·일체상지의 진여가 매우 깊은 까닭으로 반야바라밀다도 매우 깊으니라.

사리자여. 일체의 다라니문의 진여가 매우 깊은 까닭으로 반야바라밀다도 매우 깊으며, 일체의 삼마지문의 진여가 매우 깊은 까닭으로 반야바라밀다도 매우 깊으니라. 사리자여. 예류과의 진여가 매우 깊은 까닭으로 반야바라밀다도 매우 깊으며, 일래·불환·아라한과의 진여가 매우 깊은 까닭으로 반야바라밀다도 매우 깊으니라.

사리자여. 독각의 보리의 진여가 매우 깊은 까닭으로 반야바라밀다도 매우 깊으니라. 사리자여. 일체의 보살마하살의 행의 진여가 매우 깊은 까닭으로 반야바라밀다도 매우 깊으니라. 사리자여. 제불의 무상정등보리의 진여가 매우 깊은 까닭으로 반야바라밀다도 매우 깊으니라."

그때 사리자가 다시 세존께 아뢰어 말하였다.
"세존이시여, 이와 같은 반야바라밀다는 측량(測量)하기 어렵습니다."
세존께서 말씀하셨다.
"그와 같으니라. 사리자여. 색의 진여가 측량하기 어려운 까닭으로 반야바라밀다도 측량하기 어려우며, 수·상·행·식의 진여가 측량하기 어려운 까닭으로 반야바라밀다도 측량하기 어려우니라. 사리자여. 안처의 진여가 측량하기 어려운 까닭으로 반야바라밀다도 측량하기 어려우며, 이·비·설·신·의처의 진여가 측량하기 어려운 까닭으로 반야바라밀다도 측량하기 어려우니라. 사리자여. 색처의 진여가 측량하기 어려운 까닭으로 반야바라밀다도 측량하기 어려우며, 성·향·미·촉·법처의 진여가 측량하기 어려운 까닭으로 반야바라밀다도 측량하기 어려우니라.

사리자여. 안계의 진여가 측량하기 어려운 까닭으로 반야바라밀다도 측량하기 어려우며, 색계·안식계, 나아가 안촉·안촉을 인연으로 생겨난 여러 수의 진여가 측량하기 어려운 까닭으로 반야바라밀다도 측량하기 어려우니라. 사리자여. 이계의 진여가 측량하기 어려운 까닭으로 반야바라밀다도 측량하기 어려우며, 성계·이식계, 나아가 이촉·이촉을 인연으로 생겨난 여러 수의 진여가 측량하기 어려운 까닭으로 반야바라밀다도 측량하기 어려우니라.

　사리자여. 비계의 진여가 측량하기 어려운 까닭으로 반야바라밀다도 측량하기 어려우며, 향계·비식계, 나아가 비촉·비촉을 인연으로 생겨난 여러 수의 진여가 측량하기 어려운 까닭으로 반야바라밀다도 측량하기 어려우니라. 사리자여. 설계의 진여가 측량하기 어려운 까닭으로 반야바라밀다도 측량하기 어려우며, 미계·설식계, 나아가 설촉·설촉을 인연으로 생겨난 여러 수의 진여가 측량하기 어려운 까닭으로 반야바라밀다도 측량하기 어려우니라. 사리자여. 신계의 진여가 측량하기 어려운 까닭으로 반야바라밀다도 측량하기 어려우며, 촉계·신식계, 나아가 신촉·신촉을 인연으로 생겨난 여러 수의 진여가 측량하기 어려운 까닭으로 반야바라밀다도 측량하기 어려우니라. 사리자여. 의계의 진여가 측량하기 어려운 까닭으로 반야바라밀다도 측량하기 어려우며, 법계·의식계, 나아가 의촉·의촉을 인연으로 생겨난 여러 수의 진여가 측량하기 어려운 까닭으로 반야바라밀다도 측량하기 어려우니라.

　사리자여. 지계의 진여가 측량하기 어려운 까닭으로 반야바라밀다도 측량하기 어려우며, 수·화·풍·공·식계의 진여가 측량하기 어려운 까닭으로 반야바라밀다도 측량하기 어려우니라. 사리자여. 무명의 진여가 측량하기 어려운 까닭으로 반야바라밀다도 측량하기 어려우며, 행·식·명색·육처·촉·수·애·취·유·생·노사의 수탄고우뇌의 진여가 측량하기 어려운 까닭으로 반야바라밀다도 측량하기 어려우니라. 사리자여. 보시바라밀다의 진여가 측량하기 어려운 까닭으로 반야바라밀다도 측량하기 어려우며, 정계·안인·정진·정려·반야바라밀다의 진여가 측량하기 어려운 까닭으로 반야바라밀다도 측량하기 어려우니라.

　사리자여. 내공의 진여가 측량하기 어려운 까닭으로 반야바라밀다도 측량하기 어려우며, 외공·내외공·공공·대공·승의공·유위공·무위공·필경공·무제공·산공·무변이공·본성공·자상공·공상공·일체법공·불가득공·무성공·자성공·무성자성공의 진여가 측량하기 어려운 까닭으로 반야바라밀다도 측량하기 어려우니라. 사리자여. 진여의 진여가 측량하기 어려운 까닭으로 반야바라밀다도 측량하기 어려우며, 법계·법성·불허망

성·불변이성·평등성·이생성·법정·법주·실제·허공계·부사의계의 진여
가 측량하기 어려운 까닭으로 반야바라밀다도 측량하기 어려우니라.

사리자여. 고성제의 진여가 측량하기 어려운 까닭으로 반야바라밀다도
측량하기 어려우며, 집·멸·도성제의 진여가 측량하기 어려운 까닭으로
반야바라밀다도 측량하기 어려우니라. 사리자여. 4정려의 진여가 측량하
기 어려운 까닭으로 반야바라밀다도 측량하기 어려우며, 4무량·4무색정
의 진여가 측량하기 어려운 까닭으로 반야바라밀다도 측량하기 어려우니
라. 사리자여. 8해탈의 진여가 측량하기 어려운 까닭으로 반야바라밀다도
측량하기 어려우며, 8승처·9차제정·10변처의 진여가 측량하기 어려운
까닭으로 반야바라밀다도 측량하기 어려우니라.

사리자여. 4념주의 진여가 측량하기 어려운 까닭으로 반야바라밀다도
측량하기 어려우며, 4정단·4신족·5근·5력·7등각지·8성도지의 진여가
측량하기 어려운 까닭으로 반야바라밀다도 측량하기 어려우니라. 사리자
여. 공해탈문의 진여가 측량하기 어려운 까닭으로 반야바라밀다도 측량
하기 어려우며, 무상·무원해탈문의 진여가 측량하기 어려운 까닭으로
반야바라밀다도 측량하기 어려우니라. 사리자여. 보살의 10지의 진여가
측량하기 어려운 까닭으로 반야바라밀다도 측량하기 어려우니라.

사리자여. 5안의 진여가 측량하기 어려운 까닭으로 반야바라밀다도
측량하기 어려우며, 6신통의 진여가 측량하기 어려운 까닭으로 반야바라
밀다도 측량하기 어려우니라. 사리자여. 여래의 10력의 진여가 측량하기
어려운 까닭으로 반야바라밀다도 측량하기 어려우며, 4무소외·4무애해·
대자·대비·대희·대사·18불불공법의 진여가 측량하기 어려운 까닭으로
반야바라밀다도 측량하기 어려우니라. 사리자여. 무망실법의 진여가 측량
하기 어려운 까닭으로 반야바라밀다도 측량하기 어려우며, 항주사성의
진여가 측량하기 어려운 까닭으로 반야바라밀다도 측량하기 어려우니라.

사리자여. 일체지의 진여가 측량하기 어려운 까닭으로 반야바라밀다도
측량하기 어려우며, 도상지·일체상지의 진여가 측량하기 어려운 까닭으
로 반야바라밀다도 측량하기 어려우니라. 사리자여. 일체의 다라니문의

진여가 측량하기 어려운 까닭으로 반야바라밀다도 측량하기 어려우며, 일체의 삼마지문의 진여가 측량하기 어려운 까닭으로 반야바라밀다도 측량하기 어려우니라. 사리자여. 예류과의 진여가 측량하기 어려운 까닭으로 반야바라밀다도 측량하기 어려우며, 일래·불환·아라한과의 진여가 측량하기 어려운 까닭으로 반야바라밀다도 측량하기 어려우니라.

사리자여. 독각의 보리의 진여가 측량하기 어려운 까닭으로 반야바라밀다도 측량하기 어려우니라. 사리자여. 일체의 보살마하살의 행의 진여가 측량하기 어려운 까닭으로 반야바라밀다도 측량하기 어려우니라. 사리자여. 제불의 무상정등보리의 진여가 측량하기 어려운 까닭으로 반야바라밀다도 측량하기 어려우니라.”

이때 사리자가 다시 세존께 아뢰어 말하였다.
“세존이시여, 이와 같은 반야바라밀다는 최고로 무량(無量)하게 됩니다.”
세존께서 말씀하셨다.
“그와 같으니라. 사리자여. 색의 진여가 무량한 까닭으로 반야바라밀다도 무량하며, 수·상·행·식의 진여가 무량한 까닭으로 반야바라밀다도 무량하니라. 사리자여. 안처의 진여가 무량한 까닭으로 반야바라밀다도 무량하며, 이·비·설·신·의처의 진여가 무량한 까닭으로 반야바라밀다도 무량하니라. 사리자여. 색처의 진여가 무량한 까닭으로 반야바라밀다도 무량하며, 성·향·미·촉·법처의 진여가 무량한 까닭으로 반야바라밀다도 무량하니라.

사리자여. 안계의 진여가 무량한 까닭으로 반야바라밀다도 무량하며, 색계·안식계, 나아가 안촉·안촉을 인연으로 생겨난 여러 수의 진여가 무량한 까닭으로 반야바라밀다도 무량하니라. 사리자여. 이계의 진여가 무량한 까닭으로 반야바라밀다도 무량하며, 성계·이식계, 나아가 이촉·이촉을 인연으로 생겨난 여러 수의 진여가 무량한 까닭으로 반야바라밀다도 무량하니라. 사리자여. 비계의 진여가 무량한 까닭으로 반야바라밀다도 무량하며, 향계·비식계, 나아가 비촉·비촉을 인연으로 생겨난 여러 수의 진여가 무량한 까닭으로 반야바라밀다도 무량하니라.

사리자여. 설계의 진여가 무량한 까닭으로 반야바라밀다도 무량하며, 미계·설식계, 나아가 설촉·설촉을 인연으로 생겨난 여러 수의 진여가 무량한 까닭으로 반야바라밀다도 무량하니라. 사리자여. 신계의 진여가 무량한 까닭으로 반야바라밀다도 무량하며, 촉계·신식계, 나아가 신촉·신촉을 인연으로 생겨난 여러 수의 진여가 무량한 까닭으로 반야바라밀다도 무량하니라. 사리자여. 의계의 진여가 무량한 까닭으로 반야바라밀다도 무량하며, 법계·의식계, 나아가 의촉·의촉을 인연으로 생겨난 여러 수의 진여가 무량한 까닭으로 반야바라밀다도 무량하니라.

사리자여. 지계의 진여가 무량한 까닭으로 반야바라밀다도 무량하며, 수·화·풍·공·식계의 진여가 무량한 까닭으로 반야바라밀다도 무량하니라. 사리자여. 무명의 진여가 무량한 까닭으로 반야바라밀다도 무량하며, 행·식·명색·육처·촉·수·애·취·유·생·노사의 수탄고우뇌의 진여가 무량한 까닭으로 반야바라밀다도 무량하니라. 사리자여. 보시바라밀다의 진여가 무량한 까닭으로 반야바라밀다도 무량하며, 정계·안인·정진·정려·반야바라밀다의 진여가 무량한 까닭으로 반야바라밀다도 무량하니라.

사리자여. 내공의 진여가 무량한 까닭으로 반야바라밀다도 무량하며, 외공·내외공·공공·대공·승의공·유위공·무위공·필경공·무제공·산공·무변이공·본성공·자상공·공상공·일체법공·불가득공·무성공·자성공·무성자성공의 진여가 무량한 까닭으로 반야바라밀다도 무량하니라. 사리자여. 진여의 진여가 무량한 까닭으로 반야바라밀다도 무량하며, 법계·법성·불허망성·불변이성·평등성·이생성·법정·법주·실제·허공계·부사의계의 진여가 무량한 까닭으로 반야바라밀다도 무량하니라.

사리자여. 고성제의 진여가 무량한 까닭으로 반야바라밀다도 무량하며, 집·멸·도성제의 진여가 무량한 까닭으로 반야바라밀다도 무량하니라. 사리자여. 4정려의 진여가 무량한 까닭으로 반야바라밀다도 무량하며, 4무량·4무색정의 진여가 무량한 까닭으로 반야바라밀다도 무량하니라. 사리자여. 8해탈의 진여가 무량한 까닭으로 반야바라밀다도 무량하며, 8승처·9차제정·10변처의 진여가 무량한 까닭으로 반야바라밀다도 무량하니라.

사리자여. 4념주의 진여가 무량한 까닭으로 반야바라밀다도 무량하며, 4정단·4신족·5근·5력·7등각지·8성도지의 진여가 무량한 까닭으로 반야바라밀다도 무량하니라. 사리자여. 공해탈문의 진여가 무량한 까닭으로 반야바라밀다도 무량하며, 무상·무원해탈문의 진여가 무량한 까닭으로 반야바라밀다도 무량하니라. 사리자여. 보살의 10지의 진여가 무량한 까닭으로 반야바라밀다도 무량하니라.

사리자여. 5안의 진여가 무량한 까닭으로 반야바라밀다도 무량하며, 6신통의 진여가 무량한 까닭으로 반야바라밀다도 무량하니라. 사리자여. 여래의 10력의 진여가 무량한 까닭으로 반야바라밀다도 무량하며, 4무소외·4무애해·대자·대비·대희·대사·18불불공법의 진여가 무량한 까닭으로 반야바라밀다도 무량하니라. 사리자여. 무망실법의 진여가 무량한 까닭으로 반야바라밀다도 무량하며, 항주사성의 진여가 무량한 까닭으로 반야바라밀다도 무량하니라.

사리자여. 일체지의 진여가 무량한 까닭으로 반야바라밀다도 무량하며, 도상지·일체상지의 진여가 무량한 까닭으로 반야바라밀다도 무량하니라. 사리자여. 일체의 다라니문의 진여가 무량한 까닭으로 반야바라밀다도 무량하며, 일체의 삼마지문의 진여가 무량한 까닭으로 반야바라밀다도 무량하니라. 사리자여. 예류과의 진여가 무량한 까닭으로 반야바라밀다도 무량하며, 일래·불환·아라한과의 진여가 무량한 까닭으로 반야바라밀다도 무량하니라.

사리자여. 독각의 보리의 진여가 무량한 까닭으로 반야바라밀다도 무량하니라. 사리자여. 일체의 보살마하살의 행의 진여가 무량한 까닭으로 반야바라밀다도 무량하니라. 사리자여. 제불의 무상정등보리의 진여가 무량한 까닭으로 반야바라밀다도 무량하니라."

그때 사리자가 세존께 아뢰어 말하였다.

"세존이시여. 무엇을 보살마하살이 반야바라밀다를 수행한다고 말합
니까?"

세존께서 말씀하셨다.

"사리자여. 만약 보살마하살이 반야바라밀다를 수행하는 때에, 색의
매우 깊은 자성을 수행하지 않는다면 이것이 반야바라밀다를 수행하는
것이고, 수·상·행·식의 매우 깊은 자성을 수행하지 않는다면 이것이
반야바라밀다를 수행하는 것이니라. 왜 그러한가? 사리자여. 색의 매우
깊은 자성은 곧 색이 아니고, 수·상·행·식의 매우 깊은 자성은 곧 수·상·행
·식이 아닌 까닭이니라.

사리자여. 만약 보살마하살이 반야바라밀다를 수행하는 때에, 안처의
매우 깊은 자성을 수행하지 않는다면 이것이 반야바라밀다를 수행하는
것이고, 이·비·설·신·의처의 매우 깊은 자성을 수행하지 않는다면 이것이
반야바라밀다를 수행하는 것이니라. 왜 그러한가? 사리자여. 안처의
매우 깊은 자성은 곧 안처가 아니고, 이·비·설·신·의처의 매우 깊은
자성은 곧 이·비·설·신·의처가 아닌 까닭이니라.

사리자여. 만약 보살마하살이 반야바라밀다를 수행하는 때에, 색처의
매우 깊은 자성을 수행하지 않는다면 이것이 반야바라밀다를 수행하는
것이고, 성·향·미·촉·법처의 매우 깊은 자성을 수행하지 않는다면 이것이
반야바라밀다를 수행하는 것이니라. 왜 그러한가? 사리자여. 색처의
매우 깊은 자성은 곧 색처가 아니고, 성·향·미·촉·법처의 매우 깊은
자성은 곧 성·향·미·촉·법처가 아닌 까닭이니라.

사리자여. 만약 보살마하살이 반야바라밀다를 수행하는 때에, 안계의
매우 깊은 자성을 수행하지 않는다면 이것이 반야바라밀다를 수행하는
것이고, 색계·안식계, 나아가 안촉·안촉을 인연으로 생겨난 여러 수의
매우 깊은 자성을 수행하지 않는다면 이것이 반야바라밀다를 수행하는
것이니라. 왜 그러한가? 사리자여. 안계의 매우 깊은 자성은 곧 안계가
아니고, 색계, 나아가 안촉을 인연으로 생겨난 여러 수의 매우 깊은 자성은
곧 색계, 나아가 안촉을 인연으로 생겨난 여러 수가 아닌 까닭이니라.

　사리자여. 만약 보살마하살이 반야바라밀다를 수행하는 때에, 이계의 매우 깊은 자성을 수행하지 않는다면 이것이 반야바라밀다를 수행하는 것이고, 성계·이식계, 나아가 이촉·이촉을 인연으로 생겨난 여러 수의 매우 깊은 자성을 수행하지 않는다면 이것이 반야바라밀다를 수행하는 것이니라. 왜 그러한가? 사리자여. 이계의 매우 깊은 자성은 곧 이계가 아니고, 성계, 나아가 이촉을 인연으로 생겨난 여러 수의 매우 깊은 자성은 곧 성계, 나아가 이촉을 인연으로 생겨난 여러 수가 아닌 까닭이니라.

　사리자여. 만약 보살마하살이 반야바라밀다를 수행하는 때에, 비계의 매우 깊은 자성을 수행하지 않는다면 이것이 반야바라밀다를 수행하는 것이고, 향계·비식계, 나아가 비촉·비촉을 인연으로 생겨난 여러 수의 매우 깊은 자성을 수행하지 않는다면 이것이 반야바라밀다를 수행하는 것이니라. 왜 그러한가? 사리자여. 비계의 매우 깊은 자성은 곧 비계가 아니고, 향계, 나아가 비촉을 인연으로 생겨난 여러 수의 매우 깊은 자성은 곧 향계, 나아가 비촉을 인연으로 생겨난 여러 수가 아닌 까닭이니라.

　사리자여. 만약 보살마하살이 반야바라밀다를 수행하는 때에, 설계의 매우 깊은 자성을 수행하지 않는다면 이것이 반야바라밀다를 수행하는 것이고, 미계·설식계, 나아가 설촉·설촉을 인연으로 생겨난 여러 수의 매우 깊은 자성을 수행하지 않는다면 이것이 반야바라밀다를 수행하는 것이니라. 왜 그러한가? 사리자여. 설계의 매우 깊은 자성은 곧 설계가 아니고, 미계, 나아가 설촉을 인연으로 생겨난 여러 수의 매우 깊은 자성은 곧 미계, 나아가 설촉을 인연으로 생겨난 여러 수가 아닌 까닭이니라.

　사리자여. 만약 보살마하살이 반야바라밀다를 수행하는 때에, 신계의 매우 깊은 자성을 수행하지 않는다면 이것이 반야바라밀다를 수행하는 것이고, 촉계·신식계, 나아가 신촉·신촉을 인연으로 생겨난 여러 수의 매우 깊은 자성을 수행하지 않는다면 이것이 반야바라밀다를 수행하는 것이니라. 왜 그러한가? 사리자여. 신계의 매우 깊은 자성은 곧 신계가 아니고, 촉계, 나아가 신촉을 인연으로 생겨난 여러 수의 매우 깊은 자성은 곧 촉계, 나아가 신촉을 인연으로 생겨난 여러 수가 아닌 까닭이니라.

사리자여. 만약 보살마하살이 반야바라밀다를 수행하는 때에, 의계의 매우 깊은 자성을 수행하지 않는다면 이것이 반야바라밀다를 수행하는 것이고, 법계·의식계, 나아가 의촉·의촉을 인연으로 생겨난 여러 수의 매우 깊은 자성을 수행하지 않는다면 이것이 반야바라밀다를 수행하는 것이니라. 왜 그러한가? 사리자여. 의계의 매우 깊은 자성은 곧 의계가 아니고, 법계, 나아가 의촉을 인연으로 생겨난 여러 수의 매우 깊은 자성은 곧 법계, 나아가 의촉을 인연으로 생겨난 여러 수가 아닌 까닭이니라.

사리자여. 만약 보살마하살이 반야바라밀다를 수행하는 때에, 무명의 매우 깊은 자성을 수행하지 않는다면 이것이 반야바라밀다를 수행하는 것이고, 행·식·명색·육처·촉·수·애·취·유·생·노사의 수탄고우뇌의 매우 깊은 자성을 수행하지 않는다면 이것이 반야바라밀다를 수행하는 것이니라. 왜 그러한가? 사리자여. 무명의 매우 깊은 자성은 곧 무명이 아니고, 행, 나아가 노사의 수탄고우뇌의 매우 깊은 자성은 곧 행, 나아가 노사의 수탄고우뇌가 아닌 까닭이니라.

사리자여. 만약 보살마하살이 반야바라밀다를 수행하는 때에, 보시바라밀다의 매우 깊은 자성을 수행하지 않는다면 이것이 반야바라밀다를 수행하는 것이고, 정계·안인·정진·정려·반야바라밀다의 매우 깊은 자성을 수행하지 않는다면 이것이 반야바라밀다를 수행하는 것이니라. 왜 그러한가? 사리자여. 보시바라밀다의 매우 깊은 자성은 곧 보시바라밀다가 아니고, 정계, 나아가 반야바라밀다의 매우 깊은 자성은 곧 정계, 나아가 반야바라밀다가 아닌 까닭이니라.

사리자여. 만약 보살마하살이 반야바라밀다를 수행하는 때에, 내공의 매우 깊은 자성을 수행하지 않는다면 이것이 반야바라밀다를 수행하는 것이고, 외공·내외공·공공·대공·승의공·유위공·무위공·필경공·무제공·산공·무변이공·본성공·자상공·공상공·일체법공·불가득공·무성공·자성공·무성자성공의 매우 깊은 자성을 수행하지 않는다면 이것이 반야바라밀다를 수행하는 것이니라. 왜 그러한가? 사리자여. 내공의 매우 깊은 자성은 곧 내공이 아니고, 외공, 나아가 무성자성공의 매우 깊은 자성은 곧 외공, 나아가 무성자성공이 아닌 까닭이니라.

사리자여. 만약 보살마하살이 반야바라밀다를 수행하는 때에, 진여의 매우 깊은 자성을 수행하지 않는다면 이것이 반야바라밀다를 수행하는 것이고, 법계·법성·불허망성·불변이성·평등성·이생성·법정·법주·실제·허공계·부사의계의 매우 깊은 자성을 수행하지 않는다면 이것이 반야바라밀다를 수행하는 것이니라. 왜 그러한가? 사리자여. 진여의 매우 깊은 자성은 곧 진여가 아니고, 법계, 나아가 부사의계의 매우 깊은 자성은 곧 법계, 나아가 부사의계가 아닌 까닭이니라.

사리자여. 만약 보살마하살이 반야바라밀다를 수행하는 때에, 고성제의 매우 깊은 자성을 수행하지 않는다면 이것이 반야바라밀다를 수행하는 것이고, 집·멸·도성제의 매우 깊은 자성을 수행하지 않는다면 이것이 반야바라밀다를 수행하는 것이니라. 왜 그러한가? 사리자여. 고성제의 매우 깊은 자성은 곧 고성제가 아니고, 집·멸·도성제의 매우 깊은 자성은 곧 집·멸·도성제가 아닌 까닭이니라.

사리자여. 만약 보살마하살이 반야바라밀다를 수행하는 때에, 4정려의 매우 깊은 자성을 수행하지 않는다면 이것이 반야바라밀다를 수행하는 것이고, 4무량·4무색정의 매우 깊은 자성을 수행하지 않는다면 이것이 반야바라밀다를 수행하는 것이니라. 왜 그러한가? 사리자여. 4정려의 매우 깊은 자성은 곧 4정려가 아니고, 4무량·4무색정의 매우 깊은 자성은 곧 4무량·4무색정이 아닌 까닭이니라.

사리자여. 만약 보살마하살이 반야바라밀다를 수행하는 때에, 8해탈의 매우 깊은 자성을 수행하지 않는다면 이것이 반야바라밀다를 수행하는 것이고, 8승처·9차제정·10변처의 매우 깊은 자성을 수행하지 않는다면 이것이 반야바라밀다를 수행하는 것이니라. 왜 그러한가? 사리자여. 8해탈의 매우 깊은 자성은 곧 8해탈이 아니고, 8승처·9차제정·10변처의 매우 깊은 자성은 곧 8승처·9차제정·10변처가 아닌 까닭이니라.

사리자여. 만약 보살마하살이 반야바라밀다를 수행하는 때에, 4념주의 매우 깊은 자성을 수행하지 않는다면 이것이 반야바라밀다를 수행하는 것이고, 4정단·4신족·5근·5력·7등각지·8성도지의 매우 깊은 자성을 수행하지 않는다면 이것이 반야바라밀다를 수행하는 것이니라. 왜 그러한가? 사리자여. 4념주의 매우 깊은 자성은 곧 4념주가 아니고, 4정단, 나아가 8성도지의 매우 깊은 자성은 곧 4정단, 나아가 8성도지가 아닌 까닭이니라.

사리자여. 만약 보살마하살이 반야바라밀다를 수행하는 때에, 공해탈문의 매우 깊은 자성을 수행하지 않는다면 이것이 반야바라밀다를 수행하는 것이고, 무상·무원해탈문의 매우 깊은 자성을 수행하지 않는다면 이것이 반야바라밀다를 수행하는 것이니라. 왜 그러한가? 사리자여. 공해탈문의 매우 깊은 자성은 곧 공해탈문이 아니고, 무상·무원해탈문의 매우 깊은 자성은 곧 무상·무원해탈문이 아닌 까닭이니라.

사리자여. 만약 보살마하살이 반야바라밀다를 수행하는 때에, 보살의 10지의 매우 깊은 자성을 수행하지 않는다면 이것이 반야바라밀다를 수행하는 것이니라. 왜 그러한가? 사리자여. 보살의 10지의 매우 깊은 자성은 곧 보살의 10지가 아닌 까닭이니라.

사리자여. 만약 보살마하살이 반야바라밀다를 수행하는 때에, 5안의 매우 깊은 자성을 수행하지 않는다면 이것이 반야바라밀다를 수행하는 것이고, 6신통의 매우 깊은 자성을 수행하지 않는다면 이것이 반야바라밀다를 수행하는 것이니라. 왜 그러한가? 사리자여. 5안의 매우 깊은 자성은 5안이 아니고, 6신통의 매우 깊은 자성은 곧 6신통이 아닌 까닭이니라."

마하반야바라밀다경 제299권

39. 난문공덕품(難聞功德品)(3)

"사리자여. 만약 보살마하살이 반야바라밀다를 수행하는 때에, 여래의 10력의 매우 깊은 자성을 수행하지 않는다면 이것이 반야바라밀다를 수행하는 것이고, 4무소외·4무애해·대자·대비·대희·대사·18불불공법의 매우 깊은 자성을 수행하지 않는다면 이것이 반야바라밀다를 수행하는 것이니라. 왜 그러한가? 사리자여. 여래의 10력의 매우 깊은 자성은 여래의 10력이 아니고, 4무소외, 나아가 18불불공법의 매우 깊은 자성은 곧 4무소외, 나아가 18불불공법이 아닌 까닭이니라.

사리자여. 만약 보살마하살이 반야바라밀다를 수행하는 때에, 무망실법의 매우 깊은 자성을 수행하지 않는다면 이것이 반야바라밀다를 수행하는 것이고, 항주사성의 매우 깊은 자성을 수행하지 않는다면 이것이 반야바라밀다를 수행하는 것이니라. 왜 그러한가? 사리자여. 무망실법의 매우 깊은 자성은 무망실법이 아니고, 항주사성의 매우 깊은 자성은 곧 항주사성이 아닌 까닭이니라.

사리자여. 만약 보살마하살이 반야바라밀다를 수행하는 때에, 일체지의 매우 깊은 자성을 수행하지 않는다면 이것이 반야바라밀다를 수행하는 것이고, 도상지·일체상지의 매우 깊은 자성을 수행하지 않는다면 이것이 반야바라밀다를 수행하는 것이니라. 왜 그러한가? 사리자여. 일체지의 매우 깊은 자성은 일체지가 아니고, 도상지·일체상지의 매우 깊은 자성은 곧 도상지·일체상지가 아닌 까닭이니라.

사리자여. 만약 보살마하살이 반야바라밀다를 수행하는 때에, 일체의 다라니문의 매우 깊은 자성을 수행하지 않는다면 이것이 반야바라밀다를 수행하는 것이고, 일체의 삼마지문의 매우 깊은 자성을 수행하지 않는다면 이것이 반야바라밀다를 수행하는 것이니라. 왜 그러한가? 사리자여. 일체의 다라니문의 매우 깊은 자성은 일체의 다라니문이 아니고, 일체의 삼마지문의 매우 깊은 자성은 곧 일체의 삼마지문이 아닌 까닭이니라.

사리자여. 만약 보살마하살이 반야바라밀다를 수행하는 때에, 예류과의 매우 깊은 자성을 수행하지 않는다면 이것이 반야바라밀다를 수행하는 것이고, 일래·불환·아라한과의 매우 깊은 자성을 수행하지 않는다면 이것이 반야바라밀다를 수행하는 것이니라. 왜 그러한가? 사리자여. 예류과의 매우 깊은 자성은 예류과가 아니고, 일래·불환·아라한과의 매우 깊은 자성은 곧 일래·불환·아라한과가 아닌 까닭이니라.

사리자여. 만약 보살마하살이 반야바라밀다를 수행하는 때에, 독각의 보리의 매우 깊은 자성을 수행하지 않는다면 이것이 반야바라밀다를 수행하는 것이니라. 왜 그러한가? 사리자여. 독각의 보리의 매우 깊은 자성은 곧 독각의 보리가 아닌 까닭이니라.

사리자여. 만약 보살마하살이 반야바라밀다를 수행하는 때에, 일체 보살마하살의 행의 매우 깊은 자성을 수행하지 않는다면 이것이 반야바라밀다를 수행하는 것이니라. 왜 그러한가? 사리자여. 일체 보살마하살의 행의 매우 깊은 자성은 곧 일체 보살마하살의 행이 아닌 까닭이니라.

사리자여. 만약 보살마하살이 반야바라밀다를 수행하는 때에, 제불의 무상정등보리의 매우 깊은 자성을 수행하지 않는다면 이것이 반야바라밀다를 수행하는 것이니라. 왜 그러한가? 사리자여. 제불의 무상정등보리의 매우 깊은 자성은 곧 제불의 무상정등보리가 아닌 까닭이니라."

"다시 다음으로 사리자여. 보살마하살이 반야바라밀다를 수행하는 때에, 색의 측량하기 어려운 자성(難測量性)을 수행하지 않는다면 이것이 반야바라밀다를 수행하는 것이고, 수·상·행·식의 측량하기 어려운 자성을 수행하지 않는다면 이것이 반야바라밀다를 수행하는 것이니라. 왜 그러한가? 사리자여. 색의 측량하기 어려운 자성은 곧 색이 아니고, 수·상·행·식의 측량하기 어려운 자성은 곧 수·상·행·식이 아닌 까닭이니라.

사리자여. 보살마하살이 반야바라밀다를 수행하는 때에, 안처의 측량하기 어려운 자성을 수행하지 않는다면 이것이 반야바라밀다를 수행하는 것이고, 이·비·설·신·의처의 측량하기 어려운 자성을 수행하지 않는다면 이것이 반야바라밀다를 수행하는 것이니라. 왜 그러한가? 사리자여. 안처의 측량하기 어려운 자성은 곧 안처가 아니고, 이·비·설·신·의처의 측량하기 어려운 자성은 곧 이·비·설·신·의처가 아닌 까닭이니라.

사리자여. 보살마하살이 반야바라밀다를 수행하는 때에, 색처의 측량하기 어려운 자성을 수행하지 않는다면 이것이 반야바라밀다를 수행하는 것이고, 성·향·미·촉·법처의 측량하기 어려운 자성을 수행하지 않는다면 이것이 반야바라밀다를 수행하는 것이니라. 왜 그러한가? 사리자여. 색처의 측량하기 어려운 자성은 곧 색처가 아니고, 성·향·미·촉·법처의 측량하기 어려운 자성은 곧 성·향·미·촉·법처가 아닌 까닭이니라.

사리자여. 보살마하살이 반야바라밀다를 수행하는 때에, 안계의 측량하기 어려운 자성을 수행하지 않는다면 이것이 반야바라밀다를 수행하는 것이고, 색계·안식계, 나아가 안촉·안촉을 인연으로 생겨난 여러 수의 측량하기 어려운 자성을 수행하지 않는다면 이것이 반야바라밀다를 수행하는 것이니라. 왜 그러한가? 사리자여. 안계의 측량하기 어려운 자성은 곧 안계가 아니고, 색계, 나아가 안촉을 인연으로 생겨난 여러 수의 측량하기 어려운 자성은 곧 색계, 나아가 안촉을 인연으로 생겨난 여러 수가 아닌 까닭이니라.

사리자여. 보살마하살이 반야바라밀다를 수행하는 때에, 이계의 측량하기 어려운 자성을 수행하지 않는다면 이것이 반야바라밀다를 수행하는 것이고, 성계·이식계, 나아가 이촉·이촉을 인연으로 생겨난 여러 수의 측량하기 어려운 자성을 수행하지 않는다면 이것이 반야바라밀다를 수행하는 것이니라. 왜 그러한가? 사리자여. 이계의 측량하기 어려운 자성은 곧 이계가 아니고, 성계, 나아가 이촉을 인연으로 생겨난 여러 수의 측량하기 어려운 자성은 곧 성계, 나아가 이촉을 인연으로 생겨난 여러 수가 아닌 까닭이니라.

사리자여. 보살마하살이 반야바라밀다를 수행하는 때에, 비계의 측량하기 어려운 자성을 수행하지 않는다면 이것이 반야바라밀다를 수행하는 것이고, 향계·비식계, 나아가 비촉·비촉을 인연으로 생겨난 여러 수의 측량하기 어려운 자성을 수행하지 않는다면 이것이 반야바라밀다를 수행하는 것이니라. 왜 그러한가? 사리자여. 비계의 측량하기 어려운 자성은 곧 비계가 아니고, 향계, 나아가 비촉을 인연으로 생겨난 여러 수의 측량하기 어려운 자성은 곧 향계, 나아가 비촉을 인연으로 생겨난 여러 수가 아닌 까닭이니라.

사리자여. 보살마하살이 반야바라밀다를 수행하는 때에, 설계의 측량하기 어려운 자성을 수행하지 않는다면 이것이 반야바라밀다를 수행하는 것이고, 미계·설식계, 나아가 설촉·설촉을 인연으로 생겨난 여러 수의 측량하기 어려운 자성을 수행하지 않는다면 이것이 반야바라밀다를 수행하는 것이니라. 왜 그러한가? 사리자여. 설계의 측량하기 어려운 자성은 곧 설계가 아니고, 미계, 나아가 설촉을 인연으로 생겨난 여러 수의 측량하기 어려운 자성은 곧 미계, 나아가 설촉을 인연으로 생겨난 여러 수가 아닌 까닭이니라.

사리자여. 보살마하살이 반야바라밀다를 수행하는 때에, 신계의 측량하기 어려운 자성을 수행하지 않는다면 이것이 반야바라밀다를 수행하는 것이고, 촉계·신식계, 나아가 신촉·신촉을 인연으로 생겨난 여러 수의 측량하기 어려운 자성을 수행하지 않는다면 이것이 반야바라밀다를 수행하는 것이니라. 왜 그러한가? 사리자여. 신계의 측량하기 어려운 자성은 곧 신계가 아니고, 촉계, 나아가 신촉을 인연으로 생겨난 여러 수의 측량하기 어려운 자성은 곧 촉계, 나아가 신촉을 인연으로 생겨난 여러 수가 아닌 까닭이니라.

사리자여. 보살마하살이 반야바라밀다를 수행하는 때에, 의계의 측량하기 어려운 자성을 수행하지 않는다면 이것이 반야바라밀다를 수행하는 것이고, 법계·의식계, 나아가 의촉·의촉을 인연으로 생겨난 여러 수의 측량하기 어려운 자성을 수행하지 않는다면 이것이 반야바라밀다를 수행하는 것이니라. 왜 그러한가? 사리자여. 의계의 측량하기 어려운 자성은 곧 의계가 아니고, 법계, 나아가 의촉을 인연으로 생겨난 여러 수의 측량하기 어려운 자성은 곧 법계, 나아가 의촉을 인연으로 생겨난 여러 수가 아닌 까닭이니라.

사리자여. 보살마하살이 반야바라밀다를 수행하는 때에, 지계의 측량하기 어려운 자성을 수행하지 않는다면 이것은 반야바라밀다를 수행하는 것이고, 수·화·풍·공·식계의 측량하기 어려운 자성을 수행하지 않는다면 이것은 반야바라밀다를 수행하는 것이니라. 왜 그러한가? 사리자여. 지계의 측량하기 어려운 자성은 곧 지계가 아니고, 수·화·풍·공·식계의 측량하기 어려운 자성은 곧 수·화·풍·공·식계가 아닌 까닭이니라.

사리자여. 보살마하살이 반야바라밀다를 수행하는 때에, 무명의 측량하기 어려운 자성을 수행하지 않는다면 이것이 반야바라밀다를 수행하는 것이고, 행·식·명색·육처·촉·수·애·취·유·생·노사의 수탄고우뇌의 측량하기 어려운 자성을 수행하지 않는다면 이것이 반야바라밀다를 수행하는 것이니라. 왜 그러한가? 사리자여. 무명의 측량하기 어려운 자성은 곧 무명이 아니고, 행, 나아가 노사의 수탄고우뇌의 측량하기 어려운 자성은 곧 행, 나아가 노사의 수탄고우뇌가 아닌 까닭이니라.

사리자여. 보살마하살이 반야바라밀다를 수행하는 때에, 보시바라밀다의 측량하기 어려운 자성을 수행하지 않는다면 이것이 반야바라밀다를 수행하는 것이고, 정계·안인·정진·정려·반야바라밀다의 측량하기 어려운 자성을 수행하지 않는다면 이것이 반야바라밀다를 수행하는 것이니라. 왜 그러한가? 사리자여. 보시바라밀다의 측량하기 어려운 자성은 곧 보시바라밀다가 아니고, 정계, 나아가 반야바라밀다의 측량하기 어려운 자성은 곧 정계, 나아가 반야바라밀다가 아닌 까닭이니라.

사리자여. 보살마하살이 반야바라밀다를 수행하는 때에, 내공의 측량

하기 어려운 자성을 수행하지 않는다면 이것이 반야바라밀다를 수행하는
것이고, 외공·내외공·공공·대공·승의공·유위공·무위공·필경공·무제공
·산공·무변이공·본성공·자상공·공상공·일체법공·불가득공·무성공·
자성공·무성자성공의 측량하기 어려운 자성을 수행하지 않는다면 이것
이 반야바라밀다를 수행하는 것이니라. 왜 그러한가? 사리자여. 내공의
측량하기 어려운 자성은 곧 내공이 아니고, 외공, 나아가 무성자성공의
측량하기 어려운 자성은 곧 외공, 나아가 무성자성공이 아닌 까닭이니라.

사리자여. 보살마하살이 반야바라밀다를 수행하는 때에, 진여의 측량
하기 어려운 자성을 수행하지 않는다면 이것이 반야바라밀다를 수행하는
것이고, 법계·법성·불허망성·불변이성·평등성·이생성·법정·법주·실제
·허공계·부사의계의 측량하기 어려운 자성을 수행하지 않는다면 이것이
반야바라밀다를 수행하는 것이니라. 왜 그러한가? 사리자여. 진여의
측량하기 어려운 자성은 곧 진여가 아니고, 법계, 나아가 부사의계의
측량하기 어려운 자성은 곧 법계, 나아가 부사의계가 아닌 까닭이니라.

사리자여. 보살마하살이 반야바라밀다를 수행하는 때에, 고성제의
측량하기 어려운 자성을 수행하지 않는다면 이것이 반야바라밀다를 수행
하는 것이고, 집·멸·도성제의 측량하기 어려운 자성을 수행하지 않는다면
이것이 반야바라밀다를 수행하는 것이니라. 왜 그러한가? 사리자여.
고성제의 측량하기 어려운 자성은 곧 고성제가 아니고, 집·멸·도성제의
측량하기 어려운 자성은 곧 집·멸·도성제가 아닌 까닭이니라.

사리자여. 보살마하살이 반야바라밀다를 수행하는 때에, 4정려의 측량
하기 어려운 자성을 수행하지 않는다면 이것이 반야바라밀다를 수행하는
것이고, 4무량·4무색정의 측량하기 어려운 자성을 수행하지 않는다면
이것이 반야바라밀다를 수행하는 것이니라. 왜 그러한가? 사리자여.
4정려의 측량하기 어려운 자성은 곧 4정려가 아니고, 4무량·4무색정의
측량하기 어려운 자성은 곧 4무량·4무색정이 아닌 까닭이니라.

사리자여. 보살마하살이 반야바라밀다를 수행하는 때에, 8해탈의 측량
하기 어려운 자성을 수행하지 않는다면 이것이 반야바라밀다를 수행하는

것이고, 8승처·9차제정·10변처의 측량하기 어려운 자성을 수행하지 않는 다면 이것이 반야바라밀다를 수행하는 것이니라. 왜 그러한가? 사리자여. 8해탈의 측량하기 어려운 자성은 곧 8해탈이 아니고, 8승처·9차제정·10변처의 측량하기 어려운 자성은 곧 8승처·9차제정·10변처가 아닌 까닭이니라.

사리자여. 보살마하살이 반야바라밀다를 수행하는 때에, 4념주의 측량하기 어려운 자성을 수행하지 않는다면 이것이 반야바라밀다를 수행하는 것이고, 4정단·4신족·5근·5력·7등각지·8성도지의 측량하기 어려운 자성을 수행하지 않는다면 이것이 반야바라밀다를 수행하는 것이니라. 왜 그러한가? 사리자여. 4념주의 측량하기 어려운 자성은 곧 4념주가 아니고, 4정단, 나아가 8성도지의 측량하기 어려운 자성은 곧 4정단, 나아가 8성도지가 아닌 까닭이니라.

사리자여. 보살마하살이 반야바라밀다를 수행하는 때에, 공해탈문의 측량하기 어려운 자성을 수행하지 않는다면 이것이 반야바라밀다를 수행하는 것이고, 무상·무원해탈문의 측량하기 어려운 자성을 수행하지 않는다면 이것이 반야바라밀다를 수행하는 것이니라. 왜 그러한가? 사리자여. 공해탈문의 측량하기 어려운 자성은 곧 공해탈문이 아니고, 무상·무원해탈문의 측량하기 어려운 자성은 곧 무상·무원해탈문이 아닌 까닭이니라.

사리자여. 보살마하살이 반야바라밀다를 수행하는 때에, 보살의 10지의 측량하기 어려운 자성을 수행하지 않는다면 이것이 반야바라밀다를 수행하는 것이니라. 왜 그러한가? 사리자여. 보살의 10지의 측량하기 어려운 자성은 곧 보살의 10지가 아닌 까닭이니라.

사리자여. 보살마하살이 반야바라밀다를 수행하는 때에, 5안의 측량하기 어려운 자성을 수행하지 않는다면 이것이 반야바라밀다를 수행하는 것이고, 6신통의 측량하기 어려운 자성을 수행하지 않는다면 이것이 반야바라밀다를 수행하는 것이니라. 왜 그러한가? 사리자여. 5안의 측량하기 어려운 자성은 곧 5안이 아니고, 6신통의 측량하기 어려운 자성은 곧 6신통이 아닌 까닭이니라.

사리자여. 보살마하살이 반야바라밀다를 수행하는 때에, 여래의 10력의 측량하기 어려운 자성을 수행하지 않는다면 이것이 반야바라밀다를 수행하는 것이고, 4무소외·4무애해·대자·대비·대희·대사·18불불공법의 측량하기 어려운 자성을 수행하지 않는다면 이것이 반야바라밀다를 수행하는 것이니라. 왜 그러한가? 사리자여. 여래의 10력의 측량하기 어려운 자성은 곧 여래의 10력이 아니고, 4무소외, 나아가 18불불공법의 측량하기 어려운 자성은 곧 4무소외, 나아가 18불불공법이 아닌 까닭이니라.

사리자여. 보살마하살이 반야바라밀다를 수행하는 때에, 무망실법의 측량하기 어려운 자성을 수행하지 않는다면 이것이 반야바라밀다를 수행하는 것이고, 항주사성의 측량하기 어려운 자성을 수행하지 않는다면 이것이 반야바라밀다를 수행하는 것이니라. 왜 그러한가? 사리자여. 무망실법의 측량하기 어려운 자성은 곧 무망실법이 아니고, 항주사성의 측량하기 어려운 자성은 곧 항주사성이 아닌 까닭이니라.

사리자여. 보살마하살이 반야바라밀다를 수행하는 때에, 일체지의 측량하기 어려운 자성을 수행하지 않는다면 이것이 반야바라밀다를 수행하는 것이고, 도상지·일체상지의 측량하기 어려운 자성을 수행하지 않는다면 이것이 반야바라밀다를 수행하는 것이니라. 왜 그러한가? 사리자여. 일체지의 측량하기 어려운 자성은 곧 일체지가 아니고, 도상지·일체상지의 측량하기 어려운 자성은 곧 도상지·일체상지가 아닌 까닭이니라.

사리자여. 보살마하살이 반야바라밀다를 수행하는 때에, 일체의 다라니문의 측량하기 어려운 자성을 수행하지 않는다면 이것이 반야바라밀다를 수행하는 것이고, 일체의 삼마지문의 측량하기 어려운 자성을 수행하지 않는다면 이것이 반야바라밀다를 수행하는 것이니라. 왜 그러한가? 사리자여. 일체의 다라니문의 측량하기 어려운 자성은 곧 일체의 다라니문이 아니고, 일체의 삼마지문의 측량하기 어려운 자성은 곧 일체의 삼마지문이 아닌 까닭이니라.

사리자여. 보살마하살이 반야바라밀다를 수행하는 때에, 예류과의 측량하기 어려운 자성을 수행하지 않는다면 이것이 반야바라밀다를 수행하는 것이고, 일래·불환·아라한과의 측량하기 어려운 자성을 수행하지

않는다면 이것이 반야바라밀다를 수행하는 것이니라. 왜 그러한가? 사리
자여. 예류과의 측량하기 어려운 자성은 곧 예류과가 아니고, 일래·불환·
아라한과의 측량하기 어려운 자성은 곧 일래·불환·아라한과가 아닌 까닭
이니라.

사리자여. 보살마하살이 반야바라밀다를 수행하는 때에, 독각의 보리
의 측량하기 어려운 자성을 수행하지 않는다면 이것이 반야바라밀다를
수행하는 것이니라. 왜 그러한가? 사리자여. 독각의 보리의 측량하기
어려운 자성은 곧 독각의 보리가 아닌 까닭이니라.

사리자여. 보살마하살이 반야바라밀다를 수행하는 때에, 일체의 보살
마하살의 행의 측량하기 어려운 자성을 수행하지 않는다면 이것이 반야바
라밀다를 수행하는 것이니라. 왜 그러한가? 사리자여. 일체의 보살마하살
의 행의 측량하기 어려운 자성은 곧 일체의 보살마하살의 행이 아닌
까닭이니라.

사리자여. 보살마하살이 반야바라밀다를 수행하는 때에, 제불의 무상
정등보리의 측량하기 어려운 자성을 수행하지 않는다면 이것이 반야바라
밀다를 수행하는 것이니라. 왜 그러한가? 사리자여. 제불의 무상정등보리
의 측량하기 어려운 자성은 곧 제불의 무상정등보리가 아닌 까닭이니라."

"다시 다음으로 사리자여. 보살마하살이 반야바라밀다를 수행하는
때에, 색의 무량한 자성(無量性)을 수행하지 않는다면 이것이 반야바라밀
다를 행하는 것이고, 수·상·행·식의 무량한 자성을 수행하지 않는다면
이것이 반야바라밀다를 수행하는 것이니라. 왜 그러한가? 사리자여.
색의 무량한 자성은 곧 색이 아니고, 수·상·행·식의 무량한 자성은 곧
수·상·행·식의 무량한 자성이 아닌 까닭이니라.

사리자여. 보살마하살이 반야바라밀다를 수행하는 때에, 안처의 무량
한 자성을 수행하지 않는다면 이것이 반야바라밀다를 행하는 것이고,
이·비·설·신·의처의 무량한 자성을 수행하지 않는다면 이것이 반야바라
밀다를 수행하는 것이니라. 왜 그러한가? 사리자여. 안처의 무량한 자성은

곧 안처가 아니고, 이·비·설·신·의처의 무량한 자성은 곧 이·비·설·신·의
처의 무량한 자성이 아닌 까닭이니라.

사리자여. 보살마하살이 반야바라밀다를 수행하는 때에, 색처의 무량
한 자성을 수행하지 않는다면 이것이 반야바라밀다를 행하는 것이고,
성·향·미·촉·법처의 무량한 자성을 수행하지 않는다면 이것이 반야바라
밀다를 수행하는 것이니라. 왜 그러한가? 사리자여. 색처의 무량한 자성은
곧 색처가 아니고, 성·향·미·촉·법처의 무량한 자성은 곧 성·향·미·촉·법
처의 무량한 자성이 아닌 까닭이니라.

사리자여. 보살마하살이 반야바라밀다를 수행하는 때에, 안계의 무량
한 자성을 수행하지 않는다면 이것이 반야바라밀다를 행하는 것이고,
색계·안식계, 나아가 안촉·안촉을 인연으로 생겨난 여러 수의 무량한
자성을 수행하지 않는다면 이것이 반야바라밀다를 수행하는 것이니라.
왜 그러한가? 사리자여. 안계의 무량한 자성은 곧 안계가 아니고, 색계,
나아가 안촉을 인연으로 생겨난 여러 수의 무량한 자성은 곧 색계, 나아가
안촉의 무량한 자성이 아닌 까닭이니라.

사리자여. 보살마하살이 반야바라밀다를 수행하는 때에, 이계의 무량
한 자성을 수행하지 않는다면 이것이 반야바라밀다를 행하는 것이고,
성계·이식계, 나아가 이촉·이촉을 인연으로 생겨난 여러 수의 무량한
자성을 수행하지 않는다면 이것이 반야바라밀다를 수행하는 것이니라.
왜 그러한가? 사리자여. 이계의 무량한 자성은 곧 이계가 아니고, 성계,
나아가 이촉을 인연으로 생겨난 여러 수의 무량한 자성은 곧 성계, 나아가
이촉의 무량한 자성이 아닌 까닭이니라.

사리자여. 보살마하살이 반야바라밀다를 수행하는 때에, 비계의 무량
한 자성을 수행하지 않는다면 이것이 반야바라밀다를 행하는 것이고,
향계·비식계, 나아가 비촉·비촉을 인연으로 생겨난 여러 수의 무량한
자성을 수행하지 않는다면 이것이 반야바라밀다를 수행하는 것이니라.
왜 그러한가? 사리자여. 비계의 무량한 자성은 곧 비계가 아니고, 향계,
나아가 비촉을 인연으로 생겨난 여러 수의 무량한 자성은 곧 향계, 나아가

비촉의 무량한 자성이 아닌 까닭이니라.

사리자여. 보살마하살이 반야바라밀다를 수행하는 때에, 설계의 무량한 자성을 수행하지 않는다면 이것이 반야바라밀다를 행하는 것이고, 미계·설식계, 나아가 설촉·설촉을 인연으로 생겨난 여러 수의 무량한 자성을 수행하지 않는다면 이것이 반야바라밀다를 수행하는 것이니라. 왜 그러한가? 사리자여. 설계의 무량한 자성은 곧 설계가 아니고, 미계, 나아가 설촉을 인연으로 생겨난 여러 수의 무량한 자성은 곧 미계, 나아가 설촉의 무량한 자성이 아닌 까닭이니라.

사리자여. 보살마하살이 반야바라밀다를 수행하는 때에, 신계의 무량한 자성을 수행하지 않는다면 이것이 반야바라밀다를 행하는 것이고, 촉계·신식계, 나아가 신촉·신촉을 인연으로 생겨난 여러 수의 무량한 자성을 수행하지 않는다면 이것이 반야바라밀다를 수행하는 것이니라. 왜 그러한가? 사리자여. 신계의 무량한 자성은 곧 신계가 아니고, 촉계, 나아가 신촉을 인연으로 생겨난 여러 수의 무량한 자성은 곧 촉계, 나아가 신촉의 무량한 자성이 아닌 까닭이니라.

사리자여. 보살마하살이 반야바라밀다를 수행하는 때에, 의계의 무량한 자성을 수행하지 않는다면 이것이 반야바라밀다를 행하는 것이고, 법계·의식계, 나아가 의촉·의촉을 인연으로 생겨난 여러 수의 무량한 자성을 수행하지 않는다면 이것이 반야바라밀다를 수행하는 것이니라. 왜 그러한가? 사리자여. 의계의 무량한 자성은 곧 의계가 아니고, 법계, 나아가 의촉을 인연으로 생겨난 여러 수의 무량한 자성은 곧 법계, 나아가 의촉의 무량한 자성이 아닌 까닭이니라.

사리자여. 보살마하살이 반야바라밀다를 수행하는 때에, 지계의 무량한 자성을 수행하지 않는다면 이것이 반야바라밀다를 행하는 것이고, 수·화·풍·공·식계의 무량한 자성을 수행하지 않는다면 이것이 반야바라밀다를 수행하는 것이니라. 왜 그러한가? 사리자여. 지계의 무량한 자성은 곧 지계가 아니고, 수·화·풍·공·식계의 무량한 자성은 곧 수·화·풍·공·식계의 무량한 자성이 아닌 까닭이니라.

　사리자여. 보살마하살이 반야바라밀다를 수행하는 때에, 무명의 무량한 자성을 수행하지 않는다면 이것이 반야바라밀다를 행하는 것이고, 행·식·명색·육처·촉·수·애·취·유·생·노사의 수탄고우뇌의 무량한 자성을 수행하지 않는다면 이것이 반야바라밀다를 수행하는 것이니라. 왜 그러한가? 사리자여. 무명의 무량한 자성은 곧 무명이 아니고, 행, 나아가 노사의 수탄고우뇌의 무량한 자성은 곧 행, 나아가 노사의 수탄고우뇌의 무량한 자성이 아닌 까닭이니라.

　사리자여. 보살마하살이 반야바라밀다를 수행하는 때에, 보시바라밀다의 무량한 자성을 수행하지 않는다면 이것이 반야바라밀다를 행하는 것이고, 정계·안인·정진·정려·반야바라밀다의 무량한 자성을 수행하지 않는다면 이것이 반야바라밀다를 수행하는 것이니라. 왜 그러한가? 사리자여. 보시바라밀다의 무량한 자성은 곧 보시바라밀다가 아니고, 정계·안인·정진·정려·반야바라밀다의 무량한 자성은 곧 정계·안인·정진·정려·반야바라밀다의 무량한 자성이 아닌 까닭이니라.

　사리자여. 보살마하살이 반야바라밀다를 수행하는 때에, 내공의 무량한 자성을 수행하지 않는다면 이것이 반야바라밀다를 행하는 것이고, 외공·내외공·공공·대공·승의공·유위공·무위공·필경공·무제공·산공·무변이공·본성공·자상공·공상공·일체법공·불가득공·무성공·자성공·무성자성공의 무량한 자성을 수행하지 않는다면 이것이 반야바라밀다를 수행하는 것이니라. 왜 그러한가? 사리자여. 내공의 무량한 자성은 곧 내공이 아니고, 외공, 나아가 무성자성공의 무량한 자성은 곧 외공, 나아가 무성자성공의 무량한 자성이 아닌 까닭이니라.

　사리자여. 보살마하살이 반야바라밀다를 수행하는 때에, 진여의 무량한 자성을 수행하지 않는다면 이것이 반야바라밀다를 행하는 것이고, 법계·법성·불허망성·불변이성·평등성·이생성·법정·법주·실제·허공계·부사의계의 무량한 자성을 수행하지 않는다면 이것이 반야바라밀다를 수행하는 것이니라. 왜 그러한가? 사리자여. 진여의 무량한 자성은 곧 진여가 아니고, 법계, 나아가 부사의계의 무량한 자성은 곧 법계,

나아가 부사의계의 무량한 자성이 아닌 까닭이니라.

사리자여. 보살마하살이 반야바라밀다를 수행하는 때에, 고성제의 무량한 자성을 수행하지 않는다면 이것이 반야바라밀다를 행하는 것이고, 집·멸·도성제의 무량한 자성을 수행하지 않는다면 이것이 반야바라밀다를 수행하는 것이니라. 왜 그러한가? 사리자여. 고성제의 무량한 자성은 곧 고성제가 아니고, 집·멸·도성제의 무량한 자성은 곧 집·멸·도성제의 무량한 자성이 아닌 까닭이니라.

사리자여. 보살마하살이 반야바라밀다를 수행하는 때에, 4정려의 무량한 자성을 수행하지 않는다면 이것이 반야바라밀다를 행하는 것이고, 4무량·4무색정의 무량한 자성을 수행하지 않는다면 이것이 반야바라밀다를 수행하는 것이니라. 왜 그러한가? 사리자여. 4정려의 무량한 자성은 곧 4정려가 아니고, 4무량·4무색정의 무량한 자성은 곧 4무량·4무색정의 무량한 자성이 아닌 까닭이니라.

사리자여. 보살마하살이 반야바라밀다를 수행하는 때에, 8해탈의 무량한 자성을 수행하지 않는다면 이것이 반야바라밀다를 행하는 것이고, 8승처·9차제정·10변처의 무량한 자성을 수행하지 않는다면 이것이 반야바라밀다를 수행하는 것이니라. 왜 그러한가? 사리자여. 8해탈의 무량한 자성은 곧 8해탈이 아니고, 8승처·9차제정·10변처의 무량한 자성은 곧 8승처·9차제정·10변처의 무량한 자성이 아닌 까닭이니라.

사리자여. 보살마하살이 반야바라밀다를 수행하는 때에, 4념주의 무량한 자성을 수행하지 않는다면 이것이 반야바라밀다를 행하는 것이고, 4정단·4신족·5근·5력·7등각지·8성도지의 무량한 자성을 수행하지 않는다면 이것이 반야바라밀다를 수행하는 것이니라. 왜 그러한가? 사리자여. 4념주의 무량한 자성은 곧 4념주가 아니고, 4정단, 나아가 8성도지의 무량한 자성은 곧 4정단, 나아가 8성도지의 무량한 자성이 아닌 까닭이니라.

사리자여. 보살마하살이 반야바라밀다를 수행하는 때에, 공해탈문의 무량한 자성을 수행하지 않는다면 이것이 반야바라밀다를 행하는 것이고, 무상·무원해탈문의 무량한 자성을 수행하지 않는다면 이것이 반야바라밀다를 수행하는 것이니라. 왜 그러한가? 사리자여. 공해탈문의 무량한 자성은 곧 공해탈문이 아니고, 무상·무원해탈문의 무량한 자성은 곧 무상·무원해탈문의 무량한 자성이 아닌 까닭이니라.

사리자여. 보살마하살이 반야바라밀다를 수행하는 때에, 보살의 10지의 무량한 자성을 수행하지 않는다면 이것이 반야바라밀다를 행하는 것이니라. 왜 그러한가? 사리자여. 보살의 10지의 무량한 자성은 곧 보살의 10지의 무량한 자성이 아닌 까닭이니라.

사리자여. 보살마하살이 반야바라밀다를 수행하는 때에, 5안의 무량한 자성을 수행하지 않는다면 이것이 반야바라밀다를 행하는 것이고, 6신통의 무량한 자성을 수행하지 않는다면 이것이 반야바라밀다를 수행하는 것이니라. 왜 그러한가? 사리자여. 5안의 무량한 자성은 곧 5안이 아니고, 6신통의 무량한 자성은 곧 6신통의 무량한 자성이 아닌 까닭이니라.

사리자여. 보살마하살이 반야바라밀다를 수행하는 때에, 여래의 10력의 무량한 자성을 수행하지 않는다면 이것이 반야바라밀다를 행하는 것이고, 4무소외·4무애해·대자·대비·대희·대사·18불불공법의 무량한 자성을 수행하지 않는다면 이것이 반야바라밀다를 수행하는 것이니라. 왜 그러한가? 사리자여. 여래의 10력의 무량한 자성은 곧 여래의 10력이 아니고, 4무소외, 나아가 18불불공법의 무량한 자성은 곧 4무소외, 나아가 18불불공법의 무량한 자성이 아닌 까닭이니라.

사리자여. 보살마하살이 반야바라밀다를 수행하는 때에, 무망실법의 무량한 자성을 수행하지 않는다면 이것이 반야바라밀다를 행하는 것이고, 항주사성의 무량한 자성을 수행하지 않는다면 이것이 반야바라밀다를 수행하는 것이니라. 왜 그러한가? 사리자여. 무망실법의 무량한 자성은 곧 무망실법이 아니고, 항주사성의 무량한 자성은 곧 항주사성의 무량한 자성이 아닌 까닭이니라.

사리자여. 보살마하살이 반야바라밀다를 수행하는 때에, 일체지의 무량한 자성을 수행하지 않는다면 이것이 반야바라밀다를 행하는 것이고, 도상지·일체상지의 무량한 자성을 수행하지 않는다면 이것이 반야바라밀다를 수행하는 것이니라. 왜 그러한가? 사리자여. 일체지의 무량한 자성은 곧 일체지가 아니고, 도상지·일체상지의 무량한 자성은 곧 도상지·일체상지의 무량한 자성이 아닌 까닭이니라.

사리자여. 보살마하살이 반야바라밀다를 수행하는 때에, 일체의 다라니문의 무량한 자성을 수행하지 않는다면 이것이 반야바라밀다를 행하는 것이고, 일체의 삼마지문의 무량한 자성을 수행하지 않는다면 이것이 반야바라밀다를 수행하는 것이니라. 왜 그러한가? 사리자여. 일체의 다라니문의 무량한 자성은 곧 일체의 다라니문이 아니고, 일체의 삼마지문의 무량한 자성은 곧 일체의 삼마지문의 무량한 자성이 아닌 까닭이니라.

사리자여. 보살마하살이 반야바라밀다를 수행하는 때에, 예류과의 무량한 자성을 수행하지 않는다면 이것이 반야바라밀다를 행하는 것이고, 일래·불환·아라한과의 무량한 자성을 수행하지 않는다면 이것이 반야바라밀다를 수행하는 것이니라. 왜 그러한가? 사리자여. 예류과의 무량한 자성은 곧 예류과가 아니고, 일래·불환·아라한과의 무량한 자성은 곧 일래·불환·아라한과의 무량한 자성이 아닌 까닭이니라.

사리자여. 보살마하살이 반야바라밀다를 수행하는 때에, 독각의 보리의 무량한 자성을 수행하지 않는다면 이것이 반야바라밀다를 행하는 것이니라. 왜 그러한가? 사리자여. 독각의 보리의 무량한 자성은 곧 독각의 보리의 무량한 자성이 아닌 까닭이니라.

사리자여. 보살마하살이 반야바라밀다를 수행하는 때에, 일체의 보살마하살의 행의 무량한 자성을 수행하지 않는다면 이것이 반야바라밀다를 행하는 것이니라. 왜 그러한가? 사리자여. 일체의 보살마하살의 행의 무량한 자성은 곧 일체의 보살마하살의 행의 무량한 자성이 아닌 까닭이니라.

사리자여. 보살마하살이 반야바라밀다를 수행하는 때에, 제불의 무상정등보리의 무량한 자성을 수행하지 않는다면 이것이 반야바라밀다를 행하는 것이니라. 왜 그러한가? 사리자여. 제불의 무상정등보리의 무량한 자성은 곧 제불의 무상정등보리의 무량한 자성이 아닌 까닭이니라."

그때 사리자가 세존께 아뢰어 말하였다.

"세존이시여. 이와 같이 반야바라밀다는 이미 최고로 매우 깊고 측량하기 어려우며 무량하므로, 진실로 신해(信解)하기 어렵습니다. 그 새롭게 수학하는 대승(大乘)의 보살들이 앞에 있다면 상응하여 설하지 않아야 하나니, 그들이 이러한 매우 깊은 반야바라밀다를 듣고서 그 마음이 놀라고 두려워하며 겁내고 의혹하면서 능히 신해하지 않는 것을 없게 해야 합니다. 다만 불퇴전(不退轉)의 계위인 보살들 앞에서 상응하여 설한다면 그들은 이와 같이 매우 깊은 반야바라밀다를 들었더라도 마음에서 놀라지도 않고 두려워하지 않으며 겁내지 않고 역시 의혹이 없을 것이니, 듣고서 신해하고 수지하며 독송하고 이치와 같게 사유하며 다른 사람을 위하여 연설할 것입니다."

그때 천제석이 사리자에게 물어 말하였다.

"대덕이여. 만약 새롭게 수학하는 대승의 보살들이 앞에 있는데, 이와 같이 매우 깊은 반야바라밀다를 설한다면 무슨 과실(過失)이 있습니까?"

사리자가 말하였다.

"교시가여. 만약 새롭게 수학하는 대승의 보살들이 앞에 있는데, 이와 같이 매우 깊은 반야바라밀다를 설한다면, 그들은 듣고서 놀라고 두려워하며 겁내고 의혹하면서 능히 신해하지 않거나, 혹은 훼자와 비방이 생겨납니다. 오히려 이것을 조작(造作)하면서 증장(增長)시키므로 능히 악취(惡趣)에 떨어지는 업(業)에 감응하고, 3악취(三惡趣)에 떨어져서 오랫동안 생사(生死)에 머무르나니, 무상정등보리를 증득하기 어렵습니다. 이러한 까닭으로 그 새롭게 수학하는 대승의 보살들이 앞에 있다면, 매우 깊은 반야바라밀다를 상응하여 설하지 않아야 합니다."

그때 천제석이 다시 구수 사리자에게 물어 말하였다.

"대덕이여. 대체로 아직 수기(授記)를 받지 못한 보살마하살이라도 이와 같이 매우 깊은 반야바라밀다의 설하는 것을 듣고서 놀라지 않고 두려워하지 않으며 겁내지 않는 자(者)가 있습니까?"

사리자가 말하였다.

"있습니다. 교시가여. 이 보살마하살은 오래지 않아서 마땅히 대보리(大
菩提)의 수기를 받을 것입니다. 교시가여. 만약 보살마하살이 이와 같이
매우 깊은 반야바라밀다를 설하는 것을 듣고서 놀라지 않고 두려워하지
않으며 겁내지 않는다면, 이 보살마하살은 이미 무상대보리(無上大菩提)
의 수기를 받은 것이고, 설령 아직 수기를 받지 못한 자라도, 한 여래(佛)이
거나, 혹은 두 여래를 지나치지 않고서 결정적으로 마땅히 대보리의
수기를 받을 것입니다."

그때 세존께서 사리자에게 알려 말씀하셨다.

"그와 같으니라. 그와 같으니라. 그대가 말한 것과 같으니라. 사리자여.
만약 보살마하살이 오랫동안 대승을 수학하였고 오랫동안 대원(大願)을
일으켰으며 오랫동안 6바라밀다를 수행하였고 오랫동안 제불께 공양하
였으며 오랫동안 여러 선한 벗(善友)을 섬겼다면, 이와 같은 매우 깊은
반야바라밀다를 들었더라도 그 마음에서 놀라지도 않고 두려워하지 않으
며 겁내지 않고, 듣고서 신해(信解)하고 수지하며 독송하고 이치와 같게
사유하며 다른 사람을 위하여 연설하며, 혹은 설한 것과 같이 복력을
따라서 수행하느니라."

마하반야바라밀다경 제300권

39. 난문공덕품(難聞功德品)(4)

그때 사리자가 세존께 아뢰어 말하였다.

"세존이시여. 제가 지금 보살들에게 즐거이 비유(譬喩)하여 설하겠습니다."

세존께서 말씀하셨다.

"사리자여. 그대의 뜻을 따라서 설하게."

사리자가 말하였다.

"세존이시여. 대승에 안주하는 여러 선남자와 선여인 등이 꿈의 가운데에서 반야·정려·정진·안인·정계·보시바라밀다를 수행하고, 도량(道場)에 앉아서 무상각(無上覺)¹⁾을 증득한다면, 이 선남자와 선여인 등도 무상정등보리에 가깝다고 마땅히 알 수 있는데, 어찌 하물며 보살마하살이 무상정등보리를 구하기 위하여 깨어있는 때에 반야·정려·정진·안인·정계·보시바라밀다를 수행하였다면 빠르게 무상정등보리를 성취하지 않겠습니까?

세존이시여. 이 보살마하살은 오래지 않아서 마땅히 보리수(菩提樹)의 아래에 앉아서 무상정등보리를 증득하고 미묘한 법륜을 굴리면서 무량한 대중들을 제도할 것입니다. 세존이시여. 만약 선남자와 선여인 등이 이와 같은 매우 깊은 반야바라밀다를 얻어듣고서 수지하고 독송하며

---

1) '무상정등각'의 줄임말이다.

가르침과 같이 수행하였다면, 이 선남자와 선여인 등은 오랫동안 대승을 수학하였으므로 선근(善根)이 성숙되었고 제불께 많이 공양하였으며 여러 선한 벗을 많이 섬겼고 여러 덕(德)의 근본을 심었으므로 능히 이러한 일을 성취합니다.

세존이시여. 만약 선남자와 선여인 등이 이와 같이 매우 깊은 반야바라밀다를 얻어듣고서 신해하고 수지하며 독송하고 이치와 같게 사유하며 다른 사람을 위하여 연설하였다면, 이 선남자와 선여인 등은 혹은 이미 대보리의 수기를 받았거나, 혹은 가깝게 마땅히 대보리의 수기를 받습니다. 세존이시여. 이 선남자와 선여인 등은 물러나지 않는 지위에 안주하는 보살마하살과 같이 빠르게 무상정등보리를 증득할 것이고, 오히려 매우 깊은 반야바라밀다를 듣고서 능히 깊이 신해하고 수지하며 독송하고 이치와 같이 사유하며 가르침을 따라서 수행하면서 다른 사람을 위하여 연설합니다.

세존이시여. 비유한다면 사람이 있어서 광야(曠野)를 걸어서 지나가거나, 험한 도로를 지나가면서, 백 유선나(踰繕那)[2]이거나, 혹은 2백 유선나이거나, 혹은 3백 유선나이거나, 혹은 4·5백 유선나를 지나가면서, 여러 성읍(城邑)과 왕도(王都)[3]의 앞선 모습(相)인 이를테면, 방목인(放牧人)·원림(園林)[4]·밭(田) 등의 여러 모습을 이미 보았고, 곧 '성읍과 왕도가 이곳에서 멀지 않다.'라고 이렇게 생각을 지었다면, 이미 이렇게 생각을 지었으므로 몸과 마음이 악한 짐승·악한 도둑·배고픔과 목마름 등에

---

2) 산스크리트어 yojana의 음사이고, 고대 인도의 거리의 단위이며, '유순(由旬)', '유연(由延)' 등으로 음사한다. 인도식으로 표현하면, 1유선나는 황소가 멍에를 메고 하루 동안 가는 거리에 해당하며, 8구로사(俱盧舍)의 거리이다. 구로사는 소의 울음소리를 뜻하고 소의 울음소리가 들리는 거리는 대략 1킬로미터가 넘는다고 말하므로, 1유선나는 약 10킬로미터 정도의 거리이다. 다만 그 거리의 척도는 시대와 지역에 따라 다르며, 지형마다 달랐던 거리 측정의 단위이므로 통일적인 산정은 어렵다.
3) 왕궁(王宮)이 있는 도시(都市)이고, 규모가 매우 크고 정치적으로 주변의 성읍들의 구심점이 되는 성곽을 가리킨다.
4) 집안에 부속된 뜰이거나, 혹은 공원의 수풀을 가리키는 말이다.

태연(泰然)하게 됩니다.

　세존이시여. 제보살마하살도 역시 이와 같아서 이러한 매우 깊은 반야바라밀다를 듣고서 수지하고 독송하며 이치와 같게 사유하여 깊은 신해(信解)가 생겨났다면, 오래지 않아서 마땅히 수기를 받을 것이고, 혹은 이미 수기를 받았으므로 빠르게 무상정등보리를 증득한다고 상응하여 알 것이니, 이 보살마하살은 성문지(聲聞地)이거나 독각지(獨覺地)에 떨어진다는 두려움이 없습니다. 왜 그러한가? 이 보살마하살은 이미 매우 깊은 반야바라밀다의 무상정등보리의 앞선 모습을 보고 들었으며 공경하고 공양하였던 까닭입니다.”

　그때 세존께서 사리자에게 알려 말씀하셨다.

　“그와 같으니라. 그와 같으니라. 그대가 말한 것과 같으니라. 사리자여. 그대는 여래의 신력을 받들어 마땅히 다시 그것을 설하라.”

　그때 사리자가 다시 세존께 아뢰어 말하였다.

　“세존이시여. 비유한다면 사람이 있어 큰 바다에 가려고 하였으므로 점차로 나아가면서 많은 시간이 지나고 산과 숲이 보이지 않는다면, ‘지금 이러한 모습을 보건대, 큰 바다가 멀지 않다.’라고 곧 이렇게 생각을 짓습니다. 그 까닭은 무엇인가? 일반적으로 해안(海岸)과 가까운 땅은 반드시 점차로 낮아지면서 산과 숲이 없습니다. 그 사람은 그때에 비록 바다를 보지 못하였더라도 가까워진 앞선 모습을 보고 환희(歡喜)하면서 용약(踊躍)합니다.

　세존이시여. 제보살마하살도 역시 이와 같아서 이러한 매우 깊은 반야바라밀다를 듣고서 수지하고 독송하며 이치와 같게 사유하여 깊은 신해가 생겨났다면, 이 보살마하살은 비록 여래의 현전(現前)에서 ‘그대는 미래의 세상에 백 겁(劫)·천 겁·백천 겁을 지나고, 나아가 백천 구지(俱胝)[5]·나유다(那由多)[6]의 겁을 지난다면, 마땅히 무상정등보리를 증득할 것이다.’라는 수기를 받지 못하였더라도 스스로가 수기를 받을 것이 멀지 않았다고

---

　5) 산스크리트어 Koṭi의 음사이고, 숫자의 단위로서 10^7이다.
　6) 산스크리트어 Nayuta의 음사이고, 숫자의 단위로서 10^{28}이다.

상응하여 알 것입니다. 왜 그러한가? 이 보살마하살은 이미 매우 깊은 반야바라밀다의 무상정등보리의 앞선 모습을 보고 들었으며 공경하고 공양하였으며 수지하고 독송하며 이치와 같게 사유하였던 까닭입니다.

세존이시여. 비유한다면 봄의 때에 꽃과 열매의 나무 등이 잎이 피어나고 이미 앙상한 가지와 마디에 윤기가 돋아나면 많은 사람들이 보고서, '새로운 꽃·열매·잎이 오래지 않아서 솟아나겠구나.'라고 함께 이렇게 말을 짓습니다. 그 까닭은 무엇인가? 이것은 여러 나무 등의 꽃·열매·잎의 앞선 모습이 나타났던 까닭입니다. 남섬부주(南贍部洲)의 사람들인 남녀노소(男女老少)가 이 모습을 보고서 환희하고 용약하면서, '우리들은 오래지 않아서 이 꽃과 열매가 무성(茂盛)한 것을 볼 수 있습니다.'라고 모두가 이렇게 말을 지을 것입니다.

세존이시여. 제보살마하살도 역시 이와 같아서 만약 이러한 매우 깊은 반야바라밀다를 수지하고 독송하며 이치와 같게 사유하여 깊은 신해가 생겨났다면, 숙세(宿世)의 선근이 성숙되었고 제불께 많이 공양하였으며 여러 선한 벗을 많이 섬겼으므로 오래지 않아서 마땅히 대보리의 수기를 받는다고 마땅히 알아야 합니다.

세존이시여. 이 보살마하살이 '나는 이전에 반드시 수승한 선근의 복력이 있어서 능히 무상정등보리를 이끌었고, 지금 이러한 매우 깊은 반야바라밀다를 보았고 들었으며 공경하였고 공양하였으며 독송하고 수지하며 깊은 신해가 생겨났고 이치와 같이 사유하면서 복력을 따라서 수습하는구나.'라고 상응하여 이렇게 생각을 지을 것입니다.

세존이시여. 이 회중(會中)에 있는 여러 천자(天子)의 대중들은 과거의 여래께서 이러한 법을 설하시는 것을 보았으므로, 모두 환희가 생겨나서 함께 모두가 '옛날의 제보살들도 반야바라밀다의 설법을 듣고서 곧 수기를 얻었는데, 지금의 제보살들도 이러한 매우 깊은 반야바라밀다의 설법을 들었으니, 오래지 않아서 결정적으로 마땅히 보리의 수기를 받을 것이다.'라고 의논하면서 말하고 있습니다.

세존이시여. 비유한다면 여인이 회임(懷孕)하고 점차 오래되어서 그녀의 몸이 더욱 무거워지고 거동이 편안하지 않으며 음식과 잠이 모두 줄어들고 많은 말을 좋아하지 않고 항상 지었던 일도 싫어하며 고통을 받는 까닭으로 여러 일을 모두 쉰다면, 다른 어머니들이 이러한 모습을 보고서 곧 이 여인이 오래지 않아서 아이를 낳는다고 알게 됩니다.

세존이시여. 제보살도 역시 다시 이와 같아서 숙세(宿世)에 심었던 선근으로 제불께 많이 공양하였고 오랫동안 선한 벗을 섬기었던 선근이 성숙되었던 까닭으로, 지금 이러한 매우 깊은 반야바라밀다를 듣고서 수지하고 독송하며 이치와 같이 사유하고 깊이 신해하면서 복력을 따라서 수습합니다. 세존이시여. 이 보살마하살은 오히려 이 인연으로 오래지 않아서 아뇩다라삼먁삼보리의 수기를 얻습니다."

그때 세존께서 사리자를 칭찬하셨다.

"옳도다. 옳도다. 그대는 지금 이와 같은 매우 깊은 반야바라밀다를 듣고서 얻는 보살들의 비유를 능히 잘 설하였는데, 모두가 이것은 세존의 위신력(威神力)이라고 마땅히 알아야 하느니라."

그때 구수 선현이 세존께 아뢰어 말하였다.

"세존이시여. 일체의 여래·응공·정등각께서는 매우 기이(奇異)하고 희유(希有)하십니다. 능히 제보살마하살에게 잘 부촉(付囑)하시고 능히 제보살마하살들을 잘 섭수(攝受)하십니다."

세존께서 말씀하셨다.

"그와 같으니라. 그와 같으니라. 왜 그러한가? 선현이여. 제보살마하살들은 무상정등보리를 구하고 나아가면서 많은 유정들이 이익과 쾌락을 얻게 하려는 까닭이며, 여러 천인(天人)들을 연민(憐愍)하고 요익(饒益)하게 하려는 까닭이니라.

이 제보살마하살이 보살도(菩薩道)를 수행하는 때에, 무량한 백천 구지·나유타의 제유정의 부류들을 요익하게 하기 위한 까닭으로 4섭사(四攝事)로써 그들을 섭수하느니라. 무엇 등이 네 가지인가? 첫째는 보시(布施)이고, 둘째는 애어(愛語)이며, 셋째는 이행(利行)이고, 넷째는 동사(同事)이며, 역시 그들을 안립(安立)시키고 10선업도(十善業道)를 정근하여 수습하게 하느니라.

선현이여. 이 제보살마하살은 스스로가 4정려를 수행하고 역시 다른 사람을 교화하여 4정려를 수행하게 하며, 스스로가 4무량을 수행하고 역시 다른 사람을 교화하여 4무량을 수행하게 하며, 스스로가 4무색정을 수행하고 역시 다른 사람을 교화하여 4무색정을 수행하게 하며, 스스로가 6바라밀을 수행하고 역시 다른 사람을 교화하여 6바라밀을 수행하게 하느니라.

선현이여. 이 제보살마하살은 반야바라밀다의 교묘한 방편의 힘에 의지하면서 비록 유정들을 교화하여 예류과를 증득시켰더라도 스스로는 증득하지 않고, 비록 유정들을 교화하여 일래·불환·아라한과를 증득시켰더라도 스스로는 증득하지 않으며, 비록 유정들을 교화하여 독각의 보리를 증득시켰더라도 스스로는 증득하지 않느니라.

선현이여. 이 제보살마하살은 스스로가 보시·정계·안인·정진·정려·반야바라밀다를 수행하고, 역시 무량한 백천 구지·나유타의 보살마하살에게 보시·정계·안인·정진·정려·반야바라밀다를 수행하게 권유하느니라. 스스로가 불퇴전지(不退轉地)에 안주하고 역시 그들에게 불퇴전지에 안주하게 권유하며, 스스로가 불국토를 청정하게 장엄하고 역시 그들에게 청정하게 장엄하게 권유하며, 스스로가 유정들을 성숙시키고 역시 그들에게 유정들을 성숙시키게 권유하며, 스스로가 보살의 신통(神通)을 일으키고 역시 그들에게 보살의 신통을 일으키게 권유하느니라.

스스로가 다라니문을 수행하고 역시 그들에게 다라니문을 수행하게 권유하며, 스스로가 삼마지문을 수행하고 역시 그들에게 삼마지문을 수행하게 권유하며, 스스로가 무애(無礙)한 변재(辯才)를 구족하고 역시 그들에게 무애한 변재를 구족하게 권유하며, 스스로가 미묘한 색신(色身)을 구족하고 역시 그들에게 미묘한 색신을 구족하게 권유하며, 스스로가 여러 상호(相好)를 구족하고 역시 그들에게 여러 상호를 구족하게 권유하며, 스스로가 동진(童眞)의 행7)을 구족하고 역시 그들에게 동진의 행을 구족하게 권유하느니라.

스스로가 4념주를 수행하고 역시 그들에게 4념주를 수행하게 권유하며, 스스로가 4정단을 수행하고 역시 그들에게 4정단을 수행하게 권유하며, 스스로가 4신족을 구족하고 역시 그들에게 4신족을 구족하게 권유하며, 스스로가 5근을 구족하고 역시 그들에게 5근을 구족하게 권유하며, 스스로가 5력을 구족하고 역시 그들에게 5력을 구족하게 권유하며, 스스로가 7등각지를 구족하고 역시 그들에게 7등각지를 구족하게 권유하며, 스스로가 8성도지를 구족하고 역시 그들에게 8성도지를 구족하게 권유하느니라.

스스로가 내공에 안주하고, 역시 그들을 교수(敎授)하여 내공에 안주하게 하고 스스로가 외공·내외공·공공·대공·승의공·유위공·무위공·필경공·무제공·산공·무변이공·본성공·자상공·공상공·일체법공·불가득공·무성공·자성공·무성자성공에 안주하고 역시 그들을 교수하여 외공, 나아가 무성자성공에 안주하게 하느니라. 스스로가 진여에 안주하고, 역시 그들을 교수하여 진여에 안주하게 하고, 스스로가 법계·법성·불허망성·불변이성·평등성·이생성·법정·법주·실제·허공계·부사의계에 안주하고, 역시 그들을 교수하여 법계, 나아가 부사의계에 안주하게 하느니라.

스스로가 고성제에 안주하고 역시 그들을 교수하여 고성제에 안주하게 하고, 스스로가 집·멸·도성제에 안주하고, 역시 그들을 교수하여 집·멸·도성제에 안주하게 하느니라.

스스로가 4정려를 수행하고 역시 그들을 교수하여 4정려를 수행하게 하며, 스스로가 4무량을 수행하고 역시 그들을 교수하여 4무량을 수행하게 하며, 스스로가 4무색정을 구족하고 역시 그들을 교수하여 4무색정을 구족하게 하느니라. 스스로가 8해탈을 수행하고 역시 그들을 교수하여 8해탈을 수행하게 하며, 스스로가 9차제정을 수행하고 역시 그들을 교수하여 9차제정을 수행하게 하며, 스스로가 10변처를 구족하고 역시 그들을 교수하여 10변처를 구족하게 하느니라.

---

7) 이승(二乘)의 행을 멀리 벗어나는 것이다.

스스로가 3해탈문(三解脫門)을 수행하고 역시 그들을 교수하여 3해탈문을 수행하게 하며, 스스로가 보살의 10지를 수행하고 역시 그들을 교수하여 보살의 10지를 수행하게 하며, 스스로가 5안을 구족하고 역시 그들을 교수하여 5안을 구족하게 하고, 스스로가 6신통을 수행하고 역시 그들을 교수하여 6신통을 수행하게 하며, 스스로가 일체의 다라니문을 수행하고 역시 그들을 교수하여 일체의 다라니문을 수행하게 하느니라.

스스로가 여래의 10력을 수행하고 역시 그들을 교수하여 여래의 10력을 수행하게 하며, 스스로가 4무소외를 수행하고 역시 그들을 교수하여 4무소외를 수행하게 하며, 스스로가 4무애해를 수행하고 역시 그들을 교수하여 4무애해를 수행하게 하며, 스스로가 대자·대비·대희·대사를 구족하고 역시 그들을 교수하여 대자·대비·대희·대사를 구족하게 하고, 스스로가 18불불공법을 수행하고 역시 그들을 교수하여 18불불공법을 수행하게 하며, 스스로가 일체의 다라니문을 수행하고 역시 그들을 교수하여 일체의 다라니문을 수행하게 하느니라.

스스로가 일체지를 수행하고 역시 그들을 교수하여 일체지를 수행하게 하며, 스스로가 도상지·일체상지를 수행하고 역시 그들을 교수하여 도상지·일체상지를 수행하게 하며, 스스로가 무망실법·항주사성을 수행하고 역시 그들을 교수하여 무망실법·항주사성을 수행하게 하느니라.

스스로가 일체의 번뇌(煩惱)·습기(習氣)를 끊고 역시 그들을 교수하여 일체의 번뇌와 습기를 끊게 하며, 스스로가 무상정등보리를 증득하고서 미묘한 법륜을 굴리면서 무량한 중생을 제도하고 역시 그들을 교수하여 무상정등보리를 증득하고서 미묘한 법륜을 굴리면서 무량한 중생을 제도하게 하느니라.”

구수 선현이 다시 세존께 아뢰어 말하였다.
“매우 기이(奇異)하옵니다. 세존이시여. 희유(希有)하옵니다. 선서(善逝)시여. 이 제보살마하살들은 이와 같이 큰 공덕취(功德聚)를 성취하고서는 일체 유정들을 요익하게 하기 위하여 반야바라밀다를 수행하고 무상정중

보리를 구하면서 증득하려고 합니다. 세존이시여. 어떻게 보살마하살이 반야바라밀다를 수행한다면 빠르게 원만(圓滿)함을 얻는다고 말합니까?"

세존께서 말씀하셨다.

"선현이여. 만약 보살마하살이 반야바라밀다를 수행하는 때에, 색이 만약 증장하거나, 만약 감소한다고 보지 않고, 수·상·행·식이 만약 증장하거나, 만약 감소한다고 보지 않는다면, 이 보살마하살은 반야바라밀다를 수행하면서 빠르게 원만함을 얻느니라. 선현이여. 만약 보살마하살이 반야바라밀다를 수행하는 때에, 안처가 만약 증장하거나, 만약 감소한다고 보지 않고, 이·비·설·신·의처가 만약 증장하거나, 만약 감소한다고 보지 않는다면, 이 보살마하살은 반야바라밀다를 수행하면서 빠르게 원만함을 얻느니라.

선현이여. 만약 보살마하살이 반야바라밀다를 수행하는 때에, 색처가 만약 증장하거나, 만약 감소한다고 보지 않고, 성·향·미·촉·법처가 만약 증장하거나, 만약 감소한다고 보지 않는다면, 이 보살마하살은 반야바라밀다를 수행하면서 빠르게 원만함을 얻느니라. 선현이여. 만약 보살마하살이 반야바라밀다를 수행하는 때에, 안계가 만약 증장하거나, 만약 감소한다고 보지 않고, 색계·안식계, 나아가 안촉·안촉을 인연으로 생겨난 여러 수가 만약 증장하거나, 만약 감소한다고 보지 않는다면, 이 보살마하살은 반야바라밀다를 수행하면서 빠르게 원만함을 얻느니라.

선현이여. 만약 보살마하살이 반야바라밀다를 수행하는 때에, 이계가 만약 증장하거나, 만약 감소한다고 보지 않고, 성계·이식계, 나아가 이촉·이촉을 인연으로 생겨난 여러 수가 만약 증장하거나, 만약 감소한다고 보지 않는다면, 이 보살마하살은 반야바라밀다를 수행하면서 빠르게 원만함을 얻느니라. 선현이여. 만약 보살마하살이 반야바라밀다를 수행하는 때에, 비계가 만약 증장하거나, 만약 감소한다고 보지 않고, 향계·비식계, 나아가 비촉·비촉을 인연으로 생겨난 여러 수가 만약 증장하거나, 만약 감소한다고 보지 않는다면, 이 보살마하살은 반야바라밀다를 수행하면서 빠르게 원만함을 얻느니라.

선현이여. 만약 보살마하살이 반야바라밀다를 수행하는 때에, 설계가
만약 증장하거나, 만약 감소한다고 보지 않고, 미계·설식계, 나아가 설촉·
설촉을 인연으로 생겨난 여러 수가 만약 증장하거나, 만약 감소한다고
보지 않는다면, 이 보살마하살은 반야바라밀다를 수행하면서 빠르게
원만함을 얻느니라. 선현이여. 만약 보살마하살이 반야바라밀다를 수행
하는 때에, 신계가 만약 증장하거나, 만약 감소한다고 보지 않고, 촉계·신
식계, 나아가 신촉·신촉을 인연으로 생겨난 여러 수가 만약 증장하거나,
만약 감소한다고 보지 않는다면, 이 보살마하살은 반야바라밀다를 수행하
면서 빠르게 원만함을 얻느니라.

선현이여. 만약 보살마하살이 반야바라밀다를 수행하는 때에, 의계가
만약 증장하거나, 만약 감소한다고 보지 않고, 법계·의식계, 나아가 의촉·
의촉을 인연으로 생겨난 여러 수가 만약 증장하거나, 만약 감소한다고
보지 않는다면, 이 보살마하살은 반야바라밀다를 수행하면서 빠르게
원만함을 얻느니라. 선현이여. 만약 보살마하살이 반야바라밀다를 수행
하는 때에, 지계가 만약 증장하거나, 만약 감소한다고 보지 않고, 수·화·풍
·공·식계가 만약 증장하거나, 만약 감소한다고 보지 않는다면, 이 보살마
하살은 반야바라밀다를 수행하면서 빠르게 원만함을 얻느니라.

선현이여. 만약 보살마하살이 반야바라밀다를 수행하는 때에, 무명이
만약 증장하거나, 만약 감소한다고 보지 않고, 행·식·명색·육처·촉·수·애
·취·유·생·노사의 수탄고우뇌가 만약 증장하거나, 만약 감소한다고 보지
않는다면, 이 보살마하살은 반야바라밀다를 수행하면서 빠르게 원만함을
얻느니라. 선현이여. 만약 보살마하살이 반야바라밀다를 수행하는 때에,
보시바라밀다가 만약 증장하거나, 만약 감소한다고 보지 않고, 정계·안인
·정진·정려·반야바라밀다가 만약 증장하거나, 만약 감소한다고 보지
않는다면, 이 보살마하살은 반야바라밀다를 수행하면서 빠르게 원만함을
얻느니라.

선현이여. 만약 보살마하살이 반야바라밀다를 수행하는 때에, 내공이
만약 증장하거나, 만약 감소한다고 보지 않고, 외공·내외공·공공·대공·승

의공·유위공·무위공·필경공·무제공·산공·무변이공·본성공·자상공·공상공·일체법공·불가득공·무성공·자성공·무성자성공이 만약 증장하거나, 만약 감소한다고 보지 않는다면, 이 보살마하살은 반야바라밀다를 수행하면서 빠르게 원만함을 얻느니라. 선현이여. 만약 보살마하살이 반야바라밀다를 수행하는 때에, 진여가 만약 증장하거나, 만약 감소한다고 보지 않고, 법계·법성·불허망성·불변이성·평등성·이생성·법정·법주·실제·허공계·부사의계가 만약 증장하거나, 만약 감소한다고 보지 않는다면, 이 보살마하살은 반야바라밀다를 수행하면서 빠르게 원만함을 얻느니라.

선현이여. 만약 보살마하살이 반야바라밀다를 수행하는 때에, 고성제가 만약 증장하거나, 만약 감소한다고 보지 않고, 집·멸·도성제가 만약 증장하거나, 만약 감소한다고 보지 않는다면, 이 보살마하살은 반야바라밀다를 수행하면서 빠르게 원만함을 얻느니라. 선현이여. 만약 보살마하살이 반야바라밀다를 수행하는 때에, 4정려가 만약 증장하거나, 만약 감소한다고 보지 않고, 4무량·4무색정이 만약 증장하거나, 만약 감소한다고 보지 않는다면, 이 보살마하살은 반야바라밀다를 수행하면서 빠르게 원만함을 얻느니라.

선현이여. 만약 보살마하살이 반야바라밀다를 수행하는 때에, 8해탈이 만약 증장하거나, 만약 감소한다고 보지 않고, 8승처·9차제정·10변처가 만약 증장하거나, 만약 감소한다고 보지 않는다면, 이 보살마하살은 반야바라밀다를 수행하면서 빠르게 원만함을 얻느니라. 선현이여. 만약 보살마하살이 반야바라밀다를 수행하는 때에, 4념주가 만약 증장하거나, 만약 감소한다고 보지 않고, 4정단·4신족·5근·5력·7등각지·8성도지가 만약 증장하거나, 만약 감소한다고 보지 않는다면, 이 보살마하살은 반야바라밀다를 수행하면서 빠르게 원만함을 얻느니라.

선현이여. 보살마하살이 만약 반야바라밀다를 수행하는 때에, 공해탈문이 만약 증장하거나, 만약 감소한다고 보지 않고, 무상·무원해탈문이 만약 증장하거나, 만약 감소한다고 보지 않는다면, 이 보살마하살은 반야바라밀다를 수행하면서 빠르게 원만함을 얻느니라. 선현이여. 만약 보살 마하살이 반야바라밀다를 수행하는 때에, 보살의 10지가 만약 증장하거 나, 만약 감소한다고 보지 않는다면, 이 보살마하살은 반야바라밀다를 수행하면서 빠르게 원만함을 얻느니라.

선현이여. 만약 보살마하살이 반야바라밀다를 수행하는 때에, 5안이 만약 증장하거나, 만약 감소한다고 보지 않고, 6신통이 만약 증장하거나, 만약 감소한다고 보지 않는다면, 이 보살마하살은 반야바라밀다를 수행하 면서 빠르게 원만함을 얻느니라. 선현이여. 만약 보살마하살이 반야바라 밀다를 수행하는 때에, 여래의 10력이 만약 증장하거나, 만약 감소한다고 보지 않고, 4무소외·4무애해·대자·대비·대희·대사·18불불공법이 만약 증장하거나, 만약 감소한다고 보지 않는다면, 이 보살마하살은 반야바라 밀다를 수행하면서 빠르게 원만함을 얻느니라.

선현이여. 만약 보살마하살이 반야바라밀다를 수행하는 때에, 무망실 법이 만약 증장하거나, 만약 감소한다고 보지 않고, 항주사성이 만약 증장하거나, 만약 감소한다고 보지 않는다면, 이 보살마하살은 반야바라 밀다를 수행하면서 빠르게 원만함을 얻느니라. 선현이여. 만약 보살마하 살이 반야바라밀다를 수행하는 때에, 일체지가 만약 증장하거나, 만약 감소한다고 보지 않고, 도상지·일체상지가 만약 증장하거나, 만약 감소한 다고 보지 않는다면, 이 보살마하살은 반야바라밀다를 수행하면서 빠르게 원만함을 얻느니라.

선현이여. 만약 보살마하살이 반야바라밀다를 수행하는 때에, 일체의 다라니문이 만약 증장하거나, 만약 감소한다고 보지 않고, 일체의 삼마지 문이 만약 증장하거나, 만약 감소한다고 보지 않는다면, 이 보살마하살은 반야바라밀다를 수행하면서 빠르게 원만함을 얻느니라. 선현이여. 만약 보살마하살이 반야바라밀다를 수행하는 때에, 예류과가 만약 증장하거 나, 만약 감소한다고 보지 않고, 일래·불환·아라한과가 만약 증장하거나, 만약 감소한다고 보지 않는다면, 이 보살마하살은 반야바라밀다를 수행하 면서 빠르게 원만함을 얻느니라.

선현이여. 만약 보살마하살이 반야바라밀다를 수행하는 때에, 독각의 보리가 만약 증장하거나, 만약 감소한다고 보지 않는다면, 이 보살마하살은 반야바라밀다를 수행하면서 빠르게 원만함을 얻느니라. 선현이여. 만약 보살마하살이 반야바라밀다를 수행하는 때에, 일체의 보살마하살의 행이 만약 증장하거나, 만약 감소한다고 보지 않는다면, 이 보살마하살은 반야바라밀다를 수행하면서 빠르게 원만함을 얻느니라.

선현이여. 만약 보살마하살이 반야바라밀다를 수행하는 때에, 제불의 무상정등보리가 만약 증장하거나, 만약 감소한다고 보지 않는다면, 이 보살마하살은 반야바라밀다를 수행하면서 빠르게 원만함을 얻느니라."

"다시 다음으로 선현이여. 만약 보살마하살이 반야바라밀다를 수행하는 때에, 법(法)이라고 보지 않고 비법(非法)이라고 보지 않으며 유루(有漏)라고 보지 않고 무루(無漏)라고 보지 않으며 유위(有爲)라고 보지 않고 무위(無爲)라고 보지 않는다면, 이 보살마하살은 반야바라밀다를 수행하면서 빠르게 원만함을 얻느니라. 선현이여. 만약 보살마하살이 반야바라밀다를 수행하는 때에, 과거라고 보지 않고 미래라고 보지 않으며 현재라고 보지 않고 선(善)하다고 보지 않으며 불선(不善)이라고 보지 않고 무기(無記)라고 보지 않으며 욕계(欲界)라고 보지 않고 색계(色界)라고 보지 않으며 무색계(無色界)라고 보지 않는다면, 이 보살마하살은 반야바라밀다를 수행하면서 빠르게 원만함을 얻느니라.

선현이여. 만약 보살마하살이 반야바라밀다를 수행하는 때에, 보시바라밀다라고 보지 않고 정계·안인·정진·정려·반야바라밀다라고 보지 않는다면, 이 보살마하살은 반야바라밀다를 수행하면서 빠르게 원만함을 얻느니라. 선현이여. 만약 보살마하살이 반야바라밀다를 수행하는 때에, 내공이라고 보지 않고 외공·내외공·공공·대공·승의공·유위공·무위공·필경공·무제공·산공·무변이공·본성공·자상공·공상공·일체법공·불가득공·무성공·자성공·무성자성공이라고 보지 않는다면, 이 보살마하살은 반야바라밀다를 수행하면서 빠르게 원만함을 얻느니라.

선현이여. 만약 보살마하살이 반야바라밀다를 수행하는 때에, 진여라고 보지 않고 법계·법성·불허망성·불변이성·평등성·이생성·법정·법주·실제·허공계·부사의계라고 보지 않는다면, 이 보살마하살은 반야바라밀다를 수행하면서 빠르게 원만함을 얻느니라. 선현이여. 만약 보살마하살이 반야바라밀다를 수행하는 때에, 고성제라고 보지 않고 집·멸·도성제라고 보지 않는다면, 이 보살마하살은 반야바라밀다를 수행하면서 빠르게 원만함을 얻느니라.

선현이여. 만약 보살마하살이 반야바라밀다를 수행하는 때에, 4념주라고 보지 않고 4정단·4신족·5근·5력·7등각지·8성도지라고 보지 않는다면, 이 보살마하살은 반야바라밀다를 수행하면서 빠르게 원만함을 얻느니라. 선현이여. 만약 보살마하살이 반야바라밀다를 수행하는 때에, 4정려라고 보지 않고 4무량·4무색정이라고 보지 않는다면, 이 보살마하살은 반야바라밀다를 수행하면서 빠르게 원만함을 얻느니라.

선현이여. 만약 보살마하살이 반야바라밀다를 수행하는 때에, 8해탈이라고 보지 않고 8승처·9차제정·10변처라고 보지 않는다면, 이 보살마하살은 반야바라밀다를 수행하면서 빠르게 원만함을 얻느니라. 선현이여. 만약 보살마하살이 반야바라밀다를 수행하는 때에, 공해탈문이라고 보지 않고 무상·무원해탈문이라고 보지 않는다면, 이 보살마하살은 반야바라밀다를 수행하면서 빠르게 원만함을 얻느니라.

선현이여. 만약 보살마하살이 반야바라밀다를 수행하는 때에, 5안이라고 보지 않고 6신통이라고 보지 않는다면, 이 보살마하살은 반야바라밀다를 수행하면서 빠르게 원만함을 얻느니라. 선현이여. 만약 보살마하살이 반야바라밀다를 수행하는 때에, 일체의 다라니문이라고 보지 않고 일체의 삼마지문이라고 보지 않는다면, 이 보살마하살은 반야바라밀다를 수행하면서 빠르게 원만함을 얻느니라.

선현이여. 만약 보살마하살이 반야바라밀다를 수행하는 때에, 무망실법이라고 보지 않고 항주사성이라고 보지 않는다면, 이 보살마하살은 반야바라밀다를 수행하면서 빠르게 원만함을 얻느니라. 선현이여. 만약 보살마하살이 반야바라밀다를 수행하는 때에, 여래의 10력이라고 보지 않고 4무소외·4무애해·대자·대비·대희·대사·18불불공법이라고 보지 않는다면, 이 보살마하살은 반야바라밀다를 수행하면서 빠르게 원만함을 얻느니라.

선현이여. 만약 보살마하살이 반야바라밀다를 수행하는 때에, 일체지라고 보지 않고 도상지·일체상지라고 보지 않는다면, 이 보살마하살은 반야바라밀다를 수행하면서 빠르게 원만함을 얻느니라. 왜 그러한가? 선현이여. 일체법은 자성(性)과 상(相)이 없는 까닭이고, 작용(作用)이 없는 까닭이며, 전전(展轉)함이 없는 까닭이고, 허망(虛妄)하며 광사(誑詐)[8]인 까닭이고, 자성이 견실(堅實)하지 않고 자재(自在)하지 않는 까닭이며, 각수(覺受)[9]가 없는 까닭이고, 아(我)·유정(有情)·명자(命者)·생자(生者)를 널리 설하거나, 지자(知者)·견자(見者)를 널리 설하는 까닭이니라."

그때 구수 선현이 세존께 아뢰어 말하였다.

"세존이시여. 여래께서 설하신 것은 불가사의(不可思議)[10]합니다."

세존께서 선현에게 알리셨다.

"그와 같으니라. 그와 같으니라. 여래가 설하는 것은 불가사의하니라. 선현이여. 색이 불가사의한 까닭으로 여래가 설하는 것이 불가사의하고, 수·상·행·식이 불가사의한 까닭으로 여래가 설하는 것이 불가사의하니라. 선현이여. 안처가 불가사의한 까닭으로 여래가 설하는 것이 불가사의하고, 이·비·설·신·의처가 불가사의한 까닭으로 여래가 설하는 것이 불가사의하니라.

선현이여. 색처가 불가사의한 까닭으로 여래가 설하는 것이 불가사의

---

8) 거짓말로 속이는 것이다.
9) 산스크리트어 vedanā의 번역이고, 감수(感受)의 다른 말이다. 외부의 자극을 받아들이는 것이고, 낙각(樂覺)·고각(苦覺)·불고불락각(不苦不樂覺)의 세 가지가 있다.
10) 마음으로 헤아릴 수 없는 오묘한 이치, 또는 가르침을 뜻하며, 언어로 표현할 수 없는 놀라운 상태를 말하기도 한다.

하고, 성·향·미·촉·법처가 불가사의한 까닭으로 여래가 설하는 것이 불가사의하니라. 선현이여. 안계가 불가사의한 까닭으로 여래가 설하는 것이 불가사의하고, 색계·안식계, 나아가 안촉·안촉을 인연으로 생겨난 여러 수가 불가사의한 까닭으로 여래가 설하는 것이 불가사의하니라.

선현이여. 이계가 불가사의한 까닭으로 여래가 설하는 것이 불가사의하고, 성계·이식계, 나아가 이촉·이촉을 인연으로 생겨난 여러 수가 불가사의한 까닭으로 여래가 설하는 것이 불가사의하니라. 선현이여. 비계가 불가사의한 까닭으로 여래가 설하는 것이 불가사의하고, 향계·비식계, 나아가 비촉·비촉을 인연으로 생겨난 여러 수가 불가사의한 까닭으로 여래가 설하는 것이 불가사의하니라.

선현이여. 설계가 불가사의한 까닭으로 여래가 설하는 것이 불가사의하고, 미계·설식계, 나아가 설촉·설촉을 인연으로 생겨난 여러 수가 불가사의한 까닭으로 여래가 설하는 것이 불가사의하니라. 선현이여. 신계가 불가사의한 까닭으로 여래가 설하는 것이 불가사의하고, 촉계·신식계, 나아가 신촉·신촉을 인연으로 생겨난 여러 수가 불가사의한 까닭으로 여래가 설하는 것이 불가사의하니라.

선현이여. 의계가 불가사의한 까닭으로 여래가 설하는 것이 불가사의하고, 법계·의식계, 나아가 의촉·의촉을 인연으로 생겨난 여러 수가 불가사의한 까닭으로 여래가 설하는 것이 불가사의하니라. 선현이여. 지계가 불가사의한 까닭으로 여래가 설하는 것이 불가사의하고, 수·화·풍·공·식계가 불가사의한 까닭으로 여래가 설하는 것이 불가사의하니라.

선현이여. 무명이 불가사의한 까닭으로 여래가 설하는 것이 불가사의하고, 행·식·명색·육처·촉·수·애·취·유·생·노사의 수탄고우뇌가 불가사의한 까닭으로 여래가 설하는 것이 불가사의하니라. 선현이여. 보시바라밀다가 불가사의한 까닭으로 여래가 설하는 것이 불가사의하고, 정계·안인·정진·정려·반야바라밀다가 불가사의한 까닭으로 여래가 설하는 것이 불가사의하니라.

선현이여. 내공이 불가사의한 까닭으로 여래가 설하는 것이 불가사의

하고, 외공·내외공·공공·대공·승의공·유위공·무위공·필경공·무제공·
산공·무변이공·본성공·자상공·공상공·일체법공·불가득공·무성공·자
성공·무성자성공이 불가사의한 까닭으로 여래가 설하는 것이 불가사의
하니라. 선현이여. 진여가 불가사의한 까닭으로 여래가 설하는 것이
불가사의하고, 법계·법성·불허망성·불변이성·평등성·이생성·법정·법
주·실제·허공계·부사의계가 불가사의한 까닭으로 여래가 설하는 것이
불가사의하니라.

선현이여. 고성제가 불가사의한 까닭으로 여래가 설하는 것이 불가사
의하고, 집·멸·도성제가 불가사의한 까닭으로 여래가 설하는 것이 불가사
의하니라. 선현이여. 4정려가 불가사의한 까닭으로 여래가 설하는 것이
불가사의하고, 4무량·4무색정이 불가사의한 까닭으로 여래가 설하는
것이 불가사의하니라. 선현이여. 8해탈이 불가사의한 까닭으로 여래가
설하는 것이 불가사의하고, 8승처·9차제정·10변처가 불가사의한 까닭으
로 여래가 설하는 것이 불가사의하니라.

선현이여. 4념주가 불가사의한 까닭으로 여래가 설하는 것이 불가사의
하고, 4정단·4신족·5근·5력·7등각지·8성도지가 불가사의한 까닭으로
여래가 설하는 것이 불가사의하니라. 선현이여. 공해탈문이 불가사의한
까닭으로 여래가 설하는 것이 불가사의하고, 무상·무원해탈문이 불가사
의한 까닭으로 여래가 설하는 것이 불가사의하니라. 선현이여. 여래의
10지가 불가사의한 까닭으로 여래가 설하는 것이 불가사의하니라.

선현이여. 5안이 불가사의한 까닭으로 여래가 설하는 것이 불가사의하
고, 6신통이 불가사의한 까닭으로 여래가 설하는 것이 불가사의하니라.
선현이여. 여래의 10력이 불가사의한 까닭으로 여래가 설하는 것이 불가
사의하고, 4무소외·4무애해·대자·대비·대희·대사·18불불공법이 불가
사의한 까닭으로 여래가 설하는 것이 불가사의하니라. 선현이여. 무망실
법이 불가사의한 까닭으로 여래가 설하는 것이 불가사의하고, 항주사성이
불가사의한 까닭으로 여래가 설하는 것이 불가사의하니라.

선현이여. 일체지가 불가사의한 까닭으로 여래가 설하는 것이 불가사

의하고, 도상지·일체상지가 불가사의한 까닭으로 여래가 설하는 것이 불가사의하니라. 선현이여. 일체의 다라니문이 불가사의한 까닭으로 여래가 설하는 것이 불가사의하고, 일체의 삼마지문이 불가사의한 까닭으로 여래가 설하는 것이 불가사의하니라. 선현이여. 예류과가 불가사의한 까닭으로 여래가 설하는 것이 불가사의하고, 일래·불환·아라한과가 불가사의한 까닭으로 여래가 설하는 것이 불가사의하니라.

선현이여. 독각의 보리가 불가사의한 까닭으로 여래가 설하는 것이 불가사의하니라. 선현이여. 일체의 보살마하살의 행이 불가사의한 까닭으로 여래가 설하는 것이 불가사의하니라. 선현이여. 제불의 무상정등보리가 불가사의한 까닭으로 여래가 설하는 것이 불가사의하니라.

선현이여. 만약 보살마하살이 반야바라밀다를 수행하는 때에, 색이 불가사의하다는 생각을 일으키지 않고, 수·상·행·식이 불가사의하다는 생각을 일으키지 않는다면 이 보살마하살은 반야바라밀다를 수행하면서 빠르게 원만함을 얻느니라. 선현이여. 만약 보살마하살이 반야바라밀다를 수행하는 때에, 안처가 불가사의하다는 생각을 일으키지 않고, 이·비·설·신·의처가 불가사의하다는 생각을 일으키지 않는다면 이 보살마하살은 반야바라밀다를 수행하면서 빠르게 원만함을 얻느니라.

선현이여. 만약 보살마하살이 반야바라밀다를 수행하는 때에, 색처가 불가사의하다는 생각을 일으키지 않고, 성·향·미·촉·법처가 불가사의하다는 생각을 일으키지 않는다면 이 보살마하살은 반야바라밀다를 수행하면서 빠르게 원만함을 얻느니라. 선현이여. 만약 보살마하살이 반야바라밀다를 수행하는 때에, 안계가 불가사의하다는 생각을 일으키지 않고, 색계·안식계, 나아가 안촉·안촉을 인연으로 생겨난 여러 수가 불가사의하다는 생각을 일으키지 않는다면 이 보살마하살은 반야바라밀다를 수행하면서 빠르게 원만함을 얻느니라.

선현이여. 만약 보살마하살이 반야바라밀다를 수행하는 때에, 이계가 불가사의하다는 생각을 일으키지 않고, 성계·이식계, 나아가 이촉·이촉을 인연으로 생겨난 여러 수가 불가사의하다는 생각을 일으키지 않는다면 이 보살마하살은 반야바라밀다를 수행하면서 빠르게 원만함을 얻느니라.
선현이여. 만약 보살마하살이 반야바라밀다를 수행하는 때에, 비계가
불가사의하다는 생각을 일으키지 않고, 향계·비식계, 나아가 비촉·비촉
을 인연으로 생겨난 여러 수가 불가사의하다는 생각을 일으키지 않는다면
이 보살마하살은 반야바라밀다를 수행하면서 빠르게 원만함을 얻느니라.

선현이여. 만약 보살마하살이 반야바라밀다를 수행하는 때에, 설계가
불가사의하다는 생각을 일으키지 않고, 미계·설식계, 나아가 설촉·설촉
을 인연으로 생겨난 여러 수가 불가사의하다는 생각을 일으키지 않는다면
이 보살마하살은 반야바라밀다를 수행하면서 빠르게 원만함을 얻느니라.
선현이여. 만약 보살마하살이 반야바라밀다를 수행하는 때에, 신계가
불가사의하다는 생각을 일으키지 않고, 촉계·신식계, 나아가 신촉·신촉
을 인연으로 생겨난 여러 수가 불가사의하다는 생각을 일으키지 않는다면
이 보살마하살은 반야바라밀다를 수행하면서 빠르게 원만함을 얻느니라.

선현이여. 만약 보살마하살이 반야바라밀다를 수행하는 때에, 의계가
불가사의하다는 생각을 일으키지 않고, 법계·의식계, 나아가 의촉·의촉
을 인연으로 생겨난 여러 수가 불가사의하다는 생각을 일으키지 않는다면
이 보살마하살은 반야바라밀다를 수행하면서 빠르게 원만함을 얻느니라.
선현이여. 만약 보살마하살이 반야바라밀다를 수행하는 때에, 지계가
불가사의하다는 생각을 일으키지 않고, 수·화·풍·공·식계가 불가사의하
다는 생각을 일으키지 않는다면 이 보살마하살은 반야바라밀다를 수행
하면서 빠르게 원만함을 얻느니라.

선현이여. 만약 보살마하살이 반야바라밀다를 수행하는 때에, 무명이
불가사의하다는 생각을 일으키지 않고, 행·식·명색·육처·촉·수·애·취·
유·생·노사의 수탄고우뇌가 불가사의하다는 생각을 일으키지 않는다
면 이 보살마하살은 반야바라밀다를 수행하면서 빠르게 원만함을 얻느
니라."

漢譯 Ⅰ 현장(玄奘)

중국 당나라 사문으로 하남성(河南省) 낙양(洛陽) 구씨현(緱氏縣)에서 출생하였고, 속성은 진씨(陳氏), 이름은 위(褘)이다. 10세에 낙양 정토사(淨土寺)에 귀의하였고, 경(經)·율(律)·논(論) 삼장(三藏)에 밝아서 삼장법사라고 불린다. 627년 인도로 구법을 떠나서 나란다사(那欄陀寺)에 들어가 계현(戒賢)에게 수학하였다. 641년 520질 657부(部)에 달하는 불경들을 가지고 귀국길에 올라 645년 정월 장안으로 돌아왔으며, 인도 여행기인 『대당서역기(大唐西域記)』 12권을 저술하였다. 번역한 삼장으로는 경장인 『대반야바라밀다경(大般若波羅蜜多經)』 600권, 율장인 『보살계본(菩薩戒本)』 2권, 논장인 『유가사지론(瑜伽師地論)』 100권, 『아비달마대비바사론(阿毘達磨大毘婆沙論)』 200권 등이 있다. 번역한 경전은 76부 1,347권에 이르는 매우 중요한 대승불교 경전들이 상당수 포함되어 있으며, 문장과 단어에 충실하여 문장의 우아함은 부족하더라도 어휘의 정확도는 매우 진전되었다. 구마라집 등의 구역(舊譯)과 차별을 보여주고 있어 신역(新譯)이라 불리고 있다.

國譯 Ⅰ 釋 普雲(宋法燁)

대한불교조계종 제2교구본사 용주사에서 출가하였고, 문학박사이다. 현재 대한불교조계종 교육아사리(계율)이고, 죽림불교문화연구원에서 연구와 번역을 병행하고 있다.

논저 Ⅰ 논문으로 「통합종단 이후 불교의례의 변천과 향후 과제」 등 다수. 저술로 『신편 승가의범』, 『승가의궤』가 있으며, 번역서로 『마하반야바라밀다경』(1~9), 『팔리율』(Ⅰ~Ⅴ), 『마하승기율』(상·중·하), 『십송율』(상·중·하), 『보살계본소』, 『근본설일체유부비나야』(상·하), 『근본설일체유부비나야약사』, 『근본설일체유부비나야파승사』, 『근본설일체유부비나야잡사』(상·하), 『근본설일체유부필추니비나야』, 『근본설일체유부백일갈마 외』, 『안락집』 등이 있다.

마하반야바라밀다경 10 摩訶般若波羅蜜多經 10

三藏法師 玄奘 漢譯 Ⅰ 釋 普雲 國譯

2024년 12월 30일 초판 1쇄 발행

펴낸이 · 오일주
펴낸곳 · 도서출판 혜안
등록번호 · 제22-471호
등록일자 · 1993년 7월 30일

주   소 · ⑦ 04052 서울시 마포구 와우산로 35길3(서교동) 102호
전   화 · 3141-3711~2 / 팩시밀리 · 3141-3710
E-Mail · hyeanpub@daum.net

ISBN 978-89-8494-730-6 03220

값 45,000 원